CE DOCUMENT A ETE MICROFICHE
TEL QU'IL SE PRESENTAIT

Le Commandant MARCHAND
ET SES COMPAGNONS D'ARMES
A TRAVERS L'AFRIQUE

NOMBREUSES ILLUSTRATIONS ET TEXTE INÉDIT

Histoire complète et anecdotique de la Mission

PAR Michel MORPHY

H. GEFFROY, éditeur, 222, boulevard Saint-Germain, PARIS

N° 93   10 cent.

Le Commandant
MARCHAND
A TRAVERS L'AFRIQUE
PAR
MICHEL MORPHY

Le Commandant Marchand !...
Son nom résonne comme un coup de clairon patriotique, et, de toutes parts, une immense acclamation monte vers lui.
C'est justice !... N'a-t-il pas, — par son héroïsme, — contribué à notre réveil national ?... Et qui donc oserait encore douter des destinées de la France qui produit de tels enfants !
Le pays salue avec un orgueil légitime cet homme de science, cet intrépide explorateur, ce soldat sans peur et sans reproche, — sorti du rang, — et, aujourd'hui, le plus jeune commandeur de la Légion d'honneur.
Oui, vivent Marchand et ses vaillants compagnons !
Leur odyssée à travers l'Afrique restera la plus extraordinaire épopée coloniale de notre époque... Déjà, l'on est avide de la connaître dans ses moindres détails.
C'est l'heure que nous avons choisie pour publier, — comme un hommage au héros de Fachoda, — cette œuvre inédite et si documentée du grand écrivain populaire :

MICHEL MORPHY

L'auteur de l'*Histoire Nationale de Jeanne d'Arc* et de tant d'œuvres magistrales réalise, cette fois, un véritable tour de force en entreprenant son nouveau récit sensationnel :

LE COMMANDANT MARCHAND A TRAVERS L'AFRIQUE

Sans s'écarter un seul instant de la donnée exacte, — rigoureusement historique, scientifique même, dirions-nous, si nous ne craignions d'effrayer quelques lecteurs et surtout d'aimables lectrices ; — sans être jamais aride dans ses courtes descriptions, il a su évoquer d'une façon attrayante, poignante, — et vivante surtout ! — le mystérieux Continent Noir.
L'Afrique nous apparaît dans toute sa beauté et son horreur... Et, à travers de multiples péripéties, de brillants faits d'armes, des anecdotes curieuses, nous suivons pas à pas la colonne Marchand dans sa marche fantastique, — déjà légendaire, — vers le Nil.
En fermant ce magnifique ouvrage de vulgarisation, tout le monde, — sans peine et sans fatigue, — connaîtra un monde nouveau... et aura assisté à la plus extraordinaire, à la plus difficile des expéditions modernes en Afrique.
Avions-nous tort de dire que, pour accomplir cette tâche, le maître écrivain devrait réaliser un véritable tour de force ?
Au lecteur de juger !...

LE COMMANDANT MARCHAND A TRAVERS L'AFRIQUE
Paraît en fascicules illustrés sous couverture en couleurs
10 CENTIMES LE FASCICULE. — DEUX FASCICULES PAR SEMAINE
ET EN VOLUMES BROCHÉS
50 centimes le volume. — Un volume tous les 18 jours.

VOLUMES PARUS OU A PARAITRE :

I. — L'ENGAGÉ VOLONTAIRE.	IV. — LA MISSION CONGO-NIL.
II. — PREMIÈRES ARMES.	V. — ENTRE LA VIE ET LA MORT.
III. — AU CŒUR DE L'AFRIQUE.	VI. — DANS LA BROUSSE.

H. GEFFROY, éditeur, 222, boulevard Saint-Germain, PARIS

Sceaux. — Imp. E. Charaire.

La vallée de l'Assam, au pied de l'autre versant du mont Chelloda, est toute différente.

Là, plus de palmiers, plus de beaux arbres : d'immenses prairies marécageuses et couvertes de joncs.

Pour être moins pittoresque, elle n'en est pas moins intéressante.

Les reptiles abondent dans ces terrains humides, les insectes y pullulent, et des bandes d'oiseaux se balancent à la tige flexible des joncs.

C'est le martinet à gorge blanche, le guêpier minuscule, élégant oiseau vert et jaune.

Ce sont des veuves d'un noir velouté à épaulettes jaunes ou à collier de pourpre, des passereaux encore, mais ceux-là mi-partie noir de velours et couleur feu.

Ce sont encore des bandes de vanneaux, des pluviers et l'ombrelle solitaire, le héron aux longues pattes, ou la sarcelle qui s'enfuit, le cou tendu et l'aile sifflante.

***

Fort peu de gibier, par contre, autour d'Adoua.

M. Raffray rapporte qu'il n'y a jamais vu aucune antilope :

En revanche, — dit-il, — j'entendais chaque nuit le plaintif bululement des hyènes et le jappement des chacals, qui venaient jusque sur la place du marché faire l'office de vidangeurs.

La tentation était trop forte pour que j'y pusse résister, et j'allai, par un beau clair de lune, me poster à l'affût.

J'attendis de longues heures, blotti dans un buisson de jeunes figuiers ; l'air était pur, la nuit splendide, et le silence n'était troublé que par le cri des hyènes qui se répondaient de tous côtés.

En Abyssinie, comme dans tous les pays où vit ce carnassier, il est considéré comme un animal immonde. Son mugissement assez sonore n'a rien de la majesté de la voix du lion, ni de la farouche âpreté du jappement rauque du léopard.

C'est un bululement plaintif et prolongé sur un ton mineur, qui va *crescendo* pour s'évanouir en une finale discordante.

L'hyène qui habite l'Abyssinie est l'hyène tachetée qui se retrouve aussi au cap de Bonne-Espérance, tandis que celle de l'Algérie et même du Sénégal est l'hyène rayée.

L'hyène tachetée est plus grande, le train de derrière est proportionnellement plus élevé, et son pelage, ainsi que son nom l'indique, est semé de taches, au lieu d'être zébré comme celui de la hyène d'Algérie.

Sitôt que la nuit a étendu son voile, l'hyène sort de sa tanière et se met en quête de quelque cadavre.

Elle n'attaquera jamais l'homme, à moins qu'il ne soit endormi.

J'ai vu un jeune pâtre qui, surpris dans son sommeil, avait eu l'oreille dévorée par une hyène; mais, réveillé en sursaut par la douleur, il fit un mouvement, et le fauve s'enfuit, épouvanté.

J'avais disposé autour de moi, à une vingtaine de pas, des entrailles de mouton, espérant que cet appât allécherait les hyènes.

J'avais entendu dire, et je croyais moi-même, que l'hyène avait l'odorat peu développé. Chacun racontait à plaisir en Algérie, où, dans la région des hauts plateaux, les hyènes sont très abondantes, que cet animal, privé d'odorat, en était réduit, pour découvrir sa proie, à suivre les bandes de chacals, qui chassaient ainsi pour lui, de gré ou de force, car, ajoutait-on, lorsque le chacal a découvert un cadavre quelconque, l'hyène, qui est là sur ses talons, sait bien, grâce à sa taille et à sa force, s'attribuer la part du lion.

Contes que tout cela; l'hyène a l'odorat très développé, comme on va le voir.

Les mugissements que j'entendais de tous côtés se rapprochaient, comme un cercle qui se rétrécit; enfin, je vis se profiler à l'horizon la silhouette d'un grand quadrupède. Je retenais mon souffle, l'hyène se dirigeait vers moi; déjà j'épaulais ma carabine, j'aurais vendu sa peau comme les chasseurs de la fable; mais elle avait à peine fait vingt pas qu'elle s'arrêta court, poussa un long hululement, et s'enfuit à toutes jambes.

J'étais éventé, bien que parfaitement dissimulé dans une broussaille et à une distance d'environ deux cents mètres.

La même scène se renouvela plusieurs fois dans la même nuit; aucune hyène ne se hasarda à portée.

Enfin, de guerre lasse, pour ne pas revenir bredouille, j'assassinai un beau chacal, qui venait se désaltérer dans l'Assam.

*
* *

Nous avons déjà dit que le voyageur à qui nous empruntons ces intéressants renseignements était un savant naturaliste, s'occupant principalement d'entomologie.

En cette qualité, il ne pouvait manquer de donner de nombreux détails sur les insectes d'Abyssinie...

Voici un passage vraiment curieux de ses études à ce sujet :

Le lecteur me permettra bien de lui dire un mot de mes petites bêtes favorites.

Il est juste, d'ailleurs, qu'elles aient une place dans le récit d'un voyage que j'avais entrepris par amour pour elles.

La fourmi n'est pas prêteuse : le bon La Fontaine, qui était à sa manière un naturaliste, a dit vrai.

Elle est, de plus, active, laborieuse et d'un caractère un peu hargneux.

Depuis longtemps cependant les entomologistes ont découvert qu'elle avait des commensaux, presque des parasites, qui vivaient à ses dépens.

Et cependant c'étaient de petits êtres absolument inoffensifs, dont la fourmi, avec ses formidables mâchoires, n'eût fait qu'une bouchée.

De nouvelles observations firent connaître que, loin de les dévorer, les fourmis avaient pour ces petits insectes des attentions tout à fait maternelles.

Il eût été bien étonnant qu'un semblable dévouement fût, de la part des fourmis, désintéressé.

On s'aperçut bientôt, en effet, que ces insectes sécrétaient, par des appareils spéciaux, un liquide sans doute sucré, dont les fourmis étaient friandes.

Ces faits si curieux étaient observés en France, et ces insectes, nommés *clavigers* parce que leurs antennes sont faites comme une massue, sont de toute petite taille.

Mais il arrivait aussi à de rares intervalles, et des régions les plus chaudes du globe, d'autres insectes fort recherchés dans les collections, tant à cause de leurs formes bizarres que de leur excessive rareté.

Ceux-là étaient beaucoup plus grands, sans dépasser cependant un centimètre de long.

On savait d'une façon à peu près certaine, d'après le récit de ceux qui les avaient capturés, que ces insectes nommés *paussus* vivaient aussi dans les fourmilières; mais qu'y faisaient-ils?

On ne leur voyait point ces faisceaux de poils par où les *clavigers* laissent exsuder cette liqueur aimée des fourmis, et, d'autre part, on ne trouvait point qu'ils fussent armés de façon à s'imposer aux fourmis.

J'avais résolu d'apporter tous mes soins à la recherche de ces insectes, afin de soulever, s'il était possible, un petit coin du voile.

A peine débarqué d'Abyssinie, je me mis avec acharnement à bouleverser toutes les fourmilières que je rencontrai, au risque de me faire dévorer par les fourmis, très légitimement irritées contre moi.

Il est dans ces régions des fourmis féroces; quelques espèces gardaient si scrupuleusement leurs cités, et la nature les avait doués d'organes si bien appropriés à la défense, qu'il me fut impossible, malgré toute la meilleure volonté, de leur livrer bataille.

J'étais, en un instant, couvert de grosses fourmis noires qui me mordaient avec tant de rage qu'elles se laissaient décapiter plutôt que de lâcher prise.

C'était à devenir fou de douleur.

Notre voyageur chercha longtemps avant de trouver le premier *paussus*, mais il eut enfin la satisfaction d'en plonger un dans la fatale bouteille, où l'attendait une mort foudroyante :

Nous étions alors en marche, et il m'était impossible de l'examiner suffisamment. A Adoua, je fus plus heureux : sous une pierre, où de petites fourmis rouges et noires avaient installé leur domicile, j'aperçus, immobile et blotti sous une branchette de bois, un *paussus*, qui, comparé aux fourmis, pouvait bien passer pour un éléphant.

Je ne tardai pas à voir qu'il y avait là toute une famille de ces *paussus*, et, comme les fourmis étaient bons enfants, je me postai à plat ventre en observation. Les fourmis allaient et venaient avec une prodigieuse activité; mes *paussus* ne bougeaient pas, et les propriétaires du lieu semblaient les éviter avec soin.

Cela ne faisait pas mon affaire, et je risquais fort de ne rien observer du tout.

Je sortis alors de ma réserve, et, saisissant un petit brin d'herbe, j'en touchai délicatement mon *paussus*. Boum!

La poudre ne s'enflamme pas plus rapidement.

Mon insecte venait de détoner comme un canon, et se trouvait maintenant enveloppé d'un petit nuage de fumée blanchâtre.

Les fourmis semblèrent désagréablement impressionnées par cette explosion, le vide se fit autour du *paussus*.

Je le touchai de nouveau : il détona encore.

Cette faculté crépitante m'était bien connue; j'avais déjà rencontré d'autres insectes courant sur le sol, ou vivant sous les pierres dans des endroits humides, et qui jouissent aussi de cette faculté.

Le gaz qu'ils lancent est même si caustique qu'il produit sur la peau une sensation de brûlure très prononcée, et la tache en brun noir si profondément que plusieurs lavages au savon sont insuffisants pour faire disparaître la couleur brune qui ne s'efface qu'au bout de quelques jours.

Restait à savoir si le gaz lancé par les *paussus* jouissait des mêmes propriétés.

J'en voulus faire l'expérience et touchai l'insecte avec le doigt : il détona, mais je n'eus pas la moindre sensation de chaud.

Je ne me tins pas pour battu. J'avais sans doute la peau trop dure.

Je fis, avec bien des précautions, détoner un *paussus* dans un petit tube en verre.

Le succès dépassa mes espérances; non seulement le tube s'emplit de gaz, mais je vis, sur les parois, se former une cristallisation jaune, assez semblable à celle que produit le phosphore d'une allumette.

Bien vite j'y goûtai, et j'eus la langue cautérisée comme par un caustique.

Ces insectes ne se rencontrant que très rarement, il ne m'a pas été permis de pousser plus loin mes investigations.

Je n'ai pas eu le plaisir de les voir manger, mais j'ai tout lieu de croire qu'ils vivent au milieu des fourmis sans l'assentiment de ces dernières.

Sans doute les *paussus* trouvent dans les fourmilières une température élevée et toujours égale, un air ambiant, saturé d'acide formique, qui leur conviennent.

Et, de plus, paresseux de leur nature, ils vivent, je pense, des matières animales et végétales accumulées par les fourmis pour la nourriture de leurs larves.

C'est grâce à cette faculté crépitante qu'ils s'imposent aux fourmis, qui, instruites par l'expérience, finissent par se résigner à les subir et les laisser en paix.

Point n'est besoin d'être naturaliste pour comprendre tout l'intérêt qui s'attache à ces petits êtres, qui sont bien les merveilles du monde.

Et personne ne trouvera étonnant qu'on entreprenne de longs et pénibles voyages pour les recueillir et étudier leurs mœurs.

L'amour de la science, comme celui de la patrie, est l'un des plus nobles et des plus puissants mobiles de l'activité humaine.

CXV

SOIRÉE DE GALA

Nature grandiose. — Forteresses naturelles. — Lieux de déportation et retraites monacales. — O saint Paul! — Le gouverneur d'Abbi-Addi. — Dangereuses démonstrations. — Chez le balambaras Debbeb. — Hospitalité écossaise. — Bardes abyssins. — Chants, danses et beuveries. — République incomprise.

Une forteresse naturelle en Abyssinie.

Avançons encore vers le cœur de l'Abyssinie.

Après avoir passé Sacli, Atchélaquié, Addofelassi, nous arrivons Dabbatadios où, pour la première fois, nous nous trouvons en présence de cette nature éperdument accidentée qui donne le vertige.

De Dabbatadios, le regard jouit en effet d'un panorama aussi étendu que varié.

A l'ouest, se dressent les hautes montagnes du Sémiène, dont l'éloignement adoucit tous les contours.

A l'est, les montagnes des Ambas, derniers contreforts des massifs de l'Haramat et de l'Enderta, qui courent du nord au sud sur une longueur d'une vingtaine de lieues, pour aller se relier aux montagnes du Ouodgérate et des Agaos.

En face de ces fantastiques amas de rochers, c'est à renoncer à toute description, car le regard lui-même erre ébloui et perdu dans ce dédale de montagnes bizarres, où le géologue trouverait sans doute la preuve irréfragable de quelque terrible convulsion du globe.

Qu'on s'imagine un effondrement subit et escarpé d'environ 800 mètres; puis, du fond de cet abîme émergent d'autres montagnes qu'on ne peut comparer qu'à des amas de ruines.

Ici, c'est une muraille crénelée, une tour qui se dresse fière et menaçante encore, des aiguilles qui ressemblent à de gigantesques paratonnerres.

Là des terre-pleins, avec bastions, fossés et contrescarpes, supportant plusieurs étages de citadelles superposées, diminuant de hauteur à mesure qu'elles s'élèvent, véritables forteresses avec des tours, tourelles, poivrières, mâchicoulis, tout l'agencement enfin d'un manoir destiné à subir de longs sièges.

La couleur vient encore aider à l'illusion : les parois verticales de ces montagnes sont d'un rouge ou d'un gris jaunâtre qui rappelle les teintes de la brique vieillie et effritée par le temps.

Depuis longtemps d'ailleurs les Abyssins ont su utiliser ces forteresses naturelles.

Il en est, plus vastes que les autres, dont le sommet forme un plateau recouvert de terre végétale et fertilisé par des sources, circonstance qui permet d'y défier tout blocus.

Un sentier escarpé, qu'un homme ne peut gravir qu'en s'aidant des pieds et des mains, dissimulé encore dans quelque repli de la montagne, donne seul accès sur le plateau supérieur.

*
* *

Quelques rochers mobiles, lancés dans cet étroit passage, suffiraient pour écraser une armée; aussi, privés d'artillerie et des engins meurtriers que le raffinement de notre civilisation emploie pour faire la guerre, les Abyssins ne peuvent assiéger ces monts forts, qui ont contribué dans une large mesure à éterniser les luttes intestines qui déchirent l'Éthiopie, en offrant au vaincu un asile inexpugnable où se perpétuait la haine des partis.

Ces singulières montagnes ne sont pas seulement des citadelles témoins de luttes mémorables.

De moindres proportions et d'un accès plus difficile encore, elles servent la vengeance du vainqueur et deviennent des prisons d'État.

On choisit d'ordinaire, pour y déporter les chefs vaincus dont on redoute l'influence, des sommets isolés de tous côtés par des murailles à pic et sur lesquels l'homme ne peut plus arriver que hissé par des cordages, comme un mineur qui remonte du fond du puits. Comment parvint-on à escalader pour la première fois ces cimes aujourd'hui inaccessibles? Je l'ignore; mais on peut présumer qu'un sentier, détruit depuis, en permettait l'accès.

Les *ambas* ont une troisième destination : c'est là que se réfugient les moines d'Abyssinie, pour vivre dans la prière à l'abri des vicissitudes du monde.

Nous ne pouvons rien dire de ces pieuses retraites, que nous n'avons pas visitées.

Mais deux voyageurs français, MM. Ferret et Galinier, visitant le monastère de Maye-Brasio, près d'Axoum, tout en rendant justice à l'austérité des moines qui l'habitaient, laissent échapper, en présence de la profonde ignorance dans laquelle ils croupissent, cette douloureuse exclamation :

— « O Augustin! ô Cyrille! ô Athanase! que dites-vous, lorsque vous jetez les yeux sur vos tristes successeurs? Et toi, divin apôtre des Églises, ô Paul! n'as-tu pas une dernière épître pour cette malheureuse Église d'Abyssinie? »

On juge par là de la valeur du clergé schismatique d'Éthiopie.

***

Nous quittons ces lieux escarpés, pour pénétrer, à environ vingt kilomètres plus au sud, dans la demeure du gouverneur d'Abbi-Addi.

J'étais à plat ventre, — dit l'explorateur à qui nous empruntons cet extrait, — quand mon compagnon de voyage vint me rappeler qu'il serait tout au moins décent de prendre une posture plus convenable pour recevoir le gouverneur.

Je maudis de grand cœur la civilité puérile et honnête qui me poursuivait jusqu'au cœur de l'Éthiopie, et, comme un écolier dont la cloche a interrompu la partie de barre, je remontai en boudant sur ma mule.

Au même instant déboucha devant nous, entre deux roches rougeâtres, une nombreuse cavalcade.

Le gouverneur, marchant en tête, tenait à la main un fusil double ; il donna le signal d'une salve de mousqueterie, à laquelle nous répondîmes coup pour coup.

Ces démonstrations bruyantes m'ont toujours inspiré une crainte respectueuse ; les fusils sont invariablement chargés jusqu'à la gueule, et j'avais souvenir qu'à Massaouah, avant mon départ, les traitants de l'endroit m'avaient offert des fusils doubles à 16 francs.

Ce n'étaient que de simples tuyaux en tôle soudée et qui m'ont paru propres, avant tout, à éclater au nez de leur heureux possesseur.

Il convient de faire remarquer ici que ce récit date de 1880 ; aujourd'hui les Abyssins sont armés de fusils moins dangereux pour eux-mêmes et plus redoutables pour leurs ennemis : les Italiens en ont fait la cruelle expérience.

Nous mîmes pied à terre de part et d'autre.

Le balambaras (tel était le titre du gouverneur) prononça une longue harangue, dont nous ne comprîmes pas un traître mot.

Mais si la longueur d'un discours en fait la qualité, celui-là devait être singulièrement éloquent.

Il eut en tout cas un résultat certain, celui de me rappeler que je n'avais ni bu ni mangé, ce qui me rendait d'une humeur massacrante.

Grâce à cette mauvaise disposition d'esprit, le balambaras m'apparut tout d'abord comme un petit homme au visage de belette, sec, pédant et prétentieux.

Nos domestiques étaient plus fiers que nous des honneurs qu'on nous rendait ; ils se rangèrent en bataille, le fusil sur l'épaule.

Nous les suivions, chevauchant côte à côte avec le balambaras, dont la nombreuse escorte formait l'arrière-garde.

Nous fîmes ainsi à Abbi-Addi une entrée triomphale, au milieu des cris des femmes et des salves de mousqueterie.

Le gouverneur nous reçut dans sa maison, hutte plus spacieuse que les autres, élevée un peu au-dessus du sol et décorée d'un simulacre de perron.

Au fond de l'unique appartement de cette demeure princière, et dans une sorte d'alcôve, un angareb recouvert d'un tapis servait de divan.

Heureusement, il n'est point en Abyssinie de réception sans des flots d'hydromel.

Mais le gouverneur nous ménageait une surprise qui dérida tous les fronts.

Une jeune servante vint déposer à nos pieds une immense corbeille de bananes.

Des fruits !

Depuis la France, nous n'en avions pas vu un seul.

On peut penser si ce présent nous était agréable. Les bananes étaient exquises, je n'en avais pas encore mangé d'aussi bonnes.

Le gouverneur pour moi n'était plus le même homme ; son œil gris était maintenant pétillant d'intelligence, ses lèvres pincées n'exprimaient plus le sarcasme, mais la fine ironie.

Les bardes abyssins

Il se métamorphosait, c'était à n'en pas douter, à moins que ce ne fût chez moi l'effet de la reconnaissance d'un estomac à jeun depuis tantôt vingt-quatre heures.

Comme chez le raz Bariaou, on nous servit le taidje dans des breullis ; mais au lieu de tendre le creux de la main pour goûter le breuvage et prouver ainsi qu'il n'était pas empoisonné, les serviteurs s'agenouillèrent devant chacun de nous, et, pliant un coin de leur taub en forme de rigole, ils reçurent dans ce conduit d'un nouveau genre un peu de taidje qui parvint ainsi jusqu'à leur bouche.

La salle, encombrée de soldats et de domestiques accroupis sur leurs talons, était fort obscure, n'ayant d'autre ouverture qu'une porte basse obstruée encore par le toit de chaume, qui descendait presque jusqu'à terre.

Mais le long des murs, des serviteurs, rangés comme des statues de bronze, portaient des torches, dont la lueur vacillante ajoutait encore au pittoresque de cette réception.

Nous nous retirâmes pour surveiller notre installation.

Le gouverneur donna l'hospitalité au vice-consul; mais je préférai ma petite tente, que je fis installer dans la cour, sous un hangar.

* * *

Après le dîner, le balambaras Debbeb (tel était le nom du gouverneur d'Abbi-Addi) fit inviter ses hôtes à passer la soirée avec lui.

Une soirée en Abyssinie! cela promettait d'être curieux.

Aussi les deux Français s'empressèrent-ils d'accepter l'invitation :

La salle que nous connaissons déjà avait été jonchée d'herbes fraîches; l'illumination était plus complète encore, et l'assistance plus nombreuse, si c'est possible.

De vastes gombos de taidje, d'éloquentes rangées de breullis et une nouvelle corbeille des fameuses bananes prouvaient surabondamment que le gouverneur, en homme bien appris, connaissait tous les devoirs de l'hospitalité la plus écossaise.

Nous voulûmes lui prouver aussi que les Français avaient le cœur grand et généreux, et nous fîmes apporter deux bouteilles de cognac.

Le gouverneur est décidément un personnage important, et le roi doit le tenir en estime pour lui avoir confié les délicates fonctions dont il est investi.

L'Amba-Salama, sur lequel a été exilé le raz Gobasier, est situé près d'Abbi-Addi, et le gardien de cette prison d'État, celui qui est chargé de veiller sur le plus terrible ennemi du roi, est précisément notre hôte, le balambaras Debbeb, qui cumule en outre les fonctions de gouverneur général de la province du Tembiène.

Ce détail ajoutait encore à l'intérêt que nous offrait cette petite fête.

Après une première libation, nous vîmes entrer trois hommes vêtus à peu près de la même façon, bien que de physionomies fort différentes.

Celui qui marchait en tête était de la taille d'un tambour-major, mais maigre à faire peur; on eût dit une asperge habillée.

Chez lui tout était long, les jambes, les bras, les mains, le visage, le nez, les dents ; son menton proéminent, ses yeux clignotants lui donnaient une figure à grimace spirituellement bête, comme celle d'un jocrisse.

Celui qui le suivait était au contraire presque un nain, avec des yeux malins et cette mine espiègle qui semble être l'apanage des déshérités de la nature.

Le troisième était une grosse pâte d'homme, bouffie et rebondie, marquée de petite vérole et qui n'avait nul besoin de se grimer pour avoir tout l'air d'un imbécile.

Tous les trois portaient les cheveux courts et légèrement crépus, un long pantalon, une chemise serrée à la taille par une ceinture de couleur et une chemma très fine, dont une bande de soie brochée remplaçait le liteau rouge.

Un violon, qu'ils portaient majestueusement appuyé sur la hanche, comme un roi porte son sceptre, nous révéla de suite leur profession.

C'étaient des musiciens, à la fois compositeurs et exécutants, poètes et chanteurs, des trouvères, des bardes enfin, en tout semblables à nos bardes, à nos trouvères du moyen âge.

Comme eux, ils chantent la noblesse des princes, les hauts faits des guerriers et la beauté des femmes, la gloire, la valeur et l'amour.

*
* *

Ces bardes éthiopiens sont frappés du même ostracisme qui pèse encore, dans nos nations civilisées, sur tous ceux qui osent affronter les lumières de la rampe.

Tour à tour poètes ou bouffons, ils s'attachent à la fortune d'un prince qu'ils amusent de leurs saillies ou célèbrent dans leurs strophes.

Mais les largesses de leurs maîtres ne sont qu'une faible compensation au mépris qui les entoure.

L'instrument dont ils s'accompagnent est un violon à une corde, dont la caisse, en forme de losange, est faite d'un cadre en bois recouvert d'une peau, comme un tambour.

Ils en tirent, à l'aide d'un archet semblable à un arc, quelques notes criardes et discordantes.

Les trois trouvères défilèrent gravement en saluant l'assemblée, puis, se plaçant de front, le plus grand au milieu, ils commencèrent une longue et monotone rapsodie.

C'est une des circonstances dans lesquelles j'ai le plus regretté de ne pas comprendre la langue du pays, car il eût été curieux de transcrire leurs chants improvisés.

Aux sourires du balambaras, aux applaudissements de l'assemblée, dont les regards étaient tournés vers nous, au terme de *Frangui*, fréquemment répété, il était pourtant facile de comprendre que nous étions en cause.

C'était le moment de faire sauter le bouchon de nos bouteilles de cognac.

Nous en versâmes de pleines rasades à notre hôte et aux musiciens, qui semblèrent priser fort ce nouveau breuvage.

Le taidje aussi coulait à flots et les têtes commençaient à s'échauffer : la verve des trouvères s'en ressentit.

Bientôt leur corps suivit le rythme de leurs chants.

Lent d'abord et à peine sensible, ce balancement s'accentua de plus en plus ; les pieds s'agitèrent sur place, et, criant, râclant de toutes leurs forces, ils s'élancèrent enfin en pirouettant, entraînés par un mouvement de valse bien défini.

Le grêle et gigantesque musicien s'arrêta le dernier, haletant et ruisselant de sueur.

Nous le récompensâmes par un verre de cognac, qui fut suivi, coup sur coup, de deux vastes breullis de taidje ; il y puisa une nouvelle ardeur, et, après un moment de repos, les chants recommencèrent.

Ses deux compagnons se retirèrent à l'écart et se bornèrent cette fois au rôle d'accompagnateurs.

Il me semble voir encore ce grand homme dégingandé, tordu en forme de S, le cou tendu en avant, la poitrine rentrée, les hanches saillantes, les genoux légèrement pliés, les jambes cambrées, les pieds se touchant par la pointe, roulant des yeux hagards, criant à tue-tête.

Ses jambes s'entre-choquaient ; tout son corps tremblait, comme secoué par un spasme nerveux ; l'assemblée chantait ses refrains en chœur et l'accompagnait en frappant dans les mains ; les femmes au dehors poussaient leur cri aigu.

C'était comme une fièvre qui gagnait toute l'assistance.

Tout à coup une main lui posa sur la tête un breulli plein de taïdje ; le danseur se mit à tourbillonner sans en verser une goutte, en faisant mille contorsions.

Il allait s'affaissant de plus en plus sur ses jarrets, et tomba enfin à genoux.

Il continua dans cette posture à tourner sur lui-même, le breulli de taidje demeurant toujours sur sa tête.

La danse, la musique et les chants allèrent *smorzando*, jusqu'à devenir une douce cantilène et un harmonieux balancement assez semblable à la danse du ventre des femmes arabes.

Il poussa enfin un dernier cri, se releva comme un ressort qui se détend, salua, et le breulli, par une brusque secousse passant de sa tête à sa main, se vida d'un trait dans son vaste gosier.

Les deux autres lui succédèrent, mais ce n'était plus la même verve, le même entrain ; aussi notre hôte, légèrement ému par le cognac, qu'il trouvait d'ailleurs excellent, mettant de côté sa dignité de balambaras, mêla sa voix à celle des trouvères, composant tout un hymne en notre honneur.

La fête menaçait de tourner en orgie : autorisés par l'exemple de leur maître, soldats et domestiques chantaient à qui mieux mieux.

Mais comme la nuit touchait à son déclin, nous levâmes la séance.

Au point du jour, les chanteurs étaient encore là et saluèrent notre réveil par une aubade.

Tout flatteur vit aux dépens de celui qui l'écoute, a dit le poète ; cet adage est vrai partout.

La fête de la veille et l'aubade du matin nous coûtèrent une vache.

Le balambaras Debbeb était un homme d'environ quarante-cinq ans, aux cheveux grisonnants, et dont toute la petite personne semblait pétrie d'un esprit fin et railleur.

Dans un milieu plus civilisé, cet homme fût devenu habile diplomate, éloquent orateur ou savant jurisconsulte.

Debbeb écoutait avec grand intérêt les détails qu'on lui donnait sur l'organisation sociale et politique des peuples d'Occident.

Il y avait là pour lui bien des choses nouvelles, mais qu'il semblait trouver toutes naturelles, comme s'il en eût eu l'intuition.

Une chose cependant semblait dépasser son intelligence, c'était l'idée d'une république.

※
※ ※

— Mais qui est le maître, — demandait-il, — puisque vous n'avez pas de roi !

On avait beau lui expliquer que les élus de la nation, réunis en assemblée, ayant à leur tête un président, représentaient le souverain, dont ils avaient tous les pouvoirs :

— Ce sont là les conseillers ! — ripostait-il ; — mais le roi ?

Il fut impossible de lui faire entrer dans la tête que les Français s'en passaient.

A part ça, Debbeb était, en politique, l'esprit le plus délié qu'il se pût rencontrer.

Les Abyssins sont d'ailleurs des politiques et des diplomates consommés.

Ils savent répondre sans se compromettre à une question embarrassante, et ont le talent d'enchaîner moralement leurs ennemis les plus acharnés.

Longtemps en lutte les uns contre les autres, ils ont appris à rivaliser de dissimulation et de subtilité et à se tendre des pièges, qu'ils évitent avec non moins d'habileté.

CXVI

LE DESSUS DU PANIER

Dignités civiles et militaires. — Origine du mot Négus. — Les Raz et leurs rébellions. — Autres titres. — La première révolte de Mangascha. — Sa soumission. — Magnanimité et ingratitude. — Un règne de progrès. — La justice en Abyssinie. — Un code en désuétude.

Avant de faire plus ample connaissance avec les dignitaires de l'empire éthiopien, qui firent un accueil si enthousiaste à la mission Marchand, il n'est pas sans intérêt, croyons-nous, de savoir quels sont leurs titres et leurs fonctions.

Disons donc tout de suite, en quelques mots, quelles sont les principales dignités civiles et militaires de ce pays.

A tout seigneur, tout honneur : commençons par le chef de l'État.

Sur le trône d'Abyssinie siège l'*Atié* ou *Négus*.

La première de ces désignations, qui, à proprement parler, signifie père, semble avoir été de préférence employée avant Théodoros, et les indigènes, en parlant de leurs anciens empereurs, emploient ce mot : ainsi ils disent, *Atié Kabel*, *Atié Fazil*, qui ont régné, l'un au sixième, l'autre au quinzième siècle ; tandis que, s'ils parlent de Théodoros ou du roi régnant, ils emploient le titre de *Négus*.

Cette dénomination était cependant connue avant Théodoros, car Sand en parle :

« Ce titre, dit-il, donné par les Européens au souverain de l'Abyssinie, n'est qu'une corruption ou une déviation de *négash*. »

A propos de l'inscription d'Axoum, où le souverain s'intitule roi des rois, lord Valentia dit :

« Cela répond au *Négush Néhushi*, qui continue à être le titre des empereurs d'Éthiopie.

Salt et lord Valentia emploient encore fréquemment le titre « *Bahar-Négash* », pour désigner les petits potentats du Tigré, ce qui semble rationnel d'ailleurs.

Bahar en arabe signifie mer, et comme la province du Tigré avait alors pour limite orientale la mer Rouge, il n'y a rien d'étonnant à ce que les princes dont la suzeraineté s'étendait jusqu'à la côte aient porté le titre de *Bahar-Négash*, roi de la mer.

Comment dans le pays même *Négash* est-il devenu *Négus*, en se substituant au titre Atié ?

Nous l'ignorons, mais le fait est constant.

C'est là un des nombreux problèmes, — un des moins importants d'ailleurs, — qui restent à résoudre sur l'Éthiopie.

Chez un peuple où l'usage de l'écriture est peu répandu et reste le privilège en quelque sorte exclusif de certaines castes, les traditions orales, si peu anciennes qu'elles soient, sont constamment dénaturées.

Et si leur souvenir est confié à l'écriture à deux époques différentes, le même fait sera raconté d'une façon contradictoire ou tout au moins méconnaissable, parce qu'il est impossible de suivre la filiation des différentes versions auxquelles le récit a donné lieu.

Certains documents qui pourraient servir à édifier l'histoire d'Abyssinie sont tellement obscurs que plus on les étudie, plus on s'enfonce dans le doute.

Le Négus est en même temps le chef civil et militaire du pays.

Après lui viennent les *Raz*.

Il n'y eut autrefois qu'un dignitaire portant ce titre, et c'était un grade militaire. Le raz Mikaël que nous a fait connaître Bruce, empiéta le premier sur les pouvoirs civils, et bientôt *Raz* signifia *gouverneur de province*.

Il y eut un raz dans l'Amarah, un raz dans le Tigré, et leurs luttes furent épiques. Aujourd'hui, l'importance de cette dignité est encore plus restreinte.

Le prédécesseur de Ménélik, Iohannès, pour s'attacher des partisans, a conféré le titre de Raz aux principaux seigneurs qui ont reconnu son autorité.

Il y en a autant que de provinces. Les *Raz*, malgré cela, marchent toujours en première ligne après le négus.

L'organisation politique de l'Abyssinie étant essentiellement féodale, chacun de ces petits potentats est maître chez lui, et le roi n'a rien à revoir dans son gouvernement, tant qu'il paye régulièrement l'impôt, tant en hommes de guerre qu'en argent.

Mais tous ces principicules s'imaginent avoir, de par leur naissance, autant ou plus de droits au trône que leur souverain, et leur secrète pensée est de prendre sa place : de là, rébellion, lutte et conflit.

Iohannès le savait bien ; aussi, sous le fallacieux prétexte de les combler d'honneurs, il retint les raz à sa cour, comme dans une cage dorée, pour les empêcher de tramer, à l'abri de leurs montagnes, quelque machiavélique insurrection.

C'étaient des *Meslanis* ou *sous-gouverneurs* qui résidaient dans la province et l'administraient à la place des Raz.

Il y a encore les *Bélétas* et *Bélintéguétas* ou conseillers ; mais les titulaires de cette charge importante semblent être bien déchus.

La chaise à porteurs de M. Lagarde.

Puis viennent les *Balambaras* qui sont des écuyers, les *Azadjes* ou trésoriers, et enfin les *Choums* ou *Kantibas*, c'est-à-dire gouverneurs de petits districts.

Dans les emplois militaires, nous retrouvons encore en première ligne les *Raz*, qui, sous les ordres suprêmes du négus, commandent en chef les rayons de leurs provinces.

A ce point de vue, le titre de *Raz* correspond à celui de *maréchal de France* ; mais je crois qu'il est plus rationnel, en raison de leur pouvoir à la fois civil et militaire, de comparer les Raz à nos anciens grands feudataires de la couronne, dont ils ont toutes les attributions et toute l'indépendance.

Ce sont ensuite les *Dedjasmaths* et *Fitoraris*, généraux de divers corps d'armée.

Mais, en présence du nombre prodigieux de dedjasmadhs que l'on rencontre en Abyssinie, ce semble être plutôt un titre honorifique,

Mais Hassein en avait du premier coup tordu la lame.

qui ne comporte nullement que l'on remplisse les fonctions d'un général d'armée.

C'est ainsi que le fils du raz Aréa est appelé dedjas Kassa, bien qu'il ait à peine quinze ans. Dedjas est une abrévation de dedjas-match.

Il y a enfin les *Alakas* ou lieutenants, les *Bachas*, qui représentent nos sous-officiers.

**

Nous venons de parler des dispositions qu'ont eues de tout temps les raz à se révolter contre l'autorité du négus dont ils convoitent le pouvoir.

La dernière de ces rebellions est, on le sait, celle du raz Mangascha, qui s'était soulevé contre Ménélik à l'instigation de l'Angleterre et contre qui le négus envoya une armée de 40,000 hommes, commandée par le raz Makonnen.

Ce n'était pas la première fois que l'ambitieux vassal essayait de détrôner son souverain.

Jeune, intelligent, très beau de figure, soigneux de sa personne et quelque peu efféminé, le raz Mangascha est le fils naturel de l'empereur Johannès.

Dévoré par l'ambition et la vanité, Mangascha a, de tout temps, été absorbé par la pensée d'occuper le trône d'Éthiopie.

C'est dans ce but qu'il conclut en 1891 la convention du Mareb avec le gouvernement italien, représenté par le général Gandolfi.

Plus tard, il ne se gêna nullement pour reprendre sa parole et faire à Ménélik son entière soumission.

Il se rendit alors à Addis-Ababa, escorté de toute son armée.

Avant de franchir la porte de la demeure impériale, le négus lui fit dire d'entrer seul et de placer sur sa tête une pierre de volume respectable.

Pris de peur, le raz Masgascha accomplit l'ordre du souverain.

On l'introduisit alors dans la salle de justice, où Ménélik, entouré de ses guerriers et des raz les plus puissants, l'attendait.

Aussitôt, suivant la coutume, le raz Mangascha se prosterna à ses pieds.

— Que fais-tu? lui dit Ménélik. Relève-toi et affronte mon regard.

Les deux rivaux restèrent ainsi en face l'un de l'autre pendant quelques instants.

Ménélick, dans une attitude hautaine de suprême dédain; Mangascha, craintif et tremblant.

Puis, quand il jugea que la leçon était suffisante, le négus fit signe de s'asseoir à son vassal révolté.

Le lendemain après mille promesses, Mangascha retournait dans ses États, mais l'humiliation subie ne fit qu'accroître sa haine.

Le magnanime négus s'en aperçut plus tard, quand il vit le rebelle pardonné se dresser de nouveau contre son autorité.

* * *

Mais l'oubli des injures et la grandeur d'âme ne sont pas les seules qualités de Ménélik.

Sous son règne, l'Abyssinie est entrée résolument dans la voie du progrès et de la civilisation.

Elle se modernise rapidement, et ce n'est point seulement par ironie que nous en trouvons la preuve dans le rigoureux protocole qui régit la cour de Ménélik.

Les sceptiques souriront.

Les incrédules, en effet, ne peuvent se faire à l'idée que la capitale de l'empire éthiopien est à l'heure présente un foyer intense de ruses et d'intrigues familières à la diplomatie.

Il y a à la cour d'Éthiopie quatre ministres plénipotentiaires qui luttent d'influence et — peut-on le dire ? — de perfidie pour capter la confiance du soupçonneux Roi des Rois : M. Lagarde, ministre de France ; M. le général Vlassof, ambassadeur de Russie ; M. le capitaine Ciccodicola, représentant d'Italie, et M. le lieutenant Harrington, envoyé extraordinaire de Sa Majesté Britannique.

Mais, en dehors du temps que leur prennent les manœuvres habiles et les combinaisons savantes, ces diplomates s'ingénient — distraction honnête ! — à donner à leur habitation un confort et un luxe relatifs.

C'est qu'en Abyssinie cela n'est pas sans importance et l'on doit faire souvent des prodiges d'invention pour suppléer à ce qui fait défaut ; — or, tout manque !

Les frivolités et les choses sérieuses vont de pair, et M. Lagarde put se faire apprécier aussi bien par la force d'inertie qu'il sait déployer à propos, que par la composition d'une escorte imposante et l'arrangement plein de goût des cases composant la résidence.

Sa chaise à porteurs a également conquis tous les suffrages.

L'idée a beaucoup amusé les Abyssins qui, eux, adorent les exercices violents, les chevaux et surtout les mules.

Aussi, quand M. Lagarde se rend au palais du roi, le ministre de France enfourche-t-il un mulet superbe, magnifiquement harnaché : collier d'argent et d'or massif, brides en cuir finement travaillé, selle abyssine recouverte d'un tapis aux riches broderies, toutes choses qui impressionnent ces gens simples et pauvres.

Les ambassadeurs des autres puissances ont pris modèle sur leur aîné, qui est peut-être le plus jeune d'entre eux, et rivalisent de faste et de magnificence.

Des réceptions ont eu lieu parfois, et Ménélik, placé sous un baldaquin, les jambes repliées sous le corps, assiste au repas de ses invités qui, pendant que l'empereur plonge ses doigts dans les plats en terre qu'on lui présente, font usage du service de porcelaine armoriée offert par le prince Henri d'Orléans et de l'argenterie ciselée donnée par M. Léontieff.

Les mets consistent pour Ménélik et son entourage en viande crue coupée par tranches et en galettes fortement épicées.

Les Européens sont servis par des Abyssins en toge rouge et blanche, lesquels leur apportent des plats de viande cuite et de légumes frais qu'un Grec, fort expert, a très convenablement assaisonnés.

A la fin du repas, un rideau se lève, sur le signe du roi, et l'on voit alors des milliers de soldats entassés dans une immense salle appelée l'*aderasch*, qui mangent le *brondo* national et boivent dans des cornes de bœuf l'hydromel habituel dont ils font fréquemment, nous le savons, une consommation immodérée.

*
* *

Nous avons parlé du pouvoir impérial, ainsi que des pouvoirs administratif et militaire de l'Abyssinie ; il nous reste à dire quelques mots du pouvoir judiciaire.

Nous ne pouvons mieux faire, à ce propos, que de reproduire le passage suivant du captivant récit de M. Raffray.

Le côté anecdotique y atténue l'aridité du sujet et rend ce dernier des plus attachants :

J'avais planté ma tente tout près d'une hutte où les domestiques étaient logés, et, tandis que j'empaillais un souï-manga, j'entendis dans cette cabane comme le bruit d'une lutte.

Abandonner mes scalpels, saisir ma courbache et m'élancer dans la hutte fut l'affaire d'un instant.

Les deux adversaires se livraient un combat dont les suites eussent pu devenir graves.

Le kantiba avait dégainé son grand sabre ; mais Hassein, brandissant un gourdin formidable, en avait du premier coup tordu la lame.

Le kantiba ainsi désarmé portait déjà la main à un pistolet passé dans sa ceinture, quand un coup de courbache vigoureusement appliqué les cingla tous les deux à la fois ; les deux champions, en me voyant, s'arrêtèrent ébahis.

J'en profitai : d'un bond, j'enlevai au kantiba son pistolet, et d'un coup d'épaule j'envoyai Hassein, tout stupéfié, trébucher contre la muraille.

Il n'y avait pas eu de sang répandu, mais j'étais arrivé à temps ; une seconde plus tard, mon domestique était mort, à moins que (chose fort possible) le pistolet du kantiba, qui avait bien dû coûter 3 à 4 francs, ne lui eût éclaté à la figure.

Qui fut penaud ? ce furent mes deux gaillards.

Ils voulurent bien entamer une discussion, à laquelle, d'ailleurs, je n'eusse rien compris ; mais un geste suffit pour leur imposer silence.

Suivi des deux coupables, j'allai trouver le vice-consul, car il était urgent de prendre des mesures sévères pour que semblable fait ne se renouvelât pas.

Le cas était obscur et des plus délicats.

Nous prîmes le sage parti de nous en laver les mains et de déférer ces deux mauvais sujets à la justice publique.

Ce serait, pensions-nous, d'un bon effet pour les autres domestiques et aussi pour les habitants.

Au risque de recevoir une verte correction, dont l'échine eût porté l'empreinte plus d'un jour, les coupables eussent préféré, je crois, être jugés par nous.

Comparaître devant un tribunal indigène blessait singulièrement leur amour-propre.

On noua ensemble par une cornière les deux chemmas des prévenus, qui, de cette façon, ne pouvaient plus se quitter sans que l'un ou l'autre laissât son vêtement entre les mains de son adversaire.

Ce procédé me paraissait bien anodin, et j'eusse préféré une chaîne solide.

Elle était inutile, car les Abyssins sont plus raffinés en législation que je n'aurais pu le supposer : la fuite est considérée comme une preuve certaine de culpabilité.

On craint la justice dès qu'on cherche à s'y soustraire, et redouter ses arrêts dénote une conscience troublée.

Prévenu par nous, le choum de Finarouah convoqua le tribunal, qui s'installa sous l'auvent de la maison qu'habitait M. de Sarzec.

* * *

Une parenthèse.

Il n'y a point en Abyssinie de magistrature organisée ; la justice est rendue par les princes et les chefs du pays, et, en leur absence, par les principaux habitants réputés pour leur sagesse.

Certains crimes ne ressortent que d'un jugement impérial, et le souverain peut toujours porter sentence en dernier ressort.

La peine édictée est subie immédiatement.

D'après les voyageurs qui ont résidé longtemps en Abyssinie et qui, connaissant parfaitement la langue du pays, ont pu étudier les manuscrits éthiopiens, il existerait un code nommé *Feuta-Negueusti*, qui reproduit, à peu de chose près, le livre de Moïse et les préceptes de l'Évangile avec quelques lois du code de Justinien.

« Il se composerait de cinquante et un chapitres, dit M. Théophile Lefèvre, et serait divisé en quatre parties. »

Nous empruntons au même auteur la traduction de quelques paragraphes qui caractérisent la justice éthiopienne.

« Quiconque en a frappé un autre est condamné à une amende dont l'importance est laissée à la décision des juges.

« Si la personne vient à mourir, les parents de la victime peuvent tuer l'assassin à coups de lance. Si le meurtre est involontaire, on rachète le sang par une somme donnée à la famille.

« Quiconque vole doit avoir le poignet coupé. Le vol à main armée est puni de la privation du pied et de la main.

« Quiconque est convaincu de mensonge, après avoir juré par l'excommunication ou par la vie du roi, doit avoir la langue coupée.

« L'aveuglement punit le crime de lèse-majesté.

« Le père a droit de vie et de mort sur ses enfants ; il ne jouit pas du même privilège à l'égard de ses esclaves.

« Tout homme convaincu d'avoir vendu un chrétien comme esclave est condamné à la pendaison. Quand on exécute ce dernier cas, on balance sept fois le patient et l'on coupe la corde : s'il survit il a sa grâce. »

Mais, — il est à peine besoin de le dire, — ce code est singulièrement tombé en désuétude, surtout sous le présent règne, et les peines passablement barbares qu'il édicte n'existent plus qu'à l'état de souvenir.

Sous Johannès, cependant, l'aveuglement était toujours en vigueur, et le nombre de mutilés qu'on rencontre encore témoigne que, sous le même règne, les plus cruels supplices étaient appliqués.

Mais revenons à notre anecdote.

Le cas qui nous occupait n'était pas extrêmement grave, et d'ailleurs nous supposions que, par condescendance pour nous, on mitigerait les rigueurs de la peine, qui devait se borner à une amende plus ou moins forte.

Les prêtres les plus âgés du pays s'étaient constitués juges.

Les deux coupables comparurent devant le tribunal, liés l'un à l'autre par leurs chemmas.

Pour les humilier davantage, on leur mit de lourdes menottes, et, à voir leur mine contrite, c'était déjà là une grosse punition.

Hassein et le kantiba, debout devant leurs juges, laissèrent tomber leurs chemmas sur les reins en signe de respect.

Toute la question se résumait à ceci : connaître le motif de la querelle et savoir quel était l'agresseur.

La cause était embrouillée, et le tribunal semblait singulièrement perplexe.

Il n'y a point d'avocats : les Abyssins ont presque tous l'élocution facile et le geste éloquent.

Les prévenus présentent eux-mêmes leur défense; ce plaidoyer, souvent fort long, se termine invariablement par un pari.

Refuser de le tenir, c'est se déclarer vaincu ; cette règle cependant, malgré les protestations de Hassein, ne fut pas employée.

Les deux coupables étaient d'accord pour affirmer que l'origine de la querelle était une simple question de préséance.

Restait à savoir quel avait été l'agresseur.

On fit venir les témoins : c'étaient tous d'autres domestiques soumis à la juridiction des deux accusés.

Ces derniers, le torse nu, montraient leurs membres musculeux, circonstance qui inspira sans doute aux témoins une prudence respectueuse et respectable ; aussi les dépositions furent-elles si confuses, si contradictoires, que personne, les juges les premiers, n'y put rien comprendre.

Tout l'après-midi fut employé à cet important débat.

Les discours ne manquèrent pas, et, à voir les gestes expressifs, les inflexions de voix, les pantomimes des orateurs, autant que l'attitude grave et recueillie des juges, on pouvait pressentir toute l'éloquence des plaidoyers.

La cause s'embrouillait cependant de plus en plus.

Le magistrat suait en son lit de justice.

La cour prononça le renvoi au lendemain. Ceci ne faisait nullement notre affaire. Finarouah n'était point une Capoue, et nous avions hâte de continuer notre voyage.

Usant de notre suprême autorité, nous enjoignîmes aux juges de rendre leur verdict.

Le tribunal abyssinien mit en pratique, sans le connaître, cet axiome si vrai du fabuliste :

. . . . . Qu'à tort et à travers
On ne saurait manquer, condamnant un pervers.

Hassein et le kantiba Ouelda Guorguis durent payer chacun un thaler pour les pauvres du village. Nous soldâmes l'amende en avance sur leurs gages, et l'incident fut clos à la satisfaction de tous.

Dieu merci! cette leçon servit d'exemple, et dorénavant nos majordomes vécurent, ostensiblement du moins, en parfaite intelligence.

Ne se croirait-on pas transporté, — verbiage à part, — au temps de l'arbre de saint Louis?

CXVII

LA VILLE SAINTE

Une ancienne capitale. — Les deux grands chefs de l'Église abyssine. — Le palais des rois. — Celui des raz. — Profusion d'églises. — L'art portugais. — Singuliers prélats. — Hiérarchie religieuse. — Foi, superstition. — Une maladie nationale. — Ténia et ténicide.

Nous avons déjà touché deux mots du clergé schismatique d'Abyssinie.

Nous allons avoir l'occasion de l'examiner de plus près à Gondar, l'ancienne capitale de l'Éthiopie, et en quelque sorte la ville sainte de ce pays, ou du moins la résidence de l'abouna et de l'etchéquié, les deux chefs de l'Église abyssine.

Gondar est situé au nord de la plaine du Dembéa, sur des mamelons démodés qui s'étagent au pied des montagnes du Ouaguéra.

Moins ancien que sa rivale Axoum, cité antique s'il en fut, Gondar ne fut fondé que douze cents ans plus tard, vers le XVe siècle, sous le règne de l'empereur que Salt appelle Facilidas, et qu'on désigne aussi sous le nom d'Atié Fazzil.

C'est aux Portugais que Gondar doit d'être devenu une cité importante, et cette opinion semble suffisamment justifiée par les ruines d'origine européenne que l'on y rencontre à chaque pas.

Gondar fut longtemps la résidence des atiés et des raz d'Amarah, qui se plaisaient dans les palais que leur avaient construits les Portugais.

Théodoros le premier, d'humeur guerrière et aventureuse, préféra vivre dans un camp, au milieu de son armée, et il choisit un nid d'aigle, Débratabor, d'où son œil pouvait découvrir au loin ses ennemis.

Johannès ne fut jamais assez fermement assis sur le trône pour se préoccuper d'une résidence royale.

Quant à Ménélik, il déplaça la capitale de l'Abyssinie et l'établit à Addis-Ababa, où nous le verrons bientôt recevoir somptueusement Marchand et ses compagnons.

Gondar, qui renferme tant de curieux souvenirs, est divisé en deux villes nettement séparées : la ville chrétienne et la ville musulmane.

Cette dernière est une sorte de faubourg situé au pied de la colline, et qu'habite toute une population de marchands : marchands de café, de cuirs, de coton, de toutes sortes de choses.

Il faut pourtant reconnaître que ce quartier musulman respire l'aisance, la propreté, l'ordre.

Les Abyssins musulmans portent le même costume que les chré-

Le palais impérial de Gondar.

tiens, à cette différence près qu'ils ornent fréquemment leur tête d'un ruban, à l'instar des Égyptiens et des habitants de Massaouah, des îles et du littoral de la mer Rouge.

.·.

Quant à la ville chrétienne, elle est elle-même partagée en deux par un profond ravin qui sert de démarcation à deux quartiers, moralement encore plus distincts : le quartier de l'Abouna et le quartier de l'Etchéquié.

A l'est de ce dernier, sur un vaste plateau, se dresse, majestueux encore malgré les outrages du temps et des hommes, le château des empereurs, entouré d'une muraille percée de portes voûtées.

La partie la mieux conservée est un grand corps de bâtiment, flanqué d'une haute tour massive et carrée et d'autres tourelles rondes de moindre importance.

C'était la demeure de l'empereur lui-même, succession de vastes salles qui donnent sur un perron, et dont les fenêtres, aujourd'hui béantes ou à demi fermées par des ais brisés, étaient garnies d'un balcon en bois dont il ne reste que quelques vestiges.

Ce palais, couvert en terrasse, avait des murs crénelés comme ceux d'un château fort.

Tout près se trouve le pavillon réservé à l'impératrice, d'une construction moins sévère, plus gracieuse; les croisées sont ornementées de croix grecques, plus ou moins fleuronnées; la façade offre des corniches, et la terrasse est bordée d'une balustrade à jours. On sent que c'était là la demeure d'une femme.

Plus loin, car ce château est immense, sont les bâtiments destinés à la cour, les salles d'armes, les écuries et jusqu'aux fosses aux lions.

Les ornements des corniches, les encadrements des fenêtres et des portes sont faits d'une pierre rougeâtre, assez friable, et si semblable à de la brique que l'illusion serait complète si l'on ne pouvait voir, à quelque distance de Gondar, la carrière d'où l'on a tiré cette curieuse pierre, qui a conservé sa couleur vineuse après plus de trois siècles.

En général, l'architecture de ce palais est lourde et massive et absolument dénuée de sculptures, sauf des croix grecques qui, sur quelques façades, surmontent le cintre des principales portes et fenêtres.

A quelque distance de là se voit un autre palais, également construit par les Portugais, mais de bien moindres dimensions.

C'est un bâtiment carré, crénelé et flanqué d'un haut donjon, carré aussi, qu'habitaient les raz, et d'où ils pouvaient surveiller l'empereur leur maître.

* * *

La ville et les environs sont partout semés d'églises; il y en a, paraît-il, quarante-trois, dont plusieurs ont été construites par les Portugais.

On reconnaît facilement ces dernières à leurs murailles plus solides et plus régulières.

En Abyssinie, les églises sont toutes construites sur le même plan.

Elles sont plus ou moins grandes; les boiseries sont plus ou moins régulièrement taillées, voilà la seule différence.

Nous nous bornerons donc à dire, en quelques mots, ce qu'elles sont en général.

L'église est toujours située au milieu d'un bois sacré, qu'environne une muraille.

C'est au pied de ces arbres séculaires, à l'abri de leur ombrage, qu'on ensevelit les morts, dont un petit tumultus en pierre marque la tombe; nulle inscription, nul monument ne rappellent les noms, les qualités du défunt.

Les princes, les grands de la terre sont inhumés dans des cercueils en bois et déposés dans le péristyle même de l'église, comme nous l'avons vu à l'église d'Ouquère, comme nous le verrons encore à Gondar.

Lorsqu'on va à une grande église, on pénètre dans l'enceinte extérieure par une porte percée au milieu d'un petit bâtiment carré, dont le premier et unique étage sert de domicile au gardien du lieu.

Sous le passage voûté qui donne accès dans le bois, sont invariablement rangés des lépreux, des infirmes, des malades, tous plus repoussants les uns que les autres, qui viennent là implorer la charité publique, ou des âmes ferventes qui, voyant arriver leur dernière heure, se font transporter dans le vestibule de la maison de Dieu, pour mourir plus près de lui et plus saintement; d'autres enfin qui espèrent obtenir une guérison miraculeuse qu'ils demandent au ciel à grand renfort de plaintes et de gémissements.

Passez cette porte, traversez le bois mystérieux, et vous arriverez à une construction cylindrique, couverte d'un toit conique en chaume, que surmonte une croix grecque ornée de boules peintes en blanc.

La muraille est percée de plusieurs portes en plein cintre et d'autant de petites fenêtres munies de leurs volets et de leurs châssis, grossièrement taillés avec la hache et l'herminette.

Franchissant ce seuil, vous vous trouverez dans une galerie circulaire, ouverte à tous les vents, et qui entoure une construction intérieure carrée, sans autre ouverture qu'une porte, à laquelle conduisent deux ou trois degrés et que ferment deux battants, chacun d'un seul morceau de bois, enchaînés par un grossier cadenas.

C'est l'église proprement dite, renfermant le tabernacle, que voile encore un immense rideau.

Lors des cérémonies religieuses, les deux portes s'ouvrent, et les fidèles se tiennent debout ou accroupis dans la galerie.

Seuls, les prêtres et leurs desservants approchent du tabernacle et pénètrent dans la seconde enceinte.

. .

On voit souvent dans la galerie des nagarits ou tambours, des timbales, de petites clochettes en cuivre ou un instrument de musique très bizarre.

C'est une sorte d'U en fer, muni d'une poignée à sa base, fermé à son ouverture par une tige où sont enfilées de petites rondelles qui résonnent en se choquant, quand on agite l'instrument.

On voit encore là des bouquins enfumés avec des couvertures en bois et cuir gaufré ; ce sont les livres de prières, où le papier n'a pas encore remplacé le parchemin en peau de gazelle, et l'imprimerie, l'écriture manuscrite.

Quelques-uns sont de véritable chefs-d'œuvre de calligraphie, où l'encre noire et rouge et quelques arabesques simples, mais de bon goût, se marient heureusement.

Ces livres sont, paraît-il, écrits en langue ghèse, la langue morte, la langue sacrée.

Le toit de chaume est, à l'intérieur, très habilement construit : les bambous en roseaux qui le forment, symétriquement disposés, sont encore reliés par des bandes d'étoffe rouge et bleue, et les cercles qui servent de traverses sont entourés de torsades de mêmes couleurs, qui, se détachant alternativement sur le blanc des roseaux, produisent le plus charmant effet.

Nous ne surprendrons personne en disant que, lorsque Marchand et ses compagnons visitèrent les églises abyssines, leurs regards furent agréablement impressionnés en revoyant, au cœur de l'Éthiopie, les couleurs nationales et l'image du drapeau tricolore, que tant de malheurs n'ont pu assombrir ni décolorer.

Au dehors, près d'une des portes de la galerie, se dresse une petite potence où sont accrochées deux ou trois pierres plates et blanchâtres, qui, lorsqu'on les frappe avec un caillou, rendent un son argentin ; ce sont les cloches qui servent à convier le peuple à la prière.

Dans les églises riches, le sanctuaire est souvent tapissé, du côté de la galerie, de fresques sur toile représentant les principales scènes du christianisme.

Ces peintures sont curieuses à plus d'un titre : elles rappellent d'abord le style byzantin dont elles ont toute la roideur et toute la naïveté.

La perspective y est inconnue ; le diable seul y est représenté sous les traits d'un nègre, tous les autres personnages ont la peau blanche et rouge.

Les costumes, les étoffes appellent vaguement l'Inde et ses costumes ce qu'il faut, je pense, attribuer à l'intervention des Portugais qui, venant de l'Europe et de l'Inde, ont voulu rappeler les souvenirs de la patrie et ont fourni ainsi aux indigènes des modèles que ceux-ci ont depuis scupuleusement copiés.

On voit encore, du reste, aujourd'hui dans plusieurs églises de l'Amarah des peintures que les Abyssins disent eux-mêmes avoir été faites par des artistes portugais; dans les sanctuaires de Gondar, il y a entre autres des têtes de Christ et de Madone vraiment belles.

Ce ne sont pas des fresques. mais des tableaux sur toile collée sur bois, flanqués de deux petits volets comme certains oratoires du moyen âge.

Les Abyssins aiment à représenter surtout saint Georges, saint Michel et les miracles de la Vierge.

Ils ont pour la mère du Christ une dévotion toute particulière, qui se traduit incessamment par de touchantes allégories, dans le but de prouver à la fois sa puissance et sa bonté.

J'ai été frappé par l'expression, dans une de ces peintures, d'une idée originale et naïve : le Père éternel, entouré d'anges, y est représenté tenant à la main le drapeau aux couleurs abyssiniennes, blanc, rouge et blanc, disposées horizontalement.

*
* *

Après la visite des églises, le moment est venu de parler du clergé abyssin, qui est à Gondar plus nombreux que partout ailleurs.

Ses deux chefs sont l'*Abouna* et l'*Etchéquié*, les deux hommes les plus puissants peut-être du royaume.

L'*Abouna* est l'évêque, chef purement spirituel de tout le clergé abyssin.

Il est nommé par le patriarche copte d'Alexandrie et doit toujours être un étranger.

Le plus souvent, ce ne sont que de pauvres sires, qui ne consentent à accepter la mitre de l'Éthiopie que dans l'espoir de faire fortune et de retourner ensuite dans leur pays.

Mais c'est un vain espoir.

Les Abyssins, qui paient une grosse somme au patriarche à l'avènement de chaque nouvel évêque, considèrent leur abouna comme un capital qu'il faut ménager et le surveillent de près pour empêcher qu'il ne leur échappe.

Car, celui-ci parti, il faudrait payer ce nouveau pour en obtenir un autre.

Malgré les défauts qui lui tiennent lieu en général de science et de sainteté, l'abouna ordonne les prêtres et tient surtout entre ses mains les foudres d'excommunication, menace terrible auprès d'un peuple aussi attaché à sa foi que le sont pour la plupart les Abyssins.

L'*Etchéquié* est le chef temporel du clergé ; comme pour l'abouna, il ne peut y avoir qu'un etchéquié dans toute l'Abyssinie.

On le choisit toujours parmi les indigènes, et il a sur l'abouna cet avantage d'être du pays, de connaître les mœurs et le caractère du peuple.

Il possède des fiefs qui lui assurent de grands revenus, et s'il ne peut consacrer le prêtre, il possède avec l'abouna le pouvoir d'anathématiser.

Aussi les deux quartiers qu'ils habitent à Gondar, l'Abouna-biet et l'Étchéquié-biet, sont-ils regardés comme des asiles inviolables et sacrés, contre lesquels viennent se briser la vengeance des empereurs et l'autorité des lois.

Ce privilège d'asile est commun encore à plusieurs autres villes saintes, notamment à Axoum, et à la plupart des monastères et églises.

* *

Au-dessous de ces deux chefs suprêmes viennent les prêtres de différents degrés qui desservent les églises, les moines qui vivent à l'ombre d'un monastère, les clercs et enfin les deftéras.

Tous, à l'exception de l'Abouna, peuvent se marier.

Lorsqu'on rencontre un village de riche apparence où tout respire le calme et le bien-être, on dit invariablement que c'est un village de prêtres.

C'est qu'en effet les districts les plus riches sont l'apanage du clergé, exempts de toute contribution, respectés par les armées; la richesse a dû s'y développer en dépit de l'incurie.

Aux revenus de la terre viennent s'adjoindre d'ailleurs le casuel que fournit l'exercice de leur ministère et les dons des fidèles.

Les deftéras forment la transition du clergé à l'élément civil.

Ils n'ont point été consacrés; ce sont simplement des lettrés qui vivent de leur plume en transcrivant les livres de prières ou en composant des amulettes et des talismans qu'ils vendent aux fidèles.

Il y en a pour les hommes et pour les animaux; les uns et les autres les portent au cou, dans de petits sachets ou fourreaux en cuir.

Les maladies, les accidents y sont prévus, souvent représentés par des figures allégoriques et conjurés par une prière ou une formule cabalistique.

Ces talismans sont écrits sur des bandes de parchemin, proportionnées au nombre de maladies ou d'accidents contre lesquels ils doivent protéger, mais plus encore au nombre de thalaris que les deftéras ont su extorquer à la naïveté de leurs clients.

Il est inutile de dire avec quelle confiance aveugle et quel religieux respect les Abyssins portent au cou ces fétiches.

Ils ont cependant une foi vive et solidement enracinée.

C'est avec une rare ponctualité, et malgré les travaux les plus pénibles, qu'ils observent les jeûnes fréquents, longs et rigoureux, que leur impose leur religion.

Durant ces jours de pénitence, ils ne doivent prendre aucun aliment avant trois heures de l'après-midi.

Cette fidèle observance des préceptes religieux n'est pas cependant la même dans tous les cas.

Il y a en Abyssinie deux mariages : le mariage civil et le mariage religieux.

Ce dernier, contracté à l'église et devant les prêtres, et après que les deux époux ont communié ensemble, est seul indissoluble.

Aussi les Abyssins, de mœurs assez relâchées, craignent-ils beaucoup ce mariage religieux qui est de moins en moins usité; on se borne à se marier civilement, pour pouvoir divorcer à loisir, et ce n'est plus alors qu'une formalité qui se passe entre les deux familles.

La monogamie est la base fondamentale de la famille en Abyssinie, ce qui n'empêche pas les seigneurs et les gens riches d'enfreindre cette loi, sans que cela nuise en rien à la considération dont ils jouissent auprès de leurs compatriotes.

Prêtres abyssins.

Les Agars ne sont pas rares dans ces familles patriarcales, et, quant à l'esclavage des femmes, les gens riches et de condition ne se gênent pas pour imiter leurs voisins les musulmans.

* * *

Ne quittons pas Gondar sans parler de ses maisons, qui ne sont pas construites en général comme celles d'Adoua.

Elles ne sont pas carrées, mais cylindriques et couvertes d'un toit conique en chaume.

Cette forme cylindro-conique est du reste celle qui domine dans toute l'Abyssinie, avec cette différence que les maisons de Gondar sont bien plus spacieuses et confortables que les huttes de la plupart des autres villes. Au lieu d'être en ramée, les murailles sont en épaisse et solide maçonnerie; puis, à l'intérieur, on a construit une chambre carrée, qui touche à la muraille par ses quatre angles, isolant ainsi quatre segments qui servent soit de vestibule, soit de pièces accessoires.

Le tout est surmonté d'un plafond avec solives et soliveaux isolant du toit, et mettant ainsi, par conséquent, à l'abri des intempéries du dehors la pièce intérieure.

Ces maisons se trouvent toujours au milieu d'une cour où d'autres constructions servent aux usages domestiques.

Cet ensemble constitue des habitations vraiment confortables, bien qu'un peu obscures.

Il est une autre particularité, non de Gondar même, mais de ses environs, que nous ne pouvons nous dispenser de signaler.

Quand on quitte la ville en se dirigeant vers le nord-est, on arrive, au bout de quelques kilomètres, à un village nommé Kossoguié, c'est-à-dire *ville du Kosso*.

Jamais nom ne fut mieux mérité, car tout autour de ce village se groupent, en gracieux massifs des kossos, un des plus jolis arbres d'Abyssinie, un des plus utiles aussi pour le ver solitaire.

Le ténia est une maladie très fréquente chez les Abyssins : presque tous même en sont atteints; du moins ils le prétendent.

On voit que, si l'Abyssinie a sa poésie et sa grandeur, elle a aussi ses côtés laids et misérables.

Quoi qu'il en soit, dans son désir de se rendre compte de tout, le commandant Marchand, à force d'entendre parler du kosso, voulut y goûter. Le capitaine Baratier se rappellera toujours l'abominable grimace que son chef fit ce jour-là.

Quant au sergent Bernard, qui eut le courage d'y tremper à son tour ses lèvres, il traduisit son impression par un : « Cochon de kosso ! » qui dut faire vibrer d'allégresse tous les ténias du voisinage.

CXVIII

UN TRAQUENARD

Excitations religieuses. — Une attaque imprévue. — A coups de pierre. — Un contre cent. — Défense désespérée. — L'ennemi renforcé. — Fuite dans une église. — Siège en règle. — Du renfort. — Une vaillante femme. — Pourparlers. — La promenade du cadavre. — La main des prêtres. — Conclusion de la paix. — L'autorité de Ménélik.

Nous venons de voir que le haut et bas clergé abyssin ne brille pas par une moralité excessive.

L'anecdote suivante, que nous empruntons encore aux mémoires si documentés de M. Raffray, nous montre de quels criminels attentats sont capables ces prêtres schismatiques, quand ils croient leurs intérêts menacés.

Certes, les choses ont un peu changé depuis l'avènement de Ménélik, dont l'influence moralisatrice s'est fait sentir dans toutes les parties de son empire.

Mais, sur bien des points de l'Abyssinie, le prêtre est resté ce qu'il était, et seule l'autorité raffermie du négus contient ses passions pernicieuses.

Écoutons maintenant notre narrateur :

Nous n'avions plus comme escorte que le fidèle bacha Samrou, qui ne nous avait pas quittés depuis Adoua, et un autre jeune homme nommé Ouarouari, qu'on appelait généralement *choum*, je ne sais pourquoi, car il semblait plutôt être un soldat.

En réalité, il avait été délégué par le raz Ouella Sellasé, gouverneur du Ouoguéra et alors à l'armée du négus, pour nous servir d'introducteur dans les villages et réquisitionner vivres et porteurs au nom du raz, le maître immédiat de cette province.

Il était donc revêtu d'un caractère officiel et, de plus, connu dans le pays.

Quant au bacha Samrou, il était porteur d'une lettre du négus, signée du sceau impérial, lettre dans laquelle le souverain ordonnait à tous ses sujets de nous traiter comme ses amis.

Mais en même temps que nous étions les amis de ses amis, nous devenions les ennemis de ses ennemis, et je soupçonne fort que le clergé abyssin lui gardait rancune de la bienveillance qu'il avait promise aux missionnaires catholiques sur la demande du vice-consul.

Compagnon de M. de Sarzec, j'étais englobé dans cette animadversion; il était trop juste, d'ailleurs, que je partageasse les périls d'un voyage que je n'aurais pu accomplir tout entier sans son obligeant concours.

Précédés donc du bacha Samrou et de Ouarouari, les voyageurs passent devant l'église et entrent dans le village de Ouébéin-Mariam,

Il étend les bras et s'affaisse foudroyé...

dont il est indispensable, pour l'intelligence de ce qui va suivre, de faire en quelques mots la topographie.

***

A l'ouest et tout près du plateau est située l'église.
A l'est de cette dernière se trouve un espace libre, sorte de place entourée au nord et à l'est d'un ravin, sur les flancs duquel s'étage le village.

Au sud s'étendent des plateaux.

Sur de petits mamelons, au nord et à l'est, se trouvent encore de petits villages.

Quelques maisons sont, en outre, adossées au mur d'enceinte de l'église, qui est encore dissimulée par des arbres et des buissons.

La porte d'entrée de l'église est située de l'autre côté, c'est-à-dire à l'ouest.

Une de ces maisons adossées au mur de l'église fut réclamée par Ouarouari pour mon compagnon de voyage, et cette négociation donna lieu à l'échange de quelques paroles acerbes.

Mais nous étions si habitués à cet accueil peu hospitalier que nous n'y prîmes pas garde.

Tandis que je cherchais un emplacement convenable pour y installer ma tente, j'entendis une grande rumeur.

Hassein, effaré, accourait vers moi en criant :

« On nous attaque ! »

Je sautai sur mon fusil et, d'un bond, m'élançai vers la place.

Le vice-consul s'y trouvait déjà ; il avait précipitamment quitté sa cabane vers laquelle se ruait un flot humain.

Tous nos hommes l'avaient suivi.

Nous étions maîtres de la place, qui fort heureusement dominait les environs, mais les indigènes nous investissaient de toutes parts.

Les hommes de plusieurs villages étaient rassemblés là, et nous en voyions arriver de tous côtés, ce qui prouve bien que nous venions de tomber dans un guet-apens prémédité et préparé de longue main.

Il y eut un moment d'indécision : les deux armées se comptaient.

Nous ne commandions plus une si nombreuse armée qu'à Mizerem ; MM. Piajjia et Bourrou étaient restés au camp du négus.

Nous en étions réduits à nos deux fusils Lefaucheux, à une carabine et un fusil à piston, dont étaient armés Hassein et un domestique de M. de Sarzec, nommé Baraguelli.

Hassein, le bacha Samrou, Ouarouari et le kantiba Guorguis portaient les longs sabres abyssins.

Nous avions en outre quelques lances et deux ou trois boucliers.

Profitant de ce moment d'attente, le bacha Samrou harangua le peuple, montrant à tous la lettre et le sceau du négus.

Le kantiba, du fourreau de son sabre et de sa chemma, se faisait un bouclier.

M. de Sarzec et moi, nous étions l'un près de l'autre au centre de la place, le fusil chargé et armé, mais attendant, espérant toujours que cette échauffourée se calmerait.

Au discours du bacha Samrou, les balaguers (paysans) répondirent par une rumeur menaçante, et aussitôt des pierres, parfois très grosses, lancées avec des frondes ou simplement à la main, se mirent à pleuvoir sur nous de tous côtés.

Cependant, les assaillis attendent encore, espérant que, devant leur calme, la fureur des agresseurs s'apaisera.

Vain espoir! Les pierres tombent plus serrées que jamais.

Quelques-uns des domestiques les ramassent et les renvoient à leurs adversaires :

Un coup de feu part enfin! Nous nous regardons. Qui a tiré ?

C'est Baraguelli. Une pierre énorme lui a fait une longue blessure à la tête, il est tout couvert de sang; ne se possédant plus, il a fait feu.

Hassein tire à son tour... La fureur des balaguers augmente...

La colère nous monte à la tête, nous nous contenons encore ; tant que nous n'aurons pas tiré nous-mêmes, l'affaire pourra toujours s'arranger.

Le kantiba Guorguis fit preuve d'une grande bravoure : son sabre au poing, il s'élançait en bondissant jusque sur les ennemis qui reculaient.

Samrou protégeait le vice-consul d'un bouclier. Ouarouari, encore adolescent, avait aussi dégainé.

Nos autres domestiques s'étaient armés de lances, mais ces derniers restèrent pour ainsi dire neutres.

Enfin un véritable pavé vient me frapper moi-même à la tête.

J'avais, par bonheur, un de ces immenses chapeaux en moelle d'agavé, si usités en Orient, et connus sous le nom de casques ou salakos.

Il fut, du coup, coupé en deux, et j'eus le bourrelet de l'oreille fendu.

Me voilà aussi inondé de sang !

Il n'y avait plus à hésiter; l'audace de nos ennemis croissait d'instant en instant; si nous ne nous défendions, nous allions être lapidés.

J'ajuste un Balaguer et lui envoie une décharge de plomb en pleine figure. Il roule à terre.

Les pierres continuaient à pleuvoir sur nous, comme une grêle.

L'une d'elles, effleurant la main de M. de Sarzec, lui enleva la peau du dessus des doigts, tandis qu'une autre, qui lui arrivait en pleine figure, heureusement parée par Samrou, heurte le rebord du bouclier et rebondit par-dessus sa tête. Il fait feu à son tour; à partir de ce moment, devant le cercle des balaguers, qui va toujours se resserrant, nous ne faisons plus que tirer et recharger précipitamment nos armes.

D'autres pierres m'atteignent encore au bras, dans les reins, à l'épaule, car je ne puis éviter les projectiles qui viennent par derrière.

Nos cartouchières se vident cependant.

Tout près, avec nos bagages, sont nos caisses de munitions ; mais il n'y faut pas songer : déjà les balaguers nous en isolent.

J'aperçois un grand gaillard qui, se dissimulant derrière un arbre, se dirige vers moi, sa fronde à la main.

Je le couche en joue. Il se rase derrière l'arbre, puis reparaît.

Je l'ajuste de nouveau. Il se dissimule encore.

Ce manège se répéta cinq à six fois, quand, tout à coup, — et c'est ici que je pus me convaincre du mépris que les Abyssins professent pour la mort, — il se découvre complètement et s'élance sur moi en faisant tournoyer sa fronde.

Je l'attends à dix pas. Le coup fait balle.

Il étend les bras et s'affaisse foudroyé.

Le combat cessa instantanément et les balaguers se retirèrent dans le fond du ravin. J'allai vers le cadavre de mon adversaire : il avait reçu toute la charge dans la tempe !

Je pris sa fronde, que je mis dans ma poche et que j'ai rapportée comme souvenir de ce terrible moment.

Puis, me rappelant que je n'avais plus que deux ou trois cartouches, j'ouvris ma caisse, y puisai à pleines mains, en remplissant toutes mes poches et ma cartouchière.

M. de Sarzec fit de même, et nous revînmes au milieu de la place.

Le bacha Samrou tenta de nouveau de faire comprendre à ces forcenés que nous voyagions sous la protection du négus.

Nous étions là bien anxieux, en l'attendant.

De tous côtés, nous voyions accourir de nombreux renforts pour nos ennemis.

Le jour baissait, il était cinq heures, notre situation s'aggravait à chaque minute, car la nuit nous surprenant ainsi, nous serions massacrés.

Nous discutions sur le meilleur parti à prendre : je proposai de nous réfugier dans l'église et de nous y barricader.

— Attendons que le bacha Samrou soit revenu, me répondit M. de Sarzec, peut-être tout cela va-t-il se terminer à l'amiable.

Et nous gardâmes le silence.

Cette suspension d'armes dura près d'une demi-heure.

— Regardez, — dit tout à coup M. Raffray, — cette masse compacte d'hommes qui s'agitent au fond du ravin !

A l'instant même, une clameur s'élève, semblable à un bruit de tonnerre.

Le bacha Samrou revient en courant et en criant.

Hassein a compris.

— Sauvons-nous ! — dit-il.

Il était temps ! Les balaguers, en nombre immense, s'élançaient sur nous comme une avalanche.

Nous eussions déchargé nos fusils... mais ensuite ?

Comment lutter à l'arme blanche, en rase campagne, contre une telle masse d'hommes ?

Combien de centaines ? Je l'ignore.

Instinctivement, nous nous précipitons, pour entrer dans l'église, vers la porte que nous avions vue du côté opposé.

Heureusement Hassein découvrit une poterne cachée dans un massif.

Ce fut notre salut, car l'autre porte était gardée.

Les balaguers nous y attendaient, pour nous barrer le chemin.

Pris entre deux feux, il ne nous serait plus resté qu'à vendre chèrement notre vie.

Nous voilà dans le bois sacré, où se réfugient avec nous tous nos hommes.

Déjà un mur nous sépare de nos ennemis, mais ce n'est pas assez.

Les deux portes sont en leur pouvoir.

Franchissant la galerie extérieure de l'église, nous nous réfugions dans le sanctuaire, non sans avoir eu la précaution de barricader derrière nous la poterne.

Et cependant, au dehors, la meute humaine, affolée de colère, hurle en voyant sa proie lui échapper.

Déjà nous voyons des hommes se presser sur le seuil.

Toute église est un asile sacré, inviolable ; mais la frénésie des balaguers n'avait plus de bornes, et, si un reste de respect, joint à la crainte de nos fusils, les retenait encore, il y avait lieu de craindre que cette hésitation ne fût pas longue.

C'est alors que vint vers nous un homme à la peau très noire, aux cheveux laineux, portant sabre, lance et bouclier, et suivi de deux ou trois hommes également armés.

« Je suis soldat, dit-il, et soldat du négus ! Vous êtes ses amis, je le sais, et je viens vous sauver ou mourir avec vous. »

Nous étions muets de surprise et ne trouvâmes rien à lui répondre.

Dégainant alors son grand sabre en faucille, il alla se camper sur le seuil de la porte extérieure, déclarant qu'on lui passerait sur le corps avant d'entrer.

Nous-mêmes, sur la porte du sanctuaire, le fusil en arrêt, nous le voyions lutter contre les paysans, frappant d'estoc et de taille.

C'était notre vie qui se jouait en ce moment !

Pendant ce temps, une femme, en signe de paix, faisait résonner, sur les cloches en pierre, le son du *Dahanah* (pardon).

On eût dit le glas funèbre sonnant déjà pour les réfugiés.

Cela dura tout au plus cinq minutes... cinq siècles !

*
* *

Ici, M. Raffray nous dit que, dans l'emportement de la lutte, il n'avait pas le moins du monde songé à la mort.

Il n'avait pu s'imaginer d'abord que cela fût sérieux :

Mais je jugeais maintenant de sang-froid notre situation : nous étions comme le condamné qui, au pied de l'échafaud, attend la réponse à son recours en grâce... Je pensai à mon père, à la famille, à la patrie, que je ne reverrais plus sans doute, et, du fond du cœur, je leur adressai un suprême adieu !

Puis, cherchant dans ma poche un flacon à insectes, qui contenait du cyanure de potassium :

— Partageons en bons camarades, — dis-je à M. de Sarzec, — il y en a plus qu'il n'en faut pour nous deux, et les sauvages, au moins, ne nous prendront pas vivants pour nous mutiler !

Cependant les balaguers ne s'étaient pas attendus à ce renfort, dont ils ignoraient sans doute l'effectif réel.

Non moins surpris que nous-mêmes, ils hésitaient visiblement.

Le sentiment de respect qu'inspirait, malgré tout, le saint lieu ; la crainte de nos fusils, dont ils sentaient les canons braqués sur eux, derrière le soldat noir, tout cela fit qu'ils reculèrent un peu, et, d'un tour de main, notre nouvel allié ferma et barricada la porte.

Il est des émotions dans la vie qu'il faut renoncer à décrire ; celle que je ressentis alors était de ce nombre.

Nous n'étions pas, sans doute, hors de danger, mais après ce succès, nous pouvions beaucoup espérer... Le motif de l'attaque, que nous avions peine à démêler, se découvrirait peut-être.

Les balaguers allaient compter leurs blessés, réfléchir, et se dire sans doute que, si en rase campagne la victoire leur avait coûté si cher, il faudrait sacrifier bien du monde pour nous forcer dans notre retraite.

Le bruit de cette bataille allait se répandre dans le pays ; nous espérions qu'il se trouverait encore quelques soldats qui, dans l'espoir d'une récompense, viendraient grossir notre petite armée.

En attendant, nous étions bel et bien prisonniers, car, comme le disait Hassein dans une pittoresque métaphore :

— Balaguers... *zaïdé el schar fok el raz* (il y en a comme des cheveux sur la tête) !

Nous pressâmes cordialement la main du soldat noir, en le félicitant de sa belle conduite.

Ce brave se nommait Oubié Zelléka.

La nuit était venue ; nous nous comptâmes. Il y avait deux absents : Faraga, un jeune Galla délivré de l'esclavage, et un domestique abyssin, Mabrouk.

Le cheval et la mule de selle de M. de Sarzec avaient aussi disparu.

Mabrouk ne nous inquiétait guère ; c'était un grand mauvais sujet, qui avait dû tourner les talons à la première attaque, emmenant le cheval et la mule.

Faraga avait sans doute été pris par les balaguers ; mais qu'y faire pour l'instant ?

Quant à nos bagages, ils étaient tous restés dans le village ; nous n'avions que les couvertures que j'avais coutume de rouler derrière ma selle, et, pour toute fortune, quelques thalaris qui se trouvaient dans nos fontes.

Le reste de notre argent était soigneusement serré dans nos caisses.

Et cependant c'était là un point capital, car, en Abyssinie comme partout ailleurs, on peut avec de l'argent faire bien des choses.

Le kantiba Guorguis avait, au camp du négus, lié connaissance avec une suivante de soldats, femme déjà vieille et laide, mais à physionomie expressive et qui s'était attachée à lui.

C'était elle qui avait sonné les cloches, et, par une heureuse coïncidence, il se trouva qu'elle connaissait quelqu'un dans ce village, un parent ou un ami.

Le fait est qu'elle montra un dévouement intelligent et rendit de grands services aux assiégés.

Elle s'offrit d'elle-même à sortir de l'église pour aller dans le village rôder autour des bagages et tâcher d'y prendre l'argent :

Mais comment trouver ces bienheureux thalaris dans nos nombreuses caisses ? Il n'y avait que les domestiques attachés à notre personne qui eussent une suffisante connaissance de nos caisses pour avoir chance de réussir.

Hassein et le kantiba étaient dans ce cas, mais ils ne pouvaient sortir sans s'exposer à être tués. Restait mon jeune domestique arabe Ismaïl.

Cette mission ne lui souriait guère, car c'était un poltron achevé; cependant il se résigna. On lui fit endosser un costume de femme, et, muni de toutes nos instructions et de nos clefs, il sortit, guidé par la femme du kantiba.

La nuit était sombre heureusement, ce qui diminuait le danger; malgré cela, leur absence nous parut longue.

Hassein découvrit une poterne...

Ils revinrent enfin, chargés des précieuses sacoches; ils apportaient en outre de l'eau, un peu de miel, trois œufs, des cartouches, de la poudre, des balles et des capsules, et une petite caisse renfermant les papiers du vice-consul.

Il n'y avait plus personne, nous dirent-ils, autour de l'église; tous les habitants étaient rentrés dans leurs huttes. Nous aurions pu fuir peut-être; mais où aller?

Le pays entier pouvait être soulevé, nous pourrions être poursuivis, et surtout c'était perdre nos bagages et mes collections!

Nous jugeâmes plus prudent de rester dans notre forteresse improvisée et d'attendre... Pendant que nous discutions ainsi notre plan de campagne, Hassein vint dire que quelqu'un demandait à nous parler.

Après quelques hésitations, nous reçûmes le visiteur à la condition qu'il ne porterait aucune arme. C'était un vieillard à barbe blanche, un des choums du pays, nommé Magdalé Gouschou.

— Parlons bas, — dit-il, — personne ne doit nous entendre.

« Tout ce pays appartient aux prêtres, qui ont soulevé le peuple contre vous, parce qu'ils savent que vous avez demandé au roi de faire amitié avec vos prêtres *franguis*.

« Mais, parmi les balaguers, il y a beaucoup de blessés et un mort, et ils ne se soucient guère de recommencer à se battre contre vos fusils qui tirent toujours.

« Moi, je suis vieux et sage, sans compter que je sais bien ce que le négus a fait du village chankalla où un Européen avait été assassiné avec sa femme.

« Le village a été brûlé, et les habitants sont tous morts.

« Malheureusement tous les chefs du pays sont à l'armée du négus, là-bas, dans le Godjam, et il n'y a plus guère de soldats aux environs.

« Cependant je vais essayer de faire prévenir ceux qui sont restés afin qu'ils viennent. Je ferai tout mon possible pour arranger cette affaire; vous pouvez compter sur moi.

« Mais ne sortez pas de l'église : vous seriez massacrés aussitôt.

« Ne dites pas non plus à personne que je suis venu vous parler.

Nous lui glissâmes, en le remerciant, quelques thalâris dans la main, et le bonhomme s'en alla content.

* * *

Oubié Zelléka s'était installé, avec ses suivants, gardien de la porte extérieure.

Le kantiba Guorguis et le bacha Samrou surveillaient la poterne.

Le petit choum Ouarouari avait, on ne sait comment, trouvé le moyen de s'évader pour aller prévenir les chefs des environs.

Quant à nous, renfermés avec Hassein et le blessé Baraguelli dans le sanctuaire, nous nous barricadâmes pour plus de sûreté.

Le sol nu de l'église, sur lequel nous étendîmes nos couvertures, fut notre lit.

Nous y couchâmes l'arme au bras pour être prêts à la première alerte.

Mes pauvres reins meurtris trouvèrent le matelas un peu dur, mais j'étais si heureux de me sentir encore vivant que je comptais tout cela pour rien.

Quelques gorgées d'eau composèrent notre dîner.

Tout était calme : notre anxiété ne nous permit pas pourtant de fermer l'œil.

Le lendemain matin (samedi), Magdalé Gouschou revint, accompagné d'un autre choum très âgé, nommé Madden-Daratekli, chef d'un des villages voisins.

C'était un homme à figure dure, portant au menton une longue barbe blanche taillée en pointe. Ils nous assurèrent aussi qu'il y avait peu à craindre que les balaguers voulussent recommencer la lutte à main armée.

Quelques soldats arrivèrent encore et, d'un air important, demandèrent qu'on leur racontât ce qui s'était passé.

Hassein se chargea d'être le narrateur.

Après avoir entendu la cause, ils se retirèrent majestueusement sans rien dire.

Les balaguers avaient à enterrer leur mort ; ils voulaient l'ensevelir en terre sainte... C'était là une grave difficulté, car nous étions maîtres de l'église et du cimetière.

Nous consentîmes, à la condition que nul n'entrerait armé, même d'un bâton, et que le nombre des hommes accompagnant le corps n'excéderait pas cinq hommes... Le clergé, trompé dans son espoir de nous faire assassiner, pensait encore à ameuter le peuple au moment de cette sépulture, et, s'il n'y réussit pas, nous ne devons assurément lui en savoir aucun gré.

De dix heures du matin à trois heures de l'après-midi, on promena le cadavre autour de l'enceinte de l'église, tambours et flûtes en tête, accompagnés de cris et de lamentations sinistres du plus mauvais augure.

A chaque *crescendo* de cette sauvage musique, nous prenions nos armes, nous demandant si la douleur n'allait pas se changer en exaspération, et si la populace, affolée par cette lugubre cérémonie, n'allait pas chercher à venger le sang du défunt en nous immolant comme des victimes expiatoires sur son tombeau.

Les heures nous parurent longues, et je n'oublierai de longtemps ces cris qui semblaient demander notre sang.

Le mort enterré, les cris cessèrent et tout rentra dans le calme.

***

D'autres chefs vinrent avec ceux qui étaient déjà venus le matin, et l'on entama pour la première fois des négociations.

Il fut question d'abord de s'en référer à la justice du négus.

Les assiégés ne demandaient pas mieux, mais les balaguers réclamaient que, suivant l'usage du pays, on les enchaînât avec les frères du défunt :

C'était une ruse grossière ; nous repoussâmes cette proposition, alléguant qu'on n'enchaînait pas des gens de notre sorte.

« Prenez garde, ajoutions-nous, que si nous allons demander justice au négus, il ne vous en coûte bien cher... Nous sommes ses amis, vous le savez, vous avez vu sa lettre timbrée de son sceau ! »

Les paysans n'avaient évidemment nulle envie d'aller réclamer la justice royale. Ce qu'ils voulaient, c'était nous charger de chaînes pour nous massacrer tout à leur aise.

Les négociations en restèrent là pour le premier jour.

Hassein nous dit en confidence, pour nous rendre prudents, que les balaguers avaient fait proposer à nos domestiques de nous abandonner, leur promettant qu'il ne leur serait fait aucun mal.

— Nous n'en voulons, disaient-ils, qu'aux deux Français et à leur serviteur musulman.

La vie de Hassein se trouvait ainsi liée à la nôtre, et nous pouvions compter sur son dévouement.

D'ailleurs, les autres domestiques, que, sauf quelques-unes de ces légères corrections qui ne font que cimenter l'amitié, nous avions toujours bien traités, nous restèrent tous fidèles. Peut-être aussi n'avaient-ils qu'une médiocre confiance dans les promesses des balaguers.

Hassein avait appris, en outre, que les aimables habitants de Gondard nous faisaient charitablement prévenir que, si nous pensions à nous réfugier dans leur ville, ils nous ménageraient une réception du même genre, ce qui n'était pas encourageant.

Nous mangeâmes nos trois œufs, et, pour deux hommes à jeun depuis plus de vingt-quatre heures, ce fut un maigre dîner.

La nuit se passa sans encombre.

Le dimanche matin, les choums vinrent tous en ambassade, proposant encore le recours au négus.

Nous devenions plus audacieux, à mesure que nos adversaires lâchaient pied.

Nous savions aussi qu'il était arrivé quelques cavaliers armés, ce qui nous donnait le droit de parler plus haut.

— Toutes ces propositions sont ridicules, — leur dit le vice-consul, — vous savez parfaitement que nous ne nous laisserons pas enchaîner.

« Nous voulons bien terminer l'affaire à l'amiable, mais hâtez-vous!

« Nous sommes décidés à partir demain, et si vous ne nous avez pas d'ici-là fait des propositions raisonnables, nous sortirons les armes à la main et nous saurons bien nous frayer un passage.

Ils s'en allèrent.

Nous mourions de faim cependant, et notre entourage, malgré l'étonnante facilité avec laquelle les Abyssins supportent les plus longs jeûnes, commençaient à crier famine.

La femme du kantiba fut encore notre providence.

Elle apporta mystérieusement sous sa chemma quelques galettes de dourah.

Chacun en eut sa part, bien petite il est vrai, mais dont il fallut se contenter.

**

Dans l'après-midi, des choums revinrent et se décidèrent à parler d'une indemnité à payer à la famille du mort et aux blessés.

C'était le plus vif désir des assiégés ; mais autant pour dissimuler leur satisfaction que pour obtenir une diminution sur la somme demandée, ils se récrièrent disant qu'ils n'avaient pas l'argent qu'on leur demandait et que, somme toute, ce n'était pas à eux qu'on avait attaqués sans motifs, à eux qui avaient été blessés ainsi que leurs domestiques, qu'il convenait de payer une indemnité, mais que, bien au contraire, ils avaient l'intention d'en demander une au village pour leur sang versé, les ennuis de cette affaire, le temps enfin qu'on leur faisait perdre.

Les choums se regardaient stupéfiés, ne sachant que penser.

Ils s'en allèrent tout penauds raconter cela aux balaguers.

Grand fut l'émoi ! On recommença à crier, à vociférer.

Oubié Zelléka et le kantiba barricadèrent de nouveau la porte et la poterne ; tout le monde se mit sur la défensive, dans l'attente d'une nouvelle attaque :

Nous avions maintenant un renfort d'une dizaine de soldats armés de quelques fusils ; nous disposions de près de cinq cents cartouches, et les gibernes de tous nos guerriers étaient largement approvisionnées.

Les balaguers eussent cette fois compté leurs morts par centaines, tandis que, derrière les murailles de l'église, nous étions à l'abri de leurs pierres.

Aussi toute cette démonstration belliqueuse s'évanouit en fumée.

Les choums revinrent moins arrogants, moins impérieux.

La conférence fut toutefois longue et orageuse, et se termina sans résultat définitif, bien qu'il ne fût plus question que de paiement.

Mais on nous demandait quatre cents thalaris, somme que nous n'étions nullement disposés à donner, et pour une excellente raison, c'est que nous ne les avions pas... Le lendemain matin, — et nous étions enfermés dans l'église depuis le vendredi soir, nouvelle ambassade des choums.

Nous refusâmes d'abord de les recevoir, tant qu'ils n'auraient pas rabattu de leurs prétentions exagérées, et nous fûmes longtemps avant de céder, bien que nous eussions, dans notre for intérieur, plus envie qu'eux d'en venir à une entente. Après plusieurs heures de pourparlers, il fut décidé que nous donnerions à la veuve du mort cinquante thalaris et deux mules ; aux blessés, six vaches, et aux négociateurs deux mules encore.

Nous avions en outre distribué, à titre d'encouragement, tant aux deux vieux choums qu'aux soldats et à la femme du kantiba, plus de soixante-dix thalaris.

Tout compte fait, cette bataille nous revenait à quinze cents francs.

C'était un peu cher, mais nous estimions notre vie à un prix bien plus élevé.

Nous nous tirions de là intacts fort heureusement, sauf quelques égratignures ou contusions, et cependant, deux jours et trois nuits auparavant, notre existence nous avait semblé singulièrement compromise.

*
* *

La veuve vint, escortée de trois petits enfants.

On lui donna les cinquante thalaris et les deux mules.

C'était une femme jeune encore, et qui semblait bien peu triste pour une veuve. Sans doute elle comptait que, riche désormais du prix du sang, elle trouverait à remplacer le défunt.

On remit aux choums les sept vaches pour les blessés et les deux mules qu'ils avaient exigées pour le prix de leur intervention.

Ce dernier payement était bien simple à faire : on les avait prises, on n'avait qu'à ne pas les rendre.

Tout le monde alors, étendant la main vers l'autel et prononçant le terrible *Iohannès Imout !* jura que la paix était rétablie et que les victimes de cette triste aventure renonçaient à la vengeance.

Nous respirions enfin librement, car, en Abyssinie, se parjurer après un tel serment est un crime des plus graves et fort rare.

Nous voulions partir aussitôt, mais nos hommes, non moins heureux que nous pourtant de recouvrer la liberté, nous firent remarquer qu'il était trop tard.

On nous ramena aussi le petit Faraga.

Au milieu du tumulte de la bataille, une vieille femme, voyant cet enfant exposé au danger, en eut pitié et l'emmena chez elle, où elle le cacha dans un de ces grands silos qui servent à emmagasiner la récolte.

Nous la récompensâmes de cette bonne action. Le pauvre enfant ne se lassait pas de nous embrasser les mains en signe de joie.

Et pourtant, nous lui avions bien administré de temps à autre quelques corrections, car c'était un espiègle de la meilleure espèce.

Mais, devant l'affection qu'il nous témoignait, j'ai eu, pour ma part, de véritables remords. Rien ne manqua au traité de paix.

Le déserteur Mabrouk nous fut livré à merci, avec le cheval et la mule.

Mais la mère de ce lâche serviteur étant venue implorer sa grâce, M. de Sarzec se contenta de le chasser ignominieusement.

Nous étions sortis de l'église pour prendre l'air dans le bois sacré, ce que nous n'avions pas osé faire jusque-là, craignant toujours quelque embuscade.

Un prêtre vint alors pour purifier l'église souillée par notre présence.

Escorté de deux jeunes acolytes, il pénétra dans le sanctuaire dont il fit plusieurs fois le tour en encensant les murs.

Nous étions près de la porte quand il sortit, et le regard qu'il nous lança était plein de dépit et de haine.

Il avait, en tout cas, une bien ignoble figure, et si chez lui le moral ressemblait au physique, je soupçonne qu'il devait être l'inventeur du terrible guet-apens dont nous avions failli être victimes.

Des vivres aussi nous furent donnés, parcimonieusement, il est vrai, mais chacun mangea de bon appétit.

Il n'était pas jusqu'à une chienne, fidèle bien que sauvage et hargneuse, surnommée *Goumara* (l'hippopotame), la seule qui nous restât, qui, de ses longues dents blanches et acérées, ne grignotât avec délices quelques pois chiches.

*
* *

Une chose nous inquiétait encore, c'étaient les blessés.

Si quelqu'un d'entre eux venait à mourir, il faudrait sans doute recommencer les négociations sur nouveaux frais.

En Abyssinie, si graves que soient les blessures, l'affaire est considérée comme peu sérieuse tant qu'il n'y a pas mort d'homme.

Nous demandâmes donc de leurs nouvelles en dissimulant le véritable motif de cette sollicitude, et les détails qu'on nous donna sur plusieurs graves blessures ne firent qu'augmenter notre impatience de quitter le village de Ouébéin-Mariam.

Quelques-uns, légèrement atteints, vinrent se faire soigner, et nous eûmes toutes les peines du monde à ne pas éclater de rire ; certains d'entre eux avaient la figure comme de véritables écumoires.

On comprend facilement, d'ailleurs, que ces drôles qui, après avoir fait tout leur possible pour nous assassiner, avaient l'audace de venir réclamer nos soins, ne nous inspiraient pas une grande pitié.

Avec eux, vint tout un bataillon de malades et d'infirmes ; c'eût été une collection précieuse dans la clinique d'une faculté de médecine.

Il y avait des jambes déformées par l'éléphantiasis, des lépreux, des plaies de toute espèce spéciales à ces régions.

Nous usâmes ce jour-là tout un crayon de pierre infernale... et que de boulettes de mie de pain saupoudrées de quinine furent distribuées à force prescriptions dignes des sorcières de Macbeth !

Dès le mardi matin nous nous occupâmes du départ ; on nous avait rendu la majeure partie de nos bagages ; il ne fallait pas être trop exigeants !...

Des porteurs étaient nécessaires et en plus grand nombre encore que d'habitude, puisque j'avais dû donner quatre de mes mules de charge.

Il fut difficile d'en obtenir, mais avec un peu de fermeté et encore beaucoup plus de patience, on y arriva.

Nos mules sont sellées enfin et nous attendent à la porte de l'église avec tous les soldats : c'est le moment décisif.

A tout hasard nos poches sont bourrées de cartouches.

Nous enfourchons nos mules et, le fusil en travers de la selle, nous partons au grand trot, traversant le village dont tous les habitants, sortis pour nous voir, sont là rangés devant leurs huttes dans une attitude inquiétante.

Ce n'est pas sans inquiétude que nous revoyons notre champ de bataille.

Nous marchâmes ainsi d'une allure rapide pendant plusieurs heures, et il était presque nuit déjà quand nous arrivâmes à un petit village dont je n'ai pas conservé le nom.

Comme on le voit, nos compatriotes l'échappèrent belle.

La mission Marchand ne fut pas exposée, pendant son passage à travers l'Abyssinie, à de si grands dangers ; nulle part elle ne rencontra une telle hostilité.

Mais nous verrons que parfois elle se heurta à des défiances, dues à l'ignorance et au fanatisme religieux, défiances que seule parvenait à dissiper l'invocation du nom du négus, partout redouté.

Il est vrai de dire aussi que, dès que les Abyssins savaient qu'ils avaient affaire à des Français, la plus franche cordialité s'épanouissait dans leur accueil.

Nos bons Sénégalais, qui avaient même attrapé le ver solitaire, furent guéris par les docteurs du pays...

Zelleka et le Rantiba barricadèrent de nouveau la porte.

Mais combien sont vivaces la répulsion qu'ils éprouvent pour l'Anglais, et la crainte de le voir venir chez eux !

CXIX

LE NÉGUS EN CAMPAGNE

La vie des camps. — Réception solennelle. — Type de guerrier abyssin. — Armée en marche. — Le Nil bleu. — Lion favori. — Incendie et contre-incendie. — La guerre en famille. — Sagesse impériale. — Faute d'assiettes.

Le lecteur est suffisamment initié maintenant aux choses d'Abyssinie, — y compris le ver solitaire... et son remède le Kosso, — pour suivre, dans leur voyage de retour, le glorieux commandant Marchand (aujourd'hui lieutenant-colonel) et ses héroïques compagnons.

Avant de retracer leurs dernières étapes, nous avons voulu donner une idée du cadre dans lequel elles se déroulent.

Nous avons tenu également à répondre au secret et légitime désir du public de connaître cette merveilleuse nation abyssine qu'il a pris l'habitude de considérer non seulement comme l'amie, mais un peu aussi comme l'alliée de la France.

Si nous n'avons rien dit encore de l'auguste personne ni de la somptueuse cour du noble souverain qui la gouverne, le grand négus Ménélik, c'est que nous nous sommes réservé de décrire l'une et l'autre au moment de la réception du commandant Marchand par ce magnanime empereur.

Rien ne nous empêche, néanmoins, de donner un avant-goût de ce tableau, en pénétrant, à la suite de l'auteur que nous avons déjà cité, auprès du prédécesseur de Ménélik, le fameux Johannès.

Nous trouverons là matière à comparaison entre les deux cours, et nous pourrons juger de la supériorité de celle du présent monarque.

Cette courte digression nous initiera par la même occasion à la vie des camps, si curieuse en Abyssinie !

Je dus coucher au village d'Adlebsèn, mais le lendemain j'arrivai de bonne heure au camp du négus.

Après avoir erré au milieu d'un véritable labyrinthe de huttes, je parvins sur une petite éminence, où, non loin d'une tente rouge, provenant évidemment d'Europe, se dressait une autre tente, très vaste, en laine noire tissée dans le pays.

Je soulevai l'étoffe et je trouvai M. de Sarzec attablé avec un Européen botté et revêtu d'un costume de général anglais, passablement fané.

C'était le général Kirckam, avec lequel nous ferons plus ample connaissance.

Pour l'instant, ces messieurs étaient installés autour d'une délicieuse grillade de bœuf et d'un odorant plat de kari.

Il y avait aussi d'excellent taidje, présent royal que le négus envoyait chaque matin au vice-consul dans une énorme corne de bœuf cerclée d'argent.

Nous eûmes un jour la fantaisie de la mesurer; elle contenait tout près de quatorze litres.

J'arrivais à temps pour un festin, mais vingt-quatre heures trop tard pour voir le négus Johannès dans toute la pompe de la royauté éthiopienne!

C'est alors que je maudis la fièvre qui m'avait retenu à Débratabor, et les choums et les routes d'Abyssinie, et toutes les petites vicissitudes du voyage, qui d'ordinaire n'avaient pas le don de m'émouvoir beaucoup.

C'est qu'aussi j'avais réellement manqué un beau spectacle : la veille, le négus avait officiellement reçu le vice-consul.

Impossible de faire bisser le spectacle, et je dus me contenter du récit, très coloré du reste, que me fit M. de Sarzec, récit qui ne fit qu'accroître mon dépit.

*
* *

Suit le récit de la réception qui, en effet, avait été très solennelle.

Au fond d'une vaste tente, sur un lit recouvert de riches tapis, le roi se tenait accroupi comme une idole, enveloppé d'un manteau de brocart d'or et le front ceint d'une couronne d'or à triple étage. Autour de lui, rangés en cercle, vêtus de longues robes de soie rouge brochée d'or, couronne d'or en tête, se tenaient debout les raz.

Derrière se pressait une foule de seigneurs et de guerriers, la lance au poing, les épaules ornées du lebdé, le sabre à la ceinture, le bouclier au bras, la tête nue et les cheveux tressés de frais et oints de beurre.

Rien ne manquait, paraît-il, à ce tableau, pas même le lion traditionnel des empereurs d'Éthiopie.

Il était là en chair et en os, parfaitement libre, et couché aux pieds de son maître.

C'était le 30 novembre que j'arrivais ainsi au camp du négus, à Glaodios, dans la province de Béguémédeur, une des plus riches de l'Abyssinie, une des plus belles aussi, mais fiévreuse, dit-on, dans la saison des pluies.

Le lendemain, le négus donna l'ordre de lever le camp, et nous marchâmes ouest-nord-ouest vers le Nil Bleu.

De vastes prairies couvertes de gras pâturages s'étendaient à perte de vue, et sur chaque mamelon s'épanouissait un bouquet d'arbres ombrageant une église ou un monastère.

Nous laissâmes au nord la ville de Madhéra-Mariam, et, le terrain s'élevant en pente douce, nous vînmes bivouaquer sur un plateau qui domine la vallée du Nil Bleu.

Tandis que nous devisions tranquillement des hommes et des choses du pays, un cavalier abyssin s'arrêta court à l'entrée de notre tente.

Sauter à terre et nous presser dans ses bras, tout cela fut si rapide que nous restions stupéfiés.

C'était le dedjas Gabrou, un ami de M. de Sarzec, qu'il avait vu près du roi à Adoua, dans un précédent voyage, une de ces natures de feu que dévore la soif des combats, mais un cœur d'or, doux, affectueux, expansif.

Gabrou est le favori du négus Johannès, auquel il est lié, je crois, par des liens de parenté.

Il portait sur ses épaules le lebdé royal, superbe peau de léopard noir, enrichie de filigrane de vermeil, dont le négus l'avait revêtu en signe d'amitié.

— Je passe comme le vent, — nous dit le dedjas Gabrou, — et n'ai que le temps de vous embrasser, peut-être pour la dernière fois... Le négus m'a donné le commandement de l'avant-garde et je me rends à mon poste!

Le kosso.

M. de Sarzec lui fit présent d'un revolver :
— Merci! — dit Gabrou, — j'accepte... Cette arme me portera bonheur... Adieu!

Et il partit comme il était venu, semblable à un tourbillon.

Gabrou personnifie, au physique comme au moral, le type le plus complet du guerrier abyssin.

Grand, sec, nerveux, fort comme Hercule et beau comme Apollon, l'œil scintillant; les cheveux coquettement tressés, cavalier accompli et infatigable, brave jusqu'à la témérité, fidèle et dévoué, susceptible de profondes affections et de haines enracinées.

* * *

Une armée éthiopienne en marche offre un spectacle curieux et triste ; c'est bien l'idéal du désordre et de l'indiscipline !

Mais cette foule bigarrée et disparate, qui se heurte, se pousse, se bouscule, lutte de vitesse ou chemine tranquillement ; ce mélange d'hommes, de femmes, de guerriers, de serviteurs, de chevaux, de mules, d'ânes, défilant pêle-mêle avec les accoutrements les plus variés, semble une fantasmagorie.

Vue à distance, on dirait les changements perpétuels d'un gigantesque kaléidoscope.

Vienne un sentier étroit et difficile, chacun veut passer le premier ; on se pousse, on s'étouffe, c'est un flot humain qui ondule sur place, une cohue indescriptible, et il faut une journée pour passer là où un corps discipliné n'emploierait que quelques heures.

Mais reprenons notre citation :

Nous n'avions plus à nous préoccuper des difficultés matérielles du voyage.

La magnificence royale pourvoyait à tous nos besoins.

Aussi, confiant à nos domestiques le soin d'installer notre campement au fond d'une gorge qu'arrosait une jolie petite rivière, nous filâmes droit vers le Nil Bleu, qui nous attirait comme un aimant mystérieux.

Après avoir chevauché plus d'une heure à travers une plaine d'une fertilité incroyable, il nous fallut descendre une seconde pente qui nous amena enfin sur les bords du fleuve.

Au fond d'une vallée escarpée, à travers un chaos inextricable de rochers basaltiques, le Nil Bleu, que les Abyssins nomment Abbaï (le père de l'eau), roulait ses eaux mugissantes et blanches d'écume.

C'est un torrent, mais un torrent gigantesque, qui bondit de chute en chute, se brisant avec fureur contre la montagne qu'il polit sans pouvoir l'ébranler.

C'est là, dans un endroit plus resserré, plus étroit encore, où le fleuve emprisonné dans un défilé profond, mais large au plus de deux mètres, se débat impuissant contre des murailles monolithes, que les Portugais au XVe siècle construisirent un pont qui relie la Godjan au Béguémédeur.

D'un bord à l'autre de cette fissure, une arche d'une construction hardie fut jetée.

Le pont se continue ensuite, percé de cinq autres ouvertures qui, dans les grandes eaux, laissent écouler le trop-plein du fleuve.

Cet antique viaduc, assez élevé au-dessus des eaux et large de deux mètres environ, est construit avec une roche noirâtre, prise sans doute sur le lieu même, et disposé en petit appareil assez peu régulier.

Cavalier abyssin.

Le ciment des joints, effrité par l'eau et par le temps, a disparu, et des plantes parasites ont pris sa place.

Les parapets en maints endroits sont démantelés ; la chaussée même est crevassée et les Abyssins, au lieu d'entretenir ce pont dont l'importance stratégique est immense, se bornent à remplacer la maçonnerie par des palissades ou des planchers en bois.

Du côté du Béguémédeur, une tour cylindrique, assise sur une pointe de rocher, défend l'accès du pont et commande de chaque côté toute la vallée.

La nuit nous surprit avant que nous fussions de retour à notre campement, et nous nous égarâmes au milieu des nombreux bivouacs de l'armée.

Nous ne pûmes regagner notre tente que guidés par un soldat que le général Kirckam, par un argument *ad hominem*, força à marcher devant nous.

Nous rencontrâmes aussi, en chevauchant à travers le camp, le lion favori du roi, nommé Agos, magnifique animal portant toute sa crinière.

Il était là attaché au pied d'un arbre, et gardé par son cornac.

Il est si bien apprivoisé, et ses grands yeux topazes ont un regard si débonnaire, que nous pûmes le caresser : sa satisfaction se traduisait par ces mouvements félins qui donnent à un jeune chat tant de gentillesse.

∴

Quoique pressés d'en arriver aux intéressantes entrevues accordées à notre compatriote par le négus Johannès, nous nous en voudrions de ne pas publier la belle page suivante consacrée au Nil Bleu et à ses bords :

Nous pénétrâmes, non sans peine, dans cette belle et épaisse forêt qui, sur une largeur de plusieurs centaines de mètres borde l'Abbaï.

Rien de merveilleux comme cette splendide végétation des tropiques, qui s'épanouit sous la double influence de l'humidité et de la chaleur.

J'aimais tant à voir ces grands arbres, qu'il me semblait, chaque fois, qu'ils dépassaient en beauté ceux que j'avais vus précédemment.

En tout cas, ceux de l'Abbaï sont des plus beaux que j'aie rencontrés.

Enfin, nous voilà derechef sur les bords de l'Abbaï ; mais ce n'est plus le torrent que nous avions vu la veille.

Le fleuve coule maintenant calme et majestueux, au milieu d'une plaine qu'il fertilise.

Il a plus de quatre cents mètres de large ; de nombreux îlots de verdure divisent son cours en plusieurs bras ; quelques rochers, des troncs d'arbre forment de petits barrages et des rapides.

On entend de tous côtés les grognements modulés des hippopotames, et les crocodiles flottent à la surface comme des épaves.

C'était un beau spectacle que je ne me lassais pas d'admirer.

Cependant, en suivant le cours du fleuve, à travers les marais et les fourrés, nous nous aperçûmes qu'il devenait de plus en plus rapide, et un bruit lointain et continu nous fit supposer une cataracte.

Nous marchâmes dans cette direction, décrivant mille sinuosités, tantôt pour éviter une fondrière, tantôt pour tourner un massif où la hache seule eût pu tracer un sentier.

Un petit affluent coulant au fond d'une grande fissure du sol nous barra subitement le passage.

De la différence de niveau entre cette petite rivière et l'Abbaï, nous conclûmes nécessairement que le lit du fleuve devait s'abaisser d'une manière étonnante.

Nous parvînmes à franchir cet étroit ravin, et, suivant sa rive opposée, nous fûmes bientôt récompensés de nos peines.

La plaine s'entr'ouvrait tout à coup, formant un vaste entonnoir, et l'Abbaï, dont le lit était déjà resserré, mais large encore d'environ deux cents mètres, se précipitait en mugissant dans cet abîme.

Presque au milieu de cette cataracte, un rocher surgissait comme une corne, et un arbre avait trouvé assez de terre végétale pour y prendre racine.

Il était là assurément à l'abri de la cognée du bûcheron.

Le fond de la vallée (la même que nous avions vu la veille à l'endroit où est construit le pont) est si étroit, et ses parois, quoique bien rapides, couvertes d'une si épaisse végétation de lianes et de bananiers, qu'on eût pu croire que l'Abbaï tombait et disparaissait dans un lit de verdure.

Après avoir bien contemplé d'en haut cette cataracte, nous voulûmes la voir d'en bas ; c'était plus difficile.

Il n'y a point en Abyssinie de ces escaliers rustiques, de ces ponts de bois, de ces sentiers en corniche, mais garnis d'un parapet, où les élégantes et frêles touristes peuvent, comme dans nos Alpes et nos Pyrénées, poser sans crainte un pied mignon, en s'appuyant sur la robuste épaule d'un montagnard.

Mais depuis quatre mois que nous errions à travers les montagnes d'Éthiopie, nous étions devenus moins que jamais frêles et élégants.

Aussi, de liane en liane, de rocher en rocher, nous laissâmes-nous glisser jusqu'en bas.

* * *

Chaque jour le vice-consul demandait au négus une nouvelle audience.

Son compagnon avait aussi le plus vif désir de voir Sa Majesté Abyssine.

Mais le souverain, en refusant, alléguait toujours la nécessité où il se trouvait de marcher à l'ennemi.

Nos deux compatriotes pouvaient se croire décidément enrôlés dans l'armée d'Éthiopie.

Ils surent plus tard que Johannès exploitait leur présence au camp.

On avait, peut-être par ses ordres, répandu le bruit fabuleux que le consul de France amenait un renfort de trois cents Européens.

Mais, — poursuit M. Raffray, — ce retard nous inquiétait peu.

Nous y gagnerions, au contraire, de visiter le Godjam où il a été donné à peu d'Européens de pénétrer, et peut-être aurions-nous la chance d'assister à quelque combat.

Nous continuâmes donc de suivre l'armée, dont, avec le négus, nous formions l'arrière-garde.

L'armée était si nombreuse qu'elle avait employé plus de trois jours pour défiler sur le pont de l'Abbaï, et Maderakal nous disait avec emphase qu'il faudrait à un piéton trois jours de marche pour aller d'une extrémité à l'autre du camp.

Nous entrions cependant en pays ennemi, et le négus nous fit recommande de la façon la plus formelle de ne nous éloigner désormais du camp sous aucun prétexte.

Dans le district de Matcha, nous traversons la jolie petite rivière du même nom, qui va de l'est à l'ouest et se jette dans l'Abbaï; puis nous rentrons dans la montagne.

Mais ce ne sont plus ces roches perpendiculaires, ces pitons aigus, dentelés, déchirés, terminés par une plate-forme, que nous avions trouvés dans les Agaos.

Le massif du Godjam, qui forme une autre Déga, est bien moins escarpé, quoique son altitude doive atteindre 2,500 mètres.

La roche n'est plus qu'en de rares endroits dénudée; partout le sol fertile est couvert d'herbages tellement hauts que, montés sur nos mules, nous disparaissions quelquefois complètement dans ces épais fourrés de graminées.

Du sommet, nous apercevions d'un seul coup d'œil la majestueuse vallée du Nil, sa cataracte enveloppée de brouillards et la nappe étincelante du lac Tzana.

Mais sitôt que le premier repli de terrain eut voilé ce beau décor, le pays devint assez monotone.

Doucement ondulé et couvert à perte de vue de jungles immenses, l'uniformité du paysage n'était rompue que par des bouquets de mimosas, semés çà et là, et qui n'offrent au voyageur que l'ombre insuffisante de leur feuillage dentelé.

Soit que le pays fût peu peuplé, soit que l'armée s'éloignât volontairement des centres de population, nous ne rencontrions pas de villages.

Le transport de nos bagages devenait par suite de plus en plus difficile, malgré la bonne volonté et les ordres du négus.

Aussi, dès le second jour de marche sur les hauts plateaux du Godjam, nous restâmes tout à fait en arrière pour attendre les porteurs : cette circonstance faillit nous mettre dans une situation périlleuse.

*
* *

En pays ennemi, les armées abyssines ont pour habitude d'incendier le pays.

Pendant que nos compatriotes étaient là, l'arme au pied, à attendre le départ de leurs caisses, ils virent des colonnes de fumée qui s'élevaient dans le ciel et se rapprochaient d'eux.

Bientôt ils entendirent le crépitement des herbes sèches qui s'enflammaient.

Dans quelques instants, ils allaient être cernés par le feu, et le camp lui-même allait s'embraser.

La perspective était peu réjouissante : il y avait danger probable pour eux, et pour leurs bagages danger certain.

Ils voyaient déjà flamber leurs collections, amassées au prix de tant de fatigues, et ils en étaient au désespoir.

Je me rappelai alors le procédé employé dans les savanes du nouveau monde et qui consiste à combattre le feu par feu.

Mais l'armée, qui incendiait sur ses derrières et marchait devant nous, se chargeait d'allumer le contre-incendie.

Lorsque, dans une plaine où l'herbe longue et épaisse a été desséchée par le

Il était là, attaché au pied d'un arbre.

soleil des tropiques, un incendie se déclare, il marche, poussé par le vent, avec une rapidité qui défie les plus fougueux coursiers.

Parfois, sur une grande distance, les herbes s'enflamment d'un seul coup, comme une traînée de poudre.

C'est un éclair qui sillonne le sol, et l'être vivant surpris par l'incendie n'a plus qu'à périr.

Les antilopes fuient, éperdues, et malgré la rapidité de leur course n'arrivent pas toujours à se sauver.

Mais l'homme, que son intelligence a fait roi d'un monde dont il ne serait, réduit à la seule force animale, qu'un des plus faibles êtres, a un moyen de se préserver de cette terrible mort.

Il n'a qu'à allumer devant lui un second incendie, et le feu qui le poursuit s'éteindra, faute d'aliment.

C'est aussi ce qui nous sauva.

Il y avait peu de distance, il est vrai, entre les deux feux.

Mais, transportant nous-mêmes nos bagages avec l'aide de nos domestiques, nous nous réfugiâmes dans un endroit déjà brûlé.

Le sol était couvert de cendres encore fumantes; la chaleur pénétrait nos chaussures; nos hommes, qui marchaient pieds nus, et les mules dansaient sur place, car, au milieu de ces débris, il y avait encore souvent un charbon incandescent.

C'était un triste spectacle, que rendait plus navrant encore la présence de bandes innombrables de vautours qui, tournoyant au-dessus de nos têtes, attendaient notre départ, pour se repaître en paix des immondices et des débris de toute sorte que laisse une armée derrière elle.

Leur cercle allait se rétrécissant de plus en plus.

Quelques arbres en furent bientôt couverts, et ces oiseaux aussi immondes que voraces s'enhardissaient jusqu'à s'abattre presque au milieu de nous.

Nos coups de fusils les effrayaient à peine.

Étendant leurs grandes ailes, ils s'envolaient un instant, mais pour revenir aussitôt à leur hideux festin.

Des soldats nous tirèrent d'embarras, en raccrochant de droite et de gauche quelques paysans qui, de gré ou de force, se chargèrent de nos bagages.

Nous quittâmes sans regret ce lieu sinistre, et en quelques heures nous rejoignîmes le gros de l'armée, où notre place avait été réservée au pied d'une colline, sur le sommet de laquelle le négus avait planté sa tente.

* * *

Sur de nouvelles instances du vice-consul, Johannès, fatigué sans doute de nous remorquer à sa suite et craignant peut-être aussi des complications ultérieures, nous accorda une audience pour le lendemain.

De cet endroit, nous découvrions au sud les hautes montagnes du Godjam, où l'Abbaï prend sa source, visitées déjà et décrites par le Père Paëz et Bruce.

A l'est, une coupure nous laissait apercevoir la vallée du fleuve, non loin de l'endroit où est situé Mota.

Au nord enfin, se dressait un piton conique, auquel se rattache un épisode du règne de Théodoros.

Cette montagne, nommée la montagne du Diable, était, dit-on, habitée par les esprits malins.

Théodoros, qui ne connaissait d'autre procédé de gouvernement que la force et la violence, inquiet de ce voisinage surnaturel, eut la bizarre idée de faire bombarder la montagne.

Après une vive canonnade, il envoya des émissaires pour juger du résultat. Comme on le pense bien, on ne trouva pas la moindre trace de démons :

— Ils ont fui, dit l'orgueilleux négus, emportant les cadavres de leurs morts pour dissimuler leur défaite; mais, vous le voyez, la montagne est aujourd'hui délivrée des démons; rien ne résiste à ma valeur!

Était-ce, de la part de Théodoros, conviction ou diplomatie? Nul ne le saura jamais.

Mais il faut se rappeler qu'il eut assez de bonne foi dans son étoile pour s'enfermer sur un rocher, et, de là, braver l'armée anglaise !

L'heure de l'audience accordée pas le négus était venue.

J'allais enfin voir le souverain d'Abyssinie, le successeur de ce fameux Théodoros.

Revêtus de nos plus beaux atours, escortés de nos domestiques armés et de Maderakal, l'interprète de Johannès, nous gravîmes la colline.

Tout au sommet, une petite plate-forme avait été recouverte de tapis de Perse, de peaux de lion, de coussins de soie; c'est là que le négus nous attendait, accoudé sur des coussins.

Derrière lui, des serviteurs tenaient un immense parasol en soie rouge; quelques seigneurs étaient groupés autour de lui, et à ses pieds se tenait accroupi son lion favori.

Nous nous approchâmes pour le saluer.

Il nous tendit très gracieusement la main, et nous allâmes nous asseoir en face de lui, à la place qui nous avait été réservée.

Il est d'usage, pour se faire bien voir des souverains d'Éthiopie, de leur offrir un présent, et les armes européennes sont particulièrement agréables à ces rois guerriers.

Je n'avais nullement prévu ce nouveau genre d'impôt en quittant la France, et je dus me dessaisir de mon revolver.

J'y ajoutai de la poudre, des balles, des capsules, etc., et comme je m'excusais auprès de lui du peu de valeur de ce présent :

— Je ne regarde pas, — répondit Johannès, — à la valeur du cadeau, mais à l'intention de celui qui le fait.

Je ne m'attendais pas à une réponse aussi civilisée.

**

C'est que Johannès était loin d'être, comme on pourrait le croire, un roi sauvage.

M. Raffray nous le représente comme un homme jeune, ayant alors trente-quatre ans, de taille moyenne, la peau d'un brun foncé, les cheveux artistement tressés, le nez mince, le visage allongé, les extrémités très fines.

Sa physionomie était calme, son air froid et sévère.

Il scrutait du regard son interlocuteur, mais s'il venait lui-même à parler, il baissait ou détournait les yeux, de peur qu'on ne devinât sa pensée.

Son costume était des plus simples : une grande robe étroite en cotonnade blanche, et une chemma très fine à bande de soie brochée.

Il avait la tête et les pieds nus, mais dans les nattes de sa chevelure était piquée une grande épingle d'argent, terminée par une boule en filigrane que surmontait une croix.

Johannès n'était encore que prince Kassa lorsqu'il devint veuf, ayant un enfant en bas âge.

Ce jeune prince est élevé au milieu d'amis dans son pays natal, loin de la cour et à l'abri des vicissitudes de la politique éthiopienne.

La cour emprunte un caractère d'austérité à cet isolement du roi guerrier, dans l'entourage duquel on ne voit jamais une femme.

Un vœu solennel, que le clergé abyssinien lui a imposé comme condition de son sacre, le lie à cet égard d'une façon absolue.

Le négus ne se remariera pas et n'aura jamais d'autre héritier que celui qui lui était né, fort heureusement pour sa dynastie, avant qu'il eût éprouvé des malheurs royaux, objet des scrupules du clergé, qui ne seraient pas sans analogie avec ceux qui empoisonnèrent les derniers jours de notre roi François Ier.

Le négus annonça à mon compagnon de voyage que, ne voulant pas l'entraîner plus loin dans le Godjam, il avait résolu de s'arrêter quelques jours pour conférer avec lui et qu'il le recevrait en audience particulière les jours suivants.

Après avoir échangé de nouvelles poignées de main, nous prîmes congé de Sa Majesté Abyssine.

*

Passons à la composition de l'armée que commandait en personne le négus.

Cela nous donnera une idée de celle avec laquelle Ménélik battit si glorieusement les Italiens.

L'armée de Johannès comprenait environ 40,000 hommes armés, sur lesquels 2,000 au moins avaient des fusils.

Les armées abyssines sont composées de deux éléments bien distincts, mais qui, au moment de la lutte, se trouvent confondus.

Il y a deux sortes de soldats : les soldats de profession et les recrues volontaires ou forcées qui, guerriers aujourd'hui, retournent demain à leurs troupeaux ou à leur charrue.

Ce sont des paysans que leur seigneur contraint parfois à marcher avec lui ou qui, plus souvent, s'offrent spontanément.

Le chef ou le motif de la campagne sont-ils populaires dans le pays que traverse l'armée tous les hommes valides se joindront à elle.

Le général s'inquiète fort peu de leur solde et de leur nourriture.

N'a-t-il pas la réquisition à main armée et le pillage ?

C'est le théâtre de la guerre qui défraiera l'armée, et si la campagne est longue, il sera ruiné :

Combien n'en avons-nous pas rencontré de ces villages incendiés, démolis, veufs de leurs habitants, entourés de champs en friche !

Et que de chouns ont usé à tort ou à raison de ce prétexte pour refuser poliment de nous donner l'hospitalité !

En temps de paix, toutes ces recrues retourneront à leurs travaux, et il ne

Un salut de cérémonie au temps de Johannès.

restera plus que les hommes ayant fait du métier de la guerre leur profession et qui, avides d'aventures, ont attaché leur fortune à celle d'un chef célèbre.

Mais c'est encore le peuple qui les nourrira : un village est désigné, qui devra subvenir à leurs besoins.

Le soldat, prenant sa lance et son bouclier, s'en va y prélever sa solde et ses aliments.

Les soldats sont cavaliers ou fantassins, et parmi ces derniers il y a encore les fusiliers et ceux qui sont simplement armés de lance.

Les armes sont d'abord un sabre, tantôt presque droit, à un seul tranchant, assez semblable à nos anciens briquets; l'autre recourbé, à deux tranchants, et ressemblant à une *gigantesque faucille*.

Tous les soldats portent indifféremment l'un ou l'autre de ces sabres, accroché au côté droit.

Cet usage vient de ce que les Abyssins montent à cheval ou à mule du côté hors montoir.

Pour les cavaliers et les lanciers, l'équipement est complété par un vaste bouclier rond, légèrement convexe, de 0,60 centimètres de diamètre, en peau de buffle ou d'hippopotame, et plus ou moins artistement gaufré de dessins concentriques (cannelures, lignes ondulées en zigzags ou pointillées), et d'une ou plusieurs lances ou javelines.

Cette dernière arme est généralement de grande dimension; elle atteint jusqu'à 2 mètres 25 centimètres de longueur, et le fer parfois ne mesure pas moins de 80 centimètres.

Il est plat, fusiforme, caréné dans toute sa longueur, tranchant et acéré.

Son embout, aussi bien que la hampe, est souvent orné de spirales en fil de cuivre, et le talon de cette dernière est garni de fer qui sert à équilibrer la javeline.

Les soldats abyssins manient cette arme avec une grande dextérité, et frappent avec beaucoup de justesse un but éloigné d'une trentaine de mètres. Les cavaliers mettent leur cheval au galop et profitent de cette allure rapide pour lancer la javeline.

*
* *

La selle des cavaliers rappelle la selle des Arabes ou des chevaliers du moyen âge, avec un pommeau et un dossier; le tout est recouvert d'une housse en cuir, qui traîne jusqu'à terre.

Cette housse constitue un insigne réservé aux chefs et aux personnages de distinction, quand elle est en cuir rouge orné d'appliques en cuir vert formant des dessins plus ou moins variés.

Il est encore d'autres marques de dignité : un butois, ou vaste bracelet en argent plus ou moins enrichi de filigrane et qui se met au poignet droit; des lambeaux de peaux de lion accrochés au bouclier, et enfin la pèlerine, ou *lebdé* dont il a déjà été question.

Cette dernière est en léopard noir pour le roi et les princes du sang, et l'on pourra juger du grade du guerrier si cette fourrure est en peau de lion, de lionne, de loutre, ou simplement de mouton noir ou blanc.

L'étrier de la selle est très petit et ne permet d'y passer que l'orteil.

Le mors est le caveçon des Arabes, et, en guise de grelots, le cheval et surtout la mule portent un lourd collier de losanges en feuilles de cuivre qui miroitent au soleil et résonnent comme des clochettes.

En outre de ces 40,000 soldats, l'armée était suivie et encombrée d'un nombre incalculable de domestiques, de valets d'armes, de palefreniers, de servantes de tout âge, de toute condition, dont on peut porter le nombre peut-être à 60,000.

Les cavaliers, pour ménager leur cheval de bataille, le font conduire en main par un domestique et voyagent à mule. Le bouclier pend à l'arçon de la selle; d'autres serviteurs portent le reste de leurs armes.

Comme il n'y a point d'intendance organisée, chacun doit pourvoir à ses besoins et entraîne à sa suite, en campagne, tous ses serviteurs.

Les femmes vont, comme d'habitude, chercher le bois et l'eau, et, après avoir marché toute la journée, pliant sous le poids des ustensiles de ménage qu'elles sont chargées de transporter, elles passent la nuit à moudre le grain en chantant.

Ce sont de bonnes et joyeuses créatures qui égaient le camp, encouragent le soldat au combat, pansent ses blessures après la bataille et veillent à ce que rien ne lui manque.

Plus d'une femme aussi suit son mari, et l'enfant fait la campagne en croupe sur la mule ou sur le dos de sa mère, suivant que celle-ci, riche, voyage à mule, ou, pauvre, suit à pied son mari dont elle partage bravement la fortune ou les dangers.

Arrivés au bivouac, chacun s'agite, et autour de la tente du chef se forme comme une enceinte de huttes en branchages où s'abritent les soldats et leur famille.

Nous n'eûmes point, hélas! la bonne fortune d'assister à un combat.

***

Plus loin, notre explorateur nous raconte une seconde entrevue qu'il eut avec le négus Johannès et au cours de laquelle ce monarque fit preuve de qualités intellectuelles et morales vraiment remarquables.

Qu'on en juge :

Je fus vivement frappé de la sagesse et de la modération du négus.

Le souverain nous reçut sous une vaste tente en toile; le sol était encore recouvert de tapis et de peaux de lion.

Au fond, sur un angareb qui lui servait de trône, Johannès était à demi couché sur des coussins de soie, enveloppé jusqu'au menton dans sa chemise.

Quelques serviteurs et quelques amis étaient rangés autour de lui.

L'entrevue fut longue, et, entre autres choses, on y parla des missionnaires catholiques, pour lesquels le vice-consul réclamait l'appui du souverain :

— Amenez-moi, — lui dit le négus, — amenez-moi vos missionnaires; je ferai amitié avec eux, je les installerai dans la province où je suis né, au milieu de ma famille et de mes amis.

« Je leur construirai des maisons, des écoles et des églises; je pourvoirai à leurs besoins, je veillerai à leur sûreté, et je ne doute pas que l'exemple de leurs vertus ne gagne mes peuples, plus encore que leur parole.

Et, parlant de l'Égypte, question brûlante s'il en fut, et qui devait soulever dans son cœur toute l'animosité bien naturelle à un souverain que l'on dépouille de ses provinces :

— L'Égypte, — dit-il, — convoite mon pays; elle me cerne de tous côtés...

L'armée abyssine au retour d'un combat.

Après s'être emparée de mes provinces, elle a dit qu'elle n'avait fait que reprendre son bien.

« Jusqu'à ce jour, je n'ai point voulu m'opposer par la force à ces envahissements.

« A quoi bon verser le sang de nos peuples? J'en appelle aux nations d'Occident.

« Je ne prétends point que les rois chrétiens de l'Europe viennent protéger par les armes le roi chrétien d'Éthiopie contre l'invasion musulmane qui menace mon pays.

« Mais que ces rois, auxquels je demande leur appui, s'entendent pour envoyer des hommes sages et intègres, des arbitres désintéressés qui prononceront entre Ismaïl-Pacha et moi.

« Qu'ils viennent, et ils verront lequel de nous deux a raison, quel est l'envahisseur.

« Ils délimiteront nos frontières respectives.

« Ce qu'ils auront fait sera bien fait et ces limites qui m'auront été tracées, je m'engage à ne pas les dépasser.

« Mon pays, je le sais, a besoin d'être réorganisé; souvent mes peuples ne savent pas distinguer leurs amis de leurs ennemis dont la voix est trompeuse.

« Je travaille en ce moment à unifier mon pays; il me faut la paix à l'intérieur aussi bien qu'à l'extérieur.

« Que l'on m'aide au lieu de m'entraver, et quand j'aurai vaincu le dernier rebelle et ramené le calme dans mes États, alors je m'adresserai à vous, qui venez ici représenter la France, et je vous dirai de m'envoyer vos compatriotes, qui viendront répandre au milieu de nous votre civilisation, qui nous apprendront à faire toutes ces belles choses que vous fabriquez en Europe.

Et quand on songe que celui qui parlait ainsi était le négus d'Abyssinie, c'est-à-dire le souverain d'un pays que nous considérons comme barbare, comme sauvage; quand on se rappelle que l'Égypte lui a déjà enlevé Métemmah et le pays d'Ouchéni, les Bogos, Massaouah et tout le littoral de la mer Rouge, l'isolant, le parquant ainsi du milieu de ses montagnes, le privant de débouchés, et que ce cercle va se resserrant tous les jours, on ne peut s'empêcher d'être vivement ému en présence de la sagesse de ce jeune souverain qui n'eut d'autres maîtres que sa conscience et sa généreuse et droite nature.

Johannès a en effet en lui l'étoffe d'un homme supérieur.

Aussi énergique peut-être que Théodoros, dont il aurait toute la bravoure, il ne montre qu'un courage froid, réfléchi.

Non moins ambitieux, il sait profiter de son exemple. C'est d'ailleurs une noble ambition que celle de pacifier son peuple et de le régénérer.

— C'est là mon but, nous dit encore le négus; j'y arriverai ou j'y perdrai la couronne et la vie !

**

Détail piquant, il paraît que le négus eût bien voulu inviter nos compatriotes à dîner, mais il ne possédait ni assiettes ni fourchettes, et comme il n'ignorait pas que ses hôtes avaient l'habitude de se servir de ces superfluités de la civilisation, son amour-propre eût trop souffert de son dénûment.

Les voyageurs durent se passer de l'honneur de s'asseoir à la table royale.

« J'aurais bien, — écrit à ce propos notre auteur, — envoyé de dépit assiettes et fourchettes dans le Nil, et fait vœu de ne plus manger qu'avec mes doigts tout le reste du voyage! »

Plus heureux, Marchand et ses compagnons eurent, nous allons le voir bientôt, l'honneur de s'asseoir à la table de Ménélik qui ne savait que faire pour leur témoigner son amitié et son admiration, et qui considérait qu'en la circonstance tout l'honneur était pour lui... Mais le négus avait des couverts !...

CXX

UN REBELLE

Tam-tam de guerre. — Rapide mobilisation. — Greniers impériaux et réquisitions. — Soumission des grands feudataires. — Raz contre raz. — Un coup d'audace. — Foyer d'intrigues. — Le prestige de Ménélik.

Kelal Sarâwit! Meta negarit!... Que l'armée soit rassemblée! Battez le tambour!

C'est la guerre, ou, au moins, une expédition importante qu'annonce cette formule sacramentelle.

C'est l'ordre que lança, au mois de novembre 1898, le grand négus Ménélik II, pour aller réprimer la seconde rébellion du raz Mangascha, dont nous avons déjà dit deux mots.

En Éthiopie, pays de procédure, la formule résume tout, les grands actes de la vie politique comme ceux de la vie civile.

Et aussitôt que, devant la porte de la cour des plaids, — le *forum* abyssin, — le gigantesque tam-tam des édits a résonné quarante fois sous les coups espacés des timbales, et que la proclamation impériale annonçant l'expédition a été lue à haute voix devant le peuple assemblé, par le secrétaire des commandements, point n'est besoin d'affiches ni du son des cloches.

La nouvelle se répand, avec une rapidité déconcertante, jusque dans les derniers recoins.

Quelques précautions ont d'ailleurs été prises pour que les principaux chefs soient avertis d'avance, et tout le monde est sur pied.

Dans les villages éloignés, une simple peau de mouton suspendue à une branche d'arbre, à l'endroit connu de tous, indique qu'il y a du nouveau, un édit, un ordre, et qu'il faut s'informer.

Et c'est ainsi que, sans paperasses d'aucune sorte, sans cet appareil solennel que l'on observe chez nous, la mobilisation de l'armée abyssine s'opère dans des conditions merveilleuses.

Chacun connaît, d'ailleurs, les points de concentration où il trouvera ses chefs immédiats, et ceux-ci savent où ils trouveront leurs chefs supérieurs.

Dans cette organisation en apparence rudimentaire, rien n'est livré au hasard.

Un chef abyssin.

Des siècles de pratique continue ont réalisé comme d'instinct ce qu'on n'obtient chez nous qu'à force de prévoyance et d'ordres minutieux.

* *
*

Nous avons déjà vu que les femmes remplissaient véritablement dans les armées abyssines le rôle de notre intendance.

Il y a cependant quelques rouages essentiels : ce sont les transports et les magasins des vivres.

Outre les mulets qui sont la propriété des chefs et qui sont affectés au service des transports, il y a une classe de petites gens, qu'on appelle *tiessagnâ*, ou « enfumés » — par l'atmosphère de leurs chaumines — qui doivent, en cas de guerre, le service d'un mulet ou même d'un ou plusieurs bourriquots.

C'est leur corvée réglementaire.

Généralement, il sont fermiers sur un fort militaire, car il y a des multitudes de fiefs affectés à l'entretien des soldats.

Ces sortes de fiefs n'ont d'équivalent en Europe que dans l'organisation d'une partie de l'armée suédoise et, naguère encore, dans les confins militaires autrichiens.

En ce qui concerne les magasins de vivres, on remarque assez souvent sur les routes, généralement sur les hauteurs, de nombreuses cases entourées d'une ou plusieurs enceintes de haies et formant de véritables villes. Ce sont les greniers impériaux.

Les intendants du négus et des grands feudataires réunissent là les approvisionnements fournis par la province, ce qui est toujours facile, les impôts étant perçus en nature.

Ces approvisionnements sont pris au passage par le service des transports et suivent l'armée qui se ravitaille ainsi tout le long de la route jusqu'à ce qu'on entre sur le territoire ennemi.

Si ses habitants montrent de la mauvaise volonté, ce qui, naturellement, est assez ordinaire, on a recours à la razzia.

L'empereur Ménélik, contrairement à ce qu'ont pratiqué ses prédécesseurs, a toujours régularisé les réquisitions sur le territoire abyssin et même exigé que les paysans fussent payés lorsqu'ils s'exécutaient de bonne grâce.

Mais la femme reste l'élément principal de la suite des armées. Gaie et active, elle marche en chantant ses chansons monotones, souvent pesamment chargée.

On en voit qui portent le fusil du soldat qu'elles servent.

Au retour de l'expédition contre les Italiens, elles portaient souvent, comme coiffure, les képis des soldats du roi Humbert, et c'était fort comique de les voir dans cet attirail, inconscientes de leur drôlerie.

Encore aujourd'hui, les armées abyssines n'ont rien perdu du pittoresque désordre qu'elles présentaient sous Johannès.

Le palais de Ménélik à Addis-Ababa.

C'est un spectacle d'un genre particulier, car les troupes abyssines n'ont rien de la discipline qui règne dans les nôtres. Elles marchent à la file indienne, — l'état des routes ne permet pas d'ailleurs qu'il en soit autrement, — dans la plus curieuse débandade apparente.

Les mulets ou les ânes sont mêlés à la troupe, et chaque fois qu'il faut ou franchir un obstacle, ou croiser une caravane, cela ne saurait se passer sans des cris, mais sans injures, le vocabulaire abyssin étant très pauvre sur ce point et à peu près nul en matière de jurons.

Tantôt, on voit les timbaliers du raz ou ceux d'un général, plus solennellement juchés sur leurs mules que leur propres maîtres.

En Abyssinie, l'importance d'un personnage militaire se reconnaît au nombre des timbaliers qui le précèdent.

* * *

Le mulet étant, ainsi que maître Aliboron, un animal de nature indocile et capricieuse, il arrive assez souvent qu'il cherche à aller prendre ses aises dans un coin que son œil, toujours aux aguets, — les Abyssins ignorent l'usage des œillères — a entrevu à distance.

Et alors il détale, le plus souvent en compagnie, cherchant à se débarrasser de son fardeau.

Il faut se livrer à des courses folles pour le ressaisir.

Généralement, ces écarts lui valent une sérieuse ration de coups de coude, que les Abyssins distribuent avec une maëstria remarquable, tout en traitant de « frères » leurs mulets récalcitrants.

Chaque troupe un peu importante a son avant-garde, son centre, ses ailes et son arrière-garde.

On reconnaît surtout combien le désordre apparent dont nous avons parlé cache une organisation réelle lorsqu'on arrive au campement.

Chacun connaît ses distances et, en un instant, dès que la tente du chef suprême a été plantée, l'immense campement s'établit comme par enchantement.

Les armes sont nettoyées, car l'Abyssin a le plus grand soin de ses armes, et les femmes se mettent à moudre entre des pierres les grains qui doivent servir à faire les galettes.

Le soir, on cause près des feux allumés, à moins que la fatigue n'ait été trop grande.

Mais le camp a toujours ses gardiens, qui ne sont pas inutiles lorsque, après de nombreuses libations d'hydromel, les cerveaux se sont échauffés.

Toutefois, cela n'arrive qu'aux grands jours et dans les pays d'abondance.

Cela est-il voulu? De longs siècles d'expérience ont-ils imposé cette tradition?

Tout ce que nous pouvons dire, c'est que, dès qu'une armée abyssine entre en campagne, elle est comme enveloppée d'un réseau de fausses nouvelles.

Cela se croise, déconcerte, et l'on m'a affirmé que, malgré le tempérament diplomatique des Éthiopiens, des fidélités douteuses s'étaient quelquefois dénoncées d'elles-mêmes.

Rarement, en effet, — contrairement à ce qui se passe dans nos pays d'Europe, — ces nouvelles ont un caractère optimiste.

Il nous souvient que, au cours de l'expédition contre les Italiens, dix fois le bruit a couru à Addis-Ababa que des corps abyssins avaient été littéralement massacrés par les soldats du roi Humbert. Aussi n'est-il pas étonnant que le mot abyssin *warié*, qui signifie « nouvelle », signifie également et surtout « fausse nouvelle ».

*
* *

Il n'a transpiré que peu de chose sur les opérations du raz Makonnen dans le Tigré.

Mais ce qu'il y a de certain, c'est que le raz Mangascha a fait sa soumission à son collègue, après quelques tentatives de résistance, qui avaient plutôt pour objet, semble-t-il, d'obtenir des conditions meilleures que de pousser les choses à bout.

On ne sait pas au juste quelles ont été ces conditions, mais le fait seul que le raz Makonnen a vu son autorité substituée, dans le Tigré, à celle du raz Mangascha, implique de la part de celui-ci une soumission absolue et sans réserve.

« Nous ne tarderons sans doute pas, — disait à cette époque un correspondant, — à apprendre que le prince tigrin est allé à Warraïlou, dans l'appareil que nous avons décrit, implorer son pardon, la pierre sur le cou, devant l'armée impériale.

« C'est ce que voulait Ménélik, et il n'y a pas à douter qu'une démarche aussi humiliante équivaudra, pour l'orgueilleux vassal dépossédé, à un châtiment.

« La réconciliation viendra ensuite. Elle est presque de droit strict en Éthiopie.

« C'est ainsi que dans les procès, même civils, lorsque le juge a prononcé son jugement, il le fait suivre de la formule juridique du pardon mutuel.

« Le perdant doit alors procéder à un certain nombre de salutations qui correspondent chez nous au serrement de main auquel les duellistes se soumettent généralement, en signe d'oubli, après avoir vidé leur querelle en champ clos. »

Entre gros personnages de l'importance du raz Makonnen, qui n'était en cette circonstance qu'un délégué de l'empereur, et du raz Mangascha, les choses se passent plus solennellement.

Peu d'événements d'ailleurs ont une importance plus considérable dans l'histoire intérieure de l'empire éthiopien.

La soumission du raz Mangascha est déjà, si improbable que fût une longue résistance, un incident de premier ordre.

Elle équivaut à ce qu'eût été chez nous, au temps de la monarchie féodale, celle d'un duc de Bourgogne ou d'un comte de Toulouse.

Comme jadis chez nous, ces grands actes de la vie politique, où s'échangent, sur des évangiles enluminés, des serments de fidélité perpétuelle, parfois aussi fragiles que les serments d'amour éternel, s'accomplissent dans une de ces églises vénérées qui gardent encore le droit d'asile, telle que l'église d'Amda-Maryam.

Cette église se trouve dans l'enceinte sacrée d'Axoum, la plus ancienne capitale de l'Éthiopie, berceau des plus vénérables traditions éthiopiennes.

L'arche sainte et le tabernacle, enlevés au temple de Salomon par le premier Ménélik, issu du roi d'Israël et de la reine de Saba, auraient été déposés à Axoum, où la tradition prétend qu'ils furent conservés jusqu'au commencement du XVIe siècle.

Enfin, Axoum resta la ville du couronnement des rois des rois, jusqu'au commencement de ce siècle.

Cinquante générations de souverains se sont assis sur le trône de gypse, aux quatre colonnes angulaires, où voulut siéger le roi Jean, père du raz Mangascha, qui permit ainsi à Axoum, il y a une trentaine d'années, de revivre quelques heures de son antique splendeur.

* * *

Des dépêches de source italienne ont annoncé, en estropiant son titre, que le *nébrid* d'Axoum avait été l'un des négociateurs de la soumission de Mangascha.

Ce nébrid est un personnage dont l'importance traditionnelle est très grande dans ce pays de traditions.

A la fois prélat et gouverneur du territoire sacré d'Axoum, le nébrid actuel a pris, quitté et repris la cuirasse et la haire.

Il passe pour avoir été un des batailleurs les plus effrénés du Tigré, où cette denrée abonde.

A la cour de Ménélik on lui témoignait une grande considération.

Il est probable que les égards qu'on lui prodiguait alors n'étaient pas sans quelque corrélation avec le rôle qu'il pouvait jouer et a joué depuis.

Un puits en Abyssinie.

Or, ce nébrid serait tout simplement, d'après les traditions éthiopiennes, le descendant direct du grand prêtre Azarias, à qui le roi Salomon confia la direction de son fils Ménélik, lorsque celui-ci, appelé aussi Ebna Hakim — le fils du Sage — dans les chroniques éthiopiennes, alla régner à Axoum.

C'est ce grand prêtre Azarias qui aurait converti l'Éthiopie à la foi judaïque et introduit dans le royaume d'Axoum non seulement les rites, mais les institutions politiques du royaume d'Israël.

L'arbre généalogique du nébrid actuel remonte sans interruption au grand prêtre, complice du rapt de l'arche sainte et du tabernacle.

Devenue chrétienne, la famille d'Azarias a fourni le plus grand saint que l'Éthiopie vénère, que l'Église catholique honore le 25 mai, saint Tekla Haymanot.

D'autres très gros personnages se sont certainement interposés.

Le gendre de l'empereur, le raz Mikaël, a été un de ceux-là; mais le haut clergé éthiopien a eu la plus grande part dans un acte patriotique, cette fois.

Mais, nous l'avons dit, ce qui est encore au point de vue abyssin plus important que la soumission de Masgascha, c'est la nomination du raz Makonnen à la vice-royauté du Tigré.

Jamais, en effet, depuis bien des siècles, un pareil coup n'a été porté à la haute féodalité éthiopienne.

Il faut se reporter à la France du xive siècle et se figurer un de nos rois destituant un duc de Normandie ou d'Aquitaine et leur substituant un prince de sa famille, pour se faire une idée juste du prestige et de la puissance acquise par Ménélik, ainsi que du progrès de l'unité nationale éthiopienne.

***

Vers le mois d'octobre 1899, une certaine effervescence se manifesta de nouveau dans le Tigré, et des bruits d'expédition de l'empereur coururent jusqu'en Europe.

Malgré tout, Ménélik ne quitta pas sa capitale.

Ses déplacements n'ont d'ailleurs pas toujours l'importance qu'on est porté à leur donner.

Les institutions militaires de l'Éthiopie forment un ensemble consacré par l'expérience et auxquelles les souverains restent attachés, malgré les différences de temps et de milieu.

Les expéditions en temps de paix ont généralement deux buts : le premier, de montrer aux populations turbulentes de certaines provinces — le Tigré entre autres — que la vigilance du monarque n'est point en défaut; le second, et le plus important, est de tenir les troupes en haleine en ne les laissant point s'énerver dans un trop long repos.

A ce dernier point de vue, les expéditions en temps de paix répondent assez, d'une façon générale, à nos grandes manœuvres.

Il est bien vrai que, vers la fin de l'année dernière, le Tigré a été l'objet de quelques préoccupations.

Étant données les institutions séculaires de l'Éthiopie, la situation y est quelque peu anormale.

En général, en effet, les provinces ont pour gouverneur des personnages tenant au sol par leur origine et, comme cela arrive dans tous les États féodaux, par une longue hérédité des fonctions.

L'empereur Ménélik a pu rompre avec ces traditions dans les provinces du Centre et du Sud, la plupart soumises à son autorité pendant son règne long et laborieux.

Mais les pays du Nord, de vieille race abyssine, ont gardé plus d'attachement à leurs coutumes.

La propriété est plus stable chez eux que dans les pays de conquête, et aussi les vieilles familles ont plus d'attaches dans le sol.

C'est ce qui explique l'état d'effervescence qu'on signale parfois dans le Tigré, qui est actuellement soumis à la haute autorité du raz Makonnen.

*
* *

Le raz Makonnen est un homme du Choa, faisant partie de la famille impériale; — il est fils, s'il nous en souvient bien, d'une sœur de Ménélik, et prend rang avec le Raz Welda-Ghiorghis, immédiatement après la famille du vieux raz Darghié, oncle paternel de l'empereur.

Ses troupes sont en grande partie composées de Choans, bien qu'il s'y trouve des contingents de toutes les provinces de l'Éthiopie, attirés par la réputation de bravoure et de générosité de ce prince.

Or, on sait qu'en Éthiopie, à part quelques exceptions, le soldat est un volontaire qui choisit son chef, et il va d'instinct au plus brave, au plus glorieux et au meilleur.

On peut être sûr que, malgré d'apparentes démonstrations de sympathie pour l'empereur, les intrigues anglaises et italiennes n'ont jamais cessé de se faire sentir dans le Tigré, qui voudrait avoir à sa tête un prince tigrin.

Dans ces derniers temps, elles avaient pris un caractère qui, pour n'être point inquiétant, n'en n'était pas moins digne d'attention.

L'empereur a peut-être pensé que, malgré son éloignement du foyer de l'intrigue, le raz Mangascha n'y était pas absolument étranger.

Le raz Mangascha, en effet, a été récemment appréhendé et envoyé dans une île du lac Atchaba, au delà de la province de

Metcha, où il est sous la garde du zitaurâri Habta-Ghiorghis, qui passe pour l'un des généraux les plus dévoués au souverain.

On dit même que le raz sera envoyé bientôt plus loin, dans le Kaffa.

Cet acte d'autorité ne résout peut-être pas la question, mais on peut compter sur la sagesse et la grande habileté de l'empereur pour la dénouer.

**

A propos de ces compétitions, qui n'ont plus aujourd'hui qu'une importance secondaire, faisons observer que la longanimité de l'empereur et surtout son caractère tourné à la clémence ne sont pas toujours compris par le vieux parti abyssin.

Un personnage qui occupe une très grande situation dans le pays et auprès du monarque semblait regretter un jour les usages du bon vieux temps, où, dans les hautes régions du pouvoir, les sentiments les plus ordinaires et les plus respectables de famille étaient sacrifiés à la raison d'État.

Les princes de la famille impériale étaient, en effet, relégués sur ces imposantes forteresses qu'on appelle des *ambâs*.

Deux surtout : l'ambâ Ghechen et l'ambâ Damo, avaient le privilège de la garde de ces princes.

L'un et l'autre sont d'accès effroyablement difficiles et il était tout aussi périlleux d'en sortir que d'y entrer.

Là, les princes, étroitement surveillés, recevaient une éducation mi-ecclésiastique, mi-militaire, qui les préparait à l'un ou l'autre de ces rôles, selon qu'ils avaient à devenir moines ou à monter sur le trône.

On leur enseignait les livres saints, qui tiennent une si grande place dans la science éthiopienne.

C'était la part du cloître.

On leur apprenait le Code, l'histoire et aussi à monter à cheval, à nager, à lancer la javeline et à jouer aux échecs.

C'était la part du trône.

Il est remarquable que, avec un pareil système, l'Éthiopie n'ait pas eu un seul souverain au-dessous de sa tâche; presque tous, au centraire, ont été des hommes remarquables.

L'un d'eux, Jean II, dans la période troublée où le raz Mikaël devint un véritable maire du palais, connut successivement le cloître et le trône.

Il avait eu le poignet coupé et passait pour un savant.

Le Warwick abyssin s'en débarrassa violemment le jour où le pauvre prince voulut faire œuvre de roi.

S. M. l'impératrice.

Que nous voilà loin de ces temps !
L'intelligence, le patriotisme et les sentiments d'humanité de Ménélik II ont transformé l'Abyssinie !

CXXI

MARCHAND ET MÉNÉLIK

Sur le Sobat et le Baro. — Difficultés de la navigation. — Abandon de la flottille. — A Goré. — Le raz des raz. — Accueil enthousiaste. — Au-devant de la mission — Un rude lapin ! — Joie et tristesse. — L'empereur et le commandant. — Réception sans précédent. — La dernière halte. — Union !

Avant d'entrer dans les détails particulièrement émouvants de cette seconde odyssée que fut la traversée de l'Abyssinie par la mission Congo-Nil, nos lecteurs nous sauront gré de leur donner une idée de la façon dont furent accueillis nos compatriotes par l'empereur Ménélick et ses sujets.

Aussi bien le tableau rapide que nous allons tracer de l'enthousiasme soulevé sur le passage de nos héros servira-t-il de canevas pour la fin de notre récit.

Le départ de Fachoda eut lieu, nous l'avons dit, le 11 décembre 1898.

A neuf heures du matin, la flottille est prête, le *Faidherbe* sous pression.

On amène le pavillon français, lentement, avec les honneurs et de grosses larmes qui coulent en silence de tous les yeux...

Un bataillon égyptien, dissimulé discrètement dans un pli de terrain, attendait l'évacuation du fortin pour en prendre possession.

Au passage, le commandant Jackson-Bey présente les armes aux braves qui s'en vont...

Moment inoubliable, répétons-le !

La colonne emporte pour dix mois de vivres, 300,000 cartouches, ses 2 canons et 1,200 projectiles.

On voit ce qu'il faut penser du sirdar Kitchener, écrivant à Londres que la mission était dans le dénuement le plus complet à Fachoda !

Le 20 décembre, le *Faidherbe* s'engage dans le Baro.

Le bois est rare, la navigation difficile.

Des bancs de sable, des seuils rocheux ; on talonne à chaque instant.

Toute la journée du 6 janvier est employée à aveugler une voie d'eau ; l'arrière du *Faidherbe* a donné sur un caillou.

Nouvelle avarie le lendemain !

Le bateau marche encore une heure ou deux ; mais le fleuve devient impraticable, l'eau est basse et les rapides par trop nombreux.

Marchand se décide à abandonner ses embarcations et à gagner par terre la frontière d'Éthiopie.

On parlemente avec le chef des Yambas, Ouriette.

Ce chef a déjà reçu des cadeaux de la mission de Bonchamps.

Il connait la générosité des blancs et espère tout d'une caravane si bien approvisionnée.

Il fournit des porteurs.

On lui confie la flottille : le vapeur, les chalands, les baleinières.

Il doit surveiller tout particulièrement le vieux serviteur *Le Faidherbe*.

*
* *

La mission, avançant péniblement sur la rive droite du Baro, arrive le 23 janvier au pied des contreforts éthiopiens qui dominent les terres basses, les vallées de la Djuba et du Baro.

Le 24 au soir, Marchand entre à Bouré, le premier poste abyssin qui garde la plaine.

La colonne avait marché prodigieusement vite, si vite que les docteurs de Couvalette et Chabaneix, qui faisaient de rudes étapes depuis trente-cinq jours, arrivent juste à temps pour recevoir le commandant.

On s'embrasse, on se félicite, et l'émotion étreint tous les cœurs en songeant à ce qu'on laisse derrière soi, après avoir tant souffert pour le conquérir !...

A Goré, réception magnifique du dedjaz Tessammâ, qui voulut garder quinze jours nos compatriotes.

L'empereur Ménélik avait donné des ordres formels pour que la mission fût reçue dignement, et, sur la route de Goré à Addis-Ababa, le ravitaillement fut facile, grâce à la bonne volonté des Schaums.

La campagne du Tigré étant terminée et le ras Mangascha ayant fait sa soumission, le négus pensait être en sa capitale pour souhaiter la bienvenue et féliciter les braves de Fachoda.

Mais l'armée abyssine marche lentement; l'empereur n'était pas rendu le 10 mars, quand Marchand fit son entrée à Addis.

Le gouverneur de la ville, le vieux raz Darghié, le raz des raz oncle de l'empereur, envoie son armée sur la route, pour rendre les honneurs à la mission.

Les Abyssins accourent en foule et veulent voir « les blancs qui

Le gué de Baro au pied des plateaux abyssins.

marchent depuis trois années », la poignée de Français qui a battu les derviches.

Tout le camp français est là, notre ministre en tête.

Sur toutes les figures on sent la vraie sympathie, la fierté aussi, car on a droit d'être fier, quand on a pour frères de tels héros !

Le ministre salue la mission au nom de la France.

L'émotion redouble, quand une toute mignonne fillette, Yvonne Savouré, chargée d'exprimer au commandant les sentiments de la colonie, s'avance avec une gerbe de fleurs.

Mais elle a oublié totalement son compliment et sauve la situation en sautant au cou de Marchand, qui embrasse Yvonne et sa mère...

Puis viennent les présentations.

M. Ilg, le ministre de Ménélick ; le général Vlanoff, envoyé de Russie ; le capitaine Ciccodicola, ministre d'Italie, souhaitent la bienvenue aux vaillants explorateurs.

L'arrivée de Marchand à Addis-Ababa.

Mais écoutons un témoin de cette chaleureuse réception, M. Casimir Mondon :

L'arrivée de nos chers compatriotes à Addis-Ababa, a, comme vous le pensez bien, défrayé toutes les conversations de ces derniers jours.

On ne parlait guère que d'eux ; on avait comme l'impression d'une fête de famille prochaine.

Au lointain, malgré les divisions, peut-être plus nombreuses, entre des gens dont l'individualisme se développe en raison du carré des distances, on sent davantage qu'on est issu de la même sève, que le même sang gaulois coule dans les veines.

De même que les haines sont plus vives, les réconciliations sont plus émues, comme dans les querelles familiales.

C'est presque toujours dans des circonstances pareilles que s'opèrent ici les rapprochements.

Il me souvient que nous réconciliâmes ainsi, avec MM. Ilg et Chefneux, deux Suisses qui ne s'étaient pas adressé la parole depuis bien des années.

Cela se comprend, lorsqu'on songe qu'on vit au milieu de peuples d'un aspect physique différent, de mœurs irréductiblement opposées aux nôtres, dont les institutions n'ont d'équivalent que dans le passé de notre race.

C'était donc pour tous une fête de famille que d'aller recevoir le commandant Marchand et ses compagnons.

Quelques Français étaient partis dès la veille pour aller camper du côté de Metcha.

Le samedi, tout ce qui restait d'Européens était sur pied, formant une longue caravane, d'un caractère aussi international que pittoresque, car aux Français présents ici s'étaient joints des Russes, des Suisses, des Arméniens, des Grecs, etc.

Les escortes abyssines sont au complet, remarquables, comme aux grands jours, par la propreté des *chemmas*, dont quelques-unes, coupées du liteau rouge, barrent le sentier de leurs tonalités bruyantes, tandis que quelques dames européennes — elles sont presque toutes de nationalité française — suivent sur leurs mules et égayent la caravane des nuances plus variées de leurs toilettes.

Le ministre de France, M. Lagarde, arrive avec son escorte et prend la tête de la colonne.

Je vous assure que le spectacle n'a rien de banal.

Il eût été bien plus intéressant si l'empereur n'avait été retenu à Dassié par un deuil qui a attristé la famille royale et le pays tout entier.

*
* *

On prend la direction du Mannagacha.

Le soleil levant éclaire joyeusement cette montagne, que sa forme hémisphérique fait ressembler à une lune immense qui se lèverait à l'horizon.

Les Abyssins des escortes semblent tout heureux d'aller au-devant d'un inconnu dont ils ne savent guère qu'une chose, c'est que c'est un héros, qui a traversé bien des pays.

Dans leur imagination, il est plus que probable que le commandant Marchand est une sorte de paladin du moyen âge, capable de beaux coups d'aventure, à l'occasion prêt à frapper d'estoc et de taille sur les mécréants, et cela les séduit étrangement.

Des rumeurs sont venues de l'Ouest, qui parlent des grandes choses accomplies, et puis les Français qui sont ici ne sont pas tous des diplomates.

Quelques-uns ont dit à leurs interprètes, avec une certaine crânerie, mêlée d'orgueil :

— Tu vas voir aujourd'hui un rude lapin !

Il n'y a pas de lapins en Abyssinie; on peut se faire une idée de ce que ce mot représente de choses fantastiques en songeant qu'il n'est prononcé que dans des circonstances exceptionnelles, toujours accompagné de qualificatifs ronflants.

Dans des cerveaux d'interprètes abyssins, cet animal inconnu doit prendre des proportions extraordinaires.

Il finit sans doute par symboliser la vaillance et le courage, et je ne serais pas étonné que le lion lui-même ne prenne rang quelque peu au-dessous de ce « lapin » formidable et terrible qui trotte dans leur imagination...

Le sentier est assez large, mais coupé à chaque instant par des rivières dont, au milieu des cris, on traverse les gués pierreux.

Bientôt des Abyssins envoyés en éclaireurs reviennent annoncer que nos compatriotes sont près de là.

Et aussitôt, instinctivement, les Français se rapprochent, laissant un peu à l'écart les autres Européens.

La joie bruyante de tantôt fait place à un autre sentiment plus recueilli et, à mesure qu'on se rapproche de ces hommes qui portent au cœur une plaie saignante, ce recueillement augmente.

*
* *

Le silence se fait peu à peu.

Il semble à la fin qu'on va retrouver des parents après un deuil commun.

Les voilà !

Les docteurs de Couvalette et Chabanex, qui sont allés au-devant de nos compatriotes, apparaissent les premiers, puis le commandant Marchand, puis ses compagnons.

On s'embrasse avec l'effusion que vous imaginez.

Chacun voudrait avoir pour lui toutes les confidences.

Le ministre de France et le commandant se mettent à l'écart.

Ils se connaissent depuis longtemps.

Nos vaillants compatriotes sont en bonne santé, bronzés encore par le soleil tropical, mais rétablis par le climat bienfaisant des hauts plateaux éthiopiens.

Leur costume n'a rien de bizarre, car ils ont pu échanger contre les complets, pas somptueux, mais suffisants, de la capitale éthiopienne, leurs vêtements blancs des bas pays.

Plusieurs ont encore les vestons bleu marine de leur arme.

On s'empresse autour d'eux; on les comble de questions.

Nos braves compatriotes n'ont pas une parole amère à la bouche; ils ne laissent échapper aucune plainte.

Mais on sent combien ils ont le cœur meurtri d'avoir dû abandonner à des rivaux le théâtre de leurs exploits surhumains.

Je crois inutile de vous dire que cette tristesse, dans un pareil moment, en face de ces hommes, nous l'éprouvons tous, et la présence de quelques étrangers nous est presque pénible.

Nos compatriotes font le plus grand éloge de la conduite des autorités éthiopiennes à leur égard.

Dès les premiers moments de leur rencontre avec les troupes du dedjaz Tessammà, ils se sont trouvés en territoire ami et on a fait tout ce qu'il était possible de faire, dans un pays où bien des choses font défaut, pour leur rendre le voyage moins pénible.

Il y a même eu quelques réceptions véritablement triomphales.

Cela nous soulage un peu d'entendre ces récits, qui d'ailleurs ne nous étonnent pas, car nous savons que l'empereur avait donné des ordres formels pour que nos compatriotes fussent traités en amis.

Malgré tout, notre pensée se reporte sans cesse vers ces régions immenses que nos compatriotes ont traversées, et nous les regardons avec une curiosité enfantine jusqu'à ce que nous voyons le ministre de France donner le signal du départ.

C'est sous cette impression de joie voilée d'une profonde tristesse patriotique que s'opère le retour à Addis-Ababa, retour qui a néanmoins quelque chose de triomphal, car les Abyssins font parler la poudre.

C'est leur façon à eux de manifester leur joie.

Les immenses génevriers, semblables à des cèdres, qui, çà et là, projettent leur ombre sur la route, semblent troublés par ces fantasias.

Quelques cynocéphales égarés s'enfuient en criant.

Les hautes constructions du Ghabi impérial paraissent enfin et nos compatriotes vont pouvoir se reposer un peu après l'étonnante odyssée dont ils ont été les héros.

*
* *

Quelques semaines plus tard, M. Mondon complétait son intéressant compte rendu et le faisait suivre du récit de la splendide réception du commandant Marchand par le négus :

Je vous ai écrit à la hâte pour vous annoncer l'arrivée de la mission Marchand dans la capitale éthiopienne.

J'ai dû passer sous silence quelques détails, mais nous étions tout entiers au plaisir de nous retrouver avec nos compatriotes, savourant les moindres confidences qu'ils laissaient échapper sur cette belle odyssée dont le souvenir planera sur la terre d'Afrique, si riche en souvenirs de la vaillance française.

Et je vous avoue que, malgré tout, bien que chaque courrier nous apporte les attristantes nouvelles que vous imaginez, nous avons lieu d'être fiers des hommages rendus à nos braves compatriotes par tout ce que ce pays compte d'Européens.

Je ne parle pas seulement des Russes, dont les sympathies se sont affirmées dans cette circonstance avec une chaleur significative, mais encore de la part de représentants de nations peu portées à nous témoigner de la sympathie.

L'agent de l'Angleterre en Éthiopie, M. Harrington, a tenu à exprimer lui-même à nos compatriotes son admiration, et, si l'on compare la façon dont l'Angleterre a acquis Fachoda aux moyens que nos huit Français avaient à leur disposition pour la conquérir, on n'a point de raison de douter de sa sincérité.

Malgré le deuil qui a frappé la famille impériale, nos compatriotes ont trouvé ici l'accueil le plus chaleureux et le plus empressé.

Le vieux raz Darghié qui, en l'absence de l'empereur, représente la plus haute autorité, a fait les choses le mieux qu'il a pu.

J'ai eu autrefois l'occasion de présenter la sympathique personnalité de l'oncle de l'empereur.

Malgré son grand âge et ses infirmités, le raz Darghié jouit encore dans le Choa et dans l'Éthiopie tout entière d'un incomparable prestige.

Il était déjà auprès de son père, le roi Sehla-Sallasié, lorsque notre compatriote Rochet d'Héricourt alla dans le Choa établir avec ce souverain les premières relations politiques qui nous ont unis à l'Abyssinie, et il m'a plusieurs fois rappelé ses impressions d'enfant à la vue d'un blanc si étrangement vêtu.

Les Européens, en ce temps-là, était chose extrêmement rare, et les naïfs habitants du Choa les considéraient un peu comme des gens tombés de la lune.

N'allaient-ils pas jusqu'à déclarer, se fiant à l'aspect de leurs chaussures, que ces hommes blancs n'avaient pas de doigts aux pieds ?

Les temps ont bien changé et le vieux raz me le rappelait aussi en me racontant l'époque où aucun souci d'équilibre politique ne venait troubler le calme de ses nuits, où batailler avec les Gallas, cavalcader à la tête d'une troupe de jeunes fous, courir le guilledou et faire de longues parties d'échecs étaient les principales occupations d'un prince de la famille royale.

— Et déjà, — ajoutait-il en riant, — quel changement avec ce que nos pères avaient connu! car tu n'ignores pas que, pour éviter les compétitions, on enfermait jadis sur un mont fort et sous bonne garde les princes de la famille royale... Ils ne quittaient leur captivité que pour monter sur le trône, lorsque la destinée les y appelait!

*
* *

Mais je reviens à nos amis.

J'en cause longuement avec le docteur de Couvalette qui est allé rejoindre la mission à Bouré.

— Marchand et ses collaborateurs, — me dit-il, — sont entrés le 23 janvier sur le territoire abyssin.

« Parti moi-même d'Addis-Ababa le 2 janvier avec une caravane de secours, j'ai eu juste le temps d'arriver à Bouré un peu avant la mission.

« Je dois reconnaître que rien ne lui manquait, ni vivres variés, ni santé, ni entrain.

« N'eût été la tristesse qui les saisissait tous, lorsque nous parlions de Fachoda, jamais on n'aurait pu imaginer que nous nous trouvions en présence de gens venant de faire une aussi longue route.

« Le Baro étant navigable en cette saison, la flottille française avait pu arriver jusqu'à un jour de distance de Bouré.

« Les bateaux se sont échoués un peu plus haut sur un rapide.

« Le *Faidherbe* et les autres embarcations furent vidées, désarmées par leur équipage et mises sous la surveillance d'Ouriet, chef du pays des Yambo.

« Le 27 janvier, la colonne était reçue triomphalement par le dedjaz Tessammâ dans sa résidence de Goré.

« Les ordres de l'empereur étaient formels, la réception devait être superbe ; elle le fut.

« Tessamâ fit bien les choses.

« Toute l'armée de ce général était là, chamarrée, grouillante, puis menée en une fantasia monstre par une musique infernale.

« Quelle fusillade, Dieu du ciel ! Les balles pleuvaient partout.

« Vous connaissez d'ailleurs ce genre de divertissement.

Je le connais, en effet, et je dirai en passant que je ne le crois pas étranger aux traditions de bravoure des Abyssins.

Nous nous rappelons à ce propos, non sans quelque gaieté, la proposition du maréchal de Castellane de charger quelques fusils dans les manœuvres de tirailleurs, pour habituer nos soldats à ne pas craindre les balles, proposition qui eut d'ailleurs pour résultat de faire classer le maréchal parmi les fous dangereux.

Le docteur poursuivit :

— Puis ce fut un pantagruélique *gheber*.

« Les timbaliers battent à la ripaille ; on mange, on boit, tant et si bien que nos cerveaux étaient, vers la fin de la cérémonie, légèrement embrumés.

« Un camp fut en même temps installé pour les Soudanais, qui, en leur qualité de musulmans, ne pouvaient prendre part aux ripailles abyssines.

« Je vous assure que, tant musulmans que chrétiens, personne n'a manqué de rien.

« L'hospitalité de Goré fut large, cordiale, même affectueuse.

« On sentait que le cœur du général abyssin débordait d'une admiration vraie pour Marchand et ses héroïques « trimardeurs ».

Ma foi ! j'emploie le mot pittoresque du docteur !

* *

Le 13 février, la colonne se mettait en route pour Addis-Ababa.

A chaque campement, les fonctionnaires abyssins apportaient des vivres frais en abondance.

Le 10 mars, nos compatriotes arrivaient à Addis-Ababa, où la réception, malgré la présence de troupes envoyées par le raz Darghié, avait un caractère plus intime, presque entièrement français, ainsi que je vous l'ai raconté.

L'empereur avait fait savoir à notre ministre plénipotentiaire, M. Lagarde, qu'il serait très heureux de voir le commandant Marchand et de s'entretenir avec lui.

Ce désir, vous le pensez bien, après les prévenances dont les fonctionnaires de l'empereur n'avaient cessé de combler nos compatriotes, et étant données les sympathies du souverain éthiopien, ne pouvait laisser le commandant indifférent.

La mission attendit donc le retour de l'empereur.

Les Européens de toute nationalité ont fait tous leurs efforts, ainsi que les Abyssins, pour leur rendre le séjour de la capitale le plus agréable possible, car il n'est personne qui ne comprît le vif désir de nos amis de se retrouver au plus tôt sous le ciel de France.

Le 1ᵉʳ avril, l'empereur faisait son entrée à Addis-Ababa et, dès le lendemain, Ménélik recevait les Français en audience solennelle.

Pour la circonstance, il inaugurait l'immense salle du nouvel adérache, qui n'a pas moins de 65 mètres de long sur 35 de large.

Cette salle fut spécialement construite pour y installer le trône envoyé, il y a deux ans, par le regretté président Félix Faure.

La nouvelle construction n'a extérieurement rien de bien intéressant, mais l'intérieur, au contraire, a grand air.

La salle est immense, haute, bien proportionnée.

Elle est décorée à la manière indienne, car se sont les Hindous qui font ici ce genre de travaux.

Le trône, malgré ses belles proportions, y est à l'aise.

Il y fait bel effet, avec ses dorures rehaussant les colonnes sculptées, où le vert se mêle agréablement à l'or, tandis que l'*algâ* aux coussins de soie brodée étale ses splendeurs de pourpre.

*
* *

La cour, au complet, entourait le trône impérial.

Le roi Teklat-Haymanot, à qui son titre royal vaut une situation à part parmi les raz éthiopiens, était assis à la droite de l'empereur ; les autres raz s'étaient accroupis à la mode abyssine, sur les marches du trône.

L'empereur semble un peu fatigué de sa campagne, mais il a toujours le même regard vif et attachant.

Le ministre de France présente le commandant Marchand et ses compagnons à l'empereur, dont la physionomie s'éclaire d'une curiosité sympathique, tendant la main à nos compatriotes.

La troupe soudanaise pénètre dans l'immense salle, dont les murs sont comme protégés par un lambris de soldats abyssins, le bouclier au bras.

Les Soudanais défilent en armes et manœuvrent devant l'empereur.

Leur défilé, très réussi, impressionne vivement la cour.

Très curieusement, Ménélick veut connaître par le menu les péripéties, les difficultés du grand voyage, les noms, les mœurs des pays traversés par la mission.

On apporte des cartes ; du doigt, il suit les étapes, demandant force détails sur le Nil, sur le Sobat.

Le récit du combat du 24 août contre les derviches l'intéresse particulièrement.

L'empereur éprouve un sentiment marqué de surprise, lorsque Marchand lui donne le nombre des derviches mis hors de combat par ses 144 Soudanais : 800 morts ou blessés !

L'audience solennelle est terminée.

Fort aimablement, l'empereur donne congé et prie le ministre de France et le commandant de rester, désirant causer seul à seul avec eux.

La cour et les soldats abyssins, ainsi que toute l'assistance européenne, vident la salle et la conversation reprend sur le pied de l'intimité pendant près d'une heure.

Tout le monde s'accorde à reconnaître que l'accueil fait par l'empereur et les Abyssins aux héros de Fachoda a été particulièrement chaleureux.

On ne pouvait demander plus de prévenances et de cordialité.

L'empereur a tenu à les garder quelques jours, et c'est seulement le 8 avril que le commandant et ses compagnons ont quitté Addis-Ababa, acclamés par les Européens, accompagnés par une foule d'Abyssins, laissant un grand vide dans cette capitale éthiopienne, dont ils ont été pendant quelques jours les hôtes bien-aimés.

« Le commandant espère prendre à Djibouti le paquebot du 22 mai et être en France vers le 2 juin.

Complétons ce rapide aperçu en disant un mot du passage de la mission Congo-Nil à Harrar, sa dernière station avant d'atteindre Djibouti, où l'attendait le croiseur *D'Assas*.

Arrivé le 26 avril à Harrar, nos glorieux compatriotes en repartirent le 2 mai.

Le jour de leur arrivée, la colonie française de Harrar, sans excepter les femmes, se porta au-devant d'eux.

Le gouverneur et les principaux chefs du Harrar les attendaient aux portes de la ville.

Pendant le séjour de la mission, les Français acclamèrent et fêtèrent chaleureusement le commandant et ses compagnons.

En leur honneur, ils organisèrent un banquet auquel prirent part tous les membres de la colonie.

Les sentiments d'admiration à l'égard de la mission furent affirmés dans une allocution prononcée par M. Deynaud, au nom de ses compagnons du Harrar.

Le commandant Marchand répondit en affirmant sa gratitude envers les membres de la colonie française.

Puis, en termes d'une rare élévation, il ajouta que c'était grâce à la constante union de tous les membres de la mission que son but avait pu être atteint :

— N'oublions jamais, — dit-il en terminant, — que, sans union, les pojets de l'avenir resteront toujours sans résultats !

Quelle haute leçon pour les Français incohérents et divisés que nous sommes !

CXXII

SUR LE BARO

A Bino. — **Chez la veuve d'un Français.** — **Désappointement.** — **Mariages éphémères.** — **Petits profits paternels.** — **Visite au gouverneur.** — **Parfumerie comestible.** — **Cruelle méprise.** — **En chasse!** — **Histoire de serpents.** — **Largeau et le crocodile.** — **Un sanglier monstre.** — **Magnifique butin.**

De Fachoda à l'embouchure du Sobat, et de ce dernier point à Nasser, c'est-à-dire du 11 au 19 décembre 1898, le *Faidherbe* remorqua tristement la mission Marchand dans les sept chalands qui composaient la flottille.

Mais à partir de Nasser ou plutôt du lac Ménélick II qui lui est contigu, c'est-à-dire à partir de l'entrée de la flottille dans le Baro, affluent du Sobat, la navigation devint impossible.

Pendant quinze jours, les Sénégalais et les Yacomas durent remorquer le *Faidherbe* et les autres embarcations sur les bancs de sable de la rivière, où l'eau baissait rapidement.

Selon son habitude, ce fantastique *Faidherbe* fut traîné sur bien des seuils inférieurs à son tirant d'eau.

Au seuil du plateau abyssin, les premiers rapides et barrages rocheux furent péniblement franchis; puis, le Baro ne devenant plus qu'un torrent cascadant de rochers en rochers, il fallut s'arrêter.

C'est alors que toute la flottille fut confiée à un lieutenant du Ledjaz Thessamma, le chef des Yambas, Ouriette.

Après quoi, la mission, suivie de porteurs que lui avait fournis ce personnage, se mit en marche sur la rive droite du Baro.

C'est pendant la période de remorquage que se place l'incident suivant, qui va nous initier d'assez près aux mœurs conjugales de l'Abyssinie.

La mission, fatiguée par une longue marche, venait d'arriver au village de Bino.

Après s'être restauré et avoir surveillé l'installation du campement, le commandant Marchand demanda s'il n'y avait pas d'Européens à Bino.

— Non — lui répondit le gouverneur de l'endroit, — et vous

n'en trouverez probablement pas avant Goré... Mais nous avons eu pendant longtemps ici un Français nommé Honoré, qui est mort il y a quelques années... Sa veuve habite encore parmi nous avec ses enfants.

Le commandant regarda Baratier.

— Allons-nous lui rendre visite? — lui demanda-t-il.

Si vif était chez nos compatriotes le désir de voir des physionomies françaises, que le jeune capitaine n'hésita pas.

— Parbleu! — fit-il simplement.

*
* *

Guidés par le gouverneur, les deux officiers se rendirent immédiatement chez la veuve Honoré.

Mais grand fut leur désappointement, quand ils se trouvèrent en présence d'une femme abyssine, absolument noire et ne connaissant pas quatre mots de français.

Feu son époux était un matelot français qui avait déserté son bâtiment quelque vingt ou trente ans auparavant.

Après avoir rendu des services à l'un ou à l'autre des raz qui bataillaient à cette époque, il avait fini par se créer à lui-même une certaine situation seigneuriale et par acquérir une réelle importance.

Mort depuis plusieurs années, il avait épousé successivement plusieurs femmes.

Celle à laquelle Marchand et Baratier allaient rendre leurs devoirs, croyant trouver une Française, était la derrière.

Elle avait eu deux enfants, deux petites filles charmantes, qui jouaient dans la maison, et malgré sa couleur elle avait dû être elle-même très jolie.

Très flattée de la démarche des deux officiers, elle les reçut assise sur son angareb en leur adressant un *Bonjour* sonore!

Bien qu'elle fût noire, ses traits étaient d'une finesse tout aristocratique, un petit nez aquilin, une bouche mignonne, des dents qui rappelaient, suivant l'image éthiopienne, « les petits de la tourterelle blanche sous l'aile de leur mère »; tout cela éclairé par des yeux comme les possèdent presque toutes les femmes de l'Abyssinie, des yeux de velours.

C'était vraiment une délicieuse physionomie, et l'on songeait bien peu, en la contemplant, à regretter la nuance de sa peau.

La poitrine et le cou découverts jusqu'à la naissance des seins, il semblait que la robe blanche dont elle était vêtue, et qui montait jusque-là, était garnie tout autour d'une bordure de dentelle.

... Trois servantes entrèrent leur apportant des bassins.

Sur ce corps noir, on distinguait, en effet, comme un feston bleuâtre qui suivait les contours de l'étoffe.

Mais, ô surprise! en regardant de plus près, on s'apercevait que c'était un tatouage, sans doute l'œuvre de son mari.

Celui-ci, inspiré de ses souvenirs d'Europe, et se rappelant les parures qu'il avait jadis admirées dans la toilette des grandes dames, avait cherché probablement à en reproduire et à en fixer l'élégance, d'une manière permanente, sur les épaules de sa femme.

Le fait est qu'on aurait juré que le modèle en était, du moins, sorti des mains d'un habile ouvrière.

Elle paraissait fière de cet ornement et s'arrangeait visiblement de manière à disposer son vêtement en vue de l'illusion qui frappait au premier abord.

* * *

Dès que les visiteurs eurent pris place sur un second angareb voisin de l'autre, une servante leur remit un vase formé d'une corne de vache coupée par le milieu et dont une rondelle de bois fermait le fond.

Puis une énorme calebasse fut apportée : elle contenait du taidj...

La femme commença par s'en verser dans le creux de la main quelques gouttes qu'elle avala.

Ensuite, elle servit ses hôtes.

Ainsi le veut l'étiquette éthiopienne.

L'hôte qui s'asseoit à votre foyer doit être sûr que sa vie est désormais à l'abri, et qu'aucun poison n'est mêlé à ses mets.

Pendant que nos compatriotes buvaient, les gens qui étaient là détournèrent la tête, et la même servante déploya au-devant d'eux le pan de sa robe pour les voiler aux regards indiscrets.

C'est encore une coutume locale, qui vous protège contre le mauvais œil.

L'hôtesse paraissait jouir d'une certaine considération auprès des siens.

Elle-même n'était pas sans affecter des allures de supériorité dont la présence d'étrangers était peut-être l'unique cause.

Veuve d'un Français, elle tenait à affirmer, à leurs yeux, qu'elle n'était pas sans avoir conscience du rang qu'elle avait occupé et des devoirs que le passé lui imposait.

Bien qu'Honoré eût contracté plusieurs mariages, celui qui l'avait uni à cette femme était le seul que la religion eût consacré.

Par conséquent, quoique, aux termes de la loi civile, les autres n'en eussent pas moins été réguliers, celui-là, exclusivement, assurait à l'épouse des privilèges et des égards personnels qui échappaient à ses devancières.

*
* *

L'usage, en effet, à côté de la cérémonie publique, mais parfois dispendieuse, que se réservent les grandes familles, tolère légalement, en Éthiopie, des unions éphémères, d'un caractère tout aussi légitime, mais auxquelles président les formalités les plus succinctes et les conventions les plus brèves.

Un père est l'heureux possesseur d'une fille avenante et gracieuse.

Si quelque galant la désire pour compagne, sans plus de façon il se présente et s'en ouvre à l'auteur des jours de la belle enfant.

Celui-ci convoque deux témoins.

L'acheteur, — nous voulons dire le futur, — réitère sa demande devant eux.

Le prix est débattu, et dès qu'entre les mains du tendre père a été versée la somme convenue, l'épouseur emmène, sans autres débats, son acquisition devenue sa femme aux yeux de tous.

D'habitude, et dans les bonnes années, une fille de chef s'estime à cinq thalaris, soit environ vingt-six francs quatre-vingts centimes de notre monnaie.

Mais il en est de qualité inférieure et par conséquent moins chères.

Puis, quand le mari, pour une raison ou pour une autre, est las de sa moitié, qu'il veut quitter la contrée ou qu'il désire en épouser une seconde, il la reconduit chez elle.

Et là, comme la première fois, en présence de deux témoins, il déclare qu'il renonce à toute prétention sur le montant de la dot versée, — c'est le point essentiel, — qu'il divorce, et qu'il rend la fille de son plein gré.

Celle-ci rentre tout bonnement alors sous le toit de sa famille et reprend sa vie des anciens jours jusqu'à ce qu'une heureuse aubaine fournisse à son père la chance de s'en défaire de nouveau, à un taux également rémunérateur.

*
* *

Il est rare que l'occasion s'en fasse bien attendre, et même, à cet honnête petit trafic, il est des femmes dont les mérites acquièrent une renommée qu'elles n'auraient probablement pas obtenue dans une existence plus tranquille.

Le marché peut se répéter plusieurs fois sans que la considération de personne ait à en souffrir, et sans que la marchandise baisse de valeur, au contraire !

Il n'y a qu'une fécondité trop exceptionnelle qui puisse y porter une atteinte sensible.

Le placement devient, dans ce cas, plus difficile, et c'est alors qu'elles apportent aux pieds du Seigneur l'hommage de leurs regrets sans espoirs et de leurs charmes flétris.

Mais les enfants issus de ces rapprochements accidentels n'en sont pas moins légitimes, et jouissent des mêmes prérogatives, sont traités sur le même pied que les autres.

Aussi est-il fort rare qu'un Abyssin doué de quelque bien n'ait été déjà le mari temporaire de deux ou trois femmes, avant d'aborder le sacrement définitif et indissoluble du « mariage de la communion ».

C'est ainsi que se désigne l'union contractée sous les auspices de la religion.

Celle-là est toujours accompagnée, en effet, d'une communion à laquelle prennent part les deux époux.

Sortis du sanctuaire, cette fois, pour eux, il n'y a plus à s'en dédire.

La législation de l'État et les canons de l'Église se retranchent derrière la même inflexibilité.

Il est fâcheux que cette cérémonie entraîne des frais qui ne sont pas toujours à la portée du pauvre peuple, car le prêtre vit de l'autel, et il n'y a pas de pays où cette maxime reçoive plus large application qu'en Abyssinie.

*
* *

Jaloux sans doute du charmant accueil que les deux officiers avaient reçu chez une de ses administrées, le gouverneur de Bino les pria de vouloir bien accepter l'hospitalité chez lui pour le lendemain.

La mission devant séjourner là quarante-huit heures, Marchand et Baratier acceptèrent la gracieuse invitation.

Le lendemain, le capitaine Germain s'étant joint à eux, ils se dirigèrent vers la demeure du gouverneur.

A leur arrivée, deux fort belles filles vinrent les saluer au seuil de la maison, espèce de long édifice appuyé comme tous les autres au flanc d'une colline, avec une véranda spacieuse sur la façade regardant la rivière.

C'étaient les filles du gouverneur.

Nos compatriotes furent conduits aussitôt dans une pièce préparée à leur intention.

Puis trois servantes entrèrent, leur apportant des bassins et de l'eau tiède pour se laver les mains, avec un vase de lait et des rayons de miel empilés sur des galettes de tief.

La famille était catholique, et, dociles aux conseils des missionnaires, ces demoiselles apportaient dans leur attitude et leur toilette plus de réserve et de modestie que la plupart des autres jeunes filles du même âge.

Outre la robe ou chemise, la *chemma*, qui voilait une partie de la poitrine, elles portaient, à partir de la ceinture, une longue jupe traînant jusqu'à terre, faite en peau de chevreau.

Lorsqu'elles marchaient, c'était un frou-frou assez harmonieux.

Les trois officiers passèrent quelques heures fort agréables en leur société.

Au bout de peu d'instants, la plus cordiale intimité régnait dans la maison.

Le mince bagage apporté par les visiteurs avait été fouillé et mis aussitôt sens dessus dessous par les mains curieuses des jeunes filles.

Ils avaient apporté différents petits objets pour elles : des colliers de verroterie, des miroirs, des pots de pommade.

Les parures furent tout d'abord revêtues ; puis, lorsqu'elles en vinrent aux miroirs, qu'elles aperçurent leur image gracieuse reflétée dans ce morceau de verre d'un genre qu'elles n'avaient jamais vu, ce furent des exclamations, des cris de joie à rassembler tout le village.

Quant à la pommade, elle eut un autre sort.

Parfumée à nous ne savons quelle essence de rose ou de jasmin, nos compatriotes s'imaginaient que ce serait dans la coiffure des jeunes donzelles une substitution avantageuse au beurre rance ou à la graisse fondue que les femmes d'Abyssinie emploient généralement pour oindre ou assouplir leurs cheveux.

Mais à peine eurent-ils déballés leurs pots qu'elles y fourrèrent le doigt, et le portant au nez, de là à la bouche, goûtèrent immédiatement cette friandise appétissante. Les visiteurs essayèrent vainement de leur en faire comprendre la destination; la chose était de leur goût, paraît-il; toute la provision y passa.

Un pain de savon devint le partage du père.

L'emploi de la parfumerie en Abyssinie.

Après qu'il l'eût avalé en le dégustant comme un bonbon, nos compatriotes tremblaient que ne vînt le tour des coliques ou des vomissements, et alors ils pouvaient être suspectés d'empoisonnement ou de tout autre maléfice.

Mais pas du tout!

Cela alla le mieux du monde, et notre homme, mis en appétit, ordonna sur-le-champ qu'on apportât à manger.

Un angareb fut arrangé pour les trois compagnons.

Quant au gouverneur, il s'installa tout bonnement à terre, et ses domestiques se mirent en devoir de servir.

Le premier mets apporté fut une sorte de purée rougeâtre, dans une grande sébile de bois; cela ressemblait à des haricots rouges.

Assez privés de légumes, et rassasiés de viande depuis Fachoda, les trois officiers éprouvèrent un certain plaisir à cette vue.

Et comme l'hôte faisait des gestes engageants, accompagnés d'un langage qu'ils ne comprenaient pas, ils supposèrent qu'il les invitait à commencer.

Aussi, sans plus de façon, le capitaine Germain plongea-t-il sa cuiller dans la purée.

... dressé presque au ras de sa jambe, un serpent le cou gonflé...

Mais à peine y eut-il touché des lèvres qu'il poussa un cri.

C'était comme s'il avait avalé une cuillerée de plomb fondu.

La gorge était en feu, il crachait, toussait, suffoquait.

Bref, cette purée de haricots n'était rien autre que du poivre rouge.

Ce que le capitaine avait attaqué si vaillamment n'était pas un plat; ce n'était qu'un assaisonnement pour la viande qui allait suivre, du *chiro!*

Elle suivit, en effet, sous la forme d'une cuisse de vache crue qu'on suspendit à un bâton.

Le gouverneur, avec un couteau affilé, s'y taillait des languettes qu'il trempait ensuite consciencieusement dans le chiro, puis s'introduisit le tout dans le gosier.

Pour ne pas le désobliger, ses hôtes tentèrent de l'imiter.

Ils découpèrent de tout petits morceaux de cette chair presque encore toute palpitante et l'enduisirent avec précaution d'une mince couche du condiment en question.

Eh bien, vraiment, ils ne trouvèrent cela ni mauvais, ni répugnant.

L'effet du poivre rouge produit une cuisson factice qui modifie assez le goût de la viande crue, pour qu'en somme ce ne soit guère plus difficile à avaler que les biftecks saignants dont se délectent chez nous certains gourmets.

Néanmoins, par une attention délicate, à ce mets éminemment national avaient été joints un quartier d'antilope et une demi-douzaine de pintades tuées au courant du chemin, auxquels le gouverneur ne toucha pas, mais sur lesquels le capitaine Germain se dédommagea du mécompte que lui avait causé sa précipitation.

*
* *

Pendant que le chef de la mission et ses deux camarades jouissaient de la généreuse hospitalité du gouverneur, le lieutenant Largeau et le sergent Venail s'étaient mis en route pour tuer un peu de gibier qu'on disait très abondant dans la région.

A peine hors du village, ce qui les frappa le plus vivement, ce fut le nombre inouï d'oiseaux ravissants qui venaient boire dans la rivière.

Près d'eux, parfois, à les toucher de la main, ils se gardaient de faire un mouvement qui pût les effaroucher.

Ils éprouvaient trop de plaisir à les contempler.

Ils en remarquèrent de bleus, entre autres d'un bleu uniforme, à reflets chatoyants.

On eût juré l'oiseau bleu lui-même, le *rara avis* du poète : un bleu d'azur sans une seule plume d'autre couleur.

Cette espèce se montrait là en grande quantité.

Mais, depuis, hors de cet endroit, ils n'en revirent jamais pendant toute la durée de leur voyage en Abyssinie.

Un fait curieux à noter, en effet, c'est que, dans cette région, par-ci, par-là, une vallée, un coteau sont à peu près exclusivement peuplés d'une catégorie distincte d'oiseaux à la robe verte, jaune ou bleue.

Il en voltige un sur chaque branche; chaque détour du sentier, chaque touffe d'herbe vous en découvre, toujours les mêmes.

On dirait que le monde n'a plus que ceux-là.

Puis, quelques pas plus loin, c'est fini.

Une seconde variété succède à la première.

Celle-ci a disparu, et vous ne la retrouverez plus nulle part ailleurs.

Nous avons dit que, dans les environs de Bino, le gibier de toute nature foisonnait.

De petites gazelles, grosses à peine comme un lièvre, mais plus hautes sur pattes, montraient, à travers les fourrés, leur museau mignon et leurs grands yeux anxieux.

C'est une race propre à ces contrées.

On l'appelle la gazelle du Baro.

Puis, sans parler des francolins, des pintades, etc., des légions de lièvres !

Ceux-ci bondissaient à chaque pas devant les chasseurs, pour s'arrêter presque aussitôt, et les regarder, tranquillement assis, les deux pattes de devant en l'air.

On voyait que, pour eux, le danger n'existait pas.

Le despotisme des préjugés interdit, en effet, à tout Abyssin l'usage de cette viande.

Un homme est déshonoré, s'il se laisse entraîner à y toucher.

Il n'est pas de plus grande injure, sur les hauts plateaux, que de s'appeler « mangeur de lièvres ».

Habitués à respecter, sans les discuter, toutes les coutumes, tous les usages, tous les scrupules des populations qu'ils visitaient, et si étranges qu'ils pussent paraître, **Largeau** et **Venail** évitèrent soigneusement de se déconsidérer aux yeux des naturels en poursuivant cet animal impur.

* * *

Cette journée de chasse fut féconde en accidents.

Nos deux Nemrod avaient été avertis que les reptiles étaient nombreux aux abords de la rivière.

Aussi s'étaient-ils munis d'un filet et d'un flacon d'alcool, pour le cas où ils pourraient en capturer d'intéressants pour le docteur Emily, dont la collection était déjà respectable.

A un moment, Largeau et Venail s'étaient séparés, le premier s'étant laissé entraîner à la poursuite d'une gazelle, que, du reste, il manqua.

Resté seul, le sergent marchait dans les herbes qui bordent le Baro.

Ayant aperçu un beau scarabée qui faisait miroiter au soleil ses brillants élytres, il entendit un frôlement à ses pieds et vit, dressé presque au ras de sa jambe, un serpent à l'œil étincelant, le cou gonflé.

Un pas de plus, il était mordu, et il n'eût probablement jamais revu la France.

Fort heureusement, sa présence d'esprit ne l'abandonna pas.

Du manche de son filet, il rabattit sa tête menaçante, et, à l'aide d'un lacet emmanché au bout d'une baguette, il le fit prisonnier.

De là, dans le flacon d'alcool, la distance était courte, mais il est douteux que le serpent appréciât la destinée glorieuse qui lui était réservée.

Il était jeune et long à peine de 50 à 60 centimètres.

Les indigènes assurèrent qu'il y en avait dans les rochers qui atteignaient jusqu'à 2 mètres, ce qui n'était pas du tout surprenant.

Ces plaines chaudes du Choa sont, du reste, la terre privilégiée des serpents.

Pendant le séjour de la mission à Bouré, le bruit s'étant répandu dans le pays que le docteur Emily achetait toutes sortes d'animaux, un indigène lui apporta un jour la dépouille d'un gigantesque python qui ne mesurait pas moins de 4 mètres de long.

Préparée par une main inhabile, elle était tellement mutilée, que le docteur ne voulut pas l'acquérir. Mais il apprit que ce grand reptile, que, d'ailleurs, il ne rencontra jamais vivant en Abyssinie, avait été tué dans le Choa, où il n'est pas rare, paraît-il, de les rencontrer dans les cours d'eau.

Le sergent Venail venait à peine de plonger son serpent dans le bocal, qu'il vit son chef accourir vers lui, le bras tendu, et tenant par la queue un reptile vivant et d'une taille très respectable.

L'animal se tordait sur lui-même pour atteindre la main qui le tenait prisonnier.

Le lieutenant Largeau, avec une dextérité merveilleuse, le

Ils aperçurent sept ou huit sangliers.

détordait constamment en le roulant entre ses doigts, comme une fileuse roule son fuseau.

Ce manège ne pouvait durer bien longtemps, et Venail eut un frisson de terreur, car il reconnut de suite que ce reptile appartenait à un reptile appartenant à une espèce très dangereuse, voisine des vipères.

On voyait que, sous ses joues, ses vésicules venimeuses devaient être gonflées et toutes prêtes à laisser écouler le poison que les dents à crochets, creuses ou cannelées introduisent dans la plaie.

L'animal venimeux s'enroulait autour de son propre corps, comme pour grimper le long d'un tronc d'arbre.

A certains moments, il était sur le point d'atteindre la main qui le tenait, et la morsure eût été certainement mortelle.

Le lâcher eût été tout aussi imprudent : Venail se hâta d'ouvrir son bocal d'alcool, et quand il fut refermé sur la bête, il respira.

— Vous l'avez échappé belle, mon lieutenant! C'est un reptile très dangereux; le saviez-vous?

— Je le supposais, — répondit tranquillement l'officier.

« Tout près d'ici, des femmes s'enfuyaient d'une hutte en poussant des cris.

« Je compris que c'était un serpent, j'allai voir. L'animal s'était à moitié faufilé à travers les branchages qui forment la muraille.

« Je l'ai saisi par la queue, et le voilà.

« Tout est bien qui finit bien!

Le sous-officier était stupéfié.

Quant à son chef, il était aussi calme et aussi souriant que s'il n'eût pas couru le moindre danger.

*
* *

Ce n'était pourtant pas le seul péril auquel venait d'être exposé le vaillant officier.

L'incident du serpent terminé, il raconta au sergent Venail que, pendant qu'il poursuivait la gazelle, il s'était trouvé tout à coup au bord d'une grande mare, littéralement peuplée de crocodiles :

— Il y en avait plusieurs, — dit-il, — qui dormaient au soleil.

« A juger de leur taille, ce devaient être des adolescents.

« Je me mis à ramper avec précaution et j'envoyai une balle dans le ventre de l'un d'eux.

« Les autres sautèrent à l'eau.

« Seul, le blessé resta à se tordre sur le sable, qu'il rougissait de son sang.

« D'un bond, je fus près de lui, et, le saisissant par la queue, je me mis à tournoyer avec mon terrible adversaire.

« Si vous eussiez été là, cette belle proie ne nous eût pas échappé; mais, le tenant à deux mains, je ne pouvais tirer.

« J'avais beau tourner, tourner comme un cheval de manège, le monstre gagnait sur moi en se repliant sur lui-même.

« Ce fut à mon tour de sauver mes mollets.

« Je lâchai prise, et, avant que j'eusse le temps de saisir mon fusil, le crocodile avait disparu sous l'eau! »

C'était vexant, sans doute ; mais qu'y faire ?

Les deux chasseurs se consolèrent de cette déconvenue, en songeant qu'il n'eût pas été commode de rapporter le crocodile à Bino...

Mais l'heure était avancée

Il était temps de penser au retour, si l'on ne voulait pas s'exposer à passer la nuit à la belle étoile.

Les chasseurs ne rentraient pas bredouilles.

Ils rapportaient une petite antilope, un jeune singe et plusieurs pintades.

C'était honorable, et ils pouvaient se présenter, ainsi chargés, devant leurs camarades,

Un dernier coup de fusil devait satisfaire pleinement leur amour-propre.

Ils se trouvèrent arrêtés tout à coup par un bruit insolite.

Ils regardèrent autour d'eux et aperçurent sur leur droite sept à huit sangliers qui grognaient en fouillant et remuant la terre à vingt mètres d'eux au plus.

L'un d'eux, énorme, portait une double paire de défenses monstrueuses.

— Ne bougez pas, — fit Largeau à son compagnon.

Puis, épaulant son fusil, il fit feu.

Bien que la balle eût traversé de part en part la formidable bête, celle-ci disparut avec les autres dans la broussaille en déracinant un quartier de roc plus gros qu'elle.

Largeau croyait l'avoir manquée.

Pas du tout !

Quand il s'approcha, le sanglier gisait sans mouvement derrière la grosse pierre.

Les énormes défenses d'ivoire étaient bonnes à prendre.

Mais elles n'étaient pas commodes à enlever.

Il fallut la hache pour les arracher.

Le côté gastronomique ne fut pas non plus négligé.

Largeau et Venail détachèrent les deux cuissots de la bête ; puis, pliant sous le poids de leur butin, dont ils pourraient maintenant être fiers, ils se hâtèrent de rejoindre le campement.

CXXIII

NOTES DE VOYAGE

Qu'est-ce que le « thalari » ? — Système monétaire abyssin. — La monnaie-sel. — Amusante anecdote. — Une terre généreuse. — Richesses naturelles. — Hécatombes de troupeaux. — Rencontre d'un grand seigneur. — Un beau coup de fusil. — Pénible capture. — Un trophée.

Nous avons eu plusieurs fois déjà l'occasion de parler de *thalaris*, sans nous expliquer sur la nature et l'origine de cette monnaie.

Quelques mots à ce sujet ne seront pas superflus, car nous aurons plus d'une fois encore à nous servir de ce terme.

C'est principalement chez les Banians, caste mercantile de l'Inde qui s'est implantée sur tout le littoral de la mer Rouge, qu'est due l'introduction en Abyssinie des thalaris qui tendent à se substituer aux articles d'échange parfois insuffisants.

Dans l'isolement auquel l'Abyssinie s'est vue, du haut de ses plateaux, condamnée peu à peu par le travail des siècles et les progrès de la conquête musulmane, les conditions économiques de son existence sociale ont dû, en effet, subir une déchéance fatale et s'éloigner de plus en plus des promessses brillantes de son origine.

Le trésor des négus et celui de leurs peuples s'est dissipé; le vieux coin frappé au sceau royal a disparu.

Réduit à s'agiter dans les limites d'un horizon borné, le commerce y est redevenu ce qu'il était au début de toutes les relations d'individu à individu: un acte de simple échange.

Mais quelques-uns, plus hardis ou plus avides, se sont, au siècle dernier, aventurés jusqu'à accepter une espèce d'image gravée sur un morceau d'argent dont on a payé, à la côte, ou leurs services ou leurs denrées.

Puis leur exemple a été suivi, et voilà qu'aujourd'hui cette monnaie recherchée avec convoitise et conservée avec religion est la seule à laquelle désormais leur cupidité naïve attache une valeur significative. Aucune autre n'a cours parmi eux que celle-là : c'est le thalari.

Le thalari n'est autre que le thaler de Marie-Thérèse, introduit dans le Levant par les Vénitiens.

Mais encore, pour être accepté de l'Abyssin, faut-il que certaines qualités précises en signalent rigoureusement la valeur à sa méfiante prudence.

La couronne de la souveraine doit être ornée, par exemple, d'un nombre de perles déterminé.

Un marchand de pains de sel au pays gallas.

Personne ne se trompera sur le compte.

Le millésime non plus ne saurait varier, c'est-à-dire que les chiffres qui le composent, sans avoir de sens, il est vrai, pour l'intelligence de l'acquéreur, ne peuvent, sous nul prétexte, subir la transformation qu'impose chez nous la marche implacable du temps.

⁂

Puis ce sont d'autres signes encore, dont la valeur emblématique communique seule à la monnaie la vertu d'un fétiche ou d'un talisman.

L'absence d'une seule de ces conditions suffit pour dépouiller la pièce de son prix et la rendre partout inacceptable.

Et même, n'est-ce guère que dans la région la plus fréquemquemment en contact avec le littoral, c'est-à-dire dans le Tigré, que la valeur vénale du thalari est appréciée.

Elle équivaut environ à 5 fr. 35 de notre monnaie.

Ailleurs, elle s'évanouit ou, si elle est encore çà et là reconnue, l'argent se fait, du moins, si rare qu'il faut absolument recourir à d'autres procédés pour les transactions.

Jusqu'à ces dernières années, des morceaux de sel taillés en losange y suppléaient, et même y suppléent encore dans bien des endroits.

Le sol du pays étant complètement dépourvu de sel et, par là, le prix de cette denrée atteignant un taux d'autant plus élevé, une caravane considérable allait pompeusement, tous les ans, souvent au milieu des plus grands dangers, en recueillir une ample provision dans les réserves inépuisables de la *plaine de sel*, vallée profonde recouverte, sans aucun doute, autrefois, par les eaux de la mer, et située entre deux chaînes de montagnes, à deux jours de marche environ de la côte, un peu au-dessous de Massouah.

Les riches et les grands seuls pouvaient consacrer à des usages domestiques une substance aussi précieuse, et de temps à autre les serviteurs obtenaient, comme une faveur du maître, l'autorisation recherchée de manger « un sel », c'est-à-dire de réduire une pièce de la monnaie courante en poudre comestible.

La valeur de ces morceaux de sel ne saurait acquérir qu'un taux éphémère toujours variable, et proportionnel à la distance qui sépare le lieu où ils se débitent de la mine où on les puise.

Un autre genre de monnaie également admise consiste en une pièce de coton, de dimension déterminée, sortie de la fabrication indigène.

C'est, on le voit, la transition immédiate du système d'échanges pur avec le prix relatif de ses éléments essentiellement véritables, du principe monétaire avec la valeur conventionnelle, mais immuable, des matières qui en constituent la base.

L'étendue des transactions journalières, au sein même de l'empire, rendait indispensable, en effet, une sorte d'étalon auquel se rapportassent les cours des marchés abyssins.

.·.

A propos de la monnaie-sel, M. Raffray raconte l'amusante anecdote que voici, suivi de précieux renseignements sur l'extraction et le trafic de cette précieuse denrée :

« J'eus promptement, — écrit-il, — l'explication de cette activité commerciale, si peu en rapport avec les habitudes éthiopiennes.

« Hassein, que j'avais envoyé faire quelques provisions de miel et de café, revint avec un vrai chargement de sel, si bien que je fus obligé d'acheter une nouvelle mule pour transporter cette pesante matière.

« On comprendra facilement quel fut mon étonnement.

« — Comment ! — dis-je à Hassein, — mais tu es fou ! Veux-tu donc mettre en salaison l'Abyssinie tout entière !

« — Ça ne fait rien, Kaouaga (monsieur), ça ne fait rien... Moi son papa, moi sa maman, toi mon z'enfant !... Ça *felousses Kitr* » (beaucoup d'argent).

« — Je ne doute pas que cela ne coûte beaucoup d'argent... Il y a là du sel pour assaisonner la cuisine d'une armée pendant une campagne... Mais, enfin, qu'en veux-tu faire ?

« — A Sokota, beaucoup du sel, pas cher... A Gondar, pas du sel... Beaucoup d'argent ! beaucoup d'argent !

« — Je comprends bien que le sel est rare à Gondar, et il était en effet prudent d'en faire provision ; mais comment pourrons-nous en transporter une pareille quantité ?

« — Bogollo (mulet) pas cher à Sokota ; donne vingt-cinq thalaris.

« — Mais, gredin, tu veux faire le commerce du sel avec mon argent ! Attends un peu ! »

« J'étais si convaincu qu'on me jouait un mauvais tour, que j'avais peine à me contenir pour ne pas introduire dans la discussion un argument *ad hominem*.

« — Allah ou Akbar !... Moi son frère, moi pas voleur !... un groucho, un demi-groucho, jamais voler ! »

« M. Dubois, je dois le dire, intervint à temps, car plus Hassein m'affirmait son parfait désintéressement, moins j'y croyais.

« Un menteur n'est jamais cru, même lorsqu'il dit la vérité.

« C'était le cas, paraît-il.

« En cette circonstance, Hassein avait, par exception, pris mes intérêts et fait réellement une bonne affaire.

*
* *

« J'ai dit que, dans le Tigré, on se servait de cotonnades comme monnaie divisionnaire.

« Dans l'Amarah, c'est le sel qui a cours.

« Dans le pays des Danakis, un peu au sud-ouest de la baie d'Amphila et au pied du versant des montagnes de l'Haramat, se trouve, dans un pays brûlant et désert, un lac entouré de solfatares et de dépôts de sel de gemme.

« M. Théophile Lefèvre, qui voulut visiter cette localité intéressante à plus d'un point de vue, faillit être victime de son dévouement à la science, tant le climat de ces régions est épouvantablement chaud.

« Il est convenable d'ajouter qu'il avait tenté cette expédition à une mauvaise époque de l'année (5 juin).

« Le monopole de l'exploitation du sel est entre les mains des Taltals, tribus peu hospitalières, qui habitent au pied des montagnes.

« Ils taillent le sel en pain de $0^m,23$ sur $0^m,5$ de largeur et $0^m,4$ d'épaisseur, et lui donnent exactement la forme de pierres à aiguiser dont se servent les faucheurs de nos campagnes.

« Pour montrer sans doute que ces pains sont intacts, plus encore que pour les protéger, on a soin de les lier dans le sens de leur longueur avec une sorte de ruban en écorce d'arbre.

« Cette précieuse denrée, qui manque absolument dans certaines parties de l'Afrique centrale, devint, à une époque sans doute reculée, une monnaie divisionnaire, et l'usage en est général aujourd'hui dans l'Abyssinie et dans les pays limitrophes, à l'ouest et au sud du Taccazé.

« Les Abyssins, sans quitter leurs montagnes, vont dans l'Haramat à Antalo et parfois jusqu'à Ficho, acheter aux Taltals leurs pains de sel, qu'ils vont revendre dans l'Amarah et jusque dans les pays gallas.

« A Antolo, me dirent les indigènes, on a trente pains de sel pour un thaler; à Sokota, dix-huit à vingt; à Gondar, neuf à dix, et dans le royaume de Kouara, à l'ouest du lac Tzana, on n'en peut plus acheter que quatre ou cinq pour la même somme d'argent.

« C'est bien alors, dans ces derniers cas, une monnaie de valeur fantaisiste et purement conventionnelle, car le sel, à poids égal, est moins cher en morceaux irréguliers que taillé en forme de pains.

« Les Abyssins qui se livrent à ce trafic (ce sont pour la plupart des musulmans) réalisent assez promptement une petite fortune.

« La façon dont se charge ce sel, sur les mules et les baudets, ne laisse pas que d'être originale.

« Les pains sont reliés ensemble, par des lanières de cuir, en bandes longues de 1ᵐ,50 environ, et disposées comme les feuillets d'une jalousie, puis placés par couches sur le dos des bêtes de somme, et recouverts enfin d'une peau de bœuf tanné.

« Il s'organise ainsi de petites caravanes qui, à l'aller aussi bien qu'au retour, passent par Sokota, et c'est ce va-et-vient continuel des *changeurs de sel* qui fait de la capitale des Agars la cité la plus commerçante peut-être de l'Abyssinie.

« Ces explications calmèrent ma colère et Hassein rentra en grâce. »

* *

Mais revenons à la mission.

A mesure que nos compatriotes avançaient le long du Baro, ils mettaient les circonstances à profit pour se rendre compte *de visu* de l'état social et du régime économique de l'Abyssinie.

Au point de vue des productions agricoles, quelle fécondité !

Quelle terre généreuse !

Ils étaient pourtant assez éloignés encore du plateau, mais déjà quelle nature luxuriante prodigue et pleine de promesse !

L'ensemble du plateau éthiopien comprend environ de quatorze à quinze millions d'habitants.

Vingt-cinq à trente jours d'un travail annuel suffiraient pour y recueillir des récoltes capables de nourrir une population cinq ou six fois plus forte.

Les famines qui parfois y désolent certains cantons ne sont que le résultat accidentel des fureurs sacrilèges de l'homme.

Dans les conditions ordinaires de l'existence, le froment, l'orge, le tief, le dourha y mûrissent avec une incroyable rapidité et constituent la base essentielle de l'alimentation publique.

Le froment est dévolu aux riches et se cultive, par conséquent, en moins grande quantité, car, contraints, comme nous le savons, par leur isolement géographique et la barrière des hostilités politiques, à consommer sur place ce que leurs champs produisent, les Abyssins ignorent les profits à retirer d'une culture plus développée, dont ils pourraient au loin exporter les fruits.

A côté de ces céréales, tous les légumes des contrées tempérées y croissent sans peine, tous les arbres fruitiers de nos pays y prospèrent.

La vigne, notamment, y atteint des proportions considérables, et l'on raconte que, sous Théodoros, le Tigré était couvert de florissants vignobles, lorsqu'un ordre du négus obligea tous les paysans à en arracher les plants.

Sous le fantasque prétexte que le vin étant une boisson royale, réservée seulement à ses lèvres augustes, l'empereur interdisait à tout Abyssin d'en fabriquer ou de cueillir les raisins dont on pouvait l'obtenir.

C'est le *taidj*, dont nous avons déjà maintes fois parlé, qui le remplace.

Nous savons que la fermentation de cet hydromel s'obtient par le mélange de l'écorce d'un arbrisseau propre à l'Abyssinie, avec des rayons de miel baignés dans une eau pure.

Il est d'un usage général et partage avec le *bousa*, ou bière grossière tirée de l'orge, la faveur des buveurs éthiopiens.

Aussi tout le plateau est-il couvert de ruches bourdonnantes dont le miel procure une féconde ressource, et dont la cire pourrait fournir un élément des plus abondants à une branche de commerce que l'habitant soupçonne à peine.

*
* *

Puis, derrière ces végétaux qui nous sont familiers, dans les vallées ou dans les plaines, surgissent du sol, sans autre travail, sans autre soin que la peine d'en récolter les graines ou d'en couper les tiges, le caféier, le coton, la canne à sucre.

C'est du royaume de Kaffa, situé au sud de l'Éthiopie, que le café, comme l'indique l'étymologie de son nom, est originaire.

Les baies mûres du précieux arbuste, dédaignées de l'indigène, jonchent la terre.

Ce furent des marchands musulmans qui, après avoir, il y a longtemps, pénétré jusque-là au péril de leur vie, en rapportèrent, à travers tous les obstacles d'un parcours de plusieurs centaines de lieues, les premiers échantillons vendus à Massouah.

Depuis, on est parvenu, et les Baniams plus que tous les autres, à établir avec ces régions reculées des relations suffisamment suivies pour que, chaque année, d'énormes masses en arrivent à la côte.

Là, des bateaux arabes le chargent et le transportent à Moka d'où, mélangé avec ce qu'en produit l'Arabie, il s'expédie sous la dénomination de ce dernier entrepôt, par milliers de ballots, dans l'univers entier.

Cette indifférence peu éclairée pour les produits naturels de son sol ne se borne pas là chez l'Éthiopien.

L'indigo, la salsepareille, le quinquina, et nombre d'autres plantes du même genre poussent au gré du hasard, sans que nul ait jamais songé à se demander quelle pouvait en être l'utilité, et surtout sans qu'aucune main se soit baissée pour les cueillir.

Le cotonnier donne spontanément la quantité de textile suffisante à la consommation du pays et rien de plus.

De la canne à sucre s'extrait hâtivement une cassonade succincte dont les riches font leurs délices.

Mais jamais l'initiative d'aucun travailleur plus entreprenant ne s'est tournée du côté de ces végétaux, pour leur demander davantage, en se livrant à un labeur dont pas un débouché rémunérateur ne lui ménagerait la récompense légitime.

. .

Et ce n'est pas seulement aux plantes saluées dans nos langues européennes d'un nom connu, que se bornent les productions bienfaisantes de ce sol favorisé.

Là, c'est le *wadjinos*, dont les racines pulvérisées où les baies mûres contiennent d'infaillibles vertus contre la plus implacable dysenterie.

Ici, d'autres simples, d'un effet non moins souverain dans diverses affections.

Ailleurs, l'*endod*, broussaille à peine digne d'attirer le regard, et dont les grains jetés dans l'eau engendrent une fermentation active, d'où s'échappe une mousse délicate et blanche comme celle de nos savons les plus fins.

Les Abyssins s'en servent pour donner à leurs vêtements l'éclat éblouissant qui distingue ceux des prêtres ou des grands.

Plus loin, voici de nouvelles plantes encore plus difficiles à nommer qu'à décrire, qui, toutes, sont douées de qualités propres,

Bœuf d'Abyssinie.

soit pour les remèdes employés par les médecins et les empiriques du pays, soit pour les couleurs de la fresque naïve dont le peintre indigène barbouille les murailles des demeures ou des églises, soit enfin pour la teinture ou le tissage des étoffes, ou pour l'apprêt des cuirs que la main de plus d'un ouvrier habile façonne avec un art surprenant.

* *

Bien que restreinte et réduite à l'état stationnaire de toutes les industries livrées à leurs seules inspirations, celle de l'Éthiopie n'en jouit pas moins d'une existence particulière dont l'origine se confond avec celle de la monarchie.

Si le chef abyssin se revêt avec orgueil de la tunique de soie rouge que, d'ordinaire, il doit à la munificence de quelque voyageur ou de quelque marchand désireux de se concilier ses bonnes grâces,

On trouva l'hippopotame échoué au milieu de la rivière.

la grande majorité de la nation n'emploie uniformément, dans sa parure, que la robe ou le *quârri* sorti des ateliers indigènes.

A Adoua, des métiers d'une simplicité primitive, il est vrai, mais ingénieuse, tissent les merveilleuses toiles de coton ou la mousseline légère dont elle se compose.

Le *quârri* n'est autre qu'une pièce de ces toiles, toute blanche, sans autre ornement qu'une large bordure rouge ou bleue.

Il n'est pas un Abyssin, grand ou petit, riche ou pauvre, homme ou femme, qui n'en soit pourvu.

C'est dans ses plis déchirés ou soyeux que chacun se roule sans façon pour la nuit, ou se drape le jour, avec la dignité proverbiale du maintien oriental.

Le plus beau de ces *quârris*, de la dimension d'une couverture de lit, vaut de cinq à six thalaris.

C'est la toge des riches.

Les autres, dont la trame est moins fournie ou le tissu moins délié, n'atteignent que des prix infimes.

En raison de l'uniformité de cette mode, la corporation des tisserands est de toutes peut-être la plus nombreuse, et jouit d'une considération spéciale.

Puis viennent les tanneurs, teinturiers, corroyeurs, etc..,

C'est sur les peaux de bœuf principalement que s'exerce l'industrie de ceux-là.

Une magnifique peau de bœuf, tannée et teinte en rouge, à Gondar, vaut à peine 2 fr. 50.

D'autres, moins grandes et toutes préparées, ne valent que 1 fr. 25 à 1 fr. 50.

Il est vrai que l'espèce bovine, en Abyssinie, atteint des proportions moins développées que chez nous.

L'animal y est de la taille d'un bœuf de Bretagne, et l'espèce se rapproche, quoique beaucoup plus grande, de celle du zébu.

Comme cette dernière, elle est douée d'une protubérance charnue entre les deux épaules, laquelle constitue pour le gourmet un morceau de choix.

La couche de tout Abyssin est recouverte, suivant sa fortune ou ses goûts, d'une ou plusieurs de ces peaux.

On se les transmet par héritage.

Pour le pauvre, du reste, c'est un luxe peu coûteux, dont le bon marché est la conséquence naturelle de l'accumulation des troupeaux qui, en nombre immense, foisonnent de toutes parts sur le sol de l'Éthiopie.

**

Dans le but de célébrer dignement une fête ou un événement mémorable, il n'est pas rare qu'un chef fasse abattre 15,000 et 20,000 vaches dont le peuple se partage les dépouilles. Quelle orgie de viandes sanglantes, alors!...

Car le plus souvent l'Abyssin, peu initié à la délicatesse de la gastronomie européenne, dédaigne tout raffinement culinaire pour se jeter gloutonnement sur les chairs pantelantes.

C'est par le chiffre des victimes immolées que s'affirme, en de telles circonstances, la puissance ou la générosité de l'amphitryon.

La fortune individuelle s'évalue, en effet, d'après la quantité de têtes de bétail que chacun possède.

On peut s'imaginer le peu de valeur que représente un troupeau de cent bêtes, par exemple, en réfléchissant au prix moyen d'un bœuf de fortes dimensions qui va rarement au delà de trois, de quatre thalaris.

Trois chèvres ou trois moutons se vendent communément un thalari.

L'abondance des pâturages explique celle de tous ces bestiaux.

Les trois quarts de la terre, en Abyssinie, demeurent en friche et se parent d'une herbe savoureuse où l'animal trouve sans peine une nourriture dont nulle surveillance ne lui mesure le compte.

Des troupeaux de chevaux, d'ânes et de mulets participent au bénéfice de ce régal sans contrôle.

Mais le cheval, dont les membres déliés, la souplesse d'attaches, la tête fine trahissent incontestablement le sang arabe, a bien plus de prix aux yeux de l'Abyssin.

Un joli cheval va jusqu'à treize et quatorze thalaris; une belle mule n'est pas cotée moins haut.

L'un et l'autre sont les compagnons inséparables de tout seigneur éthiopien.

L'allure plus sûre, plus régulière de la seconde la lui rend précieuse pour ses excursions à travers les sentiers de la montagne.

C'est à l'agilité, à la rapidité du premier qu'il confie le salut de sa personne dans ses batailles et ses courses guerrières.

* * *

L'aspect du cortège d'un noble Abyssin en voyage diffère peu de celui d'une caravane en marche, sauf qu'il est quelquefois moins confus.

A l'heure du campement, ce sont mêmes agitations, même désordre, mêmes cris, mêmes précautions, mêmes réjouissances.

En route, le caractère est plus imposant.

Un peu après avoir quitté Bino, la mission Congo-Nil rencontra le cortège d'un de ces princes.

Des soldats précédaient leur maître, à pied, armés de la lance et du bouclier traditionnels, le coutelas à la ceinture, le fusil sur l'épaule.

Ensuite venaient les écuyers chargés de ses armes particulières, un sabre artistement ouvragé et une carabine d'un modèle assez curieux.

Puis s'avançait le chef lui-même, à l'attitude grave et fière, solidement campé sur son cheval, un parasol étendu au-dessus de sa tête.

A ses côtés, sur une mule, enveloppée d'un long voile de mousseline blanche, les plis de son *quàrri* ramenés sur le front, une forme plus svelte, plus gracieuse : c'était l'épouse du seigneur.

Derrière eux, la foule de serviteurs chargés de provisions et de bagages, un nain difforme, le fou du château, sans doute, et un troubadour avec l'instrument dont il accompagne sa voix.

Enfin, le gros de la suite, les bêtes de bât, les chevaux de main, pêle-mêle au milieu des pages et des femmes de service.

Une selle somptueuse, un harnachement pittoresque recouvraient la monture du maître.

Des incrustations d'or, des dessins capricieux aux nuances variées couraient sur le cuir ou sur la housse, et la vanité satisfaite du possesseur semblait se complaire dans le déploiement de cette pompe barbare…

C'est à Gondar, c'est à Adoua, que travaillent le bourrelier et l'orfèvre dont une telle selle est en partie l'œuvre, et c'est l'Abyssinie même qui leur en fournit les éléments indispensables.

Le premier a reçu son bois des mains des Félachas, les juifs éthiopiens, qui, là comme ailleurs, ont perpétué leur caste sans mélange à travers les âges, et s'adonnent aux spécialités du bois ou de la pierre.

Ce sont en général les maçons et les bûcherons de l'Abyssinie.

Le second est allé demander son or aux peuplades qui vivent non loin des bords du Tsana et qui le ramassent dans les déchirures de la montagne, parmi les cailloux et le sable, quand le souffle du vent le leur découvre ou que les flots du torrent le leur amènent.

L'or n'est pas le seul métal que transforment les efforts de l'industrie indigène.

Les instruments aratoires, les armes de guerre appartiennent également à la fabrication nationale et tirent leurs matières premières des entrailles du sol paternel.

Presque partout, en effet, le fer se montre à la surface, en longues traînées sombres ou en couches indécises, obéissant aux caprices des crêtes escarpées dont elles suivent les détours, ou des gorges profondes au fond desquelles elles s'engloutissent.

Mais faut-il ajouter combien ces divers objets sont loin d'atteindre les formes perfectionnées et le fini dont notre science européenne garde le secret!

L'équipement guerrier de l'Abyssin se composait exclusivement, il y a peu d'années encore, d'une lance légère qu'il jetait de loin, à la façon du javelot antique, d'un sabre recourbé et d'une dague passée à la ceinture.

C'étaient aussi les forgerons d'Adoua et de Gondar qui préparaient ces armes, à la flamme insuffisante d'un fourneau primitif.

Quelques-unes, néanmoins, par le luxe de leurs agréments, la recherche du travail, acquéraient une valeur considérable et devenaient des objets de convoitise pour la prodigalité jalouse des riches.

Mais, depuis quelques années, bien qu'aucun Abyssin n'ait encore renoncé à cet appareil redoutable, sans lequel nul ne se risquerait à sortir de chez lui, l'arme à feu en a singulièrement diminué le prestige, et les expéditions anglaise et italienne, ainsi que l'intérêt que portent au négus l'Italie et la France, leur ont appris à connaître et à manier les fusils Mauser, Martiny Henry et même Lebel.

*
* *

De Bino à Danaba, la mission Congo-Nil, qui suivait, nous l'avons dit, la rive droite du Baro, put tout à son aise faire des exercices de tir.

Depuis de longues semaines il n'était pas tombé une goutte d'eau dans la région.

Aussi la rivière n'était plus qu'une succession de bassins qui s'écoulaient les uns dans les autres par de minces filets d'eau.

Tous les habitants de la rivière, hippopotames, crocodiles et poissons, se trouvaient parqués dans ces bassins, où l'on pouvait les fusiller avec la plus grande facilité.

L'hippopotame vient la nuit à terre pour pâturer, et nos compatriotes savaient par expérience qu'il est alors dangereux de l'attaquer.

Cette masse énorme se meut avec agilité.

Un homme ne peut lui échapper à la course, surtout si le terrain est vaseux.

Mais, le jour, il reste dans l'eau et n'apparaît à la surface que toutes les cinq ou huit minutes pour respirer.

Il montre alors le dessus de son énorme museau, son petit œil et ses petites oreilles, respire avec bruit, puis s'enfonce de nouveau dans sa liquide demeure.

On peut, lorsque la rivière n'est pas large, le tirer de très près.

Mais sa peau est à l'abri de la balle, et, s'il n'est touché à l'œil, il ne semble pas plus s'apercevoir d'un coup de fusil que d'une chiquenaude.

A chaque instant, nos soldats entendaient un grognement, et l'on voyait émerger une masse brune.

Vite, un coup de fusil la saluait au passage, mais toujours sans résultat.

Un soir, vers quatre heures, nos compatriotes virent quatre ou cinq hippopotames qui, jouant ou se battant, sortaient de l'eau jusqu'à mi-corps.

Le commandant Marchand, qui était à mule, saute à terre, saisit un fusil et, toujours excellent tireur, atteint l'un d'eux juste dans l'œil.

Les autres disparaissent aussitôt, mais le blessé reste à la surface, se débattant, reniflant avec fracas et perdant des flots de sang.

C'était une agonie monstrueuse.

Le capitaine Germain se mit alors de la partie, et les deux officiers le criblèrent de balles pour hâter sa mort, sans pouvoir y réussir.

Il cessa peu à peu de se débattre, devint immobile et, entraîné par le courant, alla disparaître sous l'eau, dans un endroit plus profond.

Tout cela avait duré plus d'une heure, et le jour commençait à baisser.

Nos compatriotes ne pouvaient cependant se décider à abandonner une si belle proie.

Quant à se mettre à l'eau pour rechercher l'hippopotame, il n'y fallait pas songer, tant il y avait de crocodiles qui flottaient à la surface, comme des troncs d'arbre.

Il fallait donc attendre que le cadavre de l'hippopotame flottât à la surface et, entraîné par le courant, vînt s'échouer sur les galets ; c'est ce que l'on fit.

Le campement ayant été établi dans les environs, le lendemain matin, au point du jour, on trouva l'hippopotame échoué au milieu de la rivière, sur un banc de galets.

Il fallait se mettre à l'eau pour arriver jusqu'à lui.

De nombreux crocodiles commençaient à le dévorer.

Nos soldats ne perdirent pas courage cependant, et ils se mirent aussitôt à fabriquer un radeau avec des arbres morts.

Séduit par la perspective d'un talari, l'un des porteurs abyssins se décida à tenter l'aventure.

Mais à peine eut-il posé le pied sur le radeau, que les troncs, reliés par une lanière en cuir, se séparèrent.

Il ne se rebuta pas, et, s'entourant des troncs d'arbres comme d'un rempart, il s'avança dans l'eau.

Des bords de la rivière, plusieurs Sénégalais tiraient des coups de fusil, lançaient des pierres et poussaient des cris formidables pour effrayer les crocodiles.

L'Abyssin arriva sans encombre jusqu'à l'hippopotame, lui attacha à la patte une lanière et revint à terre sain et sauf.

On hala l'énorme animal, mais les berges étaient trop hautes en cet endroit pour qu'on pût songer un seul instant à le hisser à terre.

Plusieurs tirailleurs et porteurs se jetèrent à leur tour à l'eau.

A l'aide de leurs sabres, ils entreprirent de lui couper la tête, pour remporter son crâne comme un trophée.

La victime était une jeune femelle et malgré cela d'une si belle taille, qu'il fallut plusieurs heures d'un travail acharné pour venir à bout de la décapitation.

La tête détachée du tronc, on la tira à terre pour la disséquer.

Pendant ce temps, tirailleurs et Abyssins découpaient sur son dos des lanières de cuir pour faire des courbaches, et se taillaient des biftecks dont ils se régalèrent.

Après quoi, on laissa le tronc mutilé en pâture aux crocodiles, et la mission se remit en route.

Toute la matinée avait été employée à ce dépècement.

CXXIV

L'ÉTAPE DE DANABA

De Bino à Danaba. — Une surprise agréable. — Kousseretts et baobabs. — Justice à rendre. — Mélancolie. — Église et couvent. — Coquettes repenties. — Querelle autour d'une vache, etc.

Tout en étant abyssin de fait, le village de Danaba, comme celui de Bino, ne fait pas partie de l'Ethiopie officielle.

Ce n'est qu'à Bourré, premier poste abyssin en remontant le Baro, que commence l'empire actuel du négus.

Le commandant Marchand et ses compagnons ne pouvaient donc s'attendre à être reçus à Danaba comme ils allaient l'être à toutes leurs étapes, à partir de Bourré.

Néanmoins, l'accueil fut sympathique et même chaleureux, tant le nom de la France est aimé et respecté jusque dans les coins les plus reculés de ce pays.

Mais n'anticipons pas.

Deux heures environ avant d'arriver à Danaba, nos compatriotes ne furent pas peu surpris de rencontrer une multitude d'arbres à fruits.

C'étaient les premiers qu'ils voyaient depuis Fachoda.

L'un, qui se trouvait là en grande abondance, s'appelle le *kousserett*.

Sa feuille rappelle celui du sorbier, et l'arbre, bien qu'épineux, ressemble beaucoup par sa forme au pommier de Normandie.

A voir son fruit, on jurerait une pomme en miniature.

Gros comme une cerise, pouvu d'un noyau comme elle, par l'apparence et par le goût, c'est absolument une reinette.

Les oiseaux s'en montrent friands, et la saveur qu'il recèle ne laisse pas que de réjouir le palais du voyageur altéré et fatigué.

La mission fit halte et comme les *kousseretts* n'étaient pas en terrain privé, les langues claquèrent dur pendant quelques instants.

Plus loin, plus de kousseretts !

Un autre arbre, gigantesque celui-là, lui succède.

L'écorce du tronc est lisse, presque blanche ; son feuillage, analogue à celui de nos noyers, est un peu touffu.

C'est le *baobab*, le géant de la végétation africaine.

Les indigènes l'appellent l'arbre à pain, en raison de son fruit. Nos soldats cherchent vainement à en ramasser à terre : il n'y en a point.

Et ce n'est qu'après les plus grands efforts qu'ils parviennent, à coups de pierre et en lançant des bâtons, par en faire tomber deux ou trois.

Le baobab.

C'est une très grosse amande exactement, avec son enveloppe verte et rugueuse.

L'intérieur rappelle celui de la grenade, lorsqu'elle n'est pas encore mûre.

Une série de pépins juteux comme les siens, dans de petites alvéoles séparées.

Seulement, l'espèce de peau qui les renferme est farineuse, et les habitants recueillent cette substance pour la pétrir et en fabriquer du pain, — d'où vient le nom de l'arbre.

Quant aux pépins, macérés dans de l'eau pure, ils produisent une boisson d'un goût légèrement acidulé, qui n'est point désagréable.

Ces baobabs croissaient disséminés dans la vallée.

Quelques-uns des troncs étaient énormes.

Marchand compta vingt-sept pas pour faire le tour de l'un d'eux.

Si le baobab est curieux par l'énormité de ses proportions, il est loin de l'être par sa grâce.

C'est un des arbres les plus laids de la création.

L'écorce, d'un gris violacé ou vineux, est lisse et rappelle la peau des énormes pachydermes qui, dans un autre règne, sont aussi les géants de l'Afrique : l'éléphant, le rhinocéros et l'hippopotame.

On dirait que la nature, fatiguée d'inventer, s'est copiée elle-même.

L'écorce du baobab forme des bourrelets, comme si la main d'un ouvrier inhabile l'eût versée en fusion sans y passer le polissoir avant qu'elle se solidifiât, phénomène qu'expliquent les botanistes en disant que l'écorce du baobab est un suc sécrété par l'arbre et qui se durcit au contact de l'air.

Le bois est formé de fibres peu serrées qui tombent promptement en poussière, sous la double influence de l'air et de l'eau.

La plupart des baobabs ont le tronc droit, trop rapidement acuminé de la base au sommet pour être gracieux.

A deux ou trois mètres du sol commencent les premières branches.

Celles-ci, et les rameaux eux-mêmes, construits sur le même plan que le tronc, sont trop gros pour leur longueur.

Bien que tourmentées, tordues et affectant les formes les plus diverses, les branches principales sont à peu près horizontales.

L'insertion des branches sur le tronc, et des rameaux sur les branches, forme presque toujours, et quelle que soit leur direction, un angle sensiblement droit avec leur point d'insertion.

Cet ensemble constitue un tout aux formes lourdes, massives et disgracieuses.

*
* *

L'arrivée de la colonne française à Danaba ne fut pas sans produire quelque sensation.

On était peu habitué à y voir des Européens, des Français surtout, qui ne fussent ni prêtres ni trafiquants.

Il n'y avait pas deux heures que le campement était établi, qu'on assiégeait la porte de nos officiers, les uns pour les regarder, les autres pour leur parler.

Comme ils ne connaissaient rien des exploits de la mission, leur imagination et leurs hâbleries étaient pour beaucoup dans le succès qu'ils lui faisaient.

Néanmoins, il était facile d'y démêler une autre cause, nous voulons dire un attrait instinctif pour le nom de la France, des sympathies innées pour elles, et une confiance absolue dans sa parole ou ses intentions.

Ce résultat, dans toute sa plénitude, hâtons-nous de le constater, est l'œuvre des missionnaires français, qui, depuis plus d'un demi-siècle, sous le coup des vicissitudes, s'efforcent d'y porter le flambeau de la civilisation.

Si leurs accents se perdent trop souvent, emportés par le vent des montagnes, sans profit pour la religion dont ils sont les ministres, ils n'en jettent pas moins d'autres semences plus fécondes.

Car, toujours et partout française avant tout, leur voix célèbre, en la faisant aimer, les vertus et la grandeur de la terre dont ils sont les enfants.

Trop souvent attaqués par la haine de ceux qui ne les ont pas vus sur leur terrain d'action, c'est justice, selon nous, de rendre en passant, lorsqu'on le peut, à ces apôtres modestes de la charité et du devoir, l'hommage légitime dû à leurs labeurs comme à leur patriotisme.

Inclinons-nous devant eux!

Partout où passèrent nos compatriotes, ils trouvèrent le sentier frayé par eux, et leur titre de Français suffisait à leur ménager un accueil qu'ils eussent peut-être rarement rencontré sans cela.

A Danaba plus qu'ailleurs, ils en éprouvèrent l'effet, et par leurs récits ils s'attachèrent à confirmer chez leurs auditeurs d'occasion les discours de ceux qui les avaient précédés.

Ils dépeignirent les richesses et la force de la France, son influence et son rôle dans le monde.

Ils la montrèrent protégeant d'une main la religion chrétienne, et de l'autre poussant les peuples dans la voie du progrès.

Ils racontèrent les merveilles de notre industrie, de nos chemins de fer. Ils vantèrent les bienfaits de la paix et du bien-être dont on y jouissait :

— Ah ! pourquoi n'apportez-vous tout cela chez nous ?... s'écria tout à coup un kantibah du village.

— Vous jouirez bientôt de tous ces bienfaits ! — répondit le commandant Marchand. — Je compte voir prochainement votre auguste empereur, et je ne doute pas qu'il fasse tout pour améliorer le sort de ses sujets.

— Que la volonté du négus Ménélik soit faite ! — murmurèrent les Abyssins, s'inclinant profondément en prononçant le nom du roi des rois...

Marchand et ses compagnons ne séjournèrent que vingt-quatre heures à Danaba.

Ce laps de temps suffit à nos officiers pour visiter les deux seules choses intéressantes de l'endroit : l'église et le couvent.

On n'est pas difficile lorsqu'on vient de traverser l'Afrique dans toute sa largeur, et la moindre bâtisse nous apparaît comme une extraordinaire nouveauté.

L'église catholique de Danaba est bâtie en avant sur une petite éminence.

Elle s'aperçoit de loin et semble vous souhaiter la bienvenue.

Tout près, la maison de la mission, et, un peu plus bas, au second plan, le village.

Comme ils allaient y arriver, Marchand et ses camarades ralentirent le pas et dépêchèrent un de leurs hommes au révérend père Vinette.

Une demi-heure après, le messager revint.

Il était accompagné d'un indigène enveloppé d'un large *quârri* blanc comme la neige, et la tête ceinte d'un épais turban de mousseline d'une couleur non moins immaculée.

Cette coiffure, en Abyssinie, est l'attribut particulier du sacerdoce.

Prêtres catholiques et cophtes la portent également.

Le reste de la population, nobles et vilains, grands et petits, va nu-tête.

Celui qui venait avec le messager dit que, depuis deux jours, le Père supérieur se trouvait à Gobbo ; mais qu'en prévision de l'arrivée de la mission, il avait laissé des instructions pour que le commandant et sa compagnie fussent reçus et hébergés.

Ce prêtre parlait quelques mots d'italien, et si la conversation ne pouvait être bien longue, elle permettait, du moins, aux voyageurs de se renseigner suffisamment.

Mutilations appliquées aux criminels en Abyssinie.

Nos compatriotes furent conduits dans une petite maison, au flanc de la colline, derrière l'église, bâtie en maçonnerie, dans le style européen, avec un étage auquel on parvenait par un escalier extérieur.

C'était là que logeaient les ecclésiastiques européens, lorsqu'ils venaient à Danaba. Les indigènes occupaient une demeure à part, un peu plus loin.

Du reste, les quatre murs nus blanchis à la chaux, plusieurs chaises et un vieux canapé de paille, voilà tout le luxe.

Mais la vue qu'on embrassait de la porte d'entrée, lorsqu'on se retournait pour contempler le paysage, était ravissante.

Ce coup d'œil reposait et charmait le regard.

Marchand et ses amis s'oublièrent longtemps dans une muette contemplation.

Et, peu à peu, pendant qu'ainsi emportée sur l'aile des souvenirs, ils laissaient leurs pensées remonter à d'autres scènes, bien éloignées, hélas! le jour s'enfuyait, les troupeaux rentraient à l'étable, les paysans regagnaient leur toit de chaume, et la cloche entonnait l'*Angelus*.

Comme ces tintements argentins leur allaient au cœur!

Ils se sentirent tout à coup plus près de la famille qui les attendait là-bas, si loin!

Pour échapper à l'émotion qui les gagnait, ils descendirent.

Ils allèrent d'abord visiter la chapelle.

Bien modeste édifice, en vérité!

Deux fresques naïves, représentant une Madone et un saint Georges ou un saint Michel quelconque, en constituaient, avec l'autel, l'unique ornement.

Elles étaient l'œuvre de l'un des prêtres indigènes de la mission.

On y remarquait de la couleur et de l'expression, mais la perspective y faisait totalement défaut.

Puis nos officiers se mêlèrent à la foule.

Tous ces travailleurs paraissaient bien portants et satisfaits.

Moins bien dotés par la nature que les fortunés habitants de l'Abyssinie centrale, ils sont obligés de déployer plus de labeur pour demander à leur sol les riches récoltes que, cependant, il ne leur refuse jamais.

En passant à côté des Français, ils faisaient le signe de la croix.

C'était leur salut à eux.

Et sur cette terre lointaine, au sortir de tous ces pays musulmans et fétichistes où nos compatriotes se débattaient depuis plus de deux ans, l'éloquence sereine de ce salut fraternel et simple leur fit plus de plaisir que tous les salamalecs intéressés ou solennels dont les fidèles croyants et les païens les accablaient naguère.

Il leur sembla qu'ils se retrouvaient chez eux...

La mission de plusieurs des porteurs engagés à Bino était terminée.

Le commandant ne voulut pas les laisser partir sans leur accorder un témoignage de sa satisfaction, et, le soir même, de retour au village, il leur acheta, au prix exorbitant de trois thalaris, c'est-à-dire 15 fr. 90 environ, une magnique vache.

C'était pour eux un régal de roi!

Mais voilà qu'une demi-heure après la remise du présent, au lieu des cris de joie qu'on attendait, éclata tout à coup une dispute.

Un couteau à la main, deux des Abyssins, l'un chrétien, l'autre musulman, gesticulaient et se chamaillaient à qui mieux mieux, l'animal entre les deux.

Largeau intervient, s'informe.

Et alors il apprend que le musulman veut occire la bête conformément aux préceptes de sa foi, en se tournant du côté de la Mecque et en murmurant nous ne savons quelle prière.

De son côté, le chrétien, lui, veut exécuter la même opération à sa manière, le visage du côté de Jérusalem et une oraison sur les lèvres.

La question est capitale.

Car, de la viande tuée par le musulman, suivant son rit, le chrétien ne peut manger, sous peine de perdre *ipso facto*, à l'instant même, tous les effets de sa religion et devenir lui-même un fils de l'Islam.

D'autre part, d'une vache égorgée par une main chrétienne, le sectateur de Mahomet ne peut consentir à souiller son appétit sans s'exposer à tous les supplices dont le Coran menace les apostats...

Pour couper cout au débat et ne donner tort à personne, le commandant fit acheter une seconde vache.

Cette mesure prise, on savait ce qui allait se passer.

Les uns et les autres allaient manger, manger tant qu'il y aurait de quoi, plusieurs heures consécutives, probablement.

Puis ils auraient à digérer.

Tout cela demandait bien vingt-quatre heures.

Autant, en effet, l'indigène est patient et résigné lorsqu'il n'a rien à se mettre sous la dent, autant il se gorge lorsqu'une heureuse aventure lui permet de s'en donner sans contrainte.

L'heure présente existe seule pour lui.

Prévoir est un mot qui n'a pas de sens.

Mais rien n'est surprenant comme la facilité inconsciente avec laquelle il passe sans transition de l'abondance à la disette.

On a vu, comme dans le cas dont nous parlons, des hommes, à

Un couteau à la main, deux des Abyssins gesticulaient.

cinq ou six, faire disparaître une vache entière et en ronger les os de manière à rendre des points aux chiens les plus affamés ; puis, les mêmes individus rester deux ou trois jours de suite, sans se plaindre, avec un peu d'eau et quelques grains de dourah pour toute subsistance...

CXXV

L'ESCALADE DU PLATEAU

Un tombeau vénéré. — **Martyr de sa foi**. — Marche pénible. — La joie des haltes. — Chants et danses. — Couplets d'amour. — Bourré. — Le moyen-âge au XIX⁰ siècle. — Circonstances atténuantes. — L'ivrognerie d'un ambassadeur anglais. — Une église taillée en plein roc. — **Pauvre femme!** — Un sage.

Pendant que, le lendemain matin, au point du jour, les porteurs

On les voyait circuler à toute heure autour de la chapelle.

achevaient de faire ripaille, le chef de la mission, accompagné du capitaine Germain, du docteur Émily et du sergent Dat, alla visiter, au haut du village, le couvent dont nous avons parlé.

Il y avait là quelques femmes catholiques du Tigré qui, jadis, persécutées, chassées de leur pays, s'étaient réfugiées à l'ombre du sanctuaire de Danaba pour y vivre en communauté.

Ainsi que l'autorise le rite catholique abyssin, sur les quatre prêtres indigènes de la mission, trois étaient mariés.

Leurs femmes se réunissaient d'ordinaire à celles-là pour suivre les mêmes exercices de piété.

Le nombre est grand, d'ailleurs, dans toute l'Abyssinie, des femmes qui, à un moment donné, embrassent la vie religieuse sans renoncer absolument au monde.

Tout en continuant, au contraire, à affronter le péril de ses tentations, elles se soumettent à certaines règles et à certaines pratiques dont les allures monastiques impriment à leur situation personnelle un caractère sacré devant lequel se prosterne le vulgaire.

Ce n'est pas, cependant, qu'une austérité de mœurs excessive les y pousse, et ce sont plutôt celles qu'a signalées, jusque-là, une amabilité peu farouche, dont l'indulgence de l'Église accueille leur tardif repentir.

Mais elles ne se résignent guère à ce parti, auquel elles devront désormais une considération prête à les fuir, que lorsque l'âge et la disparition de leurs grâces leur en ont indiqué le chemin.

A l'encontre des femmes des pays plats et chauds du reste de l'Afrique, où le climat qu'elles habitent et le régime qu'elles suivent les prédisposent à un embonpoint, sinon à une obésité précoce, l'Abyssine, au moment d'atteindre cette époque critique, devient, elle, un phénomène prodigieux de transparence et de maigreur.

C'est, en général, sur cet indice révélateur et menaçant que nos chanoinesses se décident.

Car c'est ce titre de notre société européenne, avec toutes les idées qu'il éveille, qui leur convient le mieux.

Aussi, nous ne savons plus quel philosophe du cru disait, un jour, en parlant d'elles :

— Elles donnent leur chair au diable et leurs os à Dieu !

Celles de Danaba n'appartenaient pas à cette catégorie.

C'étaient de bonnes et simples femmes, menant une existence régulière et monotone, priant Dieu, s'occupant de leurs petites cultures ou de la confection de leurs vêtements.

Sous le quarri, elles étaient couvertes de longues chemises ou robes en toile légère, leur tombant du col à la cheville.

On les voyait circuler silencieusement, à toute heure, autour de la chapelle, comme autant de fantômes blancs.

Le tombeau de Mgr de Jacobis était l'objet de leurs soins les plus assidus.

※

Le tombeau et la personnalité même du prélat qui y repose, méritent qu'on s'y arrête un instant.

Le monument, tout simple, en pierres plates, s'élève auprès de l'église.

C'est là que dort du sommeil éternel le fondateur des missions catholiques en Abyssinie.

Venu en 1840, il n'avait, pendant vingt ans, cessé de donner autour de lui l'exemple de toutes les vertus et de tous les courages.

Devant son zèle et devant sa foi, pas de distinction de religion ou d'origine.

Tous les malheureux étaient ses frères, les pauvres ses enfants.

Musulmans et chrétiens le vénéraient comme un saint et entourent aujourd'hui sa mémoire d'un culte que le temps n'a pu affaiblir.

Lorsqu'il mourut, ce fut un deuil universel, et les détails de ce tragique événement sont d'autant plus intéressants qu'ils se rattachent à un fait où le nom de la France se trouve mêlé.

Quelques années auparavant, l'Abyssinie était, comme toujours, le théâtre de luttes acharnées et de compétitions sanglantes entre les divers prétendants au trône des négus, ou les grands feudataires.

Théodoros n'était pas encore maître absolu de l'Éthiopie.

Malgré le titre de Roi des Rois, qu'il s'était arrogé, sa puissance était loin d'être reconnue partout, et dans le Tigré, entre autres, la province la plus voisine de la mer, Négousié, descendant de la race royale, s'était proclamé roi et guerroyait avec quelque bonheur contre lui.

Homme intelligent et relativement instruit, ce dernier, se rendant compte des difficultés qu'il avait à vaincre, comprit la supériorité que lui donnerait une alliance étrangère et chercha à s'en ménager une.

Celle de la Faance catholique, la patronne et protectrice de tous les chrétiens de l'Orient, devait être la première vers laquelle il eût à se tourner.

Il la sollicita et, après s'être entendu avec notre agent à Massaouah, envoya une ambassade à Paris.

Trois personnes la composaient : un prince, parent même de Négousié, chef de la mission, qui mourut, par malheur, en revenant, dans la traversée de la mer Rouge.

Puis un interprète sur lequel nous ne possédons que de vagues renseignements.

Enfin, un prêtre indigène nommé Abba-Emnatu, esprit fin, subtil et délié.

*
* *

Ce dernier rapporta de son voyage trois choses.

En premier lieu, comme insigne matériel, une croix éthiopienne en or, enrichie de perles et de pierres précieuses, présent de la cour des Tuileries.

Ensuite, dans un autre ordre d'idées, une impression profonde de l'aspect imposant des pompes pontificales dont il fut témoin, lorsque, en passant par Rome, il alla se prosterner aux pieds du Saint-Père.

Enfin, un enchantement inimaginable des splendeurs éblouissantes du ballet de l'Opéra, qu'il put, un soir, contempler à l'aise, du haut de la loge impériale.

Ces deux réminiscences alternaient volontiers dans le cours de ces récits, et on ne sait trop laquelle excitait le plus sa vive admiration.

Toujours est-il qu'Abba-Emnatu revint, toujours transporté et dévoué corps et âme à notre alliance.

A défaut d'autres engagements plus immédiats dont la portée s'évanouissait avec la mort du prince, le personnage le plus important, sinon le plus habile de l'ambassade, il pouvait, du moins, transmettre à son souverain, de la part du gouvernement français, une promesse formelle.

C'était celle d'envoyer, à son tour, une mission avec les pouvoirs nécessaires pour conclure un traité définitif d'amitié entre les deux pays et régulariser la teneur des conventions dont le programme, soumis à Paris, n'avait été accepté qu'en principe.

Elle arriva, en effet, et, vers la fin de 1860, un navire mouillait dans le port de Massaouah amenant le capitaine de vaisseau Russel.

C'était cet officier supérieur qu'avait choisi le ministre pour se rendre auprès de Négousié et conclure avec lui les derniers arrangements.

*
* *

Mais les jours n'étaient plus heureux pour ce pauvre prince.

Les intrigues de l'Angleterre, l'ennemie quand même et acharnée de l'influence française partout où elle se montre, s'étaient manifestées une fois de plus.

Poussé par elle, secondé par ses agents, peut-être soutenu par

Par une belle nuit d'Éthiopie, il put atteindre la vallée de l'Addas.

ses subsides, Théodoros s'était jeté sur le souverain ami de la France, et le tenait en échec dans un canton reculé du Tigré.

Néanmoins, le commandant Russel ne voulut pas s'arrêter

devant cette situation, et, guidé par le même Abba-Emnatu, que le roi avait envoyé à sa rencontre, il se mit en route pour rejoindre Négousié.

Emmenant avec lui deux officiers, un médecin et une escorte de six matelots, il s'engagea dans les défilés du Tarenta, et bientôt il atteignait Halaï.

Halaï, situé à deux milles mètres environ au-dessus du niveau de la mer, est un des premiers villages abyssins qu'on rencontre par cette voie en quittant le littoral.

C'était de plus, à cette époque, la principale station de la mission catholique.

M. Russel y fut reçu par Mgr de Jacobis qui s'y trouvait, en ce moment, avec le père Delmonte et quelques prêtres indigènes.

L'influence du nom de l'évêque parmi la population qu'allait aborder l'officier français, sa longue expérience de leurs mœurs, de leurs préjugés, de leurs usages, en faisaient, pour celui-ci, un auxiliaire précieux.

Bien qu'Halaï fût demeuré fidèle à Négousié, plus d'un village, aux environs, était aux mains de Théodoros qui lui barrait le chemin.

Et, au bout de plusieurs jours d'inutiles efforts, de vaines tentatives pour rejoindre le roi, le commandant Russel se vit contraint d'y renoncer.

Menacé même et entouré par les chefs hostiles à la tête d'un nombreux contingent, il comprit qu'il ne lui restait plus, dans le propre intérêt de sa mission, qu'un parti à prendre, — regagner la côte.

Après avoir déployé toutes les qualités d'énergie et de prudence qu'on était en droit d'attendre de lui, il s'y résigna enfin.

Et par une de ces belles nuits d'Éthiopie où la clarté de la lune sert de guide presque aussi sûr que les rayons du soleil, il fit ses adieux à Mgr de Jacobis et à ses prêtres et put atteindre sans encombre la vallée de l'Addas.

.˙.

Tel est le résumé succinct de cette campagne diplomatique trop peu connue en France.

Ce qui l'est encore moins, c'est l'étendue des privilèges que Négousié nous concédait spontanément, et dont la ratification et l'acceptation solennelle étaient, aux yeux des Abyssins, le principal objet de la mission française.

En dépit des prétentions mal justifiées des Égyptiens à la possession des bords de la mer Rouge jusqu'au delà de Bab-el-Mandeb, et malgré les lambeaux de pavillon qu'ils ont plantés çà et là, sur certains points du littoral, en affirmation de leur conquête oubliée et de leur domination nominale, les souverains de la haute Éthiopie n'ont jamais cessé de regarder ces côtes comme partie intégrante de leurs domaines.

On peut ajouter qu'ils ne laissent échapper aucune occasion de revendiquer leur prérogative par de menaçantes protestations, ou de la soutenir par de sanglantes représailles.

Or, en vertu de sa royale puissance, héritier des droits imprescriptibles du vieux trône éthiopien, Négousié, maître absolu de ces terres, aussi bien des sommets du plateau que des rivages battus par la mer, Négousié, disons-nous, comprenant qu'il fallait à ses alliés un abri toujours prêt aux confins de son royaume pour lui apporter les secours sur lesquels il comptait, avait formellement cédé à la France la pleine possession de la baie d'Adulis et de l'île de Dessé.

Il attachait une importance de premier ordre à la conclusion de cet arrangement.

Aussi, redoutant, dès le début, les obstacles qui pourraient se dresser entre l'envoyé français chargé de le ratifier et sa propre personne, avait-il, en dépêchant auprès du commandant Russel, Abba-Emnatu, remis à ce dernier ses pleins pouvoirs et confié à ses mains le sceau royal, pour que rien ne manquât à l'authenticité du traité qui devait être signé.

Sur ce point, du moins, le but de la mission française était donc atteint.

Malheureusement, il se produisit d'autres conséquences d'un plus triste caractère.

Les gens de Théodoros, furieux de voir leur échapper la petite troupe européenne, en rendirent responsable l'infortuné Mgr de Jacobis, et l'accablèrent de mauvais traitements.

Ils allèrent jusqu'à vouloir le conduire captif auprès de leur maître, et l'entraînèrent avec eux en s'éloignant d'Halaï.

A pied, par une chaleur dévorante, souffrant de la faim et de la soif, l'évêque arriva ainsi à Tokounda.

Là, les habitants, indignés, s'ameutèrent, et, se précipitant sur les soldats du négus, ils leur arrachèrent leur victime.

Hélas! la délivrance venait trop tard.

D'une constitution déjà faible et minée par les privations, Mgr de Jacobis se rendit à Massaouah pour tâcher de se remettre de ses dernières épreuves.

Il y mourut.

Ses prêtres l'ensevelirent dans leur église.

Mais, au bout de quelque temps, émotion générale et profonde dans toute l'Abyssinie. Ce peuple qu'il avait évangélisé, tous ces musulmans et tous ces chrétiens des provinces environnantes qu'il avait tant de fois édifiés du spectacle de ses vertus ou secourus indistinctement des efforts de sa charité, tous, à défaut de leur pasteur vivant parmi eux, réclamèrent du moins son corps comme une relique sacrée, et l'allèrent en foule chercher à Massaouah.

Il fallut bien le leur livrer.

On l'emporta triomphalement, à travers tout le pays, jusqu'à Danaba, et quelque temps après il reposait au milieu de ses enfants, comme il les appelait naguère, sous le rustique mausolée qu'ils lui ont élevé.

Confié à la garde de ceux-là mêmes que sa parole avait arrachés jadis à l'hérésie pour en faire les instruments zélés de la foi catholique, ce lieu était devenu rapidement un lieu de pèlerinage universel, et Mgr de Jacobis était aussi bien un saint incontesté aux yeux des sectateurs de l'Islam que pour les adeptes de l'Évangile.

Les uns et les autres citent à l'envi des miracles dus à son intercession et accomplis à leur profit.

Tels sont les faits émouvants qui furent racontés à nos compatriotes par les prêtres du couvent de Danaba.

Deux heures plus tard, les intrépides explorateurs se remettaient en route, à la tête de leurs braves Sénégalais.

Cette fois, il s'agissait d'atteindre Bourré, où la mission allait trouver les docteurs français de Convalette et Chabaneix, venus à eur rencontre avec une provision de médicaments, heureusement nutiles.

Excellents cœurs qui s'étaient figuré qu'ils allaient se trouver en présence d'une troupe d'impotents, anémiés, épuisés par les privaions et les fatigues!

C'est à peine s'ils purent en croire leurs yeux, quand ils furent à même de constater la robustesse, la gaillardise et l'excellente santé de tous les membres de la mission.

.·.

A partir de Danaba, dans la direction de l'est, le pays s'élève, insensiblement d'abord, puis d'une façon très caractérisée.

Bientôt sa voix écoutée s'éleva dans le calme de la nuit.

Les proportions des collines, tout autour, grandissent.

Ce n'est bientôt plus que chaînes sur chaînes s'enchevêtrant les unes dans les autres.

On dirait des vestiges du chaos, vestiges verdoyants et pittoresques en général, mais parfois aussi sauvages et terrifiants.

La végétation change également d'aspect.

Elle devient d'une puissance inouïe et participe au caractère sévère et tourmenté du sol où s'enfoncent ses racines.

C'est que, décidément, on abandonne les terres basses pour aborder enfin les hauteurs mouvementées et réconfortantes des plateaux.

On va avoir affaire à d'autres hommes, d'autres usages, d'autres idiomes, d'autres climats.

Là, point, comme dans le centre de l'Afrique, de ces êtres d'une stupidité féroce, à la figure bestiale, aux appétits sanguinaires, au visage comme à l'esprit épais.

Au contraire, ce sont des hommes à l'intelligence vive, aux traits purs, quoique bronzés, à l'extérieur élégant, au maintien plein de grâce, aux mœurs policées.

Chrétiens de longue date pour la plupart, hardis cavaliers, guerriers chevaleresques, ils rappellent, dans leurs allures, les origines de la grande famille caucasienne, dont ils sont une des branches.

Point, non plus, de ces plaines de sable sans limite qui, ailleurs, désolent le regard; de ces marécages enfiévrés qui recèlent la mort; de ces forêts inextricables aux mystérieux périls.

Sur une étendue de cinq à six lieues à peu près, et à une altitude moyenne de 8,000 à 9,000 pieds au-dessus du niveau de la mer, une série de vallées et de collines toujours vertes et fraîches.

Des fleuves, des rivières, des chaînes de montagnes dont les flancs recouvrent des trésors et dont les sommets se couronnent de neige.

Çà et là, des villes populeuses, des villages, des cultures; partout une terre d'une fertilité étourdissante.

Vraie Suisse du continent noir!

*
* *

La marche de la colonne française devient un peu plus pénible.

Mais, baste! on en a vu bien d'autres!

Et puis quel dédommagement, le soir, à l'étape!

A l'endroit convenu, on fait halte.

Les bêtes de somme sont déchargées, les montures entravées, les provisions mises à découvert, les marchandises à l'abri.

Les uns vont alors couper le bois, les autres chercher de l'eau; d'autres enfin préparent le repas.

Puis le tumulte s'apaise, la nuit arrive, et tandis que ceux qui sont trop fatigués s'endorment délicieusement, les plus dispos vont au spectacle.

C'est, en effet, pour les indigènes abyssins l'heure de la prière, des danses et des chants.

On s'accroupit alors, près de grands feux, autour d'un homme d'ordinaire impassible et muet.

C'est quelque conteur renommé, dont la mémoire garde en réserve maint récit merveilleux qui ne sera jamais écrit.

On l'entoure, on le presse.

Bientôt sa voix écoutée s'élève dans le calme de la nuit, pendant qu'à ses pieds la foule anxieuse des auditeurs suit du regard et de l'oreille chacune des syllabes qui tombent de ses lèvres.

Rien d'aussi curieux, d'aussi saisissant que ces haltes dans la montagne.

Tous ces types divers, tous ces grands corps noirâtres et demi-nus se mouvant aux rouges reflets de la flamme ou étendus à terre, drapés dans de pittoresques haillons.

Ces faisceaux de lances, de boucliers et de fusils appuyés au rocher.

Les bêtes tuées à la chasse ou égorgées pour le lendemain, suspendues aux branches de quelque tamarin.

Puis, au second plan, l'amas des fardeaux empilés comme une sorte de remparts éphémères; les mules se roulent sur le sable; la tête placide des chameaux ruminant leur provende.

Tout à l'entour, l'obscurité menaçante des ténèbres, les profils sombres de la montagne.

Et, dans le fourré voisin, les cris de l'hyène et du chacal, ou, plus loin, les rugissements de la panthère et du lion.

Au-dessus de tout cela, enfin, le ciel étoilé des régions africaines, jetant ses idéales lueurs aux mille bruits du silence et enveloppant toutes les terreurs humaines de son immensité!...

*
* *

Ce jour-là, le chemin avait été plus long que d'habitude, et la colonne marchait un peu à la débandade.

L'un des conducteurs de mules avait pris la tête; c'était un Abyssin pur sang.

Sur les épaules, son abbaya grossière en poil de chameau; à la main, le petit bâton traditionnel qui ne quitte jamais aucun indigène en voyage; il marchait en tête de la caravane sans se presser, de la même allure paresseuse que ses bêtes, et en fredonnant à mi-voix un de ces chants dont le rythme éteint et lent répond si bien au caractère grave et solennel de l'immensité qui vous étreint.

Là, l'oreille, pas plus que la pensée, n'en comprenait d'autre.

Il semble qu'en présence de ces horizons grandioses qui se déroulent uniformes et muets sous le regard, le rire et la gaieté expirent étouffés sur les lèvres, et que l'âme a besoin, pour répondre à ses secrets désirs, d'harmonie sans élan, de rêverie sans passion.

Les roulades de nos cavatines les plus fringantes, de nos couplets les mieux tournés y détonneraient comme autant de gammes discordantes.

Chaque pays, en effet, inspire au génie de ses enfants je ne sais quelle harmonie spéciale en rapport avec le cadre du milieu où ils vivent.

C'est ainsi que, sur le Bosphore, le soir, lorsque les bruits de la terre sont apaisés, s'élèvent des accents d'une suavité déchirante.

On dirait les sanglots de la patrie en lambeaux.

Ce sont des Grecs qui, au mouvement cadencé de leurs caïques et aux sons plaintifs de l'accordéon, récitent des strophes d'une mélopée dont l'air mélancolique et doux s'est transmis parmi eux, à travers les âges.

Voici la traduction du chant mélancolique qui s'envolait des lèvres du conducteur de mules :

O mon amante, où es-tu, toi qui m'as quitté ?
Mon cœur se souvient :
Voilà ton cou plus flexible que celui de l'autruche aux plumes blanches ;
Voilà tes yeux, près desquels pâlit en se levant l'étoile du matin ;
Voilà tes narines, aussi noires que les fruits de l'ébernett ;
Voilà tes dents, mieux rangées que les petits de la tourterelle sous l'aile de leur mère ;
Voilà tes lèvres, plus roses que le corail qui dort au fond des eaux ;
Voilà tes lèvres, auprès desquelles le lait de la chamelle n'a plus de saveur ;
Voilà tout cela, tout cela, dont je voudrais goûter.
Oui, au nom de Dieu, mon cœur se souvient ;
Mais, ô mon amante, où es-tu, toi qui m'as quitté ?

Et ces paroles, dans leur naïveté, murmurées sur un rythme plaintif et langoureux, s'imprégnaient d'un charme qui, malgré vous, vous pénétrait en vous serrant le cœur.

*
* *

— Bourré !

A ce cri, le chanteur se tut, et tous les regards se portèrent en avant, vers un point de la montagne où une agglomération de maisons et les murs blancs d'une chapelle venaient d'émerger de derrière un pli de terrain.

Le paysage commençait d'ailleurs à s'animer.

Des pâtres avec leurs troupeaux, des paysans avec leurs instruments de labour, des femmes, leur cruche sur la tête pour puiser de l'eau, passaient ou s'arrêtaient, regardant avec ahurissement défiler la colonne.

Là-bas, bien au delà du clocher, on voyait comme une mer d'ondulations moutonneuses, s'estompant de tous les tons du jour, pour s'éteindre plus loin encore dans la brume confuse d'un horizon montagneux et sans fin.

Le plateau éthiopien, en effet, est loin de présenter le coup d'œil monotone d'une surface unie se profilant sans variété et sans effort.

C'est plutôt une succession de vallées et de collines coupées par des rivières ou même des fleuves, les premières se développant, par-ci, par-là, en vastes plaines, les secondes s'exhaussant en cimes escarpées.

Tout d'un coup même, au-dessus de cet ensemble mouvementé, dominant les unes et les autres, se dresse parfois, droit et net, un pic inaccessible.

L'arête des contours en est plus vive, la forme plus altière.

On dirait quelque gigantesque obélisque jeté debout au milieu de ce dédale, pour en surveiller et dompter les écarts.

C'est la fameuse *amba* dont nous avons déjà parlé, mais sur laquelle on ne saurait revenir trop fréquemment, quand on décrit ce pays dont elle est l'un des traits les plus saillants.

Forteresses naturelles et inexpugnables, c'est, répétons-le, à ces phénomènes géologiques, propres à l'Abyssinie, qu'il faut demander le secret des guerres intestines qui l'ont si souvent désolée.

Maître d'une amba, tout rebelle menacé ou poursuivi est sûr de se ménager là, en cas de besoin, une retraite où nul ne pourra l'atteindre, et du haut de laquelle, s'il a pris ses mesures, il narguera sans crainte le vainqueur se morfondant à ses pieds.

Aussi l'art humain s'attache-t-il encore à en multiplier les moyens de défense.

Taillé dans le roc, le sentier abrupt qui mène au sommet est, de distance en distance, obstrué par des blocs de pierre ou des barrières qui permettent de fermer toute issue.

En haut et sur les flancs, des réserves d'armes sont installées, des citernes creusées, des provisions accumulées.

Et vienne le jour des revers, comme pour les châteaux des barons du moyen âge, c'est un blocus en règle et prolongé, souvent même sans espoir, qui seul peut essayer d'en avoir raison.

.·.

Le premier souci de Richelieu, lorsqu'il entreprit d'anéantir l'esprit guerrier et les privilèges féodaux de la noblesse française, fut d'abattre les tours puissantes et les remparts crénelés derrière esquels on le bravait.

Tant qu'un négus ne sera pas parvenu à détruire la force des ambas ou à en interdire l'accès, ses vassaux turbulents ne s'inclineront qu'à regret devant son autorité, toujours prêts à en appeler aux armes pour en discuter ou en repousser les effets.

Ce n'est pas, néanmoins, que dans le passé, la vie politique en Abyssinie n'ait été revêtue d'un caractère de civilisation régulière et de réelle grandeur.

Jadis, le pays entier, courbé sous les mêmes lois, obéissait à des souverains qui, on le sait, se glorifiaient d'appartenir à la lignée de Salomon, et d'être les fils de la reine de Saba.

Pendant des siècles, Tegulat, dans le Choah, puis, au commencement de notre ère, Gondar, dans l'Amahra, furent la résidence d'une cour somptueuse et guerrière, où les divers rois de l'Éthiopie accouraient se prosterner aux pieds des tout-puissants négus, où les cités lointaines envoyaient leurs tributs.

Ce fut dans cette période, au IVe siècle, que le christianisme fit son apparition en Abyssinie.

La conversion des princes entraîna celle de la nation, et, à dater de cette époque, à côté des donjons de la noblesse éthiopienne, s'élevèrent des monastères et des églises.

Les mœurs y sont encore aujourd'hui ce qu'elles étaient alors, et jusqu'à nos jours, le moyen âge, tel que l'histoire nous en a transmis la légende, avec tout son cortège de poétiques traditions, de coutumes chevaleresques, non moins que de luttes intestines et d'exactions sanglantes, s'y est perpétué, et subsiste immuable sur l'assise des institutions féodales qui régissent encore l'Abyssinie.

La grande existence du châtelain d'autrefois s'y retrouve avec tous ses droits, tous ses privilèges, tous ses abus, avec son monde de vassaux et de clients, avec ses troubadours errants pour chanter ses hauts faits ou sa large hospitalité ouverte à tout venant, avec ses écuyers, ses pages, ses valets, et jusqu'à sa galanterie raffinée pour les femmes; mais, encore plus, avec l'ombrageux orgueil seigneurial toujours en éveil contre les entreprises d'un rival, ou sur la défensive contre les empiétements du pouvoir suzerain.

C'est de ce régime, comme chez nous jadis, qu'a surgi l'anarchie dont les ravages ont, de siècle en siècle, et de règne en règne, conduit l'Abyssinie, d'une situation prospère et brillante, à l'état de désorganisation lamentable où, sans le génie bienfaisant d'un Ménélik, elle serait plongée aujourd'hui encore.

* * *

Il est plus d'une de ces ambas dont l'histoire est célèbre, soit par le nom des proscrits qui y ont cherché un refuge, soit par le nombre des attaques infructueuses qu'elle a soutenues.

D'autres ont servi de prison d'État à d'illustres captifs.

Le vieux roi Oubié, aveugle et vaincu, est mort à Debré-Thabor.

Magdola, avec ses portes de fer closes, d'étage en étage, sur les trésors et l'arsenal de Théodoros, n'était pas autre chose qu'une amba, la plus fière de toutes.

La ville insignifiante qui avait surgi autour n'était qu'un campement éphémère, peuplé des courtisans ou des soldats du négus et destiné à ne pas lui survivre.

Mais, durant sa vie, en haine de Gondar, où, à chaque pas, la tradition lui rappelait cette antique race de Salomon à laquelle il s'efforçait vainement de renouer sa filiation imaginaire, c'était là et à Debré-Thabor qu'il avait transporté le siège de sa puissance.

Que de sanglantes tragédies se sont déroulées au pied de ces rochers!

Que d'effroyables exécutions!

Et pourtant, qu'on nous permette de le dire, les tendances natives de Théodoros ne le portaient pas, quoi qu'on ait prétendu, vers une cruauté irréfléchie.

Ce furent les résistances, les trahisons, qui, peu à peu, en développèrent chez lui le germe.

Alors, il est vrai, ce devint une véritable maladie, une sorte de folie furieuse, dont le meurtre de son favori, M. Bell, ex-officier de

Le négus aimait à jouer avec les enfants de l'humble ouvrier...

la marine anglaise, passé à son service et tué à Tchober, en 1861, par le rebelle Garet, paraît avoir été le point de départ.

Jamais il ne s'en consola ni ne le pardonna, et c'est de ce jour que datent les excès de sévérité sauvage avec lesquels il punit ou réprima toute tentative d'insurrection.

C'était, dans le fond intime de sa pensée, comme une satisfaction offerte aux mânes de son ami, non moins qu'un acte de sévérité ou de justice.

Mais, quand ils pouvaient impunément se faire jour, ses instincts

Le consul eut à réfléchir dans une longue captivité!...

de générosité, de grandeur même, reprenaient volontiers le dessus, et, à côté des exemples nombreux, hélas! de son humeur farouche, il était facile de rencontrer chez cet autocrate des traits de clémence ou de bonté qui commandaient le respect et l'attachement.

M. Denis de Rivoyre, à qui nous empruntons quelques-uns de nos renseignements, raconte que, durant son séjour en Abyssinie, il eut l'occasion de voyager avec M. Flad, l'un des membres allemands de la mission protestante entretenue en Éthiopie par la Société biblique de Londres.

C'était au moment de la captivité des Européens, notamment des Anglais, en résidence chez Théodoros.

Celui-ci l'envoyait précisément en ambassade auprès du gouvernement britannique, pour lui exposer ses griefs personnels et traiter des conditions de leur élargissement.

Il avait laissé comme otage entre les mains du négus sa femme et ses enfants.

Mais s'il avait hâte de les rejoindre, leur sort, rapporte M. Denis de Rivoyre, ne lui inspirait aucune inquiétude, et fréquemment on l'entendait rendre hommage aux royales qualités de son maître.

On a fait grand bruit, en Europe, de la triste situation de ces captifs et du traitement rigoureux qui leur était infligé.

Mais malgré l'intérêt légitime qu'ils devaient exciter chez nous, n'eût-il pas été juste, avant de fulminer l'anathème, de rechercher à quel mobile obéissait le caprice de leur persécuteur, et s'ils n'avaient pas eux-mêmes, par leurs propres fautes, appelé la foudre sur leurs têtes?

Or, pour la plupart d'entre eux, c'était le cas.

Intrigants et avides, ou d'une présomption peu en rapport avec le rôle impartial et circonspect qu'auraient dû leur imposer leur origine et leur caractère, c'est à peine si quelques-uns dissimulaient non pas leurs sympathies, mais même les intelligences qu'ils entretenaient imprudemment avec les plus importants des rebelles.

De là à étendre à tous ce qui pouvait n'être le crime que d'un seul, de la part d'un souverain ombrageux comme Théodoros, il n'y avait qu'un pas.

Il fut facilement franchi.

**

Tous les Européens allemands, anglais et français, car il se trouvait deux de nos compatriotes dans le nombre, devinrent suspects.

Un seul, un armurier venu de Saint-Étienne, du nom de Bourgaud, exclusivement occupé de son art, trouva grâce aux yeux du prince et se vit, au contraire, l'objet de sa faveur et de sa munificence.

Parfois même, le négus aimait à se reposer chez lui, et, oublieux de sa pourpre, à jouer avec les enfants de l'humble ouvrier.

Quant au consul anglais, le fameux Cameron, dont les rapports et les lettres au *Foreign-office* furent les premières pièces du dossier d'accusation amassé contre Théodoros, on ne s'est pas assez demandé quelle conduite il avait tenue lui-même vis-à-vis du souverain de l'Éthiopie.

D'une hauteur qui n'avait guère d'égale que son intempérance, et sûr de l'immunité réservée, d'après sa confiance orgueilleuse, au représentant de la Grande-Bretagne, quelle que pût être son attitude il n'était pas rare qu'on l'entendît publiquement proférer des injures ou des menaces contre le roi des rois.

Une scène scandaleuse combla la mesure.

Entouré de sa cour, le négus était assis sur le devant de sa tente...

Tout à coup, M. Cameron se présente devant lui.

Il était ivre, comme cela lui arrivait fréquemment.

Dès les premiers mots, l'empereur s'en aperçoit et tente de l'éloigner doucement.

L'autre insiste, et dans le feu de ses protestations, aussi impuissant à se contenir au physique qu'au moral, il couvre la toge impériale des témoignages fétides de son intempérance.

Saisi et enchaîné sur-le-champ par les courtisans indignés, le consul eut à réfléchir dans une longue captivité, par exemple, sur le danger des excès de table et de la brutalité du langage.

Mais, quelque dur qu'ait pu être le châtiment, comment qualifier l'offense ?

Et vainement l'histoire accolera au nom de Théodoros les épithètes de barbare et de sauvage.

Il restera toujours de sa vie le trait suprême qui la couronne, l'acte de royale grandeur par lequel lui, le monarque humilié et vaincu, sur le point de mourir, répondit aux dédains et aux sommations du vainqueur.

Briser à ce moment solennel les fers de ces captifs qui sont là, en son pouvoir, à portée de sa vengeance et de son courroux; les renvoyer libres dans ce camp où il pourrait si facilement, au contraire, jeter leurs têtes du haut de son imprenable citadelle : est-ce là, en vérité, le fait d'un sauvage et d'un barbare !

Les annales de la chevaleresque Angleterre comptent-elles bien des exemples de magnanimité à rapprocher de celui-là?...

Nous le demandons aux pontons de Cabrera et au tombeau de Sainte-Hélène, devenue la geôle des Boers?...

... La rencontre, à Bourré, des docteurs de Couvalette et Chabaneix, venus au-devant de la mission, fut, pour le commandant Marchand et ses compagnons, une surprise infiniment agréable.

Il était si doux, après un voyage de près de trois années, durant lequel ils avaient failli cent fois perdre la vie, de revoir des visages de compatriotes, d'amis !

C'est le 24 janvier, au soir, que l'héroïque petite colonne fit son entrée à Bourré, où elle devait séjourner quinze jours pour se refaire et se préparer à faire bonne figure devant le dedjaz Tessamma qui l'attendait impatiemment à Goré.

Rien de bien particulier à signaler à Bourré, si ce n'est une église assez curieuse, taillée dans la montagne.

Comme de juste, nos compatriotes ne manquèrent pas de l'aller visiter.

Et vraiment elle en valait la peine.

Ils se dirigèrent à l'est de la ville, à travers des ravins sauvages et assez dénudés, où ils rencontrèrent des bandes de grands singes cynocéphales.

Ils les poursuivirent sans pouvoir les approcher à distance convenable.

Ces quadrumanes marchaient tranquillement devant nos compatriotes, en aboyant, s'arrêtant de temps à autre, comme pour les narguer.

Arrivés sur le bord d'un escarpement, ils disparurent comme par enchantement dans les anfractuosités des rochers.

Au bout d'une heure, les voyageurs arrivèrent dans le fond d'un ravin assez pittoresque : un petit ruisseau s'en échappait, dont la source était cachée dans un massif de verdure.

C'était dans les montagnes environnantes que se trouvait l'église de Bourré; mais le regard la cherchait en vain.

Les visiteurs furent conduits au pied d'une grande colline dans les flancs de laquelle ils pénétrèrent par un chemin creux.

Après cinquante pas environ, ils se trouvèrent à la porte d'un petit tunnel qui les conduisit au fond d'une tranchée à ciel ouvert qui fuyait à leur droite, pour contourner une énorme masse de roc en forme de parallélogramme, qui l'isole de la montagne sur trois de ses faces.

Cette tranchée profonde est relativement étroite, et le bloc immense qui se dressait, c'était l'église.

Il a été taillé, creusé : plafond, voûte, colonnes, murs, dallage, tout est d'un seul morceau de pierre travaillé par le ciseau de l'ouvrier.

A la voir, à genoux, baiser cette précieuse relique...

Rien n'a été apporté du dehors.
C'est à la lettre un gigantesque monolithe.
Au sortir du tunnel, on se trouve en face d'une porte qui donne accès dans une sorte de vestibule.

Placé dans le sens d'un transept, ce vestibule voûté relie l'église à la montagne sur un de ses côtés, et, percé d'une seconde porte, il s'ouvre sur les deux extrémités de la tranchée d'isolement.

．
．

Une porte intérieure permet de monter du vestibule dans l'église, dont le sol est surélevé.

Le plafond de l'église est supporté par des arcades en plein cintre, qui reposent sur des piliers carrés élancés et ornés d'un chapiteau.

Ces piliers, disposés sur deux rangs, sont au nombre de six, et de cette façon forment pour ainsi dire trois nefs.

L'extrémité de l'église opposée au vestibule est encore séparée de la triple nef par une paroi en pierre et divisée en trois compartiments, le tabernacle au milieu et de chaque côté une sacristie.

Cette partie est éclairée par une fenêtre située au-dessus de l'autel et que surmonte encore une croix grecque de grandes dimensions, sculptée en relief dans la muraille.

Une seconde fenêtre latérale donne du jour dans le reste de l'église.

Le roc est d'une couleur rosée et d'un grain très fin, et, bien que ce soit du granit, il présente un poli remarquable.

A l'extérieur aussi bien qu'à l'intérieur, des moulures d'un travail délicat et harmonieux dessinent des panneaux, des corniches, des soubassements.

A l'intérieur, ces panneaux ainsi que les colonnes sont ornés de fresques sur toile, représentant des arabesques et des sujets religieux.

Le vestibule aussi en était tout tapissé, mais ces dernières peintures semblaient plus récentes que les autres.

Les prêtres nous montrèrent aussi des vases et des croix en cuivre rouge assez bien travaillés et destinés au culte.

Au-dessous de l'église se trouve une crypte, taillée encore dans le rocher et qui sert de caveau sépulcral.

Un prêtre, qui savait quelques mots de français et d'italien, put donner d'intéressants détails.

Lorsque l'empereur Atié Kaleb fut revenu victorieux de sa croisade en Arabie, il voulut, autant pour perpétuer le souvenir de son triomphe que pour rendre grâces à Dieu du succès de son entreprise, ériger un monument digne de lui, et cette église fut creusée par ses ordres en l'an 522 de notre ère.

Les fresques sont d'une époque bien plus récente : c'est au commencement de ce siècle ou à la fin du précédent qu'elles furent exécutées.

*
* *

Sur le désir du commandant, le sergent Dat prit un croquis et releva approximativement le plan de cette curieuse église.

Comme les visiteurs allaient se retirer, vint une femme jeune et belle encore, mais portant sur son visage mélancolique le stigmate de la misère et de la douleur.

Cependant sa démarche, sa physionomie, ses vêtements pauvres, mais propres, tout en elle dénotait qu'elle n'avait pas toujours été dans une situation malheureuse.

Intrigués de cette rencontre, nos compatriotes demandèrent qui elle était.

La pauvre femme descendait aussi d'une noble famille, aujourd'hui vaincue et déchue de son antique splendeur.

Les hommes illustres qui dormaient de l'éternel sommeil dans l'église de Bourré avaient été ses ancêtres, et elle venait prier sur leurs tombeaux.

L'une de ces sépultures était encore recouverte d'une chemma d'un tissu fin et soyeux, maculée d'une large tache de sang; c'était la chemma du Ouague Choum Konfou, celle qu'il portait lorsque, dans une expédition contre les tribus du lac Achangui, il fut frappé à mort.

Le sang qui la tachait avait coulé dans ses veines, et c'était de ce même sang qui coulait encore dans celles de cette infortunée fille des Ouague Choum.

A la voir à genoux, baiser avec respect cette précieuse relique et invoquer son aïeul d'une voix entrecoupée de sanglots, on sentait là un cri du cœur.

Honneurs, fortune, puissance, tout s'était évanoui pour elle depuis longtemps!... depuis l'époque où, tout enfant, elle avait vu son père emmené pour être chargé de chaînes par les soldats de Johannès !

Navrant exemple des vicissitudes humaines !

Le gouverneur de Bourré fit tout ce qui était en son pouvoir pour rendre agréable le séjour de la mission parmi ses administrés.

Ce gouverneur mérite une mention spéciale.

C'était un superbe vieillard, à barbe de patriarche, et pour qui les habitants de Bourré semblaient avoir un véritable culte.

On citait de lui maints traits de sagesse, de dévouement et de vertu, qui le faisaient considérer dans le pays comme un saint.

Citons, entre autres, le fait suivant qui prouve qu'Oubié, — c'était le nom du vénérable gouverneur, — eût pu passer, même en Europe, pour un esprit très avisé.

C'était à l'époque de la révolte du dedjaz Goubesié contre Théodoros.

Le rebelle avait envoyé dans la région de Bourré des émissaires pour décider les habitants du pays à se joindre à lui contre le souverain de l'Éthiopie.

Une réunion de notables eut lieu.

Ils étaient une vingtaine, assis en rond par terre, muets et graves, comme il convient à des gens sur la tête desquels repose une aussi lourde responsabilité.

Les ambassadeurs de Goubesié exposèrent l'objet de leur mission.

Dans un discours habile, leur porte-parole s'efforça de démontrer le droit de son maître.

Puis, abordant l'énumération de ses forces, il ne négligea rien pour prouver à ses auditeurs de quel prix devait être à leurs yeux une pareille amitié, tout l'intérêt qu'ils avaient à se la concilier, et protestant, enfin, que leur cause et celle de Goubesié n'en formaient qu'une :

— Ce n'est pas à des sujets, — termina-t-il, — que ce prince prétend imposer un joug.

« En venant à vous, vous proposant de substituer ses propres lois à celles dont le poids arbitraire pèse sur l'Abyssinie, c'est à des amis, à des frères, qu'il tend la main pour s'unir contre le tyran de l'Éthiopie, et les aider à reconquérir les bienfaits d'une liberté dont, à jamais dans l'avenir, le respect lui sera sacré.

L'Abyssin est d'un caractère essentiellement prudent et madré.

Chacun, cachant son impression, attendait que son voisin élevât la voix.

A la fin, sans changer d'attitude, et sur un ton d'abord monotone, mais qui s'anima bientôt, un des plus anciens prit la parole.

C'était Oubié.

Voici, en substance, ce qu'il dit :

— J'ai déjà vu bien des changements dans ce pays.

« Ce n'est donc pas la première fois que j'entends des discours dans le genre de celui qui vient de vous être adressé.

« Tous les dedjas, tous les raz révoltés, avant de devenir nos maîtres, nous ont fait parvenir les mêmes propositions de paix et d'amitié. Nous étions pour eux des frères.

« Leur succès devait être le nôtre, et, plus qu'eux-mêmes, nous devions être appelés à en profiter.

« Plus d'impôts à payer, plus de soldats à nourrir.

« Chacun de ces princes, tour à tour, nous promettait la richesse et la prospérité, si nous nous joignions à lui pour l'aider à réussir dans son entreprise.

« Puis, quand nous nous étions laissé persuader, que nos fils étaient allés se faire tuer pour eux; que nos récoltes, que tous nos biens avaient été gaspillés pour leur service; que nous leur avions livré leurs ennemis; que, grâce à notre concours et à nos efforts, de petits et faibles qu'ils étaient au début, ils avaient fini par devenir puissants et forts, c'était notre tour...

« Nous, les amis et les frères de la veille, lorsqu'on avait besoin de nous, nous n'étions plus, le lendemain, que des sujets turbulents si nous rappelions les promesses convenues, ou des rebelles si nous murmurions des plaintes.

« Croyez-moi, il en sera encore de même avec le dedjaz Goubesié.

« Aujourd'hui, nous avons pour maître le négus Théodoros, gardons-le!

« Nous lui avons jusqu'à présent payé régulièrement nos taxes.

« Il est satisfait.

« Il est grand, il est fort; il n'a plus rien à nous demander.

« Le dedjaz Goubesié, au contraire, est encore maigre; il veut engraisser, et c'est sur nous qu'il compte pour y arriver.

« Ses flatteries n'ont pas d'autre but.

« Mes frères, restons avec celui qui est déjà repu. Nous n'avons plus à redouter sa faim.

« L'autre, après nous avoir caressés, nous mangera.

« J'ai dit. »

Ce langage, digne d'être compris et médité en bien d'autres pays que l'Abyssinie, enleva l'assentiment de l'assemblée.

Et c'est de ce jour que date la grande réputation de sagesse du vieux gouverneur de Bourré.

CXXVI

MÉNÉLIK CHEZ LUI

Royale hospitalité. — Entrée triomphale à Addis-Abeba. — Un portrait du négus. — La capitale. — Le Guébi, ou palais impérial. — Comment reçoit Ménélik. — L'impératrice Taïtou. — La justice du négus. — Seigneurs et favoris. — Le trésor privé. — Dîners de gala. — Un souverain matinal.

Nous voici arrivé au moment où la mission Marchand entre en contact avec les princes abyssins, représentants de Ménélik II.

Après avoir, comme nous l'avons dit plus haut, passé une quinzaine de jours à Bourré pour organiser sa caravane, le commandant Marchand et ses hardis compagnons furent reçus en grande pompe à Goré par le dedjaz Tessamma.

Tous les chefs et tous les guerriers avaient revêtu leurs costumes d'apparat.

Rien ne saurait donner une idée exacte de la large hospitalité offerte par le dedjaz éthiopien qui, certainement, sera bientôt nommé raz par Ménélik.

Tous les officiers de la mission se montrent émus au souvenir des témoignages d'amitié qui leur furent si généreusement prodigués.

Le commandant Marchand reçut, comme présents, un magnifique cheval gris clair tout harnaché d'argent, et les insignes du plus haut commandement militaire en Éthiopie, la lance d'honneur et le bouclier d'or.

Chacun des officiers français reçut deux mules richement harnachées.

Tessamma offrit également des bêtes de somme pour le transport des bagages.

Le commandant Marchand donna en échange les canons de la flottille française, ce qui ravit le dedjaz.

Les vivres offerts par les chefs éthiopiens étaient si abondants, que les troupes de la mission ne parvenaient jamais à les consommer.

Sur tout le parcours des territoires placés sous l'autorité de

Tessamma, les Français trouvèrent, au bout de chaque étape, des baraquements construits à neuf pour leur coucher.

Les boissons étaient aussi abondantes que les comestibles; le taïdje était versé à discrétion.

Entre Goré et Addis-Abeba, la marche de la colonne fut une suite continuelle d'ovations enthousiastes.

Les dames abyssines étaient les premières à acclamer nos officiers.

Les présents des officiers français.

Enfin, le 10 mars, la mission arriva à Addis-Abeba, escortée par toute l'armée du vieux raz Dargué, raz des raz et oncle de l'empereur, qui avait tenu à rendre à nos compatriotes cet insigne honneur.

Jamais étrangers n'étaient entrés de si triomphale façon dans la capitale du négus, roi des rois d'Éthiopie, élu du Seigneur et lion vainqueur de la tribu de Juda!

.
. .

Avant d'aller plus loin, nos lecteurs nous sauront certainement gré de leur donner une courte description de la nouvelle capitale de l'Éthiopie.

Nous la ferons précéder de quelques détails biographiques sur la personne de l'empereur actuel.

Une étrange et, à tout prendre, admirable nature que celle de Ménélik II !

Voici un portrait assez juste que traçait de lui, il y a quelques années, M. Jules Claretie dans une lettre adressée à M. Vanderheym qui revenait d'un voyage en Abyssinie :

Il y a du prophète en lui, du mystique et aussi de l'homme moderne.

Il croit à l'intervention de Dieu dans ses batailles et (vous l'avez dit) aux vertus de l'iodoforme après la tuerie.

Vous le montrez surveillant des expériences de dynamite, et l'on nous apprend qu'il vient de commander, à son effigie, des timbres-poste tout comme un ministre des télégraphes de notre République.

Il est chrétien, il déplore le sang que les Italiens, dit-il, le contraignent à verser, et, dans cette expédition contre les Oualamos à laquelle vous avez assisté, il semble prendre plaisir à loger les balles de son Winchester dans de l'humaine chair noire...

Cet homme n'a rien de vulgaire.

Il se dresse au milieu de nos débilités d'intellectuels ou de nos subtilités de politiciens, comme une incarnation brutale et pourtant imposante du patriotisme et de la résistance à l'étranger.

Il y a du Théodoros en lui, avec plus de grandeur d'âme.

Il n'a pas la poésie hautaine à la fois et mélancolique d'un Abd-el-Kader, mais il en a l'énergie et, dans l'attaque et la tactique, le génie.

Il ne fait pas bon le voir apparaître dans la fumée rouge du combat, et il semble alors une sorte de démon noir, mais c'est le démon de la patrie.

Il défend aux mortels venus de loin d'approcher des tombeaux de ses pères.

Ajoutons à cette appréciation aussi autorisée qu'éloquente que Ménélik II est le fils naturel du roi du Choa Haélou (lui-même fils de Sallé-Sallassié) et d'une mendiante recueillie par lui au palais.

A dix-neuf ans, Ménélik s'échappa de la cour de Théodoros, qui le tenait prisonnier.

Il fut aidé dans sa fuite par la fille de ce puissant négus qu'il avait séduite.

Il rentre dans les États de feu son père, se fait proclamer roi du Choa, puis à la mort du négus Johannès, successeur de l'empereur Théodoros (1818-1868), se fait élire empereur d'Ethiopie en 1889.

Ménélik II doit être né vers 1845.

*
* *

Quant à la ville d'Addis-Abeba, dont ce souverain a fait sa résidence, elle est située à l'endroit où se trouve sur les cartes le nom de Finfinni.

Il y a là, nous dit M. Vanderheym, des sources d'eau chaude où Ménélik passe quelques semaines de l'année en villégiature.

Ménélik surveillant des expériences de dynamite.

Ces sources sont situées à dix minutes du palais, ce qui n'empêche que, lorsque le Négus y campe, il emmène avec lui toute sa cour et habite sous des tentes comme en expédition.

L'altitude d'Addis-Abeba est de 2,300 mètres environ, sa situation est par 9 degrés de longitude entre les 36e et 37e degrés de latitude.

Elle est de création récente et aucun géographe n'en fait mention.

L'Abyssinie n'a pas en réalité de capitale : là où demeure l'empereur est la ville principale.

Ménélik s'est fixé à Addis-Abeba depuis 1892, et il paraît devoir y séjourner définitivement.

C'est là, en effet, que les anciens empereurs d'Éthiopie étaient couronnés et, de plus, cet endroit est à peu près le centre des possessions et des pays tributaires du Négus.

Ankober, où résidait l'empereur il y a quelques années, est maintenant une ville morte.

Sa population a été décimée par le choléra et la famine de 1892.

Entotto, à quelque trois cents mètres au-dessus d'Addis-Abeba, est également désertée.

Les maisons y tombent en ruines et les bois dont elles étaient construites sont transportés pour faire de nouvelles habitations dans la capitale nouvelle.

Deux églises, dont l'une en pierre et inachevée d'ailleurs, sont seules entretenues : le Négus s'y rendant souvent en pèlerinage, suivi de toute sa cour.

Au contraire, Addis-Abeba, en langue amharique « nouvelle fleur », est une cité naissante.

Les maisons sortent de terre, à vue d'œil pour ainsi dire, et le marché y prend de jour en jour plus d'importance.

La population est flottante et très difficile à évaluer.

Le roi y réside avec sa suite immédiate et environ 10,000 hommes.

Mais lorsqu'un roi tributaire ou un général-gouverneur de province vient apporter l'impôt annuel à l'empereur, et lui faire sa cour, il amène avec lui la majeure partie de ses vassaux.

La population se trouve ainsi considérablement augmentée.

* *

La résidence impériale d'Addis-Abeba est sur une butte naturelle, au centre d'un vaste cirque entouré de montagnes, qui sont : au nord Diledila (nouvel Entotto); Jeka, à l'est; Zecoala (sur le sommet de laquelle se trouve un lac), au sud; l'ancien Entotto, à l'ouest.

Vers le sud-est, on aperçoit le mont Herrer et, vers le nord-ouest, la cime du mont Managacha, sur laquelle sont des vestiges d'une ancienne église portugaise.

A proximité de cette dernière montagne se trouve une grande forêt.

Des bûcherons et charpentiers, sous les ordres d'un Français, qui cache son véritable nom sous celui de Dubois, travaillent sans repos à abattre, scier et tailler des arbres pour les besoins de Sa Majesté.

Quant au palais impérial, appelé le Guébi, il est entouré de plusieurs enceintes en branches, ou de petits murs en pierre et boue.

Il se compose de plusieurs habitations, dominées par l'*Elfigne*, demeure patriarcale du Négus et de l'impératrice Taïtou.

L'Elfigne, qui peut avoir 15 mètres de hauteur, a l'aspect d'une construction arabe.

Les murs sont blanchis à la chaux ; le toit est recouvert de tuiles rouges, bordées de zinc brillant ; les portes, fenêtres, balcons et escaliers extérieurs peints de couleurs voyantes, vert, bleu, jaune et rouge.

Parmi les autres constructions, on remarque l'*Adérache* ou salle à manger principale, le *Saganet* ou tour de l'horloge.

Plus loin, le *Gouoda* ou entrepôt : c'est là que le Négus passe lui-même la douane, lorsqu'il s'agit de caravane quelque peu importante.

En descendant on trouve les ateliers de forgerons, d'ouvriers en métaux, de charpentiers du palais, les magasins et un grand dépôt, véritable capharnaüm rempli de toutes sortes de marchandises de rebut, entassées pêle-mêle : vieux fusils, pots de couleurs, vieilles ferrailles, outils hors d'usage, caisses défoncées, etc.

*
* *

C'est dans ce palais que Ménélik reçoit les étrangers auxquels il accorde audience.

Au sujet de son habituelle façon de recevoir, on lira avec intérêt le récit suivant que donne M. Vanderheym de sa première entrevue avec le grand Négus :

Le lendemain de mon arrivée à Addis-Abeba, je fus présenté à l'empereur par M. Savouré, directeur de la compagnie franco-africaine.

Dès le matin nous partions pour le palais.

Après avoir traversé quelques cours séparées par des clôtures en branches et avoir fait antichambre dans l'une d'elles pendant deux bonnes heures, assis sur une poutre, je fus introduit auprès de Sa Majesté.

Le souverain n'aimant pas que l'on vienne les mains vides, j'avais apporté quelques pièces d'étoffes de soie.

Aussi Sa Majesté me reçut-elle d'une façon charmante.

Accroupi sur un fauteuil pliant recouvert de peluche vieil or, au milieu d'une pelouse, l'empereur était entouré d'une foule de seigneurs.

L'un d'eux projetait sur lui l'ombre d'un vaste parasol rouge brodé d'or.

La physionomie intelligente de Ménélik plaît au premier abord.

Sa barbe légèrement grisonnante entoure une figure très noire et grêlée.

Une chemise de soie de couleur, un pantalon de cotonnade blanche, un

Le Gouada.

chemma en coton blanc très fin et un burnous de satin noir brodé d'or, forment son habillement.

Un vaste feutre noir à larges bords et un serre-tête en mousseline blanche cachent sa calvitie.

Ses mains sont énormes, ainsi que ses pieds qu'il chausse de souliers Molière sans lacets ou de chaussettes de soie.

Quelquefois, mais rarement, il met chaussettes et souliers ensemble.

Le marché du raz Makonnen.

Les seigneurs qui l'entourent épient ses moindres gestes et suivent chacun de ses regards pour devancer ses ordres.

L'audience ne dura que quelques minutes.

L'empereur me souhaita la bienvenue et me demanda si j'avais fait un bon voyage.

Sur ma réponse affirmative, il me dit qu'il espérait que je me plairais dans son pays.

Le Grasmatch Joseph nous servait d'interprète.

Nous prîmes congé du Négus en nous inclinant à la mode abyssine, tout en embrassant notre main gauche, mais nous fûmes obligés de rester à déjeuner au palais.

A partir de ce jour je dus aller presque tous les dimanches matin au Guébi.

Il est bon de se montrer au Négus, tant au point de vue « affaires » qu'au point de vue « relations ».

Lorsqu'on va au palais, on est forcé en quelque sorte de déjeuner, car les portes se ferment pendant le repas impérial et les chefs de service savent bien trouver les Européens, que l'empereur est enchanté de voir auprès de lui.

Il ne manque pas de causer avec eux.

A l'arrivée des courriers de la côte, il m'interrogeait toujours sur les nouvelles venues de France, auxquelles il s'intéressait particulièrement.

Lorsque j'appris la mort du président Carnot, je lui fis traduire les journaux qui donnaient les détails de l'assassinat, et lui montrai les illustrations représentant les funérailles.

Comme il était en rapport avec le Président, qui lui avait envoyé quelques années auparavant les insignes de la Légion d'honneur, Ménélik fit écrire à Mme Carnot une lettre de condoléances et chargea quelques mois plus tard M. Lagarde de déposer une couronne au Panthéon.

Cette mort l'irrita beaucoup.

Il savait la nationalité de Caserio, et, comme à cette époque ses relations avec l'Italie commençaient à se tendre, il fulminait contre l'assassin et ne parut apaisé que lorsque je lui appris son exécution.

Plus tard j'annonçai au Négus la mort du comte de Paris.

Il envoya de suite, par courrier spécial, ses condoléances à la comtesse, et me rappela le traité que fit son grand-père Sahlé Salassi, roi du Choa, avec le roi Louis-Philippe par l'entremise de Rochet d'Héricourt en juin 1843, traité qui n'a d'ailleurs jamais été mis en vigueur.

*
* *

Ménélik a dû être dur et cruel pour arriver à étendre son empire comme il l'a fait.

Mais le temps est loin où, ayant aperçu la femme d'un de ses généraux et la trouvant à son goût, il la fit enlever, puis ordonna de mettre aux fers son mari, qui mourut, peu après, assassiné.

Il l'épousa et en fit l'impératrice actuelle, Taïtou, répudiant sa première femme Bafana.

Mais Bafana aimait les Européens, tandis que l'impératrice Taïtou ne peut les sentir.

L'impératrice Taïtou eut pour premier mari officiel le général Oueld-Gabriel, attaché à l'empereur Théodoros, qui aussitôt après ce mariage mit aux fers son officier pour écarter celui-ci.

À la mort de Théodoros, elle épousa le général Taclé-Gorguis, mais divorça bientôt pour épouser le gouverneur d'une province, que le roi Jean fit emprisonner.

Elle se retira dans un couvent, qu'elle abandonna pour épouser le général Zekargatche à qui le Négus actuel l'enleva de la façon cavalière que nous venons de dire.

Ménélik l'épousa en 1883 ; elle avait trente ans et en était à son cinquième mari.

*
* *

L'empereur est, ou plutôt veut paraître démocrate, et, malgré les usages antiques, esclavage et corvées, il écoute les réclamations de ses sujets qui viennent jusqu'aux portes du palais crier :

— Justice ! Justice !

Parfois, ils poussent ce cri pendant des heures entières, jusqu'à ce que Sa Majesté se décide à recevoir une députation.

Souvent, fendant la foule, un paysan se jette au pied du mulet de l'empereur pour demander du pain.

L'ordre est alors donné de lui servir le *kaleb*, portion de grain fournie mensuellement aux ouvriers impériaux ou... de le chasser à coups de trique !

Chaque jour Ménélik se rend à la chapelle du Guébi ; les dimanches et jours de fête, il entend la messe avec l'impératrice à l'église de la Trinité, située non loin du palais.

C'est devant cette église que, les jours de fête, les prêtres dansent et hurlent des chansons religieuses, en agitant des crécelles de cuivre, et en brandissant vers le ciel la béquille qui leur sert d'appui pendant les offices.

Ménélik fait tous ses efforts pour combattre les menées du clergé, qui se montre très hostile à toutes les nouveautés.

Un jour, les prêtres de sa cour lui ayant reproché de s'être laissé photographier par un Européen, parce que le diable était dans l'appareil :

— Idiots, — leur dit-il, — c'est au contraire Dieu qui a créé les matières qui permettent l'exécution d'un tel travail !... Ne me racontez plus de pareilles sornettes, ou je vous fais rouer de coups !

Lorsque l'empereur sort, il est escorté de quelques milliers de soldats armés de fusils ou de lances et de boucliers.

De loin c'était une masse grouillante et bariolée, blanche, noire et rouge.

L'habillement des Abyssins est, nous l'avons déjà vu, fort sommaire.

Il se compose d'un léger pantalon blanc venant à mi-jambes, d'un grand péplum blanc coupé par le milieu d'une bande rouge et qu'ils drapent à l'antique.

Quelques-uns portent un burnous de laine ou de soie noire et un chapeau de feutre mou à larges bords.

Un long sabre en forme de glaive au côté droit et une ceinture-cartouchière achèvent leur toilette.

Le fusil et le bouclier sont confiés à un domestique de leur suite.

Quant au Négus, il chemine sous une grande ombrelle rouge à franges d'or, portée par un favori.

Il est monté sur un fort mulet richement caparaçonné d'étoffes éclatantes et harnaché de cuirs brodés de fils d'or et d'argent avec écussons à ses armes, qui représentent un lion mitré tenant dans sa patte droite un bâton enrubanné, terminé par une croix.

Des soldats portent son bouclier, son fusil, et souvent une chaise couverte en andrinople.

L'impératrice sort rarement; son cortège est également fort nombreux.

Elle est montée sur un mulet, à califourchon, ainsi que les femmes de sa suite.

Sa tête est voilée de tissus de mousseline cachant sa figure, que bien peu de personnes ont pu voir, car, par ordre, le vide se fait comme par enchantement partout où elle doit passer.

Je fus, — raconte M. Vanderheym, — un des privilégiés... Sa Majesté m'ayant fait prier de venir la photographier, je passai une matinée fort intéressante à faire poser l'impératrice Taïtou, les princesses et les dames de la cour, qui avaient revêtu leurs plus beaux atours, mais je goûtai peu le déjeuner que Sa Majesté fit servir à son photographe.

Je crois que, pour me remercier, on avait doublé ce jour-là la dose de poivre de berberi!

Le teint de l'impératrice est clair et paraît d'autant moins foncé que les dames d'honneur sont choisies parmi les plus noires de l'empire.

L'impératrice a ses gens à elle, ses officiers de service, ses femmes et sa cassette particulière.

Les frais de nourriture au palais sont payés alternativement une semaine par l'empereur et une semaine par l'impératrice.

Je fis également ce jour-là la photographie de la princesse Zaoudietou, fille de Ménélik.

Dans une petite plaine, au pied de la demeure du raz Makonnen, se tient le marché quotidien, et plus loin, sur un espace moins restreint, le marché hebdomadaire, de beaucoup plus important.

Le samedi, à midi, l'animation y est très grande. Les transactions s'opèrent sous l'œil du *nagadi-ras* (chef des marchands).

Placé sur une éminence, sorte de tribune en pierre et bois, sous une ombrelle d'osier, il juge les différends qu'on lui soumet à tous moments.

Le marché est un véritable fouillis d'hommes, de femmes, de mulets, d'ânes, de chevaux et de marchandises de toutes sortes, étalées sur le sol.

Une fois engagé dans la foule, on a peine à se frayer un passage.

On avance à tout instant entre deux croupes de mulets ou sur les jambes des marchands.

Pêle-mêle, au hasard de l'arrivée, accroupis sur leur marchandises ou à côté, les marchands et marchandes vendent du bois à brûler, du miel, du grain, du café, des lames de sabre, des oignons, des fers de hache, de lance ou de charrue, des étoffes des Indes, de la verroterie, des fils de cotons, des selles, des harnais, des mulets, des chevaux ou des ânes, des bœufs ou des moutons, des boutons de métal ou d'os, des cartouches, des peaux tannées, des peaux de léopard ou de panthère, du beurre, du piment, de la poterie, des toges neuves ou d'occasion, des burnous, des poulets, enfin toute espèce de denrées, d'ustensiles ou de matières nécessaires à la vie.

Par-dessus cette foule plane l'odeur du beurre rance dont les Abyssins et surtout les Abyssines s'inondent les cheveux !

Vu la grande quantité d'abeilles et le grand nombre de vaches qu'on y nourrit, les voyageurs ont dit de tout temps que l'Abyssinie est une « terre de miel et de beurre ».

Nous savons que, de temps immémorial, le sel et le thalari sont la seule monnaie courante en Abyssinie.

Mais, sur le marché d'Addis-Abeba, une monnaie plus moderne commence à avoir cours.

M. Chefneux a, en effet, récemment apporté d'Europe, à titre d'essai, une nouvelle monnaie à l'effigie du Négus.

Mais l'échange et la circulation des thalers actuels, quand ils ne sont ni trop neufs ni trop usés, est déjà, comme nous l'avons expliqué, l'objet de tant de difficultés, qu'il nous paraît impossible de faire prendre avant longtemps les nouvelles pièces.

Elles sont fort belles, bien frappées et de titre plus élevé que les thalers anciens, qui salissent les mains dès qu'on en a touché une dizaine.

Toutes raisons qui nous font croire que les Abyssins s'en serviront comme de médailles ou pour orner les pommeaux de leurs sabres, à moins qu'ils ne les fassent fondre pour confectionner leurs vilains bijoux.

*
* *

Pour en revenir au Guébi, ou palais impérial, disons qu'il se compose de plusieurs bâtiments.

L'Elfigne, où demeurent Leurs Majestés, domine de beaucoup les autres.

L'Elfigne ne comprend que deux vastes pièces, l'une au rez-de-chaussée, la seconde au premier étage.

Elles sont peu garnies; celle du premier seule est tapissée de papier peint bleu et rouge, à grands ramages d'or.

Deux lustres en verre taillé, un grand lit de repos sous un baldaquin de mousseline, de lourds tapis en sont les seuls ornements.

On accède au premier étage par un escalier extérieur en bois peint de couleurs vives, donnant sur une véranda qui entoure la maison.

C'est de là que Ménélik, à l'aide de puissantes longues-vues, pour lesquelles il a un goût qui touche à la manie, surveille toute la ville.

Le *Sagunet*, ou lieu de justice, est également assez élevé.

Une horloge est placée au haut de l'édifice.

Tous les jours, l'*affanougous* (bouche du roi), grand juge du Choa, y rend la justice; le Négus assiste aux procès importants.

Les accusés sont amenés, le cou pris dans une fourche en bois, ou les mains enchaînées.

L'exécution suit de près la sentence.

La peine la plus ordinaire consiste en coups de fouet, qui zèbrent les reins des suppliciés de sillons sanglants.

Pour faire des exemples, les exécutions ont lieu quelquefois publiquement le samedi, sur la place du marché.

Le voleur est condamné à avoir une main coupée; aux récidivistes on coupe la main droite et le pied gauche; pour les faux serments, on coupe la langue.

Il est juste d'ajouter qu'au cours de ces dernières années, peu de supplices de ce genre ont été infligés.

Ménélick y répugne et s'applique à en faire disparaître l'usage.

En théorie, le Négus seul a droit de prononcer les arrêts de mort.

Mais en réalité les gouverneurs de province les dictent également.

Ils sont exécutés par les parents de la victime, généralement de la façon dont celle-ci a péri, ce qui donne lieu souvent à des incidents bizarres.

Un bûcheron, en tombant d'un arbre, ayant tué un homme sans lui-même se blesser, fut traîné en justice et condamné à mourir de la même mort.

Mais les parents de la victime entre les mains desquels il fut remis ne voulurent pas risquer leur vie pour mettre à exécution la sentence.

L'arrêt correspondait à un acquittement.

*
* *

L'entourage de l'Empereur est nombreux.

Le chef actuel de sa cour, sorte de grand chambellan, est un guerrier tueur d'éléphants : le liké Mekouas Abato.

C'est lui qui, dans les expéditions, se tient — poste peu enviable — sous le parapluie écarlate, brodé et frangé d'or, trompant les ennemis, qui dirigent leurs balles sur lui, pendant que Sa Majesté est confondue parmi ses généraux.

Il partage d'ailleurs cette charge avec le liké Mekouas Adeno.

Le jour où l'Empereur reçoit officiellement quelque roi tributaire, ces officiers se placent de chaque côté de leur souverain, vêtus identiquement, habits de soie et de velours brodés, manteau royal en velours cramoisi brodé d'or et garni de fourrure.

La couronne d'or au Saint-Georges d'émail distingue seule le Négus de ses deux acolytes.

Sous la couronne, le roi des rois ne peut parler.

Cet usage est-il dû à la solennité de la chose ou au poids phénoménal de la couronne qui empêcherait Sa Majesté de desserrer les mâchoires ?

Toujours est-il que, lorsque Sa Majesté désire répondre aux paroles de paix que lui apportent ses tributaires, un des deux likés Mokouas lui retire, sur un signe, les attributs gênants de sa grandeur.

Les favoris sont : le Dedjaz Tessamma, cousin de la reine, le Grasmatch Joseph Négoussié, qui suivit en 1880 le raz Makonnen en mission en Italie, et qui parle très bien le français, puis le *begironde* Baltcha, intendant général, eunuque et général d'artillerie.

A ces trois emplois, dont l'un n'est pas dû à la faveur, il ajoute celui de gardien des trésors impériaux, et dans cette fonction il faut reconnaître que ses rapports avec les Européens ne sont rien moins qu'agréables.

La cour comprend en outre un secrétaire, garde du sceau impérial, le chef des marchands, le chez des *azages* (intendants), le chef des *baldaras* (écuyers), et les *balamouanes*, fils des grands personnages que Sa Majesté garde au palais tant comme pages que comme otages déguisés, lorsqu'elle confie à leurs pères des gouvernements de province, etc.

Le ras Dargué, oncle de l'Empereur, est fort écouté et donne au palais des conseils toujours salutaires.

C'est la Providence des Européens.

**

Il n'y a pas à proprement parler de hiérarchie militaire.

Le Négus nomme les favoris : général de l'aile-droite, général de l'aile gauche, d'avant-garde, etc.

Il leur donne le gouvernement de provinces plus ou moins importantes, suivant les services rendus.

Un général gouverneur d'un pays, après de très grandes preuves de dévouement à la cause impériale, est nommé raz.

Les tributaires de Sa Majesté viennent tour à tour camper à Addis-Abeba pour apporter leurs impôts.

Ce sont :

Le roi du Godjam, Taclaïmanot;

Le roi de Djimma, Abba Djiffar (le dernier des rois marchands d'esclaves);

Le raz Makonnen, gouverneur du Harrar;

Le général Guebré Esguèra, gouverneur de Léka, le pays des mines d'or;

Le raz Mikaël, gouverneur des pays Ouollos;

Le raz Ollié, frère de l'impératrice;

Le raz Aloula, Oueldgorguis, etc...

Le général Guebré Esguèra, pour n'en citer qu'un, apporte annuellement dans la caisse impériale 20 kilogrammes d'or et 3,000 kilogrammes de dents d'éléphant.

*
* *

Dans l'enceinte du palais se trouvent quelques bâtiments séparés tels qu'une chapelle et le *gouada*, dépôt de tous les trésors de l'empereur, gardés par des ennuques rébarbatifs.

Là s'entassent les habits de Sa Majesté à côté de harnais du pays, des boucliers garnis d'argent, des vêtements de cérémonie des gens du palais, des fauteuils en peluche, des couronnes d'or ou d'argent, tandis que dans un coin les cadeaux des souverains amis du Négus offrent leurs écrins à la poussière.

On voit pêle-mêle services de Sèvres bleu de roi, orfèvrerie en Toula, armes précieuses, à côté de bibles abyssines enluminées, des instruments d'optique et de chirurgie, de vieilles chaussures éculées, des stéréoscopes avec vues des monuments d'Europe et portraits des étoiles chorégraphiques des bals de nuit de Paris, des décorations de la couronne d'Italie, etc...

Plus loin et près de Saganet se trouve l'Adérache, vaste hall servant de salle de réception ou de salle à manger les jours de grands festins, qui se nomment *guébeur*, et qui ont lieu deux ou trois fois la semaine.

Sa Majesté entre dans l'Adérache avec les intimes de son entourage et mange à l'antique, couché sur un vaste divan surélevé, recouvert de lourds tapis et de coussins de soie, sous un baldaquin en bois peint, garni d'étoffes aux tons criards.

Sa nourriture, contenue dans une corbeille ornée de pendeloques de verre et de métal, est placée devant lui sur un guéridon.

À quelques mètres de son divan, des tissus de gaze sont tendus, enfermant un espace réservé.

Les favoris entourent l'empereur, attentifs à ses moindres gestes, le cachant aux regards profanes avec leurs toges dès qu'il lui prend envie de boire, de tousser, d'éternuer ou de se moucher.

L'empereur ayant commencé son repas, l'azage de service fait entrer dans la salle les raz et les grands prêtres ; quelques minutes plus tard arrive une seconde fournée de convives, composée de généraux et des personnages importants, parmi lesquels les Européens qui se trouvent à ce moment au palais.

On s'assied par terre « en tailleur » sur des nattes ou des tapis, par groupes de trois ou quatre, et plus ou moins près du Négus suivant son rang à la cour.

Une troisième et une quatrième fournée de convives entrent, puis une cinquième, qui se tient debout le long des murs.

Enfin on tire les voiles de gaze, et la foule des officiers de la suite de l'empereur, des généraux ou des grands seigneurs se précipite dans la salle pour prendre part au festin.

Les hommes de service, le torse nu, apportent devant chaque groupe des corbeilles garnies de pain et d'aliments.

Les cornes de boisson circulent, et les quartiers de bœuf cru portés par des domestiques sont déchiquetés par chaque convive.

Ce dernier mets, c'est le fameux *brondo*, le plat national de l'Éthiopie.

.'.

Lorsque le Négus veut distinguer quelqu'un, il lui envoie quelque bribe de son repas, qu'un domestique apporte dans le creux de sa main.

Insigne honneur qui fait parfois bien des jaloux !

Pendant le repas, un *asmari*, troubadour africain, improvise, en s'accompagnant sur un instrument monocorde, des louanges au Négus.

Le repas fini, quelques musiciens soufflent dans les trompettes en bambou, d'autres raclent de primitifs instruments à cordes, pendant qu'un chanteur psalmodie d'une voix de fausset des litanies qui dominent le murmure, pourtant bruyant, des conversations.

Les jours de fête religieuse, les prêtres, égayés par les fumées de la boisson, hurlent au son de grands tambours d'argent et dansent des cancans échevelés.

Après les repas, l'empereur tient audience.

Ménélik est très matinal.

A peine le jour levé, il sort de son appartement, et rôde dans les cours du Guébi, entouré de ses favoris, toujours sous son ombrelle rouge, que porte l'un d'eux.

Il va et vient, constamment occupé à surveiller quelques travaux, montage de scies mécaniques, pose de conduites d'eau, réparation de pièces d'artillerie ou de fusils, confection de colliers de mulets et de boucliers garnis d'argent qu'il distribue comme récompense.

D'autres jours, il surveille les plantations de ses jardins, où poussent des légumes dont les graines ont été nouvellement apportées en France.

L'empereur est d'une activité infatigable.

Lorsqu'il surveille des travaux de construction, de canalisation ou de barrage d'une rivière et qu'on a besoin de pierres, il descend de son mulet et, donnant l'exemple, en porte une à l'endroit voulu.

Aussitôt toute sa suite, favoris, courtisans, généraux, juges, prêtres, jusqu'au dernier des domestiques, fait de même.

Chacun apporte sa pierre, et le nombre dépasse bientôt celui qui est nécessaire.

CXXVII

Un réformateur.

Obstacles au progrès. — Paresse nationale. — A table. — Prévenances impériales. — Malades et charlatans. — Le Négus médecin. — Grandes cérémonies. — Traite clandestine. — Contre les Oualamos. — Pour se faire la main. — Ménélik généralissime. — Récit d'un Européen. — Transformation de l'armée. — A bon entendeur !

La tâche de Ménélik, qui est non seulement un homme de progrès, mais encore un réformateur de génie, n'est pas des plus aisées.

Non seulement il lui a fallu lutter dur pour unifier son empire, non seulement il a dû repousser l'invasion étrangère, non seulement il trouve dans son clergé un élément hostile à ses projets, mais encore il se voit obligé de faire violence à la nature même de son peuple.

Car, il faut le dire, nos bons amis les Abyssins proprement dits sont paresseux, rebelles à tout progrès, et ne font rien qui puisse leur rendre l'existence plus douce.

Ils sont du reste tellement orgueilleux, qu'ils ne veulent pas avouer la supériorité des blancs, bien qu'entre eux ils disent :

Ce sont des diables !

Leur seule industrie consiste dans la fabrication de fers de lance et de sabres grossièrement forgés.

Ils ne sont pas commerçants et s'adonnent soit au métier des armes, soit à celui d'avocat ou de prêtre.

La figure de l'Abyssin ressemble presque, n'était la couleur, à celle de l'Européen, et n'a rien de commun avec le type nègre proprement dit, à profil fuyant et à la lippe prononcée.

Traiter un Abyssin de nègre est une insulte grave.

On rencontre en Abyssinie de beaux types d'hommes.

Les femmes, dont quelques-unes sont fort jolies, sont nubiles vers dix ans; elles se marient souvent à cet âge.

Elles jouent un rôle effacé et servent plutôt de domestiques que de compagnes.

Elles ont soin de la cuisine et font les travaux les plus durs.

Elles vont chercher l'eau à la rivière dans de grandes jarres en terre cuite qu'elles portent sur les reins, soutenues par une corde passée sur les seins.

Les femmes vont chercher de l'eau à la rivière dans de grandes jarres.

Ce sont elles aussi qui enduisent les murs de bouse de vache. Cette matière est très employée en Abyssinie. Délayée avec de l'eau, elle sert de peinture; mêlée à de la paille hachée menu et à de la boue, elle remplace le mortier; desséchée, elle sert de combustible!

*
* *

Les femmes sont habillées d'une grande pièce carrée d'étoffe blanche, tissée dans le pays, et pliée en quatre avec ouvertures pour la tête et les bras; une écharpe d'étoffe ou de mousseline, également blanche, forme ceinture.

Rien de plus.

Les grandes dames portent comme les hommes le *djano* blanc coupé de rouge, et le burnous noir de drap ou de soie.

Quelques-unes, les élégantes, mettent des bas de couleurs avec lesquels elles marchent dans la boue sans chaussures.

Comme elles montent à mulet à califourchon, un léger pantalon de toile s'ajoute à leur costume.

Du front à la nuque, partout, parallèlement aux oreilles, des raies assez larges entre lesquelles les cheveux sont tressés fin; à la nuque, un toupet en éventail garnit le cou.

D'autres ont les cheveux courts à la Titus; les vierges ont une tonsure qui entoure une couronne de cheveux coupés ras.

Mais, de quelque manière qu'elles se coiffent, les Abyssines oignent toute leur chevelure de beurre, saupoudré souvent d'une herbe pilée qui donne à leur tête un aspect verdâtre et exhale une odeur repoussante!

Les Abyssines se parent de menus bijoux d'argent (l'impératrice ayant le monopole exclusif des joyaux d'or), bagues à tous les doigts, boucles d'oreilles en filigrane en forme de vis.

Le cordon de soie bleue foncé (*mateub*), qui entoure le cou de tout chrétien, est agrémenté de petites chaînettes, de médailles ou de croix.

Les femmes gallas s'enroulent autour des hanches des peaux qui descendent jusqu'aux genoux.

Les hardes qui couvrent leurs épaules, laissant à nu les bras et les seins, sont également en peaux.

Elles ont au bras de lourds bracelets d'étain, de cuivre, de fer ou d'ivoire.

De nombreux rangs de perles en verre de couleur garnissent leur poitrine.

Les guerriers abyssins portent les cheveux tressés comme les femmes, ainsi que les chasseurs d'éléphants.

Ces derniers ont aux oreilles des anneaux d'or ou de petites chaînes très fines, dont le nombre indique la quantité de victimes qu'ils ont faites.

Les tueurs de lions, aux grandes cérémonies, ceignent leur front d'une crinière léonine.

* *

Nous savons de quels mets simples et peu variés se compose la nourriture des Abyssins.

Mais nous n'avons pas encore dit comment s'ordonnent les repas.

Les hommes, après s'être passé de l'eau sur les mains, s'asseyent par terre en demi-cercle, dans la chambre souvent unique qui compose l'habitation.

Les femmes apportent, l'une le pain sur de grandes corbeilles plates, d'autres les sauces où nagent régulièrement des morceaux de mouton, en dehors des jours maigres, qui remplissent en Abyssinie un bon tiers du calendrier, d'autres enfin la boisson.

Une femme s'agenouille devant les convives et dispose devant chacun d'eux, sur une première galette de pain que contient la corbeille, d'autres galettes prises en dessous et qu'elle a préalablement trempées avec ses doigts dans la sauce placée auprès d'elle, qu'elle goûte elle-même afin de montrer qu'on peut manger en toute sécurité.

Les convives se servent de leur main droite en guise de fourchette et de cuiller.

Ils tiennent la viande les doigts écartés et la déchiquettent dans les intervalles avec un mauvais canif.

Ou bien ils mettent un gros morceau directement à la bouche et, le tenant avec les dents, ils détachent d'un coup sec ce qui dépasse leurs lèvres.

Les jarres de boisson circulent.

Chez les grands personnages, des *bérillés*, petits flacons de verre de couleur, contenant du taidj, sont placés devant chacun, entourés d'un linge pour préserver du mauvais œil !

C'est aussi pour éviter le mauvais œil que les issues des maisons sont fermées pendant le repas, de sorte que le jour y entre à peine.

Le repas fini, les serviteurs mangent de la même façon, sous l'œil du maître et en plusieurs services, suivant leur importance.

Nous savons qu'en voyage, les Abyssins sont très sobres et se nourrissent, des semaines entières, avec quelques poignées de blé, d'orge grillés ou de pois chiches.

Comme viande, le mouton seul alimente les repas chez les gens de condition modeste.

On leur présente une enfant qui vient vers eux...

Les bœufs sont trop chers, et c'est un crime de tuer un veau.

Les poulets sont étiques, mauvais, mais à bon marché. On en a jusqu'à trente pour un thaler!

Quant aux œufs, ils sont pour ainsi dire délaissés.

Les légumes sont rares! les choux seuls abondent, mais ils montent d'une façon surprenante et ressemblent beaucoup à des chardons.

Les oignons, ail, etc... viennent du Harrar.

Des fèves et pois chiches se trouvent au marché.

Le café, en grande abondance, provient le plus souvent des pays de Djimma et de Kaffa.

Il est peu goûté des indigènes, qui le consomment par petite quantité et mélangé avec des clous de girofle. Il est l'objet d'une exportation considérable.

Ils réunirent trois soldats...

Le prix en est très bas; mais son transport sur mulet jusqu'au Harrar, et par chameaux jusqu'à la côte, le rend relativement cher.

Chaque semaine, le négus envoie aux Européens présents à Addis-Abeba une provision de poireaux, carottes, choux, betteraves, salades, etc., poussés dans son potager.

※
※ ※

En Abyssinie, les maladies sont nombreuses et répugnantes.

Nous avons déjà longuement parlé du ténia : ajoutons-y la fièvre, la lèpre, la gale et surtout la syphilis, qui y règnent à l'état latent.

Cette dernière affection est presque générale.

Quant aux médecins, ils sont remplacés par des charlatans qui usent de toute sorte de sortilèges pour soigner leurs clients.

Par des tours de passe-passe, faciles à cause de l'obscurité presque complète qui règne dans toute demeure abyssine, ils font venir à leurs malades des crapauds et des couleuvres, qu'ils sortent de dessous leur toge, et prétendent avoir trouvé la cause de leurs souffrances.

L'empereur s'occupe beaucoup de médecine.

Il possède de nombreuses pharmacies portatives et un attirail complet de chirurgien, dons du Dr Traversi.

Un jour il apprit que Mme Stévenin, récemment arrivée au Choa pour retrouver son mari, était prise de fièvre.

Le quinine ne lui faisait que peu d'effet.

Ménélik lui envoya un remède qu'il dit être souverain : un pot de beurre de deux ans, qu'il fallait boire en plusieurs petits verres.

Mais on ne peut dire que le remède ait été efficace, la malade s'étant absolument refusée à absorber cette drogue vraiment par trop rance.

Ménélik est avide de s'instruire ; il se fait expliquer par les Européens tout ce qui lui semble nouveau.

On avait dit au négus que la découverte des mines de charbon donnerait à son pays une valeur énorme.

Aussi avait-il ordonné qu'on lui apportât un spécimen de toutes les pierres noires trouvées en Ethiopie.

Il ne se passait pas de semaine sans qu'il fasse appeler au Guébi l'un des membres de la colonie européenne, pour lui présenter quelques pierres calcinées ramassées dans des terrains volcaniques, espérant toujours trouver trace de charbon !

Son grand plaisir était de montrer à ses tributaires quelque nouvel engin, arme ou mécanique, nouvellement rapporté d'Europe, et l'on se rappellera longtemps à Addis-Abeba l'ébahissement du roi du Godjam, lorsque le négus fit sauter devant lui, à la dynamite, des blocs de rochers qui barraient un des torrents, aux environs de la ville.

* *

Pendant le séjour de la mission Congo-Nil dans la capitale de l'Abyssinie, séjour qui dura près d'un mois, le roi de Djimma vint rendre visite à son souverain.

Il arriva avec tout son monde d'officiers et de marchands; il établit son campement sur une vaste plaine d'Addis-Abeba, sa tente dominant les autres.

Les négociants européens ont coutume d'aller lui rendre visite pour lui offrir des marchandises.

Il les traite très bien et les a en grande estime.

Son campement est des plus intéressants, car les gens de Djimma sont très commerçants et travaillent malgré le peu de ressources qu'offre leur pays.

Ils ont de fort bons chevaux, qu'ils vendent environ 20 thalers (50 francs), des torches en cire (fort utiles pour la route), des toges assez bien tissées en laine de couleur, du tabac qu'ils cultivent et qu'ils préparent convenablement en gros câbles, des poignards bien façonnés à manches en cuivre de différents tons, des gobelets en corne.

Ils chassent l'éléphant et ne manquent jamais d'ivoire, non plus que de civette.

Là ne s'arrête pas leur commerce : la traite des esclaves se fait également, mais en cachette, par crainte du négus, qui a rendu maints édits de prohibition.

Lorsqu'on se promène dans le campement d'Abba-Djiflar, quelque marchand vient à vous à la tombée de la nuit, et, sous le prétexte de vous mener voir des étoffes, vous fait entrer dans sa tente, écarte ses familiers qui font le guet au dehors et vous propose des petits garçons ou des petites filles, qu'il cède en échange de quelques thalers.

Le lieutenant Largeau se promenait avec M. X... autour des tentes, marchandant des poignards et des toges tissées de fils multicolores, lorsqu'on vint mystérieusement leur offrir une petite fille.

Il entrèrent dans la tente du marchand.

On leur présenta l'enfant, qui vint à eux à moitié nue, l'air abruti, maigre.

Après l'avoir auscultée et avoir vérifié l'état de sa mâchoire pour voir si elle était saine et bien conformée, comme font les maquignons à la foire aux chevaux, M. X..., qui était un dur à cuire de la colonie européenne, conclut l'affaire pour 17 thalers (environ 42 fr.) et emmena chez lui la jeune Hada Ghibée dans son costume national : un chiffon grossièrement tissé autour des reins, une peau nouée sur les épaules.

Largeau ne manqua pas de la photographier le lendemain.

On présenta également aux deux visiteurs des petits garçons pour une dizaine de thalers. Largeau allait en acheter un à titre de curiosité, mais il dut sortir de la tente, écœuré, le frère du gamin en question pleurant à fendre l'âme parce qu'il allait être séparé de lui.

.·.

Quelques jours après, nos compatriotes assistèrent, au palais, à une des plus belles cérémonies que l'on puisse voir au Choa : la visite au négus du fameux raz Makonnen.

De même que les photographes aux grands enterrements à Paris, le capitaine Baratier et le Dr Emily furent sur pied dès l'aurore, braquant leurs objectifs de tous côtés, prenant des groupes de fantassins ou d'artilleurs. Ils eurent même l'idée de réunir trois soldats qu'ils avaient trouvés disséminés parmi les troupes impériales et coiffés de casques de gardes municipaux parisiens.

Rien n'était plus drôle et plus grotesque que ces moricauds.

Dès l'aurore, toutes les troupes du Choa étaient groupées autour et dans les cours du palais.

De près, le soldat semble sale et risible, enveloppé d'oripeaux voyants, habillé de chemises à tons criards, d'étoffes à rideaux ou de soieries Pompadour ; lance ou fusil au poing, bouclier au bras, sabre au côté ; avec les coiffures les plus hétéroclites : couronne d'argent ou de cuivre, bandeau de mousseline ou de satin de couleur, chapeau de feutre ou de paille à formes extravagantes.

De-ci de-là, le drapeau national déploie ses trois flammes ; verte, rouge et jaune, fixées à une mauvaise hampe de bois à peine dégrossie.

Le négus possède une centaine de petites pièces de montagne Hotchkiss.

Il en cède aux rois tributaires ou aux raz bien en faveur, mais ceux-ci n'en peuvent posséder que cinq ou six, sauf le raz Makonnen et le nouveau raz du Tigré, qui peuvent en avoir une vingtaine.

Ménélik, en outre, est possesseur d'une quinzaine de mitrailleuses à cartouches Gras.

L'artillerie seule semble porter un uniforme : ceints d'un bandeau d'andrinople roulé en saucisson sous une calotte verte, les canonniers se tiennent auprès de leurs pièces.

Ils portent des tuniques rouges agrémentées d'ornements d'un vert épinard.

Ils étaient massés le long de la tour de l'horloge.

Des instrumentistes jetaient leurs notes stridentes, qui formaient un ensemble des plus bruyants, mais des moins harmonieux.

*
* *

A 9 heures, on apercevait un grouillement indiquant que le raz Makonnen se mettait en marche.

Vers dix heures, il entrait au palais, escorté de toutes ses troupes sans armes, entouré du clergé de son pays portant sous une ombrelle violette et or le Saint-Sacrement.

Le raz s'avançait, ayant sur l'épaule une pierre qu'il devait, en signe de loyalisme, déposer aux pieds du négus.

Dès qu'il eut franchi l'enceinte du palais, tous les fusils des Abyssins partirent.

C'était comme un formidable et terrifiant roulement de tambour, parmi lequel on distinguait les crépitements saccadés des mitrailleuses.

Le palais fut entouré pendant un bon quart d'heure d'une opaque fumée, et l'odeur de la poudre semblait griser les Abyssins, qui poussaient des cris de joie en élevant de tous côtés leurs armes, dont l'acier piquait de points étincelants les masses multicolores.

Le négus reçut le raz dans la salle de l'Adérache, en grande tenue de cérémonie, la couronne d'or sur la tête, entouré de toute sa cour en tenue d'apparat.

Un festin suivit cette réception...

Une cérémonie plus curieuse, et qui donne lieu à une fantasia bizarre, est célébrée lorsqu'un grand personnage revient d'une fructueuse chasse à l'éléphant.

En Abyssinie, cette chasse est une véritable expédition.

On y va, escorté de deux ou trois cents hommes.

Du moment que l'animal est tué, ne fût-ce que par les soldats, ce qui est généralement le cas, c'est le chef qui en tire gloire et profit.

Un jour, le liké Mekouas Abato revenait d'une de ces chasses.

Une cinquantaine d'hommes y avaient trouvé la mort, mais douze éléphants avaient succombé sous les balles des quatre cents partisans qui l'accompagnaient.

Ce fut une belle cérémonie.

La cour d'honneur du Guébi, dominée par la terrasse du Saganet, d'où le négus assistait au spectacle, fut balayée, ce jour-là, de bonne heure par les officiers de service, en veste de satin.

Avec leurs longues badines, ils rangeaient le long des murs la foule accourue.

Le liké Mekouas Abato arriva solennellement au palais, entouré de tous ses hommes.

Depuis sa maison jusqu'au Guébi, les fusillades redoublées annonçaient son approche.

Les soldats du héros entrèrent dans la cour d'honneur par petits groupes, précédés de leurs chefs et vêtus de soieries multicolores.

Chaque cohorte portait, en guise de fanion, une queue d'éléphant fixée à une hampe.

Ils s'avançaient en dansant, vociférant leurs cris de guerre, et déchargeant sans cesse leurs fusils.

Arrivé aux pieds de l'empereur, chaque soldat se prosternait et baisait la terre.

Les danses et les cris redoublaient.

Au milieu de ce vacarme apparut le liké Mekouas sur un cheval piaffant, harnaché d'argent et caparaçonné d'étoffes éclatantes.

Il sauta lestement à terre et se présenta devant le négus, qui le complimenta.

Il était suivi de soldats à la file indienne, qui, deux par deux, apportaient à Ménélik les vingt-quatre défenses, dépouilles de ses victimes.

A ce moment, les chants reprennent de plus belle, accompagnés cette fois par les spectateurs, qui joignent leurs cris aigus aux hurlements gutturaux des soldats. Les officiers du liké Mekouas esquissent entre eux des simulacres de combat et se précipitent en masse, courbés, le fusil ou la lance au poing, vers un éléphant imaginaire. Un *guébeur* suivit naturellement cette fête.

* * *

Nous connaissons maintenant Ménélik intime, Ménélik chez lui, dans son palais, à sa cour.

M. Vanderheym va nous le montrer se mettant en campagne. C'était en 1894.

Un beau jour, un édit impérial annonça qu'aucun soldat, aucun domestique ne devait quitter son chef.

Il ordonnait, en outre, que chacun préparât ses provisions et ses équipements, afin d'être en état de partir pour une expédition chez les Oualamos.

Les généraux qui devaient se joindre à lui, tels les raz Mikaël et Oueldegorguis, furent prévenus.

En l'année 1890, un certain ras Mangacha, gouverneur des pays Aroussi (qu'il ne faut pas confondre avec l'ancien raz du Tigré), avait essayé, à la tête de troupes abyssines, mais sans aucun succès, de s'emparer du Oualamo.

Une expédition tentait Ménélik II, non seulement pour réparer cet échec et pour tenir ses troupes en haleine, mais encore parce qu'il aime l'activité et désirait voir ce pays qu'on disait beau et fertile.

De plus, de nombreuses escarmouches que les Gallas du Oualamo avaient constamment avec les soldats des pays limitrophes menaçaient de devenir sérieuses.

Enfin l'empereur n'était pas mécontent de se faire payer de nouveaux tributs pour couvrir ses dépenses d'armement, qui augmentent d'année en année.

Pendant trois mois, chacun se prépara en vue de cette campagne, et, les premiers jours de novembre, on s'aperçut que le départ approchait.

La ville d'Adis-Abeba prenait en effet un air d'activité inaccoutumée.

Les généraux venaient se joindre au négus.

On n'attendait plus pour se mettre en marche que le raz Mikaël, qui devait, avec ses dix mille hommes, former l'avant-garde.

Ce général, gouverneur des pays ouollo-gallas, gendre de

Ménélik quoique mahométan, est un grand exportateur d'esclaves.

Les nombreux convois de chair humaine arrêtés souvent dans la mer Rouge par les croiseurs anglais ou turcs et à destination du Yémen, proviennent du Ouollo.

Enfin il arriva le 1er novembre.

Le lendemain, une interminable file de femmes à pied, portant sur leur dos des *gombots* de boissons, de miel ou de beurre, prenaient la route du premier campement, précédées de bœufs et de moutons.

Mais c'est seulement le 15 novembre qu'on apprit que le négus s'était décidé à partir, malgré la vive opposition de l'impératrice Taïtou et des vieux conseillers de son entourage.

*
* *

Quelques semaines auparavant,—écrit M. Vanderheym, — le grasmatch Joseph était venu de la part de l'empereur me « prier » de l'accompagner.

Je devais lever le plan de la route, qui promettait d'être intéressante, disait-il, nul Européen n'ayant encore traversé ce pays.

Je fus forcé d'accepter.

Pour me faciliter le voyage, le négus me promit que mon campement serait à côté de celui du grasmatch Joseph Négoussié.

Ce général parle admirablement le français, comme je l'ai dit, et sert d'interprète au palais.

Ses services coûtent cher aux Européens qui les utilisent, mais au moins ses traductions sont intelligemment faites quand il veut.

L'autre interprète du négus est Ato Gabriel, dont l'aspect faux et rampant fait de suite deviner le caractère retors.

Il s'adonne à l'absinthe, ce qui n'est pas pour peu dans la figure de brute qui le caractérise.

Le négus d'ailleurs l'a en petite estime.

Quoiqu'on l'ait prétendu, Ménélik ne parle ni ne comprend aucune langue européenne.

Je connaissais peu la langue amharique, juste assez pour donner des ordres à mes domestiques.

J'étais donc content que ma tente fût à proximité de celle du grasmatch.

C'est un homme intelligent, c'est grâce à lui que j'ai pu avoir la plupart des notes et renseignements que j'ai pris dans ce voyage.

L'empereur lui avait donné l'ordre de se mettre à ma disposition.

Il savait que je devais faire des photographies et parut heureux lorsque je lui dis qu'au retour je publierais l'histoire de cette expédition.

Il me dit de ne pas le quitter pendant les marches, afin de voir de près et de ne pas être par trop bousculé.

Il m'avait autorisé à fouiller dans le Gouada, où j'avais pu découvrir, parmi un amoncellement d'instruments hors d'usage, un baromètre horométrique, une boussole et une boîte de compas.

Un tabaret.

Lorsqu'on traverse le pays d'un gouverneur, celui-ci est obligé de fournir des vivres au négus tant qu'il se trouve sur son territoire.

Les routes en pays éthiopiens étaient préparées par les paysans : arbres déracinés, coupés ou brûlés, herbes incendiées, rivières comblées pour faire un gué, accidents de terrain grossièrement nivelés.

Mais en pays ennemi, c'est autre chose, et les soldats, sous l'œil du négus, font eux-mêmes le chemin, ce qui retarde la marche.

On s'arrête souvent des heures pour aplanir les passages difficiles.

Chacun apporte qui sa pierre, qui sa branche d'arbre, des bottes d'herbe ou des mottes de terre, l'empereur tout le premier.

Le négus est précédé d'une trentaine de *tabarits* ou timbaliers montés, ayant de chaque côté de l'encolure de leur mulet ou de leur cheval une grosse et une petite caisse sur lesquelles ils frappent en cadence avec des baguettes en bois coudé.

Quelques trompettes, lancent de temps en temps leurs sons aigus.

Derrière ces musiciens, qui ne cessent de jouer tandis qu'on chemine, une légère avant-garde de cavaliers précède le négus.

Celui-ci porte le même costume qu'en ville, et monte de superbes mulets richement caparaçonnés qu'il change toutes les deux heures.

Près de lui se tient quelque général ou l'*affanougous* (chef de la justice) ; deux pages à pied semblent le soutenir sur son mulet.

Son écuyer, qui porte son fusil et son bouclier recouverts d'étoffe jaune à grands ramages bleus et verts, suit et sert de guide à toute l'escorte de Sa Majesté, qui se meut pêle-mêle dans un désordre indescriptible.

*
* *

On comprendra facilement ce que peut être une marche dans ces conditions, lorsqu'on saura que chaque chef, de quelque importance qu'il se croie, **est précédé d'un page loqueteux**, tenant en main un cheval étique, dont la selle plus ou moins garnie d'ornements d'argent est cachée sous une housse en andrinople.

Ces chevaux ne sont montés qu'au moment du combat.

De plus, chaque officier est suivi de plusieurs soldats et d'un porte-bouclier chargés des objets indispensables à son maître.

Ces objets consistent en un petit panier contenant quelques provisions de bouche pour les haltes, gobelet à boire, vaste corne de taidj et livre de prières, — le tout recouvert de chiffons préservateurs.

Mais revenons à M. Vanderheym :

Je formai pour moi une petite escorte de douze hommes et deux boys, dont chacun à tour de rôle me servait d'écuyer, portant mon fusil et mon superbe bouclier rempli d'argent, présent du négus.

J'emmenais également avec moi deux femmes pour faire ma cuisine et celle de mes hommes.

L'une d'elles, Oueletagorguis (Georgette), devait s'occuper spécialement de ma nourriture.

Elle montait un mulet et cheminait d'étapes en étapes, la figure voilée sous une ombrelle noire.

L'autre, de moindre condition, faisait la route à pied.

Dès l'arrivée au bivouac elle s'en allait couper du bois, chercher de l'eau.

Mais, quelques semaines après, elle était aidée dans sa tâche par les esclaves que je rapportai au Choa.

J'avais comme cavalerie deux mulets de selle, six mulets de charge pour ma tente, mes malles et mes vivres.

Mes douze hommes étaient armés de fusils Gras avec cent cartouches par hommes, soit quatre-vingt-douze de plus que n'en avaient les soldats abyssins !

Pendant les routes je gardais un boy et deux soldats.

Le reste marchait en arrière avec mes bagages et arrivait au campement quelques heures après moi.

J'emportai mon express-détective Nadar, qui par son petit volume et son maniement facile, me rendit les plus grands services, laissant à Addis-Abeba mes appareils plus volumineux.

L'armée (si l'on peut appeler ainsi ces bandes désordonnées) manque totalement d'organisation et de discipline.

Les hommes n'ont qu'un but : suivre leurs chefs, et ceux-ci un but également : suivre le négus.

C'est une multitude portant fusils, lances, bâtons, boucliers, bois de tente, les uns à pied, d'autres à mulet ou à cheval, d'autres encore tirant leur monture par la bride.

De plus chaque soldat, cavalier ou fantassin, porte, plaqué au côté droit, un long sabre souvent recourbé en cimeterre dont le fourreau de cuir usé laisse passer la pointe.

On manque à chaque minute d'être blessé ou d'avoir les yeux crevés par les piques et les lances tenues en tous sens.

*
* *

Des milliers d'ânes, de mulets et de chevaux chargés de provisions, des kyrielles de femmes à pied en file indienne, portant de grands pots de taidj, de miel et de beurre, encombrent la route.

Çà et là, quelque grande dame, la figure voilée, se remarque au milieu des cavaliers sous une ombrelle noire, à califourchon sur un mulet.

Cette fois, l'impératrice Taïtou n'avait pas voulu suivre son auguste époux : peu de grandes dames suivaient donc les armées.

De tous ces *impedimenta*, il résulte un tel encombrement et un tel tohu-bohu dans la marche, que les étapes sont pénibles et semblent interminables.

Pour me retrouver au milieu du campement, j'avais fait coudre sur ma tente une bande d'étoffe rouge, suivant l'exemple des Abyssins, qui ornent les leurs d'étoiles, de cercles ou de raies de couleurs éclatantes.

Avant de se mettre en campagne, le négus assigne aux principaux généraux les places qu'ils doivent occuper au bivouac.

Quoique chaque campement parte l'un après l'autre et sans aucun ordre, on se retrouve pourtant toujours aux haltes dans la position réglée par le protocole.

Dès qu'un chef est installé, ses hommes confectionnent à la hâte un abri, une petite tente ou quelque hutte en herbes ou en feuilles de cobas.

Les femmes, elles, vont à la rivière, y puisent de l'eau, ramassent du bois pour le feu et s'occupent du ménage.

Deux heures après l'arrivée au gîte, il s'élève une ville en miniature.

Quand le négus a jugé l'étape suffisamment longue, il fait dresser une tente d'andrinople, puis explore les environs, afin de laisser à ses bagages le temps d'arriver.

Chaque tente impériale est surmontée de trois flammes aux couleurs abyssines. L'une d'elles est énorme et permet de donner des guébeurs.

Elles sont toutes comprises dans une enceinte en toile haute de 2 mètres formant haie.

Aux ouvertures, des gardiens sont placés.

Les cérémonies, du reste, ont lieu comme au palais.

Le négus m'ayant promis de me nourrir, afin que je n'eusse pas trop de mulets de charge à ma suite, je dus tous les jours déjeuner au Guébi et faire connaissance avec le brondo, qui devint mon principal aliment.

Le soir on m'apportait des vivres : galettes de pain, sauces abyssines et tetch.

Les azages du négus avaient d'ailleurs l'ordre de ne me laisser manquer de rien et m'approvisionnèrent amplement pendant la durée du voyage de moutons et de quartiers de bœuf, que Oueletagorguis accommodait tant bien que mal à l'européenne.

*
* *

On voit que ce récit confirme les nombreux détails que nous avons déjà donné, sur cette armée abyssine qui ne brille ni par l'ordre ni par la discipline.

Ce sont cependant ces troupes, ou plutôt ces bandes de bohémiens armés qui ont battu, à Adoua, les soldats de profession, les guerriers si bien entraînés et si confiants du roi d'Italie.

Qui peut rire d'elles, après une telle victoire ?

Et qui peut affirmer que demain l'armée anglaise, déjà si fort éprouvée au Transvaal, ne se brisera pas à son tour contre les hordes grouillantes de Ménélik ?

C'est que, depuis l'humiliante déroute italienne, l'armée du négus ne s'est pas endormie sur ses lauriers.

Et le commandant Marchand a pu constater quelle transformation capitale elle a subie, depuis quelques années, sous la direction des officiers russes et français qui sont venus mettre au service du négus le fruit de leur savoir et de leur expérience.

Demain ménage des surprises à qui voudra s'attaquer à l'indépendance de l'Abyssinie.

Avis aux peuples de proie !

CXXVIII

A FEU ET A SANG

Une grande expédition. — Chantez, vautours! — Affreuses boucheries. — Pillage et massacre. — Le partage des prisonniers et du butin. — Grâce! — Pour en finir — Désespoir du roi Tona. — L'adresse de Ménélik. — Scènes déchirantes. — Retour triomphal.

Une tombe chez les Oualamos.

Nous connaissons maintenant, sous presque tous les aspects, le caractère, la vie et les mœurs de nos amis abyssins.

Il nous reste à les présenter sur le terrain où ils excellent, sur ce champ de bataille où ils sont si redoutables, et à montrer la façon impétueuse, farouche, sauvage dont ils s'y prennent pour culbuter, pourchasser et tailler en pièces leurs ennemis.

Nous n'avons, pour cela, qu'à suivre M. Vanderheym dans l'expédition contre les Oualamos.

D'abord, qu'est-ce qu'un Oualamo ? Et quelle est la nature du pays qu'il habite ?

Le 1er décembre, après une pénible marche de six heures sous une pluie battante, nous campions en plein pays ennemi.

Déjà l'armée d'avant-garde du raz Mikaël incendiait les maisons abandonnées par les Oualamos, qui fuyaient devant l'invasion.

Pendant une halte, le négus, monté sur une éminence, fouilla de ses longues-vues l'horizon.

On bivouaqua à Contala, et l'on fit quelques prisonniers, parmi les Oualamos qui assaillaient à coups de javelines les femmes abyssines allant chercher de l'eau.

Ils renseignèrent le négus sur l'étendue du pays, les usages, la religion, et durent servir de guides pour avoir la vie sauve.

Le Oualamo est extrêmement fertile ; de nombreuses plantations de dourah, de blé, d'orge, de café, de tabac, de cotonniers, de millet, entourent les agglomérations de huttes et donnent au pays un aspect riche.

La végétation est abondante en figuiers, palmiers, oliviers, fusains, sycomores, etc.

Les chemins, de hutte à hutte, ou de village à village, sont bordés d'euphorbes.

Les rivières coulent parmi un enchevêtrement de lianes et de bambous.

Les cases, en forme de ruche à miel, bien construites et proprettes, sont encombrées à l'intérieur d'objets faits par les Oualamos : de belles jarres et des tambourins en terre cuite, des ustensiles de ménage en bois et en courge garnis de perles et de coquillages, des instruments de musique à cordes, de lourds sacs remplis de graines, des écheveaux de coton, des chapelets d'aulx et de maïs, des paquets de lamelles de fer longues d'une coudée qui leur servent de monnaie d'échange.

Des aiguilles et des peignes en corne, des fuseaux à filer en bois léger et en terre cuite, prouvaient l'ingéniosité de cette peuplade.

Des peaux de bêtes, gazelles, lions ou panthères, pendues à l'intérieur des huttes, indiquaient que la chasse était une de leurs principales occupations.

Les Oualamos ont, ce qui fait absolument défaut aux Abyssins, le culte des morts.

Les quelques tombes que j'ai rencontrées sont vraiment pittoresques : des arbres plantés à dessein et entourés d'un fossé jettent leur ombre sur un tertre où repose le mort.

A l'arbre le plus proche sont suspendues les armes du défunt, si c'est un homme, ou des menus bibelots garnis de perles et de coquillages, si c'est une femme.

Les Oualamos étaient essentiellement chasseurs et cultivateurs ; ils n'étaient soldats que pour défendre leur pays.

Leurs armes primitives se composaient de deux javelots : l'un qu'ils lançaient, l'autre qu'ils gardaient en main.

Ils portaient à la ceinture de lourds poignards coudés et tranchants à l'intérieur, avec une épaisse arête à l'extérieur, qui servaient plutôt de hache pour assommer l'ennemi.

Les armes des chefs étaient garnies de tortillons de cuivre et d'étain.

Quelques-uns portaient un énorme bouclier en peau.

Les fusils qu'ils avaient pris aux Abyssins dans leurs luttes incessantes aux frontières étaient transformés par eux en instruments aratoires.

*
* *

L'auteur ajoute que les Oualamos firent preuve d'une bravoure extrême en luttant contre l'invasion des armées abyssines, et leur roi Tona ne s'est pas rendu.

La guerre n'a cessé que lorsqu'il a été fait prisonnier, cruellement blessé :

Dès le soir du 1er décembre, quelques combats partiels se produisirent, et l'on vit revenir cavaliers et fantassins abyssins couverts des hardes et des armes de leurs victimes, rapportant, fixées à la baguette de leur fusil, les dépouilles des Oualamos émasculés, et vociférant, ivres de sang, la fameuse chanson tigrine :

> Chantez, vautours !
> Vous aurez en pâture
> De la chair humaine! »

Dès ce moment, et jusqu'au massacre définitif, ces cris ne cessèrent de résonner de tous côtés et devinrent une véritable obsession.

Tous les jours et à toute heure, c'était devant la tente de chaque chef un défilé de soldats venant, sur un ton arrogant, crier leurs exploits.

Les combats étaient pour ainsi dire individuels.

Des hordes de quarante ou cinquante Abyssins allaient massacrer à bout portant des groupes de Oualamos dix fois moins nombreux qu'eux.

Aussitôt en vue du campement, ils commençaient à chanter, caracolant sur leurs montures caparaçonnées de chemmas couleur rouge brique ou saumon, arrachées à leurs victimes.

Une fois arrivés, les chants redoublaient.

Les femmes les accompagnaient de cris stridents.

Quelques jours après les premiers combats, la plupart des soldats avaient la tête couverte de beurre et une branche d'asperge sauvage piquée dans les cheveux, ce qui indiquait qu'ils avaient tué au moins un ennemi.

Les morts abyssins étaient abandonnés, sauf les personnages de quelque importance, que l'on rapportait au camp.

Les cris de joie étaient alors remplacés par des cris de douleur.

Les femmes demi-nues dansaient autour de la tente du mort en s'arrachant les cheveux et en se frappant la poitrine.

De ce jour commença la *zéréfa*, pillage des habitations et des cultures, l'égorgement des bestiaux, le sac du pays, l'incendie.

Les vainqueurs revenaient au campement avec leurs prisonniers, femmes et enfants, nus ou les reins garnis de feuillage, portant les produits de la razzia : poulets, choux, citrouilles, et traînant à leur suite chevaux, ânes, chèvres ou bœufs.

Le pays Oualamo est enclavé, du moins par trois côtés, dans le territoire éthiopien.

La tactique abyssine était fort simple : elle consistait à cerner les ennemis et à les massacrer finalement au pied d'une chaine de montagnes presque inaccessible.

Ce fut d'ailleurs une suite de guérillas : chaque petit chef abyssin, combattant

Il savait très bien dire bourrique à son cheval quand il n'avançait pas.

pour son compte avec ses hommes, partait à l'attaque quand et où bon lui semblait.

La discipline abyssine est également nulle.

Pour donner des ordres, le négus faisait tambouriner l'après-midi devant sa tente et faisait lire des édits qui n'étaient jamais exécutés.

***

Cette expédition date parmi les guerres éthiopiennes par son horreur et la quantité de sang versé en un espace de temps si restreint.

Un vieux raz, qui avait assisté à tous les combats depuis bien des années, prétendit ne jamais avoir vu un pareil massacre.

Ménélik tuant à quarante pas un ennemi dont la tête dépassait les herbes.

Les chiffres sont difficiles à donner.
Le négus, à qui j'avais demandé le nombre des morts, fit faire un recensement par son garde du sceau.
Chaque chef disait combien de victimes avaient faites ses hommes.

Finalement, j'eus le chiffre de 96,000 hommes tués et faits prisonniers ; mais, j'estime qu'en réduisant le nombre à 20,000, on est plus près de la vérité.

Ce fut une boucherie terrible, une débauche de chairs mortes ou vives, déchiquetées par des soldats ivres de sang.

J'ai vu des endroits, qui avaient dû être l'emplacement du marché du village, couverts de cadavres dépouillés de leurs vêtements et mutilés d'une façon affreuse.

J'ai vu des Abyssins, escortés de chapelets de prisonniers, femmes et enfants faisant porter à ceux-ci les dépouilles sanglantes de leurs maris ou de leurs pères.

J'ai vu, et le négus dut faire un édit pour empêcher ces atrocités, des soldats abyssins arracher des enfants à la mamelle et les jeter dans les champs, afin d'alléger la mère d'un fardeau qui l'aurait empêchée de continuer la route jusqu'au pays.

Quand un Abyssin rencontrait un de ses amis, il l'interrogeait :

— Combien as-tu tué? Moi, tant!

Et l'autre répondait en lui indiquant le nombre de victimes tombées sous ses coups.

Quand le chiffre paraissait exagéré, il demandait :

— *Ménélik i'mout?* (par la mort de Ménélik?)

Et l'interlocuteur jurait par la mort du négus qu'il ne mentait pas.

Le nombre des bœufs capturés fut énorme, et à chaque pas les mulets trébuchaient sur des cadavres humains, ou bien sur des bestiaux que les Abyssins avaient commencé à manger, tout pantelants, avant de porter plus loin leur œuvre de destruction.

Je ne pus empêcher mes hommes de combattre et mon campement s'accrut, au bout de peu de temps, de douze bœufs et vaches, de quelques chèvres et de onze esclaves, femmes et enfants.

Selon la coutume abyssine, je pris ma part et conservai pour moi cinq esclaves.

Je dus faire ficeler sur un cheval, acheté à cette intention, un petit prisonnier de trois ans que je tenais à ramener au Choa.

Il était très affectueux et semblait reconnaître les soins que je prenais de lui.

Je le faisais manger sur mes genoux lorsqu'il était fatigué ; je lui apprenais quelques mots de français.

Il savait très bien dire, par exemple : « Bourrique! » et « Sale animal! » à son cheval quand il n'avançait pas.

A mon retour en France, je le confiai à M. Savouré, qui devait rester encore quelque temps au Choa.

Les femmes oualamos montrèrent une énergie rare, excitant leurs maris à la résistance.

Elles leur défendaient de porter leurs petits pantalons autrement qu'en ceinture roulée autour des reins avant d'avoir tué un ennemi, car ils n'étaient pas dignes, disaient-elles, de porter un vêtement masculin.

Dans les luttes individuelles, les hommes qui ne voulaient pas se battre et qui ne savaient pas parler abyssin se jetaient à genoux, présentant des deux mains des brindilles d'herbe arrachée.

Mais comme il était plus beau de ramener au campement la preuve d'un combat, ils étaient massacrés, malgré leurs lances jetées au loin et leur refus de résister.

Quelques tribus vinrent en masse se rendre au négus, des branches d'arbres à la main, en signe de soumission, amenant leurs bestiaux et leurs chevaux.

*
* *

Notre voyageur passa, dit-il, les journées des 1er et 2 janvier à assister, comme à un spectacle, à ces luttes dont aucun détail ne lui échappait, grâce aux longues-vues et aux lorgnettes braquées partout.

Le 5, on arriva à une agglomération de huttes en feu, juste à temps pour voir expirer le feu de la maison du roi, qui s'était enfui, abandonnant tout au pillage.

Le 7, M. Vanderheyem se perdit; mais, heureusement, en fouillant l'horizon avec ses lunettes, il aperçut de longues files de soldats rentrant au campement.

Il les rejoignit et marcha avec eux pendant quatre heures, au milieu des plaintes des prisonnières, des cris de douleur des blessés et des vociférations des vainqueurs, poussant devant eux esclaves et bestiaux, les stimulant de temps à autre à coups de lance dans le dos.

De retour au camp, il trouva ses hommes criant et gesticulant, couverts de sang; ils lui avaient encore rapporté des esclaves et des bestiaux.

Le négus, m'ayant appris qu'il s'étaient couverts de gloire, m'envoya le soir un supplément de boisson, ce qui acheva de les rendre fous...

Le 10 décembre, Ménélik, voulant en finir avec cette guerre de guérillas et frapper un coup décisif, ordonna d'aller de l'avant et de laisser en campement tous les *impedimenta*.

Après une marche de nuit de six heures, effrayante de bousculades en raison de l'indiscipline des troupes et de l'obscurité, le négus s'arrêta non loin du lac Abbaï; il fit dresser une petite tente pour lui.

Chacun dut se contenter d'une pierre comme oreiller et du sol rocheux comme lit.

On ne put même pas faire du feu pour se réchauffer, afin de ne pas donner l'éveil aux Oualamos.

Le raz Mikaël marchait parallèlement à l'armée propre du négus.

Le raz Oueldgorgius et le roi de Djimma Abba-Djiffar devaient prendre l'ennemi de flanc, pendant que le liké Mekouas Abato, investi par le négus du commandement en chef, arriverait d'un autre côté.

Le tout était combiné de telle sorte que les Oualamos qui s'étaient retirés vers le sud depuis le commencement de l'invasion, devaient infailliblement être massacrés.

Ce plan réussit à merveille.

Le mardi 11 décembre, nous marchâmes toute la journée sans halte, nos mulets faisant continuellement des écarts sur les cadavres récemment tués qui encombraient le pays.

Les blessés, affreusement mutilés, étaient piétinés par les cavaliers.

* * *

J'assistai, aux côtés du négus, à une tuerie de Oualamos, blottis derrière les grandes feuilles des plants de cobas.

Ils étaient massacrés dès qu'ils faisaient mine de sortir de leur abri pour jeter leur lance.

Ils recevaient à bout portant la décharge du fusil Gras ou Remington et étaient immédiatement mutilés et dépouillés.

Tout l'entourage du négus prit part au carnage, et celui qui revint ce jour-là au campement sans avoir tué quelque ennemi dut désespérer d'en tuer jamais.

On se serait cru à quelque infernale battue où le gibier était remplacé par des êtres humains.

Lutte inégale d'hommes armés et en nombre contre d'autres disséminés et affaiblis par la défaite, qui n'opposaient aux armes à feu de leurs adversaires que des javelots primitifs, incapables même de s'en servir, vingt balles les trouant de part en part dès qu'ils se disposaient à se défendre.

Le lendemain, ce fut la même scène ; tuerie de tous côtés.

Le soir, les gens du raz Mikaël, qui n'étaient armés que de mousquets de gros calibre, à capsule, ramenèrent au négus le roi du Oualamo, Tona, blessé grièvement.

Il avait au cou une vaste échancrure faite par une de ces armes.

Le négus le reçut dans sa tente, entouré de toute sa cour.

Il reprocha au vaincu de n'avoir voulu plier que terrassé par la force des armes :

— C'est la méchanceté de mon cœur qui m'a fait résister à un tel ennemi, répondit Tona... Que la mort de tous mes compatriotes retombe sur moi, seul coupable de n'avoir écouté que ma fierté !... J'aurais dû me soumettre à toi, avant de laisser dévaster mon pays et massacrer mes sujets !

Nous rentrâmes au campement des jours précédents, et je ne fus pas mécontent de retrouver mes bagages, et surtout ma tente, remplacée depuis quelques nuits par un abri hâtivement fait par mes hommes à l'aide de branches et d'herbe.

Mais, une odeur de charnier s'élevant de tous côtés, on dut lever le camp et ne s'arrêter que quelques lieues plus loin.

Le 15, le bruit courut que le négus, encouragé par ses succès, continuerait l'expédition en combattant les Geumos, dont le pays faisait suite au Oualamo.

Mais, le lendemain, le chef de cette tribu vint faire au négus acte de soumission.

Ce jour-là, Ménélik prit directement part au combat et se couvrit lui-même de gloire en tuant d'un coup de winchester, à quarante pas, un ennemi dont la tête dépassait les hautes herbes.

Ce fut le signal de la fin, et le négus fit un édit pour arrêter la campagne.

Le massacre était fini, mais les horreurs du retour commençaient.

Il fallait ramener au Choa ces masses d'esclaves, femmes et enfants, qui traînaient péniblement la jambe, fatigués par la marche et par le métier de porteurs que leur faisaient endurer leurs nouveaux maîtres.

*
* *

Abrégeons.

Le 17 décembre, il fallut changer de campement par raison d'hygiène.

Les Abyssins avaient rassemblé une telle quantité de bestiaux qu'ils n'attendaient pas qu'un bœuf fût achevé d'être dévoré pour en tuer un autre.

On remplissait des sacs en peau de *quanta* de bœuf, découpé en lanières et desséché au soleil, qui devait servir de viande de conserve pour le retour.

Les 18 et 19, Sa Majesté, secondée par ses chefs, fit le triage des bestiaux.

Elle en prit la moitié pour elle et en laissa l'autre moitié aux soldats.

Mais ce bétail ne put être ramené au Choa : une partie mourut ; l'autre, atteinte de maladie, dut être abandonnée pour éviter la contagion.

La part de Ménélik fut de 18,000 têtes de vaches ou de bœufs.

Du 21 au 28, on reprit la direction du Choa, faisant de petites étapes pour permettre aux soldats de saccager le pays, et les laissant faire d'amples provisions de grain.

Pendant une des longues haltes, le négus fit construire un jour, en quelques heures, une vaste ferme en bois sur une hauteur dominant le pays, en signe de prise de possession du Oualamo.

Les autres jours, pendant les haltes, il fit défiler devant lui les esclaves capturés par chaque chef.

Ayant choisi les plus vigoureux, dans la proportion d'un dixième, il les fit marquer d'une croix dans la main avec de l'acide, et les rendit à ceux qui les avaient pris, pour ne pas en être embarrassé durant le voyage.

De retour au Choa, il réclama ses esclaves, qu'il avait, pour plus de sûreté, inscrits sur un grand livre.

Lorsque les miens passèrent devant lui, je fis aimablement observer à Sa Majesté qu'elle en avait 1800 pour sa part, et que je n'en avais que 11.

C'était bien le moins de me les laisser.

— C'est bien, — me dit-il en souriant, — garde-les !

J'assistai, lors de ce triage, à des scènes déchirantes.

Des enfants séparés de leur mère, des frères de leurs sœurs poussaient des cris d'horreur qui réveillaient pour quelques instants leurs faces de brutes...

Le 29, grande revue.

Le négus était assis dans une tribune en branches élevée à la hâte, sous un dôme de nattes, superbe dans ses habits de cérémonie, le front ceint d'une auréole en crinière de lion.

Devant lui défilèrent la cavalerie au galop, les piétons en courant, les généraux à la tête de leurs hordes, dont les gestes et les cris sauvages semblaient pétrifier de stupeur le roi Tona et les chefs du Oualamo, couchés au pied de la tribune impériale.

Les 30 et 31, étapes de retour...

M. Vanderheym eut l'occasion de soigner quelques malades, car, en sa qualité de blanc, il était regardé comme plus ou moins capable de guérir les blessures.

Les remèdes dont il avait fait ample provision au départ étaient de l'acide phénique et de l'iodoforme pour les plaies et du laudanum pour la diarrhée.

Cette dernière maladie devenait fréquente et faisait mourir bon nombre d'esclaves.

Les 2, 3 et 4 janvier, rien d'anormal, sinon une alerte de nuit, les soldats du raz Mikaël ayant jugé bon de tirer pendant une heure de nombreux coups de fusil pour chasser la fièvre qui commençait à sévir.

Notre compatriote termine ainsi son intéressante relation de guerre :

Le 5, cette marche lente au milieu de la foule malsaine commençant à m'énerver, je demandai au négus un guide pour rentrer plus vite au Choa.

Il fit droit à ma requête.

Je doublai donc les étapes, admirablement bien reçu chez les gouverneurs des pays que je traversais, grâce au guide qui me précédait en m'annonçant à eux comme hôte forcé, ordre de l'empereur.

Enfin, le 13, j'arrivai à Addis-Abeba avec mes hommes, qui rentraient à ma suite, leurs montures caparaçonnées de toges des Oualamos, hurlant et gesticulant.

Je n'étais pas fâché de revenir de cette expédition vraiment fatigante et écœurante et j'étais très heureux de retrouver à la factorerie les visages blancs de M. Trouillot et de M. et Mme Stévenin.

J'avais une indigestion de nègres après ces huit longues semaines au milieu des armées abyssines, sans nouvelles de l'Europe, et je fus ravi de trouver à l'agence mon courrier de deux mois.

Le 15, le négus ayant envoyé au palais un courrier annoncer qu'il avait pendant une des haltes tué un éléphant, l'impératrice, en signe de réjouissance, fit tirer le canon.

On sut plus tard que dans le courant de cette chasse deux chefs et une vingtaine de soldats avaient péri.

L'empereur avait calculé son retour de telle sorte qu'il coïncidât avec le 18 janvier, jour de l'Épiphanie, une des plus grandes fêtes annuelles du Choa.

Il fit donc une entrée solennelle, en habits éclatants, précédé de tout le clergé du pays en costumes multicolores, évêques en tête, portant les pierres saintes des églises de la capitale et des environs, qui avaient été au-devant de celle emportée en expédition.

Il était entouré de tous ses généraux, resplendissants sous leurs habits de soie à ramages.

L'empereur Ménélik, à l'apogée de sa gloire, rentra triomphant au palais pendant que, de toutes parts, résonnaient pétarades et chants joyeux, et que dans tous les coins d'Addis-Abeba on entendait les soldats à tue-tête :

« Chantez, vautours!
Vous aurez en pâture
De la chair humaine! »

*
* *

Un mot seulement pour clore ce sinistre chapitre.

A plusieurs reprises il a été fait allusion, dans le récit qui précède, à l'horrible mutilation que les guerriers abyssins infligent à leurs ennemis blessés.

Il s'agit de la castration, que l'empereur Ménélick s'efforce, mais en vain, d'extirper des mœurs de ses guerriers.

Cette coutume est tellement enracinée en Abyssinie que, malgré tous les édits et ordonnances qu'il rend, et malgré tout le respect que ses sujets ont pour lui, le négus ne peut rien pour abolir cet ignoble usage.

Les Abyssins l'expliquent en disant qu'ils arrêtent ainsi la descendance de leurs ennemis.

La fin ne justifie-t-elle pas les moyens?

CXXIX

A ADDIS-ABEDA

Jour par jour. — Un chevalier d'autrefois. — Visites aux Européens. — L'ancienne Entotto. — Une factorerie française. — En attendant le Négus.

Nous ne reviendrons pas sur l'entrée triomphale de la mission Congo-Nil à Addis-Abeba, le 10 mars 1899, au milieu de la pittoresque armée du vieux raz Darghé, et parmi les cris de joie et d'admiration de la population abyssine, acclamant frénétiquement les « rudes lapins » qui « marchaient depuis trois ans » et qui avaient battu les derviches dix fois plus nombreux qu'eux.

Nous nous bornerons à donner, au jour le jour, quelques notes sur les principaux accidents qui marquèrent le séjour de nos compatriotes dans la capitale du Négus :

11 mars. — Installation et repos.

12 mars. — Le commandant Marchand et ses officiers rendent visite au raz Darghé qui leur a fait l'avant-veille, au nom de l'empereur, une si admirable réception.

Dans une grande cour précédant le palais du vieux chef, nos compatriotes passent devant une double rangée de soldats.

L'oncle de Ménélick est assis sur son alga.

Il reçoit ses visiteurs avec une ardente cordialité, leur fait boire d'abord du très bon taidy, puis un café succulent et s'entretient avec eux de la façon la plus aimable.

Très amusant même, à un moment, le vieux prince, quand il dit au commandant qui est jeune, grand et mince :

— Vous m'apparaissiez tout autre dans mon imagination... Je me figurais que vous étiez plus âgé et moins fluet.

Fluet, Marchand !

Cette réflexion met nos officiers en gaieté, et le vieillard fait bruyamment chorus.

Le raz Darghé, encore très vert aujourd'hui, fut autrefois un guerrier fougueux, vaillant comme une épée, franc comme l'or et magnanime entre tous.

On se raconte, dans tout le pays, ses traits de courage et de clémence.

D'ailleurs, ce n'est pas un type isolé en Éthiopie, où les chefs

La rencontre de M. Carette.

sont doués en général de toutes les qualités qui distinguaient l'ancienne chevalerie.

Intrépides jusqu'à la témérité pendant la bataille, ils se montrent magnanimes dans la victoire, et la confraternité d'armes est élevée chez eux à la hauteur d'un principe.

Ils sont de plus affables, bienveillants et d'une extrême délicatesse de sentiments.

On sait d'ailleurs qu'ils ont entouré les officiers italiens prisonniers de tous les soins et de tous les égards possibles.

* * *

13 mars. — Visite à l'Aboun Mathéos, métropolitain et patriarche d'Éthiopie, un très bel homme d'une cinquantaine d'années, qu'on dit très entendu aux affaires spirituelles et temporelles.

A ses côtés se trouvent l'Etchéghié, ou maître du clergé régulier, le grand Alaka, chef du clergé séculier, dont les fonctions sont plutôt temporelles, et quelques prélats appelés Komos et Koros.

Des prêtres et des clercs, nommés Debtéras, figurent en outre dans l'assistance.

Le commandant Marchand et ses compagnons sont reçus avec beaucoup de dignité, mais en même temps avec une grande affabilité, et ils emportent le meilleur souvenir de cette visite.

En sortant, ils aperçoivent, dans une cour, un fort groupe de jeunes gens.

Ce sont des écoliers.

L'instruction se donne, en effet, aux enfants des deux sexes, dans les dépendances des églises et dans les résidences des chefs.

Mais les jeunes filles fréquentent peu ces écoles, et il n'y a guère que les femmes de la société qui soient instruites.

Les matières de l'enseignement sont l'étude du *ghez*, ou langue ecclésiastique qui correspond à notre latin, le plain-chant, l'explication de quelques livres profanes et la jurisprudence.

Le niveau d'instruction est à peu près celui des clercs mérovingiens, et les grades sont les suivants :

1° les clercs ou *Debtéra* ; 2° les *Memher*, ou docteurs ; 3° les *Likaonte* (pluriel de *licq*), qui sont des savants plus spécialement initiés à la science de la jurisprudence.

A noter que tous les chefs savent lire, mais que très peu d'entre eux font cas de l'écriture.

Ils ont des secrétaires pour entretenir leur correspondance.

14 ET 15 MARS. — Ces deux jours se passent à rendre les nombreuses visites rendues à la mission par les membres de la colonie européenne.

Chez M. et Mme Ilg, où le commandant et ses camarades se rendent tout d'abord, ils trouvent un accueil des plus gracieux et un intérieur charmant, où l'on sent la main d'une femme distinguée.

De là, ils se font conduire, en traversant une partie de la ville, chez M. et Mme Savouré, un Français et une Française.

M. Savouré est un commerçant établi depuis une dizaine d'années au Choa, où sa femme n'habite que depuis trois ans.

Ils ont une charmante fillette de cinq ou six ans.

C'est cette mignonne enfant qui, oubliant le compliment qu'elle devait faire au commandant, le jour de son arrivée, avait sauvé la situation en lui sautant au cou.

M. Savouré donne d'intéressants détails sur les opérations commerciales du pays et Mme Savouré dit combien la vie est monotone à Addis-Abeba, et la hâte qu'elle a de revoir le pays natal.

M. et Mme Stévenin, deux de nos compatriotes, sont établis aussi dans le pays.

M. Stévenin s'occupe de mécanique et de commerce.

Au tour de M. Carette, un charmant Français, chasseur heureux et infatigable, frisant la trentaine.

Il seconde M. Chefneux et a su s'acquérir les sympathies de tout le monde et la confiance de l'empereur.

M. Carette raconte à ses hôtes que, dans un récent voyage à l'Aouache, il se trouva subitement, à un détour du sentier, en présence d'un lion et d'une lionne.

Non moins surpris que ces animaux, mais faisant à hôte importun bon visage, il continua son chemin sans songer à les tirer, pendant que le couple obliquait tranquillement, de son côté, dans la direction de la brousse.

La série de visites se termine par M. Monat, un Français aussi.

Toutes ces courses, au cours desquelles il faut parcourir des distances considérables, ont conduit nos compatriotes de tous les côtés de la ville, à travers des multitudes de grands villages, séparés le plus souvent par des prés, des champs et d'assez grandes étendues de terres en friches.

Addis-Abeba est en effet une immense ville d'été, comprenan

une agglomération de centres habités, distants quelquefois les uns des autres de plus d'un kilomètre.

A la tête de chacun d'eux est un *choum*, terme générique par lequel sont désignés des fonctionnaires.

Sa maison s'élève généralement au centre du village, et celles des habitants, qui sont en quelque sorte ses clients, se pressent autour.

* * *

17 mars. — Excursion à l'ancienne Entotto, où le roi Ménélik s'établit après avoir abandonné Ankober.

Située sur une montagne, à 3,200 kilomètres d'altitude, Entotto est distante d'Addis-Abeba de trois heures de marche et la domine de six cents mètres environ.

Y parvenir n'est pas chose facile.

Après une marche d'une heure et demie à travers les faubourgs de la ville, on aborde une rampe en zigzag, d'abord douce, puis pénible, et finalement très difficile.

Ce n'est qu'à grand'peine que nos compatriotes parviennent à gagner, par une dernière montée à pic, l'emplacement sur lequel s'élevait autrefois la ville.

Il n'en reste plus qu'une église, Raghuel, présentant un caractère architectural différent des constructions du même ordre.

Tandis que ces dernières sont rondes et couvertes de toits de chaume, Raghnel a une forme polygonale, et sa toiture est en bois.

De plus, ses murs sont construits en pierres de taille, alors que ceux des autres églises sont en pisé ou en bois.

Il n'est pas jusqu'à trois petits toits superposés qui ne lui donnent bien un air tout particulier.

D'Entotto, on découvre de tous côtés d'immenses étendues de pays.

En face, c'est Addis-Abeba qui étale, au soleil couchant, ses multiples carrés épars de constructions aux toits de chaume.

Elle semble prosternée autour d'une colline élevée supportant le palais de l'empereur.

A droite et à gauche, une succession de chaînes formant d'abord demi-cercle, s'élancent ensuite en lignes à peu près parallèles sur chacun des flancs de la capitale et paraissent l'enserrer un moment avant de se perdre à l'horizon.

Derrière et aussi loin que la vue peut s'étendre, se développe le versant du Nil.

Des plaines successives, couvertes de forêts et coupées par de légers plissements du sol, s'en vont rejoindre, dans des lointains à peine visibles, un groupe de hautes montagnes s'estompant en nuages.

De là nos visiteurs gagnent l'église de Mariam, séparée de Raghuel par une vallée, et marchent un moment au milieu de décombres.

On distingue encore des salles entières de maisons en pierres et de grands pans de murs.

A Mariam, ils découvrent, derrière l'église, un joli petit bois de frênes qui respire une paix telle et un calme si profond qu'ils s'arrêtent d'instinct en y entrant.

Quelles divinités vont-ils troubler ?

Quelles ombres vont surgir tout à coup devant eux ?

Réfléchis et respectueux, ils avancent, craignent de troubler le silence, et bientôt ils sortent, émus et charmés, au moment où un vol nombreux de tourterelles s'en échappe.

* * *

Le retour à Addis-Abeba se fait par un chemin nouveau.

Il est moins difficile que le premier et passe au-dessus d'un grand vallon très fertile, où l'on remarque des irrigations pratiquées avec intelligence et plusieurs variétés de culture.

On fait venir là du tef, sorte de millet, de l'orge, du blé, du dourah, du maïs, du piment, et même quelques pommes de terre.

Le précieux tubercule a été en effet apporté, il y a quelques années, en Abyssinie, où il commence à se répandre.

Au point de vue des terres, l'Éthiopie est partagée, en principe, en terre du roi, terres d'église et propriétés privées.

Le *goult*, qui est une sorte de fief privé héréditaire, est la forme de la propriété ressemblant le plus à la nôtre.

Disons que les biens d'église sont les plus recherchés, par suite des exemptions de service militaire qu'ils entraînent.

En dehors de ces divisions, il existe des fiefs de mouvance qui servent de traitement aux fonctionnaires de tout rang, ainsi qu'à l'alimentation des soldats.

Ce sont nos anciens fiefs de haubert, et les choums y exercent presque tous les pouvoirs féodaux.

Ces fiefs sont répartis de la façon suivante :

Les raz, qui en ont de très grands, les divisent en fiefs secondaires entre leur dedjazmatch et leurs officiers principaux, qui, à leur tour, les partagent en sous-fiefs qu'ils donnent à leurs inférieurs et à leurs soldats.

Ils ne sont pas héréditaires, mais il est d'un usage assez courant de les conserver aux fils.

La condition du paysan est assez semblable à celle de nos anciens serfs, avec cette différence fondamentale qu'il n'est pas attaché à la glèbe.

Quant à l'esclavage, il n'existe que clandestinement en Abyssinie, car la traite y est poursuivie très sévèrement.

Au cours de la récente guerre, par exemple, on découvrit quatre marchands d'esclaves qui furent aussitôt pendus.

Sur les terres l'impôt est, le plus souvent, le dixième du produit du sol.

Les fiefs goult, qui sont les seuls véritablement héréditaires, le paient en chamma (toges) ou en miel, et il est perçu par les maires des villages (*Tecka-choum*) ou par des percepteurs.

Les biens d'église le remettent directement au clergé.

En dehors de l'impôt les propriétaires doivent, en cas de nécessité, trois jours de corvée par semaine, pour le service de l'empereur ou des possesseurs de fiefs.

.·.

18 MARS. — Chaleureuses réceptions de l'état-major de la mission Congo-Nil à la factorerie de la Compagnie Franco-Africaine.

Cette Compagnie compte trois comptoirs en Abyssinie, à Addis-Abeba, à Harrar et à Djibouti.

En y arrivant, nos officiers trouvèrent MM. Savouré et Stévenin, directeur et employé de cet important établissement.

Avons-nous dit que M. Savouré jouit d'un embonpoint presque légendaire en Abyssinie.

Venu en ces contrées pour y chercher fortune, il y a une quinzaine d'années, il ne désespère pas de la rencontrer un jour.

Bon, trop bon même à l'égard des nègres, il paraît ignorer que le mot « reconnaissance » ne figure pas dans le vocabulaire amharique.

M. Stévenin, bon ouvrier, mécanicien adroit, avait été engagé par la Compagnie pour monter deux moulins hydrauliques.

Il s'était bien acquitté de ce travail ; mais, quand les moulins fonctionnèrent, le négus refusa d'en prendre livraison, les trouvant trop chers.

On a dû les abandonner.

La factorerie de la Compagnie Franco-Africaine se compose de plusieurs maisons, situées sur un terrain d'environ 800 mètres carrés, concédé par le négus.

Elle est entourée d'une haie en branches soutenue à la base par des pierres superposées, qui empêchent la nuit les hyènes d'entrer.

La demeure principale est une maison ronde, en pierres et boues, d'environ 12 mètres de diamètre et d'une hauteur de 10 mètres.

Le rez-de-chaussée, légèrement en contre-bas, est divisée en trois pièces : les magasins à marchandises et l'atelier.

L'étage inférieur est partagé en plusieurs réduits par des cloisons en bambou.

Les pièces sont meublées de lits abyssins servant de canapés, d'armoires, de tables et de chaises faites avec des planches de caisses.

Des rideaux d'andrinople, des peaux de lion, des chromos représentant le Président de la République et la tour Eiffel ornent les murs.

Deux autres habitations, plus petites, une autre servant de boutique où se tient M. Affeurou, le chef de magasin, un Abyssin assez débrouillard et pas trop voleur, les écuries à mulets et à vaches, quelques huttes où les femmes moulent la farine et cuisent le pain, sont disséminées dans la cour.

En dehors de la haie un véritable petit village est adossé à la factorerie.

Ce sont les huttes des domestiques de l'agence, des gardiens des mulets et des bestiaux, des courriers pour le Harrar, des soldats pour la route.

Il n'y a pas moins de 77 domestiques, hommes et femmes.

Ces domestiques ne coûtent pas cher !

Il est d'usage, sauf pour les chefs qui ont quelques thalers par mois, de leur donner la nourriture quotidienne et de les habiller d'un pantalon et d'un tob tous les six mois; aux femmes on donne une robe également deux fois par an.

Il est juste d'ajouter que, pour les services qu'ils rendent, ils sont encore bien payés.

20 mars. — Grande fête religieuse à Addis-Abeba.

Ameublement de la factorerie de la Compagnie Franco-Africaine.

Il faut dire qu'on observe, en Abyssinie, un nombre considérable de fêtes, comme on va le voir au chapitre suivant.

CXXX

Les fêtes. — Encore des églises. — Bonne nouvelle! — Managacha. — Arrivée de Ménélik. — Le grand jour. — Adieu à tous. — Un monarque!...

Une visite aux ruines d'Ecca-Mikaël.

Les principales fêtes sont la Pâques, la Purification, la Flagellation, les fêtes de la Mascale, de la Vierge de Saint-Michel, de Saint-Georges, de Saint-Taclaïmanot, de Saint-Abbo, etc..., et une sorte de Fête-Dieu appelée Emmanuel.

Quelques-unes d'entre elles reviennent presque chaque mois.

Il s'ensuit que les Abyssins chôment une grande partie de l'année.

La Mascale, la Flagellation et la Purification sont célébrées avec une cérémonie particulièrement originale.

La Mascale ressemble beaucoup à nos fêtes de la Saint-Jean.

On allume de grands feux sur les montagnes, et à Harrar, par exemple, un bûcher est élevé aux portes de la ville.

Tous les soldats prennent part d'abord à une revue générale qui a lieu spécialement pour la circonstance.

Puis ils se rendent au bûcher et y lancent des javelines faites de tiges de dourah, au bout desquelles des bouquets de mimosas ont été préalablement fixés.

Le jour de la Flagellation, les partisans des chefs se rendent chez leur voisin pour leur demander à manger.

Il est d'usage de leur donner du pain ou de quoi en acheter.

Mais le soir de ce jour, les esprits sont échauffés par le taidj que l'on boit dans ces visites.

Il s'ensuit des bagarres, et souvent la maison d'un chef un peu avare est le théâtre d'un siège en règle, qui finit par du sang de part et d'autre.

Le caractère querelleur et batailleur des Abyssins se plaît à ce genre de luttes.

Quant à la fête de la Purification, elle s'accompagne d'un éclat encore plus grand.

La veille, les grands, le peuple, les prêtres, escortés d'autres prêtres tenant des ombrelles multicolores, se rendent au bord d'une rivière en portant les tabots.

Le tabot est la table de l'autel ; il tient lieu du Saint-Sacrement de nos processions.

Le lendemain, après que les fidèles ont passé la nuit sur les lieux, les tabots sont plongés dans l'eau, et le peuple lui-même entre dans la rivière.

Cette dernière partie de la cérémonie a fait dire aux Jésuites que les Abyssins pratiquaient le baptême successif ; il ne faut voir là en réalité qu'un acte de purification.

Les tabots sont ensuite rapportés processionnellement dans les églises au milieu de la fusillade, et, dès qu'ils y ont été déposés, les festins commencent et se prolongent fort avant dans la nuit.

L'empereur et les raz suivent le tabot, le fusil sur l'épaule.

Ajoutons que les fêtes de la Mascale, de Mikaël et de Ghiorgis, donnent lieu à de grands carrousels militaires.

* *

Les journées des 21, 22 et 23 mars furent consacrées à visiter la ville en détail.

Nos explorateurs, qui attendent toujours, et assez impatiemment, l'arrivée du négus, parcourent sans discontinuer des bas-fonds et des collines, des collines et des bas-fonds.

Au milieu de ces vallées, quelques petites rivières et des ruisseaux.

En temps d'orage, ces cours d'eau, d'aspect si tranquille, se gonflent subitement et deviennent torrents.

Malheur à l'homme qui s'y laisserait tomber à ce moment, il s'y noierait infailliblement !

Sur les hauteurs, des maisons construites en bois ou en pisé et surmontées toutes d'un toit de chaume, se pressent pêle-mêle. Elles sont généralement divisées en trois compartiments.

L'un d'eux contient les bêtes ; dans le second, on place les provisions ; quant au troisième, la pièce principale, il sert à la famille de cuisine, de salle à manger et de dortoir.

Autour de ces maisons, élevées sans ordre, on ne remarque, sauf de rares exceptions, aucune trace de végétation, et, seules les maisons des chefs laissent voir, derrière leurs palissades, un petit nombre de bananiers et d'arbustes.

Les pentes qui conduisent aux vallées sont elles-mêmes dénudées ; des érosions s'y produisent sans cesse et les pluies d'hivernage les avinent profondément.

Dans les vallées, au contraire, des espaces défrichés, des champs entretenus avec soin arrêtent çà et là les regards, et on y voit, formant comme autant de petites oasis, des groupes épars de paillottes entourées de joncs et de quelques arbrisseaux.

Dans ce paysage, assez uniforme et qui serait banal, si le guébi ne le dominait de toute sa hauteur, comme un château-fort domine le bourg assis à ses pieds, les églises jettent une note riante.

Entourées de sycomores et de figuiers sauvages, d'où partent d'incessants vols de colombes, elles semblent sortir d'un nid de verdure, et l'on a plaisir à contempler cette végétation vigoureuse, si rare en ce pays où on se livre à des déboisements pour ainsi dire systématiques.

25 mars. — Ménélik n'arrive toujours pas !

Malgré toutes les attentions et prévenances du vieux raz Dargué, malgré l'affectueux et infatigable empressement de la colonie européenne auprès du commandant Marchand et de ses compagnons, ceux-ci commencent à trouver le temps long.

Et comme on comprend leur désir de se remettre en route, leur hâte de mettre le pied sur le navire qui les emportera vers leur chère France, vers les êtres aimés qui les attendent là-bas !

Ah ! comme ils partiraient volontiers !... Comme ils quitteraient avec joie cette Afrique où leur tâche est maintenant terminée et où les souffrances physiques, si terribles pourtant, ne furent rien auprès de l'ultime douleur morale !

Oui, mais le négus, qui tient à les voir, à les complimenter, à leur faire lui-même les honneurs de son palais, les a fait prier de vouloir bien l'attendre.

Impossible de se dérober à cette obligation.

Ménélik est un ami de la France, un ennemi des Anglais, et le chef de la mission se dit non sans raison qu'il peut y avoir utilité pour son pays à conférer directement avec le Roi des Rois.

Qui sait les projets et les plans d'avenir qui peuvent jaillir de cette entrevue?

Qui sait si un loyal échange de vues ne va pas jeter les bases d'une éclatante revanche pour le drapeau tricolore?

Mais, en attendant, comment passer le temps ?

Nos compatriotes connaissent maintenant Addis-Abeba et ses environs sur le bout du doigt.

Ils interrogent les indigènes dans l'espoir de se faire indiquer quelque curiosité qu'ils n'ont pas vue.

— Avez-vous vu les ruines d'Ecca-Mikaël? — leur demande-t-on.

— Non... Qu'est-ce que ces ruines ?

— Les restes d'une église monolithe.

— Comment ! encore?

— Va tout de même pour l'église, à défaut d'autre chose !

Ici, nous empruntons à M. Vignéras l'intéressante description qu'il a donnée de ces antiques débris, ainsi que du voyage qu'il est nécessaire de faire pour se rendre sur leur emplacement :

A onze heures nous étions en route accompagnés d'un guide et de nos gens.

Au Choa, la température est douce, et on peut se promener à toute heure de la journée sans avoir à redouter l'ardeur du soleil.

L'air est frais, nous avançons avec plaisir.

Nos mules elles-mêmes, remises des fatigues du voyage de Harrar à Addis-Abeba, se comportent à merveille; elles donnent de vigoureux coups de reins pour escalader la montée longue et pénible que nous suivons après avoir quitté les dernières maisons de la ville.

Nous allons dans la direction des hauteurs qui séparent ce versant et le versant du Nil, et nous les abordons en laissant Entotto sur notre gauche.

Maintenant l'escalade est dure; nos mules halètent à se rompre les artères et sont trempées de sueur quand nous gagnons le sommet de la rampe.

Devant nous, un plateau s'étale jusqu'à une petite église, Ecca-Mikaël, où nous arrivons bientôt.

* *

Nous sommes sur l'emplacement des ruines; mais nous n'apercevons que des broussailles.

Notre guide s'avance de quelques pas; nous le suivons, et, du bord d'un trou devant lequel il s'arrête, nous voyons, à notre hauteur, devant nous, un grand pan de rocher, quelques arceaux vaguement entrevus, et, sur ces derniers, toute une végétation qui déborde, en lianes épaisses, jusque sur le sol.

Le bord opposé peut avoir quinze mètres de développement, et nous en sommes distants de cinq mètres.

Le trou lui-même a quatre mètres de profondeur.

Il faut gagner l'excavation, maintenant.

Pendant que le guide va reconnaître un passage, j'avise une toute petite ouverture qui doit y conduire; je m'y engage en me couchant.

A mesure que j'avance elle grandit; je puis prendre bientôt une position moins gênante, et quand j'arrive au trou, où je pénètre debout, elle a une hauteur de près de deux mètres.

J'y suis en même temps que M. Buffet et que le guide qui a découvert un chemin très difficile au milieu des broussailles.

Là nous apercevons tout un côté du rocher à découvert, et, en écartant les lianes, nous distinguons dans l'intérieur, courant dans tous les sens, plusieurs couloirs surmontés d'une succession de voûtes ogivales minuscules.

Des débris de pierres, accumulés à nos pieds, disent l'état de décrépitude dans lequel nous trouvons l'édifice.

Nous y entrons.

Les couloirs sont très étroits et en partie écroulés; ils aboutissent à une toute petite nef ogivale, se terminant à un des bords intérieurs du rocher.

Le rocher lui-même, dont nous voyons bien en ce moment la disposition, est creusé sur trois côtés.

Entre leurs bords extérieurs et les terrains environnants, un espace de deux mètres est entièrement dégagé, et, n'était la végétation touffue qui le recouvre, on pourrait s'y aventurer et le parcourir dans tous les sens.

Quant au quatrième côté, il se confond avec la terre.

Le jour y arrive par une fenêtre ogivale où l'on parvient après avoir franchi, en sortant de la nef, un exhaussement au centre duquel un trou assez profond de trente centimètres de diamètre a été creusé.

Les couloirs qui subsistent sont assez réguliers, mais les ogives et les fûts de colonnes sont grossièrement taillés et l'on a l'impression que ce monument a été édifié par des mains inhabiles.

Néanmoins, il est bien curieux, vu avec les décombres qui l'entourent et l'amas d'herbes, de broussailles et de lianes qui le recouvrent et l'enserrent de presque tous les côtés.

Telle est, au moins, l'impression qu'il nous a produite à M. Buffet et à moi, mais il nous reste un point à éclaircir : par où pouvaient entrer les fidèles ?

Parvenaient-ils à l'excavation qui précède l'édifice, par quelque escalier disparu depuis, ou bien l'église monolithe elle-même ne faisant qu'un, de ce côté, avec la terre, employaient-ils le chemin qui m'a servi à y pénétrer ?

Ne se livraient-ils pas encore, pour y accéder, à la gymnastique que M. Buffet et le guide ont employée ?

Mystère !

*
* *

28 MARS. — Un courrier du négus vient d'arriver.

Ménélik annonce qu'il sera de retour à Addis-Abeba le 1ᵉʳ avril.

Enfin !

Plus que trois jours à tirer avant l'arrivée de l'empereur, préface immédiate du départ !

Comment les employer ?

Le commandant Marchand et le capitaine Baratier étaient en train de se distraire à examiner les nombreux bibelots abyssins achetés par leurs Sénégalais.

Il y avait là des bracelets d'une seule pièce d'ivoire, que les coquettes gallas portent les jours de fête.

Un objet en cuivre, formant demi-cercle, servait également de bracelet ; on le place tel quel sur le bras de la personne appelée à le porter et on l'y fixe, ensuite, à demeure, en rapprochant ses deux extrémités avec un marteau.

Les pièces d'armement ne font pas défaut ; il y a, entre autres, un sabre, terminé en croissant, arme terrible entre les mains des Abyssins, et un bouclier lamé d'argent, comme on en donne aux guerriers qui ont accompli un acte héroïque.

Comment ces diables de tirailleurs ont-ils fait pour se les procurer ?

Baïssa était en train de l'expliquer, quand Marchand aperçut par la porte ouverte, un personnage qui se dirigeait vers lui.

C'était un lettré abyssin, parlant fort bien le français, qui venait le voir.

On le reçut cordialement, et, sur une question qui s'éleva sur la différence de notre calendrier éthiopien, le lettré expliqua que le calendrier abyssin se composait de douze mois de trente jours, et de cinq jours complémentaires, portés à six pour les années bissextiles.

L'année commence au mois de *Maskaram*, c'est-à-dire vers le 15 septembre, et on fête la Mascale, dont nous avons parlé, à ce moment.

Profitant de l'obligeance de son hôte, le commandant le questionna sur les endroits des environs qui pouvaient offrir quelque intérêt.

Il indiqua la montagne de Managacha, au sommet de laquelle on devait trouver, assura-t-il, les restes d'une église portugaise et les débris d'un ancien palais royal.

Nos compatriotes, toujours avides de voir du nouveau, et surtout de tromper leur longue attente, ne se fussent sans doute pas dérangés pour visiter cette nouvelle ruine d'église.

Mais cette fois il y avait un palais avec !

Le spectacle valait peut-être le voyage.

En route donc !

*
* *

29 mars. — La montagne de Managacha est située à vingt-cinq kilomètres environ d'Addis-Abeba.

Le pays qu'on suit pour s'y rendre est légèrement accidenté et couvert d'admirables cultures et de jolies prairies.

On rencontre à chaque pas des gens chargés de bois, de planches et de légers madriers qu'ils apportent au marché.

Les taillis sont très rares ou complètement abîmés, et des nombreuses forêts qui ombrageaient autrefois ces contrées on ne voit que de rares traces.

Comment en serait-il autrement après les coupes incessantes auxquelles tout le monde se livre, ici, sans règle ni discernement ?

Tous ces bois débités, tous ces madriers taillés dans de jeunes arbres, qui passent sous vos yeux, ne disent-ils pas que ces pratiques sont élevées à la hauteur d'une coutume invétérée ?

On s'explique dès lors la portée du mot suivant, fréquemment répété à Addis-Abeba : « L'empereur transportera sa capitale ailleurs quand il n'y aura plus de bois dans le pays. »

Il est vrai que cette habitude de changer de place est bien dans les mœurs abyssines.

Depuis que le souverain actuel, par exemple, a quitté Ankober, il n'a pas changé moins de quatre fois de résidence.

Un jour, il occupait Entotto, s'installait un peu plus loin quelque temps après, ne tardait pas à quitter ce dernier endroit pour aller dans un autre, et venait, enfin, élever son palais — nous allions dire sa tente — à Addis-Abeba (nouvelle fleur).

Avant d'avoir entendu le mot que nous venons de rapporter, ce phénomène s'explique difficilement.

On l'attribue, en fin de compte, au besoin d'activité et de mouvement qu'éprouvent les gens accoutumés à la vie de camps ; mais là n'est pas, nous venons de le voir, le mot de l'énigme.

Dire, tout de même, que l'évacuation de la capitale actuelle de l'empire n'est peut-être qu'une question de temps, et que le vaste entassement des maisons du guébi est appelé à disparaître !

Voilà qui fait rêver, et pourtant c'est la vraisemblance même.

Après tout, l'ancienne Entotto n'était-elle pas aussi grande qu'Addis-Abeba et n'y rencontre-t-on pas d'imposantes ruines ?

Quoi qu'il en soit, cette admirable facilité qu'ont les Abyssins de transporter leurs pénates d'un endroit à l'autre, prouve au moins leur vitalité et, tout compte fait, étant donnée leur imprévoyance en ce qui concerne la question des bois, ils prennent peut-être le moyen le plus simple de ne pas s'en embarrasser.

Les forêts s'épuisant, ils en cherchent d'autres, et donnent aux premières le temps de repousser.

Quand il arrivait à nos compatriotes d'expliquer à quelques-uns d'entre eux qu'on pouvait, en employant des méthodes sages, se servir du bois des forêts sans les détruire, ils répondaient infailliblement :

— De tout temps on a procédé dans notre pays comme nous procédons nous-mêmes, et l'Éthiopie n'a pourtant jamais manqué de forêts !

Que voulez-vous répondre à un pareil argument ?

*
* *

Ici encore, nous ne pouvons mieux faire, pour donner une juste idée de ce qu'est Managacha, que de reproduire la page suivante du livre si documenté de M. Vignéras.

Cet extrait montrera que le commandant Marchand et le capitaine

Baratier, qui s'étaient fait accompagner d'un guide abyssin, n'eurent pas à regretter leur déplacement :

Vestiges du séjour des Portugais, sur la montagne Managacha.

Après la traversée d'une petite rivière, le terrain commence à s'élever et nous gagnons bientôt un plateau qui nous conduit, après une dernière montée et une toute petite descente, au pied de la montagne de Managacha.

Y faire grimper nos mules est impossible.

Les chemins que nous apercevons sont des sentiers à pic, tout juste accessibles.

Nous les laissons donc, sous bonne garde, et nous nous élançons à quatre, Djemma, Mohammed, le guide et moi, à l'escalade de la hauteur.

Nous allons d'abord agiles et il me semble que cette escalade va être un jeu, mais je ne tarde pas à haleter.

Mon cœur bat à coups redoublés, ma respiration est courte et précipitée, et force m'est de m'arrêter.

Quand nous reprîmes la marche, le calme était rentré dans mes poumons, mais il ne devait durer qu'un court instant, et ce n'est qu'après deux nouvelles haltes que je pus atteindre le sommet de Managacha, situé à trois mille cinq cents mètres d'altitude.

Managacha évoque les souvenirs d'une période agitée de l'histoire d'Abyssinie.

N'est-ce pas là, en effet, que les rois du Choa vinrent établir leur capitale, après l'entreprise hardie du musulman Hamed Gragne?

Gragne, parti de bas, avait réussi à mettre l'empire à deux doigts de sa perte.

Tuant, brûlant, saccageant tout sur son passage et taillant en pièces les armées envoyées à sa rencontre, il s'était avancé jusqu'au cœur du pays, et c'en était fait de l'Éthiopie chrétienne, si des Portugais, de passage à Massaouah, n'avaient aidé les Abyssins à couper court à ses exploits.

C'est, en effet, à Bégamdir, dans la seconde moitié du xvie siècle, que les Éthiopiens, secondés par les Portugais, réussirent à battre l'armée de l'aventurier.

Il resta lui-même sur le champ de bataille, et l'Abyssinie, un moment menacée de mort, put enfin respirer.

Les Portugais, restés dans le pays, allèrent ensuite se fixer, entre autres points, sur la montagne de Managacha, qui devint durant de longues années, un centre assez actif.

Il fut délaissé plus tard, et, enfin, totalement abandonné.

Cet abandon fut tel que les habitants du Choa avaient perdu le souvenir de l'emplacement où s'élevait l'ancienne capitale de leurs rois.

Et quand l'empereur Ménélik quitta Ankober, poussé par le désir d'aller s'installer là où ses aïeux avaient habité si longtemps, il ne put arriver à le découvrir et s'installa à Entotto, qui est distant de quatre heures de marche environ.

C'est seulement dans ces dernières années qu'on est parvenu à le reconnaître.

. .

J'évoquais ces souvenirs en suivant mon guide sur le sommet de la montagne.

Une végétation épaisse et de fortes touffes de broussailles le recouvrent, et je voyais mon homme s'y aventurer et chercher dans tous les sens d'un air hésitant et inquiet.

Je commençais moi-même à m'impatienter, quand il s'arrêta tout à coup et me montra du doigt, au ras du sol, quelques pierres paraissant appartenir à un ancien mur.

Les ruines que je suis si curieux de voir... ne serait-ce que cela? pensais-je en me mettant moi-même à chercher, le long de la rangée de pierres.

Bien m'en prit.

Je découvris, peu après, tout un pan de mur, légèrement effrité à son sommet.

La solidité et l'épaisseur de ce débris, l'ordre avec lequel les pierres étaient disposées, ne laissaient aucun doute.

Les mains qui avaient construit ou dirigé la construction du mur, étaient, à n'en pas douter, des mains d'Européens, et je me trouvais là, évidemment, en présence d'un ancien édifice dû aux Portugais.

La margelle d'un puits, placée à côté, et ne s'élevant qu'à quelques centimètres au-dessus du sol laissait voir de fortes pierres de taille bien conservées.

Je continuai mes recherches, espérant découvrir de nouveau, mais je ne tombai plus que sur d'autres vestiges de murs dans un état de délabrement encore plus grand que le premier débris.

En me voyant m'arrêter, le guide me dit :

— Ça, maison du roi !

J'étais fixé et j'avais déjà pris la descente, quand Djemma, qui s'était éloigné un instant auparant, me cria :

— Viens voir !

Au-dessous d'un arbre assez élevé, on remarquait une excavation donnant accès à un roc percé de deux trous assez étroits.

Je m'apprête à descendre, mais Djemma me retient en me montrant mon revolver :

— Peut-être, bêtes ! fait-il.

Il a raison : dans ce pays, les bêtes féroces, notamment les léopards, gîtent assez souvent dans les cavernes.

Nous allons bien voir s'il y en a ici.

Je tire deux balles de revolver; rien ne sort des trous et nous y entrons aussitôt.

Notre visite est d'ailleurs vite faite.

Dans l'intérieur du premier où je pénètre en me baissant, il y a toujours place pour trois personnes.

Quant au second, il est deux fois moins grand que le premier.

En sortant, le guide m'explique que, récemment, en venant couper du bois sur le sommet de la montagne, des bûcherons trouvèrent ces trous occupés par un ermite.

Quand ils revinrent, quelques jours après, le saint personnage les avait abandonnés, et on ne l'y a jamais revu depuis.

Les ermites sont assez nombreux en Abyssinie.

Ils se retirent dans des retraites d'un accès généralement très difficile, où ils vivent on ne sait trop comment.

Je n'adopterai pas la version d'un indigène, qui me disait un jour :

— Le bon Dieu pourvoit à leur nourriture !

Et je croirai plus volontiers qu'ils se contentent, en fait d'aliments, de racines, de baies et de fruits sauvages.

Zequalla, une grande et haute montagne infestée de lions et très peu fréquentée, est, m'a-t-on dit, un asile de prédilection pour les ermites.

Elle est distante d'Addis-Abeba d'un grand jour de marche, c'est-à-dire d'environ cinquante kilomètres; et ce qu'on en voit, un vaste cratère en forme de cuvette exactement ovale, et d'immenses forêts, donnent le désir de la visiter.

Un de mes regrets, en quittant ce pays, sera de n'avoir pu m'y rendre, d'autant plus que différentes personnes m'ont assuré que le cratère de cette montagne est rempli d'une eau croupissante, au-dessus de laquelle émergent plusieurs petites îles.

．·．

30 mars. — Le commandant Marchand rend sa visite à l'aimable lettré dont nous avons parlé.

Au cours de l'entretien, ses yeux tombent sur un vieux livre en parchemin, usé aux coins et paraissant remonter à une haute antiquité.

C'était un exemplaire manuscrit du *Fetha Nagast*, enluminé avec soin et orné de peintures à l'huile.

Le docteur Emily, qui est là, admire beaucoup les illustrations.

Le dessin en est imparfait, la perspective n'y est aucunement observée, mais la peinture, souvent d'un joli coloris, est quelquefois très harmonieuse, et le docteur n'hésite pas à la rapprocher de celle de nos primitifs.

Cette peinture est due à des mains différentes, et sur les derniers feuillets du livre elle change totalement d'aspect.

Le dessin est plus régulier, la perspective est approchée, la peinture est plus léchée et d'une tonalité peut-être plus parfaite, mais la saveur de naïveté et la force d'expression que nous avons remarquées précédemment font défaut, et on dirait plutôt de jolis chromos.

Le lettré, consulté sur la différence de ces peintures, nous dit que les dernières remontent seulement à quelques années, et il nous apprend que le *Fetha Nagast* qui est entre nos mains, a été rapporté des pays gallas du sud.

Il n'y a rien d'étonnant à cela, des découvertes semblables ayant été faites, assez fréquemment, hors des frontières de l'empire actuel.

Mais ce qui peut paraître plus surprenant, c'est que des bibles écrites en *guez* ont été trouvées à côté du Djuba.

Les Abyssins voient dans ce fait la preuve indiscutable que leur pays s'étendait autrefois jusqu'à ce fleuve.

Des documents conservés précieusement au guébi ne laisseraient d'ailleurs aucun doute à cet égard.

Ce qui, en outre, tendrait à démontrer la puissance d'expansion de l'Ethiopie ancienne, c'est que les Couragués, occupant le sud-ouest du Choa, parlent encore un dialecte *tigrégna* et sont, à n'en pas douter, des *Amara*.

Les Hararis parlent aussi un dialecte tigrégna.

* * *

31 mars. — Grand remue-ménage au camp de la mission.

On se prépare pour l'arrivée du négus, qui doit avoir lieu le lendemain, et pour la réception solennelle du surlendemain.

Le tripoli, le cirage, l'encaustique vont leur train.

Et nos braves Sénégalais n'ont pas besoin d'huile de bras.

Hardi le brossage et l'astiquage!

C'est à qui reluira le plus splendidement.

1er avril. — C'est le grand jour!

Ménélik fait son entrée à Addis-Abeba, à la tête de son armée et parmi les cris d'allégresse de la population.

Toute la mission Congo-Nil, encadrée par ses officiers, est rangée sur le passage de l'empereur.

Quand celui arrive à quinze pas d'elle, le commandant Marchand se retourne vers ses hommes et, d'un voix vibrante, il commande :

— Présentez... armes!

D'un même mouvement, comme un seul homme, les 150 tirailleurs exécutent l'ordre donné.

— Sonnez aux champs! ordonna alors le jeune chef.

La note martiale des clairons français éclate aussitôt, dominant tous les bruits, toutes les rumeurs, tandis que le drapeau tricolore s'incline et que Marchand, faisant face au négus, le salue de sa vaillante épée.

Mais, déjà, surpris et frappé d'admiration, Ménélik s'est arrêté, et avec lui tout le cortège.

A la hâte, il descend de son cheval, et, souriant, les yeux brillants de sympathie, les mains tendues, il va droit au commandant.

Sans un mot, il lui entoure les épaules de ses bras et lui donne l'accolade.

— A demain ! — prononce-t-il alors.

Et, rejoignant le cortège, il remonte sur son coursier et s'éloigne lentement, tandis que les clairons sonnent toujours, et que le peuple, enthousiasmé, acclame frénétiquement l'empereur et son grand ami de France !

2 AVRIL. — Réception solennelle de la mission au Guébi !

Nous ne reviendrons pas sur les détails de cette inoubliable cérémonie.

Rien ne fut négligé de ce qui pouvait en rehausser l'éclat.

Après l'audience publique et la revue des tirailleurs par le négus, celui-ci, on s'en souvient, s'enferma avec le commandant Marchand et M. Lagarde, le représentant de la France en Abyssinie.

Que fut-il dit au cours de cet entretien?

Rien n'en a transpiré, mais au sourire qui éclaire le mâle et franc visage du commandant, quand on l'interroge à ce sujet, on se sent le cœur envahi de patriotique espoir.

Le sourire du Sphinx!...

3 AVRIL. — L'usage veut que l'empereur n'aille jamais chez personne, mais Ménélik veut faire une exception pour l'héroïque chef de la mission Congo-Nil.

Il arrive chez lui, précédé, entouré et suivi d'une foule nombreuse de cavaliers et de fantassins. Les tirailleurs forment la haie en avant de la porte où il est attendu.

Le négus paraît au bout de leurs rangs ; les clairons sonnent et le souverain s'avance, l'air souriant, recouvert d'un large chapeau de feutre et protégé par une grande ombrelle rouge, qu'un suivant tient au-dessus de sa tête.

Arrivé dans l'enclos, il descend de mule, s'arrête une demi-heure environ dans la maison du commandant où une collation lui est servie, puis il repart, après avoir invité son hôte à venir le voir le lendemain avec M. Lagarde.

* * *

4, 5, 6, 7 AVRIL. — Nouvelles audiences privées au palais impérial, où Ménélik témoigne d'un intérêt et d'un attachement croissants pour le chef de la mission Congo-Nil et pour la France.

Puis, visites et dîners d'adieu de la part des membres de la colonie française, qui trouvent que le séjour de leurs compatriotes au milieu d'eux a été bien court.

Quel vide affreux va laisser leur départ!

8 AVRIL. — Adieu, Addis-Abeba!... A bientôt, France!

Après une dernière visite à Ménélik, après une suprême et touchante étreinte aux Français qui restent, la glorieuse colonne du commandant Marchand se remet en route.

Tous les officiers de la mission avaient obtenu un grade dans l'ordre impérial de l'Éthiopie, selon les règles hiérarchiques habituelles.

Quant aux Sénégalais, inutile de dire qu'ils avaient été comblés de cadeaux par le négus.

Honneur insigne, et qui n'avait jamais été conféré jusque-là à un étranger : Ménélik avait donné au commandant Marchand le droit de haute et basse justice sur tous les sujets de son empire.

Bref, nos compatriotes emportaient de ce monarque une impression ineffaçable.

Plus ils l'avaient vu, et plus ils avaient été frappés de sa physionomie remarquablement ouverte et intelligente.

C'est d'ailleurs un homme qui s'intéresse à tout, veut voir tout et se fait expliquer, jusqu'à ce qu'il les ait compris, les problèmes les plus ardus de science, de mécanique ou de métier.

Il démonte et remonte une montre comme un véritable horloger.

Le mécanisme et le maniement du fusil, du canon et de la mitrailleuse n'ont pas de secrets pour lui.

Il manœuvre la truelle en maître ouvrier et il n'est pas de meilleur architecte que lui dans son Empire.

Il a envoyé de Makallé, tracé de sa main, le plan d'une maison qui fut construite et qui était fort jolie dans le pays.

Sa curiosité, son besoin de savoir s'étendent jusqu'aux plus petites choses, et il a fallu que les médecins russes de la Croix-Rouge lui apprissent à triturer les produits pharmaceutiques.

L'empereur Ménélik est d'une activité dévorante.

Il met littéralement sur les dents tout son entourage immédiat, et, s'il fallait décrire tous les objets souvent bizarres qu'il a voulu voir fabriquer sous ses yeux, un livre n'y suffirait pas:

Rapportons cependant une anecdote qui nous paraît typique entre toutes.

Le négus actuel était depuis peu roi du Choa.

De rares Européens fréquentaient sa cour, et l'élégance et la solidité de leurs chaussures l'avaient frappé.

Il fait appeler l'un d'eux, M. X..., et lui dit :

— Tu vois ces souliers ; je désirerais qu'on en fabriquât de pareils devant moi !

M. X... était bien ingénieur, mais il avait oublié de passer par un établi de cordonnier.

Il se met néanmoins à l'œuvre, réunit des ouvriers, leur donne, en hésitant, toutes les indications utiles, et finit, après s'être évertué longtemps, par pouvoir présenter au souverain une paire de chaussures passablement montées.

Elles étaient, sans doute, bien imparfaites, mais le roi avait vu, et il se déclara satisfait.

* * *

Nous connaissons le guerrier, le diplomate l'homme de gouvernement, le réformateur, qu'est le négus actuel.

Des bûcherons trouvèrent ces trous occupés par un ermite.

Ce que l'on connaît moins, c'est l'homme de cœur, l'esprit généreux, le chrétien, dans le vrai sens du mot, qu'il s'est toujours montré sur le trône.

Et ce n'est pas là son moindre titre de gloire !

Un résumé rapide de son expédition contre les Italiens nous le présentera sous ce jour.

On sait comment les Italiens, venus d'abord au Choa avec toutes sortes de dehors amicaux, obtinrent le traité d'Outchali et quelles divergences d'interprétation s'élevèrent au sujet de l'article 17 de ce traité, où le gouvernement italien prétendit trouver la reconnaissance d'un protectorat.

Les incursions des troupes du général Baratieri sur le territoire tigré en survenant ensuite comblèrent la mesure, et Ménélik se décida à entrer en campagne.

Le 2 octobre 1895, il quittait sa capitale à la tête de son armée et rencontrait le major Tozelli à Amba-Alaghi.

Le corps italien, fort de trois mille hommes environ, était complètement détruit.

Le général Arimondi, qui avait voulu se porter à son secours, dut se replier en toute hâte sur Makallé, dont il laissa le commandement au major Galiano.

Ménélik vint faire le siège de cette place.

La garnison était menacée de mourir de soif, lorsque l'empereur, mis au courant, dit à un négociateur italien venu pour l'amuser par des pourparlers.

— Je ne veux pas que des chrétiens meurent comme des chiens, et je vais laisser sortir vos gens!

Le malheureux dedjaz dûment escorté et enchaîné..

Non seulement l'empereur les délivra, mais il leur donna des vivres et des mulets pour les emporter, eux et leurs bagages.

Quel est le chef d'État européen qui serait capable d'un pareil trait de magnanimité?

***

Après cette défaite, le gouvernement de Rome voulut frapper un grand coup.

Un corps de 24,000 hommes, dont 8,000 indigènes, sous le commandement de trois généraux, essaya de surprendre le camp impérial qui était alors près d'Adoua.

Les Italiens eurent le dessous.

Les généraux Dabormida et Arimondi furent tués ; le général Albertone fut fait prisonnier, et les généraux Baratieri et Ellena gagnèrent la côte en toute hâte

Aussitôt après la bataille, Ménélik regagna le Choa en emmenant 2,000 prisonniers italiens environ, et, le 26 octobre 1896, un traité conclu à Addis-Abeba entre l'Italie et l'Éthiopie, annulait le traité d'Outchali et consacrait, sans aucune réserve, l'indépendance de l'Empire.

Le triomphe de l'Abyssinie a donc été aussi complet qu'il pouvait l'être.

Mais qu'on ne s'imagine pas qu'il soit dû à un de ces événements fortuits comme l'histoire en fournit tant d'exemples.

S'« il a vaincu le lion de la tribu de Juda », c'est que Ménélik est, en même temps qu'un heureux guerrier, un politique avisé et un homme de gouvernement remarquable.

Il a acquis, par son tact et par sa loyauté, de nombreuses et vives sympathies à son pays.

Il s'est attaché à gagner le cœur des peuples conquis.

Et, par-dessus tout, il a su inspirer à son peuple l'idée d'unité.

Il lui a fait comprendre que désunion est faiblesse, qu'entente est force.

Son peuple l'a entendu : il s'est resserré pour faire tête à l'ennemi ; son élan a été irrésistible, et c'est au sabre que les troupes abyssines ont enlevé, à Adoua, toutes les positions italiennes.

N'avaient-elles pas réussi, quelques mois auparavant, à se masser à Amba-Alaghi sur deux hauteurs réputées infranchissables pour se précipiter de là, en ouragan, sur l'ennemi !

Et n'étaient-elles pas assez folles pour vouloir escalader les murailles de Makallé sous le feu des assiégés !

Quand, dans un empire, souverain et peuple ont soutenu ensemble de pareilles luttes pour l'indépendance, ils sont bien près de conclure un pacte définitif !

*
* *

L'aventure suivante complète, au point de vue de la grandeur d'âme, le portrait de Ménélik.

Un Dedjaz tigréen s'écria un beau jour, on n'a jamais su pourquoi :

— Je me révolte contre l'empereur !

Il réunit ses hommes et se mit aussitôt en campagne.

Mais un autre Dedjaz, également tigréen, n'hésita pas à marcher immédiatement contre lui.

Il le battit, le fit prisonnier, et l'amena à Addis-Abeba.

Ménélik le fit comparaître, en présence de ses troupes rassemblées, devant son lit de justice.

Le malheureux, dûment escorté et enchaîné, était courbé sous le poids d'une grosse pierre qu'il maintenait sur sa tête avec une main et faisait en marchant une bien grise mine.

L'empereur, le voyant approcher, se contenta de lui dire :

— Ah ! ah ! te voilà dans une triste posture !... Voilà ce que c'est que d'avoir voulu te moquer de nous... Mais tu peux te retirer ; nous réglerons ton affaire plus tard !

On apprenait, quelques jours après, que l'empereur avait pesé sur la décision du conseil de guerre, qui était d'avis de le condamner à mort, et avait fait prononcer contre lui la peine des fers relative.

Ce simple trait de clémence, c'est tout Ménélik.

Il sait bien que le châtiment rigoureux engendre la haine : puis il est bon par-dessus tout, et ce sentiment domine chez lui tous les autres.

Aussi, son peuple l'adore, et les Gallas conquis eux-mêmes se déclarent satisfaits de marcher sous la loi d'un pareil maître.

Ils disent :

« Autrefois nos tribus étaient constamment en guerre entre elles ; nous n'avions aucune sécurité... L'empereur est venu, il nous a battus, et nous avons, sans doute, à supporter beaucoup de vexations de la part de ses choums, mais au moins nous sommes assurés maintenant de la paix et nous jouissons en toute confiance de nos libertés communales maintenues. »

L'empire est désormais restauré, et sa domination s'étend, en dehors des contrées purement abyssines, à tous les pays gallas, aux pays sidamas, au Harrar, à l'Ogaden, aux pays somalis jusqu'au delà de Logh, à la plus grande partie des territoires danakils, et aux pays nègres jusqu'au Nil.

En un mot, le nouvel empire a presque atteint les limites de l'ancien empire d'Éthiopie.

D'autre part, l'unité nationale est aussi complète qu'elle peut l'être en Abyssinie, et sera cimentée à tout jamais, si Ménélik, comme tout le fait présager, vit encore de longues années.

* * *

Maintenant l'Éthiopie subit une rapide évolution.

Les idées européennes, accommodées aux usages locaux, commencent à la pénétrer; ses marchands, très entendus et fort âpres au gain, s'habituent de plus en plus à nouer des relations avec l'extérieur, et un chemin de fer aboutira, probablement, de la côte ici, dans quelques années.

Que sortira-t-il de ce mouvement vers ce qu'on est convenu d'appeler le progrès ?

Nous l'ignorons.

Mais ce qu'on peut dire, en considérant, — ce qui, d'ailleurs, est visible pour tout le monde, — que l'Abyssin est d'un caractère très fier, altier même, et qu'il est par surcroît généralement turbulent et très indépendant, c'est que, sous la direction de Ménélik II, une Éthiopie nouvelle se prépare, bien différente de l'ancienne.

CXXXI

EN ROUTE POUR LA COTE

Premières étapes. — Singes pris pour des lionceaux. — Hommes déchus. — Une chasse à l'éléphant. — Énorme et dangereuse antilope. — Plaines brûlantes. — Le niz d'aigle du prince Biratou. — Pressés d'arriver. — Harrar ! — L'hospitalité du raz Makonnen

Les mules marchent à une allure lente, mesurée.

D'Addis-Abeba à Harrar, il y a environ quatre cents kilomètres.

C'est, à petites étapes, l'affaire d'une quinzaine de jours de voyage.

Voici l'héroïque mission en marche!

La garde de l'empereur, qui a tenu à lui donner cette dernière marque de sympathie, l'accompagne jusqu'à Chola.

Le soir de ce premier jour, on campe à Iska.

9 AVRIL. — En route de grand matin, la colonne salue Tchaffé-Dounsa sans s'y arrêter et bivouaque entre ce dernier point et Chancora, à Doli.

10 AVRIL. — La mission laisse Chancora sur sa gauche et arrive à Baltchi, d'où elle gagne l'étape de Godo-Bourka.

On signale aux environs de Baltchi une jolie église abyssine ornée sur le mur extérieur, succédant au péristyle, de naïves peintures murales.

Ces peintures représentent des scènes de l'Ancien Testament, très curieuses par les nombreux points de ressemblance qu'elles présentent avec les œuvres de nos primitifs.

Il s'agit maintenant de descendre la pente qui, du haut du plateau de Baltchi, conduit à Godo-Bourka.

En l'abordant, il faut mettre prudemment pied à terre.

Les mules s'y engagent d'abord.

Elles marchent à une allure lente, mesurée, n'avancent le pied que timidement dans les endroits très difficiles et s'arrêtent une seconde après chaque pas.

Souvent un caillou importun, roulé par leurs sabots, les fait glisser, mais elles se ressaisissent toujours au moment de tomber, et l'on arrive sans incident à l'étape.

* * *

A Mennabella, où l'on arriva le 11, le commandant et le sergent Dat assistent à un spectacle bien curieux.

En rentrant de la chasse, à la nuit tombante, ils s'étaient arrêtés sur le bord d'une faille à pic de cent mètres, tourmentée, qui va s'enfonçant en précipice jusqu'au cours d'un affluent du Kassam.

Assis, ils regardent le gouffre, quand tout à coup une troupe de bêtes, à fortes crinières blondes, s'échappe à leurs pieds en bondissant.

Des lionceaux!

Saisir sa carabine et tirer, c'est pour le commandant l'affaire de quelques secondes.

Une bête s'arrête, et, sur le coup de feu, des cris de colère, des vociférations retentissent.

Mais ce ne sont pas des lionceaux !

Ce sont des singes !

Et, en effet, au grand ébahissement des deux chasseurs, ils voient des singes sortir de tous les trous de la faille, de toutes les anfractuosités de roches.

Et il y en avait, il y en avait tant et tant, qu'en évaluant leur nombre à un millier, c'est rester certainement au-dessous de la vérité.

Le singe blessé, une énorme bête, se débattait encore.

Marchand dit au sous-officier :

— Achevez-le, si le cœur vous en dit !

C'était charité de le faire.

Dat prit tranquillement son fusil, visa un moment et l'abattit du premier coup.

Mais, au bruit de la détonation, une vaste clameur, s'élevant d'abord en rugissement, partit des profondeurs de l'abîme.

Elle se termina en de longs éclats de voix, auxquels répondaient des cris semblables, partis de l'autre côté du précipice.

C'était une cacophonie gigantesque et folle !

Tous les singes s'étaient rassemblés en une troupe compacte, et, avant de s'enfuir dans des profondeurs qu'on ne pouvait distinguer, ils s'étaient plantés un moment, face à nos compatriotes, et leur avaient montré les dents en agitant leurs bras dans des gestes de convulsive impuissance.

Certainement, si la faille de cent mètres ne les en avait séparés, ils se seraient précipités sur les chasseurs et les auraient broyés.

La bande avait quitté la place comme à regret.

Le singe tué était là, gisant.

Il faisait presque nuit ; mais Dat, qui ne voulait pas l'abandonner, s'en fut le prendre après avoir fait un très long détour et suivi des chemins impossibles.

Quand il revint vers son chef, la nuit était complète, et c'est à la lueur des étoiles que tous deux regagnèrent le campement.

*
* *

Là, tout le monde entoura la bête, et chacun admira sa taille et sa grosseur.

Elle mesurait exactement un mètre vingt centimètres de hauteur, et ressemblait, quant au volume de la poitrine, à un gorille adulte.

C'était un singe de la famille des cynocéphales, à grande crinière blonde, ressemblant, à s'y méprendre, à la crinière d'un lion.

Blessé, cet animal devient très dangereux.

Un jour, Adafré, un tueur d'éléphants, en avait tiré un, avec une carabine à un coup, sans le tuer.

La bête saisit un énorme morceau de bois qui se trouvait à sa portée et se jeta sur lui.

Adafré ne dut le salut, dans cette circonstance, qu'à son sang-froid.

Au moment où la bête levait les bras sur lui, il lui planta son couteau de chasse en pleine poitrine et l'acheva.

Marchand voudrait bien avoir la peau de celle qui vient d'être abattue, mais les indigènes du convoi se refusent à la dépouiller.

Ils disent pour expliquer leur aversion : « Les singes étaient autrefois des hommes qui commirent un grand méfait. Le Bon Dieu, pour les punir, les mit dans l'état où ils sont aujourd'hui. »

Et, pour mieux appuyer leur affirmation, ils montrent à nos compatriotes, comme si ceux-ci l'ignoraient, la ressemblance qui existe entre les mains et les pieds du singe et les membres humains.

Ils font jouer les articulations des pieds et des mains de l'animal, et sont tout à fait amusants dans leurs démonstrations.

Les Sénégalais eux-mêmes, impressionnés par cette conférence, hésitent à porter le couteau sur lui et, si le docteur Emily ne se dévouait, la bête resterait en l'état où elle a été apportée.

*
* *

13 avril.. — Peu après le départ, qui a lieu de bonne heure, la colonne croise en route un ancien officier de la marine haïtienne, M. Sylvain-Bénito, qui monte à Addis-Abeba.

A Tadeltcha-Malca, où l'on fait halte, on rencontre M. de Léontief qui est à Tadeltcha-Malca, depuis quelque temps.

Il revient d'une chasse à l'éléphant, dans le désert des Danakils, à trois jours de marche environ d'ici.

Il raconte lui-même les péripéties de cette chasse.

Accompagné d'une quinzaine d'hommes armés de fusils de guerre et de fusils calibre quatre, il avait cherché durant quelques jours les gros pachydermes, et avait fini par en rencontrer toute une bande:

« Les éléphants, dit-il, étaient en train de s'ébattre et res-

L'un d'eux se précipita sur nous et, ma foi, nous nous sauvâmes comme des enfants.

semblaient à un gros troupeau de moutons gigantesques.

« Il pouvait y en avoir de cent à deux cents.

« Les petits jouaient autour de leurs mères, pendant que les adultes s'amusaient à casser des abrisseaux, et que les plus gros, placés un peu à l'écart, se frottaient gravement le dos contre des troncs d'arbre.

« L'endroit était assez couvert.

« Nous fîmes des feux de salve, blessant plusieurs animaux assez grièvement.

« L'un d'eux, que nous venions de tirer à bonne portée, et qui devait être touché à mort, se précipita sur nous et, ma foi! nous nous sauvâmes comme des enfants ! »

M. de Léontief ajoutait que leurs victimes avaient dû aller mourir à quelque distance de là.

Pour chasser l'éléphant, les Abyssins partent en nombre, armés généralement du simple fusil de guerre, et il n'est pas rare de leur voir user cent cartouches avant d'abattre un de ces animaux.

Ils perdent beaucoup de monde dans ces chasses, où les victimes, des deux côtés, atteignent sensiblement le même nombre.

Les Danakils et les Gallas emploient une autre méthode pour chasser les éléphants.

Ayant remarqué les points d'eau, presque toujours ombragés, où ces pachydermes se rendent, ils font choix d'un arbre au-dessous duquel doit s'arrêter un des buveurs.

Ils s'y perchent à cinq ou six, armés chacun d'une lance spéciale, dont le fer a un mètre de long, et, quand l'éléphant se présente, ils lui décochent, au moment propice, toutes leurs lances à la fois. Les blessures faites par ces armes ne pardonnent pas, et quand l'animal n'est pas tué sur le coup, il est pour le moins blessé grièvement, et les chasseurs le découvriront quelques jours plus tard. Jusqu'à ce moment, ils scruteront avec soin tous les coins de l'horizon, et quand ils verront de nombreux oiseaux de proie tournoyer autour d'un point, ils seront sûrs de trouver là leur bête morte.

***

La mission ne stationne pas longtemps à Tadeltcha-Malca.

On a appris qu'on ne trouverait pas d'eau avant l'Aouache, et il convient de gagner cette rivière au plus tôt.

On repart.

Le soleil est de feu, l'atmosphère est lourde.

Des herbes flétries, les feuilles desséchées, aperçues au bord du chemin, disent assez que la saison chaude arrive à grands pas.

Et le désert ne forme déjà plus qu'une immense surface jaunâtre, calcinée sous un ciel éblouissant.

Les mules se traînent péniblement ; les hommes sont épuisés et ils brûlent avec un regret l'étape de Fantalli.

— Encore marcher !

Cette exclamation répond au sentiment secret des pauvres mules, qui tournent la tête vers Fantalli en hennissant bruyamment.

Pauvres bêtes ! Ce n'est pas là qu'elles pourront se reposer aujourd'hui.

On marche encore, la colonne formant une débandade lamentable, et l'on marche toujours quand la nuit arrive.

Enfin, à sept heures et demie, on aperçoit quelques feux : c'est le campement.

Mais les malheurs ne sont pas finis : tous les mulets sont restés en arrière, les tentes ne sont pas là ; on n'a rien à se mettre sous la dent, les bougies manquent, et, pour comble, il fait une nuit telle que les hommes ont toutes les peines du monde à monter leurs tentes.

Voyant cela, Venail, qui est un peu l'homme des situations difficiles, déblaie rapidement une épaisse broussaille de l'herbe qui pousse autour, et y met le feu.

A la lueur de ce flambeau improvisé, on voit enfin arriver le matériel, après deux heures d'attente.

Quant aux provisions, elle ne sont pas encore rendues, et, comme tous tombent de sommeil, on se couche sans souper.

.·.

14 AVRIL. — A la pointe du jour, on reprend la marche en suivant toujours le plateau qui se prolonge jusqu'au delà de l'Aouache.

A un moment, le commandant s'entend interpeller par Baïssa :

— Regarde là-bas, commandant !... une grande gazelle !

Il lui indique en même temps sur la droite de la route, et à trois kilomètres de là, un point qui se meut.

Baïssa a dit vrai, mais ce qu'il prend pour une gazelle n'est autre chose qu'une énorme antilope, de la grosseur d'un veau.

Elle broute dans le fond d'une encoignure, formée par deux petites chaînes dont les côtés courent, l'un en avant et l'autre en arrière de la route.

Le commandant adjoint à Baïssa deux hommes montés et lui dit :

— Tu vas suivre le bas de la chaîne du côté opposé à la direction de la colonne ; tu tâcheras de pousser l'animal de mon côté, en ayant soin de te tenir tout près de la colline, de façon à ce qu'elle n'ait pas la tentation de la franchir !

Les trois hommes partent au galop de leurs mules.

Marchand et Germain se rendent à pied, du côté opposé.

Arrivés à un kilomètre de la bête, les trois hommes modèrent leur allure et arrivent tout près d'elle sans l'effrayer.

Elle détale alors au petit trot, et vient sur les deux officiers en suivant le bas de l'escarpement.

Un homme à cheval, resté en arrière, se précipite à ce moment dans leur direction.

L'antilope le voit et s'élance sur la colline, à quatre cents mètres environ de Marchand et de son compagnon.

Ceux-ci la tirent pendant qu'elle grimpe, et voient incliner la tête et s'affaisser sur le second coup de fusil.

Baïssa arrive à bride abattue sur elle en criant :

— Elle est morte ! elle est morte !

Mais au même moment la bête se relevait et franchissait la colline péniblement.

Aussitôt un coup de feu part du chemin qui contourne de ce côté l'escarpement.

L'antilope ne tarde pas à tomber à genoux, et regarde avancer les chasseurs la tête dressée en bataille, et sans faire un mouvement.

Elle est superbe dans cette attitude, avec ses cornes effilées en aiguille et hautes d'un mètre.

Germain est presque sur elle.

Marchand lui crie : « Prenez garde ! »

Recommandation inutile : il visait déjà la bête.

Sur son coup de feu, elle inclina la tête, elle était morte.

Son corps portait la trace de trois balles et nos compatriotes apprenaient, en rentrant au camp, que la détonation qu'ils avaient entendue était due à un chasseur abyssin qui avait tiré et blessé à son tour l'antilope, au moment où elle s'engageait dans la direction suivie par la colonne.

Un peu plus tard, comme Germain racontait cette chasse à un prince indigène, celui-ci dit :

— Il faut bien prendre garde de ne pas s'approcher de ces bêtes quand elles sont blessées à mort.

« Elles foncent sur le chasseur et j'ai vu un cavalier avoir son cheval traversé et être lui-même blessé par les cornes d'une antilope ! »

Trois heures après le départ, la colonne passait l'Aouache, et ne tardait pas à arriver à Katchénouaa, un joli endroit, très ombragé, où coule un clair petit ruisseau.

*
* *

15 avril. — La plaine brûlée s'allonge de nouveau devant la colonne ; le soleil darde ses rayons de feu, et, malgré l'heure matinale à laquelle on s'est mis en route, on n'aborde pas le massif montagneux qui précède Lagaardin avant huit heures.

Les mules, fatiguées par les longues étapes des jours précédents, vont à une allure lente, et l'on ne met pas moins de trois heures et demie à le franchir.

Va-t-on, enfin, pouvoir camper à Lagaardin ?

Hélas ! non !

Le campement est, aujourd'hui, à une heure de là, et c'est à peine si les bêtes, qui se sont reposées juste une demi-heure, peuvent mettre un pied devant l'autre, à l'arrivée.

Le lendemain, 16, la mission atteint le lac Tchercher, et, à mesure qu'elle avance, la température devient plus clémente.

Le 17, on brûle Boroma et l'on entreprend, aussitôt après, l'escalade des grandes montagnes de Counni.

Une brise légère et parfumée arrive des forêts ; les poumons respirent librement, et chacun retrouve un peu de cette bonne gaîté qui avait fait défaut les jours précédents.

A la chasse, où Baratier se rend de Counni, il se produit un petit incident assez curieux.

Au sommet d'une crête escarpée, couverte de grands arbres, le capitaine, qui est accompagné d'un tirailleur et d'un abyssin, est reçu par une famille de singes, de la variété appelée communément *mylord*.

Ils font entendre, à l'approche, des ricanements prolongés et poussent des cris suraigus.

Baratier regardait, surpris, quand une grêle de bois mort et de branches cassées tomba tout à coup sur lui et ses deux hommes.

Mais c'est une attaque !

Ah ! messieurs les singes, pensa-t-il, en épaulant son fusil, il va vous en cuire !

Le tirailleur et l'Abyssin ont vu son mouvement, ils l'imitent, et trois bêtes tombent d'un coup, pendant que les autres s'enfuient, affolées.

* * *

19 AVRIL. — Le prince Biratou, qui fait un accueil enthousiaste à la mission, veut, à toute force, faire visiter à nos compatriotes les territoires qu'il commande.

Il est tout là-haut, perché au-dessus d'Irna, dans une position difficilement accessible, où il faut se rendre par des sentiers muletiers.

L'invitation est si gracieusement faite qu'il n'est pas possible de la refuser.

Marchand et ses compagnons d'armes sont en selle à cinq heures et ils s'engagent tout de suite dans une succession de montagnes toujours plus élevées.

Il fait encore nuit : c'est tout juste si l'on voit le chemin.

Mais peu à peu l'aurore se lève, et l'on commence à distinguer de jolis bois, quelques prairies verdoyantes.

Au grand jour, chacun se frotte les yeux, croyant rêver.

Nos compatriotes sont transportés dans un monde féerique.

Le sentier, très étroit, laisse à droite et à gauche de magnifiques forêts vierges, couvertes de mousses et de lianes épaisses.

Des arbres, cédant sous le poids des ans, sont tombés sur d'autres arbres, et il s'en échappe des végétations parasitaires formant un fouillis inextricable.

Des troncs barrent souvent la route.

Quelques-uns gisent à terre ; d'autres sont seulement inclinés vers le sol, et il faut se livrer à une gymnastique variée, soit pour les contourner, soit pour passer dessous en les évitant.

A une éclaircie, un abîme de six à huit cents mètres de profondeur part du chemin pour se terminer en pente douce à une jolie vallée, couverte d'un beau tapis d'herbe vert mousse.

Plus loin se dresse un piton, d'où le désert des Danakils se découvre sur une immense étendue.

Ses tons roux, jaunâtres, ses montagnes arides, calcinées par le soleil, son aspect désolé forment une opposition complète avec le pays riant des alentours.

De la forêt et des prairies, des senteurs parfumées s'élèvent, embaumant l'air.

Nos officiers seraient tout au charme de cette belle nature, si leur attention n'était constamment détournée par les accidents du terrain, par les précipices qui bordent la route à chaque instant, et où une chute serait infailliblement mortelle.

A neuf heures, ils s'arrêtent pour déjeuner au milieu d'une clairière qui semble inviter au repos.

Un grand arbre les couvre de son ombre, et ils passent là deux bonnes heures avant de se mettre en marche.

Il fait chaud, mais des voûtes de branchages qui se dressent sur presque tout le long de la route, en gigantesques parasols, servent d'abri contre les rayons du soleil, et l'éblouissement de nos voyageurs n'a pas cessé quand ils arrivent à deux heures et demie chez le jeune prince.

Telle qu'un nid d'aigle, sa résidence s'élève sur un point culminant, entourée d'une triple rangée de palissades.

La première contient l'habitation principale ; la seconde est vide, et, dans la troisième, les maisons des guerriers se pressent les unes contre les autres.

Du sommet où elle se trouve placée, elle regarde le désert et tous les pays environnants, constituant un poste avancé de premier ordre.

Trois fois attaqués par les indigènes, depuis l'occupation, elle a pu repousser trois fois leurs assauts, menés, nous dit-on, avec une vigueur peu commune.

Dire que les membres de la mission furent reçus là en amis serait superflu.

*
* *

20 avril. — S'il est difficile de monter à Borada, il n'est guère plus facile d'en descendre.

La plus grande partie de l'étape du 20 est consacrée à ce soin.

Mais quand on en a fini avec le massif montagneux de Boroda, il faut aborder celui de Tchalenko (montagne).

Ces exercices violents poursuivis de cinq heures du matin à trois heures du soir ne laissent pas que d'être fatigants.

A Tchalanko, des milliers de feux se montrent dans tous les creux de ravins, dans toutes les vallées, et, de tous les points de l'horizon, des petites colonnes de fumée bleuâtre vont se perdre dans l'azur du ciel.

Ces feux sont allumés de place en place par les indigènes.

C'est un moyen pour détruire les mauvaises herbes avant de procéder aux semailles.

Le 21, on brûle Couloubi... On brûle Yaamata.

Pour un peu, l'on irait d'une seule traite à Djibouti

Et l'on arrive au lac Aramaya, sous une pluie battante, à six heures du soir, après avoir marché onze heures et demie.

Naturellement, toutes les provisions sont restées en arrière et

L'antilope détale alors au petit trot.

nos vaillants soldats n'ont à se mettre sous la dent que les restes du déjeuner froid du matin.

Le 23, arrivée à Harrar à neuf heures.

Les tentes sont dressées en dehors de la ville, mais le raz Makonnen tient à donner asile chez lui à tous les membres de la mission.

Des chambres pour les officiers, des cases pour les soldats, sont aussitôt préparées dans l'intérieur de son palais.

Et, le soir même, de grandes réjouissances publiques sont organisées en l'honneur de l'illustre commandant Marchand et de ses intrépides compagnons.

CXXXII

HARRAR

Un brillant cortège. — Hospitalité princière. — Chez les Pères. — Hymnes e compliments. — La danse de David. — Une chasse au léopard. — Joyeus(journée. — Une retraite sans flambeaux. — Délicieuse émotion. — Hommag(des patriotes. — Une lettre de Marchand. — Départ pour Djibouti.

La nouvelle église et la place du marché à Harrar.

Comme bien on pense, l'arrivée de la mission à Harrar ne s(produisit pas si simplement.

A quelques kilomètres de la ville, comme la colonne débouchai(sur un plateau qui s'étendait au loin, l'armée du raz Makonnei. apparut, venant au-devant de nos vaillants soldats.

Un vrai coup de théâtre !

Il y a là, tant en cavaliers qu'en fantassins, un grand déploiement de forces, qu'accompagne tout un monde de serviteurs.

Le soleil vient de se lever ; il éclaire toute cette masse et fai(

miroiter l'or et l'argent des boucliers, les fers des lances et les fusils.

Les tons rouge, orange, vert et gris sombre des uniformes se marient dans un ensemble réjouissant.

Mais voici le raz qui s'avance.

Il est entouré de sa maison militaire, et suivi de gens qui soufflent dans de grandes trompettes, de longues flûtes, ou jouent de la guitare (*massinco*).

Il sort de ces instruments des sons barbares tout à fait en harmonie avec ces visages d'Africains bronzés, aux traits énergiques.

Les guitares donnent en même temps, avec leur cordes profondes, des tonalités en mineur, étranges comme sonorité grave.

A quinze pas de nos officiers, le raz descend de sa mule.

Nos compatriotes l'imitent.

Le commandant Marchand et le prince se rejoignent et se donnent l'accolade.

Les présentations ont lieu, puis on reprend notre route, les cavaliers devant, le raz et le chef de la mission marchant de front, et les fantassins suivant sur leur flanc droit.

Ils se masseront plus tard à droite et à gauche du chemin.

Le plateau est couvert d'immenses prairies et de champs de dourah dont la récolte est faite.

A peine la colonne y est-elle engagée que les cavaliers s'élancent à bride abattue dans toutes les directions et se livrent à des combats simulés de lances.

La lance est remplacée par de longues cannes en roseau.

Ils vont, viennent, se suivent, se dérobent et s'envoient des projectiles à fond de train.

Ils parent les coups avec les boucliers d'une façon très habile et, quand ils sont pris de court, ils s'arrêtent brusquement ou se jettent à bas de leurs montures.

Néanmoins ils se laissent toucher quelquefois, et tout bénin que paraisse ce jeu, il y a quand même des écorchures, quelques chutes graves.

Ces exercices, qui donnent le vertige tant ils sont rapides et mouvementés, durent jusqu'à l'arrivée à Harrar.

Le raz va dans sa tente, et vient peu après rendre visite au commandant.

C'est un homme de quarante ans, aux traits fins et délicats,

On le dirait presque timide, mais cette timidité a tout l'air de cacher une profonde finesse et une énergie peu commune.

Il passe d'ailleurs pour un diplomate consommé, et s'est battu très bravement pendant la guerre, notamment à Adoua, où il a reçu deux blessures.

Après son départ, nos compatriotes voient arriver toute une armée de serviteurs et servantes, ces dernières accompagnées d'un eunuque, qui apportent les provisions les plus variées et en quantité considérable.

Ces Abyssins agissent vraiment d'une façon royale et mettent tout en œuvre pour fêter les soldats de la France.

*
* *

Un peu plus loin, ce sont les pères de la mission catholique de Harrar qui viennent saluer la poignée de braves commandés par Marchand.

Puis, les Français de Harrar qui viennent les presser dans leur bras.

Doux instants après de si cruelles années !

Un peu avant la ville, le chemin longe des deux côtés de grands champs de caféiers, de bananiers, de dourah, de cannes à sucre.

Bientôt la colonne arriva en haut d'une petite colline d'où l'on aperçoit tout le panorama de la ville, et un spectacle saisissant s'offre aux regards.

Les terrasses des maisons, les chemins, les champs, le mur d'enceinte sont couverts de monde.

Le fort de Harrar est entouré d'une dizaine de cordons circulaires de soldats, qui s'étagent en amphithéâtre, et des troupes en masses compactes sont groupées aux abords de la ville.

Bientôt, le canon tonne, les musiques jouent et les murmures de la foule s'élèvent en un brouhaha sourd.

Notre héroïque colonne marche maintenant au milieu d'une double rangée de guerriers qui présentent les armes, et arrive peu après à la porte principale de la ville.

Le raz s'y tient, entouré de tous ses chefs.

Tout le monde met pied à terre.

Il y a échange de paroles amicales entre le commandant et le raz ; puis, on conduit la mission par des rues tortueuses, bondées d'une foule qui s'écrase, sur une place où le clergé de la province la reçoit en grand apparat.

L'archiprêtre présente la croix au commandant qui baise ensuite de la meilleure grâce du monde les saintes images portées par des prêtres.

Trois dignitaires de l'église s'avancent aussitôt après, en rythmant un pas cadencé, soutenu par les sons de gros tambours.

Arrivés devant le groupe des officiers, ils reculent et s'avancent de nouveau, pendant que le clergé entonne une sorte de mélopée monotone.

*　*　*

Après la cérémonie, toujours à pied et entourés des grands personnages de la province, nos compatriotes se rendent dans la maison du raz.

Il les fait monter sur la terrasse supérieure, et ils assistent de là à un spectacle d'un nouveau genre.

Toutes les troupes, quinze ou vingt mille hommes environ, s'échelonnent par rangs successifs, du bas de la ville jusqu'au sommet du fort.

Sous le soleil qui flamboie, c'est un éblouissement de costumes multicolores et de tons jaune, vert, rouge, les trois couleurs des étendards éthiopiens.

A un signal donné du fort par un coup de canon, une fusillade nourrie éclate au premier rang et se prolonge sans interruption jusqu'au dernier.

C'est le bouquet de la cérémonie, et quel bouquet! Dès ce moment, nos compatriotes sont les hôtes du raz.

Apprenant qu'ils ont fait dresser leur campement aux portes de la ville, il s'empresse de mettre à leur disposition son palais repeint, décoré et tapissé à neuf pour la circonstance.

Tous les membres de l'expédition y coucheront et y prendront, jusqu'à leur départ, leurs repas préparés par les cuisiniers du prince.

Le sentiment qui se dégage de cette réception est qu'elle dépasse la portée d'un événement ordinaire.

La mission est reçue, de l'aveu même des vieux Éthiopiens, d'une façon qui n'a pas de précédent.

Et cette démarche du clergé, venu en corps pour la saluer, a surpris tout le monde.

Car le clergé abyssin, très puissant, forme le noyau du vieux parti éthiopien, c'est-à-dire du parti hostile aux Européens.

Le palais du raz Makonnen à Harrar.

* * *

Le lendemain, 24 avril, nos compatriotes se voient obligés d'assister à la messe des Pères français de Harrar.

Tous les Français de la ville sont présents, et, à l'issue de la cérémonie, on présente à Marchand les enfants élevés par les missionnaires.

Deux d'entre eux récitent des vers de circonstance, gentiment tournés et chantant un hymne en l'honneur de la mission Congo-Nil et de la France.

En quittant les Pères, le commandant et son état-major se rendent chez le raz à une réception des grands chefs de l'armée de Harrar, et l'impresion qu'ils en rapportent est des plus profondes.

Ces hommes ont des têtes mâles et énergiques, qui respirent la force et l'intrépidité, et on n'est pas surpris, en les voyant, des prodiges d'audace que les troupes abyssines savent accomplir.

Ces chefs sont, en effet, de rudes guerriers, et s'ils n'ont, en général, ni une taille élevée ni même une apparence très robuste, ils sont d'une résistance à toute épreuve et capables de s'élancer à l'attaque résolument, après avoir couru toute une journée dans leurs montagnes sans boire ni manger.

En campagne, la sobriété est d'ailleurs chez eux une règle étroite, et l'habitude de marcher nu-pieds leur donne une grande supériorité sur des troupes européennes.

L'un d'eux dit à Marchand :

— Vos souliers sont une gêne; vous glissez à chaque instant, et il vous serait impossible de soutenir une allure rapide dans nos pays escarpés!

Ils sont de plus en plus résolus jusqu'à la témérité, et n'hésisitent pas à attaquer le lion et la panthère au fusil et à l'arme blanche.

Les dépouilles de ces bêtes féroces, que beaucoup d'entre eux portent sur leurs épaules, le prouvent surabondamment.

Nul ne peut s'en revêtir s'il n'a tué lui-même l'animal.

En résumé, les officiers du raz Makonnen ne le cèdent en rien à ceux du négus lui-même.

*
* *

25 avril. — Un instant après le lever, le commandant Marchand et ses camarades sont convoqués pour aller rendre la politesse que leur a faite le clergé de Harrar en allant à leur rencontre, et pour assister en même temps à un office abyssin.

— Quand pourrons enfin nous reposer?

Tel est le cri de chacun.

Mais ce moment d'humeur est vite dissipé.

A peine nos compatriotes ont-ils pénétré sous les arcades de l'église réservées aux assistants, qu'une cinquantaine de prêtres, vêtus de longues robes blanches et coiffés d'une sorte de toque blanche, se mettent à chanter les Psaumes de David sur un ton de psalmodie des plus monotones.

Ils marquent la cadence avec leurs pieds, leurs mains et le haut du corps, tout en agitant un instrument de forme triangulaire.

Les deux extrémités en sont reliées par des baguettes mobiles qui rendent un son de ferraille.

Deux prêtres tapent en mesure sur de gros tambours.

Les psaumes sont terminés, on récite l'évangile du jour, et la messe commence à l'intérieur du temple.

Aucun profane n'y pénètre, mais de dessous le péristyle où se trouvent les visiteurs, on entend l'office et on voit un large rideau lamé d'argent qui cache l'autel.

Au moment de la communion, trois prêtres et deux enfants de chœur sortent, toujours psalmodiant ou exécutant un pas cadencé, qui se prolongera jusqu'au moment où ils rentreront dans le sanctuaire.

— La danse de David devant l'Arche! — murmure Baratier.

Les enfants de chœur ont en main une ombrelle qu'ils maintiennent au-dessus du saint ciboire porté par un prêtre.

Le pain et le vin y sont contenus, les fidèles communient sous les deux espèces.

Malheureusement, personne ne s'est présenté pour communier.

Après la cérémonie, qui a duré environ deux heures et demie, tout le clergé en chœur a chanté un cantique en l'honneur de la France.

*
* *

Les journées du 27 et du 28 avril sont consacrées à la visite de la ville et des environs.

Vue de loin et dans le magnifique décor où elle est placée, Harrar ne manque pas d'originalité.

Des monts élevés entourent de tous les côtés la colline sur laquelle s'élève la ville, et l'un d'eux, le Gondoro, atteint trois mille deux cents mètres d'altitude.

Une succession de champs, qu'on appelle ici des jardins, s'étend au loin dans la campagne.

Mais si l'on visite la ville en détail, l'originalité fait place à la banalité et au désordre.

Les maisons, construites en pierre et en pisé grisâtre, ont un ton uniforme et sombre.

Les paillotes, de forme ronde, faites en tiges de dourah reliées par des cordes et recouvertes de toits de chaume, sont noires et tapissées de toiles d'araignée.

Les rues sont coupées par endroits de véritables seuils de roches qui en rendent l'accès pénible et même difficile.

Peu de monuments originaux.

A citer seulement l'église abyssine, édifiée sur l'emplacement de l'ancienne mosquée; le minaret de cette mosquée, qui a été conservé ; et, derrière l'église, affectant des dimensions de palais, une vaste maison en construction destinée à l'empereur.

Elle n'a rien de particulier, si ce n'est un essai d'ornementation indien assez étrange.

Seule, la grande place de Harrar offre quelque intérêt.

En face de l'église, qui occupe un de ses côtés, se dresse la résidence actuelle du raz, vaste agglomération de constructions bizarres de tout ordre.

A l'entrée, un curieux portail ornementé de queues d'éléphants et surmonté de deux lions en plâtre qui regardent la place.

Les queues d'éléphants sont rapportées en grand triomphe par les heureux chasseurs de ces pachydermes.

En somme, la ville est maussade pour ne pas dire plus; mais il n'en est pas de même des environs, où la vue se repose avec plaisir.

*
* *

Les champs partent du mur d'enceinte et occupent tout l'espace compris entre ce mur et le sommet des montagnes environnantes.

Ils sont cultivés, irrigués et entretenus avec art.

Les caféiers surtout, entourés d'une petite cuvette formant réservoir, sont l'objet de soins tout particuliers ; et l'on a plaisir à voir ces petits taillis verdoyants qui grimpent de tous les côtés jusqu'à l'horizon.

Les Harraris passent d'ailleurs pour des agriculteurs soigneux et intelligents.

Et l'on n'est pas surpris que leurs champs aient été baptisés du nom de jardins.

Sait-on qu'une partie du café vendu en Europe sous le nom de Moka provient de leur pays ?

Grâce à eux, le Harrar est un véritable grenier d'abondance, autour duquel se sont exercées, ces vingt-cinq dernières années, les plus vives convoitises.

La terrasse du palais.

Les Égyptiens l'envahirent d'abord en 1875 et le gardèrent sous leur dépendance jusqu'en 1884.

A cette époque, les Anglais, après avoir aidé l'ancien émir du pays, Abdou-Laï, à les en chasser, essayèrent d'y établir un semblant de protectorat, tout en conservant à Abdou-Laï ses pouvoirs; mais ce dernier ne tarda pas à se déclarer indépendant.

A son tour, l'empereur Ménélik, se souvenant que le Harrar avait été autrefois province éthiopienne, résolut d'en faire la conquête.

Il entra dans le pays, battit les troupes d'Abdou-Laï et le fit lui-même prisonnier (janvier 1887).

Il le renvoyait peu après à Harrar, où il s'occupe encore aujourd'hui, sous la dépendance d'un raz, de l'administration du pays.

L'occupation abyssine, solidement établie, peut être considérée comme définitive.

Après ces épreuves successives, les Harraris eurent encore à subir en 1890 une épidémie de choléra terrible, qui fit périr un bon tiers de la population.

Est-ce l'habitude du malheur qui les a ainsi façonnés?

Ils sont tristes, mornes, et un profond découragement, voisin de l'abêtissement, se lit sur la plupart des physionomies.

*
* *

29 avril. — Déjeuner chez le représentant de la maison Tian, l'aimable M. Guigniony, bien connu de tous les Européens de passage à Harrar.

Après le déjeuner, M. Guigniony dit :

— Messieurs, un négociant grec d'ici, M. Marcos, m'a fait promettre d'aller ce soir à sa campagne... C'est une belle chevauchée. Venez-vous avec moi?

— Bien volontiers!

Nos compatriotes n'étaient pas fâchés de cette occasion de promenade : la vie de Harrar est si monotone!

Un moment après, ils couraient à cheval dans la campagne.

Mais leur allure ne tardait pas à se ralentir.

Ils côtoyaient des ravins béants, d'affreux précipices, et force leur était d'aller au pas, quelquefois même de mettre pied à terre.

Enfin, après deux heures d'une marche très pénible, ils arrivèrent à Hérer, sur les propriétés de M. Marcos.

Ces propriétés occupent le fond d'un vaste cirque, à mille six cents mètres d'altitude, et sont dominées par le Gondoro qui s'élève, comme on sait, à trois mille deux cents mètres.

Le site est à la fois sauvage et charmant.

En haut, de tous les côtés, des pics abrupts et dépourvus de végétation se dressent dans un désordre chaotique.

Au fond du cirque, un joli filet d'eau miroite au soleil et coule capricieusement entre des plantations de café, des champs de coton, d'indigo, de dourah, de piment, de canne à sucre.

Les visiteurs sont reçus à bras ouverts par M. Marcos et par quelques invités qu'il a réunis. Ces messieurs se lèvent et l'on voit, suspendus au milieu d'une hutte en feuilles de bananier, improvisée pour le déjeuner, les restes d'un mouton qui avait été cuit tout entier à la broche.

On se promène dans les propriétés et on cause :

— De loin en loin, — dit M. Marcos, — on signale le lion dans les environs, et un de mes serviteurs a vu ces temps derniers un léopard tout près d'ici !

A ce mot de léopard, M. Guigniony bondit :

— Un léopard !... Mais il faut organiser un affût... Il faut rester là ce soir !...

Tous appuient la motion.

Songez donc : une chasse au léopard ! Quelle aubaine !

Malheureusement on n'a pas emporté les fusils qui conviendraient pour tirer une pareille pièce.

Les provisions de bouche aussi font défaut, et, malgré l'impatience de chacun de se mesurer avec les grands fauves, force est de remettre la partie au surlendemain.

*
* *

En rentrant le soir à Harrar, voyageant déjà en pensée à la poursuite du léopard, nos compatriotes remarquent, dans les rues aboutissant à la grande place, quantité de personnages à mule, accompagnés d'une nombreuse escorte à pied.

Ce sont, paraît-il, des chefs abyssins se rendant à une réception du raz.

Le lendemain, 30, grand marché sur l'une des principales places de Harrar.

Du palais du raz, on suit, pour y parvenir, une rue en pente rapide et coupée de rochers, dont toutes les maisons sont des boutiques.

Là, des Grecs et des Arméniens vendent de la quincaillerie, des étoffes, des armes, des cartouches, etc.

Ces boutiques sont précédées de larges estrades, sur lesquelles tous ces articles s'étalent pêle-mêle dans un désordre pittoresque.

De nombreux indigènes se tiennent devant, et débattent avec animation le prix de vente.

Ils sont abrités des rayons du soleil par les toits des maisons qui débordent des deux côtés de la voie et se rejoignent presque.

La place elle-même, bordée de boutiques semblables, est remplie par les gens du pays, qui ont apporté des échantillons de tous les produits de la province.

Dourah, canne à sucre, piment, galettes de pain, petits tas de bois, beurre, légumes, etc., tous ces produits sont là, contenus dans une multitude de petites corbeilles.

La foule s'y écrase littéralement.

Vendeurs et acheteurs y discutent avec force gestes, et il s'en élève un brouhaha assourdissant.

Au moment où les lieutenants Largeau et Mangin, qui se sont aventurés là, se retirent, une caravane d'ânes, chargés de ballots de café, produit une bousculade terrible.

Les deux officiers jouent des coudes ; les indigènes qui les accompagnent poussent devant, à droite, à gauche, et ils finissent par se dégager et par gagner une rue adjacente.

Ouf !

1er MAI. — C'est le grand jour, celui des exploits cynégétiques !

Le capitaine Baratier, le Dr Émily et le sergent Dat accompagnent le commandant.

Leurs camarades leur font promettre de rapporter des griffes de lion, et saluent joyeusement leur départ.

Les quatre chasseurs rejoignent M. Guigniony qui emmène M. X... (nous ne nous croyons pas autorisé à citer le nom), et la petite troupe, escortée d'une dizaine d'hommes, et largement approvisionnée d'armes et de munitions, s'ébranle vers midi.

Tous devisent joyeusement.

Les lazzis courent, et les échos des montagnes semblent se mettre à l'unisson, tant ils renvoient, avec une sonorité inaccoutumée, les joyeux propos.

Cette journée s'annonce bien ; il va sûrement se passer quelque chose.

Enfin, le but du voyage est atteint.

On s'installe dans un campement improvisé, et les quatre

membres de la mission vont reconnaître le terrain, pendant que M. Guigniony et M. X... s'occupent des préparatifs du repas.

La ville de Harrar, vue du palais.

Nos quatre chasseurs avisent sur une montagne escarpée un coin propice.

Il est situé au-dessous d'une vaste hutte habitée par un serviteur de M. Marcos.

Ils seront bien là ; quelques buissons protecteurs serviront d'abri, et la chèvre qu'ils ont donné mission d'acheter, appellera les fauves à coup sûr.

Pour être certains qu'elle ne faillira pas à sa tâche, on lui attachera à la patte une corde qu'elle tirera de temps en temps.

Contents d'eux, nos compatriotes grimpent jusqu'à la hutte, en pensant que devant six chasseurs intrépides et six bons fusils, léopards et lions n'auront qu'à bien se tenir.

Ils interviewent le propriétaire de la hutte, pour être bien sûr de leur fait.

C'est un Abyssin qui sert d'interprète :

— Y a-t-il des fauves dans le pays? En voit-on souvent?

Notre homme répond :

— Oh! oui, il en vient quelquefois; de temps en temps, on en entend un... un!

Ce qui veut dire, en bon français : on en signale un tous les six mois.

Les quatre chasseurs se regardent comme des augures.

Émily, qui n'y tient plus, éclate de rire.

Les autres l'imitent et, pendant tout un moment, tous se tiennent les côtes dans un fol accès d'hilarité.

— Cependant, reprend le bonhomme, qui a suivi leurs mouvements d'un air profondément ébahi, si vous voulez voir des lions et des léopards, il faut aller à deux heures dans la direction des montagnes qui sont au couchant!

Nos compatriotes respirent.

Deux heures, mon Dieu, ce n'est pas le diable.

Ils en seront quittes pour marcher un peu plus.

Mais, à leur air de sérénité, l'homme se doute qu'il y a méprise.

Il répète son propos, et il se trouve que ses paroles ont été mal traduites.

C'est deux jours et non deux heures qu'il a dit!

*
* *

Les rires repartent de plus belle.

L'indigène, de plus en plus stupéfait, n'y comprend goutte, et on le laisse à son ahurissement, en lui disant qu'on viendrait coucher chez lui après le repas.

Le fond de la vallée est fiévreux, et il convient de s'assurer un refuge pour la nuit.

De retour au campement, on raconte l'aventure.

M. Guigniony s'en amuse, mais M. X..., qui comptait fermement se mesurer avec son lion, apprend d'abord la nouvelle avec stupeur; puis, il s'emporte, traite de mauvais plaisant M. Guigniony, qui l'a entraîné et s'est amusé à ses dépens, et ne cesse de maugréer jusqu'au moment de se mettre à table.

Le repas qu'on nous sert est exquis.

M. X..., qui s'y connaît, a particulièrement bien dirigé les opérations, et la satisfaction des convives à savourer le menu qu'il a préparé lui rend sa belle humeur.

Il était écrit pourtant que cette journée ne se passerait pas d'une façon ordinaire.

On avait oublié les bougies. La nuit tombe, on n'y voit plus.

Comment faire?

Les hommes ont une idée de génie.

Ils amassent une quantité de feuilles de cannes desséchées, en fabriquent des torches, qu'ils remplacent au fur et à mesure qu'elles se consument, et le dîner s'achève à la lueur de ces flambeaux improvisés.

Après avoir porté force toasts à la mort du lion, les convives se lèvent de table dans une confusion d'autant plus grande que le brasier formé par les restes accumulés des torches, jette ses derniers feux.

Il s'agit maintenant de gagner la hutte sur la montagne.

Mais les feuilles de canne ont été complètement employées, et l'on n'a plus aucun combustible sous la main.

Nos chasseurs se mettent quand même en route, en éclairant tant bien que mal leur marche avec des allumettes enflammées, et ils arrivent exténués à la hutte.

Là, ils s'étendent pêle-mêle, sur des nattes, à la belle étoile.

Nemrods déconfits, ils rentrent, le lendemain, de grand matin, à Harrar, avec quatre pintades, délicat gibier, sans doute, mais qui ne suffit pas à faire taire les railleurs.

*
* *

2 MAI. — En revanche, une grande joie, une délicieuse émotion attendait le commandant Marchand et ses camarades, ce jour-là, à leur retour à Harrar.

Vers le milieu du jour, alors que les membres de l'expédition faisaient leurs préparatifs de départ pour le lendemain, un courrier spécial de Djibouti arriva, qui remit au chef de la mission un pli cacheté.

C'était une lettre d'un Français, venu spécialement en Abyssinie pour offrir au glorieux commandant une médaille d'or frappée en son honneur.

Le tombeau du cheik Abader, fondateur de la ville de Harrar.

On n'a pas oublié, en effet, que la Ligue des Patriotes, ou plutôt son organe, le *Drapeau*, avait pris l'initiative d'une souscription nationale destinée à témoigner au héros de Fachoda l'admiration et la reconnaissance des Français.

De plus, il avait été décidé qu'un délégué spécial se rendrait en Abyssinie au-devant de la mission, pour remettre à son illustre chef la médaille d'honneur, fruit de cette souscription.

Le délégué choisi était M. Georges Thiébaud.

On se souvient que, pour remplir sa mission, il avait demandé à prendre passage sur le croiseur le *d'Assas*, que le gouvernement avait décidé d'envoyer à Djibouti.

A TRAVERS L'AFRIQUE

Voici d'ailleurs la lettre qu'il avait adressée, à cet effet, à M. Lockroy, ministre de la marine :

Monsieur le ministre,

J'ai sollicité, ce matin, l'honneur d'être reçu par vous. Je vous demande la permission de vous exposer l'objet de cette visite.

Je désirerais obtenir de votre bienveillance l'autorisation d'embarquer sur

Le téléphone à Harrar.

le croiseur désigné pour aller chercher à Djibouti le commandant Marchand.

Je suis chargé de porter et de remettre à cet héroïque officier une médaille d'or frappée à son intention.

Cette médaille lui est offerte par souscription des abonnés du journal *Le Drapeau*, qui sont, en grande partie, les membres de la ligue des Patriotes, aujourd'hui l'objet d'une information judiciaire.

Le fait que les membres de cette ligue prévenus, mais non condamnés, pour infraction à l'article 291 du Code pénal, ont immédiatement adopté une forme de groupement hors des atteintes de la loi et, pour tout dire, irréprochable, met le gouvernement à l'aise et vous laisse particulièrement toute latitude pour répondre favorablement à la demande que j'ai l'honneur de vous adresser.

Au surplus, les sociétés patriotiques n'auraient aucune raison d'être, si elles n'apportaient pas plus d'initiative et d'empressement encore que les autres citoyens à exalter dans les cœurs le culte des hommes d'action, l'admiration des exploits utiles au développement de l'influence nationale et des vertus de la République.

Je tiens, monsieur le ministre, à vous exposer le plus clairement possible le but et la portée morale de ma mission, afin que vous puissiez les approuver en toute connaissance et me délivrer avec plaisir, en tout cas, sans équivoque et sans regret, l'autorisation spéciale que j'espère de votre particulière bienveillance pour les journalistes qui vous comptèrent pour l'un des leurs.

Veuillez agréer, monsieur le ministre, l'expression bien respectueuse de mes sentiments de haute considération.

Georges Thiébaud.

Paris, 30 mars 1899.

Le ministre de la marine répondit à cette lettre, en disant que l'envoi d'un croiseur au-devant du commandant Marchand résultait d'une décision en conseil des ministres, et que cette même décision, qui liait le ministre de la marine, comportait qu'il n'y aurait à bord du croiseur aucun passager étranger au service.

Le délégué du *Drapeau* ne s'arrêta pas à ce mauvais vouloir officiel.

Il partit pour Djibouti, *via* Rome et Brindisi, et dès qu'il eût mis le pied sur la côte africaine, il s'efforça de trouver le moyen d'aller à la rencontre de la mission.

Mais le gouverneur de la côte de Somalis, dûment stylé par le gouvernement, multiplia les obstacles sous les pas de M. Thiébaud.

Force fut à celui-ci de renoncer à son projet, mais il parvint à organiser clandestinement une petite caravane qu'il chargea d'aller au-devant du commandant et de lui remettre une lettre lui annonçant la mission dont l'avaient chargé les patriotes de France.

C'est cette lettre qui fut remise à Marchand le 2 mai.

Il est superflu de dire quelle intense et douce émotion quand il apprit que ses luttes et souffrances pour la Patrie trouvaient un écho dans le cœur de tous ses concitoyens.

Des larmes montèrent à ses yeux...

*
* *

Le courrier avait ordre de repartir le jour même avec la réponse du commandant.

Il devait brûler les étapes et rejoindre Djibouti dans le plus court délai.

Marchand lui remit la lettre que voici :

Monsieur,

Je veux que vous emportiez l'assurance des sentiments très sincères de reconnaissance et de gratitude avec lesquels le chef et les officiers de la mission française reçoivent ce précieux témoignage d'estime de leurs compatriotes.

En faisant l'éloge des braves compagnons qui m'ont suivi et qui reviennent tous avec moi, vous m'avez parlé un langage qui me va droit au cœur et m'inspire presque un trop grand orgueil de les avoir commandés.

Nous restons fortement convaincus de n'avoir fait que juste notre devoir de soldat, tout notre devoir, et d'avoir essayé de le faire silencieusement. A ce titre, la mission française du Nil peut avoir été un exemple petit, à défaut d'un plus haut et d'un plus grand.

C'est sans doute cela dont la Ligue des Patriotes et le « Drapeau » ont voulu garder le souvenir en le rappelant sur leur médaille.

Veuillez donc leur dire à votre retour que nous sommes fiers d'en avoir été jugés dignes, heureux de la recevoir et jaloux de la conserver.

MARCHAND.

En quoi consistait cette médaille ?

Quel était le mobile précis de ceux qui avaient organisé la souscription qui permit de la faire frapper ?

Pour répondre à cette double question, on ne peut mieux faire que de reproduire l'interview suivante prise au président de la Ligue des Patriotes, Paul Déroulède, qui était alors enfermé à la prison de la Santé :

Les dépêches annoncent que le commandant Marchand sera dans quelques jours à Djibouti, où Georges Thiébaud vient de parvenir, pour saluer le premier, au nom de tous les patriotes, le héros de Fachoda.

Il y a deux nobles cœurs qui, plus que tous les autres, peut-être, se sont réjouis hier de la double nouvelle.

Ce sont les deux prisonniers de la Conciergerie, Paul Déroulède et Marcel Habert.

N'est-ce pas eux qui, du fond de leur cellule, avaient inspiré à Georges

Thiébaud l'idée d'aller ainsi, sur la terre africaine, porter au grand soldat l'acclamation de la France entière

Je les ai surpris, dans le parloir de la prison — le dernier salon où l'on cause — au moment justement où, avec de nombreux amis, ils s'entretenaient de l'événement.

Déroulède, un peu amaigri peut-être, l'œil brillant, parlait d'abondance.

— Avant la fin de la semaine, Marchand aura reçu l'hommage que Georges Thiébaud s'est chargé de lui porter. C'est une médaille d'or, de grand module, semblable à celle que Marcel Habert a remise, au nom de la Ligue, au capitaine Baratier, à son arrivée en France. Elle est de Roty, elle est fort belle. Au reste, tenez, en voici la réduction...

Déroulède, se penchant, montre ses boutons de manchette.

L'un représente le profil d'une femme attristée personnifiant la France ; sur la joue une petite larme. Et comme devise : *Patria non immemor*. Non, la Patrie n'oublie pas !

L'autre bouton figure le coq gaulois dressé et chantant clair.

— Les deux faces de l'âme française, reprend Déroulède, le Souvenir et l'Espérance.

Puis, s'animant :

— L'essentiel pour Thiébaud était d'arriver à temps, de joindre Marchand avant tout autre. Comment y est-il parvenu ? Je l'ignore. Mais j'étais bien sûr, puisqu'il avait accepté la mission, qu'il la mènerait à bonne fin ! « S'il le faut, me disait-il en partant, je me déguiserai en Arabe, en conducteur de chameaux, en porteur de charbon ; mais, coûte que coûte, j'arriverai avant les envoyés de Delcassé. » Il a tenu sa promesse. C'est nous, les Patriotes, qui les premiers auront donné l'accolade au héros !

Qui sait si, une fois en France, nous aurions pu librement fêter Marchand comme il le mérite ? Rappelez-vous ce qui s'est passé pour le capitaine Baratier ? On l'avait chambré — chambré à ce point que je n'ai pas pu le voir. Delcassé ayant appris que je devais un soir dîner, dans une maison amie, avec le capitaine, lui fit donner l'ordre de partir sur-le-champ ! Ce que Baratier a dû souffrir, à son court passage à Paris, est indicible ! Quand je songe que Delcassé l'a reçu avec ces mots cyniques : « En allant à Fachoda ! — lui a dit ce ministre étranger aux affaires françaises — vous avez oublié la dignité de la France ! »

À ce souvenir, la voix indignée de Déroulède monte d'un ton :

— La pleutrerie de ce Delcassé dépasse tout ce qu'on peut imaginer. J'ai été dur pour Hanotaux. En vérité, je le regrette. Quand je compare Delcassé à Hanotaux, j'ai presque envie, malgré Kiel, de trouver Hanotaux un grand homme. Delcassé a réalisé le maximum dans la platitude. Eh bien, qu'il persiste dans sa politique de génuflexion perpétuelle à l'égard de l'étranger et de mensonges à l'intérieur, il ne nous aura pas empêchés, Marcel Habert et moi, de tendre la main au héros de Fachoda par-dessus les murs de notre prison. Maintenant, en effet, c'est chose faite, Thiébaud est à Djibouti.

Marcel Habert intervient :

— On pourtant tout fait, déclare-t-il, pour l'empêcher d'y arriver. Il avait demandé à faire la traversée sur le *d'Assas*, chargé de rapatrier Marchand. On le lui a refusé. On a même cherché à retarder son départ. Il a dû user de ruse pour arriver à temps... Les gens qui nous gouvernent sont capables de toutes les mesquineries... Mais ce qu'ils ont fait pour empêcher les patriotes de saluer Marchand les premiers n'est rien auprès de ce qu'ils se proposent de faire à son débarquement en France. Lâches, ils ont peur de son courage. Impopulaires, ils ont peur de sa gloire...

— Et ils vont, conclut Déroulède, pour essayer d'entraver les manifestations en son honneur, faire coïncider avec son arrivée le procès Henry, le nôtre, et sans doute aussi l'infâme revision du procès Dreyfus. Que sortira-t-il de tout ce gâchis, que leur égoïsme et leur couardise préparent ?...

Déroulède se tut — et je m'en allai, gardant dans l'œil l'image de sa grande silhouette éclairée par le jour pâle filtrant à travers le soupirail......

* * *

Le 3 mai, après une dernière visite au raz Makonnen, et après avoir cordialement serré les mains aux membres de la colonie française, Marchand et ses camarades prirent le chemin de Djibouti, à la tête de leurs dévoués tirailleurs.

Le raz, indisposé, ne put, à son grand regret, accompagner lui-même ses hôtes en dehors de la ville, mais il les fit escorter, jusqu'à une distance de plusieurs kilomètres, par ses plus hauts officiers et par sa garde personnelle.

Encore trois cents kilomètres et la mission Congo-Nil aurait traversé l'Afrique dans toute sa largeur, après avoir conquis — presque en vain, hélas ! — un incomparable empire à la France !

CXXXIII

DJIBOUTI

Sur la mer Rouge. — Une station française. — Déloyauté britannique. — Obock et Djibouti. — A prix de sang et d'or. — Denis de Rivoyre, Soleillet et Lagarde. — Nécessités nouvelles. — Une ville qui surgit. — Prospérité de notre colonie. — Le chemin de fer du Harrar. — Sanglante agression. — Fausse nouvelle.

Voici donc la mission Congo-Nil, dont les merveilleux exploits ont arraché un cri d'admiration même aux Anglais, en route pour Djibouti !

Encore trois cents kilomètres à franchir, et nos héroïques compatriotes s'embarqueront, à destination de la France, sur le croiseur d'*Assas* qui les attend.

Cette dernière partie de la grande expédition transafricaine n'est pas la moins curieuse ni la moins féconde en incidents.

On en jugera bientôt.

Pour le moment, consacrons quelques pages à cette possession française de Djibouti vers laquelle se dirigent les conquérants de Fachoda.

Loango !... Djibouti !

Ce que nous avons fait pour le point de départ, faisons-le pour le point d'arrivée.

Pour cela, il est nécessaire de jeter un rapide coup d'œil sur l'histoire de notre établissement sur la côte orientale de l'Afrique, qui commença par le port d'Obock.

Vers 1859, le consul de France à Massaouah signala à notre gouvernement l'importance d'Obock comme station de ravitaillement et port de refuge.

Ce point de la côte africaine commandait, en effet, la sortie de la mer Rouge, en face Périm, occupé et fortifié par les Anglais.

Situé dans le golfe d'Aden, par 10°57 de latitude nord et 41° de longitude est, à l'extrémité sud-est de Danakil, entre la baie de Tadjourah et le détroit de Bab-el-Mandeb, il devrait, s'il entrait en notre possession, garantir nos intérêts maritimes.

Ces avantages étaient considérables et incontestés.

Des bords du golfe de Tadjourah, prolongement du golfe d'Aden vers l'Afrique, et de ses autres ports principaux: Zeïlah, Berberah, partaient les routes suivies par les caravanes pour gagner l'intérieur des terres et se diriger surtout vers le royaume éthiopien du Choa.

On pouvait non seulement établir à Obock une escale et un dépôt de charbon, mais y attirer le commerce de l'Afrique orientale et centrale, y trafiquer avec les Abyssins et les Somalis, y fonder une colonie dont la prospérité serait possible.

Le vice-consul français à Aden, M. Henri Lambert, s'en rendit parfaitement compte, et, pour réaliser ce projet, il entra en négociations avec les chefs indigènes, qui acceptèrent ses ouvertures.

Un marché fut conclu; mais quand Henri Lambert se rendit à Obock pour reconnaître définitivement son acquisition au nom de la France, le patron du samhouck arabe qui le transportait l'assassina pendant la traversée.

On ne put prouver de quelles instigations le meurtrier était l'instrument, quoiqu'on ne trouvât en sa possession, après le crime, que de l'or anglais.

L'or anglais... toujours!

Le capitaine de vaisseau Fleuriot de Langle, — nous raconte M. Ch. Simond, — reçut l'ordre de faire une démonstration dans le golfe d'Aden, et la *Cordelière*, portant son pavillon, parut successivement devant Zeïlah, Tadjourah et toute la côte.

Les chefs de la région, livrés par leurs complices, furent enchaînés à bord de la frégate française, et l'assassin aurait sans doute subi le châtiment suprême, si le misérable n'était mort subitement.

Le commandant Fleuriot de Langle poursuivit l'œuvre d'Henri Lambert et put s'assurer qu'Obock, petite rade naturelle dessinée par des falaises madréporiques, répondait bien à ce que l'on en attendait.

Le cabotage indigène y était très actif de longue date; les naturels venaient y faire provision d'eau et de bois; ils s'y abritaient par les gros temps.

Le choix de cette position était donc excellent. Les bases de l'arrangement fait avec le vice-consul d'Aden furent ratifiées par les chefs, et la convention eut force de loi dès 1862.

**

La France aurait pu tout aussi facilement devenir maîtresse de Périm, et tenir, par conséquent, les deux clefs de la mer Rouge, si quelques années auparavant les Anglais n'avaient eu l'oreille fine et la décision prompte.

L'incident est bon à rappeler, et M. Denis de Rivoyre le conte d'une manière piquante :

« On était au lendemain de la guerre de Crimée, et déjà se faisaient jour les idées dont plus tard devait s'inspirer l'activité d'Henri Lambert. Périm était vacant.

« Nulle puissance européenne n'en revendiquait la possession.

« La position était exceptionnelle.

« Le commandant X... (ne le nommons pas) reçut l'ordre d'y planter le pavillon français. Un secret rigoureux était imposé.

« L'état-major, aussi bien que l'équipage du navire, ignorait le but du voyage. On arriva à Aden.

« A peine débarqué, visite de l'officier français au gouverneur de la place, et, en échange, invitation de celui-ci, pour le soir même, à dîner.

« L'étranger se trouvait naturellement à la droite de son hôte.

« Ils causaient entre eux à demi-voix de la situation politique, des perspectives nouvelles réservées à l'Orient par l'accord de la France et de l'Angleterre, et tout en se félicitant mutuellement des liens que cette entente réservait désormais à l'amitié des individus comme des peuples, notre compatriote crut devoir se départir, vis-à-vis d'un amphitryon si aimable, de la réserve officielle qu'il avait observée jusque-là.

« — En vous quittant, lui dit-il, je le confie à votre discrétion, je vais accomplir une mission qui, dans ces mers, rapprochera encore plus nos deux pavillons maintenant inséparables.

« — Vraiment ?

« — Oui, j'ai l'ordre d'aller planter le pavillon français sur l'île de Périm, et demain, au point du jour, j'appareille pour cette destination.

« — Tous mes compliments, » réplique son interlocuteur avec un sourire.

« Puis on se lève de table, et le souriant gouverneur disparaît quelques minutes, en s'excusant sous un prétexte banal.

« Il rentre; les cigares et les verres de punch se succèdent, et lorsqu'on se sépare vers le coup de minuit, c'est avec de chaleureuses étreintes et des souhaits cordiaux pour le succès de l'entreprise.

« A terre, on dort encore

« Au point du jour, comme il avait été dit, le bâtiment français appareille et se dirige vers l'entrée de la mer Rouge!

« Bonne mer et bon marcheur : Périm est signalé!

La pioche en usage à Harrar...

« Voilà l'îlot dénudé qui, dans une heure, fera partie du domaine de la France.

« Le branle-bas est commandé, il en faut prendre possession avec toutes les cérémonies et les honneurs d'usage.

« Encore quelques tours de roue.

« Mais, en approchant davantage, qu'est ceci ?

« Sur la plage, un pavillon est déjà planté et flotte au haut d'un mât.

« Au pied, un factionnaire, des soldats paraissent le garder.

« Plus loin, un petit vapeur dont la cheminée se montre au-dessus d'une saillie du rocher.

« On dirait les couleurs anglaises et des soldats anglais.

« En effet, c'étaient bien les uns et les autres.

« Le gracieux gouverneur d'Aden, saisi par la nouvelle que lui communiquait son hôte, n'avait point perdu la tête.

« Sa disparition soudaine après dîner n'avait eu d'autre motif que de lui permettre de lui donner à son tour des instructions pour qu'un aviso de la marine britannique chauffât sans retard et devançât les Français à cet îlot de Périm sur lequel son gouvernement, il le savait, avait déjà jeté son dévolu.

« Et notre ineffable commandant, à nous, dupé, bafoué, n'eut plus qu'à battre en retraite et à venir rendre compte de l'échec piteux de sa mission. »

Voici comment, aujourd'hui, Périm appartient à l'Angleterre.

*
* *

Il nous resta Obock.

Le commandant Fleuriot de Langle en avait obtenu la cession, dès 1860, moyennant dix milles thalaris, environ cinquante mille francs, payés aux chefs Danekils, qui lui vendaient tout le rivage depuis l'extrémité de la baie de Tadjourah jusqu'à la pointe du Raz-Doumeirah.

Nous avons dit que la ratification du marché eut lieu deux ans après.

Ce traité passa pour ainsi dire inaperçu.

En France, où l'on s'intéressait alors fort peu à notre expansion coloniale, et où on la combattait et la raillait même, il n'y eut qu'un tout petit nombre d'initiés qui en eurent connaissance.

Du nombre se trouvaient MM. Salmon et des Essarts, tout deux alors lieutenants de vaisseau de l'aviso momentanément en station à Obock, puis M. Monge, qui, détaché du consulat de Port-Saïd, avait séjourné quelque temps dans la nouvelle possession française, avec les deux officiers de marine.

Tous les trois espéraient que la France ferait preuve, à cet égard, d'une action prompte autant qu'énergique.

Ils savaient quelles ressources on pourrait tirer d'Obock, et, en interrogeant les populations indigènes de la région, ils avaient pu se convaincre de la richesse du territoire galla et éthiopien, avec lesquels on pourrait entrer en contact.

M. Monge s'était mis en rapport avec le plus puissant des chefs, Abou-Bèkre, le grand marchand d'esclaves, qui, dès que notre pavillon, fut planté à Obock, s'était fait officiellement appelé *Protégé français*.

Ce protégé restait en réalité le maître.

Un navire français venait par aventure mouiller à Obock « pour s'assurer si la hampe du pavillon planté depuis 1862 n'était point enlevée ».

Les officiers échangeaient des politesses avec Abou-Bèkre qui les invitait à une partie de chasse dans les bois ou sur le plateau, et le bateau remettait à la voile.

C'était tout.

Le silence se faisait sur Obock, et la France n'y pensait plus.

Insouciance et ignorance!

On songeait si bien à d'autres rêves coloniaux que, lorsque, en 1868, M. Denis de Rivoyre parla d'Obock dans une conférence à la Société de géographie, la plupart des auditeurs n'avaient jamais entendu parler de cette propriété française.

On conçoit que ses démarches auprès des ministres pour faire cesser cet oubli, n'aient eu à ce moment aucun succès.

Les chefs du gouvernement lui donnaient l'assurance que la protection de leur département ne lui ferait pas défaut, et l'autorisaient même à s'établir sur les points du territoire d'Obock qui lui paraîtraient le plus favorables pour y faire des travaux et y élever des constructions.

Mais, comme il le dit lui-même, la sympathie officielle ne sortait pas du domaine platonique.

Cependant l'idée dont il se faisait le champion faisait des progrès, et les écrits qu'il publiait dans les revues de géographie et d'exploration la remettait fréquemment sur le tapis.

Malheureusement, la guerre de 1870 survint; d'autres préoccupations le détournèrent forcément de son but; il ne put se remettre à la tâche qu'en 1879.

**

Dans l'intervalle, une petite expédition française était allée tenter fortune sur la côte orientale d'Afrique, vers le Choa.

Ces aventuriers avaient séjourné quelques mois à Tadjourah et à Obock, puis, en chemin vers leur but, ils avaient presque tous été assassinés.

Un des survivants, Pierre Arnoux, parvint à regagner la France et se rencontra avec M. Denis de Rivoyre.

A cette époque, la Société des études coloniales et maritimes, fondée quelque temps auparavant, s'occupait de la question.

Elle accorda son appui moral à l'entreprise d'ouvrir les voies de l'Afrique intérieure à la civilisation européenne, et d'établir, à cet effet, un comptoir à Obock.

M. de Rivoyre partit en août 1880 avec sept compagnons.

Il se rendit d'abord à Zeïlah pour s'aboucher avec Abou-Bèkre, et il n'obtint aucun résultat effectif.

Il apprit qu'une compagnie, créée à Paris pour suivre la même idée que lui, avait sombré avant de s'être mise à flot, et un numéro du *Journal officiel*, qui lui tomba par hasard sous les yeux, lui prouva qu'au ministère, à Paris, on déclinait toute responsabilité de ce qu'il essayerait d'organiser.

Le département de la marine déclarait que le gouvernement n'avait fait aucune concession et n'en ferait point.

Bref, les promesses données simplement sur le papier s'y étaient effacées.

M. de Rivoyre ne se découragea point.

Rentré en France, il s'attacha très activement à démontrer que le développement d'Obock était tout indiqué, et que la ligne maritime dont ce port devait être un point indispensable ne tarderait pas à être créée, dès que l'on aurait relié d'une façon directe et permanente Obock avec la métropole.

Les explorations qu'il avait faites dans les vallées de l'Euphrate et du Tigre, en Chaldée, en Mésopotamie, en Perse, à Bagdad, lui donnaient de l'autorité.

Il prouva que, si son projet se réalisait, il pouvait compter tout de suite sur la majeure partie du trafic indigène, « lassé des exigences et de l'arrogance des Anglais, dont le pavillon exclusif se voyait et régnait alors dans ces mers. »

Le projet fut exécuté par la *Compagnie des Steamers de l'Ouest*, dont le directeur, M. Jules Mesnier, le seconda.

Enfin, à dater de janvier 1882, grâce à sa persévérance, le service de l'Orient montrait régulièrement pour la première fois dans le golfe d'Oman et le golfe Persique « le pavillon français à côté des couleurs britanniques, en touchant à Mascate, à Obock. sans relâcher à Aden ».

* * *

L'élan était donné, la voie ouverte ! On savait enfin qu'Obock existait et valait la peine d'être regardé.

La *Compagnie franco-éthiopienne*, fondée par M. Arnoux, avait réuni un petit capital et des adhérents, une quinzaine de personnes.

Ce furent les premiers colons français d'Obock.

Six mois après, une autre compagnie se constituait, la *Société française d'Obock*, et lançait une expédition ayant pour chef Paul Soleillet, qui s'était fait connaître par ses voyages au nord de l'Afrique et au Sénégal.

Soleillet arriva le 12 janvier 1882 à Obock, où il trouva la petite colonie d'Arnoux.

Il s'associa aussitôt à elle avec les siens.

Mais la mésintelligence ne tarda pas à se glisser parmi les associés, dont les ressources s'épuisaient.

En outre, ils avaient à se mettre en garde contre les indigènes danakils, bandits et féroces.

Ceux-ci, repoussés à coups de fusil, vengeant la mort d'un d'entre eux qui avait succombé, massacrèrent Arnoux.

Le gouvernement français ouvrit une enquête. Deux des indigènes qui avaient participé au meurtre furent condamnés à mort, puis graciés, sans doute par crainte des représailles.

Soleillet, pour empêcher le retour des actes de brigandage, fit construire une tour qui reçut son nom, et noua avec les chefs des relations amicales.

Il obtint ainsi la cession du petit port de Sagallo, sur la côte nord-ouest du golfe de Tadjourah.

Bientôt les communications s'établirent entre Obock et le Choa.

Il semblait que la *Société française d'Obock* fût prospère, mais ce n'était qu'une apparence trompeuse ; Soleillet l'abandonna d'ailleurs pour reprendre son rôle d'explorateur, plus en harmonie avec son caractère.

Obock faillit sombrer.

Une nouvelle société, les *Factoreries françaises*, devait sauver la colonie, mais ce ne fut qu'une déception encore plus grande que les précédentes.

On acquérait ainsi la certitude que l'initiative privée, livrée uniquement à elle-même, était impuissante à déterminer une réussite.

L'avènement de Jules Ferry changea la situation : la politique coloniale allait enfin s'inaugurer sérieusement.

* *
*

Le 24 juin, un décret paru à l'*Officiel* nommait le premier « commandant d'Obock ».

En même temps, les Chambres étaient avisées d'un projet de loi précisant catégoriquement les intentions du gouvernement sur notre escale dans le golfe d'Aden.

On déclarait que le but envisagé, quand on avait acquis Obock vingt-deux ans auparavant, avait à peu près été abandonné et qu'il importait d'avoir, au sortir de la mer Rouge, un centre de ravitaillement pour y faire du charbon et des vivres.

« Le port naturel d'Obock est excellent, — disait l'exposé du projet, — des travaux plus importants le rendront très commode.

« L'eau douce y est recueillie facilement et une grande partie du terrain y peut être livrée à la culture.

« En outre, les habitants, dont les sentiments nous sont très favorables, nous aideront à former un centre colonial, où la sécurité sera assurée par la présence d'un petit détachement.

« Au point de vue économique, Obock peut devenir le débouché des riches provinces du Choa, qui cherchent en ce moment à envoyer leurs produits à la côte, et, de ce côté, nous avons tout lieu de compter pour l'avenir une réelle prospérité commerciale. »

C'était l'ère nouvelle des enthousiasmes.

« On ne se contenta pas de l'annoncer ; il y eut cette fois des actes.

La France prit possession de Sagallo que lui rétrocédait Soleillet, puis de la tour de Tadjourah où on planta notre drapeau.

Il était temps, car, une heure et demie après, les Anglais vinrent mouiller devant Tadjourah.

Ils durent virer de bord.

Nous prenions notre revanche de Périm.

Cette prise de possession fut complétée par une série de traités avec Abou-Bèkre, et, grâce à lui, nous devînmes maîtres des territoires d'Ambabo, de Guibet-Kéreh et de Rio-Ali.

Si l'on en croit M. Charles Simond, la fertilité d'Obock et de la région ne tarda pas à être démontrée par l'expérience.

L'avenir de la colonie française se dessinait, éveillant, comme on le pense bien, les jalousies des Anglais.

Ne pouvant nous évincer de Tadjourah, ils avaient espéré faire main basse sur le Harrar, mais ils y rencontrèrent pour rivaux les Italiens, qui étaient à Massouah, et ne voulurent point entrer en lutte avec eux, parce qu'ils avaient les uns et les autres intérêt à unir leurs efforts contre les madhistes après la prise de Khartoum et de Kassala.

*
* *

Par suite de cette attitude, dont bénéficia Obock, ce port était, en 1885, déjà presque florissant, quand, au commencement de l'année, des pluies torrentielles suivies d'un formidable cyclone ravagèrent toute la région.

La tour Soleillet fut détruite ; un aviso, *Le Renard* s'engloutit, corps et biens ; la colonie naissante, cruellement éprouvée, perdit en un jour tous les avantages conquis.

Elle se releva toutefois assez rapidement de ce désastre, grâce aux qualités administratives tout à fait remarquables de son nouveau gouverneur, M. Moraès, qui répara toutes les pertes et fit front à toutes les difficultés.

Obock profita des querelles entre les roitelets voisins en offrant un abri à tous ceux qui, tyrannisés ou exploités, vinrent chercher appui sous le pavillon français.

Dans ces circonstances, sa population, qui, en 1862, ne dépassait pas trente habitants, monta, en quelques mois, à huit cents : Arabes, Abyssins, Somalis.

Le petit port s'enorgueillit de ce progrès, et, pour en perpétuer le souvenir, l'administration locale célébra la gloire des membres du gouvernement, à cette époque, MM. Ferry, président du conseil; Peyron, ministre de la marine; et Félix Faure, sous-secrétaire d'État aux colonies.

Il y eut à Obock un cap *Ferry*, un centre ou quartier *Peyronville* ; un autre, *Faureville*, et ainsi de suite.

Les traités de 1887 et 1888 entre la France et l'Angleterre, en ce qui concerne, d'une part Obock et Tadjourah, d'autre part le Harrar, ont fait entrer la colonie dans la phase de l'évolution régulière.

N'était l'épidémie qui y sévit parfois dans des conditions effroyables, comme en 1892, quoique le climat soit relativement sain, les Français d'Obock seraient favorisés comme établissement colonial.

« Les progrès de la petite colonie, — disait M. de Rivoyre, il y a dix ans, — s'accentuent.

La place du gouvernement à Djibouti.

« Au début de 1887, les 800 habitants de 1885 y sont de 1,800 à 2,000. Des négociants grecs, des Banians, y sont fixés.

« Un hôtel français balance, aux yeux des passagers en escale, son enseigne alléchante.

« Et ces passagers, maintenant, sont nombreux.

« Décidément, voilà Aden abandonné.

« Il ne dépend que de nous d'en écarter également les autres marines de l'Europe, en pressant le développement d'Obock, qui, mieux situé, mieux approvisionné, n'attend que l'impulsion d'en haut pour devenir le marché effectif et journalier de l'Afrique intérieure ! »

L'expérience ne donna pas entièrement raison à M. Denis de Rivoyre.

On n'eut qu'à se féliciter de cette prise de possession tant que dura l'expédition du Tonkin.

Mais, la guerre finie, on s'aperçut que la station d'Obock ne serait jamais autre chose qu'un dépôt de charbon et de vivres.

... Six ouvriers employés aux travaux ont été tués à coups de lance.

On ne pouvait pas espérer en faire, en même temps, un centre commercial.

Les négociants qui s'y étaient rendus, croyant à sa valeur comme débouché des produits de l'Abyssinie, furent déçus.

Et, pourtant, un certain nombre d'eux avaient dépensé là les plus louables efforts.

« On ne saura jamais assez, — disait une lettre écrite vers cette époque, — ce que vaut le courage de ces pionniers.

« Il est tel de nos négociants dont l'existence mouvementée, et parfois tragique, égale les plus beaux états de services de nos plus braves soldats.

« Il faut avoir une force d'énergie, un courage à toute épreuve pour créer, en des pays inconnus, des routes commerciales, à travers des régions hérissées d'obstacles matériels et où les caravanes sont attaquées par des tribus encore sauvages, hostiles à la civilisation, toujours prêtes au pillage et à l'assassinat. »

Obock semblait donc condamné à n'être qu'un point uniquement réservé à la marine.

Les approvisionnements commerciaux y étaient rares et chers

Le port manquait de profondeur et ne permettait pas le débarquement à quai des marchandises.

D'autre part, autour d'Obock, c'était le désert aride, la désolation.

Dans la ville même, l'eau manquait, et il fallut, pour s'en procurer, établir de vastes citernes.

Allait-on donc abandonner, au point de vue commercial, cette importante région ?

Non, car l'Abyssinie restait une « grande tentatrice », pour nous servir d'une expression contenue dans la lettre que je viens de citer.

Nos négociants ne désespérèrent pas, et ils eurent raison.

Ne savaient-ils pas, d'ailleurs, qu'en face d'Obock, de l'autre côté du golfe de Tadjourah, il y avait une rade très sûre, qui offrait de grandes profondeurs où les navires de fort tonnage viendraient mouiller en toute sécurité ?

On pût s'en assurer la possession par des traités de protectorat conclus avec le sultan de Tadjourah et d'autres chefs indigènes.

Ces divers arrangements nous donnaient tout le golfe.

Un immense plateau le domine, que les indigènes nomment Djibouti.

Nous en devenions les maîtres.

C'était au commencement de 1888.

Avec un sens très net des nécessités et des intérêts en jeu, le gouverneur de la colonie, M. Lagarde, sut à la fois ménager le présent et préparer l'avenir.

Après de longs et patients pourparlers, il réussit à passer, avec les chefs indigènes, des traités nous permettant de nous établir à Djibouti.

Ces traités conclus, il se mit à l'œuvre.

Peu après, de nombreuses constructions étaient édifiées ; puis, grâce aux commerçants, aux boutiquiers, aux trafiquants indigènes et aux nombreux habitants d'Obock, qui tous avaient suivi l'impulsion donnée, une petite cité active et grouillante s'éleva bientôt sur ce plateau, naguère inculte et désert.

Dès 1890, on pouvait écrire de Djibouti :

« La ville compte actuellement plus de 2,000 habitants et une population flottante qu'on peut évaluer du double ; l'impulsion est donc donnée ; sur ce plateau hier encore désert, une petite cité active est fondée ; négociants et trafiquants indigènes y viennent de toutes parts. »

* *

Vers la même époque, M. Chefneux, qui est devenu l'un des conseillers de Ménélik, disait :

« Nous sommes désormais les possesseurs incontestés de l'une des meilleures routes commerciales de l'Abyssinie, et même je puis ajouter : la meilleure route ! »

Sur les autres routes, le voyage est difficile.

Celle d'Assab, par exemple, qui appartient aux Italiens, est hérissée de difficultés.

Elle traverse, en effet, le pays d'Aoussa, dont le sultan, despote fantasque et cruel, grand marchand d'esclaves, prélève des droits énormes sur les marchandises.

La route de Zeïlah, qui appartient aux Anglais, est d'accès plus facile, mais l'eau y fait absolument défaut.

On traverse le désert de Menda sans trouver un puits durant vingt-quatre heures.

Sur la route de Bulhar, chaque tribu exige qu'on emploie ses chameaux pour le transport des marchandises lorsqu'on traverse son territoire, et cela augmente les frais du voyage et amène des vexations sans fin.

La route de Djibouti est la plus sûre.

On n'y rencontre que rarement des tribus pillardes.

Les négociants affirment que les Somalis, auxquels on a affaire, exécutent ponctuellement leurs engagements.

C'est là le premier avantage.

Le second est que la route de Djibouti est la plus courte, puisque Harrar, capitale d'une région fort riche, n'est qu'à 250 kilomètres, et qu'elle est pourvue d'eau sur tout son parcours, soit par les puits creusés, soit par les bassins naturels, et aussi d'herbe pour la nourriture des bêtes de somme.

Veut-on maintenant un tableau de la ville à ses débuts ?

Une ancienne correspondance que nous avons sous les yeux va nous renseigner.

En voici quelques extraits :

« La ville est bâtie sur une étroite presqu'île formée par trois plateaux s'élevant horizontalement à quelques mètres au-dessus de la mer.

« Le plateau de Djibouti, le plus rapproché du golfe, est seul bâti en ce moment.

« Une jetée de 500 mètres permet aux boutres, — grandes barques mâtées faisant le transport des marchandises, — d'accoster même aux basses eaux.

« La baie est fermée à l'est par le plateau du Serpent, et à l'ouest par les montagnes.

« La caractéristique du paysage, dans ces pays de l'implacable soleil, est une aridité grandiose et triste ; mais ici, à Djibouti, le paysage est plutôt gai.

« La vue du golfe est d'une rare magnificence, et on aperçoit de la verdure sur les premiers coteaux.

« D'ailleurs, à deux kilomètres de la ville, la vallée d'Ambouli est toute verdoyante, et l'on y a créé des jardins qui fournissent des légumes en abondance.

« Des choux aux bords du golfe d'Aden ! Il faut vivre par ici pour comprendre la valeur d'une telle constatation.

« Je dois ajouter qu'il y a entre le climat d'Obock et celui de Djibouti une grande différence, par ce fait que le vent du désert, — le « khamsin », — dont on a beaucoup à souffrir à Obock pendant l'été, arrive à Djibouti déchargé de sable et assez rafraîchi en passant sur la mer.

« Les cases du village somali sont très propres, mieux faites et mieux tenues que celles du village dankali d'Obock.

« Du reste, les maisons de pierres, plus nombreuses chaque jour, les refoulent constamment.

« Quant au « souk », — le marché, — il est d'une très vaste étendue, des plus animés, formant à lui seul une sorte de petite ville, d'où s'élèvent, au milieu du bruit des tambourahs, le cri des ânes et des mulets, les grognements plaintifs des chameaux. »

* *

Cette description, qui remonte déjà à quelques années, indique combien la ville de Djibouti est bien située, combien elle s'est rapidement formée.

Elle est maintenant le port d'escale de nos grands paquebots des

Fileuses à Harrar.

mers orientales; elle est un point d'appui pour notre marine de guerre.

Ce n'est donc pas inutilement que la France a sacrifié de l'argent.

Elle possède là une colonie qui deviendra puissante, surtout quand elle sera réunie à l'Abyssinie par une voie ferrée.

Le commerce avec l'empire de Ménélik se fait actuellement par les caravanes.

Il est très actif, très considérable, peut l'être davantage, et consiste surtout en ivoire, or, cuivre, zinc, café, musc, peaux d'animaux, bétails, sucre, étoffes, fruits, bois, épices, etc.

Voici ce que dit, à ce sujet, M. Vignéras, qui accompagnait, en 1897, la mission Lagarde :

« Peu à peu les améliorations que comportait une création aussi hâtive vinrent s'ajouter aux éléments insuffisants de la première heure.

« Aujourd'hui, Djibouti est une ville prospère de 6,000 âmes, reliée à Périm et, de là, à l'Europe par un câble sous-marin.

« Les paquebots des Messageries maritimes s'y arrêtent, tant à l'aller qu'au retour, six fois par mois, et un mouvement de caravanes, de plus en plus actif, se produit de ce point vers Harrar et inversement.

« Djibouti est le nœud vital de notre colonie.

« C'est par lui que nous avons lié des relations suivies avec l'Abyssinie.

« C'est lui qui nous a permis de conserver et d'améliorer la situation acquise sur la côte orientale de l'Afrique.

C'est lui encore qui nous aidera à développer, à étendre ces relations.

« Et si l'on considère que Djibouti est le seul bon port de la côte des Somalis où puissent aboutir directement les produits de l'Éthiopie méridionale, et qu'un chemin de chemin de fer, dont les études sont avancées, le reliera prochainement à Harrar et plus tard à la capitale du Choa, n'est-on pas en droit d'en attendre beaucoup ?

*
* *

On sait que le chemin de fer dont il est ici question est en excellente voie de construction.

Au moment du passage de la mission Marchand, une soixantaine de kilomètres déjà en étaient établis.

Voici ce que disait, à ce propos, il y a quelques mois, l'une des personnes les mieux renseignées sur les affaires d'Abyssinie ;

« ... Pour ne parler que de ce qui concerne le chemin de fer du Harrar, je puis vous affirmer que son établissement n'est nullement en péril.

« Il est vrai que six ouvriers, employés aux travaux, ont été, certaine nuit, tués à coups de lance par des bandes de Somalis traversant le campement comme une trombe et frappant de droite à gauche.

« Mais ces pillards sont très peu à redouter n'osant jamais attaquer un homme armé.

« Il nous est donc très facile d'empêcher le retour de pareils actes.

« Des mesures ont été prises immédiatement à cet effet par le gouvernement, et on vient d'expédier à Djibouti des hommes de troupes haoussas, chargés de la protection des ouvriers à la voie ferrée.

« D'ailleurs, depuis longtemps déjà, ceux-ci n'ont été l'objet d'aucune agression.

« Ce n'est donc pas un millier d'hommes qu'il faudrait envoyer là-bas, comme le croit M. Aimé Morot, mais simplement une centaine.

« Quarante kilomètres sont déjà construits sur les 350 qui doivent relier Djibouti à Harrar ; les premiers 60 kilomètres sont de beaucoup les plus difficiles à établir, car ils doivent gravir la côte abrupte qui mène aux plateaux abyssins.

« Une fois sur ces plateaux, le travail avancera rapidement, et nous aurons devant nous de grands espaces peu accidentés.

« Le jour où l'on se décidera à faire dans notre colonie ce que les Anglais ont fait à Zeilah, notre sécurité sera absolue.

« Sitôt qu'à Zeilah une attaque se produisait de la part de Somalis ou de Danakils, un détachement de cavalerie, venu d'Aden, exécutait une rapide incursion à travers les tribus responsables de l'attentat, et les corrigeait impitoyablement.

« Chez nous, rien de cela, et jamais un attentat à nos nationaux ni à notre drapeau n'est réprimé... »

Tout ce que nous voulons retenir pour le moment de cette appréciation autorisée, c'est que le chemin de fer est en bonne voie de réalisation.

Mais il n'est que juste de le reconnaître, cette magnifique conception est due à l'inlassable énergie de M. Chefneux.

Grâce à lui, comme à M. Lagarde, une ère brillante s'ouvre pour notre colonie de la mer Rouge.

Et tous les Français pourront applaudir avec confiance, quand, au Djibouti, point de relâche de nos grands paquebots des mers orientales, point d'appui de notre marine de guerre, se sera ajouté le Djibouti, tête de ligne du chemin de fer de l'Abyssinie.

***

Ne terminons pas ce chapitre sans donner quelques détails sur le sextuple assassinat dont il vient d'être question.
Voici ce que le *Journal de Djibouti* publia à ce sujet :

M. Favard, ingénieur en chef de la construction, recevait le 22 février une dépêche ainsi conçue : « Venez de suite, le camp est attaqué. Six Européens et douze Hissas tués. »
M. Favard partit le soir même avec un cortège armé, pour organiser des battues le long de la voie en construction.
L'attaque s'est produite vers trois heures du matin.
Les guerriers hissas étaient au nombre de 150 à 200.
Les assaillants passaient comme une trombe, menaçant ceux qui ne paraissaient pas en état de se défendre.
Malgré la supériorité du nombre, les Hissas n'ont pas osé recommencer l'attaque.
L'émoi est grand à Djibouti, où on fait circuler des bruits alarmants.
Dans la nuit du 23 au 24 février, on croyait à une attaque de plusieurs milliers de guerriers hissas.
L'attitude courageuse de M. de Leschaux a rassuré tous les esprits.
Des listes, qui se couvrent de signatures, demandent d'urgence à M. de Leschaux la formation immédiate d'une milice formée par tous les éléments européens de Djibouti.
On sait qu'un navire de guerre est parti récemment pour Djibouti où il débarquera des troupes pour parer à tout événement.

Peu de temps après, les journaux de Paris publiaient les détails suivants :

C'est le 22 février au soir que le baraquement élevé au kilomètre 62 a été attaqué.
Six Européens ont été tués, dont M. Cornuz, agent de la Compagnie du chemin de fer.
Les autres victimes sont des ouvriers européens, appartenant à diverses nationalités.
Les agresseurs sont des indigènes Danakils ou Assar (ce second nom est celui qu'ils se donnent), peuplades nomades, pillardes, vivant dans la région désertique qui longe la mer Rouge.
Ces tribus, depuis toute antiquité, ont donné du fil à retordre aux gouvernements établis.
La dynastie des Pharaons, les Romains, les souverains chrétiens d'Éthiopie ont

eu à les combattre; elles formaient un rideau entre la mer Rouge et la vallée du Nil.

C'est en 1860 que nous prenions position sur la côte est africaine, en occupant Obock en vertu d'un traité.

En 1884, sur l'ordre de M. Félix Faure, alors sous-secrétaire d'État des Colonies, nous fondions à Obock un dépôt de charbon, qui nous rendit de très grands services lors de la campagne de Chine.

On signala une embarcation indigène.

M. Lagarde développa ensuite cette colonie d'Obock.

Bientôt nous agrandissions notre domaine sur cette côte en prenant possession du sultanat de Tadjourah, dont le chef, craignant les attaques des Danakils, avait recherché notre protection.

Jusqu'ici notre action s'était confinée à la côte; les travaux du chemin de fer du Harrar ont, ces derniers temps, modifié quelque peu cette situation.

En conséquence, il sera nécessaire de prendre contre les tribus danakils des mesures énergiques de police.

Ces mesures devront être prises d'accord avec l'Angleterre, l'Italie et l'Abyssinie, puissances également intéressées à la question.

Il est bon d'ajouter que l'occupation actuelle du Harrar par Ménélik les facilitera singulièrement.

Cette région, depuis le xvᵉ siècle, était, en effet, devenue leur refuge et leur centre d'opération.

Les derniers événements ont été, sans doute, occasionnés par une guerre entre deux tribus danakils.

Il faut espérer que cette attaque n'est qu'un fait isolé, qui n'aura pas de suites fâcheuses.

Nous avons actuellement là-bas, pour faire face aux événements, une milice indigène bien organisée qui sera bientôt renforcée par un fort détachement de tirailleurs sénégalais, actuellement en route pour Djibouti.

Ce tragique événement n'eut, en effet, pas de suites fâcheuses.

La prompte action de M. Favard, la ferme attitude des autorités de la colonie et l'envoi immédiat de renforts de la métropole prévinrent toute nouvelle attaque.

Le 10 avril, on télégraphiait de Djibouti :

Le calme est complètement rétabli dans la colonie.

Les travaux de la ligne du chemin de fer de Djibouti à Harrar sont poussés avec la plus grande activité, et les ingénieurs de la Compagnie arrêtent les dernières dispositions pour la réception de la mission Marchand et son transport sur la section de la ligne actuellement terminée.

D'autre part, notre distingué confrère, Jacques d'Urville, écrivait les lignes suivantes :

Le dernier courrier m'apporte, touchant la pacification, de rassurantes nouvelles.

Le calme renaît à Djibouti et ramène la confiance.

On parle déjà de relier à l'aide de tramways électriques les divers quartiers de la ville.

D'aussi heureux résultats ne semblent pas dus malheureusement à l'ancienne administration locale.

Alors qu'on s'ingénie, en effet, à faire rentrer les indigènes dans le devoir, l'administrateur Barrault, rentrant de Harrar, a cru bon de piller et de razzier à nouveau des tribus à peu près soumises.

C'est là d'ailleurs la caractéristique des troubles qui ont éclaté ces temps derniers. Depuis le malheureux incident survenu le long de la voie ferrée, les indigènes se sont gardés de toute attaque contre le chemin de fer ou contre les baraquements des négociants européens trafiquant dans la région.

Pas une des cahutes abandonnées depuis un mois et demi n'a été touchée ; jamais le télégraphe n'a été coupé.

Pendant cette même période, au contraire, tous les courriers ou employés du gouvernement se risquant hors la ville ont été régulièrement attaqués ou arrêtés.

Le mouvement n'était donc pas dirigé, ainsi qu'on a tenté de l'insinuer, contre les commerçants ou les chantiers du chemin de fer.

Toutes les difficultés sont nées et naissent encore entre indigènes et agents du gouvernement.

Les Somalis n'ignoraient pas d'ailleurs l'état d'anarchie dans lequel était tombée notre petite colonie de la mer Rouge.

Quoi qu'il en soit, tout est rentré dans l'ordre et il faut féliciter notre gouvernement d'avoir compris à temps que le trône de Behanzin pouvait n'être pas suffisant pour inspirer aux Hissas une terreur salutaire.

M. Guillain se propose, je crois, d'appeler à Djibouti 150 cipahis de l'Inde, commandés par un capitaine et pourvus, cette fois, de cadres bien français.

Quelques-uns de ces Indiens seront montés à méhari.

Le jeu leur sera nouveau.

Pourquoi cependant avoir opté pour des Indiens, alors que les Annamites ou les Sénégalais sont particulièrement entraînés aux opérations de police africaine ?

Remarquons, en fermant ce chapitre, que cette sanglante agression se produisit alors que la mission Marchand se trouvait déjà en territoire abyssin, une quinzaine de jours avant son arrivée à Addis-Abeba.

Nous verrons par la suite qu'une attaque semblable fut préparée contre nos compatriotes parmi les tribus danakils, et qu'elle ne fit long feu que grâce à la perspicace fermeté du commandant.

Mais les instigateurs de cette abominable projet comptaient si bien sur sa réussite qu'ils firent, on s'en souvient, courir le bruit du massacre de la mission Congo-Nil.

Profonde fut, pendant quarante-huit heures, l'angoisse de tous les cœurs français.

Enfin, la sinistre nouvelle fut démentie !

Mais on ne sut pas l'infâme, l'épouvantable machination qui lui avait donné naissance.

On la connaîtra.

*
* *

Nous avons parlé du chef Abou-Bèkre, homonyme, comme on voit, du célèbre beau-père de Mahomet.

C'est beaucoup, avons-nous dit, grâce aux sympathies et aux bonnes dispositions de ce chef à notre égard, que nous devons notre précieuse installation sur la côte des Somalis.

A ce titre, Abou-Bèkre mérite une mention spéciale dans l'historique de nos possessions africaines.

Et son nom doit figurer en bonne place parmi ceux des amis de notre influence et de notre expansion dans le monde.

Au cours d'un de ses voyages d'exploration, M. Denis de Rivoyre eut l'occasion de voir Abou-Bèkre, et il nous a donné de ses entrevues avec lui un récit qui ne manque pas d'intérêt:

« A l'époque de l'achat d'Obock, — écrit-il, — les négociations du commandant Fleuriot de l'Angle, mort récemment vice-amiral, chargé de cette mission, avaient trouvé un auxiliaire actif dans la personne d'un des chefs locaux, nommé Abou-Bèkre.

« C'était le plus puissant de tous.

« Il régnait sur toutes les terres avoisinantes.

« Ambado lui appartenait; Zeïlah relevait de son autorité.

« Grâce à lui, les assassins du malheureux Lambert, vice-consul de France à Aden, que tout le zèle des fonctionnaires anglais n'était pas parvenu à découvrir, nous furent même livrés.

« En mainte occasion, il s'était proclamé et révélé l'ami des Français.

«Mon premier souci devait donc être de m'assurer si ses anciennes dispositions à notre égard ne s'étaient pas modifiées et s'il était possible de compter, comme par le passé, sur son concours.

« Mais, en dépit du rang secondaire auquel il s'était vu relégué, son influence n'en était pas moins restée prépondérante et indiscutée dans toute la région.

« Les chemins de l'intérieur à la mer s'ouvraient ou se fermaient à sa volonté.

« Sa famille était nombreuse, ses clients plus encore, et sept de ses fils, habilement dispersés sur les points les plus importants, en étaient les instruments dociles.

« L'un d'eux demeurait à la cour de Ménélik, roi du Choa; un autre chez Mohammed Amphali, le sultan d'Aoussa; d'autres chez les Gallas, chez les Adels; il en était même un à Moka.

« Pas une caravane ne descendait des hauts plateaux et ne s'aventurait dans le vaste territoire qui les sépare du littoral, si l'un d'eux n'était à sa tête ou n'avait délivré un sauf-conduit au chef qui la guidait.

« Il n'était ainsi ni transactions commerciales ni explorations isolées à même de se soustraire à son alliance ou à son contrôle, et rien ne pouvait se tenter fructueusement à Obock en dehors de lui.

« Je ne l'ignorais pas.

« Avant de toucher à Obock, on pousse jusqu'à Zeïlah.

« En approchant, une côte uniformément jaune et basse.

« Dans le lointain, très loin, des chaînes de montagnes qui s'enchevêtrent confusément les unes dans les autres.

« La navigation devient difficile.

« Les cartes marines indiquent de nombreux bancs au travers desquels il faut se mouvoir avec précaution.

« Nous n'avançons que la sonde à la main, lentement.

« C'est l'entrée de ce qu'on appelle le golfe de Tadjourah, petite échancrure par laquelle les flots de l'océan Indien mordent la terre africaine.

« Bientôt, sur la gauche, Zeïlah va apparaître.

« En effet, voici comme une masse plus obscure qui tranche sur les miroitements de ce sable dont les rayons du soleil envoient la réverbération jusqu'à nous.

« C'est la ville.

« Une plage assez considérable la sépare de la mer.

« De ce côté, nos lorgnettes nous montrent quelques samboucks, et, en avant, deux navires plus gros.

« L'un est un aviso égyptien, l'autre une petite goélette française.

« Nous sommes encore loin de tout cela. Et pourtant il faut mouiller !

« Les bas-fonds deviennent de plus en plus menaçants.

« Aucun pilote local n'est là pour diriger nos mouvements. Il y aurait imprudence à se risquer davantage.

« Nous jetons l'ancre à trois ou quatre milles environ du rivage.

« J'étais pourvu de deux lettres de recommandation très chaudes pour Abou-Bèkre : l'une de l'amiral de l'Angle, l'autre de M. Monge, notre consul au Caire et son ami particulier.

« Le pavillon hissé, j'expédiais déjà mon interprète à terre pour les lui porter, lorsque, au moment même où il s'éloignait, on signala une embarcation indigène, la voile au vent, chargée de monde.

« Nous attendîmes.

« Au bout de près d'une heure, elle nous accostait.

« Un soldat égyptien en uniforme tenait la barre.

« Sur les bancs, une dizaine d'individus au teint plus ou moins foncé, vêtus de costumes fantaisistes, longue chemise blanche ou bleue descendant à la cheville, coiffés du fez ou du turban, des sabres droits ou recourbés entre les jambes.

« Deux ou trois plus richement habillés, entre autres un tout jeune homme enveloppé d'une longue robe rouge, et enfin un personnage sanglé dans la tunique officielle des fonctionnaires de la Porte, brodée d'or sur toutes les coutures.

« C'était évidemment une visite d'importance.

« Chacun grimpa prestement sur le pont.

« Le monsieur chamarré d'or était un grand gaillard, déjà vieux, mais fort vert, absolument noir malgré des traits fins et réguliers.

« Il me fut annoncé comme un pacha de haute volée, qui, ayant reconnu le pavillon français, avait cru devoir venir me saluer aussitôt.

« Celui qui portait la parole était le médecin sanitaire, auquel son séjour à Alexandrie avait appris à estropier quelques mots de français.

« Les premiers salamalecs échangés, des rafraîchissements furent servis, des cigares offerts, et je chargeai mon interprète de remercier le pacha de son empressement, en lui exprimant à quel point sa démarche m'était agréable.

Singulier interprète, en vérité !

C'était, nous dit M. Denis de Rivoyre, un ex-chancelier de consulat, pauvre diable que des circonstances plutôt fâcheuses lui avaient fait connaître, et dont il avait eu pitié.

Né et élevé en Orient, il en parlait, prétendait-il, à peu près toutes les langues, y compris l'arabe.

Mais reprenons notre citation :

« A peine a-t-il formulé sa phrase que les uns et les autres se regardent, et personne ne répond.

« Il la répète... Même manège.

« A la fin, le médecin se penche vers moi et me dit à demi-voix que le pacha ne comprend pas le turc.

« C'était cette langue que mon drôle parlait, en effet, et c'était, ce que j'eus lieu de reconnaître ensuite, avec le grec, le seul des idiomes de l'Orient dont il eût la pratique.

« Quant à l'arabe, à l'endroit duquel il s'était bien gardé de m'avouer son ignorance, il savait, il est vrai, en lire et même en écrire quelque peu les caractères.

« Mais dès qu'il fallait le parler, sans en rien dire il recourait au turc, et rejetait généralement sur la prétendue insuffisance ou la sottise de ses interlocuteurs, dont il inventait en partie les réponses, ce que la conversation laissait nécessairement dans ce cas de vague et de décousu.

« Je n'ai jamais d'ailleurs rencontré d'imagination plus souple et plus accessible au mensonge.

« La vérité toute simple lui répugnait.

« J'eus à en faire, à mes dépens, la triste expérience.

« Par bonheur, cette fois, j'en savais assez moi-même pour me passer de lui et me faire comprendre.

« — Connaissez-vous Abou-Bèkre ? demandai-je au pacha.

« — Abou-Bèkre ?... mais c'est moi ! »

« C'était mon homme, en effet, que tout ce que j'avais entendu raconter de son origine, de son genre de vie, me préparait mal à reconnaître sous cet accoutrement.

« Aussitôt, grande effusion de ma part :

« — Eh bien ! c'est exprès pour vous voir que je suis venu à Zeïlah... Voici des lettres qui vous en expliqueront le motif. »

* *

Abou-Bèkre prit les lettres d'une main et les passa, de l'autre, à un secrétaire.

Comme nos ancêtres au moyen âge, bon nombre de grands chefs indigènes, nous l'avons déjà dit, sont peu familiers avec l'art difficile de la lecture et de l'écriture, et, pour y suppléer, gardent toujours dans leur entourage quelque lettré de confiance, honoré de cette charge :

« Seulement, avec la finesse et la prudence dont ils ne se départissent jamais, Abou-Bèkre ajouta tout bas, en me montrant sa suite du coin de l'œil, que ce n'était pas le moment de parler affaires, et que nous causerions plus tard.

« Puis, il se remit à fumer méthodiquement son cigare, à siroter son café à petites gorgées et à m'adresser çà et là quelques questions banales, pendant qu'une partie des siens visitait le navire.

« Il me les présenta tous un à un.

« Le jeune homme au cafetan rouge était son fils ; une jolie figure, éclairée de deux grands yeux curieux et doux à la fois ; puis le chef de la douane ; puis le capitaine de ses soldats particuliers.

« Car, outre la garnison régulière que tient l'Égypte à Zeïlah, elle tolère, ce qu'elle ne pourrait probablement pas empêcher, auprès du pacha, une petite troupe d'irréguliers recrutés parmi ses sujets personnels, telle qu'il en avait déjà avant l'annexion.

« Tous étaient, comme le patron, du plus beau noir, mais d'un noir gracieux, qui ne déparait en rien l'expression intelligente de leur physionomie.

« Cependant, tout en parlant, il semblait mal à l'aise.

« Ses pieds s'agitaient nerveusement.

« De temps à autre, il y portait même la main avec inquiétude.

« C'étaient de superbes bottines vernies, dans lesquelles la solennité de l'uniforme et de l'entrevue l'avait contraint à les emprisonner, et qui le gênaient affreusement.

« Ceux de ses compagnons qui n'étaient pas tout bonnement pieds nus avaient exhibé les sandales peu sévères des grands jours.

« Afin de ne pas prolonger son supplice, je lui dis que je tenais à lui rendre officiellement sa visite, et que, dans la soirée, je me présenterais, entouré de l'apparat voulu, à son divan.

... nous le vîmes... se déchausser fiévreusement.

« Pour se mettre en mesure de me recevoir dignement, il n'avait pas de temps à perdre.

« Il se leva et, après de chaudes poignées de main, regagna son embarcation.

« A peine se crut-il hors de la portée du regard que nous le vîmes, du bout de nos lorgnettes, se déchausser fiévreusement. »

CXXXIV

UN AMI DE LA FRANCE

A dos de prince. — Le culte des morts. — Métamorphose. — Trois ménages pour un seul homme. — L'horreur du porc — Un territoire qui promet. — Pauvre chien ! — Rêve réalisé.

Quelques enfants tout nus jouaient avec des os de morts.

« Deux heures après son départ, la chaloupe à vapeur du bord nous transportait, à notre tour, tous en grande tenue, chez le pacha.

« Au-dessus et un peu à l'écart des huttes qui composaient la ville, nous distinguions un grand édifice carré en maçonnerie.

« C'était sa résidence, ou plutôt le divan, car il habitait personnellement tantôt l'une, tantôt l'autre des trois ou quatre maisons qui lui appartenaient, et qui, seules de tout Zeïlah, les mosquées à part, étaient, comme la première, construites en pierre.

« Une température de feu nous enveloppait; pas un brin d'air ne ridait la surface des flots.

« La chaloupe glissait avec rapidité, laissant derrière elle un long sillage de fumée que ne dissipait aucun souffle.

« Au bout d'une demi-heure nous arrivions.

« Mais, bien que la marée fût haute, et malgré le faible tirant d'eau de l'embarcation, nous étions encore à près d'une vingtaine de mètres du rivage lorsqu'elle toucha.

« Nous dûmes franchir cette distance à califourchon sur les épaules de quelques noirs qu'Abou-Bèkre avait eu la précaution de nous envoyer dans ce but.

« Au nombre des porteurs, figurait, entre autres, son fils, le jeune homme du matin, qui échut à mon domestique, un brave garçon du nom de Largei, ancien zouave, heureux de raconter plus tard qu'il avait caracolé sur le dos d'un prince!

« Ajoutons, il est vrai, que celui-ci avait quitté sa belle robe rouge pour reprendre le simple petit caleçon de bain en calicot qui constituait, suivant la mode de l'endroit, le principal élément de sa toilette habituelle.

« La plage sablonneuse qui séparait la mer de la ville avait été, de ce côté, transformée en cimetière.

« Malgré leur culte pour les morts, les Orientaux se préoccupent peu, en général, de l'emplacement qu'ils assignent à leur dernière demeure.

« Tous les terrains vagues leur sont bons. Puis, un trou de quelques pouces au plus dans le sol, un peu de terre ramenée sur le corps, et voilà tout.

« Les chacals, les chiens et les oiseaux de proie ont vite fait de découvrir les cadavres.

« Mais peu importe! une fois les cérémonies de l'enterrement accomplies, on ne songe plus guère à celui qui est abandonné là.

« Ainsi le veut la loi musulmane.

« Zeïlah venait d'être ravagée par une épidémie de petite vérole qui finissait à peine.

« Presque chacun de nos pas heurtait une tombe encore fraîche.

« Nous nous croisâmes même avec un convoi. De grands vautours, d'un vol circulaire, planaient au-dessus de nos têtes ; nous usurpions leur domaine.

« Sous l'influence de la chaleur, des puanteurs malsaines s'exhalaient de ce charnier.

« Nous avions hâte d'en sortir.

« Les indigènes, eux, dont la foule accourue au-devant de nous se pressait sur notre passage, ne semblaient pas s'en apercevoir.

« Quelques-uns des enfants tout nus qui grouillaient entre nos jambes jouaient avec des os de mort.

« Après avoir côtoyé des cabanes en chaume à travers les fentes desquelles nous regardaient avidement les femmes, nous atteignîmes enfin l'édifice officiel, par un sentier semé d'ordures et de débris variés.

. .

« A la porte, tout un groupe de notabilités guettait anxieusement notre arrivée.

« Un homme plus grand que les autres, couvert de la tête aux pieds d'une gandoura ou chemise blanche flottante, s'en détacha à ma vue, et, après s'être incliné, me désigna l'entrée de la main, en faisant devant moi quelques pas.

« Je le suivis.

« Nous avions à escalader les marches d'un escalier étroit et roide qui nous conduisit à un premier étage, puis, de là, à une galerie intérieure.

« Mon guide, en me précédant toujours, me fit ainsi traverser une ou deux grandes pièces nues, des sortes de vestibules, au bout desquelles s'ouvrait une salle très vaste, garnie dans toute sa longueur d'un divan adossé à la muraille, de nattes étendues sur le sol, et où des sièges européens nous avaient été préparés.

« Je m'attendais à y trouver Abou-Bèkre, que j'avais jusque-là vainement cherché du coin de l'œil.

« Personne !

« Je me retournai vers mon introducteur pour le questionner : c'était lui-même !

« Le changement de costume le métamorphosait à tel point que je ne l'avais pas encore reconnu.

« Il s'aperçut de mon étonnement :

« — Tout à l'heure, j'étais le pacha turc, — me dit-il, — à présent, je suis redevenu Arabe. »

« Je le préférais infiniment, je l'avoue, sous ce nouvel aspect.

« Il n'avait plus ses bottines pour le torturer, et ses manières, débarrassées de leur caractère d'emprunt, me paraissaient plus ouvertes.

« Toute sa physionomie respirait un air de satisfaction mal contenue.

« Le flot des curieux avait, derrière nous, envahi la maison et nous écoutait ou nous contemplait bouche béante.

« Le café obligatoire absorbé, de nouveaux personnages me furent présentés : l'officier qui commandait la garnison égyptienne, campée à peu de distance au dehors de la ville, et que je promis d'aller voir; le capitaine de l'aviso, dont le rôle principal consistait à assurer le service postal avec Aden.

« J'appris aussi qu'un négociant français habitait momentanément Zeïlah.

« La petite goélette que nous avions remarquée leur appartenait.

« Dix-huit mois auparavant, il était débarqué en compagnie d'un associé qui s'était directement rendu au Choa pour nouer des relations commerciales avec ce royaume.

« Depuis, il n'en avait pas eu de nouvelles, mais il l'attendait toujours.

« Et, en effet, il revint.

« Dix mois plus tard, à mon retour en France, j'eus même, en m'arrêtant à Aden, l'occasion de les rencontrer l'un et l'autre.

« Le voyageur du Choa avait quitté le roi Ménélik, chargé de cadeaux pour le président de la République et de lettres de ce prince sollicitant le protectorat français.

« Personnellement, il n'avait pas eu non plus à se plaindre de sa munificence, et une caravane de cinq cents chameaux, tous porteurs de denrées précieuses, sous la conduite du fils aîné d'Abou-Bèkre, l'avait accompagné à Zeïlah.

. . .

« Malgré les soixante-cinq à soixante-dix printemps dont il pouvait être affligé, Abou-Bèkre était encore un vigoureux gaillard.

« A Zeïlah même, sans parler de son installation d'Ambabo, il possédait trois maisons, et dans chacune d'elles une femme avec tout le cortège féminin des harems de l'Orient.

« Un jeune Grec parlant bien le français, et depuis quelque temps fort avant dans sa faveur, m'informa que rien ne lui serait plus agréable qu'un cadeau distinct à l'adresse des trois beautés.

C'était mon interprète qui était parvenu à raccoler 2 ou 3 indigènes.

« Le lendemain, trois pièces de soierie, de couleurs différentes, — car il fallait bien se garder qu'elles fussent pareilles, — et quelques flacons de sirop, plus spécialement destinés au pacha, me précédaient.

« Aussi trouvai-je celui-ci le sourire sur les lèvres.

« Ce jour-là, point d'importuns, point d'atours encombrants.

« Nous étions seuls, avec le descendant de Thémistocle pour drogman.

« Quant au mien, il rôdait dans la localité, en quête de quelque verre d'araki, sorte d'eau-de-vie de dattes qui fait les délices de tout l'Orient.

« C'était, décidément, à ce genre de labeur que se bornait sa pratique de la langue arabe.

« Chaque fois, depuis, qu'il m'arriva, en effet, de le surprendre en tête à tête avec une bouteille :

« — Que faites-vous là ? — lui disais-je.

« — Je travaille l'arabe, » — me répondait-il invariablement.

« Aussi aurais-je fini par le rendre exclusivement à ses chères études si, un an plus tard, à Bassorah, la mort n'avait eu, mieux que moi, raison de cette nature flétrie et de ce tempérament usé.

« A peine assis, Abou-Bèkre me tira une liasse de papiers cachée sous un coussin du divan.

« C'était, d'abord, un brevet en règle de protégé français que lui avait jadis délivré, au nom de l'empereur, l'amiral de l'Angle; puis des attestations de toute sorte signées des divers commandants français qui s'étaient succédé dans ces parages; puis, encore d'autres titres de nature analogue et d'origines diverses.

« Dans le nombre, deux ou trois lettres d'un de nos compatriotes, M. Lucereau, qui sommait, en termes hautains, Abou-Bèkre d'avoir à lui livrer passage pour qu'il pût pénétrer chez les Gallas.

« Dans le moment, je n'accordai pas une très grande attention à cette correspondance.

« Le pacha se bornait à m'expliquer que, s'il ne répondait pas mieux au désir de M. Lucereau, c'était tout simplement parce que la surveillance du chemin que se proposait de prendre celui-ci échappait absolument à son action, et qu'il redoutait, en cas de malheur, la responsabilité qu'on ne manquerait pas de faire peser sur lui.

. .

« La mort de cet infortuné jeune homme, massacré plus tard bien loin du Zeïlah, ne prouve que trop à quel point les appréhensions d'Abou-Bèkre étaient fondées.

« Je n'ignore pas que, dans une certaine mesure, des informations sans autorité ont cherché à faire remonter jusqu'à lui les causes de cette catastrophe.

« J'ai pu juger, au contraire, des efforts qu'il tenta pour dissuader le malheureux explorateur de son entreprise, et il est de mon devoir d'établir combien Abou-Bëkre, en cette circonstance, prit, une fois de plus, à cœur de se montrer l'ami d'un Français.

« Si le pauvre M. Lucereau l'avait écouté, il serait encore plein de vie et d'avenir, et les intérêts de la France à l'étranger compteraient un courageux serviteur de plus.

« Enfin, après m'avoir mis toutes ces pièces, une à une, sous les yeux, il entama un long discours où, m'énumérant tous les services qu'il avait naguère rendus à la France, tous les rapports qu'il avait eus avec les uns et avec les autres, entremêlant son récit de griefs contre celui-ci, de son amitié pour celui-là, il finit par me protester de son dévouement inaltérable à notre pays, et de son désir de le servir encore.

« Rien ne pouvait lui être plus agréable que notre présence à Obock.

« C'était lui qui avait conclu le traité auquel nous le devions.

« Toutes ses sympathies étaient donc acquises à l'initiative qui allait enfin y amener la vie.

« Il y joignit une observation qui répondait trop à mes secrètes préoccupations pour que je n'y prêtasse pas une oreille attentive.

« — Il est nécessaire, — me dit-il, — pour la prospérité de l'établissement français, que les populations indigènes se groupent alentour... C'est parmi elles qu'il recrutera les serviteurs et les ouvriers dont il aura besoin... Ce seront elles qui lui amèneront leurs bestiaux et les premières matières d'échange... Pour cela, il n'y a qu'un moyen, leur donner à manger... Apporte-leur des dattes, du riz, du dourah, tu les verras toutes accourir ! »

« C'était également mon avis absolu et l'une des raisons qui me poussaient au golfe Persique.

« Car je n'ignorais pas que les peuplades de ce littoral, au lieu de tirer leur subsistance de leurs propres efforts, la demandent, en majeure partie, aux caboteurs de l'Inde ou de l'Oman, qui leur livrent les denrées nécessaires à leur alimentation.

« Or, le golfe Persique était là pour nous les offrir à nous-mêmes dans des conditions exceptionnelles de bon marché et d'abondance, et les vapeurs que nous nous proposions de mettre en circulation dans ces parages, tout préparés pour les apporter avec rapidité et sécurité à Obock.

* *

« Enchanté d'Abou-Bèkre, je ne m'en séparai pas sans qu'il se fût engagé à venir dîner à bord.

« C'était de sa part une grande concession.

« Très fanatique, malgré ses idées françaises, il ne touchait jamais aucun mets s'il n'avait été préparé par ses femmes, de peur d'y rencontrer des mélanges impurs.

« En le quittant, j'allai visiter la cité.

« Rien de nouveau pour moi : c'était toujours le même spectacle déjà connu.

« Des ruelles étroites et tortueuses, des maisons et des enclos de roseaux ou d'herbes sèches, des tas d'immondices et d'ordures, des bambins nus et des chiens se roulant dans la poussière, quelques femmes hermétiquement voilées, quelques noirs silencieux, se glissant comme des ombres ou s'arrêtant pour me regarder.

« De temps à autre, des mendiants exhibant leurs plaies; des vendeuses d'eau, leur outre sur l'épaule; des marchandes de poissons secs ou de galettes de maïs, accroupies devant leur marchandise.

« Puis, au-dessus de tout cela, une atmosphère lourde et chaude, chargée de miasmes perfides et d'odeurs infectes; des vautours et des corbeaux se disputant leur proie...

« Ville sans histoire, sans caractère et sans vie quand les caravanes en sont absentes, on se demanderait pourquoi Zeïlah a jeté ses huttes sur ce petit promontoire de sable, loin de tout, loin de la mer, qu'à marée basse il faut aller chercher péniblement dans une vase puante; loin de l'eau douce, dont les puits sont à plus d'une heure de là, si l'on ne se rappelait précisément que, de tout temps, ce commerce de l'Afrique intérieure a tenté de se créer n'importe où, sur la côte, des stations par où il fût à même de s'épancher au dehors et de s'y ménager quelques portes, comme le sera Obock, par où il pût aller au reste du monde entr'ouvert devant lui.

« Le hasard me conduisit aux environs d'une cabane d'où s'échappaient des accents que je crus reconnaître.

« Je m'approchai.

« C'était mon interprète qui était parvenu à raccoler deux ou trois indigènes et, une tasse de café à la main, faute de mieux, leur expliquait sans doute, dans un turc assaisonné de quelque hâblerie cosmopolite, les qualités de l'araki que ceux-ci n'avaient pu lui procurer.

« — Et ils vous comprennent? ne pus-je m'empêcher de lui demander.

« — Certainement, mon commandant... Tout le monde parle le turc ici. »

« A peine les plus savants en avaient-ils ouï parler depuis les Égyptiens.

Je fais dresser ma tente à l'abri d'un énorme mimosa...

« Mais lui ne tarissait pas en doléances.

« — Figurez-vous que le pacha pousse son rigorisme à tel point, — continua-t-il, — qu'il proscrit de la façon la plus formelle toute liqueur forte dans Zeïlah... De plus, une femme qui serait surprise causant avec un étranger serait impitoyablement chassée! »

« Ces renseignements, il les tenait du Français dont j'ai dit quelques mots plus haut, et que nous allâmes ensuite voir ensemble.

« Malgré toute sa confiance dans le retour de son partenaire, il ne paraissait pas absolument rassuré sur l'avenir.

« J'avoue que dix-huit mois de séjour à Zeïlah eussent ébranlé une foi moins robuste.

« Le capitaine de sa goélette était chez lui.

« Il paraissait aussi en avoir assez.

« Là mon interprète eut enfin son araki.

« Mais, en ma présence, il en usait rarement et s'efforçait au contraire d'afficher à mes yeux des habitudes de sobriété que, le soir, venaient trop souvent démentir ses allures fléchissantes.

* * *

« Le jour suivant, départ pour le camp.

« L'excursion se compliquait d'une partie de chasse dans les jardins d'Abou-Bèkre, situés près des mêmes puits que gardaient les soldats.

« La fatigue, il était probable, allait avoir à y jouer son rôle.

« La route longeait en partie la mer.

« Des flaques d'eau laissées par la marée basse, s'échappait tout un monde croupissant de mollusques et d'insectes marins.

« Plus loin, des carcasses de chameaux, d'ânes, de bestiaux crevés là et abandonnés par leurs propriétaires, jonchaient le sol comme autant de lugubres jalons.

« Quelques soldats allaient et venaient les bras ballants, et de nombreuses troupes de femmes de tous les âges rapportaient sur le dos, dans une peau de chèvre cousue grossièrement, la provision d'eau du ménage, ou celle qu'elles allaient débiter pour un modique salaire.

« Malgré l'heure matinale, la chaleur était suffocante.

« Il n'en est jamais autrement sous les tropiques.

« A peine les rayons du soleil se lèvent-ils sur une nuit toujours sans crépuscule, qu'ils embrasent aussitôt l'atmosphère.

« Mais, dans le lointain, nous distinguions confusément des taches sombres qui se détachaient sur l'uniformité jaune des sables.

« C'étaient des arbres, c'étaient des jardins, la terre promise.

« Au bout de deux heures, nous y touchons enfin.

« Pour arbres, de maigres tamaris sans feuillage et sans ombre, dispersés çà et là.

« Pour jardins, derrière des buissons d'épines, de chétives ébauches de culture, pastèques rachitiques, tomates rabougries, etc.

« Puis, le lit vaste et caillouteux d'un torrent desséché avec quelques trous creusés au milieu.

« Ce sont les puits, les sources, comme les appelait avec emphase le jeune Grec interprète du pacha.

« Au bord, à deux pas, cinq tentes avec des fusils en faisceaux sur le front de bandière ; c'est le camp.

« Les hommes nous attendaient, rangés en bataille, — vingt-trois files, je les comptai ; c'était toute la garnison de Zeïlah.

« Un peu à l'écart, tout un village de gourbis au travers desquels bourdonnait une fourmilière de femmes et d'enfants, — les familles des soldats.

« Outre la tente commune de l'escouade, chacun en effet possédait une de ces huttes, quelquefois deux.

« Ces dames allaient puiser l'eau pour leurs époux, fabriquaient le pain, cuisinaient la ration, etc...

« Une vraie garde nationale orientale !

« On nous avait promis des avalanches de gibier.

« Après nous être exténués en vain, et la chasse terminée, trois alouettes et une tourterelle sur le carreau, nous songeâmes au retour.

« Notre Grec, emporté par son ardeur cynégétique, n'était pas là au moment du départ.

« Sans plus de façon, le capitaine s'adjugea sa monture et nous suivit, le laissant se débrouiller comme il pourrait.

« C'était pourtant sa propriété particulière, domestique, bête et harnachement.

« Peu importe ! Le pauvre malheureux faillit en mourir.

*
* *

« Il fallait, en effet, qu'il rentrât coûte que coûte.

« C'était ce soir-là que le pacha nous faisait l'honneur de venir dîner à bord ; son interprète ne pouvait déserter.

« Il arriva à la dernière minute, après avoir été ramassé à mi-chemin sur le sable, haletant, n'en pouvant plus, par un domestique qu'Abou-Bèkre lui avait envoyé avec un second animal.

« Ce fut miracle qu'il n'y gagnât pas une de ces belles et bonnes insolations contre lesquelles, sous un ciel pareil, il n'y a pas de remède.

« Par contre, au moment où le pacha et sa cour s'embarquèrent pour le *Séverin*, le vent fraîchit, et, de la passerelle, nous voyions l'esquif, secoué par des vagues énormes, tirer d'impuissantes bordées.

« A la fin, une amarre lui fut lancée, et toute une bande de personnages, que je n'avais cependant pas invités, me montrèrent leurs faces noires derrière celle du grand homme.

« C'étaient les principaux notables de Zeïlah, ses parents ou ses amis, qui avaient tenu à m'être présentés avant mon départ, et qui venaient me demander à s'installer à Obock, à l'ombre protectrice de notre pavillon, le jour où nous y serions enfin fixés nous-mêmes.

« Je les accueillis naturellement comme il convenait, et l'on se mit à table.

« Mais mes hôtes, bons musulmans, se méfiaient de la cuisine française.

« Le potage, bien! Ils étaient à peu près sûrs que, du moins, la viande de porc en était absolument bannie.

« Quant au reste, tous ces mets aux assaisonnements étranges, au fumet inquiétant, qu'est-ce que cela pouvait bien être?

« Ils refusaient presque tout.

« Dans le nombre, cependant, on servit des petits pâtés. L'apparence honnête les en rassura.

« Ils se jetèrent dessus, les doigts en avant : c'était précisément le seul plat dont la farce hachée menu contînt des fragments de la chair proscrite.

« Après quoi, il n'y eut plus moyen de leur faire accepter quoi que ce fût.

« La mer, il est vrai, avait grossi, et le navire subissait de fortes oscillations; peut-être ce mouvement désordonné était-il pour quelque chose dans leur réserve.

« Ils se levèrent de table.

« On leur porta des sirops sur l'avant.

« Puis, après que je les eus rejoints et fait quelques derniers compliments, nous nous séparâmes, enchantés les uns des autres.

« Abou-Bèkre, en échange de mes présents, m'avait offert trois chèvres et deux moutons.

« C'était tout ce qu'il avait été possible de se procurer, prétendait-il, en aussi peu de temps.

« Naguère, cette côte était renommée pour l'abondance de ses troupeaux.

« La valeur d'un bœuf y était insignifiante.

« Trois moutons pour un thalari représentaient le taux courant.

« Au premier abord, une plage d'un sable jaune et fin, donnant accès à une vallée couverte d'arbres que sillonnent les lits de deux ou trois torrents à sec, et qui, de l'est à l'ouest, se déroule en éventail dans l'intérieur des terres entre deux hautes falaises madréporiques ; voilà Obock !

« Le double prolongement, à droite et à gauche, de ces lignes de rochers encadre une petite baie que ferment, du côté de la pleine mer, deux bancs de coraux assez considérables.

« C'est le port.

« L'eau y est profonde, les passes suffisamment praticables.

« La pointe extrême de la falaise sud s'appelle le cap Obock ; celle du nord, beaucoup plus avancée dans la mer, se nomme Raz-Bir, — le cap du Puits... »

***

M. Denis de Rivoyre commence alors l'exploration minutieuse du territoire sur lequel s'élèvera un jour notre colonie d'Obock.

Son premier soin est de se mettre à la recherche des puits.

Après les avoir découverts au milieu d'épais fourrés d'acacias, il songe à son campement :

« Je fais dresser ma tente à l'abri d'un énorme mimosa dont le tronc vieilli se partage en deux et dont le feuillage grêle recouvre un vaste espace.

« Nos hamacs s'y suspendent ; nos lits de camps se déploient, et au bout d'une demi-heure à peine notre bivouac présente déjà un coup d'œil vivant et animé.

« On se croirait au milieu d'un parc, d'un parc sans pelouses, il est vrai, dessiné par le hasard.

« Cette vallée s'est appelée depuis « la vallée des Jardins ».

« Voici bientôt des naturels qui se montrent.

« Ils sont cinq, quatre hommes et un enfant, tous nus jusqu'à la ceinture ; pour tout costume, une sorte de culotte en cotonnade blanc sale, descendant jusqu'aux genoux.

« Le premier, un grand vieillard décharné, le corps étique, sur deux longues jambes d'araignée paraissant à peine le soutenir, s'annonce comme le gardien du pavillon français et, par conséquent, le seul représentant de l'autorité à Obock.

« L'enfant est son fils.

« Leur demeure est au bord de la plage.

« Les branches d'un mimosa ramenées au-dessus d'une natte, et c'est tout.

« Retenu par les devoirs de sa charge, il ne s'en éloigne jamais.

« Le lait de cinq à six chamelles, dont on distingue les

silhouettes malingres broutant les buissons et les épines, fournit à son ordinaire.

« Nos navires de passage, des barques de pêcheurs y ajoutent quelquefois un supplément accidentel.

« En dehors de ces bonnes fortunes, rien de plus substantiel.

« Sa maigreur s'explique.

« — Si nous ne trouvons personne à Obock, — me raconte-t-il, — c'est que l'aridité de l'été en a chassé les indigènes qui ont conduit les troupeaux dans les montagnes, où une température plus fraîche leur ménage une nourriture moins précaire. »

« Cette année, les chaleurs ont été exceptionnelles et les pluies insignifiantes; aussi la saveur de l'eau des puits s'en ressent.

« La nappe souterraine n'étant plus assez forte pour repousser, en allant à la mer, les infiltrations salines, en est envahie quelque peu, et leur emprunte un goût légèrement saumâtre.

« Ce n'est point assez cependant pour rendre cette eau impropre aux usages ordinaires, et durant la journée les équipages des deux embarcations à l'ancre y viennent, au contraire, renouveler leur provision.

« Je fais forer un nouveau puits, à trois ou quatre cents mètres au-dessus des premiers.

« La différence n'est pas sensible, mais un pâtre indigène m'en apporte d'un peu plus haut dans les terres. Celle-ci est délicieuse.

« Un de mes compagnons s'enfonce sous les arbres et revient à la tombée de la nuit.

« Il n'a pu atteindre l'extrémité du fourré.

« Le bois continue en s'élargissant vers l'ouest et la vie animale y pullule : des gazelles, des oiseaux, des chacals, des perdrix même d'un plumage plus éclatant que celles de nos pays.

« Toutes ces bêtes habitant la contrée prouvent surabondamment à quel degré les conditions de séjour y sont en état de répondre aux besoins de l'existence humaine... »

.·.

Une fois installé, le vaillant explorateur tourne sa première reconnaissance vers la partie nord.

Il y découvre une série de ruisseaux, tous parallèles les uns les autres et s'élargissant jusqu'à former de véritables rivières à mesure qu'ils approchent du rivage.

Puis, laissant la baie sur sa droite, il remonte à gauche vers la falaise :

« Notre pied foule de grandes étendues de terrain arable.

« Puis le bois s'épaissit, les accidents du sol se multiplient, la marche devient plus difficile.

« Les branches épineuses des arbres nous arrêtent au passage.

« La nuit nous menace.

« Nous reprenons la direction du campement.

« L'obscurité nous enveloppe, mais, heureusement, une de ces obscurités lumineuses de l'Orient, où la clarté des étoiles, plus douce que les rayons du soleil, vous montre encore le bleu du ciel et les lignes de l'horizon.

« Aussi nous distinguons des ombres qui s'agitent et passent à notre portée.

« Ce sont les animaux sauvages qui, à la chute du jour, vont boire aux puits d'en bas.

« Tous suivent la même route.

« Les uns, en nous apercevant, s'arrêtent effarés et rebroussent chemin ; d'autres continuent leur course.

« Une grande hyène a l'air de nous suivre, sa masse hideuse se balance à quelques pas de nous.

« Un coup de fusil la met promptement en fuite.

« D'un autre, nous abattons une pauvre petite gazelle.

« Enfin, nous distinguons au-dessous, dans le lointain, des lumières ; ce sont celles du bivouac.

« Rien n'y est changé.

« J'avais amené avec moi deux jeunes lévriers de l'espèce dite des *slouguis*, particulière à l'Algérie.

« D'une vitesse incomparable, il n'en existe point de pareils pour la chasse au lièvre ou à la gazelle.

« Rarement, s'ils ne le perdent pas de vue, le gibier leur échappe.

« Je me proposais, avec les miens, dans ces contrées dont je connaissais autrefois toutes les ressources cynégétiques, des parties merveilleuses.

« Hélas ! l'un d'eux ne devait pas aller bien loin.

« Pendant qu'assis auprès du feu, mon fusil entre les jambes, je me reposais de ma longue excursion, voilà qu'un de mes noirs se glisse silencieusement à mes côtés et, me montrant du doigt un buisson dans l'obscurité :

« — Regarde, — me dit-il, — une gazelle! »

« Je tourne la tête et j'aperçois vaguement un animal planté sur ses quatre pieds à une cinquantaine de pas.

« Il s'éloigne doucement; il va disparaître; je fais feu...

« — Il est tué! » — s'écrie mon homme en se précipitant vers l'endroit visé.

« Oui, il est tué.

« Mais c'était mon pauvre chien, le plus gentil des deux!

« Moi qui manque si souvent mon coup en d'autres occasions, j'avais été cette fois, d'une adresse fatale.

« Je fis creuser une fosse à la malheureuse bête; et si les chacals ou les hyènes ne sont pas parvenus à

Cette nuit-là pendant que mes hommes dormaient à mes côtés...

écarter les grosses pierres dont elle fut recouverte, ce sera là le premier émigrant dont le corps aura été enseveli à Obock.

« Au moins sera-t-il mort, celui-là, sans y avoir fait de mal!

« L'exploration du territoire proprement dit d'Obock était loin d'être achevée.

« Le lendemain, je me mis en mesure de la compléter.

« Rien de bien neuf ni de bien intéressant.

« L'aspect d'ensemble continuait à s'en présenter tel qu'il nous avait frappés au premier abord.

« La vallée, toujours couverte de ses grands arbres et de ses

En pays galla. — Femme faisant la farine.

fourrés en broussailles, nous conduisit, au bout de longues heures de marche, au pied d'une montagne où les termes du traité de 1862 nous concèdent le droit de pâturage, et dont le versant occidental marque, de ce côté, la limite de nos possessions.

« Des gazelles, des lièvres, des perdrix s'enfuyaient çà et là à notre approche.

« Partout la paix, la solitude : pas une âme autour de nous !

« A quelques jours de là, plus à l'ouest, sur la route du Choa, se trouve la ville d'Aoussa, au bord du lac de ce nom.

« Les bords de cette nappe liquide où se perdent les eaux du fleuve Aouache, marécageux et garnis d'une herbe épaisse, offrent en tout temps aux bestiaux une nourriture abondante.

« C'était vers ces parages, sans doute, que les populations du littoral étaient allées, en partie ; au sud, elle se raréfiait encore.

« Plus près de la mer elle cessait, pour ainsi dire, brusquement.

« Là, c'était bien le littoral aride, tel que je l'avais toujours connu, de la mer Rouge et de ses abords.

« En le longeant pour regagner Obock, nous passâmes par la pointe sud, chercher des ressources qui leur manquaient chez elles.

« Aux flancs dégarnis des montagnes se détachaient de nombreux lits de torrents à sec, dont la direction générale convergeait uniformément vers la vallée, devenue ici une vaste plaine, sans autre limite que celle du regard.

« Mais des arbres, de la végétation de toutes parts, bien que peu fournie.

« A mesure que nous revenions sur nos pas, nous passâmes par la pointe sud dont le promontoire ferme le port sur ce point.

« Au pied même, confondues avec celles de la mer à marée haute, s'échappent les eaux bouillantes d'une source sulfureuse. Impossible à la main d'y rester.

« Les convulsions de ce sol volcanique n'y ont peut-être pas encore dit leur dernier mot.

« De nombreux coquillages jonchent le sol, notamment ces grandes coquilles dentelées dont on se sert pour faire des bénitiers, et qui en empruntent le nom ; aux rochers baignant dans la mer adhèrent des huîtres appétissantes qui ne peuvent s'en détacher qu'à coups de pic ou de marteau.

* * *

« En face de l'inconnu qui nous environnait, sur cette plage inhabitée, nous devions, chaque nuit, exercer autour de nous une garde sévère,

« La consigne était pour tous.

« A chacun son tour de faction.

« Nul n'en était affranchi. Je m'y soumettais comme les autres.

« Cette nuit-là, pendant que mes hommes dormaient à mes côtés, se reposant sur moi du soin de veiller pour eux, je laisse ma pensée, enivrée des senteurs du tropique et rafraîchie au souffle de la brise, plonger en avant dans l'avenir, pour chercher le secret du destin qui s'y cache.

« Quel calme ! quelle paix tout autour ! comme ce paysage, à demi baigné dans les vapeurs lumineuses des ténèbres, se déroule sous mon regard, plein d'une solennelle grandeur !

« Aussi loin que je puis voir, la solitude ! Aussi loin que je puis entendre, le silence !

« Et dans quelques années, lorsque je ne serai plus là, lorsque je serai mort peut-être, je me le demande, sur ce rivage où, le premier, j'aurai posé le pied dans un but de progrès, mon passage aura-t-il jeté des semences fécondes ?

« Oui, j'ai la foi et j'espère !

« Je vois déjà se peupler ces déserts ; je vois de cette Afrique mystérieuse, encore fermée à nos efforts, sortir et s'avancer vers nous toutes ces caravanes chargées des richesses qui attirent à elles la civilisation, et conduites par des hommes qui en invoquent les bienfaits.

« Je vois une ville surgir ; je vois un port s'ouvrir ; et par-dessus tout, je vois, sur ce coin de terre ignoré, grandir le nom de la France !

« Je vois son action chrétienne et bienfaisante rayonner jusqu'au centre de ce vaste continent qui l'appelle.

« Je la vois enfin, obéie et respectée, trouver là, pour sa prospérité, pour sa puissance, un élément de plus !...

« Puisse la main de Dieu s'étendre sur ce rêve ! »

Comme nous l'avons vu, ce rêve est devenu une réalité.

Obock s'est peuplé, construit, développé...

Et le commerce français y a pris un tel essor que ce port, improvisé en quelques années, est devenu insuffisant, et qu'il a dû céder le pas à une autre plage, déserte elle aussi, il y a peu de temps, et rapidement métamorphosée en une cité populeuse et pleine d'avenir... Djibouti !

Nous savons comment s'est fondée la capitale actuelle de notre colonie de la côte des Somalis, point d'arrivée du prodigieux voyage transafricain de la mission Congo-Nil.

Nous aurons l'occasion de la parcourir et d'en parler plus en détail, au moment où elle aura l'honneur d'abriter le commandant Marchand ainsi que ses vaillants et dévoués soldats.

CXXXV

TRIBUTS D'ADMIRATION

L'enthousiasme en France. — Revanche patriotique. — Vive Marchand! — Odieus menace. — Qu'ils s'y frottent! — La presse et l'opinion publique. — Un prolétaire. — Hommage des municipalités. — L'Académie et les sociétés savantes. — Aux femmes françaises. — Souscriptions et projets divers. — La Chambre et le gouvernement. — La main forcée. — Le Livre d'Or de la mission Marchand.

Pendant que la mission Marchand achevait de tracer, en Afrique, le superbe et glorieuse page qui l'immortalise, l'opinion publique, en France, s'enthousiasmait au récit des exploits accomplis par nos intrépides compatriotes.

Énervé, secoué depuis deux ans par une crise sans précédent, indigné des audacieuses manœuvres d'une bande cosmopolite qui, après avoir acheté la conscience de certains hommes publics, avait fini par mettre la main sur le gouvernement même, le pays acclamait en Marchand le Français, le soldat dont le fier courage lui faisait présager la prochaine revanche du droit méconnu et de la patrie bafouée et trahie.

Les hauts faits du jeune commandant, sa lutte épique et victorieuse contre l'impossible, sa mâle et hautaine attitude devant l'armée anglo-égyptienne vingt fois supérieure en nombre à sa petite troupe étaient bien faits pour le camper en l'imagination populaire dans l'attitude d'un héros.

Mais ce qui achevait de l'auréoler aux yeux de ce peuple français, si léger, dit-on, mais si sensible et si généreux, c'était le cruel sacrifice que lui avaient imposé les exigences d'une politique imprévoyante et coupable : le retrait du pavillon tricolore, l'abandon de Fachoda!

Le sentiment d'admiration qui portait tous les cœurs vers le commandant Marchand et ses vaillants compagnons se doublait donc d'un sentiment de protestation et de révolte contre l'incurie de nos hommes d'État et les perfides menées de l'Angleterre qui avait su paralyser la France en soufflant la division parmi ses enfants.

Mais écoutons les organes les plus autorisés de l'opinion.

Il est bon que tous ceux qui ont suivi l'étonnante odyssée de la mission Congo-Nil retrouvent dans ces pages un reflet de l'état d'âme suscité dans notre pays par les splendides prouesses de nos compatriotes.

Transport d'une forge de la mission.

☆
☆ ☆

Dans le *Gaulois*, l'illustre et doux poète François Coppée, devenu le vigoureux champion de la cause nationale dont les coups font rugir la meute des sans-patrie, écrivait une page toute vibrante d'émotion.

Nous en extrayons le passage suivant :

Aux éclatants services rendus à la France par Marchand, ajoutons celui-ci, qu'il a démasqué les tartufes politiques qui, sous prétexte de défendre la suprématie du pouvoir civil, laissent traîner sous leurs yeux et sans protestation sérieuse le drapeau national dans la boue...

Il faut qu'une fête spontanée, fête populaire, fête de la rue, lui montre, par le contraste, le néant de la fête officielle.

Après tout, nos gouvernants ne peuvent pas pavoiser à propos d'un événement qui leur rappelle un pitoyable échec de leur politique.

Mais nous tous, les simples citoyens, mettons aux fenêtres et montrons, ce jour-là, ce cher drapeau que Marchand a porté si loin dans les profondeurs de l'Afrique et pour l'honneur duquel, à Fachoda, il était prêt à mourir.

A coup sûr, les édifices publics resteront sombres comme la pensée des malheureux à qui sont confiés pour le moment les destinées de notre pays.

Mais nous, les bons Français, illuminons nos logis, et que la première nuit que Marchand passera parmi nous soit splendide, en signe de notre enthousiasme pour le jeune héros et de notre espérance dans l'avenir de la patrie!

Quand Marchand traversera le grande ville, qu'il voie les Parisiens, par centaine de milliers, se presser sur son passage, et qu'il n'entende que ces seuls cris, mais continuels et formidables : « Vive la France!... vive l'armée!... vive Marchand!... »

Car il faut que la vérité éclate et que ceux qui poussent d'autres cris et qui ne les pousseront pas ce jour-là, je vous en réponds, seront enfin convaincus qu'ils ne forment qu'une infime et méprisable minorité.

Le loyal et pur soldat ne se méprendra pas sur le sens de cette imposante manifestation. Sans doute, il aura sa part, et très large, de légitime fierté.

Il sera bien doucement ému en sentant combien nous l'admirons dans son épique aventure, quand il pénètre le continent noir, quand il disperse les derviches du vent de son épée, quand il surgit dans une mâle attitude devant les Anglo-Égyptiens stupéfaits de le trouver au fond du désert, et combien nous l'admirons aussi, hélas! quand, fidèle à l'austère discipline, il obéit sans murmure à l'ordre fatal du renoncement et du départ.

Mais il éprouvera, ainsi que nous tous, une joie bien plus profonde encore, en présence du peuple de Paris lui montrant son âme.

Car, ce qu'il comprendra surtout, dans cette heure délicieuse et poignante, c'est que notre nation est restée la même et qu'elle ne consentira jamais à devenir une nation désarmée et à la merci d'un conquérant.

Dans les yeux de tous les hommes rangés sur son passage, il reconnaîtra la même flamme intrépide qui brillait sous le casque ailé des leudes de Clovis, sous le morion des compagnons de Duguesclin et sous le bicorne à cocarde des volontaires de l'an II.

Il sentira — et son cœur de soldat en tressaillira d'allégresse — que nous sommes toujours et avant tout un peuple militaire.

Il se convaincra que le crime contre l'armée, tenté en ce moment par d'odieux rhéteurs sans patrie, ne peut qu'avorter misérablement, et il se dira peut-être en songeant à demain — car qui sait ce que demain nous réserve ? — que, depuis trop longtemps, nous nous laissons aller à un funeste engourdissement dans les jouissances de la paix, et que l'horrible épreuve que nous subissons, mais dont tous les bons citoyens sont résolus à sortir à tout prix, était peut-être nécessaire pour réveiller en nous le vieux sang de France et pour nous rendre les antiques vertus de notre race, qui sont la folie de l'épée et le fanatisme du drapeau.

* *

Dans un article intitulé « l'Apothéose du retour », l'*Éclair* faisait, en ces termes, l'éloge de la mission Congo-Nil et de son chef :

Des soldats nous reviennent qui ont fait besogne de héros. Les acclamations éclatent sur leur parcours. On salue en eux l'énergie qui préside aux grandes actions : le mépris de la mort et l'amour de la patrie. Leur héroïsme a forcé le respect de leurs adversaires. « La France a le droit d'être fière de ces quelques hommes », a dit M. Chamberlain, parlant des premiers occupants de Fachoda. Marchand mérite notre admiration par sa résolution, son courage et son dévouement.

C'est à Marchand, surtout, que vont nos hommages. Peu à peu, sa haute personnalité absorbe celle de ses compagnons. L'héroïsme de tous se synthétise dans le chef. Il y aurait cependant injustice à par trop méconnaître ou par trop oublier la part de ses lieutenants, les capitaines Germain et Mangin, le lieutenant Largeau, les lieutenants Gouly et Morin, dont les os blanchissent là-bas, l'enseigne Dyé, le docteur Émily, l'interprète Landeroin, les douze sous-officiers à la tête desquels était l'adjudant de Prat. Et Baratier surtout, qui a peut-être accompli, au cours de cette fabuleuse bataille de trois ans, la plus admirable des prouesses que l'histoire des conquêtes africaines enregistrera.

Ce nom de Baratier, notre gratitude émue l'a prononcé plus d'une fois déjà. Il vint en France au cours des négociations délicates que souleva la possession de Fachoda. Discipliné comme il seyait, il s'est dérobé aux ovations légitimes qui l'attendaient. Il a vu nos maîtres. Il les a trouvés moroses et boudeurs, secs et cassants, à peine polis : « Ah ! c'est vous, l'homme de Fachoda ! » Sous la froideur hautaine et irritée de l'accueil, il devinait le reproche. La première République fusillait les généraux vaincus ; la troisième gourmande les soldats vainqueurs. Vous voyez bien que l'histoire ne se recommence pas.

Le peuple, qui se complaît à la lecture des beaux récits de cette expédition, a l'orgueil de ses compatriotes et l'exprime avec sa naïveté. La chanson, qui réfléchit sa pensée, célèbre, au concert, à l'atelier, dans la rue, les hauts faits de ces nouveaux paladins.

... Il va son chemin droit, devant un peuple qui le dédommagera de ses souffrances et de ses déceptions par la chaleur vibrante de sa sympathie. Il comprendra, par les transports que ses compagnons et lui soulèvent, que l'épopée de Fachoda, sans résultat territorial, n'a cependant pas été stérile ; que le renom de la France y a gagné en prestige dans le monde entier tout au moins le renom de son armée, et que c'est une compensation que l'on nous devait dans les scandales de l'heure présente. Jamais une action héroïque ne s'accomplit en vain : un exemple salutaire toujours s'en dégage ; les cœurs ne se haussent que par contagion. L'œuvre de la mission Marchand a été une œuvre saine, parce qu'elle fut moins guerrière, au sens barbare du mot, que morale. Elle n'a exigé d'autres armes, chez ceux qui combattaient, que l'endurance dans la fatigue, la volonté et la persévérance dans les épreuves, le sang-froid dans le danger et le mépris de cette affreuse mort que donne, odieuse entre tant d'ennemis, la fièvre.

Rien ne gâtera cette belle page où la discipline la plus fervente le dispute au patriotisme le plus pur. Les héros dont elle dit les hauts faits ne sont point de ceux que les ambitions mal calculées entraînent, ou que peut compromettre l'ardeur d'un zèle ami. Ils vont sur une route tracée par la haie des foules accourues et qui n'aboutit qu'à l'honneur sans calcul, au sein même du régiment, à l'ombre du drapeau.

Acclamons ces braves gens, d'un même cœur et tout d'une voix, comme ils veulent l'être : en soldats fidèles aux institutions de la patrie, disciplinés parce qu'ils sont forts, forts parce qu'ils sont disciplinés. Disons-leur notre joie de leurs prouesses, et l'exemple que nous en voulons tirer.

Quand des bandes s'acharnent à la destruction des énergies traditionnelles, encore si nécessaires à la vitalité de la République, remercions-les, eux soldats, de tout ce qu'ils ont fait de noble, de généreux, de grand, — puis laissons-les rentrer, impassibles et stoïques, dans les rangs inviolables.

C'est leur désir. Ils n'ont point fini. Le cycle des légendes n'est pas clos. Le fils du menuisier, qui compte courir à des lauriers pareils, — moins sanglants que glorieux, — le soldat en qui la France démocratique salue non un chef de parti, mais un chef d'armée, Marchand sera le premier, l'apothéose éteinte, à dire, bref et rude : « Si vous voulez que je fasse encore la guerre, foutez-moi la paix. »

*
* *

Dans le *Petit Marseillais*, le glorieux général Lambert, élu récemment sénateur, rendait au commandant Marchand l'éloquent hommage que voici.

Rien de touchant comme ce talent du héros de Bazeilles au héros de Fachoda :

... Marchand et ses compagnons ont accompli une odyssée qui serait digne d'être chantée par un Homère. Ils ont dépassé la limite du croyable. Ils ont vaincu les éléments, la nature et les hommes sauvages.

Ce rude labeur semblerait appartenir à la légende, au conte bleu, au poème épique, aux romans fantastiques d'Edgar Poë ou de Jules Verne. Eh bien ! c'est de l'histoire, rien que de l'histoire.

Le travail plus qu'herculéen accompli par Marchand et ses compagnons constitue une gloire pour l'humanité civilisée tout entière, car il constitue un triomphe sur la barbarie.

Mais combien il est agréable de penser que « ce grand homme » nous appartient plus intimement, qu'il est des nôtres, qu'il est de notre race, qu'il est Français enfin !

J'aurais eu, pour être des premiers à saluer Marchand, un titre, un privilège, si l'on veut, que personne du moins n'aura l'envie de me disputer, celui d'être le plus vieux survivant des explorateurs français.

Jeunes filles pilant le sorgho.

C'est en 1860, hélas! que j'entrepris, sur l'ordre de mes chefs, un voyage aux sources du Sénégal, de la Gambie et dans le haut bassin du Niger.

C'est alors que je visitai le Fouta-Djallon, cette Erythrée de l'Ouest, et que j'y jetai les premiers jalons de la future domination française.

J'ai frayé ces routes où tant d'autres se sont avancés beaucoup plus loin, ont fondé des établissements bien plus durables, ont achevé ce qu'alors on osait à peine entrevoir.

Je ne prétends pas entrer en parallèle avec les Monteil, les Binger, les Marchand et tant d'autres qui ont donné à la France cet immense domaine dont la jalousie anglaise n'a pu nous arracher que des lambeaux.

En ces temps déjà éloignés, on disposait de moyens insuffisants ; on opérait en petit ; on n'avait pas encore la grande méthode d'exploration.

Je n'en admire que plus sincèrement les grands explorateurs, mes jeunes camarades, qui ont eu l'honneur et le bonheur de réaliser nos rêves.

Marchand est incontestablement le plus grand de tous, et la reconnaissance nationale le récompense.

Il est injuste de dire que son héroïsme a été stérile.

Il a été, au contraire, le plus fécond de tous.

D'abord, on n'oubliera pas qu'il a le premier planté le drapeau de la civilisation, le drapeau aux trois couleurs, en des régions réputées inabordables, et qu'à la tête d'une poignée d'hommes il y a devancé toute une armée anglaise supérieurement organisée.

La trace que ses pas ont laissée à Fachoda est ineffaçable, et quoi qu'on fasse Fachoda reste un nom français, car celui de Marchand y est associé à jamais.

Mais, s'il n'a pas été possible de garder les postes occupés, c'est à Marchand que notre gouvernement doit le large bénéfice du traité de mars dernier ; c'est à Marchand que la France doit une prédominance incontestée sur ces territoires qui partent du nord du lac Tchad et qui enveloppent la Tripolitaine.

*
* *

Dans le *Figaro*, M. Georges Duruy, que l'on avait vu cependant, peu de temps auparavant, épouser la plus détestable des causes ; M. Georges Duruy, que ses élèves de l'École polytechnique s'étaient vus obligés de rappeler vertement à la pudeur ; M. Georges Duruy, lui-même, écrivait ces lignes admiratives :

Voici donc enfin, après la série lugubre des jours sombres, un jour pur, un jour radieux qui va se lever... Soldats et citoyens de France, préparez fraternellement des lauriers !...

De l'Atlantique à la mer Rouge, ces soldats héroïques ont promené superbement la vaillance de notre race.

Selon la belle parole qu'un autre illustre explorateur, M. de Brazza, adressait à l'un des émules du commandant Marchand, à M. Liotard, ils ont montré que « *s'il est des bornes à l'énergie physique, l'énergie morale ne paraît pas en avoir pour des hommes tels qu'eux* ».

Ils ont, en matière d'indomptable volonté, donné la plus éloquente « leçon de chose » qui puisse être proposée comme exemple à nos enfants.

Et bien des générations sans doute succéderont à la nôtre, avant que d'autres Français accomplissent une prouesse nouvelle, égale à la leur.

Ce qui mit dans leurs cœurs cette endurance plus forte que toutes les épreuves, ce courage stoïque, invincible aux déceptions, aux privations, aux souffrances, à la maladie, à la mort — quotidiennement affrontée pendant trois ans face à face — nous le savons, grâce à Marchand lui-même.

« *Malgré tout*, écrivait-il dans une lettre où il annonçait l'entrée de la mission dans le bassin du Bahr-el-Ghazal, *quelque obstacle nouveau qui se dresse sur notre route, nous triompherons : il le faut pour la grandeur de la Patrie !* »

L'amour de la Patrie : telle a donc été la force secrète qui ravitaillait inépuisablement d'énergie leurs âmes, durant la longue et merveilleuse aventure de ce voyage.

La Patrie absente et lointaine, ils la voyaient flotter aux plis du drapeau qu'ils avaient emporté ; ils la retrouvaient dans les sonneries joyeuses du clairon par lesquelles ils s'appelaient dans la morne solitude, ou s'annonçaient les uns aux autres leur retour au camp, après les périlleuses explorations poussées dans les profondeurs mystérieuses de la terre inconnue...

Leur cœur alors — ce cœur qui restait calme aux plus tragiques minutes — battait plus vite ; un sang moins anémié semblait réconforter soudain leurs membres épuisés.

Ils songeaient à la France, qui leur avait donné une tâche à remplir ; à cette grande famille, l'armée, à laquelle ils appartenaient tous et dont ils sentaient bien que le splendide patrimoine d'honneur allait être enrichi par la réussite d'une si grandiose entreprise...

Qu'on mette aux Invalides, à côté de nos plus glorieuses reliques militaires, ce clairon qui sonna sur l'effrayant marécage du Bahr-el-Ghazal, ce drapeau qui traversa l'Afrique et flotta un instant sur Fachoda !...

Il n'y a pas de champ d'honneur plus beau ni dont la France doive être plus fière que celui d'où ils viennent, rapportés par de tels hommes !

* *
*

Mais, dans le concert d'éloges et d'hommages qui accueillit la révélation des hauts faits accomplis par la misson Congo-Nil, la note la plus juste fut donnée, comme toujours d'ailleurs, par le grand et toujours vibrant pamphlétaire qu'est Henri Rochefort.

Dans un de ses plus brillants articles quotidiens, intitulé la *Vie d'un Prolétaire*, le redoutable polémiste fit, — comme nous l'avons fait nous-même au début de cet ouvrage, — ressortir ce fait, que Marchand, fils d'ouvrier, et parvenu à une haute destinée à force de travail et de courage, était la personnification même de notre vaillante et laborieuse démocratie :

... Nous savons parfaitement ce que coûte quotidiennement au Syndicat de Trahison la recherche, par la presse fangeuse, de la « lumière » et de la « vérité ». Toutefois, pour mieux donner le change, les salariés de Zadoc ont coloré leur entreprise de ce prétexte destiné à égarer l'opinion : défendre les soldats contre les hauts gradés sortis des écoles gouvernementales, où leurs moyens pécuniaires leur avaient permis d'entrer.

C'eût été là, en effet, un terrain presque acceptable de discussion, si par malheur pour la cause dreyfusarde, les deux coquins pour la libération desquels la juiverie use tant d'énergie et dépense tant d'argent n'appartenaient précisément à la carte privilégiée contre laquelle s'insurgent les Jaurès, les Reinach et les Pressensé.

Leur polémique n'est pas soutenable. Mais où ces charlatans perdent complètement pied, c'est dans l'exaspération qu'ils affichent à propos des honneurs que la population française se dispose à rendre à Marchand. En effet, il est entré dans l'armée en qualité de simple engagé volontaire. Fils d'un petit menuisier du département de l'Ain, il n'avait même pas les quelques milliers de francs nécessaires aux candidats pour Polytechnique ou pour Saint-Cyr.

C'est à force de travail, de ténacité et d'intelligence qu'il est sorti du rang, économisant, pour élever ses frères, tout ce qu'il était humainement possible d'économiser. A vingt-six ans seulement, il obtenait l'épaulette de sous-lieutenant au sortir de Saint-Maixent. Il en a trente-trois et le voilà commandant d'un bataillon, commandeur de la Légion d'honneur et, par-dessus tout, célèbre, d'une célébrité qui lui est venue sans que certainement il la cherchât, ayant été constamment beaucoup plus préoccupé d'accomplir son devoir que de se demander ce qu'il en adviendrait.

La vie austère et laborieuse de Marchand constitue donc un des plus brillants exemples dont la démocratie ait le droit de s'enorgueillir. Cet homme intrépide autant qu'infatigable représente, dans toute l'acception du mot, « l'enfant du peuple ». Et quels sont les fonds-secrétiers de Dupuy et de Puibaraud qui essayent d'organiser contre le rapatrié de Fachoda le guet-apens de Grenoble? Ce sont les prétendus socialistes qui rêvent, pour le prolétariat français et surtout allemand, la conquête du pouvoir.

Eh bien! mais, s'il y a au monde un prolétaire fils d'ouvrier qui ait ouvert la voie à cette conquête si attendue, il me semble que c'est ce même Marchand pour lequel Jaurès réclame actuellement les douze balles qu'il sollicitait jadis pour Dreyfus.

Ils gardent toutes leurs fleurs pour le déporté de l'île du Diable, lequel occupait dans l'armée la situation qu'ils reprochent si amèrement à ses collègues, et ils entassent leurs tomates pour le soldat modeste qui a si universellement illustré le paupérisme dans lequel il est né et où il a, jusqu'à ces dernières années, si péniblement vécu.

Parole d'honneur! on ne montre pas la corde avec cette imprudence. Ennemis acharnés de l'état-major, ils chambardent la France depuis deux ans en l'honneur de deux officiers d'état-major. Amis du pauvre, ils menacent du poing, du revolver et du lebel un fils de menuisier que sa seule bravoure a désigné à l'admiration de l'Europe et dont les hauts faits donnent une éclatante sanction à la théorie de l'égalité devant l'intelligence et le travail.

Si les Trestaillons du Syndicat pensaient à autre chose qu'à remplir leurs escarcelles, ils auraient dû faire de Marchand leur héros, afin de pouvoir l'exhiber devant la postérité comme Hoche, le neveu de la fruitière, et tant d'autres qui, partis de si bas, se sont élevés si haut.

Mais non. Ceux que la bande des judaïsants offre à nos respects, ce sont deux galonnés de haute marque auxquels l'armée, qui leur avait témérairement ouvert ses bras, a été obligée d'arracher leurs galons.

Et tandis que ces dégradés sèment les billets de banque à patte graissée que veux-tu? le vieux père du commandant et commandeur Marchand continue à peiner sur son établi, afin de nourrir le reste de la famille.

*
* *

Le virulent article qui précède fait allusion à la monstrueuse campagne entreprise dans une certaine presse contre l'admirable soldat qui venait d'affirmer de si éclatante façon l'énergique vitalité de notre race.

Inutile de dire que ceux qui osaient attaquer, salir et menacer l'héroïque commandant étaient les mêmes qui avaient entrepris le sauvetage d'un misérable traître à la Patrie.

Certes, il est triste qu'une pareille infamie ait pu rompre l'unanimité des acclamations françaises; mais elle a du moins servi à mettre en relief le nombre infime des antipatriotes et le mépris, la répulsion qu'ils inspirent à la masse de la population.

Elle a d'ailleurs servi de thème à d'éloquentes protestations.

Nous enregistrerons ici les principales.

De M. Le Hérissé, député, dans le *Gil Blas*:

« Nous lui ferons une réception chaude, à ce Marchand; à Marseille foisonnent les tomates et les oranges pourries et, à Paris, la plaine d'Achères fournit pas mal de choux dont nous saurons utiliser les trognons. Et puis!

« Et puis... »

Voilà ce qu'on ose écrire dans un journal, à la veille du jour où le glorieux héros de Fachoda va rentrer en France, après avoir rempli son devoir et tout son devoir!

Si jamais chef militaire fut impeccable, si jamais soldat fut sans reproche, certes c'est bien ce modeste chef de bataillon d'infanterie de marine, enfant du peuple, véritable fils de ses œuvres.

Il sort du rang et a gagné tous ses grades à la pointe de son sabre. Le Soudan la Côte d'Ivoire retentissent encore de ses hauts faits! Comment donc peut-il s'élever une seule voix contre lui; dans ce pays de France si généreux, si fier de la gloire de ses enfants, comment expliquer que des Français aient à ce point perdu la notion du vrai, du grand et du beau, qu'ils vont jusqu'à menacer non seulement de leur huées, mais encore du peloton d'exécution un bon Français qui a fait noblement son devoir; car celui qui signe les lignes reproduites en tête de cet article ose ajouter en parlant de Marchand:

« Et puis que le soldat sache que là-haut, derrière le Sacré-Cœur, il y a un mur fatidique pour les généraux... »

J'avoue que jamais je n'ai ressenti plus profonde tristesse qu'en lisant ces propos monstrueux! Jamais, il y a quelques années, on n'eût osé tenir pareil langage; il a fallu la misérable affaire Dreyfus, il a fallu la campagne immonde menée pendant deux ans contre l'armée et contre ses chefs pour qu'un Français pût écrire froidement de pareilles infamies !

Ah ! messieurs les intellectuels peuvent être fiers de leur triste besogne, ils ont réussi au delà de leurs espérances, ce ne sont plus seulement ceux qui, de près ou de loin, ont touché à l'affaire Dreyfus qui sont vilipendés, ce ne sont plus seulement nos généraux et nos officiers de l'état-major qui sont traînés dans la boue; nos gloires les plus pures, ceux-là mêmes qui ignorent encore aujourd'hui les détails de l'affaire, puisque depuis trois ans ils ont perdu le contact avec le monde civilisé, n'échappent pas à la haine des coryphées de la bande dreyfusarde : ils portent un uniforme, ce sont des galonnés, cela suffit et leur épaulette n'a pas plus droit au respect que celle d'Esterhazy.

J'entends bien qu'il ne faut rien prendre au tragique, mais j'estime cependant qu'il est temps de prendre au sérieux une aussi odieuse campagne. Ceux qui, comme moi, ont toujours défendu la presse, même dans ses excès, reconnaîtront que châtier d'aussi abominables licences, ce n'est point porter atteinte à la liberté. Le gouvernement a le devoir d'aviser; et cette fois pour de bon, il faut en finir !

*
* *

Même indignation, même révolte dans tous les journaux qui n'obéissent pas aux inspirations de la « haute finance cosmopolite et de l'étranger ».

De M. Lucien Millevoye, député, dans la *Patrie* :

Les internatonalistes, ennemis de toute patrie, et les politiciens, jaloux de toute gloire, ont essayé de contester les mérites de la colonne française qui, dans un voyage désormais historique et presque légendaire, a traversé l'Afrique mangeuse d'hommes, de l'Océan à la mer Rouge.

... C'est en vain, journalistes de l'île du Diable, que vous tentez de jeter la tache d'encre sur ce rayon de gloire.

A chacun son bien ! Gardez pour vous votre Picquart. Il incarne très fidèlement l'état d'esprit que vous représentez, que vous revendiquez même... l'ambition avide de se satisfaire en meurtrissant, en blessant la France, l'oubli des traditions et des vertus guerrières, le scepticisme payé par les sourires de tous les ennemis de notre patrie...

Marchand, les officiers de Marchand, les sous-officiers et les soldats de Marchand sont réclamés par la France, comme étant de son sang, de son espérance, de son orgueil, parce qu'ils n'ont agi, marché, souffert que pour elle, et que c'est pour elle aussi qu'ils se sont sacrifiés.

Vous pensez que c'est peu de chose... Vous voudriez persuader à votre clientèle que ces trois années passées dans la brousse ne valent pas trois minutes d'attention. Le démenti vous vient de l'étranger... de cet étranger que vous avez contracté l'habitude de prendre pour juge... L'étranger admire, sans réserve. Les Anglais reconnaissent, proclament le prodige. Et ils ne se consolent de ce prestige qu'en songeant qu'il n'a pas suffi à épargner à notre drapeau un recul et une humiliation.

Marchand n'en a pas moins écrit au livre de notre grande histoire une page immortelle.

Et la France saura lui prouver dans quelques jours que l'ingratitude n'est pas un vice français.

De la *Libre Parole* :

Les amis de Dreyfus ne pouvaient point être, en effet, les admirateurs de Marchand.

Et je plains les infortunés qui, à Marseille, pour quarante sous, se croiraient obligés de jeter des trognons de chou sur le brave officier qui, sans la lâcheté du dreyfusard Delcassé, se serait maintenu à Fachoda.

Ils feront bien de numéroter leurs os, s'ils veulent qu'on rapporte leur carcasse intégrale à leur famille ou à leur ami Schrameck.

D'un journal de province, pris au hasard :

Hors de France, il n'y a pas un homme qui ne s'incline devant tant de courage, d'énergie et de persévérance: même chez nos rivaux d'outre-Manche, Marchand ne rencontre qu'une admiration unanime : s'il eût été un des leurs, les Anglais en auraient fait un duc et pair et l'auraient gratifié de cent mille livres de rente.

Et pourtant, chez nous-mêmes, avouons-le à notre honte, il se trouve des insensés pour adresser au vaillant soldat des insultes où le grotesque le dispute à l'odieux. Deux surtout se distinguent dans cette triste besogne : l'un menace le héros de Fachoda de la fin tragique des généraux Lecomte et Clément Thomas ; l'autre somme le gouvernement de le déférer à un conseil de guerre.

L'intrépide soldat dont ces misérables réclament la tête n'est pas un privilégié du sang ou de la fortune; c'est un enfant du peuple qui travaillait déjà pour vivre à l'âge où ses insulteurs d'aujourd'hui achevaient leurs études dans des institutions à l'usage des riches; ce n'est pas à la faveur qu'il doit ses épaulettes et la cravate de la Légion d'honneur; officier de fortune, il les a conquises de haute lutte, dans la brousse, en risquant cent fois sa vie pour son pays.

Mais qu'importe! Un homme d'un si haut désintéressement, qui a accompli de si grandes et belles choses pour rien, pour la gloire, par pur amour de son pays, ne peut être une recrue pour le parti dreyfusard : cela suffit pour que celui-ci le mette hors la loi.

Mais c'est précisément parce que Marchand est en butte à d'odieuses attaques, que tous les bons Français, fiers à juste titre de son œuvre glorieuse, et qui ont partagé de cœur ses fatigues, ses déboires, ses angoisses patriotiques, doivent s'unir pour faire à ce soldat modeste le plus chaleureux accueil.

Le jour où Marchand mettra le pied sur le sol français, il faut que les acclamations couvrent les cris de haine.

*
* *

Il nous serait facile de multiplier les citations.

Mais celles qui précèdent suffisent à montrer quelles chaudes et vibrantes sympathies animaient la presse française à l'égard du commandant Marchand et de ses dévoués compagnons.

Passage d'un gué dans la forêt de Bourça.

Ces sympathies, ces enthousiasmes n'étaient d'ailleurs que l'écho des sentiments de gratitude et d'admiration de millions de Français qui brûlaient du désir d'acclamer et de fêter triomphalement les vaillants qui, les premiers, et en dépit d'obstacles réputés infranchissables, avaient fait flotter les trois couleurs sur le haut Nil.

Le sentiment public se traduisait sous les formes les plus diverses.

Dans toutes les classes de la société, c'était à qui suggérerait les plus heureuses idées et formerait les plus brillants projets pour glorifier et revoir les membres de la mission.

Les corps élus, les institutions les plus hautes, les sociétés de tout genre rivalisaient d'enthousiaste initiative avec les individus

Un défilé de la cavalerie abyssine.

Il n'est pas jusqu'au gouvernement qui, sous la pression de l'opinion publique, ne se vit, à contre-cœur, obligé de renoncer à ses projets d'étouffement et de prendre des mesures pour accueillir et récompenser dignement nos héros africains.

Tandis que ces derniers achevaient tranquillement leur voyage à travers l'Abyssinie, un grand nombre de municipalités leur votaient des adresses de félicitations ou prenaient des décisions pour leur faire l'accueil qu'ils avaient si bien mérité.

Citons quelques-unes de ces résolutions.

PARIS. — Sur la proposition de M. Roger Lambelin et plusieurs de ses collègues, le Conseil municipal décide d'urgence que le commandant Marchand et les officiers de sa mission seront reçus en audience solennelle à l'Hôtel de Ville.

Le bureau est chargé de l'exécution de cette décision.

Saint-Brieuc, 10 avril. — Le conseil général des Côtes-du-Nord, sur la proposition de M. de Rosambo, a voté, à l'unanimité, une adresse de félicitation au commandant Marchand.

Vannes. — M. Marchand, père du commandant Marchand, en accusant réception de la délibération du conseil municipal de Vannes, lui apprenant que le nom de son fils avait été donné à une des rues de cette ville, a chaleureusement remercié le maire de Vannes de l'honneur qui était fait à son fils. Il ajoute :

« Il se serait cru assez payé de ses efforts si l'entreprise du commandant Marchand avait pour résultat de rendre la France plus grande.

« Si en dehors de cette satisfaction patriotique il avait désiré quelque chose, c'est, j'en suis sûr, l'unanimité de tous les bons Français dans la joie après son succès, dans la tristesse après l'affront et l'évanouissement de son beau rêve.

« C'est à ce titre que la démonstration de votre conseil municipal lui sera particulièrement précieuse.

« Mon fils a appris dès l'enfance, par sa mère qui, hélas ! n'est plus de ce monde, la fidélité et le dévouement à deux nobles causes qu'il ne séparera pas et ne séparera jamais : Dieu et la France. »

Nous pourrions en reproduire des centaines d'autres.

Nous nous bornerons à signaler encore les décisions des municipalités de Marseille et de Toulon qui, comme on va le voir, se disputaient l'honneur de voir la mission Congo-Nil atterrir de leur côté.

Marseille, 14 avril. — Le conseil municipal a tenu, ce soir, une séance extraordinaire, sous la présidence du docteur Flaissières, maire.

Sur la proposition de ce dernier, le conseil municipal a décidé de recevoir officiellement le commandant Marchand au nom de la population de Marseille, si le port d'arrivée du navire le *d'Assas* est le port de Marseille, et d'envoyer une délégation du conseil municipal pour saluer et féliciter le vaillant officier à Toulon, si le navire aborde dans cette dernière ville.

Toulon. — Le conseil municipal de Toulon a décidé que des réceptions officielles auront lieu pour saluer le vainqueur de Fachoda et le seul chef de bataillon de l'armée française portant les insignes de commandeur de la Légion d'honneur.

Les cercles militaires et principalement les officiers des trois régiments d'infanterie de marine fêteront grandiosement l'entrée triomphale en France de ce vaillant officier.

On espère bien que c'est à Toulon que reviendra cet honneur, d'abord parce qu'on obligerait les camarades de M. Marchand, qui sont nombreux ici, de se déplacer, et ensuite parce qu'il revient sur un bâtiment de guerre parti de Toulon et affecté au port de Toulon.

*
* *

Les sociétés savantes et l'Académie elle-même ne restaient pas en arrière de ce mouvement aussi généreux et patriotique que spontané.

Témoin les trois résolutions suivantes :

Sur le rapport de M. Félix Rocquain, l'Académie des sciences morales et politiques a statué hier, en comité secret, sur le prix François-Joseph Audiffred.

Ce prix, de la valeur de *quinze mille francs* et « destiné à récompenser les plus beaux, les plus grands dévouements, de quelque nature qu'ils soient », a été attribué au commandant Marchand pour sa « traversée de l'Afrique, de l'océan Atlantique à la mer Rouge ».

Conformément à une délibération de la commission centrale, une demande a été adressée par la Société de géographie au ministre de l'Instruction publique et des Beaux-Arts pour que la réception du commandant Marchand par la compagnie ait lieu dans la salle des fêtes du Trocadéro.

Le comité d'administration de la Société de géographie de Lyon et de la région lyonnaise a décidé qu'à l'occasion du prochain retour en France du commandant Marchand et de ses compagnons, une grande médaille d'or leur serait offerte à leur passage à Lyon.

Utile dulci... La grâce le disputait à la gravité.

A côté des sévères résolutions de ces doctes assemblées, les journaux publiaient de chaleureux appels féminins dans le genre de celui-ci :

Appel aux femmes de France.

Dans peu de jours la France reconnaissante accueillera le commandant Marchand ! Filles, fiancées, femmes endeuillées de 1870, et vous aussi, filles, femmes et sœurs de ceux qui ont conservé l'espoir, après nos détresses, de revoir la France grande et forte, vous toutes enfin qui avez eu un mort à pleurer, ou une naissance à bercer de vos rêves irradiés de splendeur et de gloire, vous devez votre hommage, j'aime mieux dire « sourire », mouillé de larmes et rayonnant de fierté au héros qui nous revient.

Nous devons au commandant Marchand non seulement un tribut de fierté et d'orgueil, mais le tribut de tendresse, tendresse qui console, qui relève le courage car il en a besoin, lui, la victime de lâchetés et de platitudes! On a cru consoler ce blessé dans son honneur et dans son amour patriotique, ce lutteur sans phrases, simple, plein de grandeur, par un ruban plus large et quelques déjeuners ; montrons-lui, femmes de France, qu'il y a mieux que cela dans les baisers émus des mères, des sœurs, des femmes de soldat.

Que nos fleurs bleues, blanches et rouges lui fassent sentir qu'à côté des fils lâches, des traîtres dont se compose la majorité de la société moderne, les femmes françaises les vraies, *quelles qu'elles soient !* sont filles de Jeanne Hachette et de Jeanne d'Arc, qu'elles sourient au courage et méprisent le lâche !

Je demande, filles de France mes sœurs, des bouquets pour le commandant Marchand, je demande que vous soyez à son arrivée pour crier avec moi : « Vive la France ! Vive Marchand ! Vive sa mère ! »

La fille du Général Corbin.

* *

Des souscriptions s'ouvraient un peu de tous les côtés, les unes pour offrir un objet d'art, un sabre, une épée, une médaille ou une croix en brillants au commandant Marchand, les autres pour organiser des banquets en l'honneur de ses compagnons blancs ou pour récompenser la bravoure de ses intrépides Sénégalais.

Dès le 16 octobre 1898, on pouvait lire dans la *Patrie* :

> En présence des menaces des Anglais qui revendiquent Fachoda occupé par des troupes françaises ;
> En présence de l'énergique attitude du vaillant commandant Marchand ;
> En présence de la politique, équivoque sans dignité et sans courage de notre gouvernement ;
> La *Patrie* ouvre une souscription pour offrir une épée d'honneur à M. le commandant Marchand.
> Les patriotes doivent cet hommage et cette preuve de reconnaissance au brave officier qui, au milieu de l'Afrique, seul contre des milliers de barbares et d'Anglais, tient haut et ferme le drapeau de la France.

Un peu plus tard, à Paris, dans le quartier de la Villette, une souscription, vraiment populaire celle-là, à 0 fr. 10 par tête, destinée à l'acquisition d'une autre épée d'honneur, était ouverte.

A Lyon, à Bordeaux, à Nantes, à Ismaïlia, à Port-Saïd, à Thoissey, etc... de semblables initiatives étaient prises.

Et, pour couronner le tout, *La Ligue de la Patrie française* lançait l'appel suivant :

> La *Ligue de la Patrie française* a songé qu'il serait bon de laisser un souvenir durable aux tirailleurs sénégalais et soudanais de l'héroïque commandant Marchand ; il faut que ces braves nègres emportent de France mieux que les applaudissements de la foule et que, de retour dans les lointaines solitudes que nous nous efforçons de pénétrer, ils disent que notre grande et belle nation sait récompenser les services de tous ceux qui ont monté la garde devant son drapeau. Il

ne faut pas oublier que les Sénégalais sont parmi les meilleurs soldats de l'Afrique. Ils sauront comment nous avons traité leurs compagnons et cela les attirera ou attachera davantage à la France, leur amie et leur initiatrice.

C'est dans cette intention que la « Patrie française » a fait appel à la générosité de tous et a recueilli du premier coup 14,256 fr.

Les souscriptions sont recueillies au siège de la « Patrie française », 97, rue de Rennes.

En même temps, les idées les plus variées étaient lancées dans la circulation.

Cueillons au hasard :

M. Quesnay de Beaurepaire annonçait hier matin et confirmait hier soir, au cours de sa conférence, son intention de grouper les noms de tous les bons Français au bas d'un pétitionnement ayant pour but de glorifier Marchand et de flétrir les antipatriotes.

Cet important livre d'or constitué, M. Quesnay de Beaurepaire, le jour de l'arrivée de Marchand à Paris, le portera solennellement au gouvernement, accompagné de tous les signataires qui pourront prendre part à cette belle manifestation.

Et celle-ci qui fut réalisée, on s'en souvient, à la grande joie du peuple de Paris :

> Le 14 juillet n'est pas loin. Le *Gaulois* demande s'il ne serait pas intéressant de faire figurer dans la revue, à la place d'honneur, Marchand et tous ses compagnons.
> Ce serait un spectacle bien fait pour émouvoir les âmes, que de voir la petite troupe héroïque, revêtue des uniformes lacérés par la brousse africaine et décolorés par le soleil des tropiques, défilant avec ces guenilles glorieuses sous les plis du drapeau qu'elle a fait flotter à travers tout le continent noir.

Et encore la suivante qui prouve que les femmes, comme nous l'avons déjà vu plus haut, n'étaient pas les dernières à comprendre la nécessité de glorifier nos héros :

> Une dizaine de femmes françaises, vraiment patriotes, ont eu l'idée d'offrir au premier occupant de Fachoda un témoignage de leur patriotique admiration : un album qui ne porterait que des signatures de Françaises de toutes les conditions, non seulement de Paris, mais de province et de l'étranger.
> C'est vingt, cinquante, cent mille signatures, et plus encore qu'elles veulent ainsi offrir dans ce nouveau Livre d'Or.

Cet élan de reconnaissance et d'admiration patriotique devait avoir sa répercussion au Parlement.

Le peuple français n'eût pas compris que ses mandataires restassent indifférents en présence du grand exemple de vaillance et d'abnégation donné par tous les membres de la mission Marchand.

M. Mézières, député et membre de l'Académie française, déposa sur le bureau de la Chambre la proposition de loi suivante, au nom de la commission de l'armée, dont il est président :

> Messieurs,
>
> Dès le 1er février dernier, aussitôt qu'on apprit l'arrivée sur le haut Nil du commandant Marchand et de ses compagnons, M. Le Hérissé et deux cents de nos collègues déposèrent sur le bureau de la Chambre une proposition de loi, dans laquelle ils demandaient qu'une récompense nationale fût accordée à cette poignée de braves qui, au milieu de si grandes difficultés et de si grands périls, avaient porté si loin le drapeau de la France.
> Le gouvernement s'est approprié la proposition de nos honorables collègues. Nous ne pouvons que le remercier et le féliciter d'avoir compris tout de suite ce que la patrie doit à tant d'héroïsme.

Mais nous avons pensé que le Parlement avait, lui aussi, un devoir à remplir, qu'il lui appartenait de témoigner publiquement à nos glorieux compatriotes sa sympathie et son admiration. La commission de l'armée vous demande donc, à l'unanimité, de vouloir bien adopter la proposition suivante, qui ralliera, nous l'espérons, toutes les opinions et tous les partis autour du drapeau.

Article unique. — Tous les Français, civils ou militaires, ayant pris part aux opérations dirigées par MM. Liotard et Marchand dans l'Afrique centrale, recevront, s'ils ne l'ont déjà, la médaille coloniale.

Cette médaille sera pour tous ornée d'une agrafe en or sur laquelle sera gravée l'inscription suivante : « De l'Atlantique à la mer Rouge. »

Devant ces manifestations du sentiment public, le gouvernement, qui avait eu un instant l'idée d'escamoter la mission Congo-Nil à son retour en France, comprit qu'il se vouerait à une mortelle impopularité, s'il donnait suite à son fâcheux dessein.

Ne pouvant remonter le courant, il résolut de le suivre, tout en l'endiguant.

On lisait en effet bientôt dans les journaux :

Nous apprenons qu'après en avoir conféré avec les ministres de la Marine et des Colonies, le président de la République a décidé d'élever le commandant Marchand au grade de commandeur de la Légion d'honneur.

En outre, le gouvernement a décidé d'envoyer un bâtiment de guerre à Djibouti pour y chercher les membres de la mission.

C'est le croiseur à grande vitesse le *D'Assas* qui a été désigné pour remplir cette mission.

Le décret nommant le commandant Marchand commandeur paraîtra aujourd'hui ou demain à l'*Officiel*. Le *D'Assas*, qui complète actuellement son approvisionnement de charbon à Toulon, appareillera lundi et portera le brevet de commandeur au commandant Marchand.

Le *D'Assas* sera à Djibouti du 14 au 16 avril.

Ce croiseur quitta Toulon le 3 avril.

Voici le compte rendu de son départ, envoyé par un correspondant toulonnais :

Le croiseur d'escadre le *D'Assas*, commandant Ridoux, a appareillé cet après-midi, à quatre heures, allant prendre à Djibouti le commandant Marchand et les membres de sa mission.

Le capitaine de vaisseau Ridoux, commandant du navire, était arrivé ce matin de Paris où il avait été appelé spécialement pour recevoir les instructions particulières au retour de Marchand et de ses braves compagnons.

Le commandant Ridoux a eu à ce sujet des entrevues avec MM. Guillain, ministre des Colonies; Lockroy, ministre de la Marine, et Delcassé, ministre des Affaires étrangères. A l'arrivée de Marchand sur le navire et devant tous les officiers et délégations de l'équipage du *D'Assas*, il remettra au vaillant officier la cravate de commandeur de la Légion d'honneur, au nom du gouvernement de la République.

Tous les marins du navire qui sont descendus à terre ces jours-ci ont exprimé la joie qu'ils ressentaient de l'agréable mission que le *D'Assas* va remplir et ont témoigné leur projet sincère de pousser de frénétiques hurrahs en l'honneur de Marchand, dès qu'il leur apparaîtra.

Lorsque le *D'Assas*, quittant la rade, est passé devant la coupée du *Brennus*, la musique de l'amiral Fournier, commandant de l'escadre, a joué la *Marseillaise*. Les marins ont accueilli l'hymne national aux cris de : « Vive la France ! »

* *

Les décisions gouvernementales donnaient, dans une certaine mesure, satisfaction à l'opinion publique.

On n'ignorait pas cependant que le ministère faisait, dans cette circonstance, contre mauvaise fortune bon cœur.

D'abord, on connaissait la façon cassante et cynique dont le ministre des Affaires étrangères, M. Delcassé, avait reçu le capitaine Baratier, lors de son voyage à Paris.

Ensuite, une foule de petites résistances et de mesquines taquineries indiquaient très clairement que le gouvernement ne marchait en cette occasion que comme un chien qu'on fouette.

Le refus de laisser s'embarquer sur le *D'Assas* le délégué du *Drapeau* était significatif à cet égard.

Un autre incident acheva d'ouvrir tous les yeux.

Laissons M. Jules Lemaître raconter lui-même, dans l'*Echo de Paris*, cette scandaleuse affaire :

La Ligue de la « Patrie française » avait décidé d'offrir une médaille d'or au commandant Marchand et une autre au général Galliéni.

Nous avions choisi, pour la face des deux médailles, la charmante République de Roty, et nous voulions, pour chacun des deux revers, faire composer une inscription « en relief ». L'éditeur du modèle de Roty, M. Desaille, devait, selon l'usage, faire frapper le tout à l'hôtel de la Monnaie.

Or, notre trésorier, M. Syveton, vient de recevoir de M. Desaille la lettre suivante:

« Monsieur,

« Je m'empresse de vous informer que l'administration des Monnaies n'est pas autorisée à frapper les deux médailles d'or Marchand et Galliéni, parce que l'inscription en relief indique qu'elles sont offertes par la Ligue de la Patrie Française.

« Je viens vous proposer de frapper ces deux médailles sans aucune inscription, face République (Roty), revers uni, et de graver en creux, bien soigneusement, les inscriptions que vous m'aviez données pour chacune d'elles. »

Si je ne me trompe, le gouvernement commet ici un abus de pouvoir, puisque notre Ligue n'est pas encore dissoute administrativement, qu'elle en appelle du premier jugement et que l'appel est « suspensif ».

A Djibouti. — La douane.

Mais, en outre, de quelle façon qualifier le sentiment qui a poussé le gouvernement à nous empêcher, autant qu'il est en lui, d'honorer deux serviteurs de la France ?

On voit que nous n'exagérons rien en signalant ici, dans le seul intérêt de la vérité historique, le mauvais vouloir gouvernemental.

Le commandant Marchand savait heureusement à quoi s'en tenir sur les sentiments réels que nourrissaient à son égard les médiocres et veules politiciens du pouvoir.

Il ne fut donc surpris ni des réticences de leur langage, ni des efforts qu'ils firent pour le soustraire, lui et ses compagnons, aux ovations enthousiastes de la foule.

Au surplus, il se trouva amplement dédommagé par les indescriptibles manifestations dont il fut l'objet et qu'il fut impossible au ministère d'empêcher.

Parmi ces dernières, il en est une qui lui alla particulièrement au cœur.

Nous l'avons gardée pour la fin, pour la bonne bouche, s'il nous est permis de nous exprimer ainsi, parce qu'elle constitue à elle seule tout un monument d'hommages, tout un monde de tributs d'admiration.

Nous voulons parler du Livre d'or qui fut offert aux glorieux commandant, dès qu'il eut mis le pied sur la terre de France.

*
* *

Comment naquit l'idée de ce Livre d'or ? D'où en vient l'initiative ?

Il faut savoir rendre justice à tout le monde, même aux princes.

Le 5 avril 1899, le *Gaulois* publiait la lettre suivante :

> Monsieur le directeur,
>
> Plusieurs souscriptions ont été ouvertes pour offrir des témoignages d'admiration au commandant Marchand.
>
> A la veille du jour où débarquera sur le sol français l'héroïque officier qui a porté glorieusement à travers le continent africain le drapeau aux trois couleurs, ne vous semble-t-il pas que tous les Français de cœur devraient se réunir pour lui rendre un hommage unanime ?
>
> Alors que tant de discussions intérieures nous ont troublés, les Français désireux de faire œuvre d'apaisement ne voudraient-ils pas donner au sentiment national l'occasion de se manifester dans la plus large mesure en faveur du soldat qui a bien mérité de la France et de la République ?
>
> Ce ne serait ni une somme d'argent ni un titre de noblesse qui seraient remis au héros de Fachoda.
>
> La démocratie française lui offrirait en témoignage de reconnaissance un livre contenant les signatures de tous les patriotes désireux d'affirmer en une communauté de sentiments leur amour de la patrie, leur respect pour l'armée, leur union en face de l'étranger.
>
> Veuillez agréer, etc.
>
> Henri d'Orléans.

Quelques jours après, M. Alexandre Hepp publiait dans le *Journal* les lignes suivantes :

Le prince Henri d'Orléans a lancé l'idée d'un Livre d'or à offrir au commandant Marchand qui va s'embarquer pour la France. Cette idée n'est pas la propriété exclusive du jeune prince : il y a huit jours déjà j'ai reçu d'un comité de Marseille, institué au nom de toutes les Ecoles de commerce, une lettre qui me convie à collaborer de quelques lignes à un volume d'hommages destiné à ce vaillant qui, victorieux, fut vaincu au quai d'Orsay.

Mais je ne vois ici nul inconvénient à quelque double emploi. Les mêmes sentiments en cette occasion se peuvent répéter. L'écho peut répercuter au loin plusieurs fois le même cri. Tant de choses nous divisent, tant de passions creusent le fossé, que cette communion d'admiration, de respect, de reconnaissance, de regrets semblera réconfortante et précieuse à plus d'un. Certes il est cruellement superflu de rouvrir la blessure. Ce qui est, et si nous avons subi cette réalité, c'est qu'apparemment il a été impossible de s'en affranchir : c'est à nous, en profitant de la leçon, de nous faire des capacités qui sauraient défier toutes les surprises de demain. Mais tout n'est pas douloureux dans cette célébration d'héroïsme perdu. Cette œuvre d'une poignée d'hommes, cette inspiration de bravoure, ce coup d'éclat, c'est la vraie France. Et à l'heure même où tant de gens prétendent ne plus la trouver, voilà pour la faire reconnaître.

A sa manière l'Angleterre a récompensé son Kitchener. Elle l'a glorifié par prébendes, pensionné et doré ; le laurier chez elle se convertit en forte somme, et sans doute c'est un aspect très pratique de l'honneur. La France, elle, dont le génie s'obstine à une estimation moins marchande de la gloire, viendra simplement avec son pauvre Livre à la main : mais le geste sera noble et supérieur, ces pages auront recueilli l'âme même d'un peuple, et au lieu de ce qui trébuche ce sera ce qui palpite.

L'idée était lancée : elle fit rapidement son chemin.

D'innombrables témoignages d'admiration vinrent couvrir les pages du Livre d'or.

Nous avons pu en copier un certain nombre parmi ceux émanant des personnalités les plus connues, et nous sommes heureux de les mettre sous les yeux de nos lecteurs.

*
* *

Extraits du Livre d'or de la Mission Marchand

Il est juste et opportun pour des Français d'offrir au commandant Marchand un témoignage d'admiration, mais il serait non moins d'offrir le commandant Marchand lui-même et ses compagnons à l'admiration des Français comme un exemple glorieux, car il n'est pas de leçon plus utile qui montre ce que peut la persévérance dans l'énergie.

Hector Malot.

+

Contre l'hydre aux sept têtes dans le désert vaste et farouche, seul tu affrontais le combat. « Qui vive ? — France ! » A ton haut cri le mors se brise sous la dent... Mais pour l'honneur tu protestes et pour ta gloire c'est assez.

F. Mistral.

+

On a dit que sous la Terreur et sous le Directoire la vraie France était aux armées et à la frontière. Ne peut-on pas dire qu'elle fut naguère à Fachoda avec Marchand et ses compagnons ?

Jules Lemaitre.

+

Aimons un peu en lui notre vieille énergie latine, qui deviendra la force sans égale, le jour où, réunissant leurs couleurs dans le même étendard et leurs patois en un même serment de fraternité, les hommes d'Italie, d'Espagne et de France lèveront leurs quatre millions de baïonnettes romaines devant les forces germaines et saxonnes.

Paul Adam.

+

Nous saluons dans le commandant Marchand un des héros de cette France nouvelle dont il a fait flotter si loin les trois impérissables couleurs.

Un peuple est grand par le vaste fonctionnement de son travail intérieur, par les sciences, les lettres et les arts ; mais il est grand surtout par ceux qui, au sacrifice de leur santé et au péril de leur vie, s'en vont jusqu'au bout du monde en porter le renom.

Paul et Victor Marguerite.

+

Au commandant Marchand, toute mon admiration.

Henry Houssaye.

+

Je ne sais pas dans toute l'histoire d'héroïsme plus complet que celui de Marchand. Car il s'est produit à l'une des époques les plus plates, les plus mesquines, les plus malheureusement basses et relâchées qu'on ait jamais vues.

Maurice Talmeyr.

+

... Dans le vaste empire qui naît aux côtes où les villes barbaresques mirent dans la mer bleue leurs blanches mosquées et qui s'étend par les sables, par les dunes, par les déserts, jusqu'à la noire forêt où Stanley vit ses compagnons périr sous les gouttes de la pluie éternelle, dans ce vaste empire où tant de peuples, tant de races, tant de religions se heurtent et se pénètrent comme un chaos, notre civilisation se trouve face à face partout et toujours avec le problème de l'Islam.

Ainsi se trouve confirmée la parole de la Genèse qui du fond des âges surgit dans une prédiction solennelle : « Que Dieu habite la tente de Sem, que Dieu donne l'étendue à Japhet ! »

G. Hanotaux.

+

Ces héros éprouvent, hélas ! l'immense amertume de ceux qui, après avoir eu un instant les yeux éblouis par le succès, voient subitement la vision radieuse s'évanouir comme un mirage.

Il ne faut pas que Marchand, Baratier, Mangin, Germain, et tous les vaillants qui reviennent de si loin soient en aucune façon rendus responsables d'un échec uniquement dû aux intrigues criminelles des agents de l'étranger et à la déplorable infériorité de notre diplomatie.

Édouard Drumont.

+

Ce fin parfum d'œillet qui flotte dans l'azur,
Dans l'azur frissonnant de vagues sonneries,
Dit : Sais-tu quel vieux pan de murailles fleuries
L'a semé dans l'espace, et pourquoi les yeux roux
De ces soldats dans l'ombre en ont brillé plus doux ?

Ce parfum, si le cœur des gens de ton escorte
Tressaille en l'aspirant, c'est que le vent l'apporte
D'un vieux petit pays cher à leur souvenir.
Quand le passé nous fuit, qu'importe l'avenir ?
Leur enfance a grandi, là, parmi ces tourelles
Et ces clochers déjà lointains; ces tourterelles
De leurs premiers amours y roucoulaient le soir.
La ville où l'on est né ! C'est le dernier espoir
Qui domine et soutient au chevet d'agonie...

JEAN LORRAIN.

+

Le commandant Marchand a dû revenir de Fachoda, mais il a laissé malgré tout sur le ciel d'Afrique et les eaux du Nil un reflet de nos trois couleurs, s'il est permis de croire que quelque chose reste de l'âme des drapeaux là où ils ont flotté pour la première fois.

Marchand a pris rendez-vous là-bas avec la Victoire. Elle a bien voulu l'honorer d'abord de ses plus durs lauriers : ceux de la souffrance. Il ne s'endormira pas sur eux. Il est de ces soldats qui n'ont jamais fini de bien mériter de la Patrie.

Que ce jeune héros, qui a fait passer sur nos fronts attristés un pur souffle de gloire, accepte ici le simple hommage de mon admiration recueillie.

HENRI LAVEDAN.

+

Quand les troupes d'Égypte et celles d'Angleterre
Reconquirent le Nil, le haut Nil inconnu,
Notre drapeau flottait déjà sur le Mystère,
Et Marchand attendait le Destin, — sabre nu !

ARMAND GRÉBAUVAL.

+

Pour celui qui a prouvé comment la France entend continuer, malgré ceux qui voudraient la changer, merci du fond du cœur.

VILLEBOIS-MAREUIL.

+

Est-il un Français qui ne ressente pas de la reconnaissance pour le héros de Fachoda, pour le serviteur énergique et habile à qui le succès fut arraché grâce au concours qu'une bande de conspirateurs jusqu'alors impuni fournit à l'étranger ?

Maurice Barrès.

+

Paysan de France, nous te louons d'une âme profonde d'avoir montré à ceux de notre race l'exemple de l'élan et de la volonté.

Georges Beaume.

+

Si je pouvais, monsieur, assister à la rentrée triomphale de cette petite troupe intrépide, ma place serait dans la foule, parmi les inconnus et les inutiles, avec les survivants attardés d'un temps que la France ne connaît plus ou dont elle se souvient à peine. Si elle doit jamais revoir les jours de son ancienne gloire, elle les devra sans doute à des hommes hardis, vaillants et simples comme ceux que la ville de Marseille aura l'insigne honneur d'acclamer.

Edmond Rousse.

+

En ma qualité d'artiste français passionné pour son pays, je salue M. le commandant Marchand et je le remercie de l'honneur qu'il lui a fait par sa vaillance et son patriotisme.

E. Hébert.

+

Signalons encore des autographes de : Jules Guillemot, capitaine Paimblant du Rouil, Gustave Toudouze, Georges de Lys, Maurice Montégut, Léon de Tinseau, Remy de Gourmont, A. de Maugny, Henri Demesse, Albert Cim, Emmanuel des Essarts, E. de Saint-Auban, Henri Gréville, A. Huré, Jean Rameau, A. de Calonne, O. des Armoises, G. Montoya, Paul Leroy-Beaulieu, Octave Uzanne, Georges de Peyrebrune, Joseph Denais, Charles Grandmougin, Georges Maldague, Théodore Cahu, Charles Fuster, François Bournard, Félicien Champsaur, Abbé Delfour, Léo Claretie, Rémy Saint-Maurice, Horace Bertin, G. Vuillier, Pontsevrez, Léon Dierx, Marquise de Montgomerry, Melchior de Vogüé, Paul Féval fils, etc...

Des dessins de : Kauffmann, Lourdey, Eysseric, Paul Jobert, Ralli, Alphonse Moutte, H. Rudaux, Félix Charpentier, Charles Léon, G. de Dramard, Léandre, etc...

Des morceaux de musique de : Vincent d'Indy, Reyer, Camille Erlanger, Chaminade, Raoul Pugno, Louis Ganne, Samuel Rous-

Le convoi de la mission sur le versant sud du massif de Tokaï.

seau, Widor, Lenepveu, Maréchal, Massenet, Th. Dubois, Burette, Delioux, Danbé, Paladilhe, etc...

N'avions-nous pas raison de dire que ce Livre d'or est un véritable monument artistique et littéraire élevé à la gloire du héros de Fachoda ?

Encore quelques chapitres, aussi succincts que possible, et nous allons clore ce récit patriotique... qui permettra à de nombreux Français d'attendre la conférence que doit faire le colonel Marchand, — et que le gouvernement semble retarder comme une échéance fatale.

CXXXVI

EN AVANT !

Cri magique. — Touchante fraternité. — Conte de fées. — **A Bélaoua.** — **Terrible fléau.** — **A Guildessa.** — Enthousiasme populaire. — **Une chasse aux lions.** — **Aux ruines de Madrazé.** — Un problème à résoudre. — **Violation de sépulture.** — Ces médecins !

Parfois un soldat galant prenait en croupe quelqu'une des servantes.

— A Paris !

C'est à ce **cri magique**, l'esprit tendu vers d'éblouissantes perspectives, légitime récompense de leur infatigable dévouement, que les Sénégalais de la mission s'étaient remis en marche, le 3 mai, après un court séjour à Harrar.

Les premiers kilomètres présentèrent une animation extraordinaire, tirailleurs de Marchand et soldats du raz Makonnen fraternisant joyeusement et bruyamment le long de la route.

L'escorte d'honneur donnée à la mission comprenait, outre les officiers de haut rang, de nombreux cavaliers, un fort détachement de fantassins, une quantité de pages et une véritable armée de serviteurs et de servantes qui portaient des vivres et du taïdj sur leurs épaules ou derrière leur dos.

Tout ce monde cheminait par bandes, à travers les sentiers, pêle-mêle avec nos braves soldats noirs, causant, riant, chantant et se livrant à mille facéties. Parfois un soldat galant prenait en croupe quelqu'une des servantes.

Alors éclataient de toutes parts des plaisanteries dont certaines eussent assurément offusqué les oreilles du Père La Pudeur.

Les troupes du raz Makonnen ne quittèrent la mission que lorsqu'elles l'eurent remise aux mains d'autres troupes venant de Bélaoua à sa rencontre et commandées par le dedjazmatch Biratou.

Le jour commençait à décliner et l'on n'était plus qu'à cinq kilomètres de Bélaoua, quand nos officiers, qui chevauchaient en tête de la colonne, virent s'avancer, du fond d'une gorge, un groupe d'hommes richement costumés.

Par-dessus des manteaux superbes, des pèlerines en peaux de léopard, de panthère ou de lion sont jetées négligemment sur les épaules.

Sur la tête, des mitres d'un curieux travail ou des crinières de lion arrêtées par deux rubans, un vert et un jaune, qui retombent dans le dos jusqu'à la ceinture.

On met pied à terre. Les présentations ont lieu.

Le dedjazmatch, prince Biratou, le kagnazmatch Ouaké, les garazmatch Sélaschi, Rata, entourés de leur état-major, serrent la main à nos officiers.

Les troupes, qu'on n'avait pas aperçues tout d'abord, sont massées sur des rochers; les soldats présentent les armes; de brefs commandements, puis le silence.

C'est imposant.

Le paysage ne prête pas peu à la grandeur du spectacle.

On est entouré de montagnes de tous les côtés ; dans le bas de la gorge coule un torrent, que fait miroiter le soleil couchant.

On se croirait transporté dans un conte de fées.

La couleur du tableau est encore rehaussée par les costumes multicolores des chefs, par les chammas blanches, coupées d'un large bande rouge, des simples soldats.

Après le départ des troupes du Harrar, on se met en route, et comme le chemin se déroule dans des gorges profondes, dans des lits de torrent aux eaux parfois rapides, et sur les flancs de crêtes très escarpées, les soldats, pareils à des acrobates, suivent en courant sur les côtés, sans écart, sans un faux mouvement, avec une agilité extraordinaire.

A partir de là, le voyage s'effectue dans un pays extrêmement tourmenté.

Par moments, on côtoie des précipices sans fond, et c'est une véritable surprise de voir dans tous les endroits cultivables de ce chaos des champs de dourah très bien soignés et irrigués avec beaucoup d'art.

Enfin, après deux heures environ de montées et de descentes fort difficiles, la colonne et sa nouvelle escorte arrivent, passablement fatiguées, à l'étape de Bélaoua.

* *

Très peu habitée à présent, la petite ville de Bélaoua comptait, avant l'épizootie terrible qui désola l'Abyssinie vers 1890, une nombreuse et laborieuse population.

Ce fléau, parti du Tigré, avait fait le tour de l'Abyssinie en épargnant certaines provinces.

Là où il s'abattit, les conséquences furent terribles.

Faute de bétail, les habitants ne purent plus cultiver leurs terres, et il ne tarda pas à se produire une disette qui dura deux ans.

La première année, le négus, qui possédait des réserves considérables en grains, ouvrit ses greniers à tous ceux qui avaient été atteints.

Mais la seconde année, les greniers étaient vides, et partout où le fléau avait passé, ses sujets furent fauchés comme épis, par la faim d'abord, puis par la variole, le typhus et enfin le choléra.

La population de Bélaoua fut particulièrement éprouvée, et on raconte que les léopards, les chacals, les lions, qui pullulent ici, enhardis par la faiblesse des habitants, vinrent les attaquer jusque dans les villages et en dévorèrent un grand nombre.

Le lendemain, 4 mai, on se met en marche à la pointe du jour.

On recommence à monter, et pendant une heure un quart environ on escalade des cimes très escarpées. Il fait bon, l'air est frais et la marche n'est pas trop pénible.

En haut, changement de décor : les bouquets épars de verdure, les broussailles, les petits bois ont fait place à des taillis épais.

Et du haut d'une crête principale, on découvre toute une région entièrement cultivée.

— C'est à s'y méprendre… On dirait vraiment la Suisse ! — s'écrie le capitaine Baratier.

Il finit à peine son exclamation que, sur les derrières, des cris de surprise se font entendre.

En faisant volte-face, nos compatriotes aperçoivent une mer immense qui vient expirer à leurs pieds.

Leur premier mouvement est de se frotter les yeux.

Sont-ils bien éveillés ?

Eh ! oui. Et l'on distingue parfaitement des îlots, de grosses vagues qui moutonnent. Pourtant ces vagues ont l'air figées, ces îlots n'ont aucune trace de végétation.

On se trouve à deux mille trois cents mètres d'altitude et ce sont les nuages accumulés en bas, au flanc de la montagne, qui ont donné pour un moment l'illusion d'une mer de glace surgissant en plein désert.

La pente que suit la colonne à la descente est extrêmement rapide, et les mules ne s'y aventurent qu'à pas comptés.

Des glissades se produisent, et les hommes ne sont qu'à demi rassurés.

Enfin, après une heure qui leur semble longue, ils abordent un terrain moins dangereux.

Le plateau que l'on voyait d'en haut en raccourci s'étale maintenant aussi loin que la vue peut s'étendre.

Un dernier crochet du chemin à parcourir, et l'on en aperçoit le premier plan.

La colonne traverse bientôt le hameau de Oualdéa sans s'y arrêter autrement que pour casser une croûte et se rafraîchir, et, vers le soir, elle atteint Guildessa dont les quatre mille habitants s'étaient portés à sa rencontre.

— Bienvenue aux Franghis !

— Longue vie aux amis du négus !

— Dieu protège les ennemis de l'Angleterre !

C'est au milieu de ces acclamations enthousiastes et de cent autres non moins sympathiques que la mission Congo-Nil fait son entrée à Guildessa.

Ce village est entouré d'euphorbiers géants, qui forment des

... Il arrachait fille, femme ou garçon...

haies vives très serrées et fort élancées, constituant des murs d'enceinte de premier ordre.

Il est construit au milieu de roches très singulières qui ressemblent à des ruines.

Un peu partout poussent des aloès avec leurs petites hampes ornées de clochettes d'un rouge safrané.

Au nord et à deux cents pas environ du village, s'allonge, de l'est à l'ouest, sur un espace de plusieurs kilomètres, une sorte de muraille, haute d'une dizaine de mètres, large d'autant, composée tout entière de blocs irréguliers jetés sans ordre, et qui forment à son sommet une crête déchiquetée et souvent percée à jour.

On se demande si ce n'est pas là le travail de l'homme; car comment imaginer la superposition de ces roches, à moins que le sol, entraîné par les eaux, ne se soit abaissé et aplani tout autour, les laissant comme de muets témoins d'une révolution géologique?

En gravissant au milieu de ces rochers, nos compatriotes remarquèrent avec étonnement qu'ils résonnaient sous leurs pieds comme de l'airain.

Frappé de cette singularité autant que de leur étrange aspect, le capitaine Baratier en prit un croquis.

Cette roche était ce que nos géologues appellent la phonolithe, nom que lui a valu sa très grande sonorité.

Nous ne décrirons pas la fête organisée par les habitants de Guildessa en l'honneur de nos soldats.

Nous en avons déjà vu de semblables.

Disons seulement que, conformément aux mœurs abyssines, elle fut frénétique, délirante.

Nos officiers, qui avaient été reçus en grande pompe par le gouverneur de l'endroit, durent, avant d'aller se reposer, subir le supplice des troubadours.

Au moment où, accablés de fatigue et de sommeil, ils se préparent à se retirer sous leurs tentes, ils voient arriver trois bardes indigènes.

Ils demandent à se faire entendre, et le gouverneur, croyant faire plaisir à ses hôtes, accepte une audition.

L'un des artistes prélude aussitôt sur un violon monocorde, puis tous trois se mettent à chanter.

Ils disent qu'un haut personnage français est venu de l'autre côté des mers pour voir leur pays, que ce personnage est grand et fort, qu'il est l'ami des Abyssins, qui saluent avec plaisir son arrivée et lui souhaitent joie, santé, bonheur.

Puis ils font un éloge pompeux de chacun des officiers de la mission.

Un interprète a dû donner leurs noms, mais les bardes les écorchent d'une façon barbare, et Landeroin, par exemple, devient, dans leur bouche, quelque chose de tout à fait invraisemblable.

Après avoir gratifié nos compatriotes de vertus superlatives et les avoir comparés à des demi-dieux, ils se mettent à chanter les hauts faits des Abyssins dans la dernière guerre et la belle attitude des troupes du raz Makonnen à l'assaut de Makallé.

Ils s'inspirent ensuite du thème de l'amour, et terminent par des danses d'un caractère tel que notre plume se refuse à les décrire.

Qu'il nous suffise de dire que la danse du ventre est très décente en comparaison !

Guildessa, village aujourd'hui fort tranquille, fut, il y a quelques années, littéralement ravagé par une bande de lions : le père, la mère et trois ou quatre rejetons.

M. Denis de Rivoire fut témoin des hauts faits de cette intéressante famille :

Chaque nuit, — écrit-il, — après avoir humé à pleins poumons la brise du soir, et salué de quelques rugissements d'allégresse le lever de la lune, ces fauves sortaient méthodiquement de leur antre et allaient se mettre en appétit par quelques rasades à la source fraîche.

Ensuite, tout en se pourléchant les lèvres, on se dirigeait patriarcalement du côté du village.

Une fois là, ils erraient lentement à travers les huttes sombres, flairant à droite et à gauche, folâtrant même.

Puis, tout à coup, au milieu du silence, on entendait un cri, un seul cri, un cri horrible !...

C'était un être humain que le lion avait choisi.

Il s'approchait de la cabane, d'un coup de patte en éventrait la fragile muraille, et, du grabat gisant à terre, il arrachait fille, femme ou garçon, sans rencontrer d'autre résistance qu'une impuissante clameur.

Quelquefois, une seule proie ne suffisait pas, et dans la même nuit trois ou quatre personnes étaient dévorées de la même manière.

Et le lendemain, la population, un instant terrifiée, se calmait et attendait le soir avec une résignation fataliste, se demandant lequel de ses membres deviendrait à son tour, cette nuit-là, la victime du lion.

On me montra une maison où, sur quatre habitants, trois avaient été mangés ainsi, et le quatrième y était encore.

Le soir de mon arrivée, l'obscurité était profonde.

Impossible de distinguer le point de mire de ma carabine.

Je voulus essayer, au jugé, quelques coups de feu sur les hyènes qui entouraient ma hutte.

Aucun ne porta.

C'eût été folie que d'attendre la visite du lion dans de telles conditions.

J'étais harassé ; je rentrai et je me jetai sur la peau de bœuf étendue à terre, qui, comme toujours, me servait de lit.

Il y avait à peine une demi-heure que je dormais de ce sommeil demi agité qui suit les grandes fatigues ou accompagne les préoccupations vives, lorsque, tout à coup, de l'autre côté des fagots d'épines qui défendaient l'entrée de ma demeure, éclate un rugissement formidable, auquel bientôt d'autres répondent.

Tantôt ils s'éloignent, tantôt ils se rapprochent.

A mes pieds, mes domestiques frissonnent.

A chaque instant je m'attends à voir voler en morceaux, sous l'attaque puissante de l'animal, la frêle barrière qui me sépare de lui.

Je prête l'oreille; j'interroge la nuit.

Mon regard tente vainement de percer les ténèbres.

J'ai le doigt sur la détente de mon arme.

Est-ce sur moi, est-ce sur un autre que se portera son choix ?

Et je reste une heure et quart ainsi, écoutant son souffle, tressaillant au bruit de ses pas.

Aux amateurs d'émotions fortes, je signale celle-là.

Puis, enfin, tout se tait, les pas s'éloignent, les rugissements s'éteignent.

Cette nuit, Guildessa avait été préservé, et c'était à un village voisin que les lions étaient allés demander, par exception, leur menu accoutumé.

Le lendemain, j'épuisai les promesses et les offres auprès de chacun des indigènes pour que l'un d'eux me conduisît au repaire des lions que tous connaissaient.

Le jour, je me sentais plus brave.

Vains efforts!

La terreur était trop grande; aucun ne voulait se risquer, et chacun préférait une inaction égoïste et stupide qui, en le mettant provisoirement à l'abri, lui laissait du moins la chance d'être épargné aux dépens, peut-être, de son voisin.

Je dus me borner à tenter seul l'aventure : un de mes domestiques, originaire du pays, me servait de guide.

Il marchait à regret, néanmoins, et depuis, j'ai toujours soupçonné le gaillard de m'avoir, pendant sept ou huit jours, égaré à dessein.

Une seule fois, je me trouvai par hasard au milieu d'un troupeau dont le berger venait d'être enlevé par le lion.

Il y avait pourtant des vaches bien grasses et bien appétissantes; mais on prétend que le lion, doué d'une délicatesse raffinée, ne peut plus se nourrir d'autre chose que de chair humaine dès qu'il y a goûté.

C'était à cette particularité gastronomique que Guildessa devait en ce moment d'être ravagé comme il l'était.

Car, depuis des années, les lions avaient habité les mêmes parages, sans qu'on eût eu jusqu'alors à s'en plaindre.

Par-ci par-là, une vache, un mouton disparaissaient bien.

Mais c'était un tribut peu onéreux, et qu'on regardait presque comme légitime, jusqu'au moment où, par une belle nuit, le lion se trompa, et, au lieu d'une bête du troupeau, en croqua le gardien.

A partir de cette instant, ce fut chose réglée, et commencèrent les désastres de Guildessa.

Les traces que je venais de relever se perdaient au milieu des rochers presque inaccessibles.

Durant cette semaine, je ne sais par quel coup du sort, aucun lion ne s'était montré dans le village, et je maugréais tout bas, lorsqu'un beau matin, au point du jour, je suis éveillé par des rugissements répétés.

Ma toilette est vite faite.

Je saute sur ma carabine, et je cours du côté d'où ils partaient.
Il n'y avait que le mâle et la femelle.
Ils emportaient un homme.

Ils mirent à nu un gigantesque squelette...

Je suivis l'empreinte de leurs pas; par malheur, c'était vers les buissons de mimosas qu'ils se dirigeaient.

Cet arbre offre au chasseur, par ses redoutables épines, une barrière plus infranchissable qu'une muraille de pierre.

Il fallait contourner les massifs.

A quarante ou cinquante pas en avant, j'entendais craquer les os du malheureux, et les grondements étouffés des horribles bêtes qui, tout en marchant, savouraient leur proie...

Le domestique qui m'avait accompagné me quitta.

Je courais toujours, néanmoins; mais les lions me gagnaient de vitesse.

Se sentaient-ils poursuivis par un ennemi nouveau et inconnu?

Devinaient-ils un danger mystérieux?

Ou bien, rassasiés, regagnaient-ils paisiblement leur tannière?

Je l'ignore.

Toujours est-il qu'en dépit de ma course, et tout déchiré que j'étais aux épines de mimosas, les pieds et les mains en sang, je les aperçus bientôt — deux superbes animaux, ma foi! — à une distance assez considérable, gravir la montagne, puis disparaître.

Je renonçai à regret, et rentrai tristement au village.

Mais à présent que je suis loin de cette scène entraînante, que je l'envisage telle qu'elle fut, et que je réfléchis avec plus de calme et de sang-froid, je crois que je dois m'estimer fort heureux de ne pas les avoir vus de plus près, et bénir mon échec... car je suis fort mauvais tireur.

Quelques jours après, je retournai à mes premiers projets, et je laissai Guildessa et ses lions pour reprendre le cours de mes pérégrinations...

Je poussai vers le nord; j'explorai la partie du versant éthiopien qui confine au Soudan.

J'aborderai ailleurs cette autre phase de mes voyages.

Puis, au bout de quelques mois, je revins une troisième fois à Massaouah, pour en repartir définitivement et gagner Aden en achevant l'examen du littoral de la mer Rouge, y compris, sur l'océan Indien, ce coin de terre française que je décrirai plus loin, et qui s'appelle Obock!

Nos compatriotes ne pouvaient passer à Guildessa sans aller visiter les célèbres ruines de Madrazé, situées à douze kilomètres environ au sud du village.

Aussi le départ fut-il remis au lendemain, à quatre heures de l'après-midi.

On avait ainsi tout le temps voulu pour s'offrir cette intéressante excursion.

Tout autour des ruines, les arbres s'élèvent droits et forts.

Les massifs de sauges, de ricins, de lentisques et d'aloès poussent plus touffus et plus verts.

C'est en se glissant sous les branches des uns, en écartant les rameaux des autres, qu'on arrive enfin à un large espace jonché de débris informes, de cailloux noircis.

Voilà tout ce qui reste de l'antique et fameuse ville de Madrazé.

Çà et là, quelque élévation de terrain, recouverte comme ailleurs de fragments de pierres, semble indiquer qu'à cette place se dressait autrefois un monument, un palais, un édifice public.

L'une de ces évélations, plus considérable, conserve même quelque tronçons de colonnes épars, dont l'arrangement dessinerait assez nettement encore le périmètre d'un temple.

Peut-être ne serait-il pas impossible d'en retrouver par quelques fouilles d'autres vestiges plus accusés.

Mais, depuis des siècles, la solitude a envahi ces lieux jadis si peuplés et si bruyants.

A peine si le silence en est troublé de temps à autre par le cri de quelque chacal en chasse ou d'une hyène effarouchée.

Les lianes rampent sur les statues brisées, sur les édifices anéantis.

Tout cela est d'un aspect morne, désolé.

On sent que la mort a passé par là, ou plutôt qu'elle y est toujours, car les indigènes ont établi au milieu un de leurs cimetières, dont les tombes sont recouvertes par les débris amoncelés de la ville détruite.

*
* *

Dans tout autre climat, à l'inspection de ces ruines, on n'hésiterait pas à affirmer que Madrazé dut périr victime de quelque effroyable incendie, tant les pierres en paraissent brûlées, calcinées.

Mais, sous l'action dévorante d'un soleil comme celui de cette région, on ne sait plus que penser, et en regard de certaines traditions locales dont l'authenticité problématique attribue sa disparition à un débordement prodigieux et subit des eaux de la mer, sous lesquelles les contrées voisines seraient restées quelque temps englouties, il est naturel de supposer aussi que l'opulente cité ait pu devenir la proie soit de quelque horde éthiopienne descendue pour piller les trésors dont on la croyait l'entrepôt, soit d'hommes d'une race à part que célèbrent de nos jours les légendes et les chants nationaux.

Ces hommes-là auraient appartenu à une lignée de géants venus du Nord, à l'inverse de toutes les invasions dont le pays éthiopien fut successivement le théâtre.

Leur peau était blanche, et on les appelait les *Rôms*.

A une époque dont rien ne permet de préciser la date, ils s'établirent sur le littoral de la mer Rouge, pénétrèrent dans les terres et y dominèrent pendant des siècles.

Puis ils disparurent peu à peu, sans secousse, sans catastrophe, ou du moins sans que l'histoire en ait enregistré le souvenir.

Le seul monument subsistant de leur passage et de leur splendeur est une ballade populaire, sous le titre mélancolique du *Dernier des Rôms*, dans laquelle le dernier de cette race pleure sur son propre sort et sur la gloire évanouie de ses ancêtres.

A quels faits rattacher ces récits légendaires ?

Nous l'ignorons.

Néanmoins, l'étymologie du nom sous lequel est encore désigné ce peuple éteint est assez frappante pour qu'il y ait peu d'hésitation sur son origine probable.

Peut-être n'est-ce qu'un vestige des temps de Sésostris et des Égyptiens qui, dans l'antiquité, poussèrent leurs conquêtes jusque-là.

Strabon nous parle, en effet, des villes populeuses dont ils jetèrent les fondements sur les côtes reculées de la mer Rouge.

Rien d'étonnant, alors, à ce que la race asservie ait vu dans ses vainqueurs des êtres d'un ordre surnaturel, dont les traditions auraient perpétué le caractère de supériorité en les qualifiant de géants.

* * *

Quoi qu'il en soit, il existe près des ruines de Madrazé deux groupes d'une vingtaine de *tumuli* anciens, peu distants les uns des autres et de dimensions variées.

A côté de quelques-uns de proportions beaucoup plus restreintes, d'autres représentent de véritables collines, soutenues à leur base par des murailles à demi effondrées.

Au milieu s'élève une sorte de tour carrée, ou plutôt de pyramide construite en pierres plates superposées et jadis soudées entre elles par un ciment qui se dessèche et s'envole chaque jour avec le vent.

Ce sont, suivant les indigènes, les tombeaux des Rôms, qu'une crainte superstitieuse a jusqu'à présent défendus de toute profanation.

Moins scrupuleux et toujours en quête de découvertes utiles à la science ou à l'histoire, le commandant Marchand eût voulu pénétrer le mystère de ces tombes. Une idée lui vint.

— Si nous creusions ? — dit-il à Baratier. — Peut-être trouverons-nous quelque objet qui nous éclairera sur cette obscure antiquité ?

Le capitaine fit une moue :

— Oui, — fit-il, — mais les indigènes semblent avoir une

vénération peu commune pour ces ruines... Si nous y touchons, les Abyssins qui nous accompagnent iront partout crier au sacrilège... Et qui sait ce qui résultera de ce scandale ?

Mais le parti du commandant était déjà pris.

— Éloignons-les ! — dit-il résolument. — Et à l'œuvre !

Quelques minutes plus tard, les deux habitants de Guildessa qui avaient servi de guides à nos compatriotes filaient à toutes jambes dans une direction quelconque, écartés sous un prétexte bien choisi.

Marchand, Baratier, Germain, Largeau et le Dr Émily retroussèrent leurs manches et se mirent au travail.

Leurs moyens d'exécution étaient minimes.

Il fallait, en outre, se hâter, car ils n'avaient guère que trois heures devant eux, avant le retour des Abyssins.

Ils s'attaquèrent donc au plus petit des tombeaux.

Après avoir creusé avec acharnement pendant près de deux heures, ils atteignirent un amas de pierres semblables à celles de la tour et reliées par le même ciment, et mirent à nu un gigantesque squelette... Mais rien de plus !

Ils avaient espéré découvrir quelque arme, quelque bijou dont l'examen leur fournît les moyens d'en déterminer l'époque et l'origine.

Mais rien... il n'y avait rien.

Le squelette qu'ils avaient sous les yeux devait être celui d'un jeune homme.

Le crâne était très développé ; les dents, solidement enchâssées et dans un état de conservation parfaite, étaient au complet.

— Ma foi ! — dit tout à coup le Dr Émily, après avoir examiné soigneusement le squelette, — il ne sera pas dit que nous aurons travaillé pour rien !

Et, délicatement, il détacha de la tête la mâchoire inférieure, l'enveloppa précieusement dans son mouchoir et la fit disparaître dans sa poche.

— Ces médecins, — s'écria joyeusement le capitaine Germain, — ça ne respecte rien !

— Émily ! — fit à son tour le commandant, avec une feinte sévérité. — Vous allez nous brouiller avec le négus !

Quand les guides revinrent, tout, — sauf la mâchoire, — avait été remis en place, et si bien qu'ils ne purent se douter de l'abominable violation de sépulture commise par nos compatriotes.

CXXXVII

DE GUILDESSA A LA MER

Derniers obstacles. — Nature du pays. — Rocs et déserts. — La mission Lagarde — Organisation d'une caravane. — Les habitants du désert. — Une attaque. — Océan de sauterelles. — A la poursuite des gazelles. — Fusillade inattendue. — Le supplice de la soif. — Un bienfait n'est jamais perdu. — Le prix d'un voyage.

C'est le 5 mai 1899, à quatre heures de relevée, que la mission Congo-Nil quitta Guildessa, escortée à son départ comme à son arrivée par la population tout entière.

D'après les calculs du commandant qui ne voulait pas imposer un inutile surcroît de fatigues à sa vaillante troupe, la colonne devait arriver à Djibouti le 15 ou le 16 du même mois.

Encore, donc, dix ou onze jours de marche, et la mission Marchand aurait accompli l'un des plus prodigieux tours de force de ce siècle : à savoir la traversée de l'ouest à l'est, dans toute son effrayante largeur, du redoutable continent africain.

Et ce n'était pas, comme on pourrait le croire, une mince affaire que les dernières étapes de cet invraisemblable voyage de trois ans.

Les difficultés, les obstacles ne manquaient pas.

Et nous allons voir qu'il y avait encore des souffrances à endurer, des dangers à courir.

La nature, tantôt accidentée et tantôt désertique, du pays rendait d'ailleurs la marche extrêmement pénible à nos soldats.

M. Vignéras, qui avait parcouru cette partie de l'Abyssinie deux ans avant la mission Marchand, a fait une fort intéressante description de la région comprise entre Djibouti et Guildessa.

Qu'il nous soit permis d'en extraire quelques pages qui donneront au lecteur une idée générale des dernières difficultés que la colonne Congo-Nil eut à vaincre.

Parti de Djibouti le 11 janvier 1897, au point du jour, M. Vigneras, qui faisait, on le sait, partie de la mission Lagarde, atteignit Guildessa le 20 janvier au soir.

Voici en quels termes il nous narre sa mise en route :

« Le jour du départ arrive.

« Les ballots sont réunis sur la grande place de Djibouti ; ils sont de toutes sortes, de toutes dimensions, et leur nombre est considérable.

« Autour d'eux, chameaux et mulets attendent au repos, pendant que les chargeurs sont occupés à attacher les colis deux par deux, pour les placer ensuite à califourchon sur le dos des bêtes.

« Tout ce que la ville contient de population est là qui les regarde faire.

« Le travail ne se poursuit pas sans difficulté.

« C'est à qui mettra la main sur les ballots les moins lourds, et comme tout le monde voudrait les avoir, il s'ensuit un échange de mots vifs, des disputes s'élevant en clameurs assourdissantes et qui n'en finiraient pas, si nous n'intervenions énergiquement.

« Les chameaux se laissent charger docilement, mais il n'en est pas de même pour les mulets.

« Quelque-uns se rebiffent ou se dérobent, quand on va les bâter.

« Une charge placée à grand'peine et mal équilibrée sur le dos d'un animal tombe en l'effrayant, et il part au galop en donnant des ruades et en jetant l'effroi dans les rangs muets des spectateurs indigènes.

« Nos domestiques, de leur côté, crient, s'interpellent, courent dans tous les sens, cherchant qui une selle, qui une courbache, qui ceci, qui cela.

« Bref, c'est pendant trois mortelles heures une véritable tour de Babel, et nous sommes littéralement ahuris quand notre troupe s'ébranle.

« Devant nous, dans la plaine qui s'étend au-dessous de Djibouti, la caravane se développe sur une longueur de plusieurs kilomètres.

« Elle comprend environ deux cents chameaux et une centaine de mulets, accompagnés de nombreux conducteurs.

« Immédiatement devant nous, plus de cent soldats du gouvernement local, des ascars, dont une trentaine montés à chameau, s'avancent sur deux lignes, ouvrant la marche.

« Quelques chefs des pays par où nous passerons avant d'atteindre le territoire abyssin se tiennent sur nos flancs, et nos domestiques personnels, comprenant une soixantaine de personnes, suivent, tenant en laisse des mulets ou portant des fusils et des objets qui n'ont pu prendre place dans nos cantines.

« Les convoyeurs sont armés de la lance; nos ascars ont le fusil Gras ou le lebel, et nous avons nous-mêmes des revolvers.

« Le désert où nous allons nous engager n'est pas malfamé,

mais il convient de se garder contre les surprises qui pourraient néanmoins y être à craindre.

« C'est lentement et comme à regret que nous voyons s'effacer peu à peu à l'horizon les lignes blanches des maisons de Djibouti.

« Nous venons de quitter les Européens de la ville, qui nous ont accompagnés jusqu'aux jardins d'Amboulie, et nous sommes encore sous l'impression de cette séparation.

Les chameaux vont de leur pas tranquille et cadencé.

« Mais une impression chasse l'autre.

« La caravane arrive, après avoir suivi une pénible montée, au fort que le Protectorat a fait établir à Hayabelé, voici bientôt quatre ans, et, vue du bas de la rampe, la longue file des chameaux et des mulets offre un coup d'œil pittoresque.

« Retenus les uns derrière les autres par groupes de cinq, six ou sept, au moyen de longues cordes, les chameaux vont de leur pas tranquille et cadencé.

« Nous ne tardons pas à les dépasser; quelques-unes de nos montures, peu habituées à ces animaux, se cabrent, reculent, se jettent en dehors du chemin, quand nous marchons près d'eux.

« De leur côté, ils s'effraient quelquefois, rompent leurs liens et ne s'arrêtent qu'à la voix connue de leurs conducteurs, qui prodiguent des appels bizarres pour les calmer.

« Plus loin, c'est la région broussailleuse du désert qui attire nos regards.

« Notre curiosité est encore toute neuve, et le moindre objet la tient en éveil.

La cuisine est placée derrière un gros tas de pierres.

« Ici, c'est un paysage fait de monts calcinés par le soleil de mimosas épineux et de cailloux noirâtres.

« Là, c'est une caravane de mulets qui se rend à Djibouti.

« Les bêtes sont chargées de ballots de café provenant de Harrar, et comme le chemin est étroit, nos lignes mutuelles se confondent un moment, puis se retrouvent, et nous suivons, enfin, chacun dans notre direction respective, en bon ordre.

« Devant nous, nous apercevons, couronnant un monticule à pic, de curieuses ruines affectant des allures de château fort tombé de vétusté.

« C'est un souvenir des anciennes luttes soutenues dans ce pays entre indigènes et musulmans.

« Plus loin encore, de grandes étendues couvertes d'herbes où paissent de nombreux troupeaux s'offrent à nos yeux.

« Nous nous ressaisissons peu à peu, et à la première étape de Nederck, un point d'eau, l'angoisse du départ s'est déjà bien atténuée. Nous campons dans un désordre inimaginable.

« Les hommes ne sont pas encore habitués à dresser les tentes, à parquer les chevaux, les mulets.

« Il s'ensuit une extrême confusion.

« Chacun veut en faire à sa tête, et pendant ce temps les tentes restent en panne, chevaux et mulets se sauvent à qui mieux mieux.

« L'ordre finit par se rétablir, et nous voyons arriver peu après des indigènes conduisant des moutons et portant du lait, du foin, des poulets qu'ils viennent vendre.

« Ce sont des nomades appartenant à une tribu amie, et on peut se fier à eux en toute assurance.

« Les indigènes, en général, habitent le désert toute l'année, et s'y nourrissent de la chair et du lait de leurs troupeaux.

« Ils ne se rendent guère à la côte que pour y acheter des morceaux d'étoffes qu'ils s'enrouleront autour des reins.

« Mais c'est là presque un luxe pour eux, et il n'est pas rare de leur voir pour tout vêtement une peau de mouton attachée à la ceinture. Ils ne se mettent pas non plus en frais pour construire leurs huttes : quatre piquets d'un mètre de haut, entourés de branches mortes, supportant quelques broussailles sèches, y suffisent.

« Ils n'est pas besoin de dire qu'ils les abandonnent aussi facilement qu'ils les ont édifiées.

« Quand ils sont poussés par le besoin de changer de place ou par le manque d'eau ou d'herbe, ils les quittent, emportant quelquefois les quatre piquets, et en élèvent d'autres dans le nouveau canton qu'ils ont choisi. Ceux que nous avons sous les yeux sont de grands gaillards au teint d'ocre rouge foncé, avec des membres grêles et des figures assez régulières.

« Ils ont l'air bon garçon, et notre trésorier, M. Flemeing, n'a pas trop de peine à s'entendre avec eux.

« Nous n'en trouverons pas toujours d'aussi accommodants, et quelquefois même ils refuseront d'entrer en marché avec nous.

« Après le dîner, nous réglons l'ordre des veilles.

« A l'exception du chef, chacun de nous prendra à tour de rôle une heure de garde, pendant que huit ascars, quatre pour l'intérieur du camp, quatre pour l'extérieur, veilleront à la fois et seront relevés d'heure en heure.

« Des feux seront, en outre, entretenus sur le pourtour du camp.

« A la vérité, ces précautions ne sont peut-être pas indispensables, mais comme nous avons quantité d'objets précieux, des provisions et pas mal d'argent, il vaut mieux ne pas tenter la cupidité des nomades : nous sachant gardés, ils n'auront même pas l'idée de nous attaquer.

« La nuit se passe sans incident.

« Le lendemain (12 janvier), nous gagnons Beyadé, après avoir traversé à Gouroumo un cirque d'un très grand aspect.

« L'établissement du campement se poursuit avec plus de rapidité et moins de désordre que la veille.

« Nous sommes installés sur le haut d'un plateau qui domine un lit de torrent ensablé, dont les bords offrent de jolis contours capricieux.

« Les tentes sont dressées en cercle.

« Les convoyeurs disposent charges et bêtes tout autour.

« Avec leurs selles, les chameliers forment de petites huttes très pratiques où ils sont à l'abri des intempéries et de la fraîcheur des nuits.

« La cuisine est placée derrière un gros tas de pierres, en forme de fer à cheval, qui la préserve du vent ; quelques cailloux servent de foyer, et notre cuisinier, un habile homme de race arabe, tire le meilleur parti possible de cette installation sommaire.

« Dans la soirée, une petite caravane nous rejoint.

« Elle est composée de quelques marchands abyssins qui regagnent leur pays après un voyage à la côte.

« Ils étaient descendus chargés d'ivoire et de peaux, et ils remontent, rapportant quelques étoffes et des articles de quincaillerie.

« Un prêtre éthiopien, qui vient d'accomplir un pèlerinage à

Jérusalem, les accompagne, et ils demandent à se joindre à notre convoi pour traverser le désert.

« Au moment où nous les quittons, la sonnerie du dîner se fait entendre.

« Les tables pliantes sont dressées en plein vent, supportant un service peu luxueux, composé de couverts, de gobelets en fer émaillé, de cuillers, de fourchettes en étain et de couteaux.

« Des pliants ou des cantines nous servent de sièges, et quand la nuit arrive, nous allumons trois photophores.

« Je ne parle pas du menu ; il est assez varié, et j'ai d'ailleurs dit que notre cuisinier connaît très bien son affaire.

« Après le dîner, nous nous promenons un instant autour du camp, et nous gagnons nos tentes, où les tables pliantes ont été rapportées et où nous trouvons nos lits, recouverts seulement de deux draps et d'une légère couverture. »

De Beyadé à Dousso-Kourmouni, où la mission Lagarde arrive le 13, le voyage s'est effectué dans un pays aride, désolé, couvert de montagnes entrecoupées par des gorges profondes.

Aussi loin que le regard peut s'étendre, on ne voit que cailloux noirâtres, bouquets de mimosas desséchés, touffes d'herbes grillées par le soleil.

Paysage triste, mais non sans grandeur.

Le vaste cirque du mont Boura est imposant ; mais à regarder les hauteurs rougeâtres et calcinées dont il est couronné, on éprouve une impression d'angoisse.

C'est dans ce cirque que fut attaquée, en 1890, la caravane d'un négociant français, M. Pino.

Assailli en pleine nuit par une troupe d'indigènes, M. Pino fut heureusement prévenu assez tôt par un coup de fusil tiré de son campement.

Il eut le temps de sauter sur ses armes et de repousser ses agresseurs, qui s'enfuirent en laissant quelques-uns des leurs sur le terrain.

Grâce à l'action énergique de notre gouvernement de Djibouti, on n'a pas eu, pendant longtemps, d'attaque à signaler sur la route de Djibouti à Harrar.

Seule, la fatale agression de l'année dernière et certain complot ourdi contre la mission Marchand sont venus interrompre cette longue période de calme.

Grâce à la clairvoyance et au sang-froid du vaillant commandant, l'abominable machination dirigée contre lui et ses compagnons fit, comme nous le verrons, long feu.

Le héros de Fachoda ne devait pas encore périr.

Il n'était pas au bout de sa destinée.

Mais reprenons notre citation :

« Le 14, notre route se poursuit à travers un pays rocailleux d'une monotonie absolue.

« Pas un arbre, pas une montagne intéressante pour reposer la vue.

« C'est le désert dans toute son horreur.

« Aussi poussons-nous un soupir de satisfaction en arrivant à la station de Férad, un fond de torrent où se remarquent quelques bouquets clairsemés de verdure et une jolie flaque d'eau.

Djemma le charge sur ses épaules et nous rentrons au camp.

« Toute la nuit, un froid très vif ; nous sommes à mille mètres d'altitude.

« Il en sera de même les jours suivants, et c'est une remarque à faire que, dans ces contrées montagneuses, des nuits très froides succèdent à des journées où la chaleur a été accablante.

« Pris un peu au dépourvu, nous avons dû recouvrir les lits avec nos vêtements, en attendant de pouvoir déballer, demain, des couvertures plus chaudes...

« De Férad à Mordalé, la station suivante, nous nous enfonçons de plus en plus au milieu d'immensités désolées, et une partie du voyage se poursuit dans des gorges profondes très tourmentées.

« Mais on dirait que nous commençons à prendre plaisir au voyage ; nous trouvons aujourd'hui un charme à ce qui n'avait été qu'obsession pour nous les jours précédents.

« Une transformation s'est opérée en nous ; nous sommes empoignés.

« En abordant, le lendemain, l'immense plateau de Serman, nous regardions avec d'autres yeux.

« La plaine s'étend de tous les côtés à perte de vue ; une lueur d'un rouge jaunâtre s'élève de ses sables et se reflète jusque sur le soleil. A droite, à gauche, en avant, les montagnes moutonnent dans des lointains effacés.

« Ce que l'on éprouve, c'est de l'admiration mêlée d'effroi.

« Dès le seuil de ce plateau, nous tombons sur un spectacle tout nouveau pour nous : des milliers de kilomètres carrés sont recouverts d'une couche épaisse de sauterelles.

« Notre train est de six à sept kilomètres, et nous voyageons pendant une heure vingt minutes au milieu de leurs bataillons serrés, qui nous cachent jusqu'aux touffes d'herbes, jusqu'aux moindres cailloux du chemin.

« Les sabots de nos mules soulèvent des vols de ces sauterelles, et quand le vent souffle un peu fort, elles s'élèvent en nuage.

« Mais leurs ailes ne sont pas encore entièrement formées ; elles ne peuvent soutenir leur vol et retombent lourdement après avoir obscurci un moment la lumière du soleil.

« En même temps que nous suivions leurs évolutions, notre attention était attirée par des quantités de buttes en terre, de forme conique, d'une hauteur variant entre un et trois mètres.

« Renseignements pris, ce sont des termitières.

« Nous essayons d'en abattre deux ou trois, mais nos efforts échouent devant la solidité de leur construction, et nous ne découvrons qu'à grand'peine quelques galeries supérieures d'où les termites se sont retirés.

« En plein été, on trouve ces fourmis autour de leurs demeures, mais à cette époque de l'année elles restent cantonnées à l'intérieur.

« Nous arrivons à l'étape de Dagago, après une longue marche de six heures sous un soleil brûlant.

« Mais nous commençons à être entraînés, et personne ne ressent plus les lourdes fatigues des premiers jours.

« Dagago, comme toutes les étapes du désert, est un simple nom.

« On y trouve quelques puits d'une eau terreuse, mais on ne voit aux environs ni hameaux ni maisons.

« Les indigènes élèvent généralement leurs huttes en dehors de la route et les centres habités n'existent pas au désert.

« On rencontre seulement, en se promenant dans la brousse, des réunions éparses de cinq, six, huit ou dix cases au plus.

« A Dagago, les vivres frais sont rares; heureusement nous pouvons nous rabattre sur le gibier, dont nous usons largement depuis le départ.

« Je commence à me faire une modeste réputation de chasseur.

« J'ai rapporté les jours précédents au campement de nombreux francolins, une petite outarde et quelques *dig-dig* (petite antilope de la grosseur d'un agneau).

« L'inspecteur a tué, de son côté, des lièvres et des perdreaux.

« Je ne veux pas (qui ne le conçoit?) perdre le fruit d'une réputation déjà ébauchée.

« Avant d'arriver à l'étape, nous avons aperçu un troupeau de gazelles, et c'est à sa recherche que je cours en ce moment.

« Je suis accompagné d'un de mes hommes, Djemma, un Abyssin métissé de Danakil.

« Djemma est un grand gaillard de trente-cinq ans environ, taillé en hercule; sa figure respire la franchise, l'audace et la bonté.

« Il est gai, bon garçon, aime à rire, et je prends plaisir en route à causer avec lui par l'intermédiaire de Mohammed, un autre de mes hommes, un Somali, qui parle couramment le français et l'abyssin, et nous sert d'interprète.

« Djemma est un enfant de la brousse; il l'aime par-dessus tout, et passe sa vie à la parcourir dans tous les sens en quête de gibier.

« Chasseur excellent, il manque rarement son coup.

« Je l'ai vu abattre un dig-dig à cent cinquante mètres au fusil Gras, et il a rapporté, avant-hier, une superbe antilope.

« Je brûle d'en faire autant.

« Nous marchons pendant une grande heure.

« Tout à coup mon homme part comme l'éclair : il a découvert les gazelles!

« Mais dans sa précipitation, il se montre trop brusquement, et le troupeau le fuit à toutes jambes en se divisant.

« Je rattrape Djemma, il est tout penaud, et comme j'ai vu deux gazelles s'élancer dans la direction d'un petit bois, je lui fais signe de me suivre, et nous nous avançons à découvert.

« J'ai remarqué, autrefois, qu'en terrain un peu accidenté, comme celui où nous nous trouvons, la gazelle finit généralement par se laisser approcher.

« Dès qu'elle vous voit, elle se sauve par bonds saccadés.

« Vous continuez à marcher, elle détale encore, mais moins vite que la première fois.

« Vous avancez toujours, et la bête finit par s'habituer insensiblement à vous.

« Dorénavant elle ne fuira plus qu'au petit trot ou au pas, et, après une ou deux heures de poursuite, vous pourrez facilement la surprendre du sommet de quelque éminence ou d'un pli de terrain, et la tirer dans d'excellentes conditions, c'est-à-dire entre cent et deux cents mètres.

« C'est cette expérience, qui m'a maintes fois réussi, que j'ai voulu renouveler aujourd'hui.

« Djemma, qui suivra dorénavant à la lettre toutes mes indications, m'emboîte le pas.

« Après une heure de l'exercice dont j'ai parlé, nous avions nos deux gazelles en face de nous, à deux cents mètres.

« Arrêtées, elles tournaient leur museau dans notre direction.

« Nous visons tranquillement en nous dissimulant derrière un arbrisseau, mais le vent souffle avec rage et nous prenons difficilement la ligne de mire.

« Nous faisons feu, enfin; nos bêtes en sont quittes pour la peur, et s'élancent en bondissant.

« Elles s'arrêtent à deux cents mètres plus loin.

« Nous les tirons une seconde fois sans plus de succès; mais, au moment où elles détalent, une de mes balles en touche une, qui reste un moment sur place comme frappée de stupeur.

« Elle repart péniblement, pendant que l'autre est déjà loin.

« Je mets en joue, mais Djemma m'arrête.

« Il me dit laconiquement : « Pas besoin! »

« Nous arrivons bientôt à l'endroit où les gazelles se trouvaient en dernier lieu, et nous suivons celle qui est blessée, aux traces de sang.

« Nous sommes peu après sur elle; nous la trouvons affaissée.

« Djemma l'achève à dix mètres d'un coup de fusil, puis il prend l'animal, qui pèse au moins soixante-dix kilos, le charge sur ses

— Je me retourne sur ma mule pour me rendre compte...

épaules, et nous rentrons au camp, après une marche de deux interminables heures.

A peine étais-je de retour que nous entendons tout près de nous de nombreuses détonations. Une troupe d'Abyssins s'avance, précédée de deux cavaliers. Ce sont des envoyés du raz Makonnen, qui se sont fait annoncer dans la journée. Les cavaliers mettent pied à terre, et on nous présente à atto Marcha, gouverneur du cercle de Gueldeïssa, et à atto Atmi, prévôt des marchands de Harrar. C'est justement l'heure du dîner. Bonne fortune dans le désert que des hôtes, même Abyssins! Bientôt nous devisons gaiement de choses et d'autres. L'Abyssinie et la France font les principaux frais de la conversation et il est assez tard quand nous regagnons nos couchettes.

« Le lendemain (17 janvier) le camp est levé de grand matin.

« Il s'agit de franchir la très longue plaine sans eau de Dalaimaley.

« Nous l'abordons après une heure de voyage à travers une succession de minuscules plateaux, de gorges, de ravins.

« Nous avons laissé, sur notre gauche, le poste abyssin de Bio-Kabouba, une jolie oasis, paraît-il, où sont installés les ambulances de la Croix-Rouge italienne, aménagées pour recevoir les prisonniers qui descendront du Choa.

« Nous ne sommes pas peu surpris de trouver un peu d'ombre et de découvrir, sur d'assez grandes étendues, des mimosas passablement fournis, quelques lianes et quelques lauriers sauce.

« Nous éprouvons un plaisir inouï à voir des arbres qui ont des feuilles et qui font de l'ombre, et nous sommes heureux comme des enfants quand un soupçon d'ombrage vient nous garantir des rayons du soleil.

« Il fait chaud, l'atmosphère est lourde; nous suffoquons, et la plaine s'allonge à perte de vue.

« Onze heures arrivent, puis midi, puis une heure, et nous n'en apercevons toujours pas la fin.

« A une heure et demie, tout le monde est rendu, les hommes demandent grâce, et force nous est de stopper sur place.

« On s'arrête, chacun s'abrite comme il peut en attendant les tentes et les provisions qui sont restées en arrière sur les chameaux.

« Une heure se passe, puis deux; enfin vers quatre heures nous voyons arriver cahin-caha les premières files de nos animaux.

« Les pauvres bêtes n'en peuvent plus, et c'est lourdement qu'elles ploient leurs genoux pour se laisser décharger.

« A cinq heures seulement, nous pouvons manger une bouchée.

« Mais la leçon ne sera pas perdue : nous décidons, séance tenante, qu'un repas froid, préparé de la veille, nous suivra dorénavant d'étape en étape sur un mulet.

« Une émotion.

« M. Adam, qui est allé faire un tour de chasse autour du campement, a déchargé son fusil sur un superbe léopard couché dans la brousse.

« — Ça beaucoup méchant, ça manger moi ! » — s'est écrié l'indigène qui l'accompagnait.

« Mais *ça* détala rapidement.

« Le jour des fauves n'est pas encore venu ; et nous devons nous contenter de nos inoffensifs francolins.

« Les feux sont allumés à la tombée de la nuit ; ils forment un vaste cercle autour du camp, et tout autour d'eux sont groupés, en rond, les hommes d'atto Marcha et d'atto Atmi.

« Comme nous sommes maintenant en territoire abyssin, nos hôtes se sont aimablement chargés d'assurer désormais notre sécurité.

« Nos ascars veilleront encore pour le principe, mais quant à nous, nous pourrons dorénavant dormir nos nuits pleines.

« S'abandonner au sommeil sans l'appréhension de la garde prochaine, quel délice !

« Et avec quelle joie nous retrouvons nos couchettes ! »

Le 18, la mission Lagarde se remet en route, reposée et pleine d'entrain.

Elle va enfin dépasser cette terrible plaine de Dalaïmaley, où l'on meurt de soif :

« Ceux de nos hommes qui n'avaient pas eu, hier, la précaution de remplir leurs outres avant le départ, en ont fait la cruelle expérience ; aujourd'hui ils tirent la langue.

« Notre cuisinier est dans ce cas.

« Pris de pitié, j'obtiens pour lui à grand'peine un verre d'eau.

« Il l'avale d'un trait.

« Jamais face de buveur n'exprima satisfaction plus complète.

« Je dois ajouter que cette action si simple m'a été amplement payée au cours du voyage par beaucoup de petites gâteries très appréciables.

« Quant à nous, sans les bouteilles de Saint-Galmier dont nous avons eu la précaution de nous munir à Djibouti, nous serions réduits à la portion congrue.

« Ce pays de la soif n'est pas toujours aussi bénin pour ses hôtes d'un jour.

« En 1875, sur une troupe de quatre mille soldats égyptiens qui se rendaient à Harrar, un millier périt dans la plaine de Dalaïmaley, pour n'avoir pas emporté une provision suffisante d'eau.

« Dieu, qu'elle est longue, cette plaine !

« Nous y marchons depuis quatre heures et c'est à peine si nous distinguons les crêtes qui la dominent en face de nous.

« Enfin, nous nous engageons dans un chemin pierreux et difficile, qui nous conduit à Ouarghi, un sommet de montagne où nous campons.

« En arrivant, je me retourne sur ma mule pour me rendre compte du chemin parcouru et je reste littéralement stupéfait.

« Les deux plaines de Sarman et de Dalaïmaley se déroulent à l'infini, séparées par une large coupure où des trous béants, des monts chevauchant les uns sur les autres, forment un affreux chaos.

« De tous les côtés de l'horizon courent des chaînes de montagnes ; elles ont l'aspect d'immenses bords de cuvette, et enserrent les plaines à la façon d'un cirque gigantesque.

« Une lumière éblouissante tombe sur ces montagnes.

« Elle se colore d'un rouge terreux sur Sarman et Dalaïmaley, qui ressemblent à une vaste fournaise infernale.

« Ce qu'on éprouve devant un pareil spectacle, c'est l'impression notée déjà : une admiration mêlée d'effroi.

« Tout à coup, je sursaute ; une fusillade intense éclate à côté de moi : deux rangs de soldats forment la haie à droite et à gauche du chemin.

« Des amis, bien sûr !

« Mais ce petit coup de théâtre n'était pas prévu dans le programme de la journée.

« C'est la garnison, entretenue par atto Marcha à Ouarghi, qui vient de tirer une salve en notre honneur. »

Le 19 janvier, la mission Lagarde escalade des flancs de montagne, descend dans des gorges, grimpe sur des plateaux.

Exercices très variés, mais fort peu récréatifs.

L'atmosphère est lourde, par surcroît.

Mais, ô miracle, ô joie, tout à coup les voyageurs aperçoivent de l'eau :

« Oui, de l'eau !... Et elle coule !

« Le filet en est mince, trop mince, hélas ! pour que nous puissions nous y plonger à notre aise.

« Nos hommes, eux, n'en demandent pas tant.

« Ils se sont précipités, et les voilà qui s'abreuvent à longs traits, et font boire leurs bêtes, pendant que nous nous étendons à l'ombre d'un grand arbre, de la famille des figuiers.

« La rivière est bordée, des deux côtés, d'autres arbres de la même essence, ainsi que de gros mimosas et d'une brousse de lianes et de cactus où l'on peut, dit-on, rencontrer des lions.

« On est bien à cet endroit; il ferait si bon y camper !

« Mais la halte est à Artou, et nous ne sommes qu'à Garaslé.

« Nous nous arrachons avec peine, et c'est péniblement que nous reprenons notre route sous le soleil qui flamboie.

« Nous n'en avons pourtant plus que pour une demi-heure, mais elle nous paraît terriblement longue, et nous sommes littéralement assommés quand nous descendons de mule à Artou.

« Heureusement le déjeuner est là.

« Nous commençons par nous restaurer, puis chacun s'en va où son caprice le conduit.

« La plupart gagnent leurs tentes pour faire un bout de sieste.

« Quant à moi, je pars pour la chasse.

« J'emmène naturellement Djemma.

« D'ailleurs, je n'ai jamais besoin de le prévenir : dès que j'ai mon fusil sur l'épaule, je suis bien sûr de le voir accourir.

« Les premiers jours, je m'éloignais quelquefois seul, mais au premier détour du chemin il était à mes côtés.

« Une fois pourtant, il avait perdu ma trace.

« Je ne m'inquiétais plus de lui, quand dix minutes après mon premier coup de fusil, j'entendis derrière moi un bruit d'herbes froissées, un pas précipité, puis un souffle haletant.

« C'était mon homme. Et le plus naturellement du monde, sans un mot, il m'emboîta le pas.

« Nous avançons dans un large lit de torrent desséché, tout rempli d'îlots recouverts d'une luxuriante végétation.

« Il doit y avoir là-dedans des francolins, mais ils sont cachés au milieu des lianes qui leur servent de retraite.

« Je me place bien à découvert devant chaque fourré, pendant que Djemma y jette des pierres à tour de bras.

« De temps en temps un, deux, trois de ces oiseaux s'en échappent en volant lourdement, et je puis les tirer tout à mon aise.

« En rentrant, je trouve mes compagnons de route le verre en main; ils se font verser le contenu d'une corne de bœuf de grande dimension.

« Le liquide qui s'en échappe est d'une couleur jaune d'or, et ils ont l'air de l'absorber avec un sensible plaisir.

« Je le goûte à mon tour, et le trouve délicieux.

« Mais qu'est-ce donc ?... Tout simplement de l'hydromel !

« Comme nos ancêtres les Gaulois, les Abyssins apprécient beaucoup ce breuvage.

« Ils le nomment *taidj* et en font une grande consommation.

« Celui que nous buvons aujourd'hui nous vient du raz Makonnen, qui en a envoyé trente cornes.

« Mais le jour baisse.

« Nous nous dépêchons de nous rendre, avant la nuit, à des sources d'eau chaude, qu'on nous a signalées.

« Nous y faisons nos ablutions en grand, et avec quel contentement !

« C'est la première fois depuis le départ ! »

Le 20 janvier au matin, les voyageurs lèvent le camp à cinq heures et demie.

Peu après, ils croisent une caravane chargée de café et d'ivoire qui se rend à la côte.

Elle est assez importante et se compose d'une soixantaine de chameaux et de mulets, conduits par des convoyeurs somalis.

Pour les indigènes, la traversée du désert n'est ni longue, ni compliquée.

Comme boisson, ils se contentent de l'eau des puits, et pour leur nourriture ils emportent quelques sacs de riz et de dattes.

D'escorte, ils n'en ont pas besoin : traversant leur pays, ils n'ont guère d'embûches à redouter.

D'ailleurs ils marchent généralement par groupes, et ne manquent jamais une occasion de se joindre à une forte caravane.

Mais pour un Européen, voyageant isolément dans le désert, ce n'est pas aussi simple.

Quand il part de la côte, il doit engager une dizaine d'hommes, dont un cuisinier et un interprète, payés à un taux moyen de vingt francs par personne, pour aller à Harrar, et de cinquante francs pour monter jusqu'au Choa.

Ces hommes seront armés de fusils à balle et serviront en route à dresser les tentes, à charger les mulets, à monter la garde et à faire le coup de feu contre les hyènes qui ne manqueront pas de venir rôder la nuit autour de son campement.

Il doit acheter, en outre, une dizaine de mulets pour porter la tente, les bagages, les provisions, et pour lui servir de monture à lui et à ceux des hommes qui pourraient tomber malades.

Ces mulets lui reviendront à cent cinquante francs pièce environ.

En dehors des hommes et des bêtes, il aura à se munir de quelques conserves, de café ou de thé, d'un peu de vin, et de pain biscuité ou de farine, que les indigènes savent transformer rapidement en galettes appétissantes en les faisant cuire sur un simple morceau de tôle.

S'il ne fait pas usage de thé, une eau minérale légère lui serait précieuse dans les étapes longues, dépourvues d'eau.

Et il n'oubliera pas d'emporter, en même temps que de la quinine pour lui et pour ses hommes, une couverture bien chaude, s'il va à Harrar, et deux s'il se rend au Choa.

Pour ses gens, il prendra du riz, un peu de farine, des dattes et du tabac.

Il ne trouvera pas partout de vivres frais, mais s'il est chasseur, ou si seulement il compte un bon tireur parmi ses hommes, il n'en manquera pas : le gibier abonde dans tout le pays.

Nous savons qu'en Abyssinie la bête féroce peut être à craindre. Une bonne carabine ne lui sera donc pas inutile.

Approximativement, le prix de revient d'un voyage effectué, à l'aller, dans ces conditions, s'élèverait à trois ou quatre mille francs.

Mais laissons M. Vignéras continuer son récit :

« Il est huit heures.

« Depuis le départ nous marchons sur un plateau passablement ombragé, et nous apercevons une bourgade, *Guildessa*, première que nous ayons rencontrée depuis Djibouti ; nous voyons aussi, pour la première fois, des plantations.

« Décidément, il faut dire adieu au désert.

« J'en éprouve un regret réel.

« Je m'étais si bien habitué à lui, que je le considérais un peu comme un de ces amis capricieux et fantasques, à qui on passe volontiers toutes leurs fantaisies pour les agréables moments qu'ils vous donnent à leurs heures.

« Mais ce n'est pas un adieu définitif que je lui adresse ; je lui dis simplement : au revoir.

« Pour le moment, il n'est plus qu'une ombre évanouie.

« Nous longeons les premières maisons de la bourgade entrevue, et c'est déjà le bruit, le mouvement, la vie intense.

« Il y a foule sur notre passage ; les quatre mille habitants de Gueldessa s'y sont sûrement donné rendez-vous, et le sentiment qui paraît dominer est celui d'une vive curiosité à l'adresse de nos personnes et de la nombreuse escorte qui nous accompagne.

« Nouvelle fusillade sur la grande place de l'endroit, où nous pénétrons. Nous mettons pied à terre.

« Atto Marcha, qui a pris les devants ce matin, nous souhaite la bienvenue ; il nous présente ensuite les chefs de l'endroit, puis nous repartons presque aussitôt.

« A Gueldessa, les caravanes venant du désert se défont de leurs chargements ; on les place sur des chameaux frais. On prend de nouveaux abanes (conducteurs de caravanes) et l'on se remet en route vingt-quatre ou quarante-huit heures après l'arrivée.

« De Guildessa à Oualdéa, le chemin s'enfonce dans un torrent

Nous y faisons nos ablutions en grand.

encaissé entre de hauts rochers souvent à pic. Une eau vive, plus abondante et plus claire qu'à Garaslé, y murmure doucement.

« Une agréable fraîcheur nous envahit, et nous apercevons, par échappées, quelques champs de dourah.

« Que le désert est déjà loin ! »

Ces quelques extraits suffisent, pensons-nous, pour faire connaître la nature du pays que la mission Congo-Nil avait encore à parcourir.

Une fois cet espace franchi, c'était la côte, le port où déjà stationnait le croiseur *D'Assas*, et la vaste étendue liquide sur laquelle il n'y aurait plus qu'à glisser, sans fatigue et sans péril, jusqu'à la vieille terre des aïeux.

Et cette perspective de revoir bientôt le cher sol natal, de respirer l'air de France, faisait oublier toutes les épreuves et décuplait les énergies.

CXXXVIII

COUP DOUBLE

Un autre héros. — Heureuse coïncidence. — Une brillante carrière. — Trente ans d services et vingt campagnes. — Sénégal, Tonkin, Madagascar. Soldat et administrateur. — Contre les empiètements anglais. — Mesures énergiques. — Infâme accusation — Le salut par les colonies.

Le général Galliéni.

Nous avons dit l'intérêt passionné, l'enthousiasme débordant, qu'avait suscité en France le peu qu'on connaissait de la merveilleuse expédition du commandant Marchand.

Nous avons dit les préparatifs qui étaient faits, dans toutes les classes de la société, pour lui faire, ainsi qu'à ses hardis collaborateurs, un accueil digne de leur héroïsme.

Mais voilà que, vers le moment où la mission Congo-Nil quittait Guildessa, le bruit se répandit en France de la prochaine arrivée du général Galliéni, gouverneur de Madagascar.

Voici un échantillon des notes parues, à cette époque, dans la presse patriote et populaire.

> La mission Marchand doit arriver à Djibouti à peu près à la même date qu'y fera escale le courrier de Madagascar, c'est-à-dire dans deux ou trois jours.
>
> A bord du navire des Messageries se trouve M. le général Galliéni, qui vient prendre en France un repos bien gagné, après avoir, pendant trois ans, travaillé avec succès à la pacification et à l'administration de la grande île française.
>
> Tandis que le *D'Assas* arrivera en France, ramenant l'héroïque Marchand et ses compagnons, le général Galliéni débarquera à Marseille.
>
> L'idée est toute naturelle et vient à l'esprit de tous les patriotes de profiter de cette coïncidence pour acclamer en même temps et le commandant conquérant et le général pacificateur.
>
> Des fêtes sont préparées pour faire à Marchand une réception triomphale.
>
> Il serait bon que l'on pût y associer le général Galliéni.
>
> Tous deux ont bien mérité de la patrie, en faisant preuve de hautes vertus militaires, en ajoutant à la gloire du drapeau.
>
> Ils ont aussi mérité de l'humanité défendant la cause de la civilisation.

Après la misérable campagne antipatriotique menée depuis deux ans, après tant de boue jetée sur l'armée nationale et ses chefs, l'esprit public sautait avidement sur toute occasion d'acclamer et de glorifier les bons et vaillants serviteurs de la France que sont nos officiers...

Marchand et Galliéni !...

Peut-être, en faisant revenir le gouverneur de Madagascar à peu près à la même date que le héros de Fachoda, le gouvernement avait-il espéré créer une diversion et éparpiller l'enthousiasme de la foule.

Si telle fut son arrière-pensée, il a pu s'apercevoir qu'il avait fait un faux calcul.

Cependant, en même temps que du commandant, les journaux continuaient à s'occuper du général.

> Le général Galliéni rentrera à Marseille vers le 24 mai, par le *Djemmah*.
>
> Les patriotes marseillais, privés du plaisir de recevoir le commandant Marchand, auront tout au moins ce dédommagement d'acclamer le général qui a tout fait pour l'expansion coloniale française.

Le général Galliéni, qui s'est embarqué le 3 mai à Tamatave, arrivera en France le 24 ou le 25, très fatigué par un séjour de trois années à Madagascar. Le général a sollicité et obtenu l'autorisation de prendre quelques jours de repos dans sa famille qui habite le Var avant de se rendre à Paris. Il est donc impossible de préciser le jour où le gouverneur général sera à Paris où, d'ailleurs, il a l'intention d'arriver sans aucun apparat.

*
* *

Ces deux noms illustres, Marchand et Galliéni, se trouvant ainsi liés par une coïncidence, voulue et fortuite, nous ne pouvons nous dispenser de consacrer quelques pages au pacificateur de notre île africaine.

Comme Marchand, le général Galliéni fit ses débuts coloniaux au Sénégal.

Il appartient à cette promotion de saint-cyriens que la déclaration de la guerre franco-allemande fit officiers et à laquelle le commandant Boulanger annonçait la grande nouvelle en commandant le jour de la dernière manœuvre : « Officiers, en avant ! »

Après la guerre, le jeune lieutenant part en Afrique, où le général Brière de l'Isle le remarque.

Il y prend part aux premières opérations qui nous permettent de relier Saint-Louis au fleuve.

En 1878, il est capitaine lorsque se décide le grand mouvement de pénétration qui doit nous assurer la possession de tout le bassin du Sénégal et nous permettre d'atteindre le haut Niger.

Pour mener à bien l'opération avec les faibles effectifs dont nous disposons, il faut avant tout s'assurer la neutralité d'Ahmadou, le grand sultan soudanais qui règne sur le Niger et auquel toutes les tribus de la rive droite du Sénégal paient l'impôt.

Galliéni s'offre pour partir en avant et aller négocier avec Ahmadou.

Deux lieutenants et un jeune médecin l'accompagnent.

Le chef de la mission a trente ans, le plus jeune des officiers vingt-trois.

Avec quelques-uns de ces admirables tirailleurs sénégalais auxquels nous devons toutes nos colonies africaines, la petite troupe quitte Saint-Louis en octobre 1880.

Elle dépasse Bafoulabé, est pillée par les Bambaras, et, à Dio, échappe à grand'peine au massacre.

Galliéni ne songe pas à revenir ; sans bagages, sans ressources, la mission continue sa route, franchit enfin le Niger, et, sur le point d'atteindre la capitale du sultan, elle est arrêtée par son ordre à Nango.

Galliéni se réclame de sa qualité d'envoyé de la France.

Ahmadou lui offre tout ce qui peut lui être nécessaire pour rentrer à Saint-Louis, mais refuse de le recevoir.

Galliéni répond qu'il ne partira qu'après avoir vu le sultan.

Manquant de tout et malades, les quatre officiers restent gardés à vue pendant de longs mois dans une paillote de Nango.

Chaque semaine Ahmadou leur offre de les faire reconduire à la côte.

Enfin, après dix mois de captivité, la mission est reçue à Ségou, et, après de difficiles négociations, Galliéni fait signer au sultan le traité qui en fait notre allié.

Le chemin de Tombouctou était ouvert à nos troupes.

Après deux ans et demi d'absence, la mission rencontre à Kita les troupes du colonel Borgnis-Desbordes qui viennent d'occuper le haut fleuve, et Galliéni apprend que depuis plus d'un an il est chef de bataillon.

En 1885, l'œuvre si bien commencée est brusquement compromise par la révolte de Mahmadou Lamine.

On fait de nouveau appel à Galliéni.

En 18 mois, il pacifie tous les territoires bambaras, rejette les rebelles à l'est de Nioro, et pour la première fois inflige à Samory une sanglante défaite.

La période de la conquête militaire du Soudan sur les grands chefs musulmans était brillamment commencée; elle devait durer quinze ans.

*
* *

Pendant qu'en Afrique nos troupes progressent vers Tombouctou, au Tonkin nous combattons sur place.

Les colonnes qui nous coûtent beaucoup de monde à peine terminées, les pirates repassent la frontière de Chine pour de nouvelles razzias.

Pour la seconde fois, le gouvernement pense à Galliéni.

Arrivé en Extrême-Orient en 1892, le colonel étudie cette race toute nouvelle pour lui. S'inspirant de l'expérience des colonels Pennequin et Valière, son compagnon de captivité de Nango et son ami, il crée de toutes pièces une nouvelle méthode de conquête coloniale basée sur l'occupation progressive du pays.

Cette tactique inquiète un peu le gouvernement général d'Hanoï, qui craint une trop grande dispersion de nos effectifs déjà si faibles. Galliéni persiste dans sa méthode, et, après la colonne du Caï-King, il organise la frontière de Chine et demande au gouverneur général Rousseau de venir voir par lui-même les résultats obtenus. Ce voyage de M. Rousseau consacre les idées du colonel Galliéni qui rentre en France, laissant en pleine prospérité tout le haut Tonkin.

C'est à cette époque que le gouvernement comprend qu'il est indispensable d'envoyer à Madagascar un homme qui soit à la fois un administrateur, un soldat et un diplomate.

Les rebelles tiennent toute l'Emyrne, la route de Tamatave est coupée et la famine menace Tananarive.

Bien que rentré en France depuis moins d'un an, et encore très souffrant, Galliéni part aussitôt et arrive à Madagascar en septembre 1896.

Le général Galliéni a dit lui-même quelle est l'œuvre accomplie pendant ces trois années.

Travaillant sans relâche, voyageant pendant toute la saison sèche, il a appliqué là-bas sur une vaste échelle les principes qui avaient donné de si bons résultats au Tonkin.

Il a trouvé la vraie formule de l'officier colonial qui doit s'appliquer à être le moins longtemps possible un combattant pour devenir un administrateur, un éducateur, un colon.

En 1897, il écrivait dans un ordre adressé aux officiers :

« N'oubliez pas, lorsque vous enlevez un village d'assaut, que le lendemain vous devez y créer une école et un marché. »

Tout l'esprit généreux de la conquête coloniale moderne est contenu dans ces mots.

Le général Galliéni a su tirer de l'énergie de ses collaborateurs tout ce qu'elle pouvait donner.

C'est pour avoir possédé cette belle qualité du chef qu'avec si peu d'hommes et d'argent il a pu obtenir les merveilleux résultats devant lesquels les Anglais eux-mêmes s'inclinent.

*
* *

M. Jacques d'Urville a esquissé d'une façon remarquable l'œuvre admirable accomplie à Madagascar par le général Galliéni.

On nous saura gré de résumer cette intéressante étude.

Lorsque le général fut désigné pour succéder à M. Laroche, la situation dans l'ancien royaume de Radama était des plus critiques.

Notre entrée à Tananarive, effectuée sans préparation suffisante, avait si peu entamé la puissance hova que Rainilaiarivony et le parti de la cour se flattaient ouvertement de nous obliger à renoncer de nous-mêmes sinon à un protectorat considéré jusque-là au Palais d'Argent comme purement nominal, du moins à la plupart de nos avantages cependant chèrement achetés.

Le parti de l'insurrection, se sentant soutenu par l'entourage de la reine et encouragé secrètement par les représentants officieux du Foreign-Office, déploya dès lors une activité remarquable.

Peu s'en fallut que nos contingents victorieux ne fussent assiégés dans Tananarive.

D'un coup d'œil, le nouveau résident général mesura le péril.

Sans souci des responsabilités à encourir, il fit amener d'abord les couleurs hovas qui flottaient sur les principaux édifices comme un défi porté à l'influence française.

Puis il décapita l'insurrection elle-même en faisant passer par les armes les chefs du complot, traîtres à leurs serments, et en exilant leurs complices quel que fût leur rang.

Cet acte de vigueur évita à la France une nouvelle et onéreuse campagne, peut-être aussi de sérieuses complications diplomatiques.

Il faillit cependant amener la disgrâce de l'homme qui avait osé l'accomplir.

On n'a point oublié l'attitude étrange de M. Lebon, alors ministre des Colonies, qui, loin de couvrir son subordonné, ne se résolut à faire contre fortune bon cœur que lorsqu'il sentit qu'un vote unanime de la Chambre allait approuver l'acte du soldat énergique et du politique avisé qui défendait les intérêts de la France dans l'océan Indien.

Pour faire oublier cette étrange attitude, M. Lebon, je dois le reconnaître, demanda et obtint pour le gouverneur général de Madagascar la croix de grand-officier.

*
* *

Quelques-uns de nos compatriotes n'avaient pas craint, malgré la découverte du complot d'Ihosy, de taxer d'infamie l'exécution de Ranadriampandry.

Il était déjà évident cependant que cette mesure de rigueur ne devait pas réussir à calmer l'agitation de l'ancienne classe dirigeante et que des actes plus décisifs encore allaient devenir nécessaires.

Bientôt, en effet, la reine elle-même dut se résoudre à quitter le Palais d'Argent.

Ce coup d'État, en dépit de l'avertissement charitable donné par elle au commandant Gérard de se défier du *mauvais café*, fut motivé par la découverte d'une correspondance des plus suggestives échangée, par l'entremise de miss Herbert, avec certains sujets britanniques influents.

Que ne la publie-t-on dans un *Livre jaune* spécial?

Le Foreign-Office se verrait contraint peut-être de baisser tant soit peu aujourd'hui le ton de ses polémiques.

Galliéni ne devait se laisser arrêter d'ailleurs ni par les menaces peu déguisées de certain parti, ni par les haines soulevées autour de lui, ni par le mauvais vouloir rencontré en maintes circonstances dans les bureaux de la capitale.

Il sut forcer la main même à l'administration particulièrement tatillonne du quai d'Orsay, toujours hantée de la peur de déplaire à la Grande-Bretagne.

Résolument, il appliqua point par point le programme qu'il s'était tracé.

Nous glisserons rapidement sur des opérations militaires qui font honneur à l'homme de guerre et dont gagneraient à s'inspirer ceux qui ont mené jusqu'ici nos campagnes soudanaises.

Les circulaires adressées par le général Galliéni aux officiers sous ses ordres, touchant la pacification du pays malgache, devraient faire partie du bagage de tout officier guerroyant en terre vierge.

Le premier, il a compris, en effet, l'inutilité et le danger de certains *raids* glorieux et combien peu la logique s'accommode, lorsqu'on veut coloniser un pays, du plan qui consiste à y porter sans nécessité absolue l'incendie et le pillage et à courir sus à l'indigène, auprès duquel nous intervenons cependant au nom de notre civilisation supérieure.

*

La tâche administrative du général Galliéni ne le céda en rien à une œuvre guerrière.

Avec une netteté de vue admirable, avec une méthode que peu

d'administrateurs de carrière auraient eue, il a su élaborer et appliquer un plan d'administration qui le fait désormais l'égal des Faidherbe et de la Grandière.

Par la publication d'innombrables circulaires, toutes marquées au coin du bon sens, il parvint — et ce n'est pas là son moindre mérite — à faire partager aux commandants de cercles et aux résidents, transformés dès ce moment en véritables collaborateurs, son idéal de colonisation.

Rien n'échappe dès lors à sa vigilance.

Il réglemente le travail de l'indigène, l'aliénation des terres du domaine et l'exploitation minière, multiplie les voies de communication, donne un vigoureux essor aux travaux publics, et développe à ce point l'instruction sur nos nouveaux territoires en créant des écoles professionnelles, une école normale, une école de médecine, que l'enseignement officiel, bien qu'institué depuis moins de deux ans à Madagascar, a pris dans l'île une extension considérable.

Les écoles du gouvernement couvrent aujourd'hui l'Imérina et débordent bien au delà de ses limites jusque dans les provinces excentriques de Bouéni, Mananjary, Moramanza, Ambatondrazaka, etc.

L'effort immense accompli par la France en une aussi courte période, dans l'ancienne île Dauphine, a arraché un cri d'admiration à nos rivaux eux-mêmes. L'empereur Guillaume s'est plu à étudier de très près l'organisation établie par le général Galliéni, et le consul anglais de Tamatave, il y a peu de temps encore, adressait officiellement à notre représentant des félicitations point banales pour le résultat considérable obtenu avec des moyens combien rudimentaires !

Là ne se borne pas cependant l'œuvre accomplie par le gouverneur général de Madagascar.

Le premier, il a su témoigner une réelle sollicitude aux colons établis dans l'île, comme à tous les Français qui ont pu marquer le désir de s'y expatrier.

Nombre de nos gouverneurs gagneraient à étudier les instructions adressées par le général Galliéni aux fonctionnaires placés sous ses ordres.

Jouissant d'une autorité incontestée et, partant, obéi de tous, il est parvenu à leur faire entendre que la métropole ne les envoyait, à titre onéreux, au delà des mers, que pour aider et protéger le colon et que, par suite, leur objectif unique devait être d'assurer leur succès, comme celui des agriculteurs, des industries et des commerçants.

Faut-il s'étonner, dès lors, du développement considérable qu'a

La reine Ranavalo.

pris, sous la direction d'un chef aussi éminent, notre nouvelle conquête?

La tâche, à certains moments, fut cependant particulièrement ardue.

Tout autre s'y fût perdu peut-être.

*
* *

On s'est plu, en d'autres temps, à présenter le général Galliéni comme une sorte de *grand inquisiteur* assez disposé à inaugurer comme une nouvelle *Terreur blanche* contre les protestants,

Nombre de nos compatriotes — aujourd'hui que la pacification religieuse, grâce au doigté du gouverneur général, a été obtenue à Madagascar — doivent regretter les épithètes violentes qu'ils ne lui ont point ménagées lors de l'affaire de l'hôpital de Soavinandriana.

Combien il eût été cependant excusable, en présence des sourdes menées de l'Angleterre s'abritant sournoisement sous les longues lévites de ses pasteurs, de manquer de sang-froid!

La guerre de religion, quoi qu'on en dise, n'a point existé dans la grande île.

Tout s'est borné à une lutte de prépondérance sur le terrain politique.

Galliéni s'est souvenu à propos de l'apologue *L'Huître et les Plaideurs*.

Il a mis tout le monde d'accord en créant l'enseignement officiel.

Ce trait d'esprit a été goûté même du Malgache qui se préoccupe peu, quoi qu'on en dise, d'aller au prêche ou à la messe.

En réalité, le salut de son âme est le moindre de ses soucis.

Il croit surtout aux *matotoas*, aux revenants, au grand serpent à sept têtes et... à la pièce de cent sous... pourvu qu'elle ait cours.

L'odieux de cette querelle évangélique, c'est qu'elle visait précisément l'homme qui personnifie, dans ces mers lointaines, la patrie française.

On avait espéré, à Londres, après tout l'or dépensé, après toutes les intrigues habilement menées, faire de Madagascar, sans frais et à l'abri de notre pavillon, un nouveau fief économique du Royaume-Uni.

Zanzibar semblait le débouché naturel d'un marché qu'on se plaisait à considérer par delà la Manche comme devant être réservé un jour aux seuls marchands de la Cité.

On insinua même — au temps où l'on se croyait tout permis — que l'émigration de quelques aventuriers venus du Cap ou du Transvaal ne pourrait que faciliter l'action britannique. Galliéni, politique délié autant qu'habile administrateur, comprit à merveille le but poursuivi par nos rivaux.

Il se hâta d'occuper tout d'abord, au nom de la France, dans le canal de Mozambique, le groupe des îles Juan-de-Nova, puis promulgua le fameux arrêté relatif au cabotage autour duquel, récemment, les Anglais menèrent tant de bruit.

Brutalement, le gouvernement, pour déférer au désir du Foreign-Office, lui transmit l'ordre de le rapporter.

Le représentant de la France, quoique pénétré du danger que pouvait offrir une pareille mesure, dut s'incliner.

Il se montra plus intransigeant, prétend-on, lorsqu'il fallut, à l'encontre de nos intérêts économiques, modifier le tarif douanier existant.

*
* *

Tel est l'homme de caractère et de talent, tel est le soldat sans peur et sans reproche que les Français s'apprêtaient à fêter à son retour, retour qui coïncidait si heureusement avec celui du commandant Marchand.

Malheureusement pour Galliéni, le gouvernement réussit, par une série de mesquines manœuvres, non à comprimer le sentiment populaire, mais à en empêcher l'explosion.

Le gouverneur de Madagascar fut littéralement escamoté.

Toutefois, les éloges et les honneurs officiels ne lui firent pas défaut.

Quelques jours avant son arrivée, le 20 mai, on télégraphiait de Marseille :

On affirme ici que le général Galliéni, à son passage à Port-Saïd, a reçu un télégramme du ministre des Colonies l'invitant à ne point se rendre à Paris avant une quinzaine de jours.

On voudrait ainsi, en haut lieu, éviter que le gouverneur de Madagascar ne fût mêlé, d'une façon quelconque, aux ovations que prépare la capitale en l'honneur de la mission Marchand.

Le général Galliéni, aussitôt après la réception qui lui sera faite, officiellement, par la municipalité marseillaise, et, patriotiquement, par la population, ira directement à Nice, sous un double prétexte.

Le premier sera qu'il a besoin de repos.

Le second est qu'une de ses nièces doit s'y marier, dans peu de temps, et que le général tient à assister à la cérémonie nuptiale.

Le mécontentement est toujours très vif à Marseille au sujet de la décision qui a été prise de faire débarquer le commandant Marchand à Toulon.

Cette mesure, ainsi que celle qui empêche le général Galliéni de se rendre directement à Paris, est l'objet de nombreux commentaires.

On fait observer que le gouverneur d'une colonie telle que Madagascar doit cependant avoir quelque besoin de s'entretenir avec son ministre.

En attendant, la Ligue des Patriotes se préoccupe en ce moment de la réception du général Galliéni, qui est attendu jeudi prochain.

Ne pouvant fêter dignement le valeureux Marchand, les patriotes marseillais feront à Galliéni un accueil qui nous dédommagera des turpitudes et des scandales des voyages Jaurès, Pressensé et consorts.

Le préfet ira lui porter officiellement les compliments du gouvernement.

Mais il n'y aura pas de banquet ni de réception durant les vingt-quatre heures que le général passera à Marseille, avant de se rendre dans le Var, où il prendra quelques jours de repos au sein de sa famille, avant de se rendre à Paris.

Galliéni ramène avec lui ses officiers d'ordonnance, MM. Martin et Boucabeille; M. Lallier-Ducoudray, commissaire de marine, qui remplissait les fonctions de secrétaire général du gouvernement de l'île, M. Guyon, administrateur, etc.

*
* *

Nous rappellerons en temps voulu les détails de la cérémonie à laquelle donna lieu l'arrivée du général à Marseille et à Paris.

Trente ans de services et vingt campagnes dont neuf de guerre !

Bref, mais éloquent résumé de la brillante carrière de l'homme qui rentrait en France.

Un officier disait un jour devant lui que, peut-être, la France serait sauvée un jour par ses colonies.

Le général Galliéni déclara :

— C'est l'espoir qui doit soutenir tous les coloniaux, lorsqu'ils sentent que la tâche entreprise va être au-dessus de leurs forces !

Si ce rêve se réalise un jour ; si, grâce à son empire colonial, la France retrouve dans le monde la place qu'elle avait il y a un demi-siècle, le général Galliéni, comme le commandant Marchand, pourra se dire avec fierté qu'il a été un des principaux artisans de la grandeur de la Patrie.

CXXXIX

A TRAVERS LE DÉSERT

Passage des gués. — Ces messieurs et ces dames. — Au bord des précipices. — — Singulier phénomène. — Brillante chasse. — Plaine torride. — Le désert de Saarman. — Sables sonores. — Le néant des cloches. — Le « djaoui ». — Fin d'étape. — Mordalji!

Les montures attendent impatiemment leur ration d'orge et de foin.

Après le départ de Guildessa, le 9 mai, la colonne Marchand, encombrée de porteurs et de mulets, doit franchir tout d'abord une série de gués.

Pour les officiers et les sous-officiers, qui sont à mule, l'opération est relativement facile; mais, pour ceux qui sont à pied, il en va autrement.

Des attroupements se forment aux mauvais endroits.

Comme tout le monde ne peut passer à la fois, quelques-uns attendent leur tour.

D'autres, en assez grand nombre, s'arrêtent là pour jouir du spectacle et pour s'amuser.

Le Sénégalais, comme l'Abyssin, d'ailleurs, est en général d'un naturel gai, il est même farceur et badaud à ses heures.

Quand des femmes, — car il y a des femmes parmi les porteurs, — s'engagent dans le courant, les spectateurs ne manquent pas de leur adresser, d'un ton badin, force recommandations de circonstance.

Et si, par malheur, quelqu'une d'entre elles relève un peu haut le pan de sa robe, fait un faux pas ou tombe, ce sont des cris, des lazzis, des pâmoisons à n'en plus finir.

La contrée qu'on traverse ensuite est toujours très tourmentée.

Mais on voit, çà et là, des vallons fertiles et d'assez gros villages.

Quant au paysage, il a moins de variété que celui des jours précédents.

Le contour des montagnes devient régulier, et l'on aperçoit beaucoup de hauteurs déboisées.

Il y a pourtant à escalader un joli pic, au sommet duquel se trouve une coquette fontaine agréablement ombragée.

On s'arrête à Boussa, vers dix heures du soir, mais il faut attendre les tentes pendant deux mortelles heures.

A la nuit, le campement est d'un pittoresque surprenant.

Tous les feux sont allumés; on en compte jusqu'à quatre-vingts, disséminés dans la prairie.

De la hauteur où sont les officiers, les tentes qui émergent ressemblent à de grands fantômes blancs, et l'on voit une multitude d'ombres s'agiter autour des hautes lueurs rougeâtres.

C'est le moment où chaque groupe apprête le souper; il s'établit un mouvement de va-et-vient ininterrompu, et une rumeur sourde s'élève, coupée de temps en temps par les hennissements des montures, qui attendent impatiemment leur ration d'orge et de foin.

A l'heure du coucher, il part, du voisinage de ces feux, de forts éclats de voix, où les notes féminines dominent.

Ces messieurs, après souper, se livrent à des conversations animées et taquinent ces dames.

Honni soit qui mal y pense!

*
* *

Le lendemain matin, 9 mai, nos soldats voient arriver, comme à chaque étape, depuis Addis-Abeba, des gens apportant des galettes de pain, des volailles et des moutons.

Ces vivres sont destinés à la mission.

C'est une sorte de contribution appelée *dergho*, qui est imposée à l'habitant pour tous les hôtes du négus.

De bonne heure la colonne s'ébranle.

La marche s'ouvre par l'escalade d'un vaste massif montagneux.

Le paysage est riant et pittoresque.

A leurs pieds, nos compatriotes découvrent, par moments, des éminences en contre-bas sur lesquelles se dressent de coquets villages, au milieu de prairies d'un joli vert mousse.

D'autres fois, ce sont des précipices béants qui partent du chemin même et s'enfoncent jusque dans les bas-fonds invisibles.

Si l'on y tombait!

Un frisson vous glace à cette idée, et instinctivement on pousse sa monture sur le bord opposé de la voie.

Les monts succèdent aux monts.

Ils se pressent les uns contre les autres dans un beau désordre, et il s'en élance, çà et là, quelque pic en forme de pain de sucre. Partout où l'on n'a pas opéré de déboisement pour construire des villages, la végétation s'élance drue, et l'on voyage parfois au milieu de véritables forêts vierges.

Le sentier est très étroit.

Aux interminables files de cavaliers, de piétons, d'ânes, de mulets de charge, succèdent, marchant un à un, les bœufs et les moutons, que l'on fait suivre d'étape en étape.

Les porteuses de taidj, de galettes, de provision de bouche sont disséminées sur toute l'étendue de la colonne, et les grands laîs d'étoffe rouge, qui leur servent à retenir leur charge dans le dos, donnent beaucoup de couleur à cette foule en marche.

La colonne arrive, vers cinq heures du soir, au campement de Ouordji, situé à 3,000 mètres d'altitude, au sommet du massif montagneux.

De là, le regard embrasse de vastes étendues de pays, et l'on aperçoit déjà les étranges montagnes des territoires des Danakils.

Peu après l'arrivée de la colonne, un curieux phénomène se produisit.

Mais, juste à ce moment, elle les aperçut et s'enfuit à toutes jambes.

Au moment où le soleil se couche, l'occident se couvre en même temps de grands voiles rouge pâle et jaunes très lumineux, pendant que des nuages légers, d'une jolie teinte orange, courent sur le ciel, en se colorant vers le levant de tons plus chauds qu'au couchant.

Il y a là un jeu de réflexion d'une surprenante intensité, et l'on perd pendant un instant la notion de l'orient et de l'occident.

Seetzen glissa le long de la pente escarpée.

*
* *

L'étape suivante n'est qu'une longue descente, et de trois mille mètres d'altitude on passe, à la station de Kotté, à douze cents mètres seulement.

A partir de là, le pays est plus plat, les montagnes sont moins hautes, les ravins moins profonds, et l'on entrevoit à l'horizon d'assez vastes plaines que fait flamber le soleil.

Avec leur végétation broussailleuse et les mimosas épineux qui les recouvrent de distance en distance, on dirait le désert.

Et c'est bien un désert, en effet, qui s'étend presque sans interruption de Dalaïmalay à Mordalé.

Il allait falloir s'approvisionner de vivres et surtout d'eau, car on avait à fournir une marche d'environ trois jours sans rencontrer un puits.

Baratier, Fouque et Venail prirent les devants, avec un détachement de vingt hommes, pour se procurer, à Dalaïmalay, un supplément de mules et de chameaux, chargés de tout le comestible et de tout le liquide nécessaires.

Leurs achats effectués, nos trois compatriotes mirent à profit le temps qui leur restait avant l'arrivée de la colonne, pour se livrer à leur distraction favorite, la chasse.

A peine se sont-ils mis en campagne que leur guide, un Abyssin frotté d'Arabe, leur signale un troupeau de gazelles.

Vite, ils s'élancent dans la direction de ces dernières.

Le terrain est peu couvert ; il leur est difficile de dissimuler leur marche ; les gazelles les voient et se dérobent.

Ils vont continuer à leur donner la chasse, quand le guide prend Baratier par le bras et lui dit dans un français mélangé d'arabe :

— *Chouf, chouf* (regarde, regarde) ! oiseaux comme femmes, chapeaux, plumes *kébir* (grandes).

Le capitaine comprend qu'il s'agit d'une autruche.

L'animal se trouve à un kilomètre au moins.

Néanmoins nos chasseurs n'hésitent pas à abandonner la poursuite des gazelles pour essayer de l'approcher.

Ils emploient à cet effet des ruses d'Apaches ; quand il leur est impossible de marcher à l'abri d'un buisson protecteur, ils se glissent dans l'herbe en rampant, et quand l'herbe manque à son tour, ils se couvrent de branches mortes en rampant toujours.

Ils font ainsi cinq cents mètres environ, mais l'autruche suit une direction opposée à la leur, et si doucement qu'elle aille ils gagnent peu sur elle.

Puis le soleil est vif ; il fait très chaud.

N'y tenant plus, ils avancent ouvertement, le corps ramassé, en faisant un circuit pour la tourner.

Mais juste à ce moment, elle regarde de leur côté, les aperçoit, et s'enfuit à toutes jambes.

Le guide, si on ne le retenait pas, en casserait son fusil de rage.

Quant à nos compatriotes, leur regret n'est pas moins vif.

Sous le soleil, les plumes blanches et noires de l'oiseau miroitaient joliment, et elles auraient si bien fait à Paris, sur certains chapeaux qu'ils connaissaient bien !

*
* *

Nos trois chasseurs rentraient découragés, quand ils aperçurent, tout près d'une termitière, trois antilopes de la grosseur de bœufs moyens.

Se baisser et se diriger vers ces énormes bêtes en se servant de l'abri de la termitière fut pour eux l'affaire d'un instant.

Mais le bruit de leur marche précédente, un peu précipitée, avait éveillé l'attention des antilopes, et au moment où ils en étaient assez près pour tirer, elles partaient au petit trot.

Nouvelles courses et nouvelles poursuites infructueuses.

Ces satanées bêtes se dérobent toujours au bon moment.

Enfin, après une heure d'espoirs et de déceptions, nos compatriotes finissent par les approcher à six cents mètres environ.

Ils font feu en même temps.

L'une des antilopes tombe foudroyée ; les deux autres, après une faible course, s'affaissent à leur tour.

Les trois chasseurs avaient bien visé.

Ce ne fut, d'ailleurs, pas, ce jour-là, leur dernier coup de maître.

Comme ils rentraient au camp, le sergent Venail, qui marchait en arrière, aperçoit sous bois, assez loin de la route, une grosse outarde.

Sans rien dire à ses chefs, il va droit à cet oiseau et le tire à tout hasard au moment où il fuyait devant lui à soixante-dix mètres.

Contre toute attente, il pirouette et s'abat le ventre en l'air.

Le sous-officier avait visé la tête : un seul plomb entré dans le cervelet avait déterminé une mort foudroyante.

Venail savait par expérience qu'il ne faut jamais tirer l'outarde en plein corps, quand elle est arrêtée ou en marche.

Sa couverture de duvet et de plumes est si épaisse que c'est à peine si le plomb la pénètre assez pour se marquer sur la peau.

On a vu, il y a quelques années, une outarde recevoir à bonne distance, au posé, treize coups de fusil, et ne tomber qu'au quatorzième, tiré au vol.

* * *

Le 9 mai au matin, la colonne Marchand, bien reposée et copieuement approvisionnée, se met en route pour le désert.

La chaleur est étouffante.

La plaine torride de Dalaïmalay s'étend à perte de vue.

Au beau milieu se dressent deux volcans éteints, en forme de cône tronqué.

Des cratères béants occupent toute la surface de leurs sommets.

C'est dans le désert de Saarman, qui succède à celui de Dalaïmalay, que nos compatriotes ont la bonne fortune d'observer un des phénomènes géologiques les plus curieux qui soient.

Il s'agit des *sables sonores*.

Au milieu de cette solitude, on entend tout d'un coup sortir d'une montagne de sable un son prolongé et sourd, analogue à celui d'une trompette, et cessant au bout de quelques secondes pour retentir de nouveau dans un autre endroit, après un court espace de temps.

Au milieu du silence de mort du désert, ce bruit subit produit une impression désagréable.

Il faut remarquer tout d'abord qu'il ne s'agit pas là d'une allusion acoustique semblable aux mirages auxquels on est exposé dans le Saharah.

On connait plusieurs cas de ce phénomène.

Nous ne parlerons pas ici des phénomènes acoustiques connus sous les noms de la « vallée chantante de Thronecken », des « forêts chantantes du pays de Schilluck » (Schweinfurth), « des sonneries de cloches » de la Kor Alpe sur la frontière styrienne, ainsi que la musique des vagues et des chutes d'eau.

Pour ces dernières on aurait trouvé qu'elles donnaient toujours l'accord triple en ut majeur (*ut, mi, sol*) et la note plus basse *fa*, qui n'appartient pas à l'accord.

Dans ces derniers cas, c'est l'air qui, mis en mouvement, joue un rôle plus ou moins important, et produit un phénomène tout autre que celui du *sable sonore*.

Le pays connu depuis le plus longtemps et le plus visité où se trouve ce « sable sonnant » est le mont des Cloches, Djebel Nakous, dans la presqu'île du Sinaï.

Ce n'est qu'un piton de grès, à pentes escarpées, peu éloigné du bord de la mer, à peine haut de 300 pieds.

Des deux côtés, il présente des pentes de 150 pieds de long et inclinées de telle sorte que le sable quartzeux provenant de la décomposition du grès peut s'y maintenir en équilibre, tant qu'il n'est pas dérangé de son repos par une cause extérieure.

* *

Si l'on fait l'ascension de ces rochers, on entend très souvent un son semblable à celui que l'on obtient en frappant une plaque de métal avec un marteau de bois.

Dans les cloîtres du Sinaï, on se sert de pareilles plaques, faute de cloches, pour annoncer les heures des prières.

Aussi les Arabes des environs ont-ils une explication toute prête.

Il y a dans la montagne un couvent chrétien enchanté, et les sons des cloches proviennent des moines qui sont là, enfermés sous terre.

Le voyageur allemand Ulrich Jasper Seetzen, qui visita ce pays au commencement du siècle, parle également de ce mont des Cloches et donne du phénomène une explication aussi simple que complètement satisfaisante.

Le groupe de voyageurs dont il faisait partie remarqua, en faisant l'ascension de la montagne, un murmure particulier qui, évidemment, provenait non de la roche dure, mais du sable quartzeux très pur, mis en mouvement.

Plus tard, le soleil était déjà haut, quand on entendit un son puissant, semblable d'abord à celui du ronflement d'une toupie et qui se changea peu à peu en un fort grondement.

Seetzen constata alors d'une manière très simple que ce bruit émanait uniquement de la mise en mouvement du sable, sans la coopération du vent.

Il gravit la montagne jusqu'à sa cime et glissa le long de la pente escarpée, en agitant le sable avec ses pieds et ses mains.

Il se produisit un tel vacarme que toute la montagne sembla trembler d'une manière effrayante et parut être secouée jusque dans ses profondeurs.

Seetzen compare la couche de sable mise en mouvement à un puissant archet qui frotte sur les aspérités de la couche inférieure et produit ainsi des vibrations sonores.

*
* *

En 1823, Ehrenberg, qui visita également cette montagne, a, nous semble-t-il, donné une explication si complète de ce phénomène qu'on ne comprend réellement pas pourquoi on ne s'en contente point, et pour quelle raison on veut toujours y chercher l'effet du vent.

Les faits cités à ce propos, ceux des colonnes de Memnon, en Égypte, ou des roches granitiques sonores trouvées par A. de Humboldt dans le sud-américain, ne me paraissent pas bien choisis, car ni la marche de ces phénomènes ni leur explication n'ont rien de commun avec le sable sonore du désert.

Ehrenberg gravit également le mont des Cloches et, à chaque pas, entendit le son, qui s'élevait de la masse en mouvement, augmenter d'intensité à mesure que cette masse s'accroissait elle-même; il devint enfin aussi fort que celui d'un coup de canon éloigné.

Ehrenberg attribue l'importance du résultat final à la réunion de petits effets, par analogie avec ce qui se passe pour les avalanches :

« La surface de sable, haute d'environ 150 pieds et aussi large à sa base, s'élève sous un angle de 150 degrés et repose par conséquent plus sur elle-même que sur le rocher, qui ne lui prête qu'un faible appui.

« Le sable est grossier et formé de petits grains de quartz très pur, d'égale dimension, et d'un diamètre d'environ 1/6 à 1/2 ligne.

« La grande chaleur du jour le dessèche jusqu'à une certaine profondeur (tandis que l'humidité de la rosée le pénètre toutes les nuits), et le rend aussi sec et aussi sonore.

« Si un espace vide est pratiqué dans ce sable par un pied

humain qui s'y enfonce profondément, la couche placée au-dessus de ce creux perd son point d'appui et commence à se mettre lentement en mouvement sur toute sa longueur.

« L'écoulement continuel et les pas répétés finissent par faire mouvoir une grande partie de la couche de sable sur la pente de la montagne.

« Le frottement des grains en mouvement sur ceux restant en repos au-dessous produit une vibration qui, multipliée, devient un murmure et enfin un grondement, d'autant plus surprenant qu'on ne remarque pas aisément le glissement général des couches superficielles.

« Quand on cesse de les agiter, elles cessent également peu à peu de glisser, après que les vides se sont comblés; les couches de sable reprennent une base plus solide et reviennent dans leur position de repos. »

Cette explication est juste et s'applique parfaitement à ce qui se passe dans le désert de Saarman.

Les longues collines qui l'encadrent, et qui forment des chaînes entières avec des crêtes dentelées à angle aigu, ont une surface faiblement inclinée du côté du vent, et une autre plus rapide, et même parfois très escarpée, du côté opposé.

Elles consistent en un sable quartzeux, fluide, très pur, de couleur orangée, et rendu brûlant par les rayons du soleil.

Quand ces collines sont traversées par une caravane, il s'y produit un déplacement de petits grains de sable fluides et sonores.

Ce mouvement, limité d'abord à une très faible étendue, occupe bientôt un espace de plus en plus grand et s'étend comme une avalanche sur toute la pente de la colline.

Le déplacement de ces grains a pour résultat de les faire heurter les uns contre les autres, ce qui produit toujours un son, quoique extrêmement faible.

De la masse immense des grains de sable mis en mouvement et de la réunion des sons isolés, si petits qu'ils soient, provient alors un bruit qui, dans l'Iguidi comme dans la presqu'île de Sinaï, peut acquérir une intensité extraordinaire.

Ce phénomène n'a lieu en général que lorsque le sable est agité, d'une manière artificielle, par les hommes ou par les chameaux, et même quand la rupture d'équilibre s'y étend un peu profondément.

Les chameaux s'enfoncent souvent jusqu'au genou dans le sable fluide.

Une agitation purement superficielle, telle que le vent en produit, ne pourrait provoquer ce phénomène que sur une échelle beaucoup moindre.

Les conditions nécessaires à sa présence doivent être les suivantes : climat chaud et sec, sable quartzeux pur, et surface de frottement très inclinée.

L'occasion de ce phéomène est la rupture, aussi puissante que possible, par des agents mécaniques, de l'équilibre des grains de sable.

Il peut sembler étonnant que le faible murmure produit en tombant par des grains de cette espèce soit capable d'augmenter à l'égal d'un bruit de trompette, ou même d'un roulement de tonnerre.

Mais on a comparé avec raison ce fait à un autre analogue, dans lequel la cause primitive la plus insignifiante aboutit à un effet d'une force colossale, les avalanches.

De même qu'un flocon de neige, en roulant, peut amener l'écroulement d'une masse qui entraîne tout sur son passage, de même le faible son de quelques grains de quartz se heurtant entre eux augmente jusqu'à produire un puissant grondement, qui est, pour le voyageur européen, un sujet d'étonnement, et, pour les indigènes et les animaux, une cause de terreur et d'effroi.

*
* *

Dans la nuit du 10 au 11 mai, les membres de la mission firent connaissance avec un phénomène infiniment plus désagréable encore que celui qui vient d'être décrit et expliqué.

Vers une heure du matin, nos compatriotes furent réveillés par un ouragan formidable qui lançait de tous côtés des masses de sable.

C'était le *Djaoui* ou *Khamsin*, le terrible vent du désert de Saarman.

Bientôt tout le sol fut couvert d'une épaisseur uniforme de sable gris.

Rien n'en était à l'abri.

Des caisses, bien fermées cependant, en montrèrent une couche quand on les ouvrit.

On avait beau s'envelopper la tête, le sable pénétrait dans les yeux, les oreilles, la bouche et le nez, même dans les montres.

Pendant la durée de ce phéonène qui dura environ une demi-heure, il tomba aussi de larges gouttes de pluie.

Le docteur Oscar Lenz a écrit, sur le djaoui, qui a une étroite ressemblance avec le simoun du Sahara, les intéressantes lignes suivantes :

« Quand on se trouve dans une maison, à l'approche d'un de ces djaoui, il est plus aisé de le supporter qu'en plein air ; cette der-

Le djaoui.

nière circonstance s'est également présentée plusieurs fois pour moi.

« Une heure avant que sévisse le djaoui, on voit d'épais nuages jaunes s'assembler lentement ; l'air devient plus ardent, et l'on se sent inquiet ; même les chameaux sont agités.

« Mais quand l'ouragan se déchaîne, il est nécessaire de faire coucher les animaux, le dos tourné contre le vent.

« Les hommes se calfeutrent étroitement dans leurs vêtements, et couvrent leur visage aussi complètement et aussi hermétiquement que possible, le tout en vain.

« On n'a plus qu'à laisser passer la fureur de la tourmente embrasée.

« En général, le véritable ouragan ne dure pas plus de dix minutes dans le djaoui ordinaire que nous avions à supporter à Araouan, presque tous les jours vers quatre heures.

« Il est à peine nécessaire de dire que les récits sur le simoun et le djaoui, ces vents de mort qui engloutissent, a-t-on raconté, des caravanes entières, ne peuvent être véridiques.

« Un ouragan de ce genre peut fort bien couvrir les animaux et les hommes d'une mince couche de sable, mais rien de plus.

« Il ne me paraît même pas possible que l'on puisse périr étouffé dans un ouragan de ce genre, car le véritable phénomène ne dure que peu de temps.

« Chacun protège sa bouche, son nez, ses oreilles et ses yeux sous un voile, par lequel pénètre certainement toujours un peu de sable, mais qui peut être facilement écarté ensuite.

« Ces ouragans qui recouvrent et anéantissent des centaines de chameaux font partie des fables multiples écrites sur le désert.

« Il a dû certainement arriver que des caravanes tout entières fussent anéanties ; mais leur disparition a été la suite du manque d'eau.

« Le sable se glisse dans les outres les mieux fermées et fait évaporer leur eau très rapidement.

« De même un puits peut être mis à sec ou comblé, de sorte qu'il n'est pas possible à la caravane de s'y pourvoir.

« Elle peut également s'égarer.

« Toutes ces raisons sont à même de causer la perte d'un grand nombre d'hommes, mais un seul ouragan n'est certainement pas de nature à l'entraîner.

« Il est évident que le simoun et le djaoui sont une des plaies les plus terribles du désert et qu'ils ont pu causer beaucoup de mal.

« Mais, avant de raconter des histoires semblables à la disparition de grandes caravanes sous le simoun, il faudrait tenir compte des effets physiques entraînés par un ouragan de ce genre.

« Un coup de vent n'est pas capable d'entasser tout à coup dans un endroit une couche de sable haute de plusieurs mètres, d'où les nombreuses personnes enterrées ne puissent s'échapper ; cela me paraît une impossibilité.

« Il est pourtant difficile de déraciner des opinions aussi fortement assises, et les contes de caravanes englouties dans les sables se reproduiront sans doute aussi longtemps que ceux concernant les poches à eau des chameaux et le lion du désert. »

***

Quoi qu'il en soit, les membres de la mission et leurs auxiliaires firent des vœux ardents pour que le djaoui ne leur donnât pas une seconde fois de ses nouvelles.

C'était bien assez d'une, à leur gré.

Ils n'étaient plus qu'à une étape de Mordalé, et ils souhaitaient que la traversée du désert s'achevât tranquillement.

Aussi bien la fatigue, résultant non seulement de la marche accélérée, mais aussi de l'épouvantable chaleur et de la soif, commençait à se faire cruellement sentir.

Les animaux eux-mêmes semblaient à bout de forces.

La marche continua, dans la matinée, par un terrain sablonneux, extrêmement uniforme.

Plus tard, le terrain devient un peu ondulé et quelques tamaris isolés apparaissent.

La colonne traverse un terrain profond et sans eau, creusé dans un sol tout à fait argileux.

Courage! on n'est plus qu'à dix kilomètres de l'étape.

La végétation devient plus abondante; les buissons de tamaris et les mimosas apparaissent en grande quantité, et la faune est également plus variée.

Le monde des insectes et des oiseaux est déjà très riche.

Bientôt on s'engage dans une véritable forêt de mimosas.

Quel ineffable bien-être procure la fraîcheur de leur ombre!

Les courages se relèvent, les pas se raffermissent.

Le gibier est très abondant, mais il peut bien aller au diable : personne ne songe à l'inquiéter.

On aperçoit même des traces de lion.

Elles sont très récentes, ce qui inquiète fort les auxiliaires abyssins.

Les connaisseurs déclarent que c'est une lionne et deux lionceaux, qui ont croisé le chemin peu d'heures auparavant.

Le monde des oiseaux est aussi très richement représenté.

Plusieurs vautours et même un aigle fendent l'air, ainsi que des étourneaux bleus à l'éclat métallique, qui, effrontément, viennent se poser sur le cou ou sur le dos des chameaux.

A environ une heure de Mordalé, l'abondante végétation dispaparaît brusquement, et un terrain stérile et sablonneux se retrouve devant nos soldats.

Aussi est-ce avec un sentiment indicible de satisfaction qu'ils aperçoivent tout à coup dans le lointain un groupe d'habitations.

Déjà l'on rencontre quelques troupeaux de moutons ou de chèvres, conduits par des indigènes à mine rébarbative, qui s'approchent pour mendier un lambeau de cotonnade, une poignée de riz ou un peu de tabac.

Ils ont l'air plutôt de guerriers que de pâtres.

Des bracelets de fer aux bras et des plumes planches piquées dans leur épaisse chevelure indiquent le nombre d'ennemis qu'ils ont tués.

Ils portent au bras gauche un petit bouclier en peau d'hippopotame, à la taille un couteau poignard, et à la main, en guise de houlette, une lance en fer grossièrement forgé.

Ces indigènes se montrent surtout, avec leurs troupeaux, aux abords des puits, dont l'eau, d'ailleurs saumâtre, est vite troublée par tous les soldats de la colonne et par les bêtes qui s'y désaltèrent.

Plus on approche de Mordalé, et plus ces puits deviennent nombreux.

Ils sont profonds de quatre à cinq mètres.

Leurs parois formant gradins, un tirailleur descend puiser de l'eau dans un bidon, et la passe à ses camarades placés à diverses hauteurs.

Les derniers la versent dans des auges en peau, où viennent se désaltérer les mules et les chamaux.

Enfin, voici Mordalé !

L'étape a été longue, éreintante.

Et, tout en montant le campement après un repas hâtif, chacun, en se jetant sur sa couche, avoue qu'il n'en pouvait plus et déclare qu'il n'était que temps d'arriver.

CXL

A DJIBOUTI

Accablement. — **Sommeil invincible.** — Encore le vent du désert. — Une douche salutaire. — **Petite dédaigneuse.** — Plus de fatigue. — Le fort de Yabelé. — **L'oasis d'Ambouli.** — Djibouti ! — La ville et le port. — A propos du chemin de fer. — **La pieuvre britannique.** — Ménélik est prêt.

Cinq minutes après, j'étais couché sur le cou de ma mule.

La plus pénible partie de la route de Harar à Djibouti était franchie.

Il ne restait plus à parcourir que cent vingt kilomètres environ, en pays relativement facile et sûr.

Chose rare! la traversée du désert de Saarman n'avait coûté ni un homme ni une bête.

Très redoutées, des explorateurs et des indigènes eux-mêmes, ces immenses plaines de sable, brûlées par un soleil de plomb!

M. Vignéras, à qui nous avons déjà fait plusieurs emprunts, raconte l'étrange torpeur, la lourde et invincible somnolence qui l'accabla pendant cette périlleuse traversée.

Que de voyageurs ont succombé à cet affreux engourdissement!

« La chaleur est suffocante.

« Du plomb fondu coule sur nos têtes; nous respirons du feu, et une terrible réverbération nous aveugle.

« Le sommeil me gagne, et je ne tarde pas à dormir sur ma mule.

« A une secousse qu'elle donne et qui manque de me jeter à terre, j'ouvre les yeux.

« Mais, la seconde d'après, je les ferme de nouveau, et ce n'est qu'en me sentant frôler la figure par des épines que j'arrive à me réveiller un peu.

« Des mimosas bordent le chemin; leurs branches épineuses pourraient me crever les yeux, et je me promets bien de ne plus dormir, pour les éviter.

« Cinq minutes après, j'étais couché sur le cou de ma mule, et plongé, cette fois, dans un **sommeil profond**.

« Djemma veille, heureusement.

« Il me secoue.

« Je le regarde hébété.

« — Tu ferais bien de descendre, me dit-il, tu vas tomber! »

« Et il m'explique, par gestes, que la marche chasse le sommeil.

« Essayons.

« Je quitte ma mule, qui va devant moi.

« Dix minutes s'écoulent.

« Je la reprends et me tiens correctement en selle pendant un quart d'heure.

« Mais au bout de ce temps, mes yeux se ferment encore, et force m'est de redescendre.

« Je renouvelai trois fois cette manœuvre, sans arriver à surmonter mon obsédante envie de dormir.

« Le soleil, ardent dès sept heures, nous grille littéralement; il semblerait qu'il dût me tenir éveillé.

« Non, le sommeil est le plus fort, et ce n'est qu'après m'être résolu à faire à pied le reste de l'étape, que je parviens à en avoir raison.

« Il est onze heures et demie quand nous arrivons au bout de cette étape effroyable.

« Nous n'avons pas faim ; mais nous tombons tous de soif, de fatigue et de sommeil.

« En route, les outres s'étaient vidées de bonne heure ; nos approvisionnements, comme toujours, ne sont pas là, et nous devons boire une eau sale, terreuse, que nous trouvons délicieuse en ce moment.

« Quand les tentes arrivent, sans m'inquiéter de ce que font les autres, je me couche.

« Je dormais si bien, quand l'heure du déjeuner sonna, qu'on ne voulut pas me réveiller.

« Ah ! qu'on fit bien !

« Et je n'ouvris les yeux qu'au moment où l'on mettait le couvert pour le repas du soir.

« J'étais reposé et prêt à recommencer.

« Moins heureux que moi, la plupart de mes compagnons de route n'avaient pu reposer sous les tentes, où régnait une chaleur de four.

« Après le dîner, nous nous couchons jusqu'au réveil, qui doit sonner à onze heures. »

Les souffrances occasionnées par la chaleur du jour sont telles que la caravane se décide à faire route la nuit :

« Nous partons à minuit dix minutes, le 21, et nous ne tardons pas à aborder le plateau de Saarman.

« A quatre heures, nous voyons un homme étendu à côté du chemin.

« Nous nous approchons : c'est l'un de nous, parti en tête de la colonne, qui, succombant au sommeil, s'est couché là.

« Nous nous arrêtons un instant à côté de lui avant de le réveiller.

« Mais tous les yeux se ferment, et nous devons reprendre sur-le-champ notre marche, sous peine de nous endormir sur place et de n'arriver que fort tard au campement.

« Quand nous gagnons Mordalé, il est sept heures.

« Le soleil n'est pas encore trop chaud, la température est supportable, et nous trouvons, ô bonheur ! de l'eau de Saint-Galmier et des provisions fraîches.

« Mais, à onze heures, la chaleur devient terrible ; pas un souffle d'air ne se fait sentir et, sous les doubles tentes où nous essayons

Le capitaine Germain fut réveillé par une trombe d'eau froide.

de dormir, la tête entourée de serviettes mouillées, nous nous tournons vainement sur nos lits de camp.

« Nous constatons, à un moment, 51 degrés.

« Enfin, après dîner, nous pouvons prendre un peu de repos, en attendant l'heure du départ qui sonne, le 22, à trois heures du matin. »

A Mordalé, la mission Congo-Nil trouve une caravane de douze chameaux, envoyée de Djibouti pour la ravitailler.

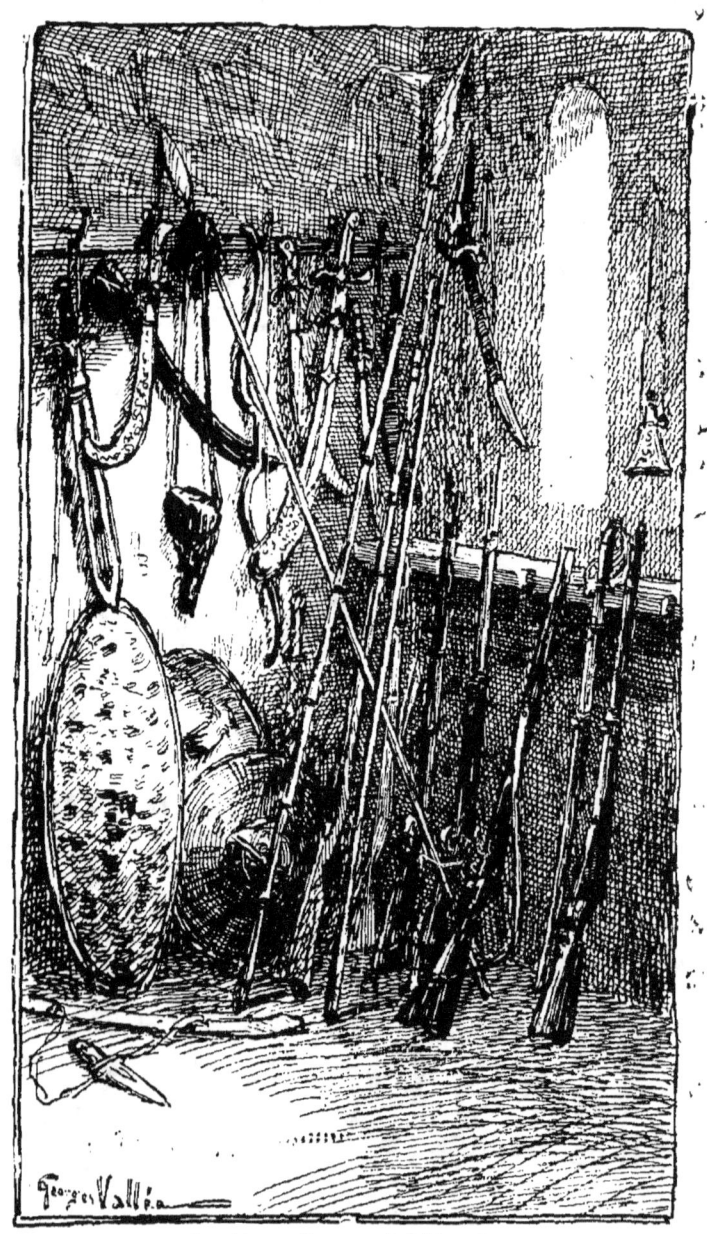

Le dépôt d'armes à Djibouti.

Il y a là du champagne, du bordeaux, des conserves de toute sorte, auxquels Français et Sénégalais font, comme bien on pense, largement honneur.

Ensuite, une question se pose.

Se reposera-t-on un ou deux jours, ou bien repartira-t-on immédiatement pour la côte?

Si l'on n'écoutait que l'état d'extrême fatigue où l'on se trouve, on opinerait pour le premier parti.

Mais la hâte d'arriver au port, de voir la mer, de s'embarquer pour la France, est trop violente chez tous.

Et la satisfaction est générale quand on apprend que le commandant a décidé de quitter Mordalé dès le lendemain matin.

Toutefois, la première étape, celle du 12 mai, est courte; si les hommes ont du courage, les bêtes, elles, sont à bout de forces, et il convient de leur donner quelque repos.

A six heures, campement à Férad, sur un plateau assez élevé, où l'on espère trouver un peu de brise.

Mais, va-t'en voir s'ils viennent!

En fait de brise, un vent brûlant, chargé de sable, se met à souffler vers neuf heures.

C'est le vent du désert qui vient jusque-là, pénétrant dans les tentes par toutes les jointures et y déposant une poussière fine qui recouvre bientôt lits, tables et menus objets.

Sacré djaoui! on croyait bien lui avoir dit adieu pour toujours.

Comment dormir?

Le capitaine Germain y avait réussi, quand il se sentit réveillé par une trombe d'eau froide tombant sur sa tête.

Son ordonnance avait vu tout à coup son visage changer de couleur et n'avait pas hésité à le doucher énergiquement.

Le brave capitaine venait tout simplement d'échapper à un coup de chaleur, et, sans la présence d'esprit de son brosseur, on ne sait pas ce qui serait advenu.

Il se releva en fléchissant un peu; mais, quelques heures plus tard, toute trace de malaise avait disparu...

Partie à deux heures du matin, le 13, la colonne s'arrête, à huit heures et demie, à Dousso-Kourmouni.

On dresse les tentes entre trois vallées et, grâce au courant d'air qui s'établit en ce point, on peut les habiter sans trop souffrir de la chaleur.

Néanmoins, chacun a hâte d'être arrivé, et soupire après l'ombre des murs épais.

Souffrir pour souffrir, ne vaut-il pas mieux peiner une bonne fois et en finir?

Le commandant Marchand prend donc, à la joie de tous,

l'héroïque résolution de franchir, en deux étapes seulement, les trois étapes qui restent.

* * *

14, 15 mai. — En route dès trois heures du matin, nos soldats voient, au lever du jour, des quantités de troupeaux marcher dans la direction opposée à celle qu'ils suivent.

Il en vient de tous les côtés.

Des bambins d'âges différents marchent derrière les troupeaux, précédant des frères, des sœurs plus âgées qui portent divers ustensiles.

Cependant le père et les grands-parents, accompagnés de jeunes gens, se tiennent sur les côtés du troupeau, pour le maintenir dans la direction voulue, et la mère ferme la marche, tenant généralement un, quelquefois deux tout petits enfants.

Les hommes sont chargés de morceaux de bois, leur maison, et quelquefois, mais rarement, la famille est suivie de chameaux, sur lesquels sont suspendus quelques ustensiles et des sortes de huttes en paille tressée, appliquée sur des bois formant pliant.

Où vont ces gens? Il n'est pas difficile de le deviner aux questions qu'ils posent, à tout instant, aux gens de l'escorte :

— A-t-il plu du côté d'où vous venez?... Avez-vous vu de l'herbe sur votre passage?

Et, sur les réponses négatives qui leur sont faites, ils s'en vont tranquillement, de leur pas toujours le même, égal et posé.

Pauvres gens!

Il est à craindre qu'ils ne cherchent longtemps avant de trouver, et que leur migration ne les entraîne fort loin de leur point de départ.

La saison s'annonce très mal cette année; nulle part on ne trouve d'herbe à donner aux bêtes, et nulle part on ne voit de nuages en formation. Mais quand les lascars leur donnent ces explications, les nomades les acceptent de l'air calme et insouciant de gens qui sont sûrs d'arriver quand même à leurs fins.

Le lendemain, il se produit un petit incident qui met l'avant-garde en gaîté.

Le sergent Dat voit passer à côté de lui une jeune fille d'une douzaine d'années; il lui dit :

— Nabat, nabat! (Bonjour, bonjour.)

La jeune fille ne souffle mot.

Le sergent est de bonne humeur.

— Eh bien! — lui crie-t-il, — puisque tu fais la dédaigneuse, le chef de Djibouti, qui est là, va te faire conduire en prison!

— Tu peux lui dire, à ton chef, fait alors la jeune fille, que nous sommes ici dans la brousse, et que je me moque de sa prison.

Et elle continue son chemin, sans se presser, pendant que tout le monde éclate de rire.

Ces scènes tiennent les hommes éveillés jusqu'à Bayadé, où l'on arrive à sept heures.

Le poste de surveillance que le gouvernement local y a fait établir offre un abri à la colonne.

Après y avoir déjeuné, on repart à trois heures, n'emportant que le strict nécessaire pour le vivre et le coucher.

Personne ne sent plus la fatigue maintenant.

Djibouti est là-bas, à soixante-dix kilomètres, et l'on y sera le surlendemain.

Mais qu'ont donc les mules?

Elles marchent comme jamais elle ne l'ont fait depuis le départ d'Harrar.

Comprendraient-elles que la fin du voyage approche, et que la bonne écurie reposante n'est pas loin?

Quoi qu'il en soit, elles vont bon train, et, quand la colonne s'arrête à sept heures, à l'étape, la dernière, elles ne laissent voir aucun signe de fatigue.

* *

16 *mai*. — A une heure du matin, la mission est en route.

Tout le monde marche en bon ordre, et il n'y a pas un seul traînard.

A l'aube, on arrive à Yabelé, d'où l'on aperçoit Djibouti.

Les cœurs sursautent.

Les Sénégalais sont fous de joie; ils accélèrent leur allure et se mettent à chanter un refrain vif et entraînant.

L'avant-garde l'entonne, l'arrière-garde le lui renvoie, comme un écho joyeux.

Et, à voir cette troupe gaie, l'air heureux, on ne croirait jamais qu'elle marche depuis trois ans et qu'elle a traversé, d'un bord à l'autre, l'immense continent africain.

A Yabelé se trouve un petit fort français dont la garnison, composée d'une vingtaine de Sénégalais et Soudanais, est venue au-devant de la mission.

Inutile de décrire la joie de nos tirailleurs en trouvant là des compatriotes, des frères.

Tous ces grands enfants s'embrassent et gambadent en poussant des cris de joie et en se demandant des nouvelles du pays.

Hélas! ni les uns ni les autres ne l'ont vu depuis bien longtemps!

La ville d'Adoua.

Encore six kilomètres, et la mission Marchand fera son entrée dans la capitale de notre colonie de la mer Rouge.

Du phare qui surmonte le fort et sert à indiquer en mer la situation de Djibouti, le commandant Marchand entre en communication téléphonique avec M. Martineau, gouverneur de la côte française, à qui il annonce son arrivée.

Ambouli!... Plus que trois kilomètres!

La colonne traversa allègrement la petite oasis, formée de

jardins appartenant au gouvernement et à des colons qui entretiennent pour le plaisir des yeux quelques touffes de verdure et font pousser des melons et des salades.

Comme à Obock, les jardins sont plantés sur les rives d'une rivière à sec dont les puits approvisionnent le port.

Telle est l'allure endiablée de nos soldats, que, moins d'une demi-heure après avoir passé Ambouli, ils entrent à Djibouti, escortés par la garnison et la plus grande partie de la population, venues à leur rencontre, ainsi que par les chefs des peuplades voisines qui ont tenu à venir saluer la mission.

Les trois couleurs flottent sur toutes les maisons.

Des fleurs sont jetées de toutes les fenêtres.

L'allégresse est partout... sauf dans l'âme de nos officiers, endeuillée par l'abandon de Fachoda.

***

Nos lecteurs savent comment et pour quelle raison Djibouti fut substituée à Obock comme capitale de notre possession de la mer Rouge.

Djibouti n'est pas, à vrai dire, colonie française; c'est le chef-lieu de notre protectorat de la côte des Somalis.

Ce port, qui est appelé à devenir un jour un point de ravitaillement des plus importants pour nos navires de guerre et une escale pour les vaisseaux commerçants, présente un aspect riant et agréable.

Les maisons carrées, blanchies à la chaux, se silhouettent sur le fond brun, formé des paillotes du village indigène avec un arrière-plan de collines s'estompant sur un ciel rarement nuageux.

On y distingue le *Pingouin*, la Résidence, la jetée, les constructions que domine la vaste ferme du comptoir de la Compagnie Franco-Africaine, récemment cédée au gouvernement.

Quelques boutres se balancent en rade ou sont tristement échoués à marée basse.

La nouvelle résidence du gouverneur, d'une architecture lourde et bizarre, ressemble, vue de loin, avec ses deux tourelles plaquées de chaque côté du bâtiment principal, à quelque châtelet féodal.

Elle se dresse à l'extrémité de la langue de terre sur laquelle est bâtie Djibouti, en arrière de la jetée.

Plus loin, le pénitencier et le mess des surveillants militaires et fonctionnaires subalternes.

Enfin, par derrière encore, les boutiques des débitants français ou grecs, épiciers, cafetiers et boulangers.

Le mouvement à Djibouti est localisé sur la place principale, quadrilatère dont les côtés sont entièrement formés de maisons de pierre; peu de bâtiments à étages.

L'un d'eux, le *Diouane*, sur lequel flotte le drapeau tricolore, réunit les bureaux de l'Administration du Protectorat, la poste, le service indigène, avec salle de conseil, de jugement ou de réunions.

De nombreux *calams* sont tenus par les chefs des tribus indigènes à tout propos.

Des agents du pays, bien disciplinés, font le service de la police soit au Diouane, soit au corps de garde de la place.

Une escorte à méharis ou à mulets accompagne le gouverneur pendant ses promenades.

La Diouane est le point de départ et d'arrivée des chameliers soudanais ou sénégalais qui font la poste à méhari entre Djibouti et le Harrar.

La ligne est continuée depuis mars 1895 par un service hebdomadaire entre le Harrar et le Choa.

*
* *

Autour de la place se trouvent la prison et le poste de police, et les boutiques indigènes offrant leurs denrées alimentaires ou leurs cotonnades indiennes.

Sur la place même, des marchands et marchandes somalis ou danakils étalent des peaux de chèvre, du lait, du beurre, du foin ou des fagots, parmi les ânes et les chameaux assoupis en plein soleil.

Plus loin, le marché à l'eau, où des femmes somalis débitent dans des bidons à pétrole l'eau potable puisée à Ambouli, à 3 kilomètres.

De la place partent quelques rues bordées de maisons en pierre ou de huttes en torchis, de cafés, dont les terrasses regorgent d'indigènes jouant aux dominos ou aux cartes, étendus sur les banquettes instables.

La rue principale mène au poste de police, qui est à l'entrée de la ville, non loin des écuries du gouvernement.

A côté se trouvent le parc à chameaux, le bâtiment médical, le marché à la viande et quelques paillotes hospitalières de la colonie.

Ce poste, point de départ de la route du Harrar, passe quelquefois à l'état d'arsenal.

C'est là en effet que tout arrivant de la brousse dépose ses armes, qu'il reprend d'ailleurs en sortant.

Les poignards danakils sont accrochés auprès des couteaux somalis entre des lances de toutes tailles, unies ou garnies de cuivre ; des boucliers de toutes dimensions, des sabres abyssins, alternent avec des fusils de tous modèles, depuis le mousquet à pierre jusqu'au winchester dernier système, à côté du lourd poignard arabe dont le double fourreau contient d'un côté une lame effilée, et de l'autre, roulé dans un étui de cuivre ou d'argent ouvragé, quelque verset du Coran.

La ville est, depuis peu, entourée d'une légère clôture de petites lattes.

En bordure sur la mer, une mosquée en torchis expose ses drapeaux rouges près des huttes rondes du village des miliciens soudanais.

A l'autre extrémité de Djibouti se trouvent les maisons des négociants et celle de l'ex-sultan Bourhan-Bey, emprisonné pour délit politique.

Les plateaux du Héron, du Marabout et du Serpent, reliés à la terre ferme seulement à marée basse, indiquent l'emplacement de la ville future.

Pour le moment, les ruines d'une nouvelle résidence abattue par le vent et les tombeaux de MM. Deloncle et Aubry, victimes du choléra de 1892, s'y dressent seuls.

*
* *

A ces renseignements, empruntés pour la plupart au récit de voyage de M. Vanderheym, nous pouvons en ajouter de plus récents, que nous tenons d'un de nos amis, établi depuis quelques années à Djibouti.

Voici ce qu'il nous écrivait au mois d'avril dernier :

« En 1897, Djibouti était encore un petit point insignifiant, un port à peu près vide, sur les bords duquel s'élevaient quelques rares constructions et où le mouvement commercial et maritime était pour ainsi dire nul.

« Aujourd'hui, c'est une petite ville, ma foi coquette, propre et où il ne doit pas faire mauvais de vivre, encore que la température n'y soit pas précisément clémente.

« On y trouve deux cafés bien exposés à la brise et quatre hôtels des plus confortables.

« La population a quadruplé et le voyageur a maintenant conscience du rôle important que Djibouti est appelé à jouer en Afrique :

Sur la jetée de Djibouti, en attendant les canots du *D'Assas*.

« C'est une ville d'avenir, et d'un très grand avenir, et le jour n'est pas éloigné où elle deviendra le vrai débouché de l'Éthiopie.

« Un nouveau môle de 300 mètres y a été construit, qui sera d'une grande utilité.

« Un Decauville circule déjà le long du môle et rend d'inappréciables services.

« Les travaux du chemin de fer qui doit relier le Harrar à Djibouti et à déverser toutes les richesses de l'Abyssinie sont poussés avec beaucoup d'activité et déjà 152 kilomètres sont complètement terminés.

« A ces travaux, on n'emploie que des Français en grande partie, des Russes et quelques rares Italiens — mais ceux-ci comme terrassiers seulement.

« Au début de l'entreprise, un Anglais avait été employé à la comptabilité.

« Quand Ménélik le sut, sa colère fut immense, et l'on dut prier ce fils d'Albion de résigner ses fonctions.

« Les colons attendent avec impatience le jour où du Harrar à Djibouti circulera le chemin de fer.

Les Anglais, en attendant, font la grimace et tout à côté, à Zeïla, s'ingénient de leur mieux à y attirer les caravanes qui arrivent de l'intérieur, chargées de produits indigènes.

« Et il faut ajouter ici qu'ils n'y réussissent que trop facilement, pour la raison toute simple que les naturels trouvent à Zeïla un placement beaucoup plus avantageux de leurs produits.

« Le raz Makonnen visite souvent les travaux et distribue force pourboires à ceux des ouvriers qu'il juge les plus méritants et dont les travaux sont le plus avancés.

« Pour donner une image fidèle de la tranquillité d'esprit du raz Makonnen, au milieu des intrigues qui l'entourent, citons cette anecdote :

« L'un des partisans les plus fougueux du raz rebelle Mangascia fut arrêté un jour.

« Il était soupçonné d'être l'âme d'un complot contre la vie du raz Makonnen.

« — Avoue ton intention criminelle, — lui dit le raz Makonnen, — et je te fais grâce de la vie.

« — Eh bien ! — avoue alors le conspirateur, — je reconnais avoir reçu 400 thalers pour te tuer.

« — Rien que 400 thalers pour ma vie ! — réplique en souriant le raz humilié. — On te vole, mon ami... Je vaux mieux que cela... Va-t'en !... quand tu en auras touché 4,000, je te permets de revenir. »

« Un canard avait circulé en Europe, auquel il convient de couper les ailes : que M. Chefneux, n'ayant pu trouver en France l'argent nécessaire pour la construction de la ligne ferrée, avait dû s'adresser à des capitalistes anglais, qui avaient posé comme condition à leur acceptation que Zeïla serait relié à la ligne centrale. Rien de plus faux.

« Heureusement, et seuls, les capitaux français serviront à l'achèvement de cette ligne. »

*
* *

On sait que la construction de cette ligne a failli être sérieusement compromise, bien à point par les Anglais, par le récent soulèvement des Issas qui ont attaqué les chantiers à l'improviste, tué une dizaine de blancs et dispersé les ouvriers indigènes.

L'Angleterre, nous l'avons dit, ne paraît pas être restée étrangère à ce soulèvement qui pourrait avoir de si heureuses conséquences pour sa politique africaine, car on croit trouver encore sa main dans la préparation de ces événements.

On est aujourd'hui certain que des sujets anglais ont fait des excursions suspectes chez les tribus Issas peu de temps avant que commençât la série des assassinats qui s'est continuée par l'attaque ouverte de plusieurs chantiers.

A la même époque, l'*Indépendance belge* disait savoir de bonne source que l'Angleterre allait entreprendre la construction d'une ligne ferrée au Bahr-el-Ghazal, traversant le Harrar, et qu'elle était décidée à passer outre à l'opposition de Ménélik, contre laquelle elle emploierait au besoin la force et enverrait des troupes tout à la fois par le Soudan et par Zeïla.

L'Italie, de son côté, aurait promis son aide, espérant prendre sa revanche d'Adoua en marchant dans le sillon des Anglais.

C'est que l'Angleterre veut, coûte que coûte, étendre sa domination en Afrique, comme, d'ailleurs, dans le monde entier.

On aurait pu croire qu'elle était satisfaite après ses succès dans la vallée du Nil et qu'elle allait vivre en paix avec les peuples qui ont eu le sort — peu enviable — d'y devenir ses voisins.

Il n'en est rien, et déjà elle est possédée du besoin de faire à leurs dépens de nouvelles conquêtes.

Souakim, Kharthoum et Fashoda, ne sont que les étapes d'une marche dont Addis-Ababa, Harrar, Djibouti et Massaouah, semblent devoir être le but convoité, car il faut à l'Angleterre la domination sans partage sur tous les territoires qu'arrosent le Nil et ses affluents comme sur le pays compris entre le bassin du grand fleuve et la mer Rouge.

De ces territoires convoités, l'un est la côte des Somalis avec Djibouti qui appartiennent à la France; l'autre, est l'Erythrée, terre italienne; le troisième est l'Abyssinie, qui a su jusqu'ici garder son indépendance.

L'Erythrée est un obstacle négligeable; elle sera prochainement anglaise par voie d'achat, de compensation en Asie ou de rétrocession pure et simple au kédive, mais entre les mains de l'Angleterre.

La côte des Somalis, où flotte le drapeau tricolore, sera d'une absorption plus délicate, mais on est convaincu à Londres que la France ne s'entêtera pas à y demeurer quand le chemin de fer Djibouti-Harrar aura été ruiné par la perte du monopole des transports entre la mer et l'Abyssinie, et par la concurrence d'une ligne anglaise rivale entre Zeïla et l'Harrar.

La construction de cette ligne rivale n'est possible qu'à la condition que le Harrar échappe quelque jour à l'autorité de Ménélik, mais l'Angleterre escompte cette éventualité et se propose certainement de provoquer les événements par ses intrigues habituelles.

Arracher d'abord à l'Éthiopie le Harrar et celles de ses provinces qu'arrosent les affluents du Nil, pour tenter ensuite la conquête du reste du pays abyssin, paraît être le but que dès maintenant poursuit la pieuvre anglaise que n'arrêteront pas dans son œuvre d'injuste agression et de scandaleuses rapines les protestations trop platoniques de la France et de la Russie.

L'Abyssinie ne doit compter que sur elle-même.

Déjà la presse anglaise a commencé une campagne de fausses nouvelles pour essayer de discréditer l'Abyssinie devant l'Europe et pour essayer de justifier à l'avance l'agression qu'elle prépare.

L'accusation principale, dirigée contre Ménélik, consiste à le représenter comme l'allié du khalife.

C'est lui qui lui fournissait les moyens d'opérer des retours offensifs contre les Anglais; c'est lui qui entretiendrait les Derviches de vivres, d'armes et de munitions.

On feint de présenter ces retours offensifs comme imminents et on en prend prétexte pour accumuler de nouvelles troupes sur le Haut-Nil, à Kassala et à Gedaref.

Précautions inutiles, si elles sont dirigées contre le khalife qui se trouve bien loin dans l'ouest, dans le Kordofan, hors d'état de rien tenter de sérieux contre ses vainqueurs.

En réalité, ces préparatifs sont dirigés contre l'Abyssinie et ce qui l'indique suffisamment est la hâte avec laquelle le sirdar s'est rendu dans la région voisine de la frontière éthiopienne.

Il y a de ce côté, en effet, une question de frontière entre l'Abyssinie et les Anglo-Égyptiens d'où peuvent surgir d'un moment à l'autre les plus sérieuses complications.

Les prétextes ne peuvent manquer à l'Angleterre pour attaquer à son heure l'Abyssinie, et il semble qu'elle veuille brusquer les choses et tenter la chance des armes, avant que l'achèvement de la ligne ferrée vienne accroître pour elle les difficultés de l'opération.

Heureusement, il ne semble pas que Ménélik se fasse d'illusions sur les intentions de l'Angleterre.

Cavalier hadantoras.

Sans refuser d'écouter la voix hypocrite des négociateurs qu'elle lui envoie, il presse ses armements et se prépare à toutes les éventualités.

Des renseignements certains nous permettent d'assurer que l'Angleterre trouvera l'Abyssinie prête à la lutte et probablement aussi à la victoire.

Depuis deux ans, Ménélik et ses grands vassaux ont importé de France 300,000 fusils Gras et 6,000 revolvers; de Belgique et d'Allemagne, plusieurs milliers de remingtons, de winchesters, de fusils express, ainsi que six millions de cartouches.

Les importations d'armes et de munitions ne se ralentissent pas. Ménélik en constitue d'énormes approvisionnements, car il sait qu'en cas de guerre l'importation en serait rendue très difficile.

Un certain nombre de canons-revolvers ont été également achetés à l'étranger.

Enfin, l'armée abyssine s'exerce fréquemment avec des armes modernes et l'on assure qu'elle a fait de très grands progrès.

L'Éthiopie, unifiée par sa lutte victorieuse contre l'envahisseur étranger, régénérée par l'action personnelle d'un monarque qui, d'une main sûre, la guide dans la voie du progrès et l'oriente vers la civilisation occidentale, prend d'année en année une conscience plus nette de sa nationalité naissante, de ses droits, de ses intérêts, de sa force.

Cette nation africaine qui se réveille, avide de civilisation moderne, mérite toute la sympathie de l'Europe.

Elle a droit à la vie et ce serait un crime abominable que d'attenter à son indépendance.

L'Angleterre y réfléchira peut-être; mais si elle ne s'arrêtait pas sur la pente où nous la voyons entraînée, le monde entier ferait des vœux pour que son forfait trouve son châtiment dans la plaine ensanglantée d'un nouvel et plus terrible Adaoua.

Et qui sait si la France, humiliée à Fachoda, ne trouvera pas là l'occasion d'une éclatante revanche.

CXL

AVANT L'EMBARQUEMENT

Fin de la grande odyssée. — Le « D'Assas ». — Serrement de cœur. — Pour l'indépendance. — A l'instigation des Anglais. — Un pied, puis quatre. — Mégalomanie. — L'homme néfaste. — Honte et désastre. — Un avertissement à la Queen. — Patriotique espoir.

Le commandant Marchand est arrivé au terme de son prodigieux voyage.

La grande odyssée transafricaine était close.

Les peines étaient terminées, et les honneurs allaient commencer.

Et pour débuter, le vaisseau de guerre *Le D'Assas* est là, au milieu du port de Djibouti, attendant depuis un mois les vaillants et glorieux Français qu'il doit ramener à la Patrie reconnaissante et fière.

Quelques lignes ne sont pas de trop sur ce bâtiment désormais historique.

C'est un croiseur de 2ᵉ classe, placé sous le commandement d'un de nos plus distingués officiers de marine, le capitaine de frégate Charles Ridoux.

Construit en 1896, il a une longueur de 99 mètres sur 14 de large.

La force de sa machine, qui est de 9,500 chevaux, peut donner une vitesse de 20 nœuds.

Son artillerie, qui est moderne et à tir rapide, se compose de six canons de 16 c., quatre canons de 10 c., dix canons de 47 millim. et dix-neuf de 37 millim.

L'équipage comporte 385 hommes.

Comme vitesse maxima il peut donner encore 20 nœuds, mais avec une pareille allure il ne pourrait effectuer qu'une traversée de trois jours au plus, par suite du manque de charbon qui surviendrait, son approvisionnement total ne dépassant pas 610 tonnes.

Aussi la vitesse moyenne, lorsque la traversée est longue chez les bons marcheurs, ne dépasse jamais 12 à 13 nœuds.

Comme on le sait, le capitaine Ridoux était chargé de remettre au chef de la mission du Congo-Nil les insignes de commandeur de la Légion d'honneur.

La cérémonie de la remise eut lieu très simplement, comme il convenait, sur le pont du croiseur.

Un détachement mixte, composé d'un certain nombre de tirail-

Marchand, commandeur de la Légion d'honneur.

leurs sénégalais et d'hommes de l'équipage, rendait les honneurs.

Tout se passa d'une façon très calme, sans émotion apparente. Seulement, quand l'officier de marine, en attachant la cravate rouge autour du col de Marchand, prononça la formule sacramentelle : « Au nom du peuple français ! »; quand le drapeau s'inclina

Le croiseur-cuirassé *Le D'Assas.*

et que les clairons sonnèrent aux champs... un long et discret frisson passa dans toutes les âmes.

Car c'était bien au nom du peuple français et pour la France, c'était bien pour le prestige et pour la gloire de ces trois couleurs inclinées, que le commandant et ses compagnons avaient bravé mille morts et accompli l'un des plus stupéfiants exploits de ce siècle.

O miraculeuse puissance du patriotisme et de l'idée !

* * *

Arrivée le 16 mai à Djibouti, la mission Congo-Nil décida de faire voile, dès le 19, pour la France.

Mais le jour du départ ne fut pas plutôt fixé, qu'un immense regret, un insurmontable chagrin envahit le cœur de nos compatriotes.

Il leur en coûtait maintenant de quitter cette terre, témoin de leurs espoirs fous et de leur indicible douleur, cette terre arrosée de leur sang et de leurs larmes.

Il leur en coûtait de dire adieu à cette vaillante Abyssinie qui leur avait prodigué ses sympathies et ses consolations, à cet intrépide petit peuple qui, dans la pensée de Marchand, aiderait un jour la France à prendre sa revanche sur la hideuse Angleterre.

Oh ! oui, brave et noble nation que cet État africain qui avait sauvé son indépendance en battant à plates coutures une puissance européenne !

Grand et redoutable souverain que ce Ménélik qui, après avoir culbuté les 65,000 soldats du roi Humbert, se préparait à faire face aux armées de la reine Victoria !...

Et, à ce propos, un grand nombre de nos lecteurs, intéressés par des allusions que nous avons faites aux revers italiens en Abyssinie, nous demandent de donner ici quelques détails sur la fatale entreprise crispienne et sur la façon dont le négus vainquit ses adversaires.

Le cadavre d'un ennemi sentant toujours bon, nous croyons que quelques détails sur ce sujet seront agréables au grand public français.

Nous allons donc rappeler à larges traits les principales phases de cette campagne, si désastreuse pour nos bons voisins transalpins et si glorieuse pour les armes abyssines.

*
* *

L'Italie avait à peine constitué son unité qu'elle songea à faire des acquisitions sur le continent africain.

Ses hommes d'État furent en cela dominés par les souvenirs de la Rome antique, qui avait rayonné dans tout le bassin méditerranéen.

Ils adoptèrent avec d'autant plus d'enthousiasme la politique d'expansion en dehors de la péninsule, que l'émigration italienne fournit annuellement un contingent fort élevé.

Cent cinquante à deux cent mille Italiens passent annuellement les mers et se dirigent vers l'Amérique, à la Plata, au Brésil et aux État-Unis.

Il fallait chercher, sur un point non occupé de l'Afrique, une contrée qui pourrait devenir pour l'Italie une colonie de peuplement.

Elle avait longtemps convoité la Tunisie; ses droits sur la Régence lui paraissaient très anciens et peu contestables : Rome n'avait-elle pas établi sur les ruines de Carthage des colonies florissantes?

Ce fut une cruelle épreuve et une amère déception pour nos voisins d'au delà les Alpes, quand ils nous virent occuper la Tunisie.

Partout ailleurs, la place était prise.

L'Italie se serait volontiers contentée de la Tripolitaine, pays pauvre ; mais elle aurait soulevé, en portant atteinte à l'intégrité de l'Empire ottoman, les protestations des puissances garantes de cette intégrité.

Elle jeta son dévolu sur un autre point :

« En 1869, — dit M. Victor Deville, — au moment de l'ouverture du canal de Suez, la Compagnie Rubattino, société génoise de bateaux à vapeur, avait acheté, sur le littoral de la mer Rouge, un petit territoire dans la baie d'Assab. C'était un port de relâche et de ravitaillement pour ses navires faisant voile vers l'Extrême-Orient.

« Par différents traités conclus de 1870 à 1880, ces possessions s'agrandirent de tout le littoral, depuis le cap Darnah jusqu'au cap Sinthier, et des îles voisines.

« La Compagnie négocia avec les tribus des Adels et des Danakils, pour nouer des relations de commerce.

« C'est sur ce point de la côte que le cabinet Depretis jeta, en 1882, son dévolu pour l'établissement d'une colonie italienne en Afrique.

« Le gouvernement voulait donner satisfaction à l'opinion publique mécontente de l'échec subi à Tunis.

« La Compagnie céda ses droits de propriété, moyennant une indemnité de 416,000 francs.

« Il était difficile de faire d'Assab, sur une côte brûlée par le soleil et dépourvue d'eau, le centre d'une colonie importante ; ce ne pouvait être qu'une escale pour les navires italiens.

« Les événements dont l'Égypte fut alors le théâtre vinrent à point favoriser les projets ambitieux de l'Italie.

« Le Soudan égyptien était en pleine révolte, et Gordon était assiégé dans Khartoum.

« L'intérêt de l'Italie était de concourir avec l'Angleterre à la répression du mahdisme :

« Elle avait tout à gagner à cette alliance, l'Angleterre étant la grande dispensatrice des territoires africains qui ne lui appartiennent pas.

« D'ailleurs, le *Foreing Office* n'avait rien à redouter d'un tel allié ; il se sentait de taille à modérer facilement ses appétits.

« Pendant que l'Angleterre prenait Souakim, l'Italie fut autorisée, en 1882, à débarquer un corps de troupes à Massaouah, qu'une ligne de postes, échelonnés le long du littoral, relia à ses possessions d'Assab. »

*

Dans une discussion à la Chambre des députés sur la question du Harrar, M. Flourens a parfaitement exposé dans quel but l'Angleterre a favorisé l'établissement de l'Italie sur le littoral de la mer Rouge :

« Le but que poursuivait alors l'Angleterre était de se rendre les mains plus libres, en vue des complications à craindre pour elle à cette époque et de la lutte qu'elle soutenait contre le mahdi.

« Elle se disait que si cette portion du littoral de la mer Rouge, trop insalubre pour qu'elle consentît à y risquer la vie de ses soldats et de ses fonctionnaires, demeurait au pouvoir nominal de l'Égypte, elle risquerait, au cours des péripéties de la lutte, de tomber entre les mains des derviches, et qu'alors sa position à Souakim, prise à revers et menacée sur le fleuve, pourrait se trouver gravement compromise.

« C'est donc pour assurer le complet achèvement de ses plans le long du cours du Nil, que l'Angleterre a amené l'Italie à fonder son principal établissement colonial au milieu des fièvres paludéennes de Massaouah.

« C'est dans le même but qu'elle veut aujourd'hui lui donner le littoral de la mer Rouge.

« En effet, faire occuper par des troupes alliées les hauts plateaux de l'Abyssinie, en même temps que le littoral africain de la mer Rouge, c'est évidemment consolider la situation stratégique des troupes britanniques en Égypte.

« Mais la France ne peut pas perdre de vue qu'en confiant aux troupes d'un allié la garde du littoral d'une mer dont son canon commande déjà l'issue, l'Angleterre fait de la mer Rouge un canal italo-britannique, et, pour nos escadres, une souricière anglaise. »

Quoi qu'il en soit, l'occupation de Massaouah par les Italiens irrita profondément le négus Johannès, qui avait espéré s'en emparer, pour donner à l'Abyssinie un débouché sur la mer.

De son côté, l'Italie ne voulait pas rester confinée sur cette côte, qui est une vraie fournaise.

Elle aspirait à prendre pied sur les plateaux de l'intérieur, plus frais, et qui offraient quelques ressources à la colonisation.

Mais elle ne pouvait le faire qu'aux dépens des populations vassales de l'Abyssinie.

*
* *

Italiens et Abyssins devaient inévitablement se heurter.

Après avoir occupé la plaine comprise entre la côte et les premiers escarpements du plateau, les Italiens s'avancèrent progressivement dans l'intérieur.

C'était violer les engagements conclus avec Johannès, qui avait fini par renoncer à Massaouah, à condition que les Italiens ne dépasseraient pas l'enceinte de la ville.

Le négus demanda que les Italiens évacuassent tous les postes occupés.

Ceux-ci refusèrent.

Un faible détachement fut écrasé à Dogali (1887) par le raz Aloula.

Ce désastre produisit la plus vive émotion dans la Péninsule, mais la Consulta ne renonça pas cependant aux projets de conquête du plateau abyssin.

Ils prirent corps surtout lorsque M. Crispi fut appelé, après la mort de M. Depretis, à la direction de la politique étrangère.

Une nouvelle expédition fut décidée.

Un corps expéditionnaire de 20,000 hommes, sous le commandement de San-Marzano, fut réuni autour de Massaouah.

Le négus Johannès, avec des forces supérieures en nombre, occupait, en arrière de Saati, à 27 kilomètres de Massaouah, des positions formidables, d'où les Italiens n'auraient pu le déloger.

Des pourparlers engagés ne purent aboutir.

Bientôt Johannès se trouva dans une situation des plus critiques.

Tandis que les forces madhistes se préparaient à envahir ses États, Ménélik, roi de Choa, après avoir refusé à son suzerain les contingents qu'il réclamait pour combattre les Italiens, finit par se déclarer contre lui.

L'empereur se porta à la rencontre des derviches et fut tué à la bataille de Metemneh (1889).

* *
*

L'armée italienne profita de l'anarchie qui désola l'empire abyssin, après la mort de Johannès, pour réoccuper les postes qu'elle avait été obligée d'évacuer, Dogali, Saati.

En même temps furent signés, avec les tribus voisines de la côte, des traités par lesquels elles acceptaient le protectorat de l'Italie.

Johannès avait désigné son fils Mangascia, raz du Tigré, pour son successeur; mais plusieurs raz lui disputèrent le trône.

Ménélik, on le sait, l'emporta sur tous ses rivaux.

En dehors des droits qu'il prétendait avoir au trône, comme descendant en ligne directe du roi Salomon et de la reine de Saba, il fut fortement appuyé par l'Italie, qui avait espéré trouver en lui un prince disposé à accepter un traité de protectorat.

***

Après avoir soumis, à la tête des troupes choannes, les diverses provinces éthiopiennes, à l'exception du Tigré, et s'être fait couronner à Entotto, il se montra disposé à traiter avec l'Italie qui l'avait reconnu comme souverain d'Abyssinie.

Le 2 mai 1889, fut signé entre les deux gouvernements le traité d'Ucciali.

L'article 17 réglait les rapports des deux États ; il est ainsi conçu, d'après la version italienne :

« S. M. le roi des rois d'Éthiopie consent à se servir de S. M. le roi d'Italie pour toutes les transactions d'affaires qu'il pourra avoir avec d'autres puissances et gouvernements. »

En acceptant même les termes vagues de ce traité, il semble difficile d'admettre qu'il établit la reconnaissance du protectorat italien sur l'Abyssinie, ainsi que le prétendent les négociateurs du roi Humbert.

Le texte amharique, qu'invoque Ménélik pour maintenir son indépendance, paraît, *a priori*, plus conforme aux traditions et au rôle de l'Abyssinie en Afrique.

Il dit que le roi *pourra demander* l'aide du royaume d'Italie pour les affaires qu'il aurait avec les autres États d'Europe.

On se demande, en effet, pourquoi Ménélik se serait reconnu bénévolement le vassal d'Humbert ?

Pendant dix siècles, l'Abyssinie a lutté victorieusement pour son indépendance et a maintenu, dans l'Afrique envahie par l'islamisme, les traditions de la civilisation occidentale ; et le négus, déchirant ce passé glorieux, aurait accepté la souveraineté de l'Italie !

C'aurait été de sa part une abdication que rien ne commandait ni ne justifiait, ni les intérêts politiques de l'empire et encore moins les intérêts religieux.

***

Aussi quand Ménélik proteste contre les fourberies du traité d'Ucciali, le bon droit paraît de son côté :

« J'ai stipulé, écrivait-il au roi Humbert, en septembre 1890, que, par amitié, les affaires éthiopiennes pourraient être traitées par la diplomatie italienne, mais je n'ai pas entendu prendre cet engagement par traité.

« Votre Majesté doit comprendre qu'aucune puissance indépendante ne ferait jamais pareille chose. »

Quoi qu'il en soit, le gouvernement italien pouvait être fier des résultats qu'il avait obtenus.

Il avait reconquis tout le pays qu'il avait été obligé d'abandonner après la défaite de Dogali.

Keren avait été pris sans coup férir; Asmara était occupé peu de temps après; un traité de paix et d'amitié avait été signé avec le négus.

*
* *

C'est au moment où une ère pacifique semble s'ouvrir que commencent les difficultés.

Elles ne viennent pas seulement des diverses interprétations à donner au traité d'Ucciali.

Elles résultent surtout, ce qui a lieu d'étonner quand on considère l'habileté déployée jusqu'à présent par la diplomatie italienne, du manque de sens politique des hommes d'État de la Péninsule.

Ils n'ont pas compris que leur intérêt était de maintenir cet état anarchique dans lequel l'Abyssinie était plongée à la mort de Johannès, qu'il fallait favoriser l'indépendance des raz et empêcher l'unité monarchique de s'établir.

Cette unité, qu'elle se constituât sous le sceptre du roi du Tigré ou sous celui du roi du Choa, devait être dangereuse pour ceux qui rêvaient de conquérir l'Éthiopie.

D'ailleurs, les avertissements sur les dangers d'une telle entreprise ne leur ont pas manqué; mais ils étaient persuadés que l'armée italienne était capable de renouveler la campagne entreprise par les Anglais, en 1867-1868, contre le négus Théodoros.

Ils oublient que les Anglais, avant de se mettre en campagne, avaient eu soin de s'assurer la neutralité des princes abyssins, à qui ils avaient promis de ne pas occuper le pays.

Cette habile politique de l'Angleterre assura le succès de l'expédition.

Théodoros, ne recevant de ses vassaux ni contributions ni secours, fut réduit à son seul camp de Magdala...

Donc le traité d'Ucciali déterminait la ligne frontière entre la la colonie italienne de l'Érythrée et les États de Ménélik.

La limite devait se diriger du fort d'Arafalé, sur le golfe de Zoulla, vers Asmara, pour suivre le cours du fleuve Anaba, vers le le nord, jusqu'au territoire des Bogos, et de là descendre en sui-

Une vue d'Assouan sur le Nil.

vant la rive droite du fleuve Lebka, jusqu'à l'embouchure de ce même cours d'eau dans la mer Rouge.

*
* *

Ces limites fixées à l'expansion de l'Italie ne furent pas respectées.

Quelques jours après la conclusion du traité, les troupes italiennes occupèrent Keren, Asmara et Agordat, sur la route de Kassala, et élevèrent, au sud-ouest des monts Asmara, des forts qui devaient assurer leur domination sur tout le terrritoire compris entre Asmara et Godafelassi (1889).

L'année suivante, le général Orero entrait à Adoua, sans coup férir.

Des difficultés intérieures empêchèrent alors le gouvernement d'engager à fond la guerre contre Ménélik.

A ce moment avait éclaté l'affaire des banques, le *Panamino*; des soulèvements avaient eu lieu en Sicile; une crise économique sévissait sur toute la Péninsule, et les budgets se soldaient avec des déficits considérables.

En attendant, le gouvernement italien négocie pour s'établir sur d'autres points de la côte orientale.

C'est ainsi qu'il annexe les sultanats de Medjourtines et d'Opia, contrées sans doute d'une fertilité médiocre et habitées par des peuples hostiles, mais qui ne sont pas à dédaigner pour ceux qui ont l'ambition de dominer les hauts plateaux abyssins.

Par l'occupation du Somaliland, les Italiens investissaient du côté du Midi les Éthiopiens et les Gallas, qui ne pouvaient déjà atteindre la mer Rouge qu'en passant à travers les possessions italiennes de l'Érythrée.

* * *

Les Anglais étaient déjà depuis quelques années maîtres de la partie septentrionale de la côte zanzibarite, depuis la rivière Wanga jusqu'à l'embouchure de la Tana, avec les ports de Kismayou, Brawna, Kerka, Magadoxo et Warsheik.

Ils étaient donc les voisins des Italiens établis au Somaliland.

D'ailleurs, l'Angleterre avait favorisé cette occupation.

Depuis que les Italiens étaient à Massaouah, les deux pays marchaient d'accord en Afrique, poursuivant un but commun, la défaite du madhisme et la conquête des régions du haut Nil.

Leurs efforts n'avaient pu empêcher ni la prise de Khartoum en 1883, ni celle Kassala en 1885, par les madhistes.

Les deux puissances n'en avaient pas moins un égal intérêt à rétablir l'ancien état de choses dans le Soudan égyptien.

Les Anglais ne pouvaient laisser passer sous une autre domination une contrée arrosée par le Nil, le fleuve nourricier de l'Égypte.

D'un autre côté, les Italiens ne pouvaient s'établir en Éthiopie, tant que ces régions du haut Nil seraient troublées.

De cette communauté d'intérêts sont sortis les traités du 24 mars et du 15 avril 1891.

Dès lors, tout commandait au gouvernement italien d'adopter une politique sage et prudente.

Il n'en fut rien; le désir de faire grand le perdit.

*
* *

Les difficultés allaient commencer avec l'arrivée au pouvoir, en 1891, de M. Crispi, qui succéda à M. le marquis di Rudini, comme président du conseil.

Partisan de la politique d'expansion, il allait apporter dans la direction des affaires coloniales les qualités et les défauts de sa nature passionnée, agitée et inquiète.

Son tempérament l'a toujours porté aux aventures.

Si le révolutionnaire s'est un peu assagi au pouvoir, il a conservé, en revanche, à sa politique une allure agressive qui a failli troubler l'Europe.

Comme Bismarck, son héros et son modèle, il a voulu, plein d'une confiance sans limites en lui-même, courir les hasards d'une grande politique.

Dédaigneux des obstacles et impatient des retards, il n'a pas su préparer les résultats et mesurer l'effort aux difficultés de l'entreprise.

Aussi était-il d'avance condamné à échouer misérablement et à précipiter son pays dans des catastrophes.

A peine maître d'Adoua, le général Orero fut obligé d'abandonner la capitale du Tigré, en vertu du traité d'Ucciali.

Par une convention additionnelle à ce traité, signée le 6 février 1891, entre le négus et le comte Antonelli, le gouvernement italien s'engageait à faire évacuer les forts et les points occupés dans cette province; mais l'ordre d'évacuation ne fut jamais envoyé.

La lutte ne pouvait dès lors être évitée; d'ailleurs Ménélik avait affermi son autorité sur les raz et déclaré formellement au camp de Borromieda, où il avait rassemblé toutes ses forces, qu'il ne serait jamais le protégé de l'Italie.

La paix n'était possible que si l'Italie acceptait le maintien des anciennes frontières, et il n'était pas dans les desseins de M. Crispi d'abandonner les positions conquises.

*
* *

En Europe, en dehors de la *Triplice*, qui soutenait l'Italie, le sentiment public était pour Ménélik contre Crispi, pour l'Abyssinie luttant pour son indépendance contre l'Italien envahisseur.

Notre intérêt n'était pas de voir l'Italie solidement établie dans la mer Rouge par la conquête de l'Abyssinie; c'eût été fortifier la puissance de l'Angleterre sur une mer qui est devenue une des grandes routes commerciales du monde, notre sœur latine s'étant condamnée au rôle de satellite de notre puissante voisine d'outre-Manche.

Nous pouvions compter, pour combattre l'influence italienne en Abyssinie, sur le concours actif et dévoué de la Russie.

Restés fidèles à l'antique religion du prêtre Jean, introduite au ve siècle, les chrétiens d'Éthiopie appartiennent à la communion copte et relèvent de l'Église alexandrine; par leurs dogmes et leurs rites, ils sont frères des Russes.

De là les rapports étroits qui existent, surtout depuis 1848, entre les deux pays, et l'influence religieuse et morale qu'exerce la Russie sur une contrée moins avancée en civilisation.

Le but poursuivi est la réforme de l'Église éthiopienne sous la direction du clergé russe, mais en lui laissant son autonomie, et l'union des deux Églises.

Le protectorat religieux du tsar serait, par conséquent, en rivalité directe avec le prétendu protectorat politique des Italiens.

On s'explique dès lors pourquoi, même avant les protestations du négus contre l'interprétation donnée au traité d'Ucciali, le gouvernement de Saint-Pétersbourg a considéré l'Abyssinie comme un État disposant de ses destinées et n'a pas donné acte au gouvernement italien de la notification du traité, même par un simple accusé de réception.

Il ne saurait admettre que l'Abyssinie soit placée sur le même rang que les petits sultanats d'Afrique, parce que c'est un État chrétien qui a su, pendant de longs siècles, défendre son indépendance contre les peuples musulmans et même contre l'Égypte, en 1875 et en 1876.

Les Anglais, à Aden, et les Italiens, à Massaouah, gardant avec un soin jaloux l'accès du canal de Suez, le problème ne peut être résolu pour nous que par l'établissement d'un contrepoids dans la mer Rouge.

C'est ce que nous avons essayé de réaliser avec Obock et Djibouti.

*
* *

Mais ne nous éloignons pas de notre sujet.

Avant de se tourner contre Ménélik, les Italiens devaient protéger les frontières occidentales de leurs possessions, où les derviches faisaient de fréquentes incursions.

Au mois de décembre 1893, ceux-ci s'étaient avancés jusqu'à Agordat, qui défend les approches de Kéren; ils furent battus par le colonel Arimondi.

Le général Baratieri profita de ce succès pour attaquer Kassala et l'occuper, quand les négociations engagées avec l'Angleterre auraient permis à l'Italie de prendre cette place.

On remarquera, en effet, que dans le traité délimitant la zone d'influence italienne, la frontière est tracée en deçà de cette ville.

L'Angleterre tenait à garder pour elle Kassala, qui commande la vallée de l'Atbara, un des plus importants affluents du Nil.

L'Italie ne pouvait rien entreprendre contre les Abyssins, tant que Kassala serait au pouvoir des madhistes.

Ce furent ces considérations stratégiques qui décidèrent le gouvernement britannique à permettre à l'Italie d'occuper provisoirement cette place.

Kassala fut pris au mois de juillet 1894.

Solidement établis dans leurs postes fortifiés, les Italiens se croyaient invincibles :

— Notre position est indestructible! disait déjà, dans une séance du mois de mars 1890, M. Crispi, en parlant de l'Abyssinie. Nous l'avons conquise en dépensant, depuis 1882, près de cent millions.

Les événements donnèrent bientôt un cruel démenti à ces paroles.

C'est que l'armée italienne avait affaire à de redoutables adversaires.

Les Abyssins, auxquels on ne conteste ni la fierté ni la bravoure, ont su, à toutes les époques, lutter et mourir en braves pour conserver leur indépendance.

Du haut de leur citadelle inexpugnable, formée de haut plateaux de 2,000 à 4,000 mètres, isolés par de profondes crevasses, ils ont résisté à tous les envahisseurs et n'ont jamais consenti à porter le joug.

Les Italiens n'avaient franchi encore que les premiers gradins de cet *escalier du diable*, comme les soldats anglais appelaient ce cahos de roches colossales qu'il faut escalader avant de parvenir sur les hauts plateaux.

Le Tigré, qui confine à l'Érythrée, devait être le théâtre des opérations militaires.

Cette province était gouvernée par Mangascia, fils de Johannès, dont les Italiens n'avaient pas su exploiter la rivalité contre Ménélik.

Ils commirent même la faute impardonnable de s'en faire un ennemi irréconciliable, en annexant le Tigré sans lui offrir de compensation.

Dès lors, le raz Mangascia se réconcilia avec Ménélik, auquel il jura fidélité.

L'impératrice Taïtou, Tigréenne de naissance, voyait avec regret son pays au pouvoir de l'étranger.

Tout conspirait donc à pousser Ménélik à reprendre cette province sur les Italiens qui, ne se contentant plus du protectorat, marchaient résolument à la conquête de l'Abyssinie, en violation des engagements les plus sacrés.

Baratieri, informé de ce qui se préparait, prit l'offensive.

Il battit les troupes de Mangascia à Coatit et à Fenafé (janvier 1895).

La nouvelle de ses victoires excita dans toute la Péninsule un enthousiasme dont Crispi se fit l'écho en télégraphiant au vainqueur :

« Je me félicite avec toi et l'Italie pour les victoires remportées sur les Abyssins.

« Nous devons louer non seulement la valeur des soldats, mais aussi la stratégie du capitaine qui sut, en vrai garibaldien, vaincre avec des forces minimes un ennemi plus fort. »

Baratieri, oubliant toute prudence, poursuivit ses succès.

Il s'empara d'Adigrat, la principale place forte du Tigré, envoya ses avant-postes à Antallo et à Makallé, où furent élevées quelques fortifications, et fit un entrée triomphale à Adoua, la capitale historique du Tigré, et à Axoum, la ville sainte de l'Abyssinie.

***

Ménélik ne pouvait rester indifférent au sort de son vassal.

Il ne pouvait permettre, sans laisser porter une atteinte grave à ses droits de souverain, que l'Italie dépossède un de ses vassaux de la province dont il l'a investi, pour y installer un autre raz. Désormais, les Italiens n'auront plus seulement devant eux les forces de Mangascia, ils vont se trouver en présence de toutes les forces de l'Abyssinie, Choa, Asmara, Tigré, Harrar, pays Galla, réunis sous les étendards de Ménélik, armées de canons à tir rapide, de fusils nouveau modèle et pourvues d'abondantes munitions.

Une colonne italienne, forte de 2,000 hommes, envoyée sous le commandement du major Toselli, en reconnaissance en avant d'Antallo, fut massacrée par les Abyssins à Amba-Alaghi (décembre 1895).

Antallo fut abandonné, Adoua et Axoum furent évacués, et Makallé, assiégé par le ras Mangascia, fut obligé de capituler.

Tout le Tigré était menacé.

Après ces échecs, le ministère Crispi envoya de nouveaux renforts.

Bientôt le général Baratieri disposa d'une armée de 65,000 hommes, y compris 8 à 10,000 indigènes Ascaris.

Les deux armées en présence se préparent à une action décisive.

La bataille d'Adoua (1er mars 1896) fut pour les armes italiennes un épouvantable désastre.

Attaqués avec impétuosité par l'armée choanne, les Italien furent mis en pleine déroute et laissèrent 8 à 10,000 hommes sur le terrain.

Leur artillerie fut prise avant qu'il eussent pu s'en servir.

Désormais, c'en est fait des projets grandioses formés par l'Italie en Afrique.

Elle doit renoncer au protectorat de l'Abyssinie et ne pourra pas même garder le Tigré.

Après de longues négociations, le traité d'Ucciali fut déchiré (novembre 1896).

Un guerrier de la haute Nubie.

L'Italie reconnaît l'indépendance de l'Éthiopie et abandonne cet empire de l'Érythrée, qui devait embrasser la plus grande partie de l'Afrique orientale baignée par la mer Rouge, le golfe d'Aden et l'océan Indien.

La frontière entre les possessions italiennes, réduites désormais à une étroite bande sur la côte brûlée de Massaouah et l'empire abyssin, sera ultérieurement fixée.

Nul doute que Ménélik ne revendique tous les territoires qu'il considérait, dès 1891, comme faisant partie de l'Abyssinie, dans la lettre qu'il adressait alors à tous les chefs d'État européens.

« Partant de la limite italienne d'Arafalé, dit-il, qui est située

La tombe du lieutenant Gouly.

sur le bord de la mer, cette limite se dirige vers l'ouest sur la plaine de Gegra-Meda, va vers Mahija-Halaï, Digsa, Goura, et arrive jusqu'à Adibaro.

« D'Adibaro, la limite arrive jusqu'à l'endroit où le Mareb et le fleuve Atbara se réunissent.

« Cette limite, partant ensuite dudit endroit, se dirige vers le sud et arrive à l'endroit où le fleuve Atbara et le fleuve Setit (Takazzeh) se rencontrent, où se trouve la ville connue sous le nom de Tomat.

« Partant de Tomat, la limite embrasse la province de Kedaref et arrive jusqu'à la ville Kargag sur le Nil Bleu... »

Nous ne suivrons pas le monarque abyssin dans le tracé des

frontières méridionale et orientale de ses États; la fin de sa lettre mérite cependant d'être citée, parce qu'elle est une menace pour l'expansion anglaise dans le bassin du Nil :

« En indiquant aujourd'hui les limites actuelles de mon Empire, je tâcherai, si Dieu veut m'accorder la vie et la force, de rétablir l'ancienne frontière de l'Éthiopie jusqu'à Khartoum et jusqu'au lac Nyanza avec les pays Gallas. »

L'avenir nous dira si Ménélik a trop préjugé de la vitalité de son peuple et de sa propre puissance.

*
* *

Tel est, rapidement esquissé, l'historique de cette guerre, glorieuse entre toutes pour la nation abyssine, et à laquelle la vorace Angleterre fera bien de réfléchir avant de tenter contre le négus le sort des armes.

Qui sait même si Ménélik ne se sentira pas bientôt assez fort pour prendre l'offensive contre cet ennemi dont il connaît la cupidité et les projets, et qui a vainement épuisé avec lui toutes les astuces diplomatiques?

Qui sait aussi quels puissants atouts ce souverain, digne de figurer dans l'élite des monarques, a su mettre dans son jeu.

C'est à tout cela que réfléchissaient Marchand et Baratier en arpentant, silencieux et songeurs, le soir de leur arrivée à Djibouti, la terrasse de la Résidence.

Oui, quelle que fût leur impatience de fouler le sol natal, quel que fût l'accueil qui les attendait, ce n'était pas sans un serrement de cœur qu'ils allaient quitter ce pays martial et fier, ce peuple dont le cœur battait à l'unisson de celui de la France.

— Nous reviendrons! — prononça tout à coup Marchand comme se parlant à lui-même.

Baratier redressa la tête.

Un triste sourire flottait sur les lèvres de son chef, qui ajouta, en posant familièrement sa main sur l'épaule du capitaine :

— Oui, nous reviendrons... Je ne puis révéler à personne, pas même à toi, mon cher camarade, pour qui je n'ai pourtant pas de secrets, ce que m'a dit le négus dans nos entretiens particuliers... C'est un secret d'État... mais je puis t'affirmer que nous reviendrons... et que les couleurs françaises flotteront encore, et pour toujours, cette fois, sur Fachoda!

CXLI

TONGUEDEC

Entre l'Égypte et le Bahr-el-Ghazal. — Innombrables adresses au commandant Marchand. — Une joie. — Préparatifs de réception dans le Delta. — L'arrière-garde de la mission. — Pour garder le drapeau. — Un autre héros. — Odieux guet-apens. — Le retour du lieutenant de Touguedec. — Inquiétudes du commandant.

Le commandant Marchand avait trouvé, à son arrivée à Djibouti, des milliers de lettres et de télégrammes à son adresse, venant de tous les points de la France.

Un grand nombre venaient aussi de l'étranger, notamment de Russie où il ne comptait que des admirateurs.

Toute cette correspondance fut transportée dans l'une des cabines qui lui étaient réservée à bord le *D'Assas*, et qui devait lui servir de cabinet de travail.

Pour la dépouiller et la classer, il ne fallut pas moins aux sergents Dat et Venail, aidés de l'interprète Landeroin, que toute la durée du voyage de Djibouti à Port-Saïd.

Là, une correspondance plus volumineuse encore attendait le chef de la mission Congo-Nil, éloquent témoignage des sentiments que son héroïsme avait éveillés dans le cœur de ses compatriotes.

Mais n'anticipons pas.

La veille du départ de Djibouti, un télégramme vint jeter la joie dans l'âme du commandant et de tous ses subordonnés.

Cette dépêche, qui émanait du ministre des Colonies, annonçait que les récompenses demandées par le commandant pour ceux de ses collaborateurs qui avaient été oubliés étaient accordées par le gouvernement.

Elle était ainsi conçue :

Par décret du 18 mai, le lieutenant d'infanterie de marine Fouques est nommé chevalier de la Légion d'honneur. (Services exceptionnels dans l'Oubanghi. Mission Marchand.)

La médaille militaire est conférée :

Aux sergents sénégalais Alisamba; Mamady-Dialo; Talibensili; au caporal tirailleur sénégalais Bandiougou Kouté. (Services exceptionnels dans l'Oubanghi. Mission Marchand.)

C'était la reproduction du décret paru le matin même au *Journal officiel*.

Ce fut avec des larmes difficilement contenues que le jeune lieutenant Fouques et les trois braves Sénégalais reçurent, des mains de leur chef, le bout de ruban magique, emblème de l'honneur et de la vaillance.

Quelle fortune eût pu les combler davantage?

***

Pendant ce temps de fébriles préparatifs étaient faits à Suez, à Ismaïlia, à Port-Saïd, à Alexandrie, au Caire même, dans toutes les villes d'Égypte où l'on espérait que le chef de la mission Congo-Nil pourrait s'arrêter, ne fût-ce que quelques heures.

On sait que ces espoirs furent trompés.

Le commandant ne mit pied à terre nulle part; le capitaine Ridoux avait ordre de ne le laisser débarquer qu'à Toulon.

Toujours est-il que les résidents français des dites villes ne perdaient pas leur temps.

Voici ce que les journaux de l'époque publiaient à ce propos :

« La colonie française de Port-Saïd s'apprête, elle aussi, à fêter à son passage la poignée de braves qui vient d'affirmer si hautement, à travers le continent africain, le prestige de la mère patrie.

« Une souscription a été ouverte dans laquelle ont tenu à s'inscrire tous nos compatriotes de là-bas.

« Une délégation portera à la mission les félicitations et les vœux des Français de Pord-Saïd et offrira au commandant Marchand un splendide guéridon de style arabe du prix de 1,500 francs. »

Le 13 mai, un de nos amis, établi dans cette même ville de Port-Saïd, complétait en ces termes l'information qui précède :

« Le commandant Marchand s'arrêtera peu, dit-on, à Port-Saïd et n'aura pas le temps de débarquer, des ordres ayant été donnés au commandant du *D'Assas*, afin d'activer son retour en France.

« M. Cogordan, ministre de France au Caire, viendra à Port-Saïd pour saluer le commandant à son passage.

« Le Cercle français a exposé, dans un de ses salons, l'objet d'art qui sera offert au commandant au nom de la colonie de Port-Saïd.

« C'est une superbe *taoula-lel-chamaadâne* (guéridon), travaillée à jour, de style purement égyptien, un vrai chef-d'œuvre de goût et surtout de patience, exécuté au burin, avec de nombreuses inscriptions arabes en relief sur les cinq côtés.

« L'ensemble est sobre, mais le détail, dont le dessin est varié sur chaque face, est d'un fini irréprochable et d'une grande originalité.

« C'est M. Cogordan, ministre de France au Caire, qui s'est chargé de faire cette acquisition.

« La colonie française d'Ismaïlia offrira au commandant un coffret égyptien de style pharaonique en bronze argenté avec ornements émaillés en relief.

« A l'intérieur du coffret, une plaque d'argent, formant cartouche, porte l'inscription suivante :

AU COMMANDANT MARCHAND

Chef de la mission Congo-Nil.

La colonie française d'Ismaïlia.

*
* *

A Ismaïlia, l'enthousiasme n'était pas moindre.

Qu'on en juge :

« Deux mots seulement pour vous dire que les employés français du canal de Suez (*ville d'Ismaïlia*) se sont réunis hier dans les bureaux de M. Reynaud, ex-lieutenant de vaisseau, agent principal du Transit, à l'effet de se cotiser pour offrir à notre brave Marchand un souvenir, lors de son passage dans l'Isthme.

« A l'unanimité (*plus une voix*), — c'est vous dire si nous sommes patriotes ! — on a décidé de lui offrir un objet d'art, comme témoignage de notre vive sympathie pour lui et la mission.

« Cet objet est choisi : c'est un sarcophage égyptien, servant de coffret ; il est en argent ciselé, repose sur quatre sphinx formant piédestal. Il mesure environ $0,35 \times 0,20 \times 0,15$.

« Toutes les villes du Canal nous imitent, Le Caire aussi, et notre brave commandant emportera sûrement un beau souvenir du Canal, étant donné surtout que ce seront les premières manifestations, bien faibles cependant, car nous ne sommes malheureusement pas dans un pays ou l'élément français domine.

« Grand Dieu! les Juifs se verront encore une fois obligés d'allonger leur grand nez de perroquet.

« D'après certains bruits, le *D'Assas* transiterait le Canal vers le 25 courant, mais je vous donne cette date sous toutes réserves; nous n'avons rien d'officiel. »

D'Alexandrie nous parvenait en même temps cette nouvelle :

« MM. Padoa et Escoffier, délégués par la colonie française d'Alexandrie, ont adressé à l'héroïque commandant Marchand une invitation à s'arrêter à Alexandrie.

« De grands préparatifs ont été faits dans cette ville pour célébrer l'épopée du vaillant explorateur. »

Bref, l'enthousiasme était général, et c'est pitié vraiment que le héros de Fachoda n'ait pas été autorisé à serrer toutes les mains amies, fraternelles, qui se tendaient ainsi vers lui.

*
* *

A Djibouti, Marchand et ses lieutenants furent informés de tous ces préparatifs faits en leur honneur, ainsi que de la réception triomphale qui les attendait en France.

Mais ni les récompenses officielles ni les acclamations de la foule ne pouvaient vaincre leur mélancolie ni leur faire oublier l'humiliation de la Patrie.

Ces hommes de devoir et d'abnégation eussent si volontiers fait le sacrifice de leur existence et de leur nom, pour que le pays ne fût pas frustré du fruit de leur conquête!

Une autre préoccupation assiégeait constamment l'esprit du commandant.

Qu'allaient devenir les quelques soldats qui avaient, pour garder le drapeau, remplacé ses tirailleurs dans les différents postes du Bahr-el-Ghazal?

Pourraient-ils tenir là jusqu'à ce que leur parvînt l'ordre d'évacuation définitive?

Par quelle voie rentreraient-ils en France?

Ne seraient-ils pas obligés, — suprême humiliation! — de recourir, pour leur rapatriement, à l'assistance britannique?

Autant de questions que se posait anxieusement le chef de la mission Congo-Nil.

Il avait exprimé le désir de rester jusqu'au dernier moment avec eux ; mais les ordres du gouvernement étaient formels : il avait dû les abandonner à leur sort, sous la haute direction, il est vrai, du gouverneur du haut Oubanghi.

Ces troupes appartenaient, d'ailleurs, au contingent de M. Liotard.

Commandées par le capitaine Roulet et le lieutenant de Tonguedec, elles avaient d'abord servi à ravitailler la colonne Marchand.

Aujourd'hui elles avaient pris la place de cette dernière dans le Bahr-el-Ghazal et étendu l'occupation de cette région.

Elles constituaient donc, en quelque sorte, l'arrière-garde de la mission Congo-Nil.

*
* *

Ce n'est pas sans raison, on va le voir, que le commandant Marchand se tourmentait au sujet de ces braves auxiliaires de la dernière heure.

Quand la mission Roulet-Tonguedec fut arrivée dans le Bahr-el-Ghazal, le lieutenant alla prendre le commandement de Fort-Desaix.

Sur ces entrefaites, Marchand, attaqué par les derviches à Fachoda, lui envoya l'ordre d'occuper Benga, sur les rives du Bahr-el-Djebel.

Là, le vaillant officier tomba dans un guet-apens dressé par les noirs et fut blessé avec plusieurs hommes de son escorte.

Plus tard, il fut chargé d'occuper Hassam, Roumbek, M'Bia, Aboukouka, c'est-à-dire toute la région de Gamba-Chambé, située sur le Nil par environ 7 degrés de latitude.

Mais après le départ de Marchand pour Djibouti et du capitaine Roulet pour Brazzaville, il resta isolé sur les rives du fleuve et réduit à ses seules ressources jusqu'au moment où il dut, à son tour, évacuer son poste et rentrer en France par la voie du Nil.

*
* *

Voici, d'ailleurs, un saisissant compte rendu de l'œuvre accomplie par l'intrépide arrière-garde de la mission.

Il a été écrit à Gaba-Chambé, le 1ᵉʳ juillet 1899, par le lieutenant de Tonguedec lui-même :

« Gaba-Chambé, le 1ᵉʳ juillet 1899.

« Lieutenant d'infanterie de marine, en service aux tirailleurs sénégalais dans le haut Oubanghi, j'appartiens à la 11ᵉ compagnie de ce régiment, tout entière dans le Bahr-el-Ghazal.

« J'ai l'honneur, en ce moment, de tenir le drapeau français sur le bord même du Nil-Blanc, à Gaba-Chambé et Aboukouka.

« En arrivant dans le Bahr-el-Ghazal, j'ai été envoyé prendre le commandement de Fort-Desaix.

« De là, j'ai été à Hassam, Roumbek, M'Bia, et Gaba-Chambé.

« Je ne parlerai pas des Zandès qui dépendent de Tamboura, ni de Fort-Desaix et de ses environs ; le sujet a dû être traité dans tous ses détails par la mission Marchand.

« Le pays sur lequel je veux donner quelques renseignements est compris entre le Soueh et le Nil.

* * *

« Dans le courant de décembre, le capitaine Roulé recevait l'ordre du commissaire du commissaire du gouvernement d'occuper M'Bia et Roumbek jusqu'à Ayak.

« Partant aussitôt l'ordre reçu, le capitaine arrachait au commissaire du gouvernement, qui à ce moment se trouvait à Fort-Hossinger avec lui, l'autorisation de pousser une reconnaissance vers l'est, dans le but de savoir si les Anglais étaient sur le Nil.

« De Fort-Hossinger à M'Bia, le capitaine suivit la route déjà prise par le capitaine Marchand.

« M'Bia n'est pas une conquête.

« La tombe respectée et très bien entretenue de notre pauvre camarade Gouly prouve assez que notre influence existait avant l'arrivée du capitaine.

« Après avoir organisé les alentours de M'Bia et m'avoir envoyé l'ordre d'aller former un poste à Roumbek, le capitaine part pour Ayak (ou Ajak), point extrême de la reconnaissance Marchand vers l'est.

« On est alors chez les Dinkas ou Djingués.

« Ayak, sur le Nam-Rohl, demande relativement peu d'efforts pour l'installation des postes.

« Les habitants ont déjà entendu parler de nous, savent que nous leur payons ce que nous prenons, et que nous ne combattons jamais que pour nous défendre.

La vallée des Singes, dans le Harrar.

« A. Dieng, chef d'Ayak, passe avec le capitaine un traité mettant son pays entre les mains de la France.

« La contrée organisée, le capitaine part pour sa reconnaissance vers l'est.

« En route, il apprend que « des blancs » sont sur le grand fleuve, puis on lui dit qu'ils sont partis, puis qu'ils y sont encore.

« Tous les jours cela change.

« Pendant que la reconnaissance vers le Nil est en route, je pars de Fort-Desaix avec 25 tirailleurs et 50 porteurs.

« Je me dirige sur Djom-Ghattas, où j'ai un poste de 15 tirailleurs commandés par un sergent.

« Le poste est situé sur le bord du Djom ou Tondj où il reste peu d'eau, pas assez pour rendre cette rivière navigable.

« De Djom-Ghattas la marche est reprise sur Roumbek par Hassam.

« La route est très dure, faute d'eau.

« Quand je dis « la route » c'est une façon de parler, car elle n'existe pas : nous marchons à la boussole vers l'endroit où je suppose que se trouve Hassam.

« A Hassam, où nous arrivons trois jours après avoir quitté Djom-Ghattas, je suis reçu en libérateur par les Gocko (tribu Djingué).

« Constamment razziés par les Niams-Niams de Tamboura, les Gocko voient avec plaisir notre arrivée chez nous.

« Pour bien faire voir aux Agars (habitants de Roumbek, tribu Djingué) que nous venons avec des idées de paix ; craignant aussi d'engager mon convoi sur une route qui m'est signalée sans eau, je pars avec peu de tirailleurs pour Roumbeck.

« J'ai avec moi treize femmes agares que Tamboura retenait captives, et dont nous avons pu obtenir la délivrance.

« Je fais marcher ces femmes avec moi pour les rendre à leurs familles.

« A Roumbek, où j'arrive trois jours après mon départ d'Hassam, je suis d'abord bien reçu ; on est content de revoir les femmes que je viens rendre.

« Un grand palabre commence ; les principaux chefs sont là, entourés de tous leurs gens (cinq à six cents).

« Tout se passe bien, quand, tout à coup, nous recevons par derrière une pluie de sagaies !

« Sauter sur les fusils et mettre nos agresseurs à distance est l'affaire d'un moment.

« Nous sommes quatre blessés.

« Je reprends aussitôt la route d'Hassam pour rejoindre le reste de ma troupe, que j'ai laissée au commandement d'un sergent, et qui doit être à un jour de moi...

* *

« Le sergent me remet une lettre du capitaine, qui est rentré à M'Bia, m'annonçant que le drapeau français flotte à Gaba-Chambé, annulant les ordres qu'il m'a donnés pour faire un poste à Roumbek et me disant de venir le retrouver.

« Je me rends à M'Bia en passant par Hassam.

« De M'Bia, où nous restons quelques jours, nous marchons sur Roumbek, où je quitte le capitaine pour aller prendre le commandement de Gaba-Chambé et du cercle du Rohl.

« Le capitaine retourne à Fort-Desaix.

« L'histoire avec les Agars est terminée, et maintenant la paix est faite entre nous.

« Je retrouve à Gaba-Chambé le sergent Salpin que le capitaine y avait laissé pour commencer le poste.

« En résumé, depuis six mois, la 11e compagnie a occupé deux points sur le Nil, Gaba-Chambé et Abou-Koka, créé quatre postes, organisé le Bahr-el-Ghazal, où les courriers isolés passent facilement.

« Les chefs des villages voisins des postes et ceux en dehors des routes suivies sont presque tous venus nous trouver pour nous dire qu'ils étaient contents de nous voir établis dans le pays et nous demander d'aller chez eux.

« Le pays des Dinkas, qui va de Dem-Ziber au Nil, forme un grand triangle qui est limité :

« Au nord, par le Bahr-el-Homr et une ligne passant un peu au sud de Meschra-er-Reck, au confluent du Goulmar et du Nam-Rohl et venant finir au Nil, à une journée au nord de Gamba-Chambé ;

« A l'est, par le Nil-Blanc presque jusqu'à Bor ;

« Au sud-ouest, par une ligne partant du Nil, à trois jours environ au nord de Bor, coupant le Nam Rohl à deux jours au sud d'Ayak, le Nam-Djaou à un jour au sud d'Hassam, le Tondj à un jour au sud de Djom-Ghattad, passant au confluent de la Waou avec le Soueh d'où elle rejoint le Bahr-el-Homr.

« Au nord, ce triangle touche au pays occupé par les derviches, qui sont sur la rive gauche du Bahr-el-Homr, et aux Nouers, qui vont de Meschra-er-Rek à Gaba-Chambé ; sur la rive droite du Nil, les Chilouks ; au sud-ouest, les Zandès.

« Entre les Zandès et les Djingués se trouve une longue bande de terrain parallèle à la frontière sans habitants ; c'est pour ainsi dire un désert que l'on met trois à cinq jours à traverser.

« Sans habitants et sans eau, cet espace de terrain est la défense naturelle protégeant les Dinkas contre les Zandès.

« De chaque côté de ce désert, sans ordre, étendus sur toute la ligne, avec les villages intercalés, des Golos, N'Doggos, Baris, Bellandas, Kreichs, Diomo, Bongor, petits peuples esclaves des Djingués au nord et des Zandès au sud.

« Placés de cette façon, ces petits peuples reçoivent tous les chocs.

***

« Les Dinkas sont physiquement assez bien constitués, quoique ayant les membres trop longs pour leur corps.

« Cette disproportion entre les membres et le tronc les a fait assez justement comparer à des échassiers.

« Leur profil est plus fin que chez les autres peuples que j'ai vus en venant de l'Océan ici.

« Le nez est souvent droit et leurs lèvres moins épaisses ; ils ont les cheveux crépus et souvent teints en rouge au moyen d'un enduit de terre et d'urine de vache.

« Leur seul vêtement consiste en bracelets de cuivre ou de fer armés de pointes et d'un bracelet d'ivoire porté aux biceps.

« Ayant toujours à la main leur massue et leurs sagaies, ils ont, en groupe, un air farouche.

« L'agression de Roumbek m'a fait voir qu'ils étaient lâches.

« Depuis notre arrivée chez eux, ils sont très friands de vêtements, mais ils ne savent ni tisser ni confectionner avec la toile que nous leur donnons.

« Les Djingués ne veulent pas « porter ».

« Dans nos marches chez eux, nous n'avons jamais pu en décider un à accepter une charge, même en offrant de très fortes récompenses.

« Un jour, je tue une antilope ; les Djingués qui marchent auprès de moi vont regarder l'antilope et reviennent.

« Quand je leur demande pourquoi ils ne l'ont pas rapportée, ils me répondent :

« — C'est trop lourd ! »

« Ils étaient dix, et l'antilope était lourde comme deux moutons.

« Les femmes djingués sont, à vrai dire, des bêtes de somme ; ce sont elles qui font tout, qui cultivent la terre, bâtissent les huttes et s'occupent du ménage.

« Pendant qu'elles travaillent, les hommes se réunissent sous un arbre, causent entre eux et fument, ayant toujours un œil fixé sur le troupeau que garde un enfant, non loin d'eux.

« Les Dinkas croient à la métempsycose.

« Tout ce qui leur vient de malheureux est l'œuvre d'un sorcier.

« Un bœuf meurt-il? C'est le dernier individu ayant traversé le village qui en est la cause, et on le recherche pour lui faire payer le mauvais sort qu'il a lancé sur le troupeau.

« Le blanc, pour eux, est capable de tout : c'est à lui que l'on vient demander de la pluie, la fin d'une maladie, la naissance d'un garçon, etc.

« Les Dinkas n'ont pas de sultan, à proprement parler.

« Chez eux, personne ne commande.

« Quand un fait d'intérêt général oblige les Dinkas à prendre une décision, à donner une réponse, le plus riche du village est délégué par ses voisins.

« C'est ce notable que nous désignons, nous, sous le nom de chef.

« Les Dinkas du nord de Fort-Desaix ont seuls quelques fusils venant de la rive gauche du Bahr-el-Homr.

« Les plus grands chefs sont Hames, Kanghi, Akekkek Methoual.

*
* *

« Le mil, le maïs et la pistache sont les seules cultures du pays ; les Djingués ont beaucoup de moutons et de chèvres, mais peu de bœufs.

« Dans certains villages, il n'y a pas de poulets.

« Les bœufs, toujours aux pâturages, ne font aucun travail.

« Les chiens sont quelquefois très bien dressés pour garder les troupeaux.

« L'éléphant, la girafe, l'hippopotame, la hyène, le lion sont les animaux les plus répandus.

« L'autruche existe en petite quantité.

« Étant donnée la presque horizontalité du sol dans le Bahr-el-

Ghazal et même dans tout l'Oubanghi, depuis Bangassou une route serait peu coûteuse à faire ; il suffirait de couper quelques branches à droite et à gauche, d'enlever l'herbe, et les voitures, les automobiles même pourraient passer ; il suffirait de construire quelques ponts, et on aurait un vrai débouché sur le Nil, je pourrais dire le seul, car aucune des autres rivières du Bahr-el-Ghazal n'est navigable.

« Ce débouché demanderait peu de fonds, car on pourrait suivre une ligne droite de Bangassou à Gaba-Chambé sans rencontrer une élévation de terrain importante.

« Qu'en France, on se décide à faire quelque chose.

« Le pays est sain et très fertile ; l'ivoire abonde.

« Surtout que l'on ne lâche pas ce pays...

« Nous ne sommes pas assez nombreux ici : 3 compagnies seulement (500 hommes), de Bargassou au Nil, soit 1,500 kilomètres en ligne droite, sans compter Dem-Ziber.

« Pour le Bahr-el-Gazal, une seule compagnie (200 hommes avec 3 officiers et 5 sous-officiers) !

« Avec cela on occupe 12 postes compris dans ce vaste triangle qui aurait pour sommets Tamboura, Meschra-el-Rek, Gaba-Chambé (300 kilomètres de côté).

« C'est grâce à ce peu de monde que nous ne sommes pas à Bouffi et à Bor.

« Quant au ravitaillement, à part un reste de sel, sucre et café, laissé à Fort-Desaix par la mission Marchand, il n'y a rien dans le Bahr-el-Ghazal ; quelques verroteries seulement et peu d'étoffes.

« Nous vivons d'espérances et d'économies, faisant argent de tout.

« Les étuis de cartouches passent heureusement sur le Nil comme monnaie.

« Avec cela on peut se procurer de la farine de graine de nénuphar et quelquefois un peu de mil.

« La chasse fournit la viande, et la pêche donne un peu de poissons.

« Mon sergent, avant mon arrivée, a été obligé de vendre de la viande des hippopotames qu'il tuait, pour avoir de la farine de nénuphar, afin de faire vivre ses hommes.

« Je ne parlerai pas des vivres des Européens : ils se contentent de la satisfaction du devoir accompli, assaisonnée de la gloire de tenir le drapeau français sur le Nil !...

« Pas de pain, pas de vin, rien !

« Quant aux vêtements, aux chaussures, tout cela n'est plus qu'un souvenir.

« Ces pauvres tirailleurs sénégalais, à l'air si martial avec leur jolie tenue bleue et leur chéchia rouge, ils sont en loques, n'ayant plus rien à se mettre sur le dos !

« Avec cela il leur faut travailler, faire des postes, construire des maisons, et pas d'outils...

« A. DE TONGUEDEC. »

* *

Par ce sobre et modeste compte rendu, on peu juger des souffrances qu'eut à endurer cette autre poignée de braves et de l'héroïsme qu'il lui fallut déployer.

Ce n'est que trois mois après l'envoi de ce rapport, de style tout militaire, que le lieutenant de Tonguedec reçut l'ordre d'évacuer les postes qu'il avait occupés ou créés.

Il crut jusqu'au dernier moment que son œuvre serait durable.

Il pensait que les traités signés par son chef et par lui avec les chefs indigènes constituait pour la France un droit incontesté.

Et, fort de ce droit, il restait, confiant et résolu, l'arme au pied, à côté du drapeau.

Hélas !... Il lui fallut l'amener à son tour !

* *

Mais si les événements ont déjoué ses prévisions et stérilisé ses efforts, ce n'est pas une raison pour qu'on lui marchande les éloges et les honneurs.

Le lieutenant de Tonguedec et ses hommes ont fait preuve d'une endurance et d'un courage qui ne le cèdent en rien à ceux de leurs camarades de la mission Congo-Nil.

Ce sont, comme eux, de vrais héros dont la Patrie doit se montrer fière et auxquelles elle ne doit point ménager les témoignages de sa reconnaissance.

Un dernier mot.

On a prétendu que le lieutenant de Tonguedec avait été rapatrié grâce à l'aide matérielle et morale d'officiers britanniques.

C'est inexact.

L'arrière-garde de l'expédition Congo-Nil est rentrée en France avec ses seules ressources, payant même son voyage en pays égyp-

Caravane apportant à la Mecque les présents des musulmans d'Égypte.

tien avec l'ivoire des éléphants et des hippopotames tués en route.

La mission Marchand ne doit rien aux Anglais!

CXLII

DANS LA MER ROUGE

Bruit d'assassinat. — Angoisse nationale. — Le départ du « D'Assas ». — Merveilleux phénomène. — Nuit d'Orient. — De Paris à la mer Rouge. — Un foyer d'épidémies. — Effroyable charnier. — Le tombeau d'Eve. — De Suez à Port Saïd. — Quarantaine volontaire. — Accueil enthousiaste. — Le cap sur la France.

M. A. Milne-Edwards, président de la Société de géographie de Paris.

Tandis que la mission Congo-Nil est encore à Djibouti, signalons un bruit sinistre qui se répandit en France à peu près à l'époque où le commandant et ses compagnons traversaient le désert de Saarman.

A ce moment, un journal de Paris publia l'information suivante :

> Dans la soirée on nous apporta la nouvelle que le commandant Marchand aurait été assassiné au moment d'arriver à Djibouti, qu'il devait atteindre demain.
> Bien que la source de cette information soit sérieuse, nous avons tenu à contrôler l'authenticité d'un renseignement aussi grave.
> A la présidence du Conseil, au ministère des Affaires étrangères et à celui des Colonies, où nous nous sommes successivement rendu, nous avons trouvé visage de bois.
> Dans ces conditions, nous devons nous borner à enregistrer ce bruit, sous les plus expresses réserves, et en faisant les vœux les plus vifs pour que rien ne vienne le confirmer.

Le même jour, un autre journal publiait les lignes que voici :

> D'après une dépêche de Djibouti, un journal du matin annonce que le commandant Marchand aurait été assassiné dans cette colonie.
> Aucune nouvelle concernant cet événement n'est parvenue au ministère des Colonies.

Comme bien on pense, l'alarme fut grande en France et, il n'est pas excessif de l'affirmer, dans tout le monde civilisé.

Les plus graves suppositions furent mises en circulation.

Pour les uns, l'Angleterre n'était certainement pas étrangère à cet abominable crime.

Pour les autres, le gouvernement français était bien capable, sinon de l'avoir perpétré, du moins de n'avoir rien fait pour l'empêcher.

En tout cas, cet affreux événement débarrassait notre ministère d'un homme dont la popularité l'effrayait.

C'en était assez pour que le soupçon public se portât immédiatement sur nos hommes d'Etat.

Le lendemain du jour où fut lancée cette nouvelle, l'angoisse générale redoubla.

La presse ne publiait, en effet, en dehors des commentaires passionnés, que cette note laconique :

> Le ministre des Colonies est toujours sans nouvelles de la mission Marchand.
> Le télégramme de Djibouti, que l'on attendait pour la première heure hier matin, n'était pas encore parvenu au ministère dans la soirée.

Ce n'est que le surlendemain que l'opinion fut rassurée sur le sort de celui auquel la France entière s'apprêtait à décerner les honneurs du triomphe.

Un communiqué officiel faisait savoir qu'une dépêche du gouverneur de Djibouti au ministre des Colonies affirmait qu'il n'y avait « rien de fondé dans les bruits alarmistes répandus au sujet de la mission Marchand ».

Cette fois, on respira, et on se prépara avec une ardeur nouvelle à bien fêter le héros dont on avait un instant redouté la perte.

*
* *

Le *D'Assas* leva l'ancre le 19 mai, à neuf heures du matin.

Toute la population de Djibouti, la garnison française et les chefs des tribus environnantes étaient sur le port.

Le gouverneur, M. Martineau, et le président du Cercle français de la colonie accompagnèrent à bord le commandant et ses officiers.

Les adieux furent émouvants.

En réponse aux bonnes paroles du gouverneur, Marchand salua une dernière fois Djibouti comme l'espérance de la pénétration française dans l'Ouest-Africain :

— Djibouti, — déclara-t-il aux applaudissements de tous, — réalisera l'espérance première fondée sur la mission Congo-Nil !

Quelques instants plus tard, le sifflet de la machine déchirait l'air, et le croiseur se mettait majestueusement en route au milieu d'enthousiastes acclamations où dominaient les cris mille fois répétés de :

— Vive Marchand !... Vive la mission !... Vive la France !

Le *D'Assas* rapatriait en tout 166 hommes, se répartissant ainsi : 8 officiers, 7 sous-officiers, 150 tirailleurs et 1 interprète.

L'élite de l'armée française !

*
* *

Successivement, le *D'Assas* passe en vue d'Obock, de Baheïta, de Périm.

Le détroit de Bab-el-Mandeb est franchi.

On vogue maintenant sur la mer Rouge.

Mais qu'est ceci ?

Le croiseur glisse tranquillement sur des flots bleus et tranquilles, lorsque, tout à coup, sans transition, sans cause extérieure apparente, la couleur de l'eau se modifie, l'azur disparaît, et, aussi loin que le regard peut s'étendre, apparaît une surface rouge, clapotante, comme des vagues de sang, d'un sang clair et léger, avec des reflets métalliques qui frémissent aux rayons du soleil.

Par quelle combinaison instantanée d'effets de lumière, mariés peut-être à des milliards d'animalcules surgis soudainement de la profondeur des flots, ce prodige s'est-il opéré?

Voilà ce que nul ne peut dire, ce que personne n'est capable d'expliquer.

Pendant une demi-heure, trois quarts d'heure, le *D'Assas* poursuit sa course sur cette mer incandescente.

Puis brusquement les feux s'éteignent, la teinte rouge s'efface, et l'on se retrouve sur les mêmes ondes bleues que tout à l'heure.

Et quelques instants après, voilà la transformation qui se répète; voilà, de nouveau, les flots rouges, la mer en ignition.

Mais cette fois la durée du phénomène est moins longue... Cinq minutes au plus.

Nos compatriotes contemplaient, stupéfaits, ce singulier phénomène auquel, sans doute, dans l'antiquité, la mer Rouge dut son nom.

Quant au capitaine Ridoux, qui avait parcouru plusieurs fois cette dernière, il déclarait que c'était la première qu'il était témoin de ce spectacle.

Quelle splendeur! Quel enivrement!

Le ciel toujours bleu, même au milieu des ténèbres; ces millions d'étoiles jetant leurs reflets d'or sur le miroir assombri des flots!

Cette tiède atmosphère tout embaumée de je ne sais quels vagues parfums innomés dont la volupté vous pénètre!

Oh! les nuits de l'Orient! Comment les oublier, après les avoir savourées une fois?

*
* *

Le lendemain, 20 mai, le croiseur dépassa, sans s'y arrêter, Massaouah, puis Souakim.

La journée se passa sans incidents, et, avant la nuit, on relâcha pendant trois heures à Djiddah; le Paris de la mer Rouge!

Djeddah est, en effet, une grande ville, d'un aspect séduisant, lorsqu'on y met le pied.

Découpés dans ce style si gracieux et si léger de l'architecture

On leur montra les marches de l'escalier sur lequel avait été traîné le corps...

arabe, les toits en festons de toutes les maisons uniformément blanches se profilant sur le bleu du ciel, lui donnent l'apparence d'une masse élégante de kiosques d'un autre âge, groupés par la fantaisie somptueuse de quelque royal caprice.

Mais tenez-vous-en à cette admiration extérieure.

Gardez-vous d'y pénétrer.

Dans ces corridors obscurs, sous ces escaliers tortueux et gluants, semblent s'être donné rendez-vous, non pas tous les parfums de l'Arabie, comme on serait en droit de s'y attendre, mais les émanations fétides de toutes les sentines de l'univers.

Et dans ce poétique Orient, où la vie paraît si douce à s'écouler dehors, il en est à peu près de même pour tous les abris dus à l'industrie humaine...

Djeddah, qui est aussi, en quelque sorte, le port de la Mecque, la ville sainte des Musulmans, se présentait à nos officiers avec le souvenir du massacre de notre consul et du consul anglais, quelques années auparavant.

On se rappelle ce tragique épisode.

Des bandes fanatiques, surexcitées par la folie religieuse, avaient, un jour, tout à coup envahi la demeure de M. Eveillard et de son collègue, et les avaient égorgés ainsi que la femme du premier, pendant que sa fille et son chancelier, échappés par miracle, trouvaient un refuge dans une maison voisine.

Bien entendu, Marchand et ses camarades allèrent faire un pèlerinage aux lieux témoins de ce meurtre.

Rien qui en conservât particulièrement la trace...

La maison avait cessé d'être le consulat français. On leur montra les marches de l'escalier sur lesquelles avait été traîné le corps de Mme Eveillard, et la porte à l'entrée de laquelle Mlle Eveillard se défendit si vaillamment contre le couteau des assassins.

Nos compatriotes virent aussi la place où deux des meurtriers expièrent leur crime.

Ils se firent montrer aussi la mosquée qui avait servi de centre aux conspirateurs.

Cette mosquée est l'un des lieux fameux et respectés de la terre de l'Islam.

Les derviches hurleurs y tiennent leurs séances, et, chaque soir, au coucher du soleil, aux environs, on est assourdi des hurlements qu'ils poussent en l'honneur de la divinité.

Réunis en cercle, ces malheureux, debout, commencent par murmurer doucement le nom d'Allah, en se balançant en cadence, de l'avant à l'arrière, sur un rythme monotone et lent.

Puis, peu à peu, le mouvement s'accélère et le mot d'Allah se reproduit plus précipité sur leurs lèvres.

Les bras pendants s'agitent comme autant de doubles balanciers qui marquent la mesure.

La rapidité des oscillations augmente encore ; elle augmente toujours.

Les syllabes d'Allah s'effacent dans une sorte de râle confus et saccadé.

Les turbans se détachent... Les cheveux, qu'ils portent longs comme les femmes, se déroulent.

Tout l'être en extase frémit.

L'œil est hagard, la respiration haletante... La sueur ruisselle sur les fronts.

Le mouvement, toujours régulier et en mesure, devient vertigineux.

La bouche, grande ouverte, ne laisse plus passer que des cris rauques où aucun son ne distingue.

C'est du délire, de la furie !... C'est horrible, hideux !

Et dans ces moments-là, qu'un de ces fous crie : « Mort aux chrétiens ! » et tous les autres suivront, se précipiteront, pour offrir à leur foi autant de victimes qu'il s'en présentera sous leurs coups.

*
* *

Le fanatisme ici, était, il y a quelques années, redoutable.

Seulement, il a dû céder devant certaines considérations d'un autre ordre qu'appuyaient de solides bâtiments de guerre, bien pourvus de canons.

La France et l'Angleterre y établirent des consulats.

Dispositions nécessaires, en raison des musulmans de l'Inde et de l'Algérie qui prennent part au pèlerinage de la Mecque.

Ces fonctions, aujourd'hui, sont remplies par des médecins sanitaires, et leur principale mission consiste à préserver l'Europe de la peste et du choléra, dont cette immense agglomération de gens de toute origine, soumis à toutes les influences morbides, rend le danger permanent pour les lieux qu'ils traversent au retour.

*
* *

Le péril est tel que cette année même, en 1900, le gouverneur de l'Algérie a dû interdire à ses administrés le pèlerinage de la Mecque.

C'est à son très grand regret que M. Laferrière a dû prendre cette décision.

Elle lui a été inspirée par le désir de sauvegarder l'état sanitaire de notre colonie et celui des pèlerins eux-mêmes.

Le choléra sévit actuellement en Arabie et l'intensité du fléau est telle que l'iman de Mascate s'est vu obligé d'établir un lazaret pour les caravanes venant de l'intérieur de la presqu'île.

Et ce n'est point l'unique fléau dont la contagion menacerait nos musulmans algériens : ils risqueraient encore de rapporter chez eux les germes de la peste.

Les pèlerins de l'Inde anglaise, où cette épidémie est en ce moment dans toute sa force, sont admis, en effet, par suite de l'indifférence du gouvernement britannique, à pénétrer dans la presqu'île arabique sans avoir subi aucune quarantaine.

On conçoit, par cet exposé, que M. Laferrière n'ait pu se rendre au désir de la population musulmane de l'Algérie.

La Mecque a toujours été le grand foyer des épidémies qui se sont répandues sur l'Europe.

Les conditions antihygiéniques dans lesquelles s'accomplit le pèlerinage expliquent cet état de choses; les pèlerins sont sans argent ou presque ; il leur faut traverser des déserts sans eau ou dont les sources croupies sont de vrais réservoirs à microbes.

Et cela n'est rien encore : c'est l'encombrement des pèlerins sur les navires transbordeurs et dans les « écheches » égyptiennes; c'est la saleté dans laquelle ils vivent pendant tout le voyage, c'est l'abominable putréfaction que dégagent, aux approches de la ville sainte, les cadavres d'ânes, de juments et de chameaux jonchant la route; c'est surtout la promiscuité dangereuse créée par cette agglomération d'hommes accourus de tous les points du monde, qui constitue un danger permanent, fatal, inévitable.

A la Mecque même, il n'y a qu'un puits qui fournisse une eau à peu près potable.

Mais comment ce puits suffirait-il aux besoins de tous les pèlerins ?

« Il existe bien, — dit M. Adolphe d'Avril, — un aqueduc construit par Zabeïde, femme du calife Haroun-al-Raschid.

« Mais cet aqueduc n'a pas été nettoyé depuis cinquante ans et ne fournit qu'une quantité insuffisante de liquide.

« Aussi voit-on les pauvres pèlerins demander dans les rues un verre d'eau au nom d'Allah et entourer les boutiques où il s'en débite avec toute l'avidité du besoin, de ce besoin qui est une torture dont on ne saurait se faire une idée sous le climat tempéré de la France. »

Autre cause de pestilence : dans la vallée de Muna, un *hadji* est tenu d'immoler une bête vivante.

M. le Myre de Vilers.

Or, songez que ces pèlerins sont quelquefois trois cent mille, que les riches hadjis immolent par ostentation jusqu'à mille têtes de bétail.

Une partie de la viande a beau être consommée sur place, le reste n'en fait pas moins un abominable charnier, dont les émanations suffiraient à elles seules pour empoisonner les pèlerins.

⁎

N'y a-t-il donc rien à faire pour ramener les musulmans à une conception plus juste des lois de l'hygiène et pour les y contraindre au besoin?

La conférence de Venise régla bien la question des mesures sanitaires applicables aux navires provenant de l'Extrême-Orient et pénétrant dans la Méditerranée par la mer Rouge et le canal de Suez.

Mais elle ne s'occupa qu'incidemment des pèlerins se rendant à la Mecque et des précautions à prendre contre leur retour.

On a pu voir les effets de cette incurie lors du pèlerinage de 1893 qui, étant particulièrement sacré, avait attiré à la Mecque une foule de pèlerins d'autant plus considérable.

Ils étaient près de 300,000.

Jamais épidémie ne fut plus meurtrière.

— « On a parlé de 40,000 décès, — dit M. Proust. — Des témoins oculaires racontent s'être trouvés en présence de collines de cadavres restant trois ou quatre jours sans sépulture, en juillet, sous le tropique; de fosses de 20 mètres de long sur 15 de large et 5 de profondeur, comblées en une demi-journée.

Une femme de Suez a dit au docteur Legrand « qu'à la Mecque l'horreur était si grande que, passant dans les rues, il fallait regarder en l'air devant soi pour ne pas voir les morts et les mourants entassés de chaque côté. Malheur à qui tombait en route! On le prenait par les pieds pour le traîner au monceau. »

Les indigènes et les soldats de police n'avaient pas le temps, comme les années précédentes, de vendre à la criée les dépouilles des morts et même de ceux qui ne l'étaient pas encore tout à fait.

Les hadjis, effrayés, s'enfuirent dans toutes les directions.

La plupart de ceux qui habitaient l'Afrique essayèrent de gagner Djeddah où ils espéraient trouver des navires pour les transporter dans leurs pays respectifs.

Mais l'encombrement était tel qu'on était obligé de refuser les pèlerins.

Les entreponts regorgeaient de malades et de moribonds.

Le reste achevait de mourir dans les cafés qui servent là-bas de lazarets.

On les rangeait le long des murs, par nationalité, et les drogmans des consulats s'efforçaient de recueillir leur argent, passeports, billets de retour, etc.

Mais, le plus souvent, les cadavres étaient déjà dépouillés avant l'arrivée des drogmans.

Quant aux malades, ils étaient portés dans les salles intérieures et jetés pêle-mêle sur des nattes où on les laissait sans eau, sans nourriture, sans soins d'aucune sorte.

En ces pénibles conjonctures, la conduite de notre consul à Djeddah, M. Guiot, fut vraiment au-dessus de tout éloge.

Bravant les dangers de la contagion, il venait chaque jour visiter le lazaret.

« Un matin, — dit M. Proust, — notre consul, accompagné du docteur Jousseaulme, avait apporté quelques bouteilles de cognac qu'il avait fait boire, coupé d'eau et additionné de laudanum, aux musulmans algériens, puis à tous les malades indistinctement.

« Toutes les mains se tendaient vers eux. Ils réussirent à ranimer ainsi quelques malades et à faire sortir du lazaret des malheureux qui n'avaient aucun des symptômes du choléra et qui, installés au grand air, loin du spectacle de voisins agonisants, se remirent peu à peu et purent, aidés de leurs compagnons, rentrer en ville. »

*
* *

Ceux-là furent sauvés; mais combien demeurèrent en route!

Les navires transbordeurs étaient eux-mêmes de vrais charniers.

Et, à la vérité, il en fut ainsi de tout temps.

Sur le vapeur ottoman *Abd-el-Kader*, 1,370 pèlerins avaient été entassés dans l'entrepont et les cales.

Sur ces 1,370 pèlerins, l'*Abd-el-Kader* en perdit 20 jusqu'à Tor, 167 au lazaret de Tor, 6 entre Suez et Port-Saïd et Beyrouth, 4 au lazaret de Clazomène, près de Smyrne; au total, 334 morts entre Djeddah et Smyrne, soit le quart des passagers.

On peut juger par cet exemple de ce qui se passait sur les autres navires.

Le petit lougre qui ramenait les Bosniaques était déjà réduit, en arrivant à Suez, de 104 passagers à 57.

Et cette mortalité effroyable durera tant que les nations de l'Europe n'auront pas pris des décisions communes pour enrayer la marche des divers fléaux qui ont leur foyer d'origine à la Mecque.

Aux lazarets rudimentaires qui sont établis à Djeddah, à Clazomène, à Djeb-el-Tor, dans l'île de Caraman, etc., il faudrait substituer, par l'entente des principales puissances, des établissements modèles, dirigés par un personnel européen compétent et fréquemment renouvelé.

— La prophylaxie maritime telle qu'elle existe aujourd'hui, — dit M. Proust, — telle qu'elle a existé pendant les derniers pèlerinages dans la mer Rouge, telle qu'elle existe dans le golfe Persique, où les vapeurs venant de Bombay pénètrent jusque dans l'Irak-Arabi, sans être soumis à une surveillance quelconque, nous donne aussi trop peu de sécurité.

Il conviendrait de créer des ressources à l'aide de taxes sur la navigation de la mer Rouge ou le golfe Persique, ou sur le pèlerinage, afin de porter remède à la situation. »

Il paraît enfin que, depuis une quinzaine d'années, les transformations politiques survenues dans l'aire de la mer Rouge ont développé la contrebande entre la côte arabique et la côte africaine.

Grâce aux échanges, aux trafics, à la vente des esclaves, les ports des deux rives de cette mer sont mis en communication journalière.

Cette situation nouvelle favorise les évasions et les débarquements clandestins.

Là aussi, les puissances devraient aviser, exercer une police attentive et ne laisser débarquer aucun navire sans soumettre ses passagers à une quarantaine rigoureuse.

Toutes ces mesures, si elles étaient appliquées, n'enlèveraient peut-être pas au pèlerinage de la Mecque sa terrible nocivité.

Elles empêcheraient du moins les épidémies de s'étendre, de rayonner sur l'Asie-Mineure, l'Afrique et l'Europe. Tant qu'elles ne seront pas prises, il y aura danger de contagion. C'est pour cela que le gouverneur de l'Algérie, faisant violence à ses sentiments de sympathie bien connus pour la population musulmane, vient d'interdire le pèlerinage de la Mecque. Cette interdiction lui a certainement coûté; mais il n'y a personne, même parmi les musulmans, qui ne la trouve équitable, et, dans son for intérieur, ne l'estime justifiée.

*
* *

Nos lecteurs nous pardonneront cette digression en raison du puissant intérêt qu'elle présente.

Aussi bien avons-nous eu à cœur, tout le long de cet ouvrage, de leur faire connaître par le détail tous les lieux visités par la mission Marchand.

Une dernière curiosité sollicitait, à Djeddah, nos compatriotes.

Au nord de la ville, sur le chemin de la Mecque, se trouve une allée d'une soixantaine de mètres, entre deux murs de pisé blanc, comme un long couloir, précédé d'une espèce de loge de portier par où l'on entre, coupé au milieu par une sorte de rond-point, et aboutissant à un sanctuaire où brûle constamment une lampe allumée sur un soi-disant mausolée.

Cela s'appelle le tombeau d'Ève.

Pourquoi?

Nul ne peut répondre.

Les pieds de la mère du genre humain sont à l'entrée, le cœur au milieu, et la tête sous le monument.

On voit que la tradition musulmane n'y va pas de main morte, et qu'elle lui attribue généreusement une taille dont seraient sans doute bien embarrassées ses filles d'aujourd'hui...

Cette dernière visite faite, le commandant et ses camarades regagnèrent le *D'Assas* qui ne tarda pas à reprendre sa course.

Le lendemain soir, 21 mai, il passait la pointe du golfe de Suez.

Et le 22, à huit heures du matin, il mouillait en rade, portant au mât de misaine le pavillon de quarantaine.

.°.

Laissons ici la parole à un témoin du passage du *D'Assas*, M. Paul Lesieur, qui nous envoya, à l'époque, la correspondance que voici :

« C'est le directeur de l'Office sanitaire, M. le docteur Ferrary-bey, qui est monté le premier à bord pour viser la patente devant permettre au *D'Assas* de poursuivre sa route vers le nord.

« Plusieurs cas de peste ayant été enregistrés dernièrement à Alexandrie, le commandant du *D'Assas*, M. le capitaine Ridoux, a exprimé spontanément aux autorités sanitaires le désir de transiter sous surveillance spéciale, afin d'éviter la quarantaine.

« Pendant que l'Office quarantenaire, de concert avec la Compagnie du canal, prenait les mesures d'usage, j'ai pu m'approcher de l'échelle de coupée et causer quelques instants avec le commandant.

« Marchand n'a pas sensiblement changé.

« C'est toujours la même physionomie énergique et martiale qui avait tant frappé nos compatriotes, lors de sa venue, l'année dernière, au Caire.

« Le commandant, en raison de l'extrême chaleur qui règne aujourd'hui — 38 degrés environ, à l'ombre! — est vêtu d'un costume colonial de toile blanche.

« Sur sa poitrine, une modeste rosette.

« Du haut du bastingage, le commandant salue les Français qui l'acclament dans les canots venus de toutes parts.

« Il me reconnaît, car je lui ai été présenté au Caire, quant il y vint, à la rencontre de Baratier.

« Le commandant me crie que ses compagnons et lui sont en excellente santé et, en me donnant cette nouvelle, désigne du doigt les capitaines Baratier, Germain, lieutenant Fouques et les autres membres de la mission, qui se sont groupés sur le pont, assez dépités d'apprendre qu'il leur sera impossible de descendre à terre.

« Marchand ajoute qu'il éprouve un vif regret de ne pouvoir serrer les mains de ses amis de Suez, Ismaïlia et Port-Saïd.

« Mais les règlements sanitaires sont formels et n'admettent absolument aucune dérogation dans leur application. Le pilote lui-même ne monte pas à bord!

« Les formalités sanitaires prennent fin.

« Un petit canot à vapeur, monté par le pilote de la Compagnie et deux agents de l'administration quarantenaire chargés d'escorter le navire jusqu'à Port-Saïd, vont se ranger le long du bord.

« Le *D'Assas* s'engage ensuite dans le Canal, aux acclamations de tous les Français. »

***

La traversée totale de Suez à Port-Saïd, en temps normal, c'est-à-dire à moins d'échouage de vapeurs obstruant la route, s'effectue en quinze ou seize heures, les bâtiments devant marcher à la vitesse réglementaire de six milles.

C'est donc dans la nuit du 22 au 23, à minuit exactement, que le *D'Assas* arriva à Port-Saïd, pour en repartir à six heures du matin.

Son départ des eaux égyptiennes donna lieu à une importante

manifestation patriotique dont M. Lesieur nous fit en ces termes le compte-rendu :

« On se rappelle qu'en vue d'éviter les ennuis d'une observation sanitaire à son arrivée à Toulon, le commandant du navire, le capitaine Ridoux, avait tenu à transiter le canal en *quarantaine volontaire*, bénéficiant ainsi des privilèges inhérents aux patentes dites *nettes*.

« Un cordon de gardes-côtes et d'agents de police est donc préposé à la surveillance du navire, en défendant les approches aux curieux appartenant à toutes les nationalités venus pour saluer au passage la mission Congo-Nil.

« Toute notre colonie est là, au grand complet, heureuse d'acquitter à son tour le tribut d'admiration des Français d'Égypte envers le modeste officier que l'histoire continuera à appeler : le héros de Fachoda.

« Montés en groupes de huit à dix personnes sur des embarcations, pavoisées pour la circonstance aux couleurs nationales, on remarque autour de M. Summaripa, consul : MM. Tillier, Goullaut, chef et sous-chef du transit à la Compagnie du canal; Vandier, président du Cercle français ; de Baillou, agent des Messageries maritimes; le supérieur de Terre-Sainte; Barbaza, de la maison Savon-Bazin; le personnel de l'agence de consignation Worms ; Jauffret, directeur-propriétaire du *Phare du Port-Saïd*; de Pardaillan, Gardère, Nicolleau, Picard, Serre, etc., ainsi qu'une foule de nos concitoyennes.

Détail caractéristique. On m'affirme que M. Broquedis, directeur de la poste française, déclarait, il y a quelques instants, qu'il avait remis à Marchand plus de *cinq mille* lettres, cartes, télégrammes, objets recommandés, etc., expédiés au passager du *D'Assas* de tous les coins de la France.

« Après s'être ravitaillé en charbon, vivres frais et eau potable, le *D'Assas* procède rapidement à ses préparatifs d'appareillage.

« Pendant que l'on amène ancres et échelles et que le navire vire majestueusement sur son corps mort, mouchoirs, ombrelles et cannes s'agitent en l'air et de vibrantes acclamations retentissent :

« — Vive Marchand ! Vive la France ! »

« L'émotion atteint bientôt le paroxysme lorsqu'au moment où le croiseur s'ébranle définitivement, les assistants voient le commandant Marchand monter sur la dunette et l'entendent crier ces mots prononcés d'une voix distincte :

« — Merci, mes amis, merci ! »

« De nouveaux hourras retentissent, auxquels répondent vigoureusement les capitaines Germain, Baratier, les lieutenants Largeau, Fouques, le médecin-major Emily, l'équipage et l'escorte de Sénégalais, de grands diables noirs aux uniformes bariolés, qui

La vallée de la Mouna (ou Bol du diable), dernière étape du pèlerinage à la Mecque.

jettent des regards mélancoliques sur la terre où il leur a été interdit d'aborder.

« Dans la rade, les passagers de nombreux paquebots postaux, — dont un appartenant au Lloyd allemand, — massés sur le pont, mêlent leurs vivats aux nôtres. »

Et cette manifestation enthousiaste se prolongea jusqu'à ce que le *D'Assas*, ayant mis le cap sur la France, eut disparu à l'horizon.

CXLIII

A MARSEILLE

Dans les eaux européennes. — Mécontentement à Marseille. — Une compensation. — Arrivée du « Djemmah ». — Un débarquement accidenté. — Scène émouvante. — Le pacificateur de Madagascar. — Ovations et discours. — Cruelle nécessité. — Le général Galliéni à Paris. — Réception officielle. — Les trois étoiles.

Le capitaine Binger.

Après trois ans passés sous les tropiques du continent noir, où cent fois ils avaient failli laisser leurs os nos compatriotes de la mission Congo-Nil se trouvaient enfin dans une zone plus clémente.

Ils naviguaient dans les eaux européennes!

Et dans quelques jours ils allaient revoir cette patrie dont le culte les avait fait triompher de tous les obstacles, et qui les attendait les bras grands ouverts.

Comme on le sait, c'est à Toulon que devait atterrir le *D'Assas*.

Mais cette décision n'avait pas été prise sans donner lieu à de vives protestations de la part des Marseillais, qui espéraient fermement avoir l'honneur de saluer les premiers le héros de Fachoda et ses intrépides compagnons.

A cette occasion, M. Flaissières, maire de Marseille, ne manqua pas de faire connaître ses sentiments :

« Nous ne comprenons vraiment pas, — dit-il, — les raisons qui ont conduit le gouvernement à faire débarquer la mission Marchand de préférence à Toulon.

« Le commandant Marchand appartient au 4ᵉ régiment d'infanterie de marine, qui tient garnison dans ce port ; mais est-ce là une raison suffisante pour retirer à Marseille l'honneur qui lui avait été tout d'abord accordé?

« En changeant d'avis, le gouvernement a fait montre d'un sentiment de défiance envers nos concitoyens.

« Or, rien dans l'attitude de la population marseillaise, en des occasions semblables qui se sont précédemment présentées, ne justifie cette défiance.

« On craint des manifestations bruyantes? Il est tout naturel de faire une ovation aux vaillants soldats qui, pendant deux années, ont supporté les fatigues, les privations, les misères de toutes sortes pour porter haut le renom de la France.

« Acclamer Marchand, c'est faire œuvre de bon Français.

« Aucun trouble ne se serait produit à Marseille ; les divergences politiques et les querelles de partis n'ont rien à voir avec l'arrivée du héros de Fachoda. »

*
* *

Par contre, Toulon était en joie, et c'est avec une patriotique ardeur qu'on y préparait la réception de la mission, dont l'arrivée était annoncée pour le 30 mai.

Dès le 16, la municipalité, d'accord avec les autorités maritimes et militaires, avait arrêté les dispositions indiquées dans la correspondance suivante :

Toulon, 17 mai 1900.

Ainsi que le conseil municipal l'a décidé dans sa dernière séance, l'administration communale, aussitôt avisée officiellement, a prié nos édiles de désigner sept d'entre eux pour arrêter les dispositions relatives à la participation de la ville à la réception du brave commandant et de ses dévoués compagnons.

Cette commission, qui se propose d'envoyer une délégation auprès de l'autorité maritime pour lui communiquer ses décisions, tiendra une première réunion cet après-midi, jeudi, à quatre heures, à la mairie, pour arrêter sous quelle forme se caractérisera la part prise par la ville à la réception.

Nous croyons pouvoir dire qu'il est, d'ores et déjà, question d'offrir au commandant, au nom de Toulon, un superbe souvenir, œuvre d'art en bronze ou en porcelaine.

En outre, le commandant et ses compagnons seraient reçus solennellement, dans la grande salle de la mairie, et un vin d'honneur serait servi à cette occasion.

Après quelques allocutions, les délégations défileront devant le conquérant de Fachoda et ses camarades.

Parmi ces délégations, on peut déjà annoncer celle du conseil municipal de Marseille et des diverses sociétés de Marseille, ainsi que la délégation du groupe parlementaire de la Défense nationale, laquelle sera constituée par MM. le général Jacquey, député des Landes ; le comte de la Ferronnays, député de la Loire-Inférieure; Lasies, député du Gers; Gervaize, député de Meurthe-et-Moselle, et Magne, député de la Dordogne.

On parle aussi de l'arrivée du lieutenant-colonel Monteil, représentant de la Ligue de défense nationale et des membres du bureau de la Ligue des patriotes.

D'autres délégations seront attendues, venant de divers points de la France et représentant des éléments militaires et civils.

M. Henri Pastoureau, maire, qui devait se rendre cette semaine à Paris au sujet de diverses affaires communales, a contremandé ce voyage.

A la veille de l'arrivée à Toulon du croiseur le *D'Assas*, ramenant les braves officiers et soldats de Fachoda, il adressera à la population une proclamation l'invitant à vouloir bien contribuer, par son sympathique accueil, à la réception officielle qui va être faite à la glorieuse mission qui promena si courageusement le drapeau tricolore à travers toute l'Afrique.

Du reste l'initiative privée ne fera pas défaut dans les manifestations admiratives que la population de Toulon et celle venue des environs feront aux membres de la mission.

Bien que la date d'arrivée soit encore éloignée, déjà les cercles, groupes et associations patriotiques s'apprêtent à apporter leur part d'hommages et de félicitations dans la réception.

La Société humanitaire des Sauveteurs, le cercle et la Société de secours mutuels des anciens sous-officiers et caporaux des armées de terre et mer, la Société des anciens combattants de 1870-71, les Sociétés de gymnastique, de marche et d'instruction militaire, l'Union républicaine des retraités, vont être incessamment convoqués par leurs bureaux pour désigner leurs délégations.

En ce qui le concerne, le président de la Pro Patria vient de prier les présidents des sociétés similaires, les présidents des sociétés musicales et chorales, et les présidents des cercles et groupes patriotiques de vouloir bien se réunir, ce soir jeudi, à 6 heures, au siège de cette société, porte Notre-Dame, à l'effet de nommer une commission pour élaborer le programme de réception du commandant et de ses compagnons par les associations que nous venons de désigner.

Voilà pour tout ce qui touche à ce que l'on pourrait appeler la partie civile de la réception de la mission.

Mais, il ne faut pas dissimuler que la partie militaire sera autrement importante et, par cela même, elle ne pourra que grandir la manifestation dont se sont rendus dignes le commandant Marchand et ses braves compagnons.

Le vice-amiral de la Jaille, préfet maritime, a arrêté, d'accord avec son chef d'état-major, M. le contre-amiral Bellanger, les principales lignes de la réception qu'il présidera lui-même au nom du gouvernement.

Les détails de cette réception vont être complétés le plus tôt possible et seront ensuite soumis à l'approbation du ministre de la Marine.

Ce que nous pouvons dire, dès à présent, c'est que le commandant Marchand, les officiers et les soldats qui l'accompagnent, seront, en descendant du *D'Assas*, reçus dans l'arsenal sur le quai de l'Horloge, par l'amiral préfet maritime, et les délégués de MM. Lockroy, ministre de la Marine ; Krantz, ministre de la Guerre, et Guillain, ministre des Colonies.

On considère comme certain que le croiseur arrivera sur rade vers 2 heures de l'après-midi.

Le soir, l'amiral de la Jaille offrira un grand dîner en l'honneur du héros de Fachoda et des officiers qui l'accompagnent.

Assisteront à ce dîner : les officiers généraux de la marine et de la guerre présents à Toulon ; les délégués des ministres de la Guerre, de la Marine et des Colonies ; le capitaine de vaisseau Ridoux, commandant du *D'Assas*, et les trois colonels des 4e, 4e bis et 8e régiments d'infanterie de marine.

Le vin d'honneur de la municipalité aurait lieu après ce dîner ou le lendemain.

Le lendemain, également, réception du commandant et de ses compagnons par leurs camarades de l'infanterie de marine et, probablement, déjeuner au mess des officiers.

A 5 h. 49, par le rapide, départ de la mission pour Paris.

Disons encore que la préfecture maritime va s'entendre avec le général Coronnat, commandant la 4e brigade des troupes de la marine, pour assurer logement des membres de la mission pendant leur séjour à Toulon.

Des aménagements vont être ordonnés, à cet effet, dans les casernes et les vaisseaux-casernes, tels que le *Tarn*.

Voilà, dans leurs grandes lignes, les détails de la réception qui se prépare à Toulon en l'honneur des braves qui ont si périlleusement traversé l'Afrique.

Ce que nous pouvons dire, en terminant, c'est que ces dignes enfants de la France seront tous reçus avec le chaleureux enthousiasme que méritent leurs nobles actions sous les climats meurtriers.

Heureusement pour la patriotique population de Marseille, un autre honneur lui était réservé.

La prière dans la grande mosquée du Caire.

Celui de recevoir le pacificateur de Madagascar, le glorieux général Galliéni, dont le retour en France coïncidait si singulièrement avec celui de la mission Marchand.

Tandis que le *D'Assas*, en pleine Méditerranée maintenant, filait majestueusement entre les îles de Candie et de Malte, le *Djemmah*, portant le général Galliéni et les officiers de son état-major, abordait dans la vieille cité phocéenne.

C'est le 25 mai, à 5 heures du matin, que le *Djemmah*, après avoir, par ordre supérieur, louvoyé toute la nuit autour de la rade, se présenta à l'entrée du port.

Comme on va le voir, le retour du général Galliéni fut assez accidenté.

Après s'être amarré devant le hangar de la Compagnie des Messageries, le *Djemmah*, dont le mât d'artimon porte le pavillon jaune, attend la libre pratique avant le débarquement.

A six heures et demie, les personnages officiels arrivent: le général Roidot, chef d'état-major du 15e corps d'armée; M. Milne-Edwards, représentant la Société de géographie; M. Le Myre de Vilers, député, etc...

Le débarquement est fixé pour sept heures.

Mais à sept heures moins un quart, une nouvelle extravagante circule: le *Djemmah* est entré dans le bassin trop vite.

En effet, l'ordre est donné au commandant du navire par le commandant du port de revenir en pleine rade et de reculer jusqu'au Frioul pour y subir les désinfections et visites sanitaires obligatoires, suivant les prescriptions du docteur Catelan, directeur du service de santé, qui n'obéit lui-même, paraît-il, qu'à des ordres venus de Paris.

On dit, en effet, que la peste sévit en Egypte, où a passé le *Djemmah*.

On conçoit l'ahurissement de tous les personnages officiels accourus pour recevoir le général Galliéni et qui doivent remettre leurs discours à plus tard, ignorant quand pourra avoir lieu le débarquement.

Cependant l'arrière du navire s'est peu à peu garni de monde, et des conversations s'engagent de bord à terre.

On prie alors le général Galliéni de paraître à la coupée du *Djemmah*.

Il y consent de bonne grâce:

— Messieurs, dit le général en souriant, n'approchez pas trop. Défense absolue de vous serrer la main. Il paraît que nous sommes dangereux et peut-être contaminés.

***

A ce moment, Mme Galliéni, qui attendait avec ses deux enfants dans les bâtiments de la consigne, arrive au-devant de son mari avec une émotion facile à comprendre.

La foule se découvre devant elle.

Le général, à qui la présence des siens est signalée, se penche, les mains en avant, et, à la vue de sa femme et de ses enfants qui lui tendent les bras, l'émotion devient visible sur sa face martiale.

— Je n'ai donc pas le droit de t'embrasser ? — demande Mme Galliéni à son mari.

— Garde-t'en bien, — répond le général. — Si tu me touchais seulement du bout des doigts, tu serais forcée de venir au Frioul te faire désinfecter.

Le jeune fils du général veut escalader la coupée pour embrasser son père qui, au milieu des rires de l'assistance, le menace du doigt :

— Paul, je sais que tu veux être marin...

Mais l'enfant interrompt :

— Non, je préfère être général.

Le général Galliéni continue :

— Si tu grimpes jusqu'ici, je t'emmène à Madagascar, car tu vois, nous retournons...

Tout le monde est vivement ému.

Le général, qui rayonne et dont le sourire va à tous, est salué de tous côtés.

Avec une bonne grâce exquise il répond à tous, et tout le monde est charmé de cette accueillante simplicité.

Le général Roidot lui souhaite à distance la bienvenue au nom du général Metzinger, commandant en chef du 15e corps, retenu à Nice où il était allé inspecter les troupes de la frontière.

Il l'invite, au nom de la garnison tout entière, à assister au punch qui sera donné ce soir en son honneur au Cercle des officiers.

— Avec grand plaisir, — répond le général Galliéni, — car j'espère bien que les formalités sanitaires, au Frioul, seront terminées en quelques heures !

M. Milne-Edwards s'avance à son tour et montrant de loin la

médaille d'or qu'il est chargé de remettre au nom de la Société de géographie, prononce ces paroles :

Monsieur le gouverneur général, il y a quelques semaines, lorsque vous quittiez Madagascar, vous avez été suivi, de Tananarive à Tamatave, par les ovations de la foule. Indigènes et colons vous acclamaient, ne souhaitant qu'une chose : votre retour au milieu d'eux. Si la France nouvelle créée par vos efforts et par vos peines a su reconnaître ce que vous avez fait pour elle, la vieille France, la mère patrie, le sait aussi et son accueil vous prouvera sa gratitude et son admiration. La Société de géographie a voulu vous donner un témoignage de ces sentiments, en vous remettant, au moment où vous touchez le sol français, la grande médaille d'or qu'elle vous a décernée cette année, comme gage de la haute estime où elle tient vos travaux, et j'ai été personnellement très heureux et très honoré de vous l'apporter ici.

La dette que le pays a contractée envers vous n'est pas de celles dont on s'acquitte aisément ; vous avez reçu de ses mains une terre sauvage et tourmentée, vous lui rendez une colonie pacifiée, riche d'espérances, où, grâce à votre ferme et sage administration, l'autorité est respectée, où sont encouragés et secourus ceux qui marchent droit au devoir.

Toute action puissante entraîne avec elle un très rude labeur ; vous l'avez supporté sans que votre volonté s'y affaiblisse, vous avez su vous mettre en garde contre les illusions et les légèretés, et votre œuvre est là qui démontre clairement que la force morale est la première et la plus grande des forces.

Mais notre Société doit surtout s'attacher aux services que vous avez rendus à la géographie ; ils sont nombreux et importants et c'est à peine si je pourrai les indiquer ici : Dans le Haut-Sénégal, au Soudan occidental, alors que la courbe du Niger enveloppait, sur nos cartes, un espace à peu près blanc, parsemé de quelques noms douteux, vous avez donné aux missions topographiques la plus féconde des impulsions. Là, comme au Tonkin, vous avez déployé d'exceptionnelles qualités militaires et scientifiques et vous avez acquis une expérience du maniement des hommes dont nous recueillons aujourd'hui les fruits heureux.

A Madagascar enfin, vous avez compris qu'il ne s'agissait pas seulement d'une conquête, mais encore d'une colonie à fonder ; vous vous êtes entièrement dévoué à cette tâche difficile ; aussi avez-vous déjà réuni un nombre très considérable de renseignements et de documents précieux, accueillant toutes les bonnes volontés, comme vous l'écriviez en 1897, à notre cher secrétaire général honoraire M. Maunoir : « Nos collègues de la Société de géographie trouveront en moi le concours le plus bienveillant et le plus complet. »

Les missions que vous avez encouragées et auxquelles vous traciez leurs itinéraires, les nouvelles routes ouvertes, le service topographique organisé, les recherches ordonnées pour l'amélioration du système de culture et des méthodes d'élevage, la création de jardins d'essai, d'écoles professionnelles, toutes ces choses excellentes sont dues à votre énergique initiative et nous formons — permettez-moi de vous le dire — le même souhait que les Malgaches, celui de voir longtemps le gouvernement de Madagascar entre les mains qui en ont porté si noblement le lourd fardeau.

Le général réplique :

Je suis infiniment touché de votre délicate attention. Je connais la Société de géographie, avec laquelle j'ai eu de fréquents rapports. Quant à accepter pour le moment cette médaille, il y a impossibilité absolue, car je suis prisonnier ici et il m'est interdit, comme à tous les autres passagers, d'avoir aucune communication au dehors, même pour embrasser mes enfants.

La Caaba ou maison de Dieu dans la grande mosquée, à la Mecque.

* * *

M. Schrameck, secrétaire général de la préfecture, présente ses souhaits de bienvenue au nom du préfet, absent.

Ensuite viennent MM. Delhorbe, au nom de l'Union coloniale et du Comité de Madagascar ; Saint-Maur, au nom de la Société de géographie coloniale, qui offre une médaille au général ; Bérard, adjoint au maire, qui vient, au nom de la municipalité, offrir un hommage de reconnaissance et d'admiration.

M. le Myre de Vilers, député de Cochinchine, ancien résident général de France à Madagascar, qui est l'ami personnel du général, s'avance alors et, après une courte conversation, portant sur des questions intimes, prononce le discours suivant :

> Cher général, l'Alliance française et la Société nationale d'Acclimatation m'ont délégué pour vous souhaiter la bienvenue et vous remettre leur médaille d'honneur. C'est un faible témoignage de gratitude des éminents services que vous avez rendus au développement de l'enseignement de notre langue à Madagascar et aux progrès de l'agriculture, notamment en ce qui touche le reboisement des montagnes dénudées de l'Emyrne.
>
> Déjà la Société anti-esclavagiste vous a fait parvenir sa grande médaille. Son président, le cardinal Perrot, l'éloquent académicien, m'a chargé de vous présenter ses compliments et de vous adresser ses félicitations.
>
> Toutes les sociétés qui participent à l'expansion coloniale se pressent autour de vous et tiennent à vous souhaiter la bienvenue ; elles sont fières de l'œuvre magistrale que vous avez accomplie.
>
> Mieux qu'un autre peut-être, suis-je en mesure d'apprécier les difficultés de la lourde tâche qui vous était confiée. Vous avez triomphé de tous les obstacles avec une poignée d'hommes ; vous avez pacifié un pays plus vaste que la France, peuplé en partie de demi-barbares qui, jusqu'à vous, n'avaient pas subi le joug. Vous avez créé des institutions durables, organisé la justice, assuré la sécurité, construit des routes, amélioré le sort de nos sujets et développé le commerce de nos compatriotes. Enfin, vous avez préparé l'avenir.
>
> Après trois années d'un travail surhumain et de fatigues incessantes qui ont compromis votre santé, vous venez jouir sur le sol natal, au milieu de votre famille, d'un repos bien gagné.
>
> Aussi heureux en votre administration civile que dans vos entreprises militaires, vous pouvez dire avec un légitime orgueil : « J'ai conscience d'avoir bien mérité du gouvernement de la République. »

Après ce discours, qui est entrecoupé de nombreux applaudissements, M. Le Myre de Vilers offre au général, au nom de la Société de l'Alliance française, une médaille en or, grand module, gravée par Dupuy, ainsi qu'une autre décernée au gouverneur général par la Société d'Acclimatation, en récompense des efforts accomplis dans notre grande possession africaine, en vue d'y implanter nos principales races d'animaux domestiques.

Il annonce ensuite au général Galliéni que le président de la République a exprimé le désir de recevoir l'un des premiers à sa table celui auquel on doit à cette heure la transformation complète de la colonie.

M. Loubet se propose à cette occasion de donner à la réception en question un caractère essentiellement officiel, en y conviant le président du Conseil et tous les membres du cabinet.

Le général, qui paraît très touché de la flatteuse attention du chef de l'État, remercie M. Le Myre de Vilers, ajoutant qu'après les fatigues résultant de son long séjour là-bas, il a besoin, avant tout, de se retremper quelques jours au sein de sa famille qu'il n'a pas vue depuis trois ans.

— Je ne suis qu'un soldat, — ajoute modestement le général Galliéni, — et l'habitude des tropiques m'a rendu quelque peu sauvage.

« Quelle figure ferai-je à l'Elysée, moi qui depuis plus de trois années dresse ma tente le plus souvent au milieu de la brousse, sans souci des règles de l'étiquette!

M. Delibes, président de la Société de géographie de Marseille, remet à son tour au général des médailles frappées également en son honneur.

Les délégations de la Ligue des Patriotes, ayant à sa tête M. Dupuy, s'avancent ensuite.

Tous les membres sont revêtus de leurs insignes et défilent, chapeau bas, en ordre parfait, devant le général.

De nombreux cris partent en ce moment de la foule : « Vive l'armée! Vive Déroulède! »

Le président de la Société assure le général des sympathies profondes que nourrissent à son égard, non seulement les patriotes français, mais tous ceux qui gardent dans leur cœur le culte de la patrie et du drapeau.

Des applaudissements chaleureux saluent l'allocution de M. Dupuy, et le général Galliéni, très ému, dit à celui-ci combien il est touché de l'accueil qui lui est fait par la vaillante association.

Les représentants de la Ligue des Patriotes, MM. Henri Galli, directeur du *Drapeau*, les peintres Delahaye et Géo Weiss, auteurs des tableaux admirés au Salon : la *Bataille de Montbéliard* et *Épisode du plateau d'Avron*, qui mettent en scène le lieutenant Paul Déroulède et le caporal Cavaignac, sont arrivés la veille au soir.

Ils s'approchent du *Djemmah*, et M. Galli, prenant la parole, salue le pacificateur de Madagascar au nom des patriotes de Paris et du *Drapeau*.

Le général Galliéni répond en termes chaleureux.

Il dit qu'il regrette vivement que les rigueurs du service sanitaire ne lui permettent pas de serrer la main des bons Français venus de si loin pour lui souhaiter la bienvenue à son arrivée sur la terre de France.

La foule, qui est maintenant considérable, crie : « Vive l'armée ! Vive Galliéni ! »

*
* *

Sur ce, le navire s'éloigne dans le remous de l'hélice ; les mains se tendent, les chapeaux s'agitent ; on crie : « Vive Galliéni ! Vive l'armée !

Des ouvriers du quai saluent de loin le général de leurs acclamations.

On entoure Mme Galliéni et ses enfants :

— Il est bien pénible, — dit-elle, — d'être à quelques mètres de mon mari et de ne pouvoir l'embrasser après une si longue absence ! Voyez la tristesse des enfants qui ne peuvent pas comprendre la rigueur des formalités sanitaires. Paul voulait grimper auprès de son père qu'il adore.

En effet, le fils du général reste étranger à tout ce qui se passe autour de lui et ne quitte pas son père des yeux.

C'est un joli enfant de douze ans, un peu pâlot, mais aux yeux ardents et résolus.

Il suit son père du regard, lui envoie des baisers.

Sa sœur, une fillette de quatorze ans, l'imite... Elle a des larmes aux yeux.

— Vous devez être fière de ces acclamations, — dit quelqu'un à Mme et à Mlle Galliéni :

— Oh ! oui, — disent-elles, — mais notre joie eût été plus grande sans ce nouvel éloignement. Enfin, nous espérons que le gouvernement voudra bien nous le laisser quelque temps auprès de nous, à Saint-Raphaël, au milieu des joies de la famille que nous sommes si heureuses de lui réserver après tant de peines.

M. Binger annonce qu'il va immédiatement envoyer une dépêche au ministre des Colonies expliquant la situation et lui demandant son intervention pour que la levée de l'interdiction ait lieu aujourd'hui même.

A onze heures et demie, M. Binger recevait la réponse du gouvernement, réponse favorable à la levée de la quarantaine, et il fut décidé que le débarquement et la réception du général Galliéni auraient lieu à trois heures de l'après-midi.

A l'heure dite, le quai des Messageries était envahi par une foule nombreuse parmi laquelle beaucoup d'officiers en uniforme.

Les vastes hangars situés sur les quais, servant d'entrepôt aux marchandises, sont également envahis.

De tous côtés, juchés sur des ballots et en équilibre sur des caisses, se tenait une population grouillante venue acclamer le général à son débarquement.

A trois heures, le *Djemmah* n'est pas encore amarré à son quai. Il se livre à de lentes et difficiles manœuvres.

Petit à petit on voit sa coque blanchâtre, salie par un long séjour dans les mers tropicales, s'approcher, et bientôt on peut glisser le long de son flanc des chalands au moyen desquels il est facile d'atteindre l'escalier du bord.

En quelques minutes le public privilégié est à bord.

Le général se tient en haut de l'escalier, descendant au grand salon.

Il est en petite tenue et porte la plaque de grand-officier de la Légion d'honneur.

Sa santé paraît excellente; il se montre joyeux de se voir accueilli par une manifestation aussi cordiale.

Un seul discours est prononcé par M. Binger, qui s'exprime ainsi :

> Monsieur le gouverneur général,
>
> En venant vous saluer au nom du ministre des Colonies, j'éprouve une joie très profonde, non seulement à cause de la grande amitié dont vous m'honorez depuis déjà longtemps, mais encore pour un autre motif, celui-ci moins égoïste, qui tient à la signification que les coloniaux attachent à votre nom, à votre glorieux passé, et aussi aux espérances qu'ils fondent sur les précieux services que vous rendrez encore à l'œuvre que vous avez si courageusement entreprise et si vaillamment menée à bien.
>
> Nul mieux que moi ne sait mesurer l'étendue de vos efforts et apprécier les bienfaits de votre sage administration. Je n'ai besoin de faire aucun effort de mémoire pour me souvenir de nos premiers rapports au ministre fin 1896, époque à laquelle notre domination se réduisait à l'occupation de quelque bourgade sur la côte et à celle de Tananarive, dont la banlieue même était en pleine insurrection. Je sais toutes les difficultés que vous avez rencontrées pour étendre le cercle de ces points microscopiques et assurer vos communications avec la côte et comment, méthodiquement, vous entrepreniez la pacification de l'Emyrne et de la côte est d'abord et celle de la côte ouest ensuite. Deux ans à peine vous ont suffi pour mener à bien ce programme et obtenir la pacification d'un territoire beaucoup plus vaste que la France entière.
>
> Le caractère grandiose de cette œuvre apparaît encore mieux quand on sait de quelle faible force vous disposiez, car, soucieux avant tout des finances de l'État et de la colonie, vous avez tenu à obtenir le maximum de résultats pénibles avec le minimum de ressources. A tel point qu'on peut dire qu'entre les mains

d'un homme moins expérimenté elles auraient fait passer une semblable entreprise pour téméraire.

Vous devez être heureux, monsieur le gouverneur général, car vous avez accompli à Madagascar une œuvre gigantesque. Après avoir rétabli la paix, vous avez su encourager la colonisation, préparer, par des travaux publics considérables, la prospérité de l'avenir et, tâche plus difficile encore, vous avez réussi à effacer dans l'esprit des peuples que vous avez conquis tous les préjugés qu'ils entretenaient contre nous.

Vous quittez la colonie en laissant les finances dans une situation prospère, après avoir confié l'intérim à un homme capable que vous avez vous-même désigné au choix du gouvernement. Vous avez donc le droit de regarder paisiblement derrière vous et de jouir d'un repos mérité auprès des vôtres, avec la pleine satisfaction d'un devoir noblement accompli et avec la certitude que la France entière, après avoir suivi vos labeurs et souvent aussi partagé vos angoisses, vous exprime pour votre œuvre grandiose sa plus profonde gratitude et sa bien vive reconnaissance.

On approuve généralement le choix de M. Binger, par le ministre des colonies, pour venir saluer le général Galliéni, son ancien compagnon d'armes.

Comme le général Galliéni, M. Binger a contribué à la fortune coloniale de la France.

Après le discours de M. Binger, le général Galliéni se retire dans le salon.

Là, entouré de sa femme et de ses enfants, il reçoit de nombreux visiteurs qui lui souhaitent la bienvenue.

Pour chacun le général a un mot aimable.

On remarque sa bonne humeur et sa cordialité.

*
* *

Un journaliste demande au général la permission de l'interviewer.

— Je suis un adversaire résolu de toutes interviews, — lui déclare-t-il tout d'abord avec un fin sourire. — Pourtant je veux faire une exception en faveur de votre organe.

Et sans autre préambule, — écrit le reporter, — de la façon la plus simple, le sympathique passager du *Djemmah*, à la grande surprise des officiers de sa suite et de la foule de fonctionnaires qui se pressent là, me prend quelques instants à part.

La conversation suivante s'engage alors entre nous :

— Vous arrêterez-vous longtemps à Marseille, mon général ?

— Jusqu'à après-demain, le temps strict de pouvoir embrasser mes enfants et consacrer quelques instants à ma femme, qui est là, vous le voyez, et que je me trouve empêché de serrer dans mes bras, après cette longue absence.

« Ah, les conventions sociales! s'exclame douloureusement mon interlocuteur, qui ne dissimule pas son aversion pour les choses se rattachant au cérémonial.

Et comme je lui demande s'il a réellement l'intention, ainsi que le bruit en a couru ces jours derniers, de se rendre sur le littoral avant de se diriger sur la capitale, le gouverneur général me répond, non sans manifester un certain dépit :

— Mon intention première était, en effet, d'aller me reposer tranquillement à Saint-Raphaël, auprès des miens, afin de me remettre ainsi un peu des fatigues du voyage.

« La chose était convenue et j'avais sollicité et obtenu un congé en règle, à cet effet.

« Mais on vient de me remettre il y a quelques instants, en rade, un télégramme du ministre, me prescrivant de me rendre sans retard à Paris.

« Je n'irai donc dans le Var qu'après m'être entretenu avec le gouvernement. »

Je l'entretiens ensuite de la situation à Madagascar.

— J'ai laissé la colonie en pleine amélioration, — me dit le général, — je considère la pacification comme très avancée, je dirai presque achevée, si nous n'avions quelques difficultés dans le sud, où les rebelles occupent un pays difficilement abordable pour mes troupes.

« J'ai laissé à mon successeur intérimaire, le général Pennequin, des instructions précises pour faire cerner et traquer ces rebelles.

« Pennequin, qui est mon ami intime, poursuivra une politique énergique, pour le plus grand bien de la colonisation française.

— La circulation sur les voies de communication est-elle assurée?

— Absolument, sur les routes principales. Ainsi, on peut aller de Tananarive à Tamatave pour ainsi dire la canne à la main, en toute sécurité, grâce aux postes échelonnés.

— Mais les routes sont toujours peu praticables?

— Ah! ce sont de vrais casse-cou! Pourtant nous avons fait déjà de sérieux travaux de rectification et de nivellement, surtout dans la première section, jusqu'à Andevorante. Tout cela s'achèvera peu à peu...

— Et les projets de chemin de fer, mon général?

— Je viens en France pour résoudre cette question, qui est complexe, car elle est à la fois technique et financière.

— Et que pensez-vous de la mission de Cressac? On affirme qu'elle procurerait immédiatement une quarantaine de millions à la colonie...

— Quarante millions! C'est beaucoup dire. Mais j'attache une vraie importance à ces questions d'ordre financier; car, à Madagascar, comme partout, l'argent est le nerf de la guerre et de la paix aussi...

Et nous prions ensuite le général Galliéni de nous donner quelques détails sur l'organisation des écoles et de l'enseignement dans notre grande possession.

— Il est bon d'indiquer, — nous répond le gouverneur, — que l'instruction était obligatoire, d'après les anciennes lois du pays, dans l'Emyrne et les provinces du centre. Je me suis empressé de maintenir cette législation prudente et de faire exécuter des règlements qui sont souvent négligés. Mais j'ai fait mon possible pour canaliser l'instruction et en faire un moyen de colonisation française... bien française.

Après ce dernier mot, le général Galliéni s'arrête. On sent que cette ques-

Les pèlerins baisant la pierre sacrée de la Caaba.

tion a été la plus épineuse de son administration, car il a dû lutter énergiquement contre l'influence anglaise.

Comme nous lui parlons des manœuvres des méthodistes anglais, le général sourit mais ne répond pas.

Nous lui rappelons alors que la reine Ranavalo vint à Marseille.

— Nous la vîmes alors, — disons-nous. — Elle s'exprima sur votre compte en termes amers. Elle a la rancune tenace.

— Moi, je ne lui en veux pas, — répond le gouverneur en riant. Mais je préfère la savoir à Alger qu'à la Réunion, et surtout à Tananarive, où sa présence était réellement dangereuse. En tout cas, nous eûmes pour elle les égards dus à son infortune... D'ailleurs, je suis resté avec l'ex-reine en si bons termes qu'elle m'écrivit d'Alger, récemment, en me disant qu'elle était fort heureuse. J'ai répondu par une lettre naturellement courtoise. Nous sommes en relations suivies.

Il me restait un dernier point à éclaircir, non le moindre, celui de savoir

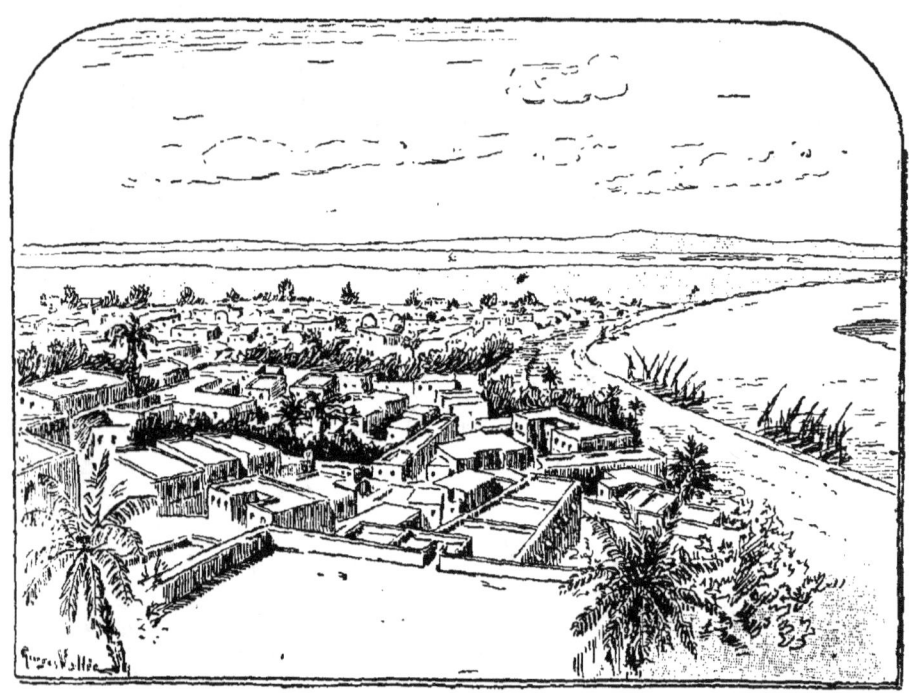

Vue de Khartoum.

exactement si les bruits de rappel qui avaient couru avec persistance, au moment du départ du général Pennequin, revêtaient un caractère de bien-fondé.

Le général Galliéni s'est montré, à cet endroit spécial, beaucoup plus réservé.

Après une visible hésitation, il a bien voulu me faire la déclaration suivante :

— Vous m'embarrassez fort et je ne saurais vraiment vous répondre catégoriquement sur ce point.

« Je suis soldat avant tout, aux ordres du gouvernement et à son entière disposition.

« J'attendrai donc purement et simplement ses instructions, m'inclinant à l'avance devant les résolutions qu'il prendra. A lui de décider.

*
* *

Peu de minutes après cette conversation, le général descendait à terre, suivi de Mme Galliéni et de ses enfants.

La foule qui, pendant la réception à bord, avait été occupée par le remue-ménage habituel des débarquements, acclame le général dès qu'elle l'aperçoit.

Il traverse, au milieu des acclamations des ouvriers, les hangars des Messageries.

Le général monte en landau avec sa famille et se rend à l'hôtel du Louvre.

Pendant la traversée de la Joliette, on l'applaudit sur son passage.

De là, le général se rend au cercle des officiers.

En arrivant à cet endroit, le général Galliéni est acclamé par une foule assez nombreuse massée sur la Canebière.

Le gouverneur général de Madagascar est reçu par les généraux d'Entraigues et Roidot, le contre-amiral Besson, commandant la marine à Marseille, entourés de nombreux officiers supérieurs.

La réunion est exclusivement militaire.

Sur les trottoirs des détachements de toutes armes de la garnison forme la haie.

A l'arrivée du général Galliéni, la musique joue la *Marseillaise*.

A l'intérieur, une ovation est faite au pacificateur de Madagascar par les officiers.

Le général d'Entraigues, le premier, prend la parole :

Général, vous avez fait en grand honneur à la réunion des officiers de venir au milieu de nous recevoir l'expression respectueuse de nos félicitations. Malgré notre légitime impatience de vous posséder, nous savons fort bien que vos instants sont mesurés. Je me contente donc de saluer en vous l'organisateur méthodique, le pacificateur ferme et avisé.

Nous saluons tous en votre personne l'infanterie de marine, qui n'en est plus à compter ses gloires depuis les épisodes des dernières cartouches jusqu'aux exploits sur le Haut-Nil, dont nous saluerons bientôt les héroïques auteurs. Vos frères d'armes se sont enorgueillis de l'éclat que vous avez donné à nos armes et au drapeau. Salut à Galliéni! Salut à l'infanterie de marine! (Applaudissements.)

— Le général Galliéni répond :

Je vous suis reconnaissant de l'accueil si sympathique et si affectueux que j'ai reçu à mon arrivée sur la terre de France. Je me suis trouvé comme en famille après trois ans d'absence. Je ne mérite pas tous les éloges que l'on m'a adressés. Certainement, nous avons obtenu des résultats, mais je les reporte sur mes collaborateurs, sur ces officiers de haute intelligence qui m'ont admirablement secondé; sur ces soldats pleins d'abnégation et de ténacité qui ont eu confiance en moi comme j'avais confiance en eux; c'est là le secret du succès.

Nous avons d'ailleurs des exemples remarquables à suivre, et je vous prie d'être mon interprète auprès du général Metzinger, dont le nom comme celui du général Duchesne et ceux de tous les officiers qui ont fait partie de la colonne volante resteront éternellement gravés dans notre mémoire. Nous avons recueilli pieusement sur la route les dépouilles de ceux qui sont tombés en allant planter le drapeau français à Tananarive. Nous ferons notre possible pour suivre leur exemple.

Le contre-amiral, à son tour, s'exprime ainsi :

Au nom de la marine, je salue l'organisateur et le pacificateur de Madagascar. Mon salut va plus loin, il va à cette infanterie de marine qui, de Bazeilles à Madagascar, de Taïti à l'Indo-Chine, a su commander l'admiration par sa vaillance et sa discipline. Honneur à ces petits marsouins, qui bravent sans hésiter la mitraille et les maladies souvent plus meurtrières. Honneur à Galliéni !

Après quelques instants de conversation intime, la sortie s'effectue au milieu des mêmes acclamations qu'à l'arrivée.

*
* *

Hélas ! les honneurs et la popularité sont de belles choses, mais elles ont leurs revers.

Le général comptait goûter, pendant quarante-huit heures, au moins, la douce vie de famille, avant de se rendre auprès du ministre.

Force lui est de prendre sans délai le train de Paris...

L'ordre du gouvernement est formel.

A peine le vaillant officier a-t-il revu sa femme et ses enfants, qu'il lui faut les quitter de nouveau.

Cruelles exigences de la discipline !

Arrivé le matin à Marseille, il repart le soir par le rapide de huit heures.

Se dérobant soigneusement à toute ovation, il monte à la dernière minute dans un wagon-salon, avec le capitaine Martin et ses officiers d'ordonnance.

Dans les compartiments de la même voiture prennent place MM. Binger, directeur général au ministère des Colonies ; Grandidier Grosclaude, Diamanti, etc.

Le général Galliéni, jusqu'au dernier moment, est étroitement entouré de sa femme, de ses enfants et de ses amis personnels.

M. Floret, préfet des Bouches-du-Rhône, revenu le soir même d'une tournée dans le département, vient saluer le général à la gare.

L'entrevue est très cordiale.

M. Chalan de Belval, à la dernière minute, présente la délégation de la Ligue des patriotes.

Au moment du départ du train, des cris nourris de : « Vive Galliéni ! vive l'armée ! vive la France ! » se font entendre...

Le lendemain, 26 mai, à dix heures du matin, le train arrive à Paris.

Sur le quai de la gare de Lyon attendent, dès neuf heures du matin, M. Tissier, chef du cabinet du ministre des Colonies, et le commandant Drouhet, chef du bureau militaire des Colonies, chargés de représenter le gouvernement et de recevoir, en son nom, le général Galliéni ; le général Niox, le comte Delamarre, le baron Hulot ; MM. Marcel, Anthoine, Maunoir, Girard, délégués par la Société de géographie ; M. Charles Roux, président du Comité du monument de Madagascar ; MM. François Coppée et Jules Lemaître, délégués de la Ligue de la Patrie française ; M. Henri Mager, membre du conseil supérieur des Colonies ; le commandant Martin, commandant supérieur à Madagascar ; le docteur Jourdan, médecin des colonies ; Durand, administrateur colonial, ancien interprète du général Galliéni, etc.

*
* *

Au moment où le train arrive à quai, tous les assistants se portent vers le wagon-salon, d'où le général Galliéni, en tenue civile, vêtu d'un veston bleu et coiffé d'un chapeau de paille, descend salué par un cri unanime de : « Vive Galliéni ! Vive l'armée ! »

Le gouverneur général de Madagascar est accompagné des colonels Liautey et Roques, des commissaires Noguès et Lallier-Ducoudray, et de M. Binger, directeur de l'Afrique au ministère des Colonies.

Dans le petit bureau des chefs de gare adjoints, a lieu la réception.

M. Tissier et le commandant Drouhet lui souhaitent la bienvenue au nom du ministre des Colonies.

Puis le général Niox présente les délégués de la Société de

géographie, dans une allocution qu'il termine par ces mots :

— Mon cher Galliéni, je ne vous ferai pas une harangue, mais nous avons

Le lieutenant de vaisseau Hourst.

tenu à venir vous saluer à votre arrivée, car vous êtes le bonheur de vos amis la fierté de vos camarades et la grandeur de la France.

MM. Charles Roux et Marcel Monnier, au nom du comité de Madagascar et de la Société de géographie, le saluent à leur tour et l'invitent à un banquet qui lui sera offert par toutes les Sociétés coloniales et géographiques de Paris.

M. François Coppée prend alors la parole en ces termes :

— Général, au nom de cent mille citoyens groupés dans la Ligue de la Patrie française, nous vous saluons profondément et nous vous prions d'accepter cette médaille en témoignage de notre admiration pour votre grande œuvre à Madagascar.

La médaille offerte par la Ligue de la Patrie française est placée dans un écrin en maroquin vert aux initiales dorées du général Galliéni : J.-G.

Elle est en or et porte cette inscription :

Soudan — Tonkin — Madagascar
Au général Galliéni
La Patrie française
François Coppée et Jules Lemaître étant présidents
Paris, 25 mai 1899

Très ému, le général Galliéni serre les mains de tout le monde et dit ces simples mots :

— Messieurs, je vous remercie beaucoup !

Puis il monte, en compagnie de M. Tissier et du commandant Drouhet, dans le landau du ministre des Colonies.

A ce moment la foule est très nombreuse au dehors, attendant avec impatience la sortie du général.

Mais le gouverneur de Madagascar étant en civil et portant un petit chapeau de paille blanc, elle n'a pas, tout d'abord, remarqué sa présence et a quelques instants de déception.

Revenue bientôt de son erreur, elle acclame le général et suit sa voiture en criant avec enthousiasme : « Vive Galliéni ! vive l'armée ! »

En quittant la gare, le général se rend à l'hôtel du Danube, rue Richepanse, où il déjeune et où il ne reçoit que ses parents et quelques intimes.

*
* *

Dès l'après-midi commencent les visites officielles.

A deux heures, le général Galliéni est reçu par M. Guillain, ministre des Colonies.

Au cours de l'entrevue, qui dure une heure et demie, le général exprime au ministre toute la satisfaction qu'il a éprouvée en laissant notre grande colonie africaine dans une situation très favorable.

Il entretient le ministre de la construction des chemins de fer à Madagascar.

Le soir a lieu au Pavillon de Flore un dîner offert par M. Guillain en l'honneur du général.

M. le ministre a à sa droite le général Galliéni, et à sa gauche M. Fallières.

M. Charles Dupuis était assis en face de M. Guillain. Il avait à sa droite M. Lebret, à sa gauche M. Delcassé.

M. Paul Deschanel, empêché au dernier moment, s'est fait excuser.

Les convives sont au nombre d'une vingtaine environ.

Nous citerons notamment :

MM. Krantz, Lockroy, Peytral, Leygues, Monestier, Paul Delombre, Viger, Jules Legrand, Mougeot.

MM. Noguès et Lallier du Coudray, commissaires des Colonies, les lieutenants-colonels Roques et Liautey, qui ont été les collaborateurs immédiats du général Galliéni dans l'œuvre de colonisation à Madagascar, assistent également à ce dîner.

A la fin du repas, le ministre des Colonies remet une médaille d'or au général Galliéni, au nom du gouvernement.

Cette médaille porte sur la face la République casquée de Roty et au revers l'inscription suivante :

Au général Galliéni
Pacificateur de Madagascar, 1896-1899.

Ajoutons, pour terminer ce rapide compte rendu, que le surlendemain de l'arrivée à Paris du général Galliéni, le Président de la République signait un décret le nommant général de division.

Pour le pacificateur de Madagascar, comme pour le héros de Fachoda, le gouvernement se voyait obligé de céder à la pression de l'opinion publique.

CXLIV

PENDANT LA TRAVERSÉE

Recueillement. — Des effets aux causes. — Deux politiques. — Il faut choisir. — La convention franco-anglaise. — Sable à gratter. — La part du lion. — Surtout, pas d'affaires ! — La dernière chance. — Soyons prêts — Ce que pense Marchand.

La longue traversée de la Méditerranée fut pour le commandant Marchand et ses officiers une occasion de sérieuses méditations sur la politique néfaste qui avait déjoué leurs calculs et stérilisé leurs efforts.

Ayant eu jusqu'alors à lutter physiquement et moralement contre les obstacles de la route, ils n'avaient pu analyser que d'une façon superficielle les causes complètes de notre soumission aux exigences anglaises.

Mais maintenant que la lutte contre l'impossible était terminée, — à leur honneur et à leur gloire, à eux, les vaillants qui avaient triomphé en pure perte ! — maintenant qu'ils n'avaient plus qu'à se laisser porter sur les flots bleus et tranquilles, leur esprit et leur conscience se livraient, en toute liberté, à de passionnantes investigations.

Et, après avoir sérieusement examiné tous les points faibles de notre politique africaine, ils s'accordaient à reconnaître que, si la leçon de Fachoda était dure, si ses conséquences étaient déplorables pour notre prestige, du moins nous pouvions en tirer profit pour l'avenir.

En remontant des effets aux causes, il apparut clairement à l'esprit du commandant que la dispersion des forces françaises, causée par la contradiction de notre politique européenne et de notre politique coloniale, nous faisait courir les plus graves dangers dans les deux directions à la fois, et qu'entre nos revendications continentales et nos ambitions coloniales il fallait choisir.

Le mal que nous fait cette politique « dispersive » n'est, du reste, pas d'hier.

C'est parce que nous avons voulu courir deux lièvres à la fois que nous avons fait le succès des Anglais qui n'en couraient qu'un seul.

Notre incapacité de choisir entre la mer et le continent a été la condition nécessaire et primordiale de la création de cette « plus grande Angleterre » dont la puissance fait l'orgueil de nos voisins. Ce fait

Entre ciel et sables, marche de nuit.

est parfaitement reconnu par ceux des Anglais qui ne s'imaginent pas, dans leur pharisaïsme, que cette fortune prodigieuse était due de droit divin au nouveau peuple d'Israël.

Ils écrivent des livres dans lesquels ils démontrent les services rendus à leur pays par notre politique à double face.

« Neustriens » placés à l'extrémité du continent, sur une terre presque océanique, nous n'avons jamais su nous décider pour une des deux directions vers lesquelles, par l'attraction même de notre situation géographique, des tentations contraires nous portent à la fois.

Au siècle dernier, lorsque s'est livrée la bataille pour l'empire du monde, pour la possession de l'Amérique du Nord, la plus belle réserve d'avenir de la race blanche, nos hésitations nous la firent perdre.

Nous avons laissé échapper le Canada et l'Inde qui étaient la perle des continents à occuper, et, à la suite d'années de guerre, qu'avons-nous ajouté d'une manière durable à nos domaines sur notre continent à nous?

A l'Est, nous pouvons poursuivre une politique d'équilibre, profiter de la situation unique que le grand Frédéric définissait par ce mot :

— Si j'étais roi de France, je voudrais qu'il ne se tirât pas un seul coup de canon en Europe sans ma permission!

Si nous avions fait l'économie possible de certaines guerres continentales, nous gardions l'empire de la mer.

La dispersion de nos forces a abouti pour nous à un déficit des deux côtés.

* *
*

Mais ce qui était déjà une grave erreur à une époque où la France avait le tiers ou le quart de la population de l'Europe entière, devient de la folie pure à l'heure actuelle.

Si l'on voulait bien regarder une bonne fois les choses en face, quel homme de bon sens prétendrait que nous pouvons imposer nos volontés en même temps à un peuple de plus de quarante millions d'individus et à un autre de plus de cinquante millions, alors que tous deux ont un gouvernement autrement stable et sûr de sa politique que le nôtre?

Le danger de la situation est devenu évident, même pour les masses, du jour où nous avons voulu disputer à l'Angleterre un des objets essentiels de ses ambitions.

Tout le monde s'est aperçu que la politique coloniale qui nous a menés à Fachoda était absolument hors de proportion avec les forces réelles que nos préoccupations antérieures nous permettaient de lui consacrer.

C'est ce que nos gouvernants auraient prévu avant de faire sortir notre politique coloniale des limites que lui imposait l'insuffisance de notre liberté et de nos moyens d'action en face de l'Angleterre, si, dans un système d'irresponsabilité et d'instabilité tel que le nôtre, des ministres toujours menacés avaient du temps à distraire du souci de rester au pouvoir, pour s'occuper sérieusement des affaires qui en sont l'objet.

Nos mœurs parlementaires ne nous laissent pas un organisme gouvernemental assez durable pour prendre conscience de la situation avec l'autorité nécessaire pour la débrouiller.

Des changements continuels dispensent nos ministres d'avoir une politique générale conforme aux entreprises compromettantes qu'ils engagent.

A l'échéance, ils ne sont plus là pour porter le poids de leurs fautes. Et, au milieu de ce désordre, nous sommes allés à Fachoda.

A l'approche du danger seulement, on s'est aperçu que nos côtes n'étaient pas défendues, que leurs batteries n'avaient ni servants ni munitions. On devait bien cependant, vu l'attitude des Anglais dans les affaires du Niger, deviner ce qui se passerait lorsqu'ils nous rencontreraient sur le Nil.

Mais l'administration continuait son cours avec la sérénité d'un système astronomique; elle fonctionnait en dehors des temps et des circonstances, renvoyant la classe, en Algérie comme en France, au mois de septembre, en pleine menace de guerre, parce que c'est la saison, parce qu'à défaut d'une direction consciente il nous reste des règlements qui jouent d'une manière automatique.

En attendant, notre principale colonie se trouvait dans un dénument militaire épouvantable, au moment où Malte et Gibraltar regorgeaient de troupes anglaises prêtes à foncer sur Bizerte et à accompagner ce mouvement principal d'une série de diversions sur la côte.

*
* *

Un fait est certain et s'impose à la réflexion de tous les Français de bon sens.

C'est que, pour poursuivre en paix le travail énorme que nous avons entrepris sur tant de points du globe, surtout pour mener à bien l'œuvre capitale, mais formidablement complexe que nous poursuivons dans l'Afrique du Nord, ce n'est pas trop de toutes nos forces nationales, employées dans une direction unique et exclusive.

M. Robert de Caix nous le démontre avec force, et non sans courage :

« Des rapports pacifiques et normaux avec l'Allemagne peuvent seuls nous donner la sécurité nécessaire.

« Ils s'imposent à nous, non seulement pour assurer l'avenir de notre empire colonial, mais même pour ne pas perdre le fruit de l'effort considérable que nous avons déjà fourni dans les pays d'outre-mer.

« Si nous prétendons combiner ces efforts avec une politique contradictoire, nous cesserons d'être en sûreté jusque dans la mère patrie.

« Cette pensée peut sembler révoltante à certains, elle est évidemment pénible pour tous, mais ce n'est pas lorsqu'on poursuit avec un appétit prodigieux, depuis vingt ans, une politique impériale, comme disent les Anglais, que l'on peut encore s'étonner de ses conditions nécessaires et reculer devant elles.

« Il est un peu tard pour ne pas s'apercevoir que la politique coloniale n'est plus pour nous un rêve ou un projet.

« Elle est devenue une réalité qui nous hypothèque pour ainsi dire, un fait encombrant peut-être, en tout cas positif, et qu'il faut bien traiter comme tel.

« Aussi peut-on se dire que le temps est passé de faire ce choix dont nous parlions plus haut, de se limiter à la politique coloniale modeste que peut sagement faire une puissance ayant des ambitions continentales.

« L'importance de nos entreprises et les développements qu'elles supposent nous laisserait à peine la liberté de choisir, mais l'attitude de l'Angleterre nous la refuse absolument.

« Tandis que nous avons à l'est un voisin que tout fait croire pacifique, nous ne pouvons plus ignorer qu'un péril anglais s'est révélé pour nous.

« On peut, il est vrai, objecter qu'il n'y a plus, depuis la convention franco-anglaise du 21 mars 1899, de territoire vacant en Afrique, et que les graves difficultés qui se sont produites sur le Niger et dans le Bahr-el-Ghazal ne se reproduiront plus, faute d'un terrain propice.

« Que fait-on alors des *hommes malades* qui existent sur tant de points du globe, surtout depuis que la gourmandise des peuples forts s'acharne à en découvrir partout, même dans la chrétienté ?

« Qui nous prouve que les affaires du Siam sont finies, que

l'Angleterre, qui se réserve déjà la part du lion en Chine, ne prétendra pas interdire à notre Tonkin l'accès des hauts plateaux du Yunnan ?

« La question d'Égypte ne peut-elle donner lieu à une foule de contestations, et celle du Maroc qui vaudrait une guerre, ne peut-elle s'ouvrir et nous obliger à ne reculer devant rien pour ne pas laisser compromettre les destinées de notre Afrique du Nord ?

« Lorsque l'on considère l'état du monde, on est obligé de se dire que les empires des forts ne sont pas encore délimités, si même un état définitif peut jamais remplacer l'équilibre instable des forces et fixer le « perpétuel devenir ».

« On est obligé également de constater que ceux qui ne grandiront pas dans certaines circonstances, sont condamnés à être étouffés sous la croissance de leurs rivaux.

« De nombreuses questions mûrissent et nous ne pouvons continuer à les ignorer jusqu'au moment où nous serons sur l'obstacle sans avoir prévu ni préparé les moyens de le franchir.

« Tout ce qui était vrai avant la leçon de Fachoda l'est encore après, l'est même plus impérieusement que jamais. »

*
* *

Et au sujet de la convention franco-anglaise du 21 mars 1899, dont il vient d'être question, nous ne devons pas oublier de dire que le commandant Marchand n'eut connaissance de son texte officiel qu'à bord du *D'Assas*.

Le voici dans sa teneur intégrale :

Les soussignés, dûment autorisés à cet effet par leurs gouvernements, ont signé la déclaration suivante :

L'article 4 de la convention du 14 juin 1898 est complété par les dispositions suivantes qui seront considérées comme en faisant partie intégrante :

1. Le gouvernement de la République française s'engage à n'acquérir ni territoire ni influence politique à l'est de la ligne frontière définie dans le paragraphe suivant, et le gouvernement de Sa Majesté britannique s'engage à n'acquérir ni territoire ni influence politique à l'Ouest de cette même ligne.

2. La ligne frontière part du point où la limite entre l'État libre du Congo et le territoire français rencontre la ligne de partage des eaux coulant vers le Nil et celles qui s'écoulent vers le Congo et ses affluents. Elle suit en principe cette ligne de partage des eaux jusqu'à sa rencontre avec le 11e parallèle de latitude Nord. A partir de ce point, elle sera tracée jusqu'au 15e parallèle, de façon à séparer en principe le royaume de Ouadaï de ce qui était en 1882 la province de Darfour ;

mais son tracé ne pourra, en aucun cas, dépasser à l'Ouest le 21e degré de longitude Est de Greenwich (18°40′ Est de Paris); ni, à l'Est, le 23e degré de longitude Est de Greenwich (20°40′ Est de Paris).

3. Il est entendu, en principe, qu'au nord du 15e parallèle la zone française sera limitée au Nord-Est et à l'Est par une ligne qui partira du point de rencontre du Tropique du Cancer avec le 16e degré de longitude Est de Greenwich (13°40′ Est de Paris), descendra dans la direction du Sud-Est jusqu'à sa rencontre avec le 24e degré de longitude Est de Greenwich (21°40′ Est de Paris) et suivra ensuite le 24e degré jusqu'à sa rencontre au Nord du 15e parallèle de latitude avec la frontière du Darfour telle qu'elle sera ultérieurement fixée.

4. Les deux gouvernements s'engagent à désigner des commissaires qui seront chargés d'établir sur les lieux une ligne frontière conforme aux indications du paragraphe 2 de la présente déclaration. Le résultat des travaux sera soumis à l'approbation de leurs gouvernements respectifs.

Il est convenu que les dispositions de l'article IX de la convention du 14 juin 1898 s'appliqueront également aux territoires situés au Sud du 14°20′ de latitude Nord et au Nord du 5e degré de latitude Nord, entre le 14°20′ de longitude Est de Greenwich (12° Est de Paris) et le cours du Nil.

Fait à Londres, le 21 mars 1899.

(L. S.) Signé : Paul Cambon.
(L. S.) Signé : Salisbury.

On dit qu'après la lecture de ce traité, le commandant Marchand entra dans une violente colère et se répandit en termes virulents contre le gouvernement qui l'avait signé.

C'est qu'en somme cette convention n'est que la ratification de la complète faillite de notre politique sur le Haut-Nil.

Des travaux opiniâtres des Liotard, des Marchand et des Touguedec, il ne reste rien.

Non seulement, nous ne conservons pas un pouce de terrain dans le Bahr-el-Ghazal où nous étions depuis deux années, alors que les Anglais n'ont jamais fait aucun effort pour y venir, mais même ces derniers franchissent les limites qu'ils avaient assignées jusqu'ici à leurs ambitions.

Leurs traités de 1890 et de 1893 avec l'Allemagne, limitait la sphère anglaise à la ligne de faîte occidentale du bassin du Nil.

En vertu de l'arrangement du 21 mars, les Anglais pourront aller plus loin et s'étendre dans une partie appréciable du bassin nord-est du Tchad.

*
* *

Sans doute, les communiqués officiels des agences n'ont pas présenté les choses sous ce jour.

Ils ont dit que, en considération pour les efforts de Marchand et de Liotard, nous obtenions non seulement l'accès commercial au Nil, qui n'était d'ailleurs pas le seul objet de leurs missions, mais même le Kanem, le Baguirmi et le Ouadaï.

Est-il bien vrai que l'Angleterre ne nous ait pas reconnu auparavant ces territoires, dont une partie est déjà occupée par nos troupes sur le Chari et vers lequel convergeaient déjà la mission Gentil, la mission Voulet-Chanoine, et, enfin, la mission Foureau-Lamy?

Qui sait si l'Angleterre, en nous faisant cet abandon gracieux de ce qui n'était pas à elle et qu'elle ne désirait pas, n'avait pas la secrète pensée de jeter un nouveau tison sur le brasier mourant de la haine et de la jalousie que l'Italie nourrit depuis trop longtemps contre nous?

Elle y a en partie réussi, d'ailleurs, puisque des défiances, maintenant heureusement calmées, ont été d'abord exprimées de l'autre côté des Alpes.

Qui sait même si nos bons « amis » d'outre-Manche n'ont pas cru tenir le moyen de nous mettre en délicatesse avec la Turquie?

On annonce un mouvement de troupes ottomanes entre Constantinople et Tripoli. La Sublime-Porte voudrait-elle engager avec nous une lutte de vitesse pour la posession du Tibesti ou du Kanem?

La Grande-Bretagne aurait-elle trouvé un bon procédé pour assimiler aux yeux du sultan la situation prise par la France dans de pauvres oasis sahariennes qui n'ont jamais dépendu de la Porte, et son usurpation du domaine égyptien et soudanais qui était, naguère encore, partie intégrante de l'empire ottoman? Le coup serait habile, car nous ne saurions évidemment renoncer à ces pays, auxquels personne ne songeait hier, qui constituent une jonction indispensable entre nos possessions et que nous nous serions assurés sans la moindre opposition et en dehors de tout accord retentissant avec nos insatiables rivaux.

Quoi qu'il en soit de ces difficultés possibles, l'Angleterre nous contestait si peu ces pays, où notre action devait rapidement se faire sentir, que, par le traité de juin 1898, elle nous a reconnu les rives nord et est du lac Tchad.

Et, par rive, elle entendait sans doute une assez vaste bande de terrain.

L'arrangement du 21 mars ne nous a donc sans doute pas donné grand'chose.

En revanche, il fait table rase des résultats de la mission Marchand et comble, au delà, les prétentions de l'Angleterre.

Et cependant, la presse d'outre-Manche l'a accueilli assez froi-

Femme baggara.

dement, et un journal a même dit que l'Angleterre voudrait bien maintenant « oublier le passé ».

Cette indulgence, au lieu de la satisfaction qu'aurait dû inspirer un si complet triomphe, n'est-elle pas la plus belle manifestation de l'exclusivisme britannique?

Malheureusement, cet exclusivisme grandit en même temps que les moyens dont il dispose.

Le péril dénoncé par Guillaume II s'aggrave.

Les suites lointaines des événements du Haut-Nil, et, par conséquent, de notre défaillance parlementaire et ministérielle de 1882, peuvent être bien autrement vastes qu'on l'imagine à l'heure actuelle.

Les steppes pauvres du Soudan apportent à l'Empire britannique un complément inappréciable, celui d'une terre à soldats.

Quelques membres de la mission photographiés à Djibouti.

Sans aucun doute, les héroïques routiers du Kordofan et du Darfour pourront, plus tard, donner à l'Angleterre, lorsqu'ils auront été disciplinés, des troupes comparables à nos Sénégalais recrutés parmi des populations analogues et qui lui permettront de peser bien lourdement sur les destinées de l'Afrique orientale.

Qui sait même si ces mercenaires ne seront pas l'instrument qui manque aujourd'hui à la politique britannique en Arabie et en Perse?

Il y a là une immense continuité à établir, les ambitions vaguement formulées par M. Curzon à réaliser.

La domination turque est combattue dans le Yemen.

124

Des influences musulmanes peuvent être habilement utilisées par l'Angleterre.

Cette dernière a même immédiatement songé à s'en préparer : son premier soin a été de créer à Khartoum une grande médersa d'où sortiront des hommes à sa dévotion, mais des hommes ayant, avec une haute culture musulmane, le moyen d'exercer à son profit une influence sur le monde mahométan.

Pour voir moins loin, — les prophéties sont un exercice décevant, — la position prise dans l'ancien Soudan égyptien par les Anglais leur donnera des moyens redoutables pour essayer de réaliser le rêve rhodésien « du Cap au Caire ».

En tout cas l'empire des Anglais sur le Nil est un bien dangereux voisin pour l'Abyssinie.

Et si cette dernière n'arrivait pas à s'organiser, avec l'aide de puissances intéressées à sa conservation, comme la France et la Russie, elle serait perdue.

Elle serait divisée d'abord, envahie ensuite.

Ce que le lieutenant Harrington n'a pas pu faire avec le raz Mangascia, bien vite réduit à l'impuissance sous le gouvernement énergique de Ménélik, il pourrait mieux réussir lors de la prochaine crise provoquée par l'ouverture de la succession au trône éthiopien.

Déjà les Anglo-Égyptiens investissent, de Kassala et du Gédaref où ils ont envoyé des troupes, la haute citadelle éthiopienne, et ils en tâtent les approches vers le sud, dans la direction du lac Rodolphe.

Donc, sans pousser bien loin dans le domaine de l'hypothèse, on découvre bien des développements possibles, singulièrement vastes, à la politique si pauvre d'un côté, et si mûre, si habile de l'autre, qui s'est symbolisée et résolue dans l'affaire de Fachoda.

*
* *

Est-ce à dire que nos relations avec l'Angleterre doivent fatalement en demeurer dangereuses ? Nous n'en croyons rien.

A regarder de près les choses, il est clair qu'il faudra longtemps pour que les Anglais tirent de la situation qu'ils ont conquise ce surcroît de puissance dont nous parlions plus haut.

D'autre part, si elle atteint notre prestige, l'affaire de Fachoda n'a pas diminué nos forces ; nous n'avons pas un navire de moins, après l'avoir subie.

Au contraire, nous avons armé nos colonies si négligées jusquelà à ce point de vue, et peut-être la leçon que l'Angleterre nous a donnée, la rendant aussi rude, aussi probante que possible, nous aura-t-elle imposé des conclusions plus durables qu'un simple mouvement d'humeur.

Peut-être la nécessité d'un apaisement continental, en présence de l'importance croissante des problèmes d'outre-mer, sera-t-elle acceptée et inspirera-t-elle à l'avenir notre politique.

Alors l'événement aura un résultat tout autre que celui que proclamait orgueilleusement le journal anglais qui déclarait toutes les questions pendantes entre la France et l'Angleterre, virtuellement tranchées au lendemain de Fachoda.

La question d'Égypte elle-même n'est pas réglée.

Les Anglais ont derrière eux plus d'efforts et partant plus de droits, il est raisonnable de l'admettre.

Mais, en réalité, une question n'est réglée que lorsque ceux qui s'y intéressaient la considèrent comme telle ou bien sont mis dans l'impuissance de la maintenir ouverte et de prétendre imposer leur solution.

Tel n'est pas encore le cas.

L'Angleterre a toujours un grand intérêt à faire disparaître la tension de ses rapports avec la France, cause principale des armements formidables qu'elle est obligée de soutenir.

Elle doit être disposée, surtout si nous entrons résolument dans la direction politique où notre hostilité deviendrait dangereuse pour elle, à rechercher avec nous les bases d'un accord durable.

Cet accord est réalisable.

Les points de contact inquiétants sont, en somme, devenus plus rares à la suite des arrangements laborieusement négociés au cours des dernières années.

Au Siam, la convention de 1896, si elle est intégralement et loyalement exécutée, constitue un *modus vivendi* acceptable.

A moins d'un exclusivisme exorbitant chez les Anglais, il sera possible de concilier en Chine les intérêts des deux pays.

On peut trouver, sans trop de peine, d'autant que les zones sont nettement marquées par l'orographie du pays, des limites convenables à la réserve d'avenir dont le Tonkin a besoin dans la Chine méridionale pour ne pas être étouffé un jour, et à l'immense sphère d'influence que l'Angleterre revendique dans la vallée du Yang-tsé.

Sans doute, si nous consentions à étendre les clauses de réciprocité commerciale qui figurent dans les dernières conventions relatives au Niger, au Tchad et au Nil, trouverions-nous plus de bonne volonté de la part des Anglais.

Le protectionnisme intransigeant qui nous caractérise afflige nos colonies sans nous profiter; ils donnent aux jingoes anglais des arguments pour nous aliéner la masse commerçante de l'Angleterre.

C'est une double raison pour l'écarter, au moins des pays qui pourraient nous revenir plus tard.

*
* *

Les autres difficultés résolues, resterait, il est vrai, l'éternelle question d'Égypte.

Mais là, nous devons un peu faire notre *mea culpa*.

Avons-nous jamais eu une politique, depuis que tous nos ministres répètent avec une stérile éloquence que l'Angleterre a sur le Nil une situation de fait et non de droit ?

Protestataires indécis, avons-nous jamais songé sérieusement à l'orientation diplomatique et à l'instrument militaire, évidemment nécessaires pour forcer les Anglais à tenir leur parole et à évacuer le pays ?

D'autre part, puisque nous ne voulions pas employer les grands moyens, proportionnés d'ailleurs à la grosseur de l'enjeu, avons-nous jamais consenti à envisager la possibilité de vendre notre désistement moyennant des compensations raisonnables ?

Il fallait choisir entre ces deux termes, ou poursuivre une politique nulle, et comme nos hommes d'État n'osent et peut-être ne peuvent prendre aucune responsabilité un peu étendue, comme ils se bornent à ménager leur personnage en obéissant au fameux « surtout pas d'affaires ! » c'est à ce troisième terme que nous nous sommes arrêtés.

Rien ne pouvait nous faire prendre moins au sérieux.

Rien non plus n'était plus agaçant, car on s'irrite à se voir poursuivi des réclamations de gens qui ne savent pas ce qu'ils veulent.

Sans aucune vue d'ensemble, nous avons employé, pour arrêter la politique britannique, ces procédés juridiques que fournit si aisément le *status* international de l'Égypte.

C'est là que l'on peut trouver véritablement les coups d'épingle que nous reproche l'Angleterre.

Mais, en vérité, elle ne saurait nous en vouloir d'avoir eu une politique trop inconsistante pour lui porter des coups plus sérieux.

On assure qu'à plusieurs reprises, après que nous eûmes commis la faute de rejeter la convention Drummond-Wolf, nous aurions pu régler la question d'Égypte par un troc.

Bédouine halfigeh.

Quoi qu'il en soit, on ne voit pas pourquoi nous ne songerions pas à cette solution à l'heure actuelle.

Le temps n'est plus de distinguer avec une virtuosité de juristes les situations de droit des situations de fait, comme si les premières ne sortaient pas toujours au bout d'un certain temps des secondes, et comme si les droits des différentes puissances n'étaient pas de la force ancienne légalisée par les traités et surtout par le temps.

Il serait puéril de méconnaître que Tell-El-Kébir et Omdourman ont été des étapes de l'histoire, comme l'a dit lord Salisbury; des étapes qui ont mené à un ordre de choses nouveau, fâcheux pour nous dans l'Afrique du nord-est, mais que nous ne pouvons raisonnablement ignorer, et que nous pourrions cesser de discuter, si l'Angleterre voulait bien reconnaître qu'à sa situation dans l'Afrique nord-orientale répond une situation identique de la France dans le nord-ouest du continent.

Il doit se poser un jour, de ce côté, une question capitale, qui mériterait d'être l'objet principal des préoccupations de notre diplomatie, parce que sa solution répond à l'œuvre la plus importante qu'ait entreprise la France moderne, celle qu'elle poursuit dans le Magreb des Arabes, dans la Berbérie, qu'elle n'étreint pas encore en entier.

L'avenir de cette partie du monde est la dernière grande chance coloniale qui nous reste.

Il se serait pas prématuré d'y songer, non comme un embarras possible, comme un cauchemar capable de troubler les quiétudes, mais comme un problème dont les éléments sont connus et dont nous devrions préparer dès à présent la solution en notre faveur.

Mais, dit encore M. Robert de Caix, pour faire prendre une pareille extension à la question d'Égypte, il faudrait évidemment donner une valeur proportionnée à l'objet d'échange que nous proposons, et qui ne peut être que la fin des embarras et même des dangers qu'une hostilité intelligente de la France mettrait sur le chemin de l'Angleterre.

« On n'a l'estime des Anglais qu'à la condition de s'en faire respecter, » disait Gambetta.

Pour obtenir ou plutôt imposer ce respect, il n'y a qu'un moyen : suivre la politique d'apaisement et même d'entente sur le continent, dont tout le monde a senti la nécessité après Fachoda.

On se demande pourquoi, en France, nous mettons une telle pudeur à avouer ce rôle élémentaire que joue la force dans les relations et les sentiments entre nations.

Les orateurs, même les ministres anglais, nous l'ont assez dit au moment de Fachoda.

L'humeur sombre de lord Salisbury s'est exprimée d'une manière savoureuse à cet égard, et l'ironie réaliste de la tribune anglaise pesait un peu plus que les fumées oratoires de notre Parlement.

Pourquoi ne pas avoir la même liberté d'appréciation et de langage que nos « amis », et ne pas nous dire, de notre côté, que des colonies bien gardées et une politique continentale appropriée aux nécessités de la politique extra-européenne que nous suivons en réalité depuis vingt ans sont les vrais moyens d'arriver à cette entente cordiale dont on a tant parlé et qui est, du reste, la chose la plus désirable du monde.

Après tout, l'enjeu en vaut la peine.

Voulons-nous perdre, dans la partie pour l'empire colonial, notre dernière carte, après avoir perdu presque tout le jeu par nos incertitudes du XVIIIe siècle ?

Le monde prend rapidement une forme nouvelle ; doit-il se faire complètement en dehors de nous ?

Jules Ferry, qui fut un précurseur en matière coloniale, disait en 1892, fidèle aux idées qu'on avait exploitées auprès de la bêtise des foules, pour lui infliger une tenace impopularité, que la France ne peut « vivre comme une veuve à son foyer, l'œil fixé sur un point de la frontière, ne pensant qu'à cela sur terre et laissant, dans cette préoccupation sublime et douloureuse, passer l'histoire et se faire les destins du monde, à côté d'elle, sans elle et contre elle ».

Combien il est plus juste encore de se demander maintenant, après Fachoda, si nous voulons persister dans la politique louche de Cadet Roussel, dont un œil regarde à Caen et l'autre à Bayeux, et qui peut être bien sûr de ne pas plus arriver à Caen qu'à Bayeux.

Nous avons été ambitieux et nous sommes condamnés à l'être encore dans une certaine mesure pour sauver notre mise.

Les événements peuvent donc nous amener à des entreprises qui devront avoir derrière elles tout ce qui manquait à la mission Marchand pour n'être pas un stérile prodige d'héroïsme.

Fachoda doit avoir suffi à nous convaincre de la justesse de la maxime du prince de Bismarck :

« Ne faites pas de politique à laquelle vous ne pouvez donner de suites sérieuses. »

Telles sont les pensées qui agitèrent l'esprit de Marchand pendant la longue et monotone traversée de la Méditerranée, et qui l'assiégeaient encore au moment où un léger ruban violet, se dessinant à l'horizon, arracha ce cri à Baratier :

— Commandant, la France !

CXLV

RÉCEPTION GRANDIOSE.

Une fête nationale. — Toulon pavoisé. — Le débarquement. — Enthousiasme indescriptible. — Le nourrisson de la mission. — Revue et défilé. — Le premier discours de Marchand. — Flots d'hommages. — Au jardin de la Ville. — Le vin d'honneur. — Au mess des officiers. — Intimité.

30 Mai !

Enfin !... Le jour tant attendu des Toulonnais et, il n'est pas exagéré de le dire, de tous les Français, est arrivé.

Notre grand port est pavoisé, comme en un jour de fête nationale.

Dans la matinée, dès que la nouvelle se répand que le *D'Assas* a doublé les rochers des Fourmis, toute la population se jette dans les rues.

A midi précis, ainsi qu'il avait été convenu la veille, tous les représentants des grands journaux de Paris et de province, plus le dessinateur Forain et le frère du capitaine Baratier, s'embarquent à bord du remorqueur *Le Condor*.

A midi et quart, le *D'Assas* entre en rade.

On l'aperçoit au loin distinctement.

Il se détache sur le fond sombre de la presqu'île Saint-Mandrier; il s'approche rapidement.

Lorsqu'il est complètement en rade, il ralentit son allure et ne tarde pas à stopper.

Aussitôt une multitude de petits vapeurs et de barques à voiles croisent autour de lui.

Le *Condor* se rapproche, et, de son bord, on peut voir les tirailleurs rangés sur le pont, et les membres de la mission debout sur la dunette du commandant.

La foule se trouvant sur les bateaux qui croisent autour du *D'Assas*, acclame la mission qui pousse des hourras et applaudit.

A ce moment, le cuirassé *Le Brennus* se détache de sa ligne et s'avance lentement vers le *D'Assas*.

Les marins massés sur le pont et dans les mâts poussent des hourras pendant que la musique joue la *Marseillaise*.

Il convient de faire remarquer que ces honneurs ne sont d'ordinaire rendus qu'aux amiraux.

L'exception faite en faveur de la mission est unanimement approuvée.

Paysan égyptien moderne et sa femme.

Les spectateurs de cette scène, à la fois si touchante et si grandiose, sont émus au dernier chef.

A bord du *Condor*, on acclame vigoureusement.

Forain, très ému, s'écrie :

— Voilà une scène que les adversaires de l'armée auraient dû venir voir !

Un jour clair, rendant la mer d'un joli bleu, vient encore ajouter son charme à cette scène inoubliable...

Pendant ce temps, sur la grande place du quai de l'Horloge se groupent de nombreux officiers, parmi lesquels on remarque la délégation du 9e hussards, régiment en garnison à Marseille, venue pour saluer le capitaine Baratier, et la délégation de l'artillerie de marine venue pour saluer le capitaine Germain.

A une heure moins le quart arrivent les voitures du préfet maritime en lesquelles sont M. Liotard, délégué du ministre des Colonies; le lieutenant-colonel Lombard, les lieutenants de vaisseau Hourst et Motrel, délégués du ministre de la Marine, et enfin le lieutenant-colonel Castelnau, délégué du ministre de la Guerre.

Descendus, ces messieurs prennent place à bord de la chaloupe à vapeur du préfet maritime qui est accostée au quai et qui file bientôt à toute vitesse.

La grande place du quai de l'Horloge a été déblayée, et les nombreux privilégiés qui avaient pu pénétrer dans l'arsenal se tiennent au bas des côtés ombragés par de grands arbres.

La haie est faite par les pompiers de l'arsenal.

*
* *

Lorsque la chaloupe de l'amiral a disparu, chacun se case pour bien voir la réception.

De nombreux appareils photographiques sont installés en face de l'endroit où débarquera le commandant Marchand.

Un cinématographe est dressé.

Le bruit court que Marchand ne débarquera pas avant deux heures.

Les minutes d'attente paraissent longues à tous; on cause avec entrain.

Les officiers présents ne cachent point leur émotion et leur enthousiasme.

On apprend que la démarche du docteur Lachaud auprès de M. Lockroy a abouti et que les membres des familles des officiers et sous-officiers de la mission ont été admis à venir à l'arsenal.

La famille du capitaine Germain est là, heureuse à la pensée de retrouver celui que pendant longtemps elle n'osait espérer revoir.

Les petits neveux du capitaine demandent si leur oncle se porte bien, et chacun de les rassurer.

A deux heures moins dix un mouvement se produit.

Vers la grande porte de l'arsenal débouche, musique en tête, une compagnie du 4e d'infanterie de marine suivie d'un peloton d'artillerie.

Les soldats portent le képi engainé de toile blanche et garni de couvre-chefs de toile, et les officiers ont le casque colonial, ce qui donne à cette troupe un aspect gai produisant un charmant effet.

Les nouveaux arrivants se massent au fond de la grande place où, peu après, viennent se placer le long du quai les voitures du préfet maritime, venant chercher le commandant Marchand et ceux qui ont été le prendre au *D'Assas*.

A ce moment, la foule qui attend est un peu nerveuse et déjà impressionnée par cet événement si attendu du retour du héros de Fachoda...

Il est deux heures, une fumée blanche pointe à l'entrée du bassin de l'Horloge.

C'est la petite chaloupe amenant le commandant Marchand qui entre rapide dans le bassin, toute blanche, gracieuse, avec son grand pavillon flottant à l'arrière.

L'accostage se fait rapidement.

Le commandant Marchand descend le premier.

A peine a-t-il mis pied à terre, que les acclamations retentissent de toutes parts :

« — Vive Marchand ! Vive l'armée ! »

Le commandant est en grande tenue.

Il paraît un peu fatigué.

Au premier moment, il semble saisi par toute cette rumeur d'acclamations et comme gêné même.

On le sent très ému.

Il se ressaisit vite et, d'un pas assuré, se dirige vers le landau qui l'attend.

Avant de s'asseoir, il salue, puis agite son képi en souriant.

A cet instant, l'enthousiasme est à son comble.

Les représentants des trois ministres et le préfet maritime repartent dans les trois voitures.

Bientôt le cortège s'ébranle et se dirige vers la préfecture maritime.

*
* *

Pendant que le cortège se dirige vers la Préfecture, les troupes d'infanterie de marine forment la haie sur la place du quai de l'Horloge.

Peu après, la *Tornade* apparaît dans le bassin de l'Horloge.

Elle ramène les officiers de la mission avec les tirailleurs.

Aussitôt les familles des officiers de la mission se précipitent au-devant, et les scènes de famille les plus touchantes se produisent.

Les tirailleurs débarquent, puis forment les rangs.

La plus vive curiosité saisit les assistants.

Mais lorsque l'on voit nos vaillants tirailleurs se mettre en marche et défiler avec un admirable ensemble et une merveilleuse correction, les applaudissements éclatent et les acclamations retentissent.

Le détachement est vêtu de neuf avec des vêtements qui leur ont été apportés ce matin même à bord du *D'Assas*.

Ils portent la vareuse bleu foncé, le pantalon de toile blanche, enserré dans le bas par des guêtres bleues montant jusqu'au genou.

Ils sont coiffés de la chéchia.

Le détachement est précédé de ses six clairons, sonnant avec une grande correction et entrain.

Entre les clairons et la troupe marche un tout petit nègre, vêtu d'une vareuse et d'un pantalon bleu.

Il tient en ses mains un drapeau et fait mille efforts pour harmoniser son pas avec celui de la troupe.

La foule fait une ovation à ce nourrisson de la mission, recueilli par elle dans le Bahr-el-Ghazal et qui l'a suivie depuis lors.

Derrière le détachement de Sénégalais et de Soudanais, viennent les quarante auxiliaires yacoucas.

On les reconnaît à leur figure tatouée.

La troupe indigène, commandée par le capitaine Mangin et le lieutenant Fouque, fait le tour de la place de l'Horloge.

Tous les cœurs se réjouissent en voyant passer si pleins d'entrain, d'allure si belle, ces braves gens qui pendant trois ans ont été les humbles et précieux auxiliaires de la mission et dont le dévouement ne s'est pas ralenti une minute.

C'est avec bonheur qu'on les applaudit à outrance.

Le capitaine Mangin, dont on remarque la bonne mine et la belle santé, semble fier et heureux de se trouver à la tête de ces noirs, lors de la fête inoubliable du retour, lui qui fut si souvent à leur tête au moment des heures périlleuses et douloureuses.

Le détachement indigène se masse du côté gauche de la place.

⁎

A trois heures moins le quart, le commandant Marchand revient de la préfecture maritime.

Il est dans un landau, assis à la droite de l'amiral de la Jaille, préfet maritime.

La voiture est précédée d'un peloton de gendarmes à cheval.

A peine a-t-elle pénétré dans l'arsenal, que les commandements « Portez armes ! présentez armes ! » retentissent.

En descendant de voiture, un léger incident se produit.

Un publiciste, M. Georges Villain, se précipite vers Marchand qu'il connaît de longue date, et lui serre la main en lui disant quelques mots affectueux.

Au premier instant, Marchand hésite, puis il reconnaît Villain, lui serre la main en souriant et en lui murmurant quelques paroles trahissant son émotion.

Aussitôt il reprend une attitude militaire devant l'amiral de la Jaille.

Nous relatons cet incident afin de montrer combien Marchand, dans tous ses actes, ses gestes même, se montre respectueux de la discipline.

Chacun remarque aussi que le commandant a une physionomie profondément triste.

Souvenir, murmure-t-on, de l'évacuation de Fachoda !

Le cortège, composé du commandant Marchand, de l'amiral de la Jaille et de son état-major et des députés du groupe de la défense nationale, se dirige vers le détachement des tirailleurs, auprès duquel se tiennent les officiers de la mission.

Marchand présente chacun de ses compagnons à l'amiral de la Jaille, qui s'entretient avec chacun d'eux.

L'amiral passe ensuite en revue le détachement des tirailleurs, félicitant le commandant sur sa belle tenue.

En passant devant le capitaine Mangin, l'amiral lui tend la main.

Aussitôt, le capitaine met bas le sabre et ils se serrent la main.

La revue terminée, le défilé des troupes commence.

D'abord un peloton d'artillerie de marine, puis un détachement de tirailleurs et une compagnie d'infanterie de marine.

Ce défilé a lieu au milieu de bravos et d'acclamations.

Quand il est achevé, les tirailleurs sortent de l'arsenal.

Après eux, sortent les officiers de la mission en voiture.

Dans les rues la foule toulonnaise est massée depuis longtemps, impatiente de voir et d'acclamer à son tour la mission.

Dès qu'on aperçoit la première chéchia des tirailleurs, on applaudit et on manifeste.

Les fenêtres des maisons sont garnies de monde.

Sur le passage des tirailleurs, mille incidents caractéristiques : une bouquetière prend toutes ses fleurs à pleines mains et les jette dans la voiture de Marchand.

Les femmes agitent leurs mouchoirs criant : « Vive Marchand ! Vive Baratier ! »

Les tirailleurs semblent étonnés et ravis.

Pendant une halte des tirailleurs, que la foule empêche d'avancer, on interroge quelques-uns d'entre eux.

On leur demande leurs impressions ; ils répondent qu'ils sont ravis de l'accueil et heureux d'être de retour ; que la partie du voyage la plus pénible a été la traversée des marais du Bahr-el-Ghazal, dont ils gardent un cruel souvenir.

Les Yolofs, escortés par les troupes d'infanterie de marine, sont conduits à bord du vieux navire *Le Tara* où ils logeront.

Sur tout le trajet, ils excitent vivement la curiosité publique.

* * *

A quatre heures, le maire et les adjoints, en landaus, avec le commandant Marchand et les autres officiers de la mission, se rendent à l'hôtel de ville, ayant peine à franchir l'énorme foule qui se presse sur leur passage.

Ce ne sont que vivats en honneur de Marchand et cris de : Vive l'armée ! constituant une imposante manifestation.

Le cortège, malgré les mesures d'ordre, a une peine inouïe à se frayer un passage pour arriver à la mairie, tant la rue de la République est encombrée.

L'hôtel de ville est pavoisé extérieurement.

A l'intérieur figure une décoration toute simple, d'une discrétion de bon goût.

Déjà toutes les sociétés, toutes les délégations sont réunies, impatientes de saluer la mission.

Au milieu d'un enthousiasme indescriptible, Marchand descend et pénètre dans l'hôtel de ville avec le maire.

Dès son apparition dans la salle de réception, les délégations l'accueillent par des cris intenses de : « Vive Marchand ! vive l'armée ! » et par un tonnerre de bravos.

Lorsque le calme s'établit, le maire prononce un discours dans lequel il souhaite la bienvenue à la mission et qu'il termine ainsi :

Comme premier magistrat de la ville, je vous donne en son nom l'accolade, que, soldat moi-même, je suis fier de donner au camarade loyal et brave qui vient d'ajouter une si belle page aux annales des explorations africaines.

Le commandant Marchand répond en ces termes :

Messieurs,

Vous devez comprendre combien je suis ému et combien je suis embarrassé pour vous exprimer mes remerciements pour l'accueil que vous me faites, ainsi qu'aux membres de la mission.

Au cours de notre expédition, il nous est arrivé une fois d'avoir peur, non pour nous, mais pour l'avenir de notre pays : c'est le jour où, étant à Fachoda, nous avons vu arriver une flottille, venant du nord, qui nous apportait des nouvelles de France.

En voyant dans quel état de division était notre pays à propos d'une affaire dont je n'ai pas à parler, nous avons compris que la France ne pourrait faire le suprême effort, nous avons senti que notre pays ne pourrait faire la réponse énergique et fière que dix siècles d'histoire lui avaient enseignée. La paix, un instant en question, a été heureusement maintenue; mais je crois pouvoir dire que des paix comme celle-là, il n'en faudrait pas deux à la France par siècle.

Je ne vous en dirai pas plus sur ce sujet (Deux ou trois voix : Oui ! oui ! nous vous avons compris), mais ceci est déjà du passé, regardons plutôt l'avenir. Quand nous avons aperçu à Djibouti le D'Assas que le gouvernement avait eu la bienveillance de nous envoyer, tous nous avons été heureux à la pensée que nous allions retrouver la Patrie.

Nous avons eu aussi un serrement de cœur en quittant cette terre d'Afrique où on nous avait dit que la nation était contre l'armée.

Eh bien, ce n'est pas vrai, nous l'avons vu aujourd'hui, et grande a été notre joie en entendant, aujourd'hui, ces trois cris étroitement mêlés : « Vive la France! Vive l'armée! Vive la République! » C'est sur cette pensée d'union et de patriotisme que, mes amis et moi, nous sommes heureux de répéter avec vous : « Vive la France! Vive l'armée! Vive la République! »

*
* *

M. Boell, président du comité constitué par l'École de commerce de Marseille, s'avance ensuite.

Il remet au commandant une superbe épée d'honneur, et prononce le discours suivant :

Après trois ans de dur labeur, trois ans de souffrances sans nombre, trois ans durant lesquels vous avez fièrement fait flotter sur la terre d'Afrique l'emblème sacré de la patrie, vous voici de retour parmi nous.

Tous les Français unis en ce beau jour, élevant pieusement leur âme vers la patrie, saluent en vous l'incarnation des plus nobles vertus militaires et civiques : devoir, honneur, abnégation. Tous tiennent à vous témoigner une profonde

Dès que les tirailleurs apprennent la nouvelle du séjour du capitaine Mangin, ils se mettent à danser.

admiration. Mais il est un autre sentiment plus difficile à exprimer, qui emplit aussi tous les cœurs, c'est celui d'une reconnaissance émue, infinie, pour ceux qui, tandis que nous restions en arrière, sont allés de l'avant; qui, tandis que nous demeurions inactifs, nous ont prouvé qu'il fallait agir pour vivre à notre époque. C'est ce sentiment que, élèves des écoles supérieures de commerce de France, nous avons voulu vous exprimer, en entreprenant la composition du livre d'or de la reconnaissance française.

Appelés à entrer demain dans la vie des affaires, à profiter plus que tous autres des débouchés que vous venez d'ouvrir, des relations qui ne manqueront

Le commandant et ses compagnons sont portés en triomphe.

pas de s'établir entre vous et les peuples auxquels vous avez donné une si haute idée de notre France, futurs commerçants, futurs industriels, nous avons voulu vous exprimer notre profonde gratitude en élevant en votre honneur ce monument de la reconnaissance nationale. Nous avons voulu vous dire aussi les espérances que faisait naître en nos cœurs cet incomparable voyage de l'Atlantique à la mer Rouge.

Nous saurons suivre votre exemple et, soldats de la grande armée commerciale, remplir notre devoir de commerçants comme vous avez rempli votre devoir de soldats. Puissions-nous le faire avec autant d'énergie et de courage.

Vous trouverez dans ce livre les témoignages enthousiastes de ceux qui représentent l'esprit français dans sa plus pure forme, nos grands littérateurs, nos grands artistes; ils seront à coup sûr la plus belle récompense qui puisse vous être décernée.

Au nom des écoles supérieures de commerce de France, dont voici les délégués, au nom de tous ceux qui nous ont prêté leur appui dans l'exécution de notre œuvre, j'ai l'honneur de vous offrir, mon commandant, l'exemplaire original, unique, du livre d'or de la reconnaissance française. Nous aurons également le plaisir de remettre à chacun de vous, messieurs, une reproduction du même ouvrage que, pressés par le temps, nous ne pouvons vous offrir aujourd'hui.

Vive Marchand! vivent ses vaillants compagnons! vive la France!

C'est le tour de M. Begey, vice-président du Conseil général d'Alger.

Il s'exprime ainsi :

Mon commandant,
Messieurs, les membres de la mission du Congo-Nil,

Dès que les Algériens connurent la présence de votre mission à Fachoda, Africains eux-mêmes, ils comprirent aussitôt tout ce que cette traversée de l'Afrique centrale avait dû vous coûter de sciences, d'efforts et de privations, pour planter et maintenir aussi avant le drapeau national. Des premiers, vos compatriotes de là-bas songèrent à venir vous saluer à votre retour en France et à vous apporter le témoignage patriotique de leur admiration.

Un comité se forma immédiatement, avant même que l'on connût le sort réservé à votre belle conquête, et dans son enthousiasme provoqué par votre héroïsme, messieurs, il prit le nom de comité algérien des admirateurs de la mission Marchand. Et pour que chacun dans notre plus belle colonie africaine pût prendre part à cette grande manifestation française, ce comité fut formé sans aucune prétention politique d'hommes représentant toutes les institutions libres du pays; aussi les listes de souscriptions remises à chacun d'eux se couvrirent-elles rapidement de signatures, dont le grand nombre constituera à vos yeux, comme aux yeux de tous, messieurs, la démonstration la plus évidente du haut intérêt que vos compatriotes d'Algérie portent à votre œuvre comme à toutes celles qui comme elle grandissent leur chère patrie aux yeux de l'univers entier.

Délégué par le comité avec mon collègue Broussain, son président, pour venir vous saluer, c'est à son indisposition assez sérieuse, que j'espère cependant n'être pas grave, que je dois d'avoir le très grand honneur de prendre devant vous la parole au nom de l'Algérie tout entière et de vous prier d'accepter d'elle, chefs et soldats, ce bien faible gage de notre réelle admiration pour l'œuvre patriotique que vous venez d'accomplir au péril de votre vie.

Des médailles commémoratives sont ensuite remises à Marchand et aux membres de la mission.

Le héros de Fachoda remercie le maire de tant de sympathie et dit qu'il est très sensible, ainsi que ses compagnons, à l'accueil si affectueux de la population.

Puis a lieu la remise des souvenirs par les sociétés.

Le commandant Marchand et le maire paraissent au balcon.

La foule fait entendre de nouveaux vivats.

.˙.

Après la présentation du conseil municipal et des corps élus ainsi que des fonctionnaires à Marchand, le long cortège des sociétés, des délégations et de la mission se forme dans l'ordre suivant pour se rendre au vin d'honneur du jardin public :

Brigades de gendarmes à cheval avant la voiture.

Première voiture : le maire de Toulon et le commandant Marchand ;

Deuxième, troisième et quatrième voitures : les membres de la municipalité et les officiers de la mission.

Puis, le conseil municipal, le conseil général, le conseil d'arrondissement, la chambre de commerce, le tribunal de commerce, les maires, les délégations municipales, les fonctionnaires, les administrateurs, la Ligue des patriotes et la Ligue de la « Patrie française », les Écoles supérieures de commerce de France, les délégations diverses, l'Avenir toulonnais, les sociétés de gymnastique : le Progrès, les Sans-Peur de la Seyne, la Revanche indépendante, l'Avant-Garde varoise, la « Pro Patria », les sociétés étrangères à la ville, les Élèves Patriotes du lycée de Toulon, les Vétérans des armées de terre et de mer de la Ciotat, les Anciens Militaires de terre et de mer de Marseille, les Anciens Sous-Officiers, Caporaux et Soldats du 112ᵉ de ligne de Marseille, les Anciens Militaires des corps de la marine de Marseille, les Combattants de 1870-71 d'Hyères, les Anciens Sous-Officiers des Alpes-Maritimes, l'Echo du Faron, le Cercle de concentration républicaine, la Société nationale de tir, le Cercle du général Paoli, le Cercle Sampiero, le Comité de la fédération corse, les Démocrates corses, le Comité de l'appel au peuple, l'Association des anciens élèves des écoles des frères, le Cercle catholique des ouvriers, le Syndicat des produits agricoles des environs de Toulon, l'Orphéon du Mourillon, la Société philharmonique de Saint-Jean-du-Var, le Cercle de l'union des Alpes, la Société des écoles laïques des Trois-Quartiers, le Cercle des intimes du Mourillon, le Cercle des droits de l'homme, le Cercle de la fraternité républicaine, le Cercle des instituteurs du Var, le Cercle des instituteurs des Bouches-du-Rhône, les Alsaciens-Lorrains, l'Union des retraites, l'Union des anciens sous-officiers et caporaux combattants de 1870-71, l'Union des Maisons-Neuves, la Toulonnaise, l'Orphéon national, l'Orphéon Piffard, la Jeune France, les Sauveteurs de Toulon, le Cercle républicain du Mourillon, les Groupes indigènes, un cordon d'agents de police.

Toute la population et tous les étrangers saluent et crient : « Vive l'armée ! Vive Marchand ! »

Sur tout le parcours suivi, Marchand s'incline et sourit.

***

Au jardin public, le vin d'honneur est servi sous les hauts platanes.

La foule est considérable.

L'arrivée du dessinateur Forain lui vaut une ovation.

La délégation d'officiers du 9ᵉ hussards le fait asseoir à sa table.

Le commandant Marchand est acclamé avec un enthousiasme indescriptible.

C'est du délire.

Vive l'armée ! vive Marchand !

Le commandant, très ému, remercie.

M. de Magalon prend la parole au nom de la Ligue des patriotes.

Il dit qu'il salue en Marchand le fils de l'humble ouvrier menuisier en qui se retrouvent les éternelles vertus de la race, et exprime l'espoir que le jour viendra où, lorsque la France aura planté son drapeau quelque part, elle ne l'en retirera pas avant d'avoir versé tout son sang.

L'enthousiasme est à son comble.

En remettant à Marchand la médaille de la Patrie française, Forain a dit :

> Au nom de cent mille Français, membres de la Ligue de la Patrie française, j'ai l'honneur de vous prier d'accepter cette médaille en témoignage de notre admiration pour vous et vos héroïques compagnons.

La remise de cette médaille a eu lieu à la mairie, mais Forain n'avait été présenté à Marchand qu'à l'arsenal, après le défilé.

Marchand et Forain s'étaient serré cordialement la main.

Les officiers de la mission Marchand ont fait une collecte pour acheter une couronne qui sera déposée sur le monument élevé à la colonne Bonnier au cimetière de Marseille.

Ces officiers ont voulu que leur première pensée, en touchant la terre de France, fût pour leurs camarades morts en Afrique...

Le cortège regagne ensuite le Grand-Hôtel.

La foule est considérable.

Elle réclame Marchand qui paraît au balcon et s'écrie :

— Soyons unis ! Vive la France !

Une immense acclamation lui répond.

La durée du dîner est à peine d'une demi-heure.

Le commandant Marchand demande alors à quitter quelques instants ses hôtes pour dépouiller quelques correspondances.

En effet, il a trouvé à son arrivée à Toulon plus d'un millier de lettres et de télégrammes venant de tous les points de la France.

Il répond immédiatement à quelques-uns émanant d'amis personnels ou de membres de sa famille.

A 9 heures, le commandant Marchand reçoit les délégations des officiers des 4e et 8e d'infanterie de marine venant le chercher en voiture pour se rendre au mess des officiers et prendre part à un punch préparé en son honneur.

Le mess en question est situé au Mourillon, à deux pas de la cale de l'arsenal maritime où repose actuellement le grand croiseur *Jeanne-d'Arc*, qui doit être lancé prochainement.

Une foule nombreuse criant : « Vive l'armée ! Vive Marchand ! » a suivi le landau sur lequel était le commandant, et l'a accompagné jusqu'au mess.

Cette réunion est tout intime.

Le vaillant soldat trouve ainsi quelques instants pour causer avec ses camarades, ce qui lui tenait beaucoup à cœur.

Il rentre à l'hôtel à minuit, accompagné par un grand nombre d'officiers d'infanterie de marine.

Ainsi se termine la première journée du retour.

Journée grandiose, glorieuse, triomphale, et qui met un peu de baume sur le cœur ulcéré de nos héroïques compatriotes !

Quoi de plus doux, en effet, et de plus consolant que l'hommage enthousiaste d'un peuple, que le tendre et fier baiser de la Patrie reconnaissante ?

CXLVI

ENTHOUSIASME CROISSANT

Marchand reçoit les membres de la presse. — Impression de l'un d'entre eux. — Le discours de la veille. — Les tirailleurs à bord du « Castiglione ». — Violent chagrin. — Sur la tombe de Simon. — A bord du « Brennus ». — Un honneur insigne. — Au mess des sous-officiers. — Le départ pour Paris. — Une bonne nouvelle. — Proclamation.

Le lendemain, 31 mai, de grand matin, le commandant Marchand donne audience aux membres de la presse.

Il les accueille avec une grande amabilité et tient à s'entretenir avec chacun d'eux.

Pour chacun, il a un mot gracieux.

Laissons à l'un de ces journalistes, le très distingué M. André Mévil, le soin de rendre compte de cette entrevue :

« Tout d'abord, le commandant nous a déclaré que la pensée de quitter brusquement ses tirailleurs le peinait beaucoup.

« De plus, il leur avait promis de les amener à Paris comme récompense et il souffre de savoir que sa promesse restera sans effet.

« Puis nous avons parlé de Fachoda.

« Le commandant Marchand nous a dit qu'à Fachoda, sa position était très solide.

« La mission y était bien pourvue et à l'abri derrière des fortifications sûres, capables de résister aux attaques de l'artillerie européenne.

« En outre, toutes les populations des pays environnants, représentant au moins quatre millions d'individus, étaient nos alliées, prêtes à nous soutenir, à nous défendre.

« Ces populations avaient horreur de l'incursion des Anglais, parce que ceux-ci venaient avec les Égyptiens, dont l'ancienne domination ne leur avait laissé que des souvenirs atroces, à tel point qu'elles déclaraient préférer cent fois la domination mahdiste.

« Les Égyptiens sont restés pour elle les Turcs razzieurs et marchands d'esclaves.

« Nous, au contraire, nous sommes pour elles les Francs dont, depuis les Croisades, elles ont gardé un excellent souvenir.

« D'après le commandant Marchand, il aurait donc été impossible aux Anglais de tenter un coup de main à Fachoda.

« Le commandant Marchand nous a déclaré n'avoir cessé de s'y sentir en parfaite sécurité.

« Comme je demandais au commandant quelle avait été la partie la plus pénible du voyage, il me répondit qu'au point de vue matériel c'avait été la traversée de marais du Bahr-el-Ghazal, mais que la plus angoissante avait été le passage du bassin du Congo, dans le bassin du Nil, alors qu'on craignait à chaque instant de voir la mission se heurter à des obstacles insurmontables.

« La traversée de l'Abyssinie, continue le commandant Marchand, nous a laissé un souvenir charmant.

« Partout, la cordialité abyssine à leur égard se manifesta.

« Marchand avoue avoir été agréablement surpris de constater chez les Abyssins un état d'esprit si favorable à la France.

« Il n'espérait pas tant, après la désillusion de n'avoir point trouvé les troupes de Ménélik sur les bords du Nil.

« L'armée abyssine lui a paru belle, bien armée, bien entraînée.

« Comme je questionnais le commandant au sujet des relations actuelles entre Abyssins et Anglais, il m'a répliqué qu'il préférait ne pas aborder cette question délicate, mais il a affirmé que, plus que jamais, notre intérêt politique en Afrique nous commandait d'entretenir avec les Abyssins des relations cordiales.

« Son avis du reste est que l'influence anglaise en Afrique prend une place prépondérante et constitue un danger pour nous.

*
* *

« Marchand a continué l'entretien en avouant combien il avait été agréablement surpris hier devant la réception vraiment grandiose qui lui avait été réservée.

« Ce fut pour lui un étonnement, un saisissement même.

« Rien ne lui avait fait prévoir semblable retour.

« Aussi son émotion a-t-elle été grande.

« En souriant, il a ajouté qu'une journée comme celle d'hier l'avait plus fatigué qu'une année dans la brousse.

« L'intention du commandant est de goûter paisiblement un repos qu'il a bien gagné après trois ans de fatigues physiques et morales.

« Au cours de cet entretien, il s'est passé un petit incident que voici ; alors que nous causions, un correspondant de journal anglais se présenta devant Marchand qui, courtoisement, lui répondit :

« — Je serai heureux de vous recevoir, mais tout à l'heure... car, en ce moment, nous causons entre amis français.

« Ces mots « amis français » sont bien caractéristiques et nous ont fait à tous un plaisir infini.

« Enfin le commandant nous a parlé des deux petits négrillons qu'il a avec lui et qu'il essaiera de caser à Paris, dans quelque maison d'éducation.

« Ces deux enfants sont très gentils, très intelligents...

« Le commandant regrette que le texte du discours qu'il a prononcé à l'Hôtel de Ville, hier soir, n'ait pas été d'une exactitude rigoureuse.

« Il donne de nouveau l'explication du passage relatif aux incidents de Fachoda.

« Il n'a voulu aucunement juger les effets, mais seulement faire une allusion aux causes qui nous ont mis dans la situation pénible où nous nous sommes trouvés.

« Pour éviter le renouvellement de pareilles tristesses, le commandant ne voit que l'union de tous les Français, parce que l'union fait la force et que la France a besoin d'être forte, si elle veut remplir dans le monde le rôle que lui dicte son glorieux passé et que lui imposent ses légitimes aspirations.

« Soldat avant tout, il a souffert, mais, les yeux tournés vers l'avenir, il espère.

« A cette demande : « Entrevoyez-vous une suite à votre voyage d'exploration Congo-Nil ? » il sourit, demeure pensif un instant, puis me dit : « Je ne puis vous répondre. »

« Et après une pause, il ajoute : « Pour l'instant. »

« Mon sentiment personnel, après la conversation avec le commandant, est que l'accueil enthousiaste reçu par lui, hier, l'a profondément troublé.

« Marchand est une nature sensible, impressionnable chez laquelle les sensations sont intenses.

« Peut-être même redoute-t-il les émotions qui l'attendent à son retour à Paris.

« La pensée de laisser ses tirailleurs qu'il aime profondément l'afflige fort et lui gâte, j'en suis persuadé, en grande partie, la joie du retour.

« J'ai remarqué que les officiers de la mission prodiguent à leur chef les marques d'affection.

« Tous paraissent avoir peur de se quitter. »

* * *

Transportons-nous maintenant au ponton-caserne *Castiglione*, où se trouvent logés les tirailleurs de la mission.

Il s'y passe en ce moment une scène bien touchante.

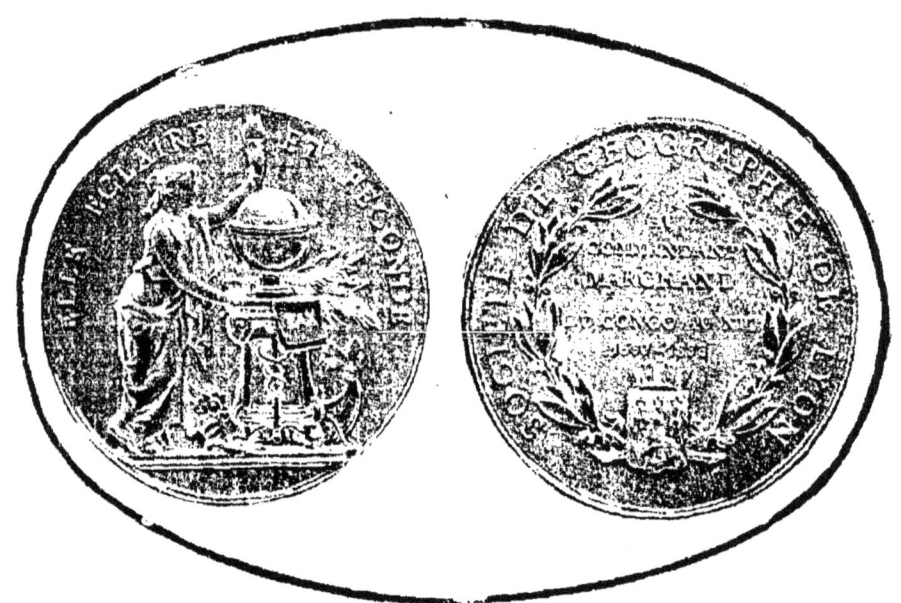

Médaille de la Société de géographie de Lyon.

Le capitaine Mangin fait ses adieux à ses fidèles noirs.

Ceux-ci l'entourent, ne veulent point le laisser partir et le supplient de ne point les abandonner.

Un grand nombre d'entre eux pleurent à chaudes larmes.

Plusieurs officiers d'infanterie de marine, qui ont été au Sénégal et au Soudan, sont là, veulent les consoler, les rassurer, leur disent quelques mots en idiomes sénégalais ou soudanais.

Le capitaine Mangin est désolé de ce qui se passe.

Il a demandé, puisqu'il paraît que les tirailleurs vont être dirigés bientôt vers leur pays, de rester jusqu'à leur départ, de les conduire à leur embarquement.

Lui aussi ne veut point les abandonner.

A ce propos, l'opinion est unanime à demander que les tirailleurs viennent à Paris.

C'est aussi le désir le plus ardent de Marchand et de ses compagnons.

Malheureusement, le gouvernement qui en a décidé autrement, s'obstine dans sa détermination.

Pauvres noirs! Il faut voir de quel air triste ils mangent leur couscous au riz, assaisonné de sauce tomate.

Des fourchettes, des cuillers, des quarts d'ordonnance leur ont été distribués.

Jamais ils ne se sont trouvés autour d'une table si correctement aménagée.

Mais cela ne suffit pas à leur rendre la gaîté.

Le cœur n'y est pas.

Pour eux, il n'y a plus de fête, puisqu'on les sépare de leurs chers officiers!

M. Mévil cause avec l'un d'eux; donnons encore ce passage de son récit :

« Je lie conversation avec un Yoloff, natif de Saint-Louis, qui fut caporal dans la mission, et je lui ai demandé de me conter un peu ses souvenirs.

« Il m'a déclaré que les tirailleurs avaient éprouvé un excellent plaisir à châtier les sauvages, c'est son expression, qui au Congo étaient révoltés lors du débarquement de la mission.

« L'impression qu'il a gardée du Congo, c'est que la brousse est trop haute et difficile à pénétrer.

« Quant à la traversée des marais de Bahr-el-Ghazal, il en frémit encore.

« Pendant le jour, les tirailleurs étaient tous attelés après les embarcations qu'ils charriaient à travers les herbes.

« Le soir, ils étaient dévorés par les moustiques qui leur entraient dans le nez et les oreilles.

« Ils mangeaient les caïmans et les hippopotames qui pullulaient en ces parages.

« Ménélik, un noir comme lui, a produit un grand effet sur son esprit. « C'est un grand chef, » dit-il.

« Je lui ai demandé s'il voulait aller à Paris.

« A ce mot, ses yeux se sont allumés, et il m'a répondu : « Noirs
« aimer toujours aller Paris, qui est trop joli, mais nous pas vouloir
« rester ici seuls sans Mangin. »

« Il est vraiment touchant l'attachement naïf de ces soldats pour leur officier, d'autant qu'il est réciproque. »

* *

Pendant que le commandant Marchand reçoit les membres de la presse, les capitaines Baratier, Germain, Mangin, le docteur Émily et le lieutenant Fouques, obéissant à une pensée délicate, se rendent au cimetière et déposent une magnifique couronne sur la tombe de leur camarade Simon, dont nous avons dit le rapatriement et la mort.

On se rappelle que le lieutenant Simon, rentré en France pour cause de maladie, était mort en Algérie, capitaine et chevalier de la Légion d'honneur.

La couronne, qui est superbe, porte cette mention : *La mission Marchand au regretté capitaine Simon.*

Ce pieux devoir accompli, tous les officiers de la mission, entourant leur chef, se rendent à bord du *Brennus*, où l'amiral Fournier leur offre un dîner de trente-deux couverts.

Citons parmi les convives le vice-amiral de la Jaille, les contre-amiraux Bellanger, Gourdon, Godin, Caillard, Marchal, les généraux Palle et Coronat, etc.

Au champagne, le commandant en chef de l'escadre se lève et prononce le discours suivant :

Mon cher Commandant, Messieurs,

C'est avec une joie émue et profonde que j'ai l'honneur aujourd'hui de vous souhaiter la bienvenue sur le *Brennus*, au nom des officiers de notre belle escadre de la Méditerranée, où chacun a suivi de loin, dans les élans d'une pensée anxieuse, le long et glorieux sillon que vous traciez, vous et votre vaillante troupe, d'une rive à l'autre de l'Afrique.

En bravant des obstacles, des fatigues, des privations et des périls de toute sorte, vous avez montré une fois de plus, pendant ces trois années d'épreuves, que les officiers formés comme vous, dans les campagnes lointaines, à la rude école des troupes de la marine, savent puiser, dans leur profond dévouement à leur patrie, l'esprit de sacrifice et les trésors d'énergie qu'ils dépensent sans compter et sans défaillance pour la gloire du pays.

C'est le mépris de l'obstacle et du danger et l'entier sacrifice de lui-même qui doivent faire la grandeur du soldat : sacrifice de sa vie pendant la guerre, sacrifice de ses opinions dans la mêlée des partis.

Mais je ne veux point soutenir ici une thèse, ni vous faire un discours.

Les militaires se comprennent d'habitude entre eux en peu de mots.

Je me borne donc à ajouter que le jour où nous avons la bonne fortune de vous revoir sortis sains et saufs de votre héroïque entreprise, un seul sentiment doit dominer tous les autres dans nos cœurs : celui de la reconnaissance que nous vous devez tous pour le regain de fierté que votre exemple donne à la France et pour l'émulation chevaleresque que l'éclat de vos services et les justes hommages qui vous sont rendus ne peuvent manquer de susciter dans les âmes généreuses et bien trempées de notre chère patrie!

Messieurs, levons tous nos verres en l'honneur du commandant Marchand et de ses héroïques compagnons, officiers, sous-officiers et soldats de France et d'Afrique!

Le commandant Marchand a répondu :

« *Amiral, Messieurs,*

« *Je crois vraiment marcher dans un rêve.*

« *Lorsque je promène mes regards autour de cette table, je n'y vois que de grands chefs, qui se présentent cependant comme s'ils étaient seulement des amis et dont les mains sont tendues vers moi pour me remercier de ce que j'ai fait : c'était mon devoir de soldat.*

« *Aujourd'hui j'ai un devoir doux à remplir.*

« *Je remercie la marine de ce qu'elle a fait pour nous, je remercie le capitaine de frégate Ridoux, commandant du D'Assas, de l'agréable traversée qu'il nous a fait faire.*

« *Grâce à lui, grâce à son beau croiseur, nos tirailleurs ont eu une première idée de ce qu'était la flotte française et leur enthousiasme n'a pu que grandir lorsqu'ils ont vu la rade et l'arsenal.*

« *Messieurs, au nom de la mission, je bois à la marine!* »

Après le banquet, l'amiral Fournier veut donner au commandant Marchand une marque particulière d'estime.

Il lui fait passer une inspection du navire, tout l'équipage étant à son poste.

C'est un honneur insigne que l'amiral témoigne ainsi au vaillant explorateur, car cette cérémonie n'a jamais été ordonnée sur le navire amiral de l'escadre en l'honneur d'un officier du grade de commandant.

L'amiral et le commandant s'arrêtent à la batterie du *Brennus* où les officiers mariniers de l'escadre reçoivent à déjeuner leurs huit camarade sénégalais dont l'un porte la croix de la Légion d'honneur et les trois Européens.

En débarquant sur le quai, le commandant Marchand et ses compagnons tiennent à aller rendre visite à l'Hôtel de Ville aux membres de la municipalité. De la mairie à leur hôtel ils sont de nouveau salués par d'enthousiastes vivats.

***

Le commandant Marchand, dont la sollicitude pour ses tirailleurs est sans bornes, demande télégraphiquement au ministère la permission de laisser un officier auprès des tirailleurs jusqu'à leur départ pour Dakar.

Le ministre répond favorablement, et le commandant désigne le capitaine Mangin pour rester auprès des Sénégalais.

On sait que le capitaine Mangin, de l'infanterie de marine, avait la direction plus spéciale des tirailleurs ; c'était lui qui les avait amenés à Dakar, lorsqu'il avait fallu constituer la mission.

Dès que les tirailleurs apprennent la nouvelle du séjour à Toulon du capitaine, ils se mettent à danser et à pousser des cris de joie.

A trois heures, un lunch est offert par les instituteurs de Toulon et du Var à l'interprète Landeroin, qui fut instituteur en Tunisie.

Une délégation des Corses de Paris, conduite par MM. Cyranos, rédacteur en chef ; Gaffory, directeur de la *Corse*, et Calensetti d'Alberti, représentant le journal *Le Patriote* de Paris, vient saluer le commandant Marchand et le docteur Emily, leur patriote, médecin de la mission.

Le commandant Marchand tient à terminer la soirée en se rendant du mess des officiers à celui des sous-officiers. Il y prononce une intéressante allocution :

Pendant la conduite de la mission Congo-Nil, les sections de la compagnie soudanaise de l'escorte étaient commandées par quatre sous-officiers : je veux vous citer leurs noms : de Pradt, Venail, Bernard, Dat, tous les quatre de l'infanterie de marine; ils ne savaient pas au départ où nous nous allions les mener; ils n'avaient pas pour les soutenir : mêmes stimulants puissants qui poussent les officiers ; mais cependant je dois dire qu'au milieu des dures fatigues, des privations répétées et des nombreux moments critiques, jamais leur dévouement, leur vaillance, leur tact et leur esprit de discipline n'ont faibli un instant; pendant ces trois années ils sont devenus nos amis et je suis devenu leur admirateur.

J'ai voulu rendre par là une justice que je sais méritée au corps des sous-officiers français.

On a dit, on a osé écrire que la caserne était une école de démoralisation ; sans doute je sais bien qu'elle n'est pas un couvent de jeunes vierges, mais pour juger de nos sous-officiers et de la valeur de l'éducation qu'ils reçoivent, ce n'est pas à la caserne qu'il faut aller prendre des notes, c'est sur le champ de bataille, et c'est là que je donne rendez-vous à ceux qui n'ont pas hésité à diffamer.

Les réceptions de Toulon sont terminées.

A 5 h. 45, un train spécial s'ébranle, emportant la mission, les députés et la presse vers Paris, au milieu des acclamations et des cris mille fois répétés de :

— Vive Marchand !
— Vive l'armée !
— Vive la France !
— Vive la République !

Les élèves du lycée, drapeau en tête, font une magnifique manifestation.

Détail émouvant à noter :

Quelques sous-officiers et caporaux sénégalais qui assistent sur le quai de la gare, au départ de leurs chefs, veulent partir, eux aussi, et monter dans les wagons.

Il faut les emmener de force.

Braves noirs !... Grands enfants !

* *

Après le départ des officiers de la mission, la ville de Toulon ne perd rien de son animation pendant toute la soirée.

Les sous-officiers et caporaux noirs sont autorisés à sortir en compagnie de marins et soldats de l'infanterie de marine.

A leur passage devant les terrasses des cafés et sur le boulevard, ils sont l'objet de chaleureuses ovations.

Leur entrée au casino est saluée des cris de : « Vive Marchand ! Vive l'infanterie de marine ! »

L'orchestre joue la *Marseillaise*.

Toute l'assistance est debout et applaudit frénétiquement.

Les dames envoient aux tirailleurs des fleurs et quelques-unes vont les embrasser.

Les nègres témoignent leur satisfaction en criant : « Vive Marchand ! vive la France ! »

Tous demandent à aller à Paris à la revue du 14 juillet.

Ils espèrent que leur commandant obtiendra du gouvernement l'autorisation de leur faire faire ce voyage.

Aussi avec quel débordement de joie, le lendemain, 1ᵉʳ juin, ils accueillent la bonne nouvelle que leur apporte le capitaine Mangin.

Le commandant Marchand a obtenu de M. Lockroy, ministre de la Marine, la promesse qu'ils viendraient à Paris.

Ce même jour, le préfet maritime autorise leur sortie en ville par groupes de cinquante, pour aller assister aux représentations du Casino, que leur offre le directeur de l'établissement.

Au Casino, leur entrée est saluée par les acclamations de toute la salle.

La musique joue la *Marseillaise*, que tous les nègres écoutent debout.

On leur jette des fleurs et des cris de : Vive Marchand! vive l'armée! sont poussés avec frénésie.

Dans l'après-midi déjà, la population toulonnaise avait eu une nouvelle occasion de les fêter.

Le général de division Duchemin, inspecteur général des troupes d'infanterie et d'artillerie de marine, étant venu pour passer l'inspection de la 4e brigade, avait manifesté le désir de passer en revue, en même temps, la petite troupe du commandant Marchand.

Les cent soixante Sénégalais furent donc amenés sur le champ de manœuvres par le capitaine Mangin.

Ils manœuvrèrent avec une telle régularité et un tel ensemble, que le général inspecteur témoigna hautement sa satisfaction, et ordonna que, pour le défilé qui devait suivre, ils eussent la place d'honneur, c'est-à-dire qu'ils marchassent aussitôt après les musiciens, en avant des régiments de la brigade.

C'est ce qui fut fait aux applaudissements de la foule, dont les vivats accompagnèrent les nègres durant toute la marche vers leur casernement.

On criait éperdument :

— Vive Marchand! Vive l'armée! Vive la République!...

Ne quittons pas Toulon sans signaler et reproduire la belle proclamation que M. Pastoureau, maire de Toulon, fit afficher, le 2 juin, sur les murs de la ville :

Chers concitoyens,

La réception faite dans notre ville au commandant Marchand et à ses compagnons a été telle que nous l'avions espérée, c'est-à-dire grandiose.

Vous avez donné à vos manifestations l'expression du patriotisme le plus pur. Vous avez montré quels sentiments élevés animaient vos cœurs et combien vous saviez rendre hommage à ceux qui poussent si loin leur dévouement pour la patrie.

Chers concitoyens,

Au nom du commandant Marchand et de la mission dont il est le chef, au nom de la municipalité, je suis heureux de vous témoigner, en cette circonstance mémorable, toute notre reconnaissance et tous nos remerciements.

                              Vive la France! Vive la République!

On loue des voitures qui vont devenir des tribunes.

Et maintenant rejoignons le commandant Marchand qui, avec ses sous-officiers français, file à toute vapeur vers le triomphe que lui prépare le grand cœur de Paris!

.·.

Paris!... qui vient, enfin, de nous débarrasser du cauchemar des juifs prussiens et de leur traître hideux et lâche : Dreyfus!
Vive la France!

CXLVII

DE TOULON A PARIS

Deux heures de repos. — A Marseille. — Cœurs de patriotes. — Un banquet à la vapeur. — Discours du commandant. — La gare envahie. — Avignon, Valence Lyon, Dijon, Mâcon. — Délégations, fleurs, vivats. — Explosion d'enthousiasme.

A la gare de Lyon.

Les deux heures de trajet entre Toulon et Marseille paraissent d'un grand calme.

Mais à peine le rapide est-il entré dans les faubourgs de Marseille que les mêmes manifestations qu'à Toulon se reproduisent.

Des fenêtres de leurs compartiments, les illustres voyageurs aperçoivent dans les rues des groupes d'ouvriers qui acclament la mission en agitant leurs chapeaux.

Ceux-là sont des enfants du peuple qui laissent parler leur cœur de patriotes et crient leur affection à l'égard de l'armée.

Mais voyons l'aspect de la gare, à l'attente du train.

Bien avant l'arrivée de celui-ci, la cour de la gare de Marseille s'emplit d'une foule nombreuse, difficilement maintenue par des cordons de gardiens de la paix.

Malgré la consigne sévère qui interdit de pénétrer sur les quais, plus de trois cents personnes ont réussi à passer et entourent sympathiquement les officiers de la garnison massés devant la salle d'attente pour recevoir leurs camarades.

La salle d'attente est remplie de délégations de sociétés d'anciens militaires.

Quand le train entre en gare, un cri formidable de « Vive Marchand! » retentit, longuement répété à l'extérieur.

A sa descente de wagon, Marchand est littéralement enlevé, c'est à peine si le général Metzinger et M. Floret, préfet des Bouches-du-Rhône, peuvent lui adresser les paroles de bienvenue.

Le commandant et ses compagnons sont entraînés vers le buffet de la gare, où le général Metzinger, commandant en chef du 15e corps, leur offre un dîner intime.

Au moment où le commandant Marchand, suivi de ses compagnons et des officiers de la garnison, apparaît dans la cour de la gare pour se rendre sous la véranda de l'hôtel Terminus, où la table est dressée, la foule fait aux membres de la mission du Haut-Nil une ovation enthousiaste.

On crie longuement : « Vive Marchand! Vive l'armée! Vive la France! »

La table qui comprend vingt-sept couverts est littéralement couverte de fleurs.

Les murs de la salle sont tendus de draperies tricolores et ornés de panoplies et de faisceaux de drapeaux; l'aspect est très gracieux.

Au dehors, des détachements des différentes armes de la garnison forment la haie et la musique du 64e de ligne et la fanfare du 9e régiment de hussards se font alternativement entendre.

La foule, sans discontinuer, crie : « Vive Marchand! Vive l'armée! »

Les sous-officiers de la mission, également invités par le général Metzinger, ont été conduits dans une salle voisine de celle du banquet des officiers.

Ils sont également l'objet d'une chaleureuse démonstration de la part de la foule.

Le repas est rapide, le train ne devant rester seulement que 40 minutes en gare.

Autour du général Metzinger et avec le commandant Marchand, qui fait face au public, et les membres de la mission, les capitaines Germain, Baratier, Mangin, Largeaud, le lieutenant Fouque, l'enseigne Dye, le docteur Emily, l'interprète Landerouin, ont pris place :

MM. Floret, préfet; l'amiral Besson, MM. Liotard et Hourst, les généraux d'Entraigues, de Forsanz, Carette, Fischer, l'intendant général Aaratier, les colonels de Castelnau, Lombard, Chassepot, de Rancougne, Le Fol, les capitaines Morderelle, des Mazis, d'Anselme.

Dans la salle voisine, vingt-quatre lieutenants de hussards ont également donné un banquet.

M. Forain est assis à leur table.

Le groupe des députés de la défense nationale dîne non loin de là.

Des délégations du 3ᵉ et du 7ᵉ régiment d'infanterie de marine de Rochefort viennent serrer la main de leurs camarades.

* * *

Quelques sociétés de Marseille parviennent jusqu'au commandant Marchand.

Parmi ces sociétés, on remarque celle des Médaillés coloniaux, dont la délégation est présentée par M. Lambinet, colonel d'infanterie de marine en retraite.

Aux paroles de bienvenue de celui-ci, le commandant Marchand répond :

Je ne puis oublier que ce fut sous vos ordres que je fis mes premières armes.

On voit de grosses larmes couler sur le visage du commandant dont la voix est coupée par l'émotion.

Mais le temps presse; le général Metzinger se lève et s'adressant au commandant Marchand et à ses compagnons :

Je suis heureux, dit-il, de vous dire ici les sentiments d'admiration et de sympathie que nous éprouvons pour votre personne et pour vos héroïques compagnons.

Je suis heureux de porter un toast à votre santé et à celle de tous les membres de votre vaillante mission.

Le préfet s'associe aux paroles prononcées par le général Metzinger, au nom de la ville et du département qui partage grandement les sentiments d'admiration pour les membres de l'héroïque et glorieuse mission :

J'ai porté, dit-il, bien des toasts, mais aucun ne fut porté d'un cœur plus sincère ni plus ému que celui que je porte aujourd'hui au nom du département.

Je bois à Marchand et à ses compagnons, à la patrie et à l'armée française.

Le commandant Marchand répond d'une voix émue :

Hier, sur le cuirassé Brennus, *de l'escadre de la Méditerranée, l'amiral Fournier nous adressait des paroles de bienvenue qui remplissaient notre cœur de fierté; aujourd'hui je suis reçu par la grande famille militaire dont l'accueil m'a touché jusqu'au fond du cœur. Je suis heureux de la remercier et j'ai pour devoir de le faire doublement, d'abord pour moi et aussi pour la façon dont elle a accueilli les sous-officiers et soldats de la mission rentrés les premiers en France.*

Mes camarades de la mission du Haut-Nil et moi, — *ajoute le commandant Marchand d'une voix forte,* — *nous mettons nos cœurs dans nos verres et nous buvons à la santé du général Metzinger et du 15ᵉ corps d'armée !*

Puis d'une voix plus basse et plus émue, le commandant ajoute:

Nous n'avons pu passer à Marseille sans adresser un souvenir à nos malheureux camarades morts à Tombouctou. Ne pouvant nous rendre sur leur tombe, nous leur envoyons une couronne comme témoignage de notre admiration et nous la confions à la piété du comité de la Ville de Marseille.

Je bois à l'armée française! A la ville de Marseille! A la République.

La sortie de la salle du banquet s'effectue au milieu d'une foule littéralement en délire.

L'enthousiasme est indescriptible. Les agents de la police sont débordés.

On pénètre dans la gare par les fenêtres, aux cris de : Vive Marchand !

Le commandant et ses compagnons, séparés des généraux et des officiers, sont soulevés de terre et portés en triomphe jusqu'à leur wagon. Les officiers en prennent leur parti et, soulevant leur képi, mêlent leurs cris aux cris de la foule.

Pendant ce temps, le commandant, très pâle, les larmes aux

En attendant le cortège.

yeux, sans voix, tend les mains vers la foule qui l'acclame et, dans le geste, dit sa reconnaissance.

La foule a envahi la gare.

Pour pénétrer sur le quai, des gens ont brisé les portes vitrées.

C'est une explosion inouïe de patriotisme.

Dix mille personnes sont là, vibrantes d'enthousiasme, et c'est à grand'peine que le train peut se mettre en marche pendant que retentissent les cris incessants de :

— Vive Marchand ! Vive l'armée !

.*.

A Avignon, les mêmes scènes se reproduisent.

Les Sociétés patriotiques, avec insignes et drapeaux, sont sur les quais.

A la sortie de la gare, la manifestation se continue. Tout le long de la voie, la foule est échelonnée et manifeste bruyamment...

A Valence, mêmes ovations indescriptibles.

Délégations, fleurs, vivats délirants!

A Lyon, où le train passe à minuit 45, l'entrée des quais a été interdite au public qui se presse dans les salles d'attente et au buffet.

Deux à trois cents privilégiés se précipitent vers le compartiment où le commandant Marchand et ses compagnons dormaient profondément.

Sans souci de leur repos, la portière est ouverte.

Pénètrent successivement dans le compartiment : un capitaine d'artillerie représentant le gouverneur; M. Marty, secrétaire général de la préfecture, et M. Bonhomme, chef de cabinet du préfet, en ce moment absent de Lyon, puis M. Chambeyron, président de la la Société de géographie, pendant qu'éclatent les cris de : « Vive Marchand! Vive la mission! » ou « Vive l'armée! Vive la France! »

Pressé de descendre au milieu de ceux qui l'acclament, le commandant endosse à la hâte son dolman et, accompagné de tous les officiers de la mission, passe quelques minutes au milieu de ses admirateurs.

Le commandant Marchand répond aux félicitations qu'il est Lyonnais et qu'il est on ne peut plus touché des marques de sympathie que lui donne ses compatriotes.

Il ajoute que, dans cinq ou six jours, il s'arrêtera à Lyon, quand il ira embrasser son vieux père à Thoissey.

A 1 h. 5, le commandant remonte en wagon et le train se met en marche au milieu des cris cent fois répétés de « Vive l'armée! vive la France! vive Marchand! »

Debout à la portière, le commandant répond par un dernier cri de: « *Merci à Lyon et vive la France!* »

Au dehors, une foule considérable salue de cris répétés le départ du train.

A Dijon, à Mâcon, bref, à tous les arrêts du train, de semblables manifestations sont organisées, malgré l'heure avancée de la nuit.

Mais que sont ces ovations, que sont même celles de Toulon, à côté des transports d'admiration et d'allégresse qui attendent la mission Congo-Nil dans la capitale de la France!

CXLVIII

LE TRIOMPHE

Vibrant appel. — Tout Paris à la gare de Lyon. — Le service d'ordre impuissant. — Sous les fleurs — Tonnerre d'acclamations. — A travers Paris. — Au ministère de la marine — Au balcon ! — Des drapeaux ! — L'épée de la « Patrie ». — A l'Élysée. — L'œuvre de demain. — Au cercle militaire. — C'est Marchand qu'il nous faut ! — L'homme le plus populaire de France.

Le jour où l'héroïque mission Congo-Nil débarquait à Toulon, un grand journal parisien publiait les lignes suivantes :

Nous ne sommes plus séparés que par quelques heures du moment où Paris saluera le retour du commandant Marchand.

Avec quel enthousiasme la grande ville traduira l'élan d'admiration et de reconnaissance du pays tout entier, c'est ce qu'il est aisé de prévoir par les préparatifs auxquels il se livre un peu partout.

On le verra de reste lorsque, à l'aube du jour marqué pour le retour du vaillant soldat qui a si fièrement promené notre drapeau sous le dur ciel d'Afrique, les drapeaux dont nos maisons se pavoisent déjà de la base au faîte flotteront allègrement dans le ciel clément de Paris.

Jamais, au surplus, heure ne fut plus propice à une manifestation dont les circonstances présentes soulignent et décuplent la valeur.

C'est l'armée que Paris, interprète de la France, s'apprête à glorifier dans la personne d'un des hommes qui en incarnent le plus fièrement les rares vertus.

Il n'y a pas de réponse plus opportune à faire aux diatribes et aux injures dont quelques criminels et quelques fous tentent, vainement d'ailleurs, de ternir leur radieux éclat.

Donc, Parisiens, à vos fenêtres, et préparez à votre ville sa plus belle parure de joie vibrante et de patriotique orgueil !

Cet appel et autres semblables, lancés par toute la presse patriote, furent entendus de la population parisienne.

Ils traduisaient trop bien ses sentiments pour qu'il en fût autrement.

En réalité, la manifestation de la Ville Lumière, de la capitale du monde intellectuel, en l'honneur de la mission Marchand, dépassa toutes les prévisions.

Qu'on en juge :

Le matin du 1er juin, le soleil, le beau soleil propice aux généreux élans des foules, luit d'un radieux éclat.

Il n'est que sept heures du matin et déjà, en foule, les Parisiens se portent à la gare de Lyon.

Le service d'ordre n'est pas encore installé.

Chacun prend place, cherche un coin, une hauteur d'où il pourra voir et acclamer le héros de Fashoda.

Des gamins se juchent dans les arbres. On loue des fiacres à l'heure, qui vont devenir des tribunes. On monte sur les édicules.

Le spectacle est d'un pittoresque charmant. Beaucoup de dames en toilettes claires, dont les ombrelles jettent des notes éclatantes sur cette mer houleuse et frémissante.

Çà et là, rue de Lyon, boulevard Diderot, au coin des rues adjacentes, des camelots chantent, en s'accompagnant sur des guitares et des violons poussifs, des chansons en l'honneur de Marchand.

D'autres vendent des portraits coloriés du commandant, que la foule enlève rapidement, tant est grand le désir de faire connaissance avec celui qu'on va tout à l'heure acclamer.

*
* *

Mais voici M. Touny, directeur de la police municipale, qui arrive gare de Lyon.

En quelques minutes, les brigades d'agents sont placées en file, bordant les trottoirs, les enserrant d'une ligne d'uniformes sombre.

Boulevard Diderot et rue de Lyon, deux barrages sont installés, que le public rompt plusieurs fois sous la poussée de nouvelles masses qui viennent le grossir sans relâche.

Sans cesse, arrivent des bouquets, des couronnes, des gerbes de fleurs rehaussés par des rubans tricolores.

On ne peut passer que difficilement.

Des députés arrivent, à qui on refuse l'accès de la rampe bondée de monde, qui conduit à la gare.

On proteste, on discute.

Arrive enfin un « laissez-passer » qui met fin aux incidents.

La foule, pour se distraire, se montre, en attendant Marchand, les notabilités qui viennent le saluer.

Voici François Coppée, avec sa cravate de la Légion d'honneur, qui discute avec un officier de paix.

Après de longs pourparlers on le laisse franchir le cordon, en lui faisant bien constater « qu'il passe non comme manifestant, mais comme membre de l'Institut ».

Sous l'immense hall de la gare sont rangés les municipaux à cheval.

Ici, peu de monde, tous les abords sont hérissés de difficultés et les consignes sévères.

Il y a là des délégations de nombreuses sociétés patriotiques et coloniales.

Sur le trottoir, la salle d'attente franchie, des journalistes circulent, le crayon à la main, notant au passage les notabilités.

C'est un fouillis d'uniformes chatoyants et d'habits noirs.

Nous reconnaissons dans le nombre, Mme Baratier mère, très

Épée d'honneur offerte par les Vétérans des armées de terre et de mer de Marseille.

entourée, le prince Henri d'Orléans, accompagné de M. Mourichon ; M. Savorgnan de Brazza, M. François Coppée, MM. de Larmazelle, Béjarry, Le Roux, Le Cour de Grandmaison, Halgan, sénateurs ; Morinaud, Lasies, Alpy, Boni de Castellane, députés ; l'abbé Boulas, ancien principal du collège de Thoissey, où Marchand fit ses études ; Henri Galli, directeur du *Drapeau*; le général de La Nouvelle, président, et les membres du conseil d'administration du Cercle militaire; le général Niox, président de la Société de géographie ; le lieutenant-colonel Goulet, représentant le ministre des Colonies ; le capitaine de frégate Darriens, délégué du ministre de la Marine ; M. Levasseur, membre de l'Institut; M. Gauthiot, secrétaire général de la Société de géographie commerciale ; Charles Blanc, préfet de police ; Pujalet, Leleu, etc...

Un peu avant neuf heures un coup de cloche retentit. C'est le rapide qui s'annonce.

Un long mouvement secoue la foule qui se range le long du quai de débarquement, monte sur les bancs, se case pour bien voir.

A neuf heures cinq, au loin, à un tournant des rails, apparaît le train qui s'avance lentement.

Dans le premier wagon deux nègres — les *boys* de Marchand — passent leurs têtes crépues à la portière, ravis, riant de leurs dents blanches dans le noir de la face.

Puis un wagon de journalistes, gris, poussiéreux, rapportant un peu de la poussière de Provence sur leurs vêtements.

Enfin, voilà le compartiment de Marchand.

Le commandant se met à la portière.

A la vue de cette tête, popularisée par l'image, un immense cri s'élève :

— Vive Marchand!

Tandis que les mains s'agitent, que les chapeaux au bout des cannes se balancent, qu'une pluie de bouquets s'abat sur le héros de Fachoda, nous l'examinons. Il est tête nue. Sur un front très haut, des cheveux coupés en brosse. La barbe noire s'ouvre en deux pointes.

La physionomie est celle d'un ascète.

Il est là, pressé, entouré, en grand uniforme, avec sa cravate de la Légion d'honneur, les mains pleines de fleurs, bégayant, la gorge serrée, défaillant presque sous cet assaut de gloire.

On le dégage, des généraux l'encadrent et forment un mur vivant autour de lui.

On parvient, après des difficultés inouïes, à arriver aux portes du salon d'honneur que surplombent des faisceaux de drapeaux.

Les capitaines Baratier, Germain, Largeau, le lieutenant Fouque, l'enseigne Dyé, l'interprète Landeroin, le major Emily, les sous-officiers, tous compagnons de Marchand, se rangent derrière lui.

*
* *

Les discours commencent au milieu d'un silence relatif.

C'est le capitaine de frégate Darriens, sous-chef d'état-major général, qui parle le premier, au nom du ministre de la Marine. Il dit :

— Mon commandant, au nom du ministre de la marine, je viens vous souhaiter la bienvenue et vous apporter le témoignage de son admiration pour vous et vos compagnons de la mission.

Le ministre vous attend, mon commandant; il vous dira lui-même avec quelle sollicitude il vous a suivi à travers le continent africain.

Le délégué du ministre de la marine vient ensuite et fait l'éloge des officiers et des sous-officiers de la mission Marchand.

Après lui, vient le général de La Nouvelle ; il s'exprime ainsi :

— Au nom du comité du Cercle militaire, du Cercle national des armées de terre et de mer, je viens vous remercier d'avoir bien voulu accepter l'hospitalité qu'il vous avait offerte.

— Vous y trouverez des camarades, des amis et des admirateurs.

En leur nom, je vous souhaite la bienvenue.

Le lieutenant-colonel Goulet, de l'infanterie de marine, représentant le ministre des Colonies, vient ensuite.

Voici sa péroraison :

... Durant trois années, au prix d'efforts surhumains et sans cesse renouvelés, vous avez porté du Congo au Nil, du Nil à la mer Rouge, le drapeau national ; vous avez lutté sans relâche et sans défaillance contre la famine et la maladie, contre le sol inhospitalier et le terrible climat de l'Afrique équatoriale ; enfin, vous avez repoussé victorieusement les attaques de ces hordes fanatiques qui, naguère, forçaient les puissances armées de l'Egypte à reculer devant elles.

Chef de guerre, diplomate, homme de science tout à la fois, vous avez su ouvrir une voie nouvelle à la pénétration de la civilisation au milieu des ténèbres de la barbarie, accumuler un précieux trésor de renseignements sur la géographie de contrées inconnues.

A l'heure de votre retour dans la patrie, un cri d'admiration s'élève du monde entier ; amis et ennemis sont unanimes pour reconnaître la grandeur d'une œuvre destinée à prendre place dans l'histoire du siècle et célébrer la merveilleuse énergie que vous avez su puiser dans l'amour de la patrie.

Honneur à vous, Marchand, vous avez ajouté une page glorieuse aux annales de cette troupe qui cimente de son sang les pierres de notre édifice colonial, de cette infanterie de marine qui est justement orgueilleuse de vous compter dans ses rangs !

Honneur aux officiers et soldats qui vous ont courageusement aidé dans l'accomplissement de la tâche grandiose que vous avez assumée !

Le ministre, dont je suis le délégué, vous attend avec impatience pour vous décerner les justes éloges que vous avez mérités.

En son nom, je souhaite la bienvenue à la mission Marchand.

*
* *

Après chaque discours, des bravos éclatent qui avertissent au loin la foule impatiente.

M. de Brazza prend ensuite la parole :

Malgré un deuil récent, j'ai tenu à me joindre au général Niox pour vous serrer la main à votre arrivée à Paris, de même qu'il y a trois ans je vous avais donné l'accolade du départ à Loango.

Quittant l'Atlantique, vous vous engagiez alors à traverser les vastes prairies de notre colonie du Congo sur la route qui conduisait dans l'inconnu de la région du Nil et devait vous amener de l'autre côté du continent africain sur les bords de la mer Rouge.

Les qualités dont vous avez fait preuve et l'héroïsme dont vous avez donné l'exemple aux vaillants officiers qui vous accompagnaient ont rehaussé l'honneur de la France aussi bien en Europe, dans la conscience des peuples civilisés, qu'en Afrique, devant le fanatisme et la barbarie.

C'est là votre gloire, mon cher commandant, ce sera celle de vos intrépides compagnons.

C'est au tour du général Niox :

Au nom de la Société de géographie de Paris, je salue la glorieuse phalange que vous ramenez.

La France vous avait confié son drapeau ; vous l'avez porté avec intrépidité des bords de l'Adriatique aux rivages de la mer Rouge et, partout, vous l'avez fait respecter.

La traînée lumineuse qu'il laisse derrière lui éclaire les routes par lesquelles la civilisation pénétrera plus avant la barbarie africaine.

L'histoire conservera vos noms dans le souvenir de tous les peuples avec ceux des hommes qui ont le mieux mérité de la Patrie, et le mieux servi les grands intérêts de la science et de l'humanité.

Honneur donc à vous !

Vous avez noblement fait votre devoir.

La satisfaction que vous éprouvez est certes supérieure à l'orgueil que pourraient vous causer les acclamations dont vous êtes l'objet.

Puisque c'est un soldat qui vous parle, j'ajouterai : Vos chefs sont fiers de vous, vos camarades sont jaloux d'imiter votre vaillance.

M. Gauthiot, secrétaire général de la Société de géographie commerciale, fait ensuite l'éloge de Marchand :

Ce n'est pas, dit-il, la fin d'une entreprise, c'est le commencement (Bravos frénétiques) et elle nous permettra de donner à la France la place qu'elle doit occuper dans le monde.

Vingt et une traversées de l'Afrique ont eu lieu avant celle de Marchand, mais celle-ci est certainement la plus belle de toutes : les marais du Soueh valent la forêt tropicale !

Et M. Gauthiot termine en rappelant le vers du poète :

Où le père a passé, passera bien l'enfant.

Des applaudissements soulignent tous ces discours.

Mais voici que s'avance François Coppée, qui vient, au nom des cent mille membres de la Patrie française, dire à Marchand et à ses intrépides compagnons combien il admire leur œuvre héroïque et combien il partage sa douleur patriotique.

.·.

Le commandant Marchand est très ému. Il raffermit cependant sa voix et répond ainsi :

Messieurs les délégués, je vous remercie des souhaits de bienvenue que vous venez de m'adresser à mon arrivée à Paris.

Ces témoignages de sympathie, que vous m'apportez à mon entrée dans la capitale de la France me sont aussi sensibles que ceux qui m'avaient déjà été apportés à bord du « D'Assas », en vue des côtes de la Patrie.

Tous les éloges que vous venez de me décerner, permettez-moi de vousdire, Messieurs, que, fidèle aux principes de loyalisme qui doivent animer les vrais soldats, nous les faisons passer par-dessus nos têtes pour les faire retomber sur l'armée tout entière, protectrice de la République.

Je ne répondrai pas à tout ce que j'ai entendu, vous comprendrez sans doute.

Laissez-moi vous dire que, depuis notre arrivée en France, nous avons eu de tels enchantements que je crois faire un rêve, car ce que j'ai vu est vraiment trop beau.

Puisse toutefois ce rêve durer le plus longtemps possible!

Des acclamations retentissent.

La partie du programme officiel est terminée: Marchand va prendre contact avec la foule.

Les portes de la gare s'ouvrent et, dans une poussée énorme, Marchand apparaît avec son teint pâle et sa barbe noire, grand, les yeux émus et charmés.

Il monte dans le landau du ministre de la marine, dans lequel, depuis son arrivée, s'empilent les gerbes et les bouquets.

Des femmes s'approchent de lui, cherchent à l'embrasser sous le hall.

On crie : « Vive l'armée! Vive Marchand! » à perdre haleine, cependant que des quais, du boulevard Diderot, de la rue de Lyon montent, immenses, les mêmes vivats.

Comme on est loin, avec cette explosion du cœur français, de toutes les hontes, les infamies, les vomissures de ces derniers mois.

Ce n'est plus ici une ligne, une secte, une portion de citoyens qui poussent un cri convenu, c'est Paris, Paris, dans tout ce qu'il a de riche ou de pauvre, d'aristocratique ou de populaire, qui s'émeut, s'enflamme et acclame l'armée dans Marchand, la France dans l'armée.

* * *

Enfin, le commandant a réussi à s'installer à côté du délégué du ministre de la Marine, au milieu des fleurs et des rubans tricolores.

Le peloton des gardes municipaux s'installe en tête, puis vient M. Tonny en fiacre, puis la voiture de Marchand, celles de ses compagnons, ensuite des landaus, bondés de députés et de journalistes.

Le cortège s'ébranle.

On a compté, pour avancer, sans les secousses de la foule qui franchit les cordons d'agents, et se jette sur la voiture.

Une terrible bousculade se produit.

Les agents sont piétinés sous la poussée d'enthousiasme.

Marchand, tête nue, salue, les larmes aux yeux, avec un sourire, les lèvres tremblantes d'une émotion qui le secoue tout entier.

Les gardiens de la paix se ressaisissent.

Il faut résister aux flots qui battent la voiture.

Ils s'arc-boutent et, penchés sur les roues, opposant le dos au public, ils marchent ainsi obliquement jusqu'au boulevard Diderot.

Là, nouvel arrêt, nouvelles poussées. Des femmes s'évanouissent.

Pour soustraire Marchand aux ovations trop chaleureuses, deux gardiens de la paix sont obligés de monter sur les marchepieds de la voiture, position difficile qu'ils garderont jusqu'à l'arrivée.

Au pont d'Austerlitz, encore un arrêt.

Un distributeur adroit en profite pour jeter dans la voiture du commandant Marchand quelques cartes postales ornées de sa photographie et de celle du général Galliéni.

Le commandant regarde, s'incline en souriant et remercie.

C'est la compagnie Maggi qui a eu cette ingénieuse idée.

Les voitures de Marchand et des autres officiers de la mission sont entourées.

On les soulève presque.

Il faut, pour dégager les vaillants officiers, employer la force et charger la foule.

Les bourrades sont fortes, mais on ne se plaint pas trop.

A ce moment, le cheval de M. Touny, effrayé par les clameurs, s'emballe.

Les rangs, heureusement, s'ouvrent, et la bête, affolée, passe, prenant sa course par le quai des Célestins, tandis que le reste du cortège passe le pont d'Austerlitz.

Après les vivats du boulevard Morland, du boulevard Henri IV, après ceux du pont d'Austerlitz, l'enthousiasme, pourtant si grand de tout à l'heure, semble grossir et enfler encore sa voix.

Des balcons, des fenêtres, des arbres, des terrasses, des toits, de longs cris éclatent : « Vive Marchand! Vive la mission! » avertissant ceux qui, en avant, sont massés sur le passage du cortège.

Nous voici au boulevard Saint-Germain.

*
* *

La foule massée sur la rive gauche, à l'entrée du boulevard Saint-Germain et le long de la Halle aux Vins, aperçoit de loin la voiture couverte de fleurs, qui débouche du pont Sully.

Les acclamations retentissent de toutes parts; aux fenêtres du boulevard Saint-Germain, des mouchoirs s'agitent.

Le long des trottoirs chacun se hisse sur les voitures arrêtées; les chapeaux se lèvent, et de nombreux cris retentissent : « Vive Marchand! Vive la France!

Sur cette première partie du trajet, la foule est relativement peu nombreuse.

On n'attendait pas le cortège si tôt, et beaucoup de personnes ignoraient, d'ailleurs, qu'il dût suivre cet itinéraire.

Aussi, la voiture du commandant Marchand peut-elle prendre une allure plus rapide; elle est suivie de trois ou quatre voitures découvertes, où se massent des journalistes, qui participent aux ovations.

Une des patrouilles de municipaux à cheval, qui ont parcouru le boulevard Saint-Germain toute la matinée, rejoint bientôt ce petit cortège et le suit comme une escorte improvisée.

On atteint la place Maubert : de toutes les rues adjacentes la foule accourt en poussant des acclamations et en agitant les chapeaux.

Derrière les deux sergents de ville qui se tiennent debout sur les marchepieds, le commandant Marchand remercie la foule en saluant d'une légère inclinaison du corps et en portant à son képi sa main gantée de blanc.

Mais voici le croisement du boulevard Saint-Michel.

M. Millevoye et ses rédacteurs arrivant au ministère de la Marine.

Les tramways et les omnibus sont arrêtés; des plates-formes, du haut des impériales, les voyageurs debout agitent leurs chapeaux et leurs mouchoirs.

Les cris redoublent, et maintenant une vingtaine de personnes suivent la voiture à pied en criant.

A la hauteur de la rue de Seine, un vieillard veut monter sur le marchepied et serrer la main du commandant.

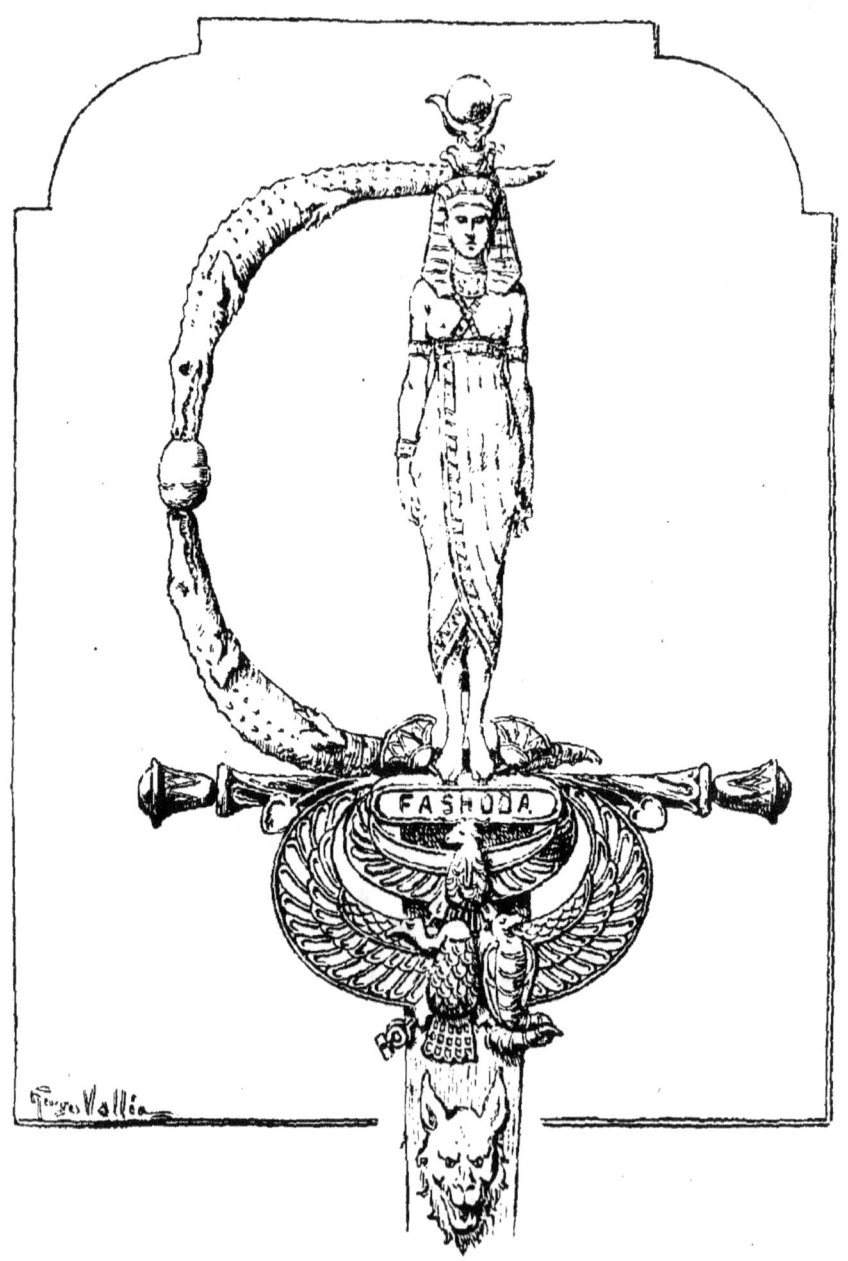

Épée d'honneur offerte au commandant Marchand.

Les agents le repoussent :
— Laissez-moi, — leur dit-il, tout suppliant, — je suis du même pays que lui !

Et la foule entoure le pauvre vieux en lui faisant une petite ovation.

A Saint-Germain-des-Prés, la foule est plus épaisse; un important service d'ordre la maintient.

Une immense clameur s'élève saluant le commandant.

⁎

Après la rue du Bac, l'allure du cortège est ralentie par les travaux de réfection de la voie.

Précipitamment les ouvriers quittent pelles et pioches et, venant s'appuyer sur la corde entourant leurs chantiers, ils acclament Marchand.

Mais le boulevard Saint-Germain est complètement barré par les travaux.

Sa voiture s'engage dans la rue Saint-Dominique, non sans y jeter quelque désarroi.

Elle tourne à droite par la rue de Solférino.

A l'entresol, tout un atelier de modistes est aux fenêtres, et les petites mains s'agitent, et des voix jeunes et fraîches crient : « Vive l'armée ! »

Au ministère de la Guerre, des fenêtres s'ouvrent précipitamment et se garnissent d'officiers et d'employés.

Là, naturellement, le silence est observé, mais discrètement les mains s'agitent pour saluer le commandant qui répond en portant la main à son képi.

La tête du cortège s'engage sur le pont de la Concorde; un barrage d'agents l'isole de la foule nombreuse qui le suivait en courant.

Sur le sommet de la courbe du pont, on aperçoit au loin la foule houleuse qui attend à l'angle de la rue Royale.

De la place de la Concorde, on a aperçu la voiture, et la foule se précipite en avant et la rejoint à la hauteur de l'Obélisque.

Dès lors, on n'avance plus qu'avec une peine extrême.

La foule ne s'écarte pas devant les chevaux, les mains se tendent vers le commandant, les acclamations se fondent en une immense clameur.

On entend : « Vive Marchand ! Vive la mission ! », et, dans les ovations, la foule comprend les officiers du commandant.

Le petit cortège met plus de dix minutes à se frayer un chemin à travers la foule encore plus compacte au débouché de la rue Royale.

Là, tant bien que mal, un barrage de gardes municipaux réussit à dégager l'entrée du ministère dont les portes sont ouvertes à deux battants.

Au milieu des bras levés et des chapeaux agités, on aperçoit la voiture qui, dans les remous de la foule, semble portée.

Elle s'engage enfin sous le porche du ministère dont les portes se referment aussitôt.

* *

A neuf heures cinquante, le commandant descend de voiture au ministère de la Marine.

Le sergent Carra, de l'infanterie de marine, s'approche et lui remet, au nom des soldats d'infanterie de marine détachés au ministère, une gerbe de fleurs :

— J'ai eu l'honneur, a-t-il dit, d'être choisi pour vous offrir cette modeste marque de notre plus vive admiration.

Le commandant remercie et serre la main du sergent.

On le conduit auprès du ministre de la Marine qui l'attendait au haut de l'escalier d'honneur.

Après quelques mots de bienvenue, M. Lockroy et le commandant entrent dans les appartements particuliers, en attendant les autres membres de la mission que d'autres voitures amenaient à quelques minutes d'intervalle.

Lorsqu'ils sont arrivés, ils ont été introduits dans le grand salon du premier étage où ils ont été rejoints presque aussitôt par le chef de la mission et par le ministre de la Marine entouré des officiers de son état-major.

Une conversation des plus cordiales s'est engagée entre M. Édouard Lockroy, le commandant Marchand et ses compagnons.

Elle s'est prolongée jusqu'au moment où les hôtes du ministre de la Marine ont été invités à se rendre dans la salle à manger.

Le ministre présente le commandant à Mme Lockroy, qui lui tend les deux mains et lui dit combien elle est heureuse de le recevoir.

Le commandant, trop ému pour pouvoir parler, s'incline profondément et baise la main de Mme Lockroy.

A onze heures, le déjeuner a été servi.

La table était entièrement garnie de fleurs.

Mme Lockroy avait à sa droite le commandant Marchand, les vice-amiraux Brown de Colstoun et de Maigret, le général de Lanouvelle, le capitaine Germain, le colonel Bougnié, le lieutenant Fouque, les lieutenants de vaisseau Lacaze, Jaime, Prud'homme.

À sa gauche, M. Guillain, ministre des Colonies ; les vice-amiraux Regnault de Prémesnil et de Courtilhe, le général Javouhey, le capitaine Baratier, le capitaine de frégate Darriens, l'enseigne de vaisseau Dyé, les lieutenants de vaisseau de Spitz et Hourst et le capitaine d'artillerie Charbonnel.

Le ministre de la Marine avait à sa droite Mme Charcot, le général Bichot, M. Binger, directeur au ministère des Colonies, le contre-amiral Mallarmé, le capitaine Largeau, MM. Ignace, Landeroin, interprète de la mission, les lieutenants de vaisseau Chéron et Bérard, le lieutenant de chasseurs à pied Bernard ; à sa gauche, les vice-amiraux de Cuverville, chef d'état-major général de la marine, et Humann, le général Bourdiant, l'inspecteur général Chatelain, le docteur Émily, médecin de la mission, le lieutenant-colonel Lombard, les lieutenants de vaisseau Huguet et Louël, le capitaine Mordrelle, le docteur Charcot.

La musique de la garde républicaine s'est fait entendre pendant le repas.

Au dessert, le ministre de la Marine a porté le toast suivant :

Commandant,

Au nom du gouvernement de la République, au nom de la marine, je viens vous exprimer notre admiration pour votre héroïsme et notre joie de votre retour.

Vous avez entendu bien des discours depuis votre arrivée, vous en entendrez beaucoup encore.

Pour nous, je me bornerai à vous dire, et ces simples mots iront, j'en suis sur, à votre cœur de soldat : « Vous honorez l'arme à laquelle vous appartenez. » Je ne sais pas de plus bel éloge.

Depuis plus de vingt ans, en effet, les troupes de la marine formées et élevées par ses soins témoignent des plus hautes vertus militaires.

Toujours en présence de l'ennemi, toujours environnées de dangers, conquérant un immense empire, modestement et sans bruit, elles affrontent la mort sous toutes ses formes, sans une heure de défaillance, sans un moment de lassitude. Chaque jour, à la liste de leurs gloires, elles ajoutent une gloire nouvelle, et après Voyron, après Dodds, après tant d'autres dont quelques-uns sont à nos côtés, elles peuvent montrer au pays, qu'elles ont honoré par leur courage, de grands pacificateurs comme Galliéni ou, commandant, des soldats comme vous.

Nous vous avons suivi dans votre héroïque voyage où, seul, avec vos compagnons, perdus dans le continent noir, vous avez, d'une main ferme, tenu le drapeau de la France.

Nous avons souffert de vos douleurs, nous avons tressailli de vos espérances et de vos joies.

On voit un homme ayant l'aspect d'un ouvrier attacher...

Nous avons aimé le soldat qui, étranger à nos luttes intestines, n'a eu d'autre idéal que de faire son devoir et de servir son pays.

Vous avez aujourd'hui la récompense de vos travaux; elle est noble et grande entre toutes.

Je ne parle pas des grades que vous avez conquis, des distinctions honorifiques que vous avez méritées!

Vous avez une gloire plus haute : vous avez fait battre le cœur de la France.

Commandant, je lève mon verre en votre honneur!

Le commandant Marchand répond au ministre en ces termes :

Monsieur le ministre, permettez-moi, comme chef de la mission Congo-Nil, de vous remercier des paroles infiniment belles que vous venez de prononcer au nom du gouvernement.

Vous l'avez dit, le soldat n'a pas à connaître les querelles ; il les regrette, mais il les oublie.

Après les éclatantes manifestations de Toulon, après les acclamations enthousiastes de Paris, après l'admirable accueil de la marine, je veux résumer ici tous mes remerciements et je suis particulièrement fier d'incarner en ma personne les remerciements de la mission tout entière, je veux remercier le gouvernement de la République en la personne du chef de l'État, je me permets de porter la santé de M. le Président de la République.

Je ne puis oublier que la marine a eu la plus grande part dans la réception qui m'a été faite.

Hier, encore, j'étais reçu à bord des bâtiments de cette admirable escadre de la Méditerranée qui, après l'envoi du *D'Assas* à Djibouti, nous faisait le plus cordial accueil.

Monsieur le ministre, je vous porte les remerciements de la mission tout entière.

Je lève mon verre à votre santé, à celle de tous mes chefs dont la présence ici me procure un bonheur que tous mes camarades partagent avec moi.

Après le toast du commandant Marchand, M. Guillain, ministre des Colonies, a rendu hommage au courage de la mission au nom du département des Colonies.

Il a fait ressortir que c'est grâce à leur héroïsme, dont notre race doit être fière, que nous avons pu faire reconnaître les droits de la France sur ces immenses territoires qui joignent nos possessions du Congo au Soudan français et qui forment le complément nécessaire de notre empire africain.

**
* **

Au cours du déjeuner, la question de la venue à Paris des tirailleurs de la mission a été soulevée.

On a parlé de l'admirable dévouement de ces hommes pour leurs officiers et pour la France, et de leur ardent désir de voir Paris.

Mme Lockroy a plaidé leur cause auprès du ministre, et la décision a été prise de les faire venir, avec le capitaine Mangin, qui est resté à Toulon auprès d'eux.

Cette heureuse décision est aussitôt télégraphiée à Toulon.

On sait avec quels transports de joie les tirailleurs en accueillirent la nouvelle.

Le déjeuner terminé, M. Guillain, ministre des Colonies, a remis au commandant Marchand, ainsi qu'aux membres de la mission, une médaille commémorative en or.

Cette médaille porte, sur la face, la République, gravée par Daniel Dupuis, et sur le revers, en grandes capitales :

MISSION MARCHAND

DE L'ATLANTIQUE A LA MER ROUGE

1896-1899

Le gouverneur a fait remettre des médailles en vermeil aux sous-officiers et des médailles en argent aux tirailleurs.

A deux heures, au ministère de la Marine, a été effectuée la remise de l'épée d'honneur offerte par les souscripteurs de la *Patrie*.

La poignée, en or, finement ciselée et émaillée, porte divers attributs rappelant l'Afrique centrale (palmiers, crocodiles du Nil, etc.), au milieu desquels figurent le nom de Fashoda.

Le ministre de la Marine, le ministre des Colonies et des officiers y ont assisté.

MM. Massard et Millevoye, la rédaction de la *Patrie* et la plupart des membres du syndicat de la presse militaire ont été introduits.

M. Massard s'est avancé vers le commandant Marchand et lui a adressé quelques chaudes paroles, rappelant l'émotion patriotique avec laquelle, en France, on suivait sa marche à travers les déserts et les peuplades barbares de l'océan Atlantique au Nil et à la mer Rouge.

Aujourd'hui, au milieu de l'accueil enthousiaste qui lui est fait par tous les Français, un groupe d'amis de l'armée est heureux de lui offrir un témoignage de profonde estime et de reconnaissance.

Que le nom de Fashoda n'attriste pas trop le commandant : c'est celui d'une victoire de la civilisation et de l'énergie française.

Pendant que l'épée lui est remise, le commandant Marchand exprime ses sincères remerciements.

C'est pour lui un grand honneur de recevoir ce magnifique présent, avec ce qu'il signifie, de la part de généreux compatriotes et en présence des ministres.

Puis le cercle est rompu ; les députés présents, au nombre desquels M. Mézières, président de la commission de l'armée ; plusieurs députés ; MM. Jaluzot, Girou, etc.; les officiers et les journalistes militaires vont successivement serrer la main au commandant.

M. Lockroy exprime à MM. Millevoye et Massard toute sa reconnaissance pour l'accueil qu'ils ont fait au vaillant représentant des troupes de marine.

.·.

Voyons maintenant ce qui se passe dans la rue.

Tandis que M. Lockroy, au haut de l'escalier d'honneur du ministère, reçoit le commandant Marchand, puis les officiers de la mission, dans la rue Royale et place de la Concorde les acclamations redoublent.

On voit accourir des directions des ponts, des quais, des Champs-Élysées, de la rue de Rivoli, beaucoup de curieux et manifestants sympathiques qui viennent grossir le nombre de ceux qui déjà stationnent.

D'autres personnes abandonnent les terrasses des Tuileries qu'elles occupaient pour l'arrivée des officiers et du cortège.

Tout de suite, on remarque dans la foule que le ministère de la Marine n'a abordé à ses fenêtres aucun trophée de drapeaux.

Cette lacune dans la décoration du ministère est d'autant plus sensible que les balcons de l'hôtel qui fait face à celui occupé par la Marine et du garde-meuble sont garnis de drapeaux.

Aussi, les membres du cercle de la rue Royale sont acclamés.

On leur crie de donner des drapeaux au ministère, puisque celui-ci n'en a pas.

La foule devient assez houleuse et tandis que les membres du cercle détachent de leurs panoplies des drapeaux et les jettent à la foule qui les réclame pour en faire don à la Marine, des personnes crient : « Vive Marchand! Vive Baratier! »

D'autres clament : « Drapeaux! drapeaux! des drapeaux républicains! »

Quelques porteurs de drapeaux tentent de les introduire dans le ministère, mais M. Blanc, préfet de police, qui est présent, ainsi que MM. Touny, directeur de la police municipale, et Orsatti, qui dirigent à ce moment le service d'ordre dans la rue Royale, s'y opposent formellement.

Des manifestants entourent un instant le préfet, des députés interviennent et M. Charles Blanc promet de prévenir M. Lockroy que la foule demande à ce qu'un drapeau soit hissé.

Pendant tous ces pourparlers, les cris continuent.
Sur la place de la Concorde, où des manifestants se tiennent debout le long des balustrades, où d'autres ont envahi la chaussée, on

Le commandant Marchand dans le landau de M. Lockroy.

réclame : « Marchand au balcon ! Baratier au balcon ! Tous les officiers ! »

. .

Ces mêmes cris retentissent rue Royale.
Ceux de : « Drapeau ! drapeau ! » ne cessent toujours pas.
Mais une diversion se produit ; c'est le commandant Marchand

qui, accompagné de M. Lockroy, paraît au balcon de la rue Royale, celui qui fait presque l'angle de la place de la Concorde.

Le drapeau national est apporté à un autre balcon par un fusilier qui le tient à la main et en agite les plis sur la foule.

L'enthousiasme est considérable.

Les cris de « Vive l'armée! » retentissent, mais dès que l'on aperçoit l'uniforme du commandant, l'ovation devient personnelle au hardi explorateur et à ses compagnons.

Il est à remarquer que les noms de Baratier et des autres officiers de la mission étaient sur toutes les lèvres.

Un manifestant criait sans cesse : « Vive Marchand et ses officiers! » beaucoup de personnes avaient adopté le cri de « Vive la mission! »

Après l'apparition du commandant Marchand au balcon, on réclame celle du capitaine Baratier, du capitaine Germain, de tous les officiers.

Et successivement, ou par groupes, mais cette fois au grand balcon qui fait face à la place de la Concorde, paraissent ces officiers, ainsi que le capitaine Largeau, le lieutenant Fouque, l'enseigne du vaisseau Dyé, le médecin Émily, l'interprète Landeroin.

La foule devient de plus en plus compacte sous ce balcon et s'étend maintenant sur les trottoirs du centre de la place de la Concorde, car elle s'est augmentée de tous ceux qui stationnaient rue Royale que les gardes municipaux ont quelque peu déblayée.

On fait une ovation à chaque officier individuellement et à tous les officiers qui saluent à présent non seulement militairement, mais en soulevant largement leur képi.

Le commandant Marchand et le capitaine Baratier s'appuient au balcon; les autres officiers les entourent.

Tandis que les acclamations continuent, un groupe de manifestants dépose un drapeau donné par les membres du Cercle de la rue Royale, sur la statue de Strasbourg, et plusieurs personnes, s'aidant les unes les autres, se faisant la courte échelle, parviennent à planter un autre drapeau au haut de la palissade qui entoure la façade en réparation du ministère.

La police le fait bientôt enlever.

Sur la place maintenant, on réclame les sous-officiers au cri de : « Les sous-off... au balcon! »

Ces derniers y paraissent, puis, comme il est onze heures, les officiers rentrent dans les salons et la manifestation de sympathie se calme de leur absence.

La circulation des voitures se rétablit peu à peu.

On s'amuse d'un échassier qui est venu, monté sur ses grandes échasses, assister à l'arrivée des officiers de la mission au ministère.

Le soleil darde de chauds rayons, la chaleur devient insupportable et bien des curieux cependant ne se décident pas à s'en aller.

*
**

Ceux-là, revenus en petit nombre rue Royale, crient à nouveau : « Drapeaux, drapeaux ! Il n'y a donc pas de drapeaux au ministère ? »

Et à l'angle de la rue Royale, au-dessus des palissades, sur le mât de l'échafaudage principal, on voit tout à coup un homme ayant l'aspect d'un ouvrier attacher un petit drapeau de deux sous, acheté en quelque bazar.

Aussitôt, la foule d'applaudir à outrance, de crier : « Bravo ! » et des officiers de paix de rire à cette manifestation bien réelle du caractère français.

On a respecté ce petit drapeau. Il est resté, la hampe engagée dans les cordages de l'échafaudage, sans qu'on vînt le retirer.

D'ailleurs, quelques minutes plus tard, des soldats et des employés du ministère, sur un ordre reçu, ornaient chaque balcon du premier étage de plusieurs drapeaux.

Les manifestants applaudissent. Ils crient : « Vive l'armée ! » Ces cris reprennent et se recommencent lorsque passent des officiers.

Un général s'arrête en landau devant le ministère de la Marine.

Il est acclamé aux cris de « Vive l'armée ! »

Deux ou trois cris à tendances politiques sont poussés, mais ils sont noyés dans le désir de la foule de ne se livrer qu'à une manifestation purement nationale.

Dans la rue Royale, à un balcon du cinquième étage, des drapeaux s'agitent au vent en trophées dont les écussons portent des fleurs de lys que le public, croyons-nous, n'a pas remarqués.

Vers 11 h. 1/2, le duc de Luynes, accompagné de personnes qui agitaient de larges drapeaux tricolores, a passé en automobile dans la rue Royale, gagnant les Champs-Élysées.

Enfin, à midi, quelques centaines de curieux sont encore massés rue Royale et aux abords de la place.

Ils attendent toujours de savoir si les officiers doivent bientôt se rendre au Cercle militaire comme on l'avait annoncé.

Peu à peu, la nouvelle se répand que personne ne sortira du ministère de la Marine avant trois heures, pour la visite à l'Élysée.

Alors, les plus récalcitrants se décident à s'en aller, non sans avoir poussé un dernier cri de : « Vive l'armée ! » ou de : « Vive la mission ! »

Cette accalmie a peu duré.

Une heure plus tard, la rue Royale était à nouveau encombrée par les personnes qui venaient assister au départ du commandant Marchand et de ses officiers, du ministère de la Marine.

. .

A trois heures, le commandant Marchand monte dans un landau avec M. Lockroy et M. Ignace, et se rend à l'Élysée par l'avenue Gabriel et la rue de l'Élysée.

Toutes les voies conduisant au Palais avaient été barrées par la garde républicaine et les gardiens de la paix.

Quelques minutes plus tard, il arrivait au palais sous une pluie de fleurs jetées des maisons riveraines, acclamé comme un héros.

Introduit en présence du président de la République, le commandant est présenté par M. Lockroy.

Après un assez long entretien, il présente à son tour ses compagnons d'armes au président.

Vers trois heures et demie, il prend congé du président et se rend au ministère de l'Intérieur, accompagné du capitaine de frégate Darriens.

Dans le court trajet qu'il a à parcourir, il est l'objet d'acclamations redoublées.

Au ministère, la mission est reçue, le ministre étant à la Chambre des députés, par M. Jules Legrand, sous-secrétaire d'État, entouré du cabinet du président du conseil et de celui du sous-secrétaire d'État.

Le commandant Marchand a prié le sous-secrétaire d'État de transmettre ses remerciements au président du conseil et au gouvernement pour l'accueil fait à la mission et auquel elle a été très sensible.

Une affectueuse conversation s'est ensuite engagée.

A trois heures cinquante, le commandant Marchand s'est retiré.

Du ministère de l'Intérieur, le commandant Marchand et les membres de la mission sont allés au ministère des Affaires étrangères, où ils ont été aussitôt reçus par M. Delcassé.

Le commandant Marchand a présenté ses compagnons de voyage au ministre.

M. Delcassé a vivement félicité la mission et l'a assurée de sa profonde sympathie.

L'entretien a duré un quart d'heure.

Continuant la série de leurs visites, les membres de la mission Marchand se sont successivement rendus au ministère de la Guerre et au ministère des Colonies.

Au ministère de la Guerre, où ils ne sont restés que quelques instants, ils ont été reçus par M. Krantz, qu'entouraient tous les officiers de son cabinet militaire.

* *

Au ministère des Colonies, où ils sont arrivés à quatre heures et demie, ils ont été reçus par M. Guillain, assisté de M. Teissier, chef de son cabinet.

M. Guillain, qui s'était déjà entretenu au ministère de la Marine avec le commandant Marchand et ses compagnons, leur a renouvelé les remerciements du gouvernement et de la France pour l'œuvre qu'ils ont accomplie.

Le ministre, constatant que la période de conquête est maintenant terminée, a déclaré qu'il entendait employer pour le bien du pays les brillantes qualités du commandant Marchand et des officiers qui l'ont aidé à accomplir en Afrique la grandiose épopée qui clôture par une page sublime l'histoire de la conquête africaine.

— Le général Galliéni, a-t-il ajouté, et d'autres officiers de nos troupes de la marine ont déjà prouvé qu'ils savent non seulement combattre, mais aussi administrer.

Le ministre a exprimé, en terminant, la certitude que le commandant Marchand et ses collaborateurs sauraient employer, comme administrateurs, les mêmes qualités dont ils viennent de faire preuve comme explorateurs.

Le commandant Marchand a répondu que, sous quelque forme que le gouvernement fasse appel à son dévouement au pays, il la lui donnerait sans compter.

Le commandant, toujours acclamé, se rend ensuite chez le gouverneur de Paris, à l'Hôtel des Invalides.

Tout l'après-midi, une foule compacte l'avait attendu sur la place de l'Opéra.

Après de nombreuses alertes, le commandant arrive au Cercle militaire à cinq heures vingt-cinq.

Des applaudissements formidables ne cessent de retentir.

*
* *

Le lieu de réunion, dans la soirée comme dans l'après-midi, a été le Cercle militaire.

La foule, qui n'avait cessé de l'assiéger, fut encore plus dense quand arriva la nuit et que la rampe de gaz s'alluma, illuminant le balcon.

Il y avait, après le dîner, réception des officiers, en tenue, et du haut personnel des bureaux de la Guerre.

L'empressement à s'y rendre fut très vif.

De bonne heure les officiers arrivèrent; ils recueillirent les ovations du public, qui se massait avenue de l'Opéra, rue de la Paix, place de l'Opéra et rue du Quatre-Septembre.

Un service d'ordre, composé de municipaux à cheval et de gardiens de la paix, tentait surtout de maintenir des passages libres dans cette foule qui avait la liberté de la chaussée, la circulation des voitures autres que celles des invités étant suspendue.

Les boulevards très pavoisés avaient leur physionomie de fête.

Une animation joyeuse les emplissait.

Ils étaient parcourus d'une foule, plus qu'à l'ordinaire compacte, se dirigeant vers le Cercle militaire.

Point de bandes hurlantes et provocatrices, mais des citoyens individuellement désireux de manifester leur sentiment de gratitude envers des serviteurs du pays qui ont fait héroïquement leur devoir.

C'est la pensée dominante de tous ces braves gens qui appartiennent à toutes les fractions de la société.

On en juge par leurs cris qui n'ont rien séditieux, par ces refrains naïfs en lesquels le peuple aime à scander son allégresse.

Les airs nous en sont connus.

Nous les avons entendus au moment du boulangisme, nous les avons entendus aussi en des circonstances toutes différentes.

Ils ont cette élasticité du *Ça ira*, qui, joyeux ou tragique, se prêta à tant d'interprétations.

On chante : « C'est Marchand qu'il nous faut ! oh ! oh ! oh ! oh ! »

Mais, sans malveillance, peut-on voir dans ce vœu l'expression d'un césarisme saluant le képi qui passe !

Si la foule, très bonne enfant, se presse devant le Cercle militaire, si les fenêtres des maisons voisines se garnissent de monde, si les modistes de la rue de la Paix font aux croisées des « heures buissonnières » en agitant leur mouchoir, c'est dans la seule espérance d'apercevoir les triomphateurs du jour.

Au balcon du Cercle s'alignent les officiers dont on distingue mal, dans le faux éclairage d'une rampe insuffisante, les ors hiérarchiques.

On ne voit bien se détacher dans ce clair-obscur que les mains gantées de blanc qui s'agitent, et désignent et parfois applaudissent ou saluent.

Ce que l'on veut, c'est Marchand.

— C'est Marchand qu'il nous faut !

On veut le voir, on veut l'entendre... Il faut qu'il vienne ; il faut qu'il parle.

Les vingt mille Parisiens qui sont là et ne cessent d'acclamer la France, la mission et l'armée, sont venus pour emporter le souvenir vivant de sa physionomie.

Ils cherchent parmi les officiers accoudés un officier à barbe noire, dont le portrait est populaire depuis quarante-huit heures.

Mais... il est à table !

***

Le dîner offert à Marchand comprend trente-cinq couverts.

Le général de La Nouvelle, vice-président du Cercle et commandant la 16ᵉ brigade, le préside.

C'est le conseil d'administration du Cercle qui reçoit.

A neuf heures, a lieu une réception ouverte qui réunit environ neuf cents officiers.

Marchand et ses compagnons se promènent dans les salons où ils reçoivent les félicitations chaleureuses de leurs camarades de tous grades.

Modestes comme il sied à de braves gens, ils se montrent touchés de ces marques de sympathie, dont ils font hommage à l'esprit de discipline de l'armée tout entière.

Marchand dit :

— C'est trop... Il y en a d'autres qui ont fait mieux que nous ; mais qui n'ont pas eu comme nous la chance d'aller jusqu'au terme qu'ils s'étaient assigné.

D'autres fois, il s'écrie :

— Qui n'aurait fait ce que nous avons fait?... Quel officier n'est capable de remplir une telle mission, si on la lui confie?

Tous les généraux sont là : le général Mercier en grande tenue, les généraux de Pellieux, Zurlinden, Roget, Hervé, Jamont; les amiraux de Cuverville, de Prémesnil, Gervais...

Durant cette brillante réception, au dehors, la rue chante.

Sur la place de la Concorde.

Des fragments de *Marseillaise* se mêlent aux refrains du pavé éclos du matin.

Profitant de ce que la police est tout entière concentrée sur le même point, des camelots organisent de petits concerts en plein vent, où l'on fredonne naturellement la gloire du héros du jour.

A l'angle de la rue Louis-le-Grand et du boulevard, sous le réverbère, au pied du pavillon de Hanovre, trois chanteurs improvisés débitent un immense placard, tout frais encore et qui vient de sortir de l'imprimerie.

Sous une immense gravure représentant l'entrée de Marchand à Paris, il n'y a pas moins de six chansons d'actualité : *Gloire du commandant Marchand*, sur l'air du *Régiment de Sambre-et-Meuse*; la *Mar-*

seillaise *des héros de Fachoda*, sur l'air de la *Marseillaise*, naturellement ; les *Héros de la France*, sur l'air des *Pioupious d'Auvergne* ; la *Paix universelle*, sur l'air de l'*Oiseau qui revient de France* ; *Honneur à la mission Marchand*, sur l'air de la *Czarine* ; et enfin la chanson

L'arrivée au Cercle militaire.

qui remporte le plus de succès, le *Commandant Marchand retour de Fachoda*, sur l'air de la *France guerrière*.

Et la foule entonne en chœur le refrain :

> Gloire à Marchand, superbe de vaillance,
> Acclamons tous ce valeureux soldat
> Qui fit flotter le drapeau de la France
>   A Fachoda ! (*Bis.*)

Sans doute on peut soupçonner dans cette foule quelques espérances qui s'égarent.

Chez certains, quelques cris décèlent une arrière-pensée.

A la faveur d'un enthousiasme, que légitime la belle conduite des soldats d'Afrique, se manifestent des désirs vagues d'autre chose...

Vers neuf heures et demie arrivent aux abords de la place de l'Opéra cinq cents royalistes environ, précédés d'un drapeau et porteurs de lanternes vénitiennes.

Les gardiens de la paix leur enlèvent leur drapeau et les refoulent du côté de la rue Meyerbeer.

Ils reviennent par le boulevard des Capucines et la rue Louis-le-Grand dans l'avenue de l'Opéra, et, de loin, acclament Marchand.

Au n° 39 de l'avenue, ils enlèvent trois drapeaux qu'ils vont porter à la statue de Jeanne-d'Arc.

MM. de Lamarzelle et de Sabran-Pontevès prononcent quelques mots qui se terminent par les cris de « Vive Dieu! Vive la France! »

Les manifestants sont dispersés rue de l'Echelle.

MM. de Luynes et de Grandmaison, ainsi que les députés du parti, accompagnaient la manifestation.

C'est un incident.

L'avant-garde royaliste n'entraîne personne; la petite troupe ne recrute point.

La grande majorité de ce peuple accouru est sincère et franche dans ses acclamations.

Elle veut Marchand, elle l'appelle au balcon.

Mais elle veut aussi Baratier.

« Tous les deux! » crient des milliers de voix qui donnent ainsi toute leur portée à ces clameurs.

Ce n'est pas un futur dictateur qu'on salue, mais, dans un esprit de patriotisme et d'équité, tous les héros de cette aventure merveilleuse qui ne doit rien coûter à la liberté du pays, aux institutions qu'il s'est données.

Cette pensée se lit plus expressivement encore dans ce cri qui fait pleine justice et qui se pousse sur l'air des *lampions* : « La mission! la mission! »

C'est cela.

On est venu, sans plans ténébreux, au-devant d'une mission qui a bien rempli sa tâche.

Ceux qui, par hasard, nourrissent une autre pensée en sont pour les frais de leur imagination.

Des membres de la Patrie française se tiennent au café de la Paix.

Il y a là M. Jules Lemaître et M. Coppée qui adresse à la foule de courtes harangues.

L'enthousiasme de cette journée a raison de sa santé qu'ébranlait récemment une cruelle maladie.

Énergique et décidé, il s'est jeté dans la bagarre avec l'âme ardente de ses lointains vingt ans : intrépide, frémissant, brûlant d'un patriotisme admirable.

MM. Lasies et Millevoye sont là.

Mais M. Barrès annonce aux assistants que Déroulède ne viendra pas.

Il veut laisser à Marchand la gloire de cette journée.

Il s'est promis de ne pas en altérer le caractère, afin que la réception que Paris fait à ces soldats respectueux du devoir ne prête à aucune équivoque, et ne donne prise pour certaines gens, si facilement ombrageux de toute gloire militaire, à aucune récrimination, à aucune critique, qui soit en apparence fondée.

Des amis, à force de coudes, ouvrent à M. Coppée un chemin dans la foule et le portent jusqu'à l'entrée du Cercle militaire.

Mais la consigne est formelle; il n'y peut pénétrer.

M. Forain l'accompagne, qui, une fois là, fait le portrait d'un municipal.

Il écrit : « Vive la garde de Paris! » signe son croquis, que M. Coppée signe aussi, et remet ce dessin au garde, tout heureux de cet inespéré cadeau. La foule a son projet et s'entête :

— Marchand! Marchand! Par ici! Au drapeau! Au milieu! — crie-t-on sans répit.

Des officiers font signe que l'acclamé va venir; ils s'écartent.

Marchand paraît au balcon :

— Parlez! — lui crie-t-on.

On prie de faire silence.

L'immense foule se tait et, d'une voix distincte, il dit :

— *Je répète mon cri de ce soir... Soyons unis!... Vive la République! vive la France! vive l'armée!* »

On l'oblige à faire le tour du cercle sur le balcon.

Il a parlé avenue de l'Opéra; on veut le voir sur la place; on veut le voir rue de la Paix.

Il est discret. Il se dérobe à ces ovations.

C'est sur l'insistance réitérée des assistants, qui ont rompu tous les cordons du service d'ordre et qui évoluent entre les jambes des chevaux, qu'il se montre.

Il ne fait qu'apparaître et se retire.

Mais on appelle aussi celui qui s'est associé à sa gloire à part presque égale : Baratier.

Les officiers le poussent à son tour.

Il salue.

On lui demande à parler.

Il dit tout ce qu'un soldat peut dire dans un esprit de rigoureuse discipline :

— Merci... merci... merci... vive la France!

Pas une note discordante. Pas une protestation.

Où sont-ils les vaillants jeteurs de pommes cuites?

Où sont-ils ceux qui avaient juré de mettre au patriotisme un bâillon et qui, forts de ce qui se passait au Palais, se flattaient de refréner les sentiments traditionnels de la démocratie?

Où étaient-ils, leurs gourdins réunis?

Où se cachaient-ils donc, alors que tout Paris était dehors?...

Il est près de onze heures; la foule est aussi compacte.

Cependant la réception a pris fin : les invités se retirent.

Dans la première voiture, conduite à la main par des gardiens de la paix, il y a MM. Lockroy, Krantz, Guillain, et le chef du cabinet de M. Krantz.

Une ovation est faite aux ministres patriotes.

Un peu après, Mgr Lanusse, la soutane constellée de décorations, sort à pied avec un officier.

« Il est accueilli par les cris de : Vive Saint-Cyr! »

On acclame le général Libermann, le général Bailloud et le capitaine Belmontet, maire de Saint-Cloud.

Le général Mercier, qui s'en va avec un lieutenant de spahis sénégalais, est accueillie par de très vives acclamations.

On crie : « Vive l'état-major! » sur le passage du général de Pellieux.

Quelque temps après, un sergent de la mission Marchand est l'objet d'une ovation chaleureuse.

Ainsi se termine cette splendide, cette glorieuse journée, en laquelle a vibré du plus pur patriotisme l'âme même de Paris.

A une heure du matin, la place et l'avenue de l'Opéra grouillaient encore d'un peuple enthousiaste, et le commandant Marchand, rappelé sans cesse, jetait par brassées à la foule, du balcon de son appartement, les monceaux de fleurs qui lui avaient été offertes.

Éloquente et délicate pensée du rude militaire!

CXIX

POIGNÉE DE VÉRITÉS

A la faveur de nos discordes. — Une haute autorité coloniale. — Intéressantes révélations. — Texte des instructions ministérielles. — Point de coups d'épingles ! — Pour appuyer la mission. — L'occasion manquée. — Les responsabilités se précisent. — Toute la lumière !

Il nous faut interrompre le compte rendu de la réception grandiose, des ovations enthousiastes faites par la France entière à nos héros, pour fixer d'une façon définitive le caractère de parfaite légitimité de la grande œuvre nationale entreprise par le commandant Marchand, ainsi que la façon scandaleusement abusive dont nos voisins d'outre-Manche ont profité de nos discordes intestines pour nous ravir notre conquête.

Une récente étude de M. André Lebon, ancien ministre des Colonies, nous facilitera cette tâche.

M. Lebon commence par se défendre de vouloir faire œuvre de parti :

« Il eût été malséant, nuisible peut-être au pays, de parler de la mission Marchand à l'époque où elle faisait l'objet des polémiques les plus vives et de négociations diplomatiques infiniment délicates.

« Le silence est le premier devoir des serviteurs de la chose publique, tant qu'une parole échappée de leur bouche peut gêner les évolutions jugées nécessaires par les ministres responsables.

« Ils n'ont aucun mérite à taire la vérité, s'ils ont conscience que par là encore, ils peuvent être utiles aux intérêts permanents dont ils ont eu un instant le dépôt.

« Il n'en va plus de même aujourd'hui : les polémiques sont apaisées, les négociations sont closes.

« En rétablissant certains faits travestis par les ardeurs des partis, on ne s'expose plus à rien compromettre d'essentiel.

« En contribuant à fixer certains événements, qui appartiennent déjà au domaine de l'histoire, on ne risque point de tomber dans de vaines récriminations ni de stériles querelles.

« Sans doute, le gouvernement n'a pas encore permis aux héros de la mission Marchand de faire entendre, sous l'égide des grandes sociétés scientifiques, le récit public de leur épopée, mais les considérations de personnes ou de politique intérieure y ont peut-être plus de part que le souci des difficultés extérieures.

« Ces difficultés sont désormais réglées.

« Elles ne peuvent renaître d'une étude exclusivement destinée à dire quel a été le rôle du pouvoir central dans un événement qui a retenu l'attention de l'univers politique tout entier... »

* *

L'ancien ministre des Colonies examine ensuite la genèse de la mission Marchand et nous fait d'intéressantes révélations sur la façon dont elle fut préparée et organisée.

Cette partie de son étude confirme pleinement ce que nous avons dit dès le début de cet ouvrage, à savoir que le projet de relier nos possessions de l'ouest de l'Afrique à celles de l'est, tout en prenant position dans la vallée du Nil, était une conception du commandant:

« C'est le 24 février 1896 que M. Guieysse, alors ministre des Colonies dans le cabinet Léon Bourgeois, signa les instructions qui ont conduit à Fachoda la mission Marchand.

« Il le fit avec l'adhésion préalable, sinon même à l'instigation du ministère des Affaires étrangères, et disposa les choses de manière que personnel et matériel fussent acheminés le plus rapidement possible vers le Congo français, point initial de la mission...

« Y avait-il dans cette initiative l'un de ces « coups de tête » que l'on a si souvent, quoique bien à tort, reprochés à l'administration coloniale?

« Le Pavillon de Flore cherchait-il à mettre le quai d'Orsay en présence du fait accompli, pour l'obliger à rehausser le ton de ses négociations avec la Grande-Bretagne?

« Celle-ci était-elle en droit d'accuser la France de se montrer à son égard injustement agressive, inopinément sournoise?

« Notre gouvernement avait-il proportionné les moyens mis à la disposition de M. Marchand au but qu'il lui avait assigné?

« Autant de questions posées par les polémiques de presse, auxquelles les débats parlementaires n'ont pas encore répondu.

« On l'a dit déjà, mais il y faut insister : l'administration coloniale ne se décida, dans la circonstance, qu'à la requête de la diplomatie française.

« M. Marchand avait, dès septembre 1895, arrêté ses projets concernant le Bahr-el-Ghazal.

« Les difficultés et les risques d'une pareille entreprise retinrent l'attention et la décision des techniciens, sans parler même de la gêne financière où se rencontre toujours l'action coloniale, lorsqu'elle doit se faire sans éclat.

« Pour lever ces multiples objections, il ne fallut rien moins que l'extrême insistance du ministère des Affaires étrangères.

« Il cherchait sans doute de ce côté un commencement de réparation aux déboires qu'il avait éprouvés en ne réussissant pas à empêcher les préparatifs de l'expédition de Dongola.

. .

« Cette conception se défendait d'elle-même.

« L'idée de traverser l'Afrique de l'ouest à l'est, tandis que M. Cecil Rhodes affichait l'ambition de la franchir du sud au nord, régnait en France depuis plusieurs années.

« On ne voulait pas que, maîtresse de fait en Égypte, de droit et de fait au Cap, l'Angleterre s'emparât de la totalité de la vallée du Nil.

« On s'était avisé qu'en prenant pied sur le cours moyen du grand fleuve africain, la France serait peut-être mieux à même de contrôler quelque jour la politique du Delta, qui laisse l'Europe, divisée contre elle-même, si fâcheusement indifférente.

« On se disait qu'en vue des grandes liquidations et des grands partages d'un avenir plus ou moins proche, il n'était point inutile de s'assurer de quelques objets d'échange, voire de quelques possessions supplémentaires pour lesquelles les plus pessimites pouvaient rêver un avenir aussi brillant et aussi imprévu que celui que la volonté humaine, secondée par la science, a procuré aux « arpents « de neige » du Canada et aux sables naguère stériles de nos Landes françaises.

« De là, en 1894, la campagne diplomatique victorieuse menée par le quai d'Orsay pour empêcher l'Angleterre d'instituer le roi Léopold, ou plus exactement l'État indépendant du Congo, comme « tampon » entre le Congo français et la rive gauche du Nil.

« De là, presque aussitôt après, le mandat donné à M. Liotard par M. Delcassé, lorsqu'il était au pavillon de Flore, de chercher par le haut Oubanghi une issue sur le Nil à nos possessions de l'Afrique centrale.

« De là enfin, sous la pression des circonstances que l'on a rappelées plus haut, la pensée de renforcer M. Liotard, à l'heure précise où l'Angleterre semblait décidée à recommencer la conquête, une première fois avortée, du Soudan égyptien, et, tandis que le commissaire du haut Oubanghi poursuivrait son action dans la région où tant de succès avaient déjà couronné ses efforts, la résolution de lui donner un adjoint pour accomplir la même œuvre un peu plus au nord, dans le Bahr-el-Ghazal.

« Nul, au surplus, ne pouvait contester ni la bonne foi de la France, ni son droit strict d'en agir ainsi.

« Les incidents de 1894, marqués par le retrait final du bail consenti par la Grande-Bretagne au roi Léopold, étaient un premier et significatif avertissement que la République n'adhérerait point sans protestation ou compensation aux envahissements de l'impérialisme britannique.

« Il y en eut d'autres et tout aussi clairs.

« En 1895 notamment, quand le sous-secrétaire d'État du Foreign-Office, sir Edward Grey, dans un discours public, fulmina une sorte de *Quos ego* contre ceux qui seraient assez audacieux pour s'approcher du Nil, M. Hanotaux ne se borna pas à relever, comme il convenait, ce discours à la tribune du Sénat.

« Il obtint encore du chef de la diplomatie anglaise la déclaration expresse que « la question resterait ouverte au débat ».

« En décembre 1897 enfin, au cours des négociations suivies à Paris pour fixer les limites entre les deux puissances dans les territoires de la boucle du Niger, deux lettres échangées entre M. Hanotaux et l'ambassadeur anglais constatèrent formellement que les réclamations réciproques relatives au Nil étaient de part et d'autre réservées, chacune des deux parties maintenant d'ailleurs ses positions antérieures.

« Ainsi point d'improvisation hâtive et point de « coup d'épingle » inconsidéré dans la mission donnée à M. Marchand, mais, au contraire, la volonté réfléchie de persister dans un plan de conduite déjà ancien, et cela après avoir donné aux tiers intéressés tous les avis de principes compatibles avec la direction d'une affaire délicate, où personne assurément ne saurait exiger que rivaux ou ennemis soient officiellement informés de la mesure exacte de l'effort qu'il s'agit de fournir et de la date précise où l'objectif sera atteint.

⁂

« Mais, a-t-on dit, quelle insanité que d'avoir exposé une troupe d'aussi minime importance, à plusieurs kilomètres de sa base de ravitaillement, à un conflit violent où, coupée de tout secours, elle ne pouvait manquer de succomber!

« Quel inutile gaspillage d'héroïsme! quel jeu tout à la fois

Portrait de M. André Lebon.

enfantin et criminel, où l'honneur même du drapeau est follement engagé!...

« Certes, si pareille aberration eût pénétré, à un moment quelconque, l'esprit des ministres responsables de la mission Marchand, il n'y aurait point pour eux de sévérité suffisante dans les jugements de l'histoire.

« Mais, outre qu'en février 1896, les Anglais étaient fort loin encore d'Omdurman et de Khartoum, voire même de Dongola, il est aisé de démontrer qu'à cette époque, comme durant tout le cours de la mission, la perspective d'une lutte armée, fût-ce avec les derviches, était résolument écartée du programme assigné à M. Marchand.

« Témoin cet extrait des instructions initiales :

« Au mois de septembre dernier, vous avez soumis à mon pré-
« décesseur le plan d'une mission que vous vous offriez à remplir dans
« le haut Oubanghi en vue d'étendre l'influence française jusqu'au
« Nil...

« Elle devait, dans votre pensée, remonter de Bali et, parvenue
« au Bahr-el-Haur, gagner de là le Bahr-el-Ghazal, puis atteindre le
« Nil-Blanc à Fachoda.

« Pendant cette marche à travers des pays à peu près inconnus
« encore, vous comptiez réussir à nouer, avec les bandes mahdistes
« qui tiennent le pays, des relations d'amitié.

« Grâce à cet appui, vous espériez parvenir sans encombre au
« terme de votre voyage, et créer à la France des titres indiscutables,
« pour le jour où serait fixé le sort de ces provinces.

« Il était bien entendu, d'ailleurs, que, laissant derrière vous la plus
« grande partie de vos forces, vous n'avanceriez au milieu des mah-
« distes qu'avec une troupe trop peu nombreuse pour les inquiéter,
« décidé à vous replier immédiatement si la mission rencontrait une
« hostilité marquée sur un point quelconque de sa route.

« Il était, en effet, dans votre projet d'éviter à tout prix un con-
« flit et de n'agir que par les voies pacifiques...

« M. Liotard a fait connaître que nous étions, au mois d'août
« dernier, établis beaucoup plus solidement que ne pouvait le penser
« le pouvoir central sur la rive droite du M'Bormou... et qu'il avait
« l'intention de pousser en avant ses alliés indigènes, qui lui offraient
« de nous installer à Ziber, qui est la clef du Bahr-el-Ghazal...

« Alors que vous pensiez ne trouver sur les rives du M'Bormou
« que des populations indifférentes à notre action, hostiles même
« peut-être, nous y voyons des indigènes avec lesquels nous avons
« noué des relations d'amitié.

« Bien plus, vous comptiez vous appuyer exclusivement sur les
« mahdistes, et ces mêmes mahdistes sont les adversaires déclarés
« des chefs qui nous ont promis leur concours...

« Votre rôle sera donc particulièrement délicat : d'une part, nous « ne pouvons ni ne devons cesser nos bonnes relations avec les sul-« tans ; de l'autre, si nous voulons avoir chance de devancer le colonel « Colville sur le Nil, il faut aller de l'avant, et, pour ce faire, ménager « les mahdistes. »

« Et, dans une lettre du 24 mai à M. Liotard, on résumait ainsi cette politique :

« Le département tient essentiellement à ce que nous évitions « d'engager des hostilités avec les derviches ; notre œuvre de péné-« tration doit être toute pacifique et n'entraîner, autant que pos-« sible, aucun conflit avec les partisans du mahdi. »

Ainsi, d'après M. André Lebon, point de lutte armée avec personne, pas même avec les derviches : un essai de pénétration pacifique, délibérément soumis aux instructions et aux exemples de M. Liotard ; la retraite, plutôt que le combat ; la confiance que, par les procédés déjà expérimentés dans le haut Oubanghi, on parviendra au but, c'est-à-dire à Fachoda, confiance pleinement justifiée par l'événement ; mais l'ordre exprès, si les circonstances forcent à changer de méthode, de renoncer à toute marche en avant, plutôt que d'exposer vainement le drapeau.

Et, pour exécuter ce programme, des moyens strictement proportionnés, assez exactement fixés cependant, puisque, encore une fois, ils ont permis d'accomplir la mission dans le délai prévu de trente mois.

Quels moyens ?

Ceux-là mêmes qu'avait demandés Marchand dès septembre 1895 : 14 Européens, moins de 200 convoyeurs soudanais, et 3,000 colis de vivres, munitions et pacotille.

Payés comment ?

De l'aveu de la commission du budget, mise dès le début dans le secret, sur les ressources locales, déjà fort obérées, du Congo français :

« Telle a été dans ses origines, — conclut l'ancien ministre, — la mission Marchand : suprême étape d'une politique suivie sans désemparer dans les dernières années ; décidée à l'instant où tout commandait de la lancer ; pourvue d'ordres qui précisaient nettement son caractère et son but ; munie, enfin, des instruments nécessaires à son action.

« Si, par la suite, la politique générale a modifié la portée des résultats espérés, ces résultats n'en ont pas moins été acquis, et, à aucun moment, ni l'idée maîtresse n'a été modifiée, ni les moyens d'exécution refusés. »

On voit que M. André Lebon, haute autorité en matières coloniales, est entièrement d'accord avec nous.

Pour lui, comme pour nous-même, l'échec de Fachoda est dû à notre *politique générale*, et la responsabilité doit en remonter à ceux qui, comme M. Delcassé, en avaient la charge.

*
* *

Mais l'ancien ministre des Colonies n'accuse pas.

Il se borne, et on ne saurait lui en vouloir, à dégager la responsabilité du cabinet dont il faisait partie.

Son plaidoyer fourmille d'ailleurs d'intéressantes indiscrétions :

« Quel était, à l'égard d'une pareille entreprise, le devoir du cabinet Méline, lorsque, à la fin d'avril 1896, il arriva aux affaires?

« On a quelque peine à se figurer l'émoi qui n'eût pas manqué de s'emparer et du Parlement et de l'opinion, si les opérations engagées eussent été brusquement interrompues.

« Et pourquoi, sous quel prétexte, pour quel motif, apparent ou réel, l'eussent-elles été?

« A quelles incohérences dernières ne serait point réduite la politique extérieure de la France, si chaque crise ministérielle indiquait un changement de système?

« N'est-ce pas assez de constater chaque jour les progrès de l'anarchie administrative et de la stérilité législative, provoquées par de trop fréquentes mutations dans le personnel gouvernemental?

« Faudrait-il donc que, pour rendre le mal plus difficilement curable, les mêmes ressauts se produisissent dans la gestion de nos intérêts permanents au dehors que dans le choix du personnel intérieur et dans la distribution des débits de tabac?

« Le cabinet Méline n'avait aucune raison de condamner et de répudier l'initiative de ses prédécesseurs.

« Les mêmes considérations qui avaient dicté les instructions du 24 février subsistaient trois mois plus tard, non pas seulement dans leur intégrité première, mais, si l'on peut s'exprimer ainsi, avec une acuité nouvelle tirée des conflits que nous suscitait par ailleurs la puissance rivale à laquelle la mission Marchand avait mandat de faire échec.

« Le devoir des nouveaux ministres était tout indiqué; ils n'y faillirent point, s'appliquant avec persévérance, et à préciser autant qu'il était utile, le caractère et la portée de l'œuvre de M. Marchand, et à en favoriser l'exécution à l'aide de toutes les ressources complémentaires dont l'expérience révélerait la nécessité.

« La tâche n'était peut-être pas aussi aisée qu'on serait tenté de se l'imaginer.

« Tout d'abord, quiconque a touché, de près ou de loin, aux affaires coloniales, sait combien il est difficile d'obtenir en personnel, civil ou militaire, la coordination et la subordination désirables.

« Éloignés du pouvoir central au point de n'en plus sentir ni la direction ni l'autorité; exaltés par la grandeur des travaux qui leur sont confiés et qu'ils sont enclins à s'exagérer par le bruit qui se fait autour de quelques-uns d'entre eux; exaspérés et par les obstacles auxquels ils se heurtent et par les rigueurs des climats tropicaux; énervés par de longues périodes d'isolement qui alternent avec un contact trop étroit de leurs collaborateurs les plus immédiats, les agents coloniaux se laissent souvent aller à des querelles et à des rivalités qui les frappent d'impuissance.

« Les questions de préséance sont parfois pires dans la brousse que dans les plus grandes cours, et l'incompatibilité d'humeur y produit fréquemment l'indiscipline, sinon même le drame.

*
* *

« La complexité des intérêts en jeu dans le haut Oubanghi et le Bahr-el-Ghazal rendait le péril d'une semblable situation particulièrement redoutable.

« Aussi, le premier soin du nouveau titulaire du portefeuille des Colonies fut-il d'y parer dans la mesure du possible.

« En même temps qu'il conférait à M. Liotard le grade du gouverneur, il prenait donc un arrêté lui subordonnant expressément M. Marchand.

« Dans une dépêche du 23 juin au premier de ces agents, il s'efforçait de délimiter les attributions de chacun.

« Il redisait, à la lumière des dernières informations parvenues de l'Afrique centrale au pavillon de Flore, ce que la France attendait d'eux :

« La mission dont est chargé M. le capitaine Marchand ne saurait « être considérée comme une entreprise militaire.

« Ce n'est pas avec les forces nécessairement réduites dont nous

« disposons dans ces régions que la pensée de projets de conquête
« pourrait être un seul instant acceptée.

« Il s'agit, aujourd'hui surtout que les résultats en sont à si bon
« droit appréciés, de maintenir strictement la ligne politique que,
« depuis près de deux années, vous suivez avec persévérance et
« dont notre établissement dans la vallée du Nil doit être le cou-
« ronnement...

« Ce caractère exclusivement pacifique que doit conserver l'œuvre
« entreprise, cette nécessité où nous sommes d'éviter de nous voir
« un jour aux prises avec des bandes très nombreuses et bien
« armées nous obligent à établir sinon une alliance véritable, tout
« au moins de bons rapports avec les derviches.

« Il ne faut pas que les mahdistes, apprenant l'arrivée des Fran-
« çais dans ces régions, puissent confondre leur entreprise avec
« celles de leurs rivaux européens.

« Il importe de leur faire entendre que la France n'a contre eux
« aucun sentiment d'hostilité, qu'elle ne forme contre les popula-
« tions du Soudan égyptien aucun projet d'agression, qu'elle désire
« au contraire voir s'affermir chez elles la paix intérieure et exté-
« rieure, afin de bénéficier un jour, dans l'intérêt du commerce, du
« calme et de la prospérité du pays.

« C'est, du reste, le langage que vous teniez au Fógui Ahmed,
« avant même que cette politique se fût affirmée, en décembre 1895,
« ainsi qu'il résulte d'une des pièces jointes à votre rapport sur
« l'occupation de Tamboura.

« Le Gouvernement de la France, écriviez-vous, n'a jamais eu
« affaire ni de près ni de loin aux derviches et je ne vois pas pour
« quelle raison ceux-ci seraient nos ennemis. »

« L'opinion que vous exprimiez de la sorte et qui se conciliait
« cependant avec votre politique à l'égard des chefs zandés ne doit
« pas davantage aujourd'hui, si elle inspire une action plus mar-
« quée de la France, faire obstacle à la consolidation, à l'affermisse-
« ment de nos relations avec ces derniers.

« Vous devrez laisser entendre à ceux-ci qu'ils sont toujours
« assurés de notre protection et qu'un accord éventuel de la France
« avec les derviches, s'ils viennent à s'en inquiéter, ne peut que
« mettre fin à des déprédations dont ils ont été si souvent les victimes.

« Il est bien entendu du reste que vous aurez autorité sur tous
« les agents civils et militaires ; il en sera notamment ainsi de la
« mission de M. Marchand, qui est votre adjoint temporaire et auquel,

« s'il se trouve éloigné de vous, vous laisserez des ordres précis
« pour le service dont il aura la responsabilité directe.

« Il ne peut s'agir de questions d'amour-propre dans une situa-
« tion aussi délicate que celle où vous vous trouverez tous, et je con-
« nais trop le patriotisme de tous ceux qui sont ou vont dans l'Ouban-
« ghi pour insister sur ce point.

« Ainsi coordonnés, les efforts des uns et des autres pourront
« assurer rapidement, je l'espère, le succès final de l'œuvre entre-
« prise ; je sais qu'en ce qui vous concerne, vous ne négligerez
« rien pour l'obtenir. »

« Hâtons-nous de dire, au grand honneur des hommes particulièrement visés par ces instructions, que cet appel fut entendu.

« Aucune rivalité ni aucune dissidence n'éclata entre eux, durant
plus de deux années de travaux et de souffrances ; et ils surent merveilleusement, quoique à distance l'un de l'autre, concerter leurs
efforts pour le service du pays, sans jamais se départir de la ligne
de conduite qui leur avait été tracée.

« Ils y avaient d'autant plus de mérite qu'une fois lancés dans le
Centre-Afrique, leur action échappait à tout contrôle comme à toute
correction.

« Il ne fallait pas moins de six mois, en effet, pour qu'une lettre
de M. Liotard parvînt au pavillon de Flore, ou qu'une dépêche
ministérielle atteignît M. Marchand.

« La force des choses les laissait libres de mal faire : ils ont toujours bien agi. »

Mais si les dissensions, que de trop nombreuses expériences
permettaient d'appréhender, ne se sont pas produites dans les missions françaises du Nil, on sait que d'autres incidents, bien impré-
vus ceux-là, apportèrent de terribles entraves au progrès de la
mission Marchand.

Malgré les avis qu'elle avait reçus en temps utile pour préparer
le service des transports de la côte à Brazzaville, l'administration
du Congo français se trouva si notoirement inférieure à sa
tâche qu'aucun des convois ne put être acheminé dans les délais
prescrits, et que le commandant, arrivé le dernier, alors que tous ses
colis eussent dû se trouver déjà sur le haut Congo, fut obligé d'assurer lui-même le service et la police de sa route de ravitaillement.

Bien mieux : dans les premiers jours de 1897, sans que rien eût
laissé soupçonner un tel état de choses, la même administration
accusa par télégramme un déficit budgétaire si formidable, qu'il ne

pouvait plus être question de pourvoir aux dépenses de la mission par les procédés financiers convenus avec la commission compétente de la Chambre.

« Ce fut, dit M. Lebon, le rôle du ministre des Colonies d'obvier à ces lamentables accidents.

M. Lebon doit conclure avec une Société française une convention assurant un service régulier de portage.

« En quelques semaines, il dut négocier avec le chemin de fer du Congo belge un accord permettant de dégager d'une partie des transports la route pédestre des porteurs du Congo français, et conclure avec une société française une convention assurant pour l'avenir un service régulier de portage.

« Puis il chercha de l'argent, ce qui n'est pas précisément aisé dans un système politique où l'on voudrait tout avoir sans jamais rien payer.

« Il fut assez heureux pour découvrir une autre colonie, qui laissait sur l'exercice un notable excédent de recettes ; plus heureux encore, quand le parlement l'autorisa à employer cet excédent à combler la majeure partie du déficit du Congo.

Indigènes Somalis, nos voisins des établissements de la côte.

« Quelques changements de personnes, quelques réformes administratives de détail empêchèrent pour l'avenir le retour de semblables mécomptes.

« A dater de ce jour, on fut assuré que l'expédition des convois de la mission Marchand s'opérerait dans des conditions régulières.

« De fait, aucun retard ne survint plus de ce chef.

« On a dit et répété que, par une inexcusable incurie, la mission Marchand était restée sans ravitaillement en vivres et en munitions, sans relève en hommes.

« Or, d'une part, elle a reçu de M. Liotard un cinquième des approvisionnements existant au Haut-Oubanghi ; de l'autre, toutes ses demandes officielles de matériel et de personnel parvenues au département des Colonies ont été servies dans le plus bref délai, c'est-à-dire que les fournitures partaient de France dans les trois ou quatre semaines de l'arrivée de la commande.

« Parfois même, — ce fut le cas notamment pour les moyens de navigation, lesquels n'étaient pas prévus au programme primitif et qui lui permirent d'activer sa marche en utilisant les voies fluviales, — parfois même les fournitures étaient expédiées spontanément par une administration vigilante.

« On a dit et répété, l'insinuation, cela est triste, s'est produite en haut lieu, — on a dit et répété que le motif déterminant du rappel de M. Marchand de Fachoda avait été le complet dénûment où l'avait laissé la susdite incurie de certains ministres.

« Or, au milieu d'août 1898, à Fachoda même, M. Marchand disposait, pour ses 213 rationnaires, de deux mois de vivres européens, de quatre mois de vivres indigènes et de 28,000 cartouches.

« Peu de jours après, le *Faidherbe* lui apportait une quantité égale de vivres et 100,000 cartouches.

« La preuve en est aux dossiers du ministère.

« Ainsi se dissipent les légendes accréditées par les passions de parti ou par la pusillanimité des hommes qui, ne voulant pas assumer pour eux-mêmes la responsabilité de la politique qu'ils jugeaient, en 1898, nécessaire aux intérêts du pays, ont tenté de faire peser sur leurs prédécesseurs le poids de l'échec final.

« Assailli par de perpétuelles rumeurs de massacre de la mission Marchand ; sachant contre quels obstacles naturels l'émissaire de la France avait à lutter dans ces régions mal connues ; attendant avec une impatience extrême l'annonce de son arrivée à Fachoda, que la baisse prématurée des eaux du Bahr-el-Ghazal empêcha seule de se réaliser dès l'automne de 1897, le cabinet Méline ne cessa pas un seul jour de prêter à M. Marchand tout le concours qu'il lui devait.

« Il se préoccupa même — et c'est là sans doute la partie la plus ignorée de son rôle — de lui assurer de l'aide sur la rive droite du Nil. »

On voit que M. André Lebon est sévère, dur même pour les ministres qui se soumirent à l'*ultimatum* britanique.

Pusillanimes! les appelle-t-il.

Un tel qualificatif sous la plume d'un homme que sa situation astreint à la plus grande réserve et qui se fait une loi de la plus extrême modération, en dit plus long que tout ce que nous avons écrit nous-même à ce sujet.

*
* *

La suite de la magistrale étude que nous analysons nous initie à quelques-uns des dessous de l'action gouvernementale en faveur de la mission Congo-Nil.

Après avoir lu ces pages, on a réellement l'impression que le ministère Méline s'est sérieusement intéressé au succès de la grande expédition transafricaine, et que, s'il avait été au pouvoir au moment de l'affaire de Fachoda, les choses se seraient peut-être passées différemment.

Mais rendons la plume à l'ancien ministre des Colonies :

« Depuis que la France s'était établie à Obock et sur la côte des Somalis, ses relations avec l'Abyssinie n'avaient pas cessé d'être empreintes d'une très grande cordialité, sans avoir jamais encore cependant revêtu la forme d'une entente expresse.

« La médiocrité des ressources financières mises par le Parlement à la disposition du gouverneur de Djibouti, ne laissait qu'une très petite marge aux frais divers qu'entraîne l'entretien de relations étroites avec un empire à la fois très divisé et très puissant.

« L'ignorance où l'on demeura longtemps, et, pour dire toute la vérité, jusqu'à l'issue de sa lutte victorieuse contre l'Italie, sur la force réelle de cet empire, sur les tendances de sa politique extérieure, sur son organisation interne et le jeu de ses partis, commandait de n'avancer qu'avec d'infinies précautions dans son intimité.

« En réalité, en dehors du crédit que lui procuraient, auprès de populations ardemment chrétiennes, sa situation de protectrice des catholiques en Orient et des menus présents de pure courtoisie, la France ne disposait que d'une seule source d'influence auprès du Négus Ménélik.

« Djibouti est l'unique et nécessaire débouché de l'Éthiopie sur la mer Rouge.

« C'est par ce port, s'il ne voulait utiliser la voie anglaise de Zeïlah, rendue très suspecte par les conditions générales de la politique européenne, que le négus était tenu d'acheminer les approvisionnements nécessaires à ses services.

« C'est par là, en effet, que, durant le temps de paix, pénétrèrent en Abyssinie des quantités appréciables d'armes et de munitions.

« Mais cette situation, favorable dans le cours normal des choses, était plus gênante qu'utile dès que se déclarait l'état de guerre.

« Contrainte par sa neutralité d'imposer au commerce des armes les défenses et restrictions prescrites par le droit des gens, la France inspirait à ses voisins d'Éthiopie, peu éclairés sur les obligations internationales, une défiance difficile à surmonter, dans le moment même où elle avait intérêt à se rapprocher d'eux.

« Tel fut particulièrement le cas, lorsque l'Italie entreprit contre l'Abyssinie l'agression qui la conduisit au désastre d'Adoua (mars 1896.)

« Les multiples incidents provoqués par le Quirinal au sujet du commerce des armes, incidents qui se prolongèrent et se répétèrent bien au delà de la cession des hostilités et jusqu'à la signature de la paix finale, se compliquèrent même d'une autre circonstance.

« Au mois de mars 1895, l'empereur Ménélik avait proposé à la France de renouveler, en le précisant et l'améliorant, le traité de commerce conclu en 1843 par le roi du Choa avec Louis-Philippe.

« Les précisions à y introduire consistaient surtout, pour la France, à reconnaître l'indépendance de l'empire ; pour l'Abyssinie, à ne consentir aucune cession de territoire ni aucune diminution de sa souveraineté sans avoir pris l'avis préalable du gouvernement de la République ; pour toutes deux, à fixer les limites de leurs possessions respectives et à assurer réciproquement à leurs nationaux un traitement favorable au point de vue commercial.

« Or, la même réserve que le conflit italien imposait à la France en matière d'importations d'armements lui interdisait de souscrire un pareil traité pendant la durée de la guerre.

« Le gouvernement français n'avait donc mis aucune hâte à continuer cette négociation : au printemps de 1896, les offres de Ménélik étaient restées sans réponse définitive, et l'on peut dire que, de ce fait encore, il y avait quelque refroidissement dans nos rapports avec l'Abyssinie.

．．．

« La fin de la guerre italo-abyssine modifia cette situation à l'avantage de la France.

« Celle-ci n'avait plus aucun motif de retenir son adhésion au traité proposé par l'Abyssinie ; elle en avait beaucoup, au contraire, de la précipiter.

« Il était de toute évidence que le succès des armes de Ménélik allait faire bientôt de sa capitale Addis-Abbaba un centre d'intrigues diplomatiques des plus actives, et qu'Anglais, Italiens, Russes et Autrichiens même, comme l'événement l'a promptement prouvé, s'évertueraient à y exercer une influence prépondérante.

« L'intérêt de la France était de prendre rang avant tous autres et de s'assurer cette prépondérance par son désintéressement même.

« D'un autre côté, la perspective des mouvements militaires projetés par les Anglais rendait désirable que, désormais rassuré sur la mer Rouge, Ménélik s'établît sur les territoires de la rive droite du Nil, que l'Abyssinie a toujours revendiqués comme siens.

« Enfin, il n'était pas indifférent que, si M. Marchand parvenait jamais à Fachoda, il trouvât en face de lui, sinon un appui effectif et des alliés véritables, du moins des hommes prévenus en sa faveur, prêts à l'assister et à le ravitailler.

« L'un des premiers actes du cabinet Méline fut donc de reprendre les pourparlers suspendus depuis plus d'une année.

« Dès le 3 juin 1896, une lettre officielle, du Président de la République à l'empereur Ménélik, adhéra dans leur ensemble aux conditions de mars 1895 :

« Nous acceptons bien volontiers, disait cette lettre, les propo-
« sitions que Votre Majesté nous a faites, basées sur l'indépendance
« de l'empire, la volonté de n'accepter aucun protectorat et le main-
« tien des relations qui existent entre les deux pays.

« Voisins de l'Éthiopie par nos possessions, nous ne souhaitons
« qu'une étroite entente et le développement de nos relations
« d'amitié et de commerce.

« Aussi voyons-nous avec grande satisfaction que Votre Majesté
« a décidé de considérer Djibouti comme le débouché officiel de son
« empire. »

« Et, dans une lettre plus détaillée qui accompagnait ce premier document, M. Lagarde, gouverneur de Djibouti, alors en France, énumérait quelques modifications de pure forme à introduire dans le texte du traité, en même temps qu'il marquait l'utilité de conférer à bref délai avec un représentant attitré de Ménélik pour le règlement de divers points accessoires, notamment pour la délimitation des frontières communes.

« Il ne suffisait pas, en effet, d'avoir échangé des papiers.

« L'action personnelle est de grande importance dans toute négociation, surtout lorsqu'il s'agit d'États qui, pour la première fois, en quelque sorte, entrent sur la scène diplomatique.

« Aussi M. Lagarde se prépara-t-il à rejoindre son poste.

« Les informations parvenues de diverses sources au département des Colonies montraient que les choses marchaient en Abyssinie beaucoup plus vite qu'on ne l'eût auguré quelques semaines auparavant.

« Le Saint-Siège patronnait auprès du négus une mission autrichienne, dont personne ne connaissait exactement les intentions.

« Des agents russes, dont il était très malaisé de déterminer exactement le caractère plus ou moins officiel, promettaient à Ménélik et le protectorat moscovite pour les pèlerins abyssins à Jérusalem, et des facilités pour ouvrir, à Raheïtah ou ailleurs, sur la mer Rouge, un port purement éthiopien, avec les éléments d'une flotte de guerre.

« On annonçait d'Angleterre le prochain départ d'une mission abondamment pourvue de cadeaux et d'argent, auprès de l'empereur.

« Quant à l'Italie, tandis qu'elle s'acharnait, même après les négociations de paix commencées, à protester contre tout trafic d'armes et de munitions de guerre de Djibouti, elle faisait ou laissait répandre le bruit à Entotto que l'arrêt total ou la restriction partielle de ce trafic était la meilleure preuve de la nonchalance de la France et de son dédain pour les intérêts de l'Éthiopie.

« Ces intrigues complexes n'étaient point sans effet à la cour du négus.

« Aucun agent qualifié ne se trouvant auprès de lui pour commenter et interpréter les changements de forme à introduire dans quelques dispositions de son projet de traité, il sembla, dans sa réponse du 27 août à la lettre du Président de la République, réclamer la détermination d'une ligne de frontières incompatible avec nos intérêts, ou même, sous prétexte d'une expression plus « littéraire » à donner à la convention, ouvrir la porte à des modifications de fond.

« Mais, dans cette même réponse, parvenue à Paris à la fin d'octobre, Ménélik désignait le ras Makonnen, gouverneur de Harrar, pour négocier avec le représentant de la France les protocoles annexes de la convention principale.

« Par là, il nous fournissait les moyens, soit de consolider, soit de perfectionner celle-ci.

« M. Lagarde quitta la France au milieu de décembre, avec les instructions de son gouvernement :

« Ces pourparlers, lui disait-on après avoir énuméré les ques-
« tions en suspens et indiqué les solutions à obtenir, ces pourparlers
« ayant pour but de préciser la portée de certaines clauses de la
« convention elle-même, il vous appartiendra d'en constater les
« résultats dans les conditions qui vous paraîtront le plus propres
« à prévenir tout malentendu ultérieur...

« Vous ne perdrez pas de vue l'intérêt que nous avons à conso-
« lider les liens d'amitié qui nous unissent au négus et vous
« ne négligerez rien pour développer notre influence en Abyssinie.

« Et ailleurs, dans une note plus confidentielle : « J'ai mis à
« votre disposition, sur le solde du crédit des missions, une somme
« importante destinée à favoriser l'expansion de notre influence
« pacifique dans l'empire.

« Dans ma pensée, ces fonds doivent être principalement affectés
« à l'exploration des régions du Sobat et de la rive droite du Nil, et
« à l'établissement de relations amicales avec les populations qui
« les habitent.

« Je n'ai pas besoin d'insister sur le haut intérêt politique qui
« s'attache à la réussite de ces projets et sur le secours que la
« mission du Haut-Oubanghi pourrait en recevoir, si les missions
« qu'il s'agit d'organiser parvenaient à lui faire tenir, soit des cor-
« respondances, soit des approvisionnements.

« M. Clochette, qui est déjà favorablement connu des autorités
« abyssines, devra être mis en route dans le plus bref délai
« possible.

« Il sera suivi de près par M. Bonvalot, qui quittera Paris à la
« fin de janvier.

« Sans vous immiscer dans la direction effective de ces mis-
« sions, vous voudrez bien leur prêter une aide efficace.

« Le gouvernement attache une importance toute spéciale à ce
« que, dès cette année, ces deux explorateurs puissent, en combi-
« nant leurs mouvements, paraître sur la rive droite du Nil. »

« On ne se contentait donc pas d'ébaucher en Éthiopie une œuvre purement politique et dont l'avenir seul pourrait révéler la valeur.

« On poursuivait encore un objet plus immédiat : fournir un

appoint moral et un appui matériel à la mission Marchand, soit par le concours des Abyssins eux-mêmes, soit par l'assistance rapide des vaillants Français disposés à marcher vers les marécages de la rive droite du Nil.

* * *

On sait que la mission Lagarde eut un plein succès.

Son arrivée à Harrar, le 23 janvier 1897, fut marquée par des manifestations publiques particulièrement cordiales et un échange de télégrammes sympathiques entre le ras Makonnen et le gouvernement français.

Les pourparlers commencèrent aussitôt, et, dès le 27, les signatures furent données à la convention principale avec fixation de la frontière de nos établissements de Djibouti à un point intermédiaire entre celui que la France avait d'abord réclamé et celui qu'avait demandé l'Abyssinie.

M. Lagarde fut autorisé à poursuivre sa route jusqu'auprès de l'empereur Ménélik lui-même.

Il n'était que temps : la mission anglaise de M. Rennel Rodd le suivait de près, ayant, disait-on, pour instructions d'obtenir du négus, au prix même de cessions territoriales chez les Somalis, sa neutralité bienveillante ou son concours actif contre le Mahdi.

Si ce plan venait à se réaliser, c'en était fait de toute tentative de politique européenne sur le Haut-Nil; l'indépendance même de l'Éthiopie risquait d'être compromise, puisque l'empire serait enveloppé de toutes parts, sauf du côté de Djibouti, par des colonies ou protectorats britanniques.

M. Lagarde atteignit Addis-Abbeba dans les premiers jours de mars.

Il y rencontra le même et chaleureux accueil qu'à Harrar.

Il eut avec Ménélik de fréquents entretiens, où l'intelligence et la prudence du souverain éthiopien se révélèrent.

L'empereur avait une politique très personnelle, qu'il savait merveilleusement soustraire aux influences variées et contraires qui cherchaient à s'exercer sur lui.

Il était parfaitement résolu à revendiquer comme frontière occidentale le Nil entre le 5e et le 14e degré de latitude nord, décidé à en prendre possession effective en y installant des postes, mais soucieux aussi de ne point s'exposer, par des démarches précipitées et publiques, à des réclamations pressantes ou brutales de la Grande-Bretagne.

Bref, la perspective de rencontrer des amis français sur la rive gauche tandis qu'il pousserait ses avant-gardes sur la droite lui souriait fort, à la condition expresse qu'on lui donnerait toutes garanties complémentaires du respect, d'ailleurs très réel, que l'on professait pour l'indépendance de son empire.

A cet égard, l'afflux peut-être excessif d'Européens sur ses territoires n'était pas sans éveiller quelques soupçons dans son entourage.

La nation éthiopienne ne demandait pas mieux que d'entrer

Paysage riverain du Sobat près de sa jonction avec le Nil.

dans le cycle européen, au point de vue diplomatique; elle en sentait même l'impérieuse nécessité, après ses mésaventures avec l'Italie; mais elle entendait rester elle-même, et tout ce qui semblait tendre à la violenter lui portait légitimement ombrage.

Le représentant de la France n'eut pas trop de peine à dissiper les malentendus que d'ingénieux adversaires de notre influence, puissamment « éclairés » par les moyens d'insinuation et de propagande usités en pareil cas dans la diplomatie européenne, avaient cherché à créer sur nos véritables intentions.

Il fit valoir le caractère principalement scientifique, et en tout cas très éphémère, des missions Clochette et Bonvalot.

Il obtint pour elles les autorisations de passage nécessaires vers la vallée du Sobat.

Puis, le terrain une fois débroussaillé, la confiance rendue et les assurances utiles données à qui de droit, la question essentielle fut abordée.

Sur les idées mêmes exposées par l'empereur Ménélik dans les premiers entretiens, une fois dégagées de préoccupations accessoires, il était aisé de s'entendre.

On s'entendit, en effet.

Le 20 mars, l'accord était complet et formel.

*
* *

Dès lors, la présence de M. Lagarde à Addis-Abbeba n'avait plus d'intérêt.

Il pouvait laisser le champ libre à la mission anglaise, sauf à revenir plus tard.

Il valait même mieux qu'il ne se rencontrât pas avec M. Rodd, dont le luxe et les largesses pourraient peut-être prêter à des comparaisons désobligeantes pour la France.

Il quitta le 1er avril la capitale éthiopienne; il mit M. Bonvalot, qu'il croisa sur la route de retour, au courant de la situation générale des affaires et arriva à Paris au milieu de mai.

Il laissait derrière lui une situation politique que ni les efforts des Anglais ni ceux des Italiens ne réussirent à entamer :

« Malheureusement, — dit M. Lebon, — si l'on peut souvent se rendre maître du terrain diplomatique en y employant les moyens adéquats, il n'en va pas de même dans la lutte qu'il faut parfois livrer aux forces de la nature.

« Conformément aux ordres reçus, M. Clochette était parti par le nord-ouest pour les vallées du Sobat et du Nil, sans traverser les massifs montagneux de l'Abyssinie Centrale.

« De son côté, M. Bonvalot, arrivé à Addis-Abbeba quelques jours après le départ de M. Lagarde, avait été encouragé par le négus et obtint de lui des animaux de bât et des convoyeurs.

« En juin, il rentrait en France, confiant à son second, M. de Bonchamp, l'exécution et la direction de la mission vers le Nil, qu'il avait organisée.

« Quelques semaines plus tard, M. Clochette, déjà fort éprouvé par un long séjour en Abyssinie, fut mortellement atteint par les rigueurs du climat, et son escorte, liée par contrat personnel envers lui, faisait, selon la coutume nègre, les plus grandes difficultés pour se laisser ranger sous un nouveau chef, M. de Bonchamp.

« Celui-ci, à mesure qu'il s'éloignait des hauts plateaux pour s'avancer dans les plaines torrides et les marais, voyait chevaux ou mulets périr et convoyeurs succomber à la fièvre.

« Il dut par deux fois s'arrêter pour rallier ou renouveler son monde et remonter son convoi, abandonner une partie de ses bagages pour alléger sa marche, et, malgré des prodiges d'énergie, renoncer, au début de 1898, à atteindre Nasser, sur le Sobat, pour rentrer, épuisé de fatigue, au Choa.

« Même échec pour les Abyssins eux-mêmes : les ardeurs du soleil et les pestilences de la rive droite du Nil sont peut-être plus inclémentes encore aux montagnards d'Éthiopie qu'aux Européens.

« Les nombreux et importants corps de troupes envoyés, successivement, par Ménélik sur divers points de la région occidentale de son empire pour en prendre possession, virent, eux aussi, fondre leurs effectifs en hommes et animaux sans pouvoir avancer jusqu'au terme qui leur avait été assigné.

« Sur les deux rives du Nil, la nature avait donc travaillé contre les efforts combinés de la politique française.

« A gauche, l'ouverture prématurée de la saison sèche et la baisse des eaux du Bahr-el-Ghazal n'avaient pas permis au *Faidherbe* d'aller planter le drapeau tricolore à Fachoda dès l'automne de 1897.

« A droite, le paludisme avait rendu les trois cents lieues qui séparent la mer Rouge du Nil plus infranchissables que les sept cents parcourues par M. Marchand en venant du Congo.

« Dans l'intervalle, M. Lagarde, qui était revenu à Addis-Abbeba pour y déjouer quelques manœuvres rivales, avait recueilli les informations les plus fâcheuses sur les dispositions des derviches.

« Très désireux d'avoir de très bons rapports avec Ménélik, ils se refusaient cependant à écouter ses sollicitations réitérées de faire bon accueil aux blancs qui pourraient venir de l'Ouest.

« Exaspérés par leur lutte contre les Anglais, ils englobaient dans une même haine les Européens de toutes origines et annonçaient l'intention de massacrer quiconque d'entre eux s'approcherait de de leurs parages.

« Ces renseignements, transmis par la voie rapide à M. Marchand, à la fin de décembre 1897, durent parvenir à destination en mai ou juin de l'année suivante.

Ils étaient accompagnés de l'ordre donné à M. Liotard de diriger vers le nord tout ce qu'il aurait de soldats disponbles, pour fournir un point d'appui éventuel, en cas d'attaque des derviches, à la mission de Fachoda.

« Peu de jours après, on renouvelait et à M. Marchand et à M. Liotard, « en vue des revendications ultérieures d'autres puissances, » la recommandation de passer le plus de traités possible avec les chefs de tribus, de manière à constituer une série de protectorats dans le Bahr-el-Ghazal et sur la rive gauche du Nil.

« Ce furent les dernières recommandations utiles données par le cabinet Méline.

« Aucune lettre, aucun télégramme n'avait plus le temps matériel d'atteindre les intéressés avant que se jouât définitivement sur le Haut-Nil la partie engagée depuis 1893.

« Aucun secours, à plus forte raison, ne pouvait être envoyé de France.

« Aucun crédit n'était plus disponible, et, ajoutons-le, le Parlement et l'opinion étaient trop surmenés alors par d'autres préoccupations pour qu'il eût été possible d'appeler et de fixer leur attention sur les graves intérêts qui se débattaient là-bas.

« Il n'y avait plus qu'à attendre, non pas le sort des combats, car tout avait été fait pour qu'il n'y eût pas combat, mais l'issue du conflit engagé entre une poignée de Français héroïques et les forces mêmes de la nature. »

Les *autres préoccupations* qui, au dire de l'ancien ministre, absorbaient le Parlement, on ne les connaît que trop. Elles faisaient trop bien le jeu de l'Angleterre, pour que celle-ci y demeurât étrangère.

Quelle plus claire démonstration de la complicité de l'étranger dans la maudite Affaire si énergiquement stigmatisée par le commandant Marchand lui-même !

*
* *

Nous laissons la parole à M. André Lebon :

« L'heure n'a pas sonné encore où l'on sera à même de discuter, avec pièces à l'appui, si des fruits auraient pu être tirés d'aussi persévérants efforts, moins amers que ceux recueillis à la fin de 1898.

« Fût-elle sonnée que ce ne serait point le lieu de le faire, la présente étude n'ayant d'autre objet que de déterminer des faits incontestables, d'assigner à chacun des artisans de cette œuvre les responsabilités qui lui reviennent.

« Mais l'étude reste resterait incomplète, s'il n'était dit un mot d'un dernier reproche adressé aux ministres de 1896-1898.

« Les plus indulgents, ou les plus insidieux, ont allégué que la conception se justifiait, en effet, et l'exécution avait été suivie avec une sollicitude suffisante, mais que devant prévoir l'immense retentissement qu'aurait l'occupation de Fachoda, si elle venait jamais à se réaliser, la plus élémentaire prudence commandait à ses ministres d'y préparer l'opinion européenne, voire d'en faire l'objet de négociations préalables, avant que ne se produisît sur le Nil l'espèce de corps à corps moral entre M. Marchand et le sirdar Kitchener.

« Mais, tout d'abord, l'Angleterre ignorait-elle nos visées ou nos prétentions, comme il plaira de les nommer ?

« Assurément non.

« On l'a vu par de nombreux incidents d'ordre diplomatique qui ont précédé ou accompagné la marche de la mission Marchand.

« On en trouve la preuve irréfragable dans la manière même dont la Grande-Bretagne régla ses progrès vers le Soudan égyptien.

« S'arrêtant à Dongola en 1886, à Berber un an plus tard, elle laissa passer une année encore avant de faire un nouveau bond jusqu'à Khartoum, comme si elle attendait pour avancer que notre propre pénétration dans le Bahr-el-Ghazal se fût étendue.

« Nous a-t-elle jamais signifié officiellement sa volonté d'aller jusqu'au bout de son entreprise ?

« Ce fut précisément le contraire, puisque, dans la seule occasion où un personnage semi-officiel s'exprima publiquement dans ce sens, le chef attitré du Foreign-Office eut grand soin d'atténuer, au point de l'émasculer entièrement, le langage qui avait été tenu.

« Mais, allons plus loin, admettons qu'elle l'ait jamais fait ou seulement qu'elle ait entendu le faire : quel compte en fallait-il tenir ?

« Était-il écrit quelque part au livre des destins qu'aucun incident ne surviendrait dans sa politique générale, qu'elle n'éprouverait point quelque contrariété, au Transvaal ou ailleurs, qui l'empêcherait de donner suite à ses projets ?

« Quelle entreprise serait jamais entamée, si la seule éventualité d'une difficulté ou d'une contestation suffisait à la paralyser ?

« Au surplus, au point de vue du droit littéral, quelle qualité l'Angleterre avait-elle pour nous interdire l'accès de territoires théoriquement placés sous la domination de l'Égypte et partant sous la suzeraineté de la Turquie ?

« Au point de vue du fait, ou, si l'on préfère, du droit africain, quelle autre règle a-t-on jamais suivie dans le continent noir, comme base de tractations et d'échanges, que celles du premier occupant?

« Or, premier occupant, il s'en fallut de peu, on le sait, que nous ne l'ayons été dès 1897, c'est-à-dire huit grands mois avant que le sirdar Kitchener eût quitté ses quartiers d'hiver pour s'emparer de Khartoum.

« Premier occupant, nous l'avons été en réalité, car lorsque le pavillon britannique s'est présenté à Fachoda, le drapeau tricolore y flottait déjà depuis quelques semaines.

« Arguties juridiques, querelles de procureur que tout cela! dira-t-on.

« Si elles sont bonnes pour la discussion d'intérêts médiocres, elles sont indignes de deux grands pays, quand les passions nationales les plus ardentes risquent d'être allumées.

« D'accord, quoique, dans les œuvres humaines, il serait toujours prudent de réserver une part à la chasse, et une autre au droit.

« Mais si l'opportunité, si les considérations supérieures commandaient à la France de saisir l'Angleterre du débat avant que Français et Anglais fussent exposés à se heurter sur le cours du Nil, — on sait d'ailleurs de quelle façon courtoise, — à quel moment précis convenait-il de le faire?

« Pour en juger, une vue plus générale des choses est nécessaire. »

*
* *

La conclusion de la magistrale étude de M. Lebon est particulièrement intéressante :

« La question du Nil ou de l'Égypte n'était ni la seule ni la plus aiguë des questions pendantes entre l'Angleterre et la France.

« La mission Marchand n'était point un fait isolé dans les rapports coloniaux des deux puissances rivales, mais un unique anneau d'une longue chaîne de conflits.

« De ces conflits il avait été dressé un inventaire par les ministres compétents, lors de la formation du cabinet Méline, et la liste avait été faite, par ordre d'urgence, de ceux qu'il importait de résoudre :

« 1° Madagascar, où les consuls, les missionnaires et les négociants britanniques s'accommodaient mal d'être relégués à l'arrière-plan par le fait de notre prise en possession ;

« 2° La Tunisie, où, après quinze années d'occupation, l'on

n'avait pas encore réussi à affranchir notre commerce de certaines conventions perpétuelles qui liaient la Régence à la Grande-Bretagne, à l'Italie et à d'autres ;

« 3º La boucle du Niger, où, depuis l'évacuation d'Arenberg, les missions anglaises sillonnaient la région pour couper nos colonies côtières de leur hinterland et empêcher leur jonction avec le Soudan français ;

« 4º L'Égypte enfin, dont on ne pouvait utilement parler qu'après avoir provoqué quelque groupement européen.

« Et, après avoir dressé l'inventaire, les ministres se mirent à l'œuvre.

« Résolue dès 1896, la question de Madagascar ; résolu en 1897, l'affranchissement commercial de la Tunisie ; commencées en 1897, les négociations relatives à la boucle du Niger, mais prolongées par la perspective d'incessantes crises intérieures qui laissaient peu d'autorité au gouvernement français pour faire valoir ses droits, et terminées seulement le 14 juin 1898.

« Convenait-il de mêler tous ces problèmes, d'y ajouter l'Égypte, et de tenter une vaste liquidation ?

« C'est une détestable méthode diplomatique que de ne point isoler les questions les unes des autres, et de s'exposer, pour une mince satisfaction obtenue sur un point, à ce qu'on vous arrache à l'autre bout du monde une compensation supérieure.

« Détestable surtout avec les Anglais, qui sont d'avisés commerçants et dont, dans les marchés d'ensemble, le flegme hautain et la stabilité de vues ont trop facilement raison de notre impressionnabilité.

« On résolut donc de scinder, de sérier les négociations ; le procédé réussit partout, puisque partout on sut acquérir l'essentiel.

« Il n'avait qu'un inconvénient, et ce fut le Nil qui en pâtit.

« Les pourparlers au sujet du Niger, où, — l'on ne s'en souvient guère, mais cela est vrai pourtant, — l'Angleterre fit à peu près autant de bruit et de menaces que pour Fachoda, ces pourparlers durèrent tout un semestre.

« Quand ils furent conclus, il était trop tard pour parler de l'Égypte et du Nil.

« Trop tard pour qui ? Pour la France, non pas ; mais pour le cabinet Méline, qui, dès le lendemain, était amené à quitter la direction des affaires publiques.

« L'occasion, dit un proverbe arabe, est une femme chauve.

« L'occasion s'est-elle, en effet, présentée dans le court intervalle qui sépara la retraite du cabinet Méline de l'arrivée à Fachoda?

« On le saura tôt ou tard.

« Toujours est-il qu'avant le 14 juin, la France ne pouvait parler officiellement du Nil sans compromettre ses intérêts les plus immédiats en d'autres contrées, et ce n'est pas le moindre accident survenu à cette belle entreprise de la mission Marchand, si soigneusement conçue dans son but, si minutieusement prévue dans ses moyens, si rigoureusement exécutée dans ses délais, qu'un retard

Les courriers par voie rapide dans le Bahr-el-Ghazal (correspondance de M. Lagarde à Marchand, 1894-98).

inopiné, survenu dans une négociation qui lui était étrangère, l'ait, par contre-coup, frappée de stérilité. »

Nous ne pouvons que prendre bonne note de l'importante déclaration que contiennent ces dernières lignes.

Si nous comprenons bien l'ancien ministre des Colonies, l'occasion s'est présentée pour la France de poser avec avantage la question de l'Égypte et du Nil et d'éviter le cruel échec de Fachoda.

Cette occasion, le ministère qui a succédé au cabinet Méline l'a laissé échapper.

Il est ainsi directement responsable de l'humiliation nationale.

Puisse la vérité être connue assez tôt pour que les coupables ne puissent se soustraire au châtiment!

CL

FÊTES ET HONNEURS

L'indignation d'un héros. — Frappé au cœur. — Une lettre mémorable. — L'horrible campagne des infâmes! — Rage impuissante. — Un discours superbe. — Micmac parlementaire. — Lendemain de fête. — Honneur aux sous-officiers! — Le drapeau de la mission. — En France et à l'étranger. — Hommages de l'ennemi.

Sur les marches de l'escalier, des municipaux en grande tenue faisaient la haie (réception de gala au pavillon de Flore).

Nous avons fait allusion, dans le chapitre précédent, à la virulente façon dont le chef de la mission Congo-Nil stigmatisa la campagne entreprise, à l'instigation de l'étranger, par une bande de politiciens tarés, lie de notre malheureux régime parlementaire et rebut du suffrage universel.

On nous saura gré de reproduire ici le jugement sévère porté par le commandant Marchand sur les meneurs de l'abominable Affaire, jugement dont lui sut gré l'opinion publique, et qui ne fut certes pas étranger à l'éclosion et à l'épanouissement de sa foudroyante popularité.

C'est au Caire, où il était venu de Fachoda, au-devant du capitaine Baratier, que le glorieux officier laissa échapper, sous forme d'une lettre à Forain, ce cri de sa conscience indignée.

Cette lettre jaillit de l'émotion qu'il éprouva à la vue d'un dessin amer, poignant, mais brutalement vrai, dont il était lui-même le sujet, presque le martyr.

Au fond, dans la solitude d'où surgissent quelques palmiers autour d'un village égyptien, un officier français, les bras croisés, se tient auprès d'un drapeau tricolore planté par lui.

Au premier plan, le sirdar Kitchener, déjà lord, cause avec un pasteur anglais.

Kitchener interroge :

— Comment décourager ce brave ?

Le pasteur répond :

— Je vais essayer... en lui lisant quelques journaux français.

Devant ce dessin, souligné encore par la légende qui le visait avec une justesse meurtrière, Marchand ne put contenir l'irrésistible protestation d'un Français généreux.

Et voici la lettre, toute vibrante d'indignation et de tristesse, qu'il écrivit aussitôt à l'artiste, au maître :

Mon cher ami,

Vous ne me connaissez pas, nous ne nous sommes jamais rencontrés, mais comme je viens de sentir étrangement, dans l'acuité pénétrante de votre vision, nos deux patriotismes se croiser, j'ai voulu vous donner ce titre que vous ne dédaignerez pas.

Voilà un préambule qui doit vous surprendre. Maintenant écoutez.

Le 21 septembre, à Fachoda, il y avait près de dix mois que nous n'avions plus de nouvelles de France ni d'Europe ; depuis quarante-huit heures, l'armée anglo-égyptienne était arrivée d'Omdurman et le sirdar Kitchener allait redescendre sur Khartoum.

Wingate, par ordre de son chef et dans une intention louable sans doute, me remit avant le départ une collection de journaux anglais... et français, que nous n'avions pas osé demander, mais que nous reçûmes avec reconnaissance.

Les journaux français étaient des numéros du mois d'août du Progrès *égyptien.*

Je n'ai plus que deux lignes à ajouter : une heure après avoir ouvert les feuilles françaises, les dix officiers français tremblaient et pleuraient.

C'est là que nous apprîmes que l'horrible affaire Dreyfus avait été rouverte avec l'horrible campagne des infâmes.

Et pendant trente-six heures, aucun de nous ne fut capable de rien dire aux autres.

On n'échange pas de pareilles impressions.

Je n'ai rien augmenté, rien exagéré, rien changé... au contraire.

Je veux simplement vous dire, en regardant le dernier Forain d'octobre, que, pour avoir prévu ce qui est arrivé à 5,000 kilomètres de distance, il faut que vous possédiez une grande âme de fier patriotisme. Ce serait impossible autrement.

A cause de cela, je vous demande la permission de vous embrasser, si vous le voulez bien.

De tout cœur à vous,

Commandant MARCHAND.

L'horrible campagne des infâmes!

Quelle éloquente et brève flétrissure!

Ceux qu'elle visait, et qu'elle marquait d'indélébile façon pour l'Histoire, ne la pardonnèrent pas.

Ils se répandirent contre Marchand, nous l'avons vu, en accusations saugrenues, en menaces ridicules, odieuses.

Mais que put leur rage chétive contre le torrent de sympathie et d'admiration qui porta le héros de Fachoda et ses nobles compagnons de Toulon à Paris, parmi les frénétiques acclamations de tout un peuple ?... Et que pourra-t-il, désormais ?...

* *

Complétons maintenant le récit des événements et des incidents qui se produisirent à Paris le jour de l'arrivée de la mission dans la capitale.

Au dîner du Cercle militaire, où eut lieu la brillante réception dont nous avons esquissé la physionomie, des toasts furent échangés entre le général Zurlinden et le commandant Marchand.

Le brave gouverneur militaire de Paris, — qui n'allait pas tarder à être disgracié, — dit :

La France est fière de vous, fière de vos longs et persistants efforts à travers toute l'Afrique, fière aussi de votre attitude énergique à Fachoda.

Aujourd'hui, par ses acclamations, elle vous témoigne hautement son affection et son orgueil.

L'armée vous est reconnaissante comme la nation. Elle se sent réconfortée par votre belle expédition.

Elle peut, grâce à vous, porter fièrement ses regards vers son idéal de dévouement, et rappeler à ses officiers et à ses soldats que cette ambition saine, virile, ce beau rêve du soldat, de se distinguer, de se sacrifier pour la patrie, est à la portée de tous les courages et peut être transformée, à force de bravoure et d'énergie, en une glorieuse réalité.

Votre noble conduite est pour l'armée comme un reflet brillant de ses gloires passées, comme une fière espérance qui rend plus inébranlable encore sa foi dans sa vaillance séculaire et dans l'avenir de la France.

C'est pour vous remercier, pour vous féliciter du fond de nos cœurs, mes chers camarades, que nous sommes ici ce soir.

En réponse à cette chaleureuse allocution, le commandant Marchand prononça les magnifiques paroles que voici :

Mon général,

Je crains que la fatigue de ces soixante heures sans sommeil m'empêchent de vous dire les paroles que je voudrais vous adresser en réponse aux vôtres.

Les modestes officiers de la mission Congo-Nil n'ont fait que leur devoir.

S'ils ont pu traverser l'Afrique en ne faisant usage de leurs armes qu'une fois contre les bandes mahdistes qui les avaient attaqués, c'est parce que la réputation de douceur et de clémence de la colonisation française les a toujours précédés comme une avant-garde fidèle et sûre.

C'est par la douceur et l'humanité que nous avons réussi et nous pouvons nous dire avec fierté que si aucune famille des membres de la mission ne pleure un des siens, là-bas, au cœur de l'Afrique, nous n'avons pas laissé de familles en deuil.

Au milieu des difficultés de l'expédition, nous avons été soutenus par le sentiment de notre honneur militaire, de cet honneur militaire qui est fait de sacrifice, de dévouement et de discipline, et qui nous permet, dans notre médiocrité voulue, d'avoir une vie si pure.

C'est lui, plus que le nombre, qui fait les grandes armées.

Je sais que tous les officiers, mes camarades, auraient été heureux, été fiers de faire partie de la mission Congo-Nil. Mais tous ne pouvaient être à Fachoda.

Nous y étions huit officiers, avec nos deux cents Sénégalais ; c'était assez pour résister à toutes les attaques, parce qu'autour de nous il y avait une population de plus de trois millions d'hommes qui nous aimaient, aimaient la France et étaient prêts à combattre avec nous.

Si le drapeau français n'a pu se maintenir à Fachoda, au moins le nom de la France y restera dans les cœurs.

Je sais, mon général, que mes compagnons et moi nous n'avons pu ajouter que bien peu au patrimoine de gloire de l'armée.

Je sais que, pendant ces trois années, ce n'est pas nous qui avons eu la tâche la plus pénible et la plus triste, et si j'osais essayer de rendre la vôtre moins rude, ces acclamations qui viennent du peuple et que vous entendez, ces acclamations qui passent bien au-dessus de ma tête pour s'adresser à toute l'armée que vous représentez, je les saisirais à poignées pour les jeter à vos pieds.

Je vous demande la permission de lever mon verre en l'honneur de la Patrie, de Messieurs les ministres de la Guerre, de la Marine et des Colonies, en votre honneur, monsieur le gouverneur de Paris, et en celui de tous mes camarades de l'armée !

*
* *

Tandis que la foule rendait, dans la rue, un hommage éclatant aux vaillants Français qui avaient donné à la Patrie une si inoubliable preuve de dévouement et de sacrifice, le Parlement, sous la poussée populaire, ne restait pas indifférent.

A la Chambre des députés, une motion de gratitude et de félicitations était votée en leur honneur.

Mais la chose mérite quelques détails.

Il faut que le pays sache à quelles mesquineries descend la politique parlementaire, dès qu'elle s'avise de toucher aux choses du patriotisme et de l'honneur.

Vers la fin de la séance de la Chambre, le bruit se répandit tout à coup que MM. Firmin Faure, Lasies et quelques autres députés nationalistes avaient l'intention de soumettre à la Cnambre une adresse de félicitations au commandant Marchand et à la mission dont il était le chef.

Déjà les radicaux et les socialistes se préparaient à combattre cette motion, et l'on pouvait prévoir un débat regrettable.

Afin d'éviter ce déplorable accident, M. Etienne prit l'tnitiative de la motion suivante qu'il fit signer par MM. Antoine Perrier, de Montebello, Gabriel Denis, Caillaux et Albin Rozet :

La Chambre adresse ses félicitations au général Galliéni et à ses collaborateurs civils et militaires, aux membres des missions Liotard et Marchand, ainsi qu'aux explorateurs, aux officiers, sous-officiers et soldats, et administrateurs qui, en Afrique, ont étendu l'influence ou assuré la domination française.

Cette motion fut saluée par de nombreux applaudissements et adoptée à mains levées.

Ainsi, pour faire voter sans protestation par une chambre française une adresse de félicitations à des soldats qui avaient si bien mérité de la France, il fallut généraliser les éloges à tel point que le commandant Marchand et ses compagnons fussent noyés dans la foule des explorateurs passés, présents et futurs !

Cet indigne micmac parlementaire fut jugé dès le lendemain, comme il convenait, par un député de Paris, M. Alphonse Humbert :

« Voulez-vous, — écrivit-il, — un fait bien caractéristique de l'état d'esprit de certains parlementaires.

« Hier, pendant que la foule acclamait les héros de Fachoda, à la Chambre, quelques députés avaient eu l'idée de demander à l'Assemblée un vote de félicitations au commandant Marchand et à ses officiers.

« Pour faire passer leur motion, il a fallu joindre au nom du commandant Marchand le nom du général Galliéni — qui d'ailleurs méritait bien un pareil honneur — et ajouter un paragraphe qui englobât dans le même éloge tous les explorateurs africains.

« Et cette extension de la motion primitive, notez-le bien, n'a pas été faite dans une pensée de reconnaissance plus générale et de justice plus large, qui eût été fort légitime après tout.

« Non, on a dû procéder ainsi parce que le nom de Marchand soulevait déjà à l'extrême-gauche des protestations et qu'il eût infailliblement déchaîné un débat dont les sages ont voulu épargner le spectacle au pays.

« Car voilà où en sont venus les politiciens affolés qui agitent fébrilement dans les couloirs du Palais-Bourbon le spectre des coups d'État.

« Marchand n'est pas, à leurs yeux, ce qu'il est aux vôtres, aux miens, aux yeux de tous les hommes raisonnables et de tous les patriotes sensés, l'incomparable soldat et l'admirable Français qui, à l'heure où le destin paraissait nous accabler, nous a rendu notre foi en nous-mêmes et a fait applaudir par le monde entier la force invaincue de notre race.

« Marchand, à les en croire, est un soldat rebelle, un louche comploteur de *pronunciamientos*, un ennemi de la République.

« Depuis qu'il a remis le pied sur le sol de France, il n'a rien fait, rien dit qui justifiât à un degré quelconque une aussi extraordinaire accusation.

« Il n'a pas prononcé une parole qui ne soit un hommage à nos institutions, un témoignage de déférence envers ses chefs.

« N'importe ! Il faut absolument, pour satisfaire la fringale de scandales militaires qui tourmente ces messieurs, qu'il soit le Boulanger promis aux prochaines exaltations de la rue.

« Pour un peu, ils l'enverraient d'avance devant la Haute-Cour.

« D'aucuns disent, il est vrai, que toute cette agitation est factice, que les lamentations dont on nous rabat les oreilles sont feintes et que la ridicule campagne à laquelle nous assistons est tout simplement menée par quelques pêcheurs de portefeuilles en eau trouble.

« Je ne sais pas si c'est vrai, mais ça en a un peu l'air. »

*
* *

L'enthousiasme de la population parisienne à l'égard des membres de la mission Congo-Nil ne fut pas épuisé dès le premier jour.

Le 2 juin et les jours suivants, nos braves compatriotes furent assaillis de lettres, de télégrammes, d'invitations et de présents.

La foule ne cessait de stationner devant le Cercle militaire, dans l'espoir de les en voir sortir et de les acclamer au passage.

Et quand, malgré toutes les précautions qu'ils prenaient pour passer inaperçus, ils étaient reconnus en ville, les vivats et les ovations les saluaient aussitôt et les accompagnaient jusqu'à leur destination.

Voici le compte rendu de l'emploi du temps du commandant Marchand, le deuxième jour de sa présence à Paris :

A onze heures, le commandant, après avoir été photographié dans la cour du Cercle militaire, en compagnie des officiers et des sous-officiers de la mission, sortit pour aller déjeuner rue de Grenelle, chez M. Le Hérissé, député d'Ille-et-Vilaine, un vieil ami de sa famille qui s'était rendu au-devant de lui à Toulon.

Dans l'après-midi, vêtu d'un complet gris et coiffé d'un chapeau de paille, il se promena dans les rues de Paris, où, à plusieurs reprises, il fut reconnu par la foule et salué d'acclamations enthousiastes.

Vers cinq heures, il rentra au Cercle militaire pour se mettre en tenue et se rendre avec ses camarades au pavillon de Flore.

Comme lui, ses officiers employèrent leur après-midi à des promenades dans la capitale.

Une certaine animation ne cessa de régner toute la journée autour du Cercle militaire.

Les sous-officiers de la mission allaient et venaient sur le trottoir, autour duquel s'attroupait la curiosité des badauds ; des groupes stationnaient dans l'avenue de l'Opéra, attendant une sortie possible du commandant et de ses officiers.

De toutes parts arrivaient au Cercle militaire des adresses de villes de province offrant aux membres de la mission des bronzes d'art, des médailles et des épées d'honneur.

Le soir, grand dîner et réception de gala au pavillon de Flore.

La façade du ministère des Colonies était enguirlandée de rampes de gaz; l'intérieur était garni de tentures, de plantes vertes.

Sur les marches de l'escalier, des municipaux en grande tenue faisaient la haie.

M. et Mme Guillain recevaient leurs invités à l'entrée des salons.

Le commandant Marchand était à leur gauche, campé droit, militairement, le regard brillant, avec des yeux gardant encore comme des lueurs de fièvre.

A côté de lui, le capitaine Baratier et les autres officiers de la mission.

La plupart des membres du gouvernement assistaient à cette soirée : M. Charles Dupuy, président du conseil; M. Delcassé, ministre des Affaires étrangères; M. Krantz, ministre de la Guerre, et M. Lockroy, ministre de la Marine.

M. Charles Dupuy exprima au commandant Marchand ses regrets de ne pas s'être trouvé au ministère de l'Intérieur lorsqu'il s'y était présenté.

Puis il ajouta qu'il aurait l'occasion de prendre sa revanche et qu'il était heureux de lui serrer la main et de le féliciter.

M. Krantz, ministre de la Guerre, annonça au commandant Marchand que le pavillon de la mission et celui qu'il avait pris aux Derviches seraient déposés au musée de l'armée.

Tous les membres du corps diplomatique présents à Paris, un grand nombre de sénateurs et députés, de généraux, d'amiraux, de hauts fonctionnaires, d'officiers et de notabilités du monde colonial s'étaient rendus à l'invitation de M. et Mme Guillain.

La musique de la garde républicaine, qui prêtait son concours à cette fête, exécuta plusieurs morceaux pendant la réception, qui se prolongea jusqu'à une heure assez avancée.

Dans la rue, la foule, retenue par un barrage d'agents, ne cessait de faire entendre le cri : « Vive l'armée ! »

Tout officier qui entrait au ministère ou en sortait lui était une occasion de témoigner la joie qu'elle ressentait à célébrer le succès de la mission Marchand.

Un journal, rendant compte de la journée du 3 juin, s'exprimait ainsi :

« Les visites ont continué à affluer hier au Cercle militaire où le commandant Marchand et ses officiers ont reçu nombre de parents et d'amis.

« Le commandant a déjeuné chez le général Bichot, de l'infanterie de marine, rue du Bac, et a dîné au Cercle.

Les pauvres diables de héros en sont réduits à promener des uniformes dépenaillés.

« L'annonce de la sortie du commandant avait attiré sur l'avenue de l'Opéra une affluence de curieux et le service d'ordre a eu toutes les peines à faire avancer les voitures.

« Quand le cortège est parti, de vigoureuses acclamations ont été poussées, et partout, sur son passage, les mêmes vivats ont retenti.

« Le capitaine Baratier a reçu hier la visite de son père, l'intendant général.

« Il est probable qu'il quittera aujourd'hui le Cercle pour aller se reposer dans sa famille.

« Quant au commandant, il partira demain ou après-demain

pour Thoissey, dans l'Ain, où il ira prendre quelques jours de repos auprès de son père.

« Il est probable qu'il y utilisera ses loisirs pour réaliser divers travaux entrepris au cours de sa mission.

« Jour par jour, en effet, il a relevé son itinéraire et fait en outre certaines observations astronomiques ; il a également rapporté un journal complet de la mission.

« Tout cela sera probablement réuni par le commandant en un volume qui constituera une relation complète de son émouvante traversée de l'Afrique. »

Pendant ce temps-là, les sous-officiers de la mission n'étaient point oubliés par leurs collègues de l'armée.

Le 2 juin, tandis que leurs chefs dînaient au ministère des Colonies, ils étaient, eux, fêtés dans un grand banquet à l'École militaire.

Ce banquet fut suivi d'une magnifique fête donnée, en leur honneur, dans le manège de l'École, par les sous-officiers de la garnison de Paris.

La musique militaire du 39e régiment de ligne y prêtait son concours.

Le lendemain, les sous-officiers d'infanterie et d'artillerie de marine détachés à Paris offraient, dans un des salons de l'Hôtel Moderne, un banquet à leurs camarades de la mission Marchand.

Pour la circonstance, la façade de l'hôtel et le grand escalier conduisant à la salle du banquet étaient décorés de drapeaux tricolores.

La plus franche cordialité ne cessa de régner pendant la fête. Au dessert, plusieurs toasts furent portés à la bravoure des sous-officiers de la mission et à la gloire de l'infanterie de marine.

Les membres de la mission répondirent en quelques mots, déclarant qu'ils n'avaient fait que leur devoir. Le banquet prit fin vers onze heures et demie.

Le même jour, la Société des anciens élèves de l'École des Arts-et-Métiers recevait en son hôtel, 6, rue Chauchat, le mécanicien de la canonnière *Le Faidherbe*, le glorieux petit bateau du jeune lieutenant Dyé, le brave M. Souyri.

Inutile de dire la chaleureuse réception qui fut faite par les membres de cette société à leur vaillant camarade.

*
* *

Nous n'en finirions pas, s'il nous fallait rendre compte de toutes les manifestations de sympathique admiration qui se produisirent dans tous les rangs de la société, pendant les jours qui suivirent l'arrivée de la mission en France.

Nous nous bornerons à enregistrer les principales, d'après les journaux de l'époque :

LA REVUE DU 14 JUILLET

« On sait que M. Gerville-Réache avait écrit au président du Conseil une lettre pour demander à ce que la mission Marchand, y compris les soldats soudanais, participe à la revue du 14 juillet.

« Le gouvernement vient de décider hier de faire droit à cette demande.

« Le commandant Marchand partira à bref délai pour le département de l'Ain, son pays natal, et ne reviendra à Paris que pour la revue du 14 juillet.

« Il repartira ensuite pour achever son congé en province et reviendra à Paris en octobre pour prendre part à la séance solennelle de la Société de géographie, dans laquelle il fera le récit de son voyage à travers l'Afrique. »

LE DRAPEAU DE LA MISSION

« M. Georges Berry, député de Paris, avait adressé au ministre de la guerre la lettre suivante :

Monsieur le ministre,

L'hôtel des Invalides a reçu jusqu'à présent tous les drapeaux glorieux des armées françaises et, dernièrement encore, ceux du Tonkin et de Madagascar.

La place de celui de Fachoda, de ce fanion qui, pendant trois années, a conduit Marchand et ses vaillants compagnons d'armes à travers l'Afrique, de l'Atlantique, aux rives du Nil, n'y a-t-il pas sa place marquée ? Assurément oui.

Aussi ai-je l'honneur de vous demander, avec un grand nombre de députés, de décider qu'il y sera transporté pour être placé à côté de ses aînés.

Agréez, etc.

« D'autre part, le général Vançon, président du Musée de l'armée, avait écrit au ministre de la Guerre pour lui demander de faire déposer au Musée le drapeau de la colonne Marchand, ainsi que divers objets de la mission.

« Le ministre de la Guerre transmit cette lettre au ministre de la Marine qui fit adresser au commandant Marchand une note lui faisant part de la demande du général Vanson.

« Le ministre de la marine ajoutait *qu'il ne voyait aucun inconvénient* à ce que le commandant Marchand satisfasse au désir du Musée de l'armée.

« Le commandant Marchand n'a pas encore fait connaître sa réponse. »

« Il la fit connaître le jour suivant :

« La salle Bugeaud au Musée de l'armée va s'enrichir d'une relique particulièrement intéressante, le drapeau de la mission Congo-Nil que le capitaine Carlet, collaborateur du général Vanson et ancien officier instructeur à Saint-Maixent, vient de demander au commandant Marchand.

« Le héros de Fachoda a promis non seulement ce drapeau, mais encore le pavillon qui flottait à bord du *Faidherbe* lors de l'affaire des derviches.

« Ces deux étendards entreront au Musée de l'armée après la revue du 14 juillet. »

A L'UNION DES SOCIÉTÉS RÉGIMENTAIRES

« Le public s'était, hier soir, 4 juin, porté en foule, boulevard de Sébastopol, devant le numéro 111, où l'Union des Sociétés régimentaires attendait le commandant Marchand et ses compagnons.

« Un service d'ordre avait été organisé sous la direction de MM. Mouquin et Blot.

« A la dernière heure, le commandant Marchand et ses amis se sont fait excuser.

« Le colonel de Villebois-Mareuil a prononcé alors une allocution pour annoncer cette absence.

« Il a dit que lui et ses compagnons de l'Union « s'inclinaient devant la mesure prise qui les affligeait, cependant, profondément ».

« Dans la foule, le désappointement a été grand. On s'est retiré vers onze heures, aux cris de : « Vive Marchand ! Vive l'armée ! » et aux accents de la *Marseillaise*. »

A L'HOTEL DE VILLE

« A l'issue de la séance du Conseil municipal, le bureau de cette assemblée s'est réuni et a décidé qu'en exécution de la délibération prise le mois dernier par le Conseil, le commandant Marchand et les officiers et sous-officiers de la mission seraient reçus à l'Hôtel de Ville, au retour du commandant à Paris.

« Peut-être même profitera-t-on de ce que le commandant Marchand doit revenir bientôt à Paris dans le but d'assister à la séance solennelle de la Société de géographie, pour fixer à cette époque la date de la réception qu'on lui prépare à l'Hôtel de Ville. »

On sait que le Conseil municipal de Paris, acquis en majorité à la cause du traître Dreyfus, ne donna jamais suite à cette résolution, que confirma le vote de la capitale, aux élections suivantes, en *écrasant les infâmes!*

A LA SOCIÉTÉ DE GÉOGRAPHIE

« La réception du commandant Marchand et de sa mission par la Société de géographie est décidément ajournée au mois de novembre, le commandant, qui est en ce moment avec le commandant Hourst sur une plage de l'Atlantique, désirant d'abord prendre quelque repos et demandant le temps de préparer sa conférence.

« M. le baron Hulot, secrétaire de la Société de géographie, que nous avons rencontré hier, nous a déclaré qu'il n'avait pu encore arrêter définitivement avec lui le programme de cette réception.

« Ce qui est certain, c'est qu'elle aura lieu au Trocadéro, gracieusement mis à la disposition de la Société par M. Leygues, ministre de l'Instruction publique, et qu'elle sera présidée par le ministre des Colonies et M. Milne-Edwards, président de la Société de géographie.

« Quant aux détails, ils seront arrêtés ultérieurement par M. le baron Hulot et le commandant Marchand. »

On n'ignore pas que le ministère Waldeck-Rousseau refusa par la suite au commandant Marchand l'autorisation de donner cette conférence.

UN TOUCHANT HOMMAGE

« Une délégation du xive arrondissement est venue offrir au commandant Marchand un très beau bronze d'art produit d'une souscription populaire ouverte dans ce quartier.

« Cette délégation, composée presque uniquement de travailleurs, hommes ou femmes, a vivement ému le commandant qui a rappelé que lui aussi était fils d'ouvriers.

Après avoir serré la main de tous et embrassé une des dames qui lui ont offert une magnifique gerbe de fleurs, il a ajouté combien il était heureux de les voir aussi unis dans leur affection pour la France.

« La délégation était présentée par M. de Cuverville, directeur de la revue *Armée et Marine*, et M. Girou, député de Paris.

A L'UNION COLONIALE

« Le banquet de l'Union coloniale française a eu lieu hier soir sous la présidence du ministre des Colonies.

« Le général Galliéni et le commandant Marchand devaient y assister, mais on sait que le gouvernement a éloigné de Paris le Pacificateur de Madagascar et le héros de Fachoda.

« Parmi les convives, au nombre de 300 environ, se trouvaient MM. Pozzi, Boulanger, Siegfried, Pauliat, sénateurs; Etienne, Albin Rozet, d'Agoult, de Moustiers, Jules Roche, de la Porte, Chautemps, Louis Passy, Cruppi, Alicot, Raiberti, députés; Laferrière, gouverneur général de l'Agérie; Pallain, gouverneur général de la Banque de France; Millet, résident général de Tunisie; Maurice Lebon, ancien ministre des Colonies, Tessier, chef du cabinet; Merwart et Basset, chef adjoint du cabinet du ministre des Colonies, etc.

« Au dessert, M. Mercet, président de l'Union coloniale, a porté un toast au président de la République. Puis, il a adressé un souvenir ému à M. Félix Faure.

« En terminant, il a dit combien tous les convives regrettaient l'absence du général Galliéni et du commandant Marchand, dont l'éloge n'est pas à faire.

« M. Charles Roux, ancien député, président du comité de Madagascar, a ensuite levé son verre en l'honneur du général Galliéni, qu'il espère voir retourner, le plus promptement possible à Tananarive, pour achever l'œuvre de colonisation si bien commencée.

« M. Mercet, prenant de nouveau la parole, a porté un toast à M. Guillain.

« Le ministre des Colonies a répondu qu'il était heureux d'exprimer la reconnaissance du gouvernement de la République à tous ceux qui ont contribué au développement de notre empire colonial.

« C'est pour lui un devoir doux à remplir que de rendre hommage aux braves explorateurs, qui ont montré que notre race n'a rien perdu de sa vigueur.

« Il a parlé ensuite, en termes chaleureux, de Galliéni et de Marchand, qui ont ajouté une page glorieuse à l'histoire de France. »

LES FRANÇAIS D'ÉGYPTE

« La colonie française du Caire a décidé d'offrir au commandant Marchand et à ses camarades une plaquette dont l'exécution a été confiée à un artiste de Paris.

« Cette plaquette, qui sera une véritable œuvre d'art, portera sur la partie supérieure un temple égyptien avec, au-dessus, les mots « Mission Marchand ».

« Au-dessous, un médaillon avec le buste du commandand Marchand, et dans le bas le Sphinx et les Pyramides ; puis un passage du discours prononcé par le commandant au Cercle français du Caire, le 6 novembre 1898 : « Il ne faut jamais désespérer, et qui peut dire que le sphynx ne s'apprête pas à sourire ? »

« De cette plaquette une épreuve en argent doré est destinée au commandant Marchand. Onze épreuves en bronze sont destinées à ses dix compagnons et au Cercle français du Caire. »

LA SOCIÉTÉ DE GÉOGRAPHIE DE LONDRES

« LONDRES, 5 juin (*par service spécial*). — Ce soir, au banquet de la Société de géographie, le général de division Stewart a fait allusion à l'expédition Marchand.

« — Le voyage de Marchand, a-t-il dit, équivaut entièrement à « ceux des voyageurs les plus distingués de l'Angleterre. La nation « et l'armée françaises ont le droit d'être extrêmement fières du « commandant Marchand. »

« Le président de la Société de géographie, en portant un toast aux nouveaux médaillés, a fait ressortir la grande valeur des travaux des explorateurs Binger et Foureau.

« En qualité de géographes, nous n'avons jamais eu de sentiments d'hostilité contre la France.

« Le général Stewart n'a fait qu'exprimer la pure vérité quand il a parlé de Marchand :

« Nous éprouvons la plus grande admiration pour le voyage de « Marchand qui n'a peut-être jamais été égalé. Nous félicitons cordialement Marchand. »

« L'attaché militaire de l'ambassade française a répondu au nom des trois Français absents. Il a dit que Marchand conservera parmi ses plus chers souvenirs les expressions de cordialité de la Société de géographie :

« Quoi qu'en disent les journaux, — a-t-il ajouté, — l'Angleterre et la France sont nées pour s'entendre. Il ne faut pas que de mesquines jalousies troublent leur amitié. »

« Le toast de l'attaché militaire a été salué par trois bordées de hourrahs.

« L'ambassadeur américain, répondant à un toast très flatteur pour les Anglais, a glissé une phrase dans laquelle il a dit que les Américains n'oublieront jamais la dette de reconnaissance qu'ils ont contractée envers la France. »

Le lecteur nous excusera si nous ne pouvons mentionnner tous les éloges, tous les hommages, toutes les fêtes auxquels donna lieu le retour en France de la mission Congo-Nil.

Le toast de Marchand à l'armée, à ses camarades.

L'énumération en deviendrait fastidieuse.

Nous préférons rejoindre le héros de Fachoda et ses glorieux compagnons, et les suivre à travers la France, loin de ce Paris d'où ils furent immédiatement exilés, jusqu'au jour où il fut donné au peuple de Paris de les acclamer tous ensemble, à la tête des troupes, le 14 juillet, à Longchamps... en attendant plus et mieux!

CLI

EN PROVINCE

Affolement parlementaire. — Odieuses vexations. — Sous la surveillance de la police. — Ordre de quitter Paris. — Le commandant Marchand à Mâcon, à Tours, au Mans, à Saint-Malo, à Saint-Servan. — Besoin de repos, voyage forcé. — Noble désintéressement. — A Niort, à Domène, à Grenoble, à Coulommiers, à Marseille, Ajaccio, Saint-Cyr, Carcassonne, Brest, Châteauroux, etc. — Henri Dyé, le jeune et glorieux commandant du *Faidherbe*. — Libérons nos âmes!

Mâcon, le 6 juin. — Le commandant vient de dîner dans l'intimité la plus complète chez M. Lespinasse...

L'incident parlementaire que nous avons noté dans le dernier chapitre fut le point de départ de toute une nouvelle et longue série de vexations infligées aux membres de la mission Congo-Nil.

L'immense popularité du commandant Marchand, rehaussée encore et rendue plus éclatante par l'impopularité manifeste du personnel gouvernemental, mit, comme l'on dit, la puce à l'oreille aux politiciens sans vergogne qui ont façonné la République à leur laide image.

La gloire de l'héroïque Français leur fit honte ; les hommages et les acclamations du peuple leur firent peur.

De là à traiter Marchand en suspect, il n'y avait qu'un pas : il fut vite franchi... par tous ces trafiquants de mandat, d'honneur et d'argent.

Trois jours après l'arrivée de la mission à Paris, un journal parisien, bien connu pourtant pour sa modération, faisait entendre la protestation suivante, à laquelle fit immédiatement écho toute la presse indépendante :

« Nous avons déjà eu l'occasion de protester contre le traitement vraiment extraordinaire dont est l'objet le commandant Marchand qui, en récompense de son héroïque odyssée africaine, se voit l'objet d'une surveillance humiliante et injustifiée et va être par ordre embarqué pour une petite croisière de santé, alors qu'il désirait tant pouvoir se retremper quelques semaines dans l'atmosphère parisienne.

« Les sous-officiers qui l'accompagnèrent dans son expédition ne sont pas plus favorisés que leur chef.

« Cantonnés par ordre à la caserne de Courbevoie, où ils sont soumis à toutes les obligations militaires, ils n'ont pu encore obtenir de permissions pour aller embrasser leurs familles.

« Il leur est impossible de toucher l'arriéré considérable de leur solde et par suite de se vêtir convenablement, car ils furent prévenus qu'ils auraient à s'équiper à leurs frais, si bon leur semblait.

« Et les pauvres diables de héros en sont réduits à promener sur nos boulevards, pendant les heures de liberté qui leur sont jalousement comptées, les uniformes dépenaillés avec lesquels ils traversèrent l'Afrique, n'ayant même pas la consolation d'y pouvoir piquer leurs médailles, — car on le leur défend de peur qu'ils n'attirent l'attention... Cela pourrait être dangereux, vous pensez !

« De tels exemples sont vraiment encourageants pour ceux qui auraient envie d'accrocher, au risque de leur peau, un peu de gloire à la hampe du drapeau de la France ! »

***

Ces choses paraissent incroyables : elles ne sont cependant qu'un pâle reflet de la vérité… pour qui a vu… de ses yeux vu !…

Le chef de la mission Congo-Nil se vit défendre d'accepter aucune des nombreuses invitations qui lui étaient faites, de répondre aux adresses de sympathie qui lui étaient envoyées et même d'adresser des remerciements aux nombreuses personnes ou sociétés qui se faisaient un honneur de lui offrir, sous une forme tangible et artistique, des témoignages de leur chaleureuse admiration.

Du matin au soir il fut « filé », comme un malfaiteur, par des agents de la Sûreté chargés de rendre compte de ses moindres faits et gestes.

Enfin, le 4 juin, la faveur du public parisien ne se refroidissant pas, il reçut brusquement l'ordre de quitter la capitale dès le lendemain matin.

Le 5 juin, en effet, Paris fut stupéfait d'apprendre par les journaux du soir que le grand Français avait pris le train, le matin même, au point du jour.

Voici la note publiée, à ce sujet, par la plupart des quotidiens :

« Le commandant Marchand a quitté, hier matin, à cinq heures, le Cercle militaire, pour se rendre à la gare de Lyon, afin d'y prendre le train de six heures quarante, à destination de Thoissey.

« Le commandant est monté dans une voiture fermée, accompagné d'un officier d'ordonnance du ministre de la Marine, du capitaine Baratier et du lieutenant Fouque.

« Le commandant a été reconnu en cours de route et acclamé par plusieurs centaines de personnes.

« Arrivé à la gare de Lyon, le commandant, en attendant son train, est entré dans un des bureaux du chef de gare, pour se dérober à toute manifestation.

« Au moment de monter en wagon, toutefois, il a été salué par les personnes venues pour prendre le même train.

« Avant de se séparer, le commandant Marchand et le capitaine Baratier, dont l'entente a contribué par-dessus tout au succès de la mission, se sont embrassés.

« Le commandant a pris place dans un wagon de première classe avec le lieutenant Fouque qui, avant de se rendre à Toulon, où il va remplacer le capitaine Mangin dans le commandement des tirailleurs sénégalais, va passer quelques jours à Grenoble au milieu de sa famille. »

*
* *

Suivons le commandant Marchand dans le petit voyage circulaire qu'il dut faire, en attendant le jour fixé pour sa réception à Thoissey, son pays natal.

Ce voyage, il dut le faire *par ordre* pour se dérober aux manifestations qui s'organisaient en son honneur, dès qu'il se fixait quelque part.

C'est une véritable torture, physique autant que morale, qui fut infligée là à ce vaillant soldat qui aspirait à un repos si bien gagné, et qui se voyait ainsi condamné à un déplacement continuel.

Et cependant, tel est son esprit de discipline qu'il obéit sans une plainte, sans un murmure,

Les dépêches suivantes rendent compte de ses mouvements jusqu'au jour des magnifiques fêtes de Thoissey auxquelles, par exception, on lui permit d'assister.

Le gouvernement recula évidemment devant le scandale énorme que n'eût pas manqué de causer une interdiction en pareille circonstance :

« Mâcon, 5 juin. — Le commandant Marchand est arrivé ce soir à Mâcon à 4 heures. Il est descendu chez M. Lespinasse, notaire, où il passera la nuit.

« Le lieutenant Fouque accompagne le commandant Marchand.

« Des ovations enthousiastes lui ont été faites en gare.

« Mâcon, 6 juin. — Mâcon n'est pas moins tranquille que Thoissey ; le commandant, en petite tenue d'officier, vient de dîner dans l'intimité la plus complète, chez M. Lespinasse, avec son père.

« J'ai eu le plaisir de l'approcher, mais il demande comme une grâce qu'on ne parle plus de lui pour le moment.

« Un rédacteur du *Lyon républicain* a été reçu aujourd'hui par le commandant.

« Ce dernier est navré de la situation qui lui est faite.

« Il désirait beaucoup rester à Paris, à vivre de la vie de tout le monde, après trois années passées dans la brousse ; or, il est en quelque sorte obligé de rester à Mâcon.

— Je me soumets bien respectueusement aux volontés des ministres, — dit-il.
— Pas plus que moi, ils n'ont créé ou provoqué les incidents ou manifestations

survenus, bien à mon insu et contre mon attente, à l'occasion de mon arrivée ; mais je ne puis me défendre des sentiments qui m'assaillent et qui sont la conséquence de ma situation actuelle. Je demande à être libre de me mouvoir et de vivre un peu silencieusement... mais à ma guise !

M. Clochette fut mortellement atteint par les rigueurs du climat.

« Mâcon, 7 juin. — Le commandant Marchand est toujours à Mâcon, qu'il quittera probablement demain pour aller, croit-on, sur les bords de la mer.

« Thoissey, sa ville natale, n'ayant pas terminé ses préparatifs de fête pour le recevoir, lui a demandé d'ajourner son arrivée vers le 18 juin.

« Les adhésions au banquet offert par la ville de Thoissey au commandant Marchand seront reçues jusqu'au 12 juin.

« Mâcon, 8 juin. — Le commandant Marchand quittera Mâcon demain dans la journée pour se rendre à Nancy où il doit passer quelques jours, en attendant son départ pour Thoissey où des fêtes auront lieu le 18 juin.

« Mâcon, 9 juin. — Le commandant Marchand est parti ce soir à 6 heures par la ligne de Moulins, pour aller se reposer dans un port de l'océan Atlantique.

« Des ovations enthousiastes lui ont été faites à la gare.

« Le commandant Marchand rentrera le 18 à Thoissey.

« Le bruit se répand qu'il a reçu l'ordre de quitter Mâcon sans délai, les sympathies dont il est l'objet dans notre ville ayant froissé la susceptibilité gouvernementale. »

*
* *

« Tours, 10 juin. — Le commandant Marchand est arrivé à Tours ce matin à 6 heures. Il est reparti à 6 h. 24 pour le Mans.

« Les voyageurs et employés de la gare lui ont fait une ovation. »

« Le Mans, 10 juin. — Le commandant Marchand, venant de Mâcon par Tours, est arrivé à 9 h. 30 ce matin en gare du Mans.

« Trois cents personnes environ, tant employés que voyageurs, ont vivement acclamé le commandant, que le chef de gare, M. Périer de Mondauville, a conduit dans son bureau où il a attendu le train de Rennes.

« Le commandant n'était accompagné que d'un négrillon.

« Une foule nombreuse, parmi laquelle plusieurs officiers, se trouvait à midi sur le quai de la gare pour assister au départ du commandant Marchand pour Rennes.

« M. Galpin, député, qui arrivait de Paris par le rapide, a félicité le commandant au nom de la population de la Sarthe !

« Le commandant Marchand, de son wagon, a remercié les assistants et le train est parti aux cris de : « Vive Marchand ! »

« Saint-Servan, 12 juin. — Le commandant Marchand est arrivé hier matin à Saint-Servan, accompagné de son petit nègre Demi-Tour

« Le héros de Fachoda est descendu à l'hôtel de Bellevue. »

Saint-Malo, 14 juin. — Le commandant Marchand a quitté Saint-Servan hier.

« Il doit revenir à Saint-Servan dans une quinzaine de jours avec l'intention de passer trois mois avec son ami intime, M. Hourst, lieutenant de vaisseau, commandant le torpilleur *Alarme*.

« Une villa avait été offerte à Dinard par un particulier à titre gracieux au commandant Marchand, mais ce dernier a refusé, désirant habiter près du lieutenant Hourst.

« Le commandant est l'objet de fréquentes manifestation de sympathie.

« Le cercle militaire de Saint-Malo donne ce soir une réception en son honneur. »

« Saint-Servan, 15 juin. — Le commandant Marchand s'est rendu hier soir au Cercle militaire de Saint-Malo où lui était offert un punch d'honneur. Une foule nombreuse l'a acclamé.

« La salle de réception était magnifiquement décorée et la musique du 47e de ligne a joué pendant toute la durée de la réception.

« Le commandant Marchand, en tenue, avait à sa droite le lieutenant-colonel du 47e de ligne, et à sa gauche le général de division de Roincé et le général Vasseur.

« En face de lui se tenaient le général de brigade Cardot, le colonel du 47e de ligne et le chef du service de la marine.

« Des toasts ont été portés par les généraux de Roincé et Cardot, par le colonel du 47e et par le chef de service de la marine.

« Le commandant Marchand, très ému, a remercié en son nom personnel et au nom de la mission du Congo-Nil.

« La réception a pris fin à onze heures. Le commandant a regagné Saint-Servan dans la voiture du général de division.

« Aujourd'hui il a fait une promenade en mer aux îles Chausey, à bord du torpilleur *Alarme*. »

*
* *

C'est à Saint-Servan, le 16 juin, que le commandant Marchand décida de faire don à la Ligue maritime française des 15,000 francs attachés au prix Audiffred qui lui avait été, on s'en souvient, décerné par l'Académie des sciences morales et politiques.

Voici la lettre qu'il écrivit, à ce propos, au comité de la Ligue.

Saint-Servan, le 16 juin 1899.

« *Monsieur le Secrétaire général.* »

« *En vous informant que j'ai disposé, en faveur de la Ligue maritime, de la partie matérielle du prix Audiffred, soit quinze mille francs, j'ai l'honneur de vous donner copie de la lettre que j'adresse à M. le Secrétaire perpétuel de l'Académie.*

« *Saint-Servan, 16 juin 1899*

« *Le commandant Marchand à M. le Secrétaire perpétuel de l'Académie.*

« *Monsieur le Secrétaire perpétuel,*

« *En venant présenter aujourd'hui à l'Académie le tribut de mes remerciements et de ma profonde gratitude pour l'insigne honneur qu'elle a fait au chef de la mission Congo-Nil en lui attribuant le prix Audiffred, je dois d'abord lui offrir des excuses pour le retard apporté à l'expression de ma reconnaissance et dont ma vie agitée au cours des deux dernières semaines est l'unique cause.*

« *Fier, plus que je ne saurais le dire, de cette haute marque d'approbation et de bienveillance, j'ose pourtant encore demander à l'Académie de joindre une grâce à ses faveurs.*

« *Votre illustre compagnie, qui n'a entendu rechercher pour le récompenser que le dévouement à la Patrie, si naturel cependant chez un soldat, voudra toutefois permettre à l'humble chef de la mission française de ne pas perdre de vue le but de l'œuvre dans la poursuite de laquelle il rencontra vos consolants suffrages.*

« *C'est sous l'empire de cette pensée que, jaloux seulement de garder pour moi la haute récompense morale dont l'Académie est l'unique dispensatrice, je viens la supplier de consentir à ce que la partie matérielle du prix Audiffred, les quinze mille francs y attachés, soient transmis en son nom et de ma pleine volonté à la Ligue maritime française.*

« *Daignez agréer, etc.*

« *Commandant* MARCHAND. »

« *Veuillez trouver ici, Monsieur le Secrétaire général, l'expression de mes sentiments les meilleurs et les plus dévoués.*

« *Commandant* MARCHAND. »

M. le sénateur Barbey, président de la Ligue maritime française, a répondu :

La musique de la Garde républicaine exécuta plusieurs morceaux.

« Mon cher commandant,

« Au nom de la Ligue maritime, je m'empresse de vous remercier du don généreux que vous venez de lui faire.

« En lui offrant, avec un noble désintéressement, les quinze mille francs du prix Audiffred que l'Académie des sciences morales et p   iques vous a décerné, vous contribuerez au succès de l'œuvre patriotique que nous avons entreprise.

« Nous sommes heureux de pouvoir compter, parmi les fondateurs de la Ligue, l'officier supérieur dont notre vaillante infanterie de marine est justement fière et dont la marche glorieuse à travers l'Afrique, du Congo au Nil, a fait battre le cœur de tous les Français.

« Avec l'expression de notre gratitude, recevez, je vous prie, mon cher commandant, l'assurance de ma haute et bien affectueuse considération.

« Le président de la Ligue maritime française, »

« E. BARBEY. »

Quel est celui, parmi les rares et infimes détracteurs du héros de Fachoda, parmi tous ces vils politiciens, courtisans de la haute finance, qui serait capable d'un aussi noble désintéressement ?

Serait-ce le panamiste Loubet ?...

***

« BREST, 17 juin. — Le capitaine Valdenaire, du 3e régiment d'infanterie de marine, qui a fait partie au début de la mission du Congo-Nil, s'est rendu à Saint-Servan afin d'inviter, au nom de la deuxième brigade de la marine, le commandant Marchand à venir à Brest où les officiers doivent organiser une fête en son honneur.

« Le commandant Marchand a accepté de venir à Brest après sa visite à Thoissey. »

« PARIS, 18 juin. — Le commandant Marchand, qui se rend à Thoissey, son pays natal, où de grandes fêtes sont organisées en son honneur, a quitté Saint-Malo hier matin, accompagné du lieutenant de vaisseau Hourst.

« A la gare de Rennes, près de 2,000 personnes attendaient sur les quais l'arrivée du commandant qu'elles ont accueilli aux cris de :

« — Vive Marchand ! Vive l'armée ! Vive la République ! »

« Aux félicitations des délégués des groupes venus pour le saluer, et aux cris de la foule qui l'acclame, Marchand répond :

« — Criez seulement : Vive la France ! Vive la République ! Vive l'armée ! Mon cœur est avec tous les vôtres ! »

« L'émotion de tous est profonde.

« On se partage les pétales des roses offertes au commandant en chantant la *Marseillaise* et en criant : Vive la République ! Vive l'armée !

« A Laval, une foule nombreuse a acclamé le commandant à qui un conscrit a offert des fleurs.

« Arrivé à la gare Montparnasse à sept heures cinquante-cinq, il a été reçu par le capitaine Baratier et, se dérobant aux ovations de la foule qui l'avait reconnu, s'est dirigé vers la gare de Lyon, où il a pris à dix heures cinquante l'express qui le déposera ce matin à neuf heures six, à Belleville-sur-Saône, d'où il gagnera Thoissey en voiture. »

Nous rendrons compte un peu plus loin du grandiose et touchant accueil que firent les habitants de Thoissey à leur glorieux concitoyen.

De toutes les manifestations organisées en l'honneur du commandant, celle-là est certainement celle qui lui remua le plus le cœur et dont il gardera le plus doux et le plus durable souvenir.

Être admiré, louangé, fêté par ses compatriotes, est certes une récompense de premier ordre ; mais l'être par ses amis d'enfance, par ceux au milieu desquels on est né et on a grandi, par ceux qu'on a quitté obscur et près desquels on revient couvert de gloire et l'objet de l'enthousiasme universel, quelle émotion supérieure à celle-là, quelle joie plus délicieuse et plus intime ?

Être prophète dans son pays !

*
* *

Hâtons-nous d'ajouter que le chef de la mission Congo-Nil ne fut pas seul à goûter cet ineffable bonheur.

Chacun de ses intrépides compagnons, chacun de ses officiers et de ses sous-officiers put goûter cette suave félicité, car chacun d'eux fut l'objet de manifestations semblables.

Tous reçurent, soit de leurs concitoyens, soit de leurs camarades de régiment, soit de leurs anciens condisciples les plus précieuses marques d'affectueuse admiration.

Les informations suivantes en font foi :

« Toulon, 6 juin. — Le capitaine Mangin, le seul officier de la mission Marchand qui était resté à Toulon, est parti ce soir pour Paris où il arrivera demain matin à neuf heures.

« Le vaillant capitaine Mangin va retrouver sa famille et ses amis qui l'attendent impatiemment pour le serrer dans leurs bras et lui faire fête.

« Pendant son absence, et en attendant le retour du lieutenant Fouque qui les a déjà commandés et qui se trouve pour quelques jours à Grenoble, les 180 tirailleurs sénégalais sont placés sous les ordres du capitaine Castanier et du lieutenant Duck, du 4ᵉ régiment de tirailleurs sénégalais. Ces derniers partiront le 3 ou le 4 juillet pour Paris.

« D'ici là le capitaine Castanier va leur faire effectuer des exercices leur permettant de prendre part à la revue du 14 juillet, à Longchamp.

* *

« Paris, 7 juin. — Le capitaine Mangin est arrivé hier matin à Paris, par le rapide de neuf heures.

« Le capitaine qui paraît en très bonne santé s'est rendu immédiatement au Cercle militaire, où une chambre a été mise à sa disposition.

« A dix heures, le capitaine Mangin s'est présenté au ministère de la marine où il a été reçu par le capitaine de frégate Darriens, chef du cabinet militaire du ministre, et le capitaine d'artillerie de marine Chardonnel, officier d'ordonnance de service.

« Le capitaine Mangin a été aussitôt présenté à M. Lockroy qui s'est longuement entretenu avec le jeune officier et lui a demandé de nombreux renseignements sur la belle compagnie des Sénégalais que le capitaine a si brillamment commandée pendant trois ans.

« Du ministère de la marine le capitaine Mangin est allé déposer sa carte chez les ministres de la guerre et des colonies.

« Le capitaine, dont la famille habite Paris, séjournera ici une quinzaine de jours. »

* *

« Paris, 8 juin. — Le capitaine Germain, de l'artillerie de marine, est rentré hier matin à Paris et est descendu également au Cercle militaire.

« Demain soir, le capitaine Germain assistera au dîner qui lui sera offert chez Marguery par tous les officiers d'artillerie de marine présents à Paris.

« Ajoutons que l'association des anciens élèves du lycée d'Angoulême a invité à son banquet annuel du 2 juillet prochain le capitaine Germain, qui a fait toutes ses études au lycée d'Angoulême.

« Le capitaine a accepté. »

* *

« Niort, 11 juin. — Le capitaine Largeau est arrivé ce soir à Niort où il a fait ses études.

« Il a été reçu avec enthousiasme par la population massée sur le passage du cortège, auquel ont pris part toutes les sociétés locales.

« A l'hôtel de ville, le maire, entouré du conseil municipal, lui a souhaité la bienvenue. Ce soir un banquet a été offert au capitaine. »

« Niort, 12 juin. — La Société amicale des républicains des Deux-Sèvres a fêté hier soir le retour du capitaine Largeau, de la mission Marchand, par un banquet donné dans les salons du restaurant Voltaire.

« Une centaine de personnes environ avaient répondu à l'appel du comité.

« Au dessert M. Léopold Goirand, président, en une allocution fréquemment interrompue par les applaudissements de l'auditoire, a retracé la carrière de ce vaillant pionnier qui a marché si brillamment sur les traces de son père, l'explorateur bien connu de la terre africaine, et au nom de la Société lui a remis une médaille commémorative.

« M. le docteur Descout, président d'honneur, et M. Levrier, avocat à la Cour d'appel de Paris, ont félicité le capitaine Largeau, qui a répondu en quelques paroles émues.

« Au cours du dîner, le commandant Marchand a envoyé une dépêche félicitant son compagnon d'armes et qui a été remise au capitaine Largeau.

« Assistaient au banquet Garan de Balzan, sénateur; Disleau, député; A. Taire, secrétaire de la Société; Marcel, Viollette, Chatelet Saillard; Brault, trésorier, etc. »

.*.

« Domène, 6 juin. — Le lieutenant Fouque, de la mission Marchand, parti de Mâcon ce matin, à trois heures, est arrivé à Domène à dix heures vingt.

« Sa mère et son frère ainsi que quelques intimes l'attendaient seuls à la gare.

« Le lieutenant Fouque, au bras de sa mère, s'est rendu directement à la maison familiale baptisée en son honneur du nom de Villa du Nil.

« Une manifestation sympathique avait été organisée hier soir dans la pensée que le lieutenant Fouque arriverait par le train de neuf heures.

« Mais le lieutenant Fouque ayant dû retarder son arrivée, la réception a été renvoyée à ce soir.

« Demain, le lieutenant Fouque sera reçu officiellement au cercle militaire de Grenoble et à l'hôtel de ville.

Il partira ensuite pour Toulon où il doit relever jeudi le capitaine Mangin dans le commandement des Sénégalais de la mission. »

« Grenoble, 6 juin, minuit. — Le lieutenant Fouque a été reçu ce soir, à 8 h. 1/2, à la mairie de Domène, où un vin d'honneur lui a été offert par la municipalité. A l'arrivée du lieutenant Fouque, la musique a joué la *Marseillaise*.

« Le maire a prononcé un discours de bienvenue, puis une épée d'honneur a été offerte au lieutenant Fouque qui a remercié en quelques paroles émues.

« Cette fête s'est terminée aux cris de : « Vive Fouque ! Vive l'armée ! Vive la République ! »

* *
*

« Grenoble, 7 juin. — Une brillante réception a eu lieu ce soir à l'hôtel de ville, en l'honneur du lieutenant Fouque, qui est arrivé à neuf heures sur le perron, amené par une délégation de la Société des Marsouins.

« 5,000 personnes environ massées dans le jardin de la ville poussent des vivats.

« Le lieutenant pénètre dans le salon grec où il est reçu par M. Jay, maire de Grenoble, entouré du préfet de l'Isère, des généraux Marchand, commandant la 27e division, et Chanson, commandant l'artillerie, le recteur de l'Université, l'inspecteur d'Académie, de nombreux conseillers municipaux et d'officiers de tous les corps de la garnison.

« Un vin d'honneur est servi. Le maire souhaite la bienvenue au lieutenant Fouque, puis le préfet, M. Mano, boit à M. Loubet, au lieutenant Fouque, à l'armée et à la marine.

« Au nom de la garnison de Grenoble, le général Chanson remercie la municipalité de l'avoir associé à cette réception.

« Il lève son verre au lieutenant Fouque et à la mission Marchand.

« Après un toast patriotique du proviseur du lycée, le lieutenant Fouque répond qu'il est très fier des marques de sympathie qui lui sont témoignées.

« — Je ne sais, dit-il, si ce que nous avons fait mérite quelque chose, mais je suis certain que tout Français à notre place en eût fait autant. »

« Le lieutenant termine en buvant à l'union des Français de France, à l'armée et à la République.

« Deux médailles sont remises au lieutenant Fouque. Une réception a lieu ensuite au Cercle militaire. »

*
* *

« Paris, 6 juin. — Le quarante-troisième déjeuner de la Société africaine de France a eu lieu hier au restaurant Ronceray.

« L'enseigne de vaisseau Dyé, membre de la mission Marchand, — ce jeune et sympathique héros qui, à vingt-trois ans, a eu la gloire de commander le légendaire navire *Le Faidherbe*, — M. A. Henri Dyé, aujourd'hui lieutenant, y assistait, ainsi que de nombreux explorateurs de l'Afrique.

« Au dessert, des discours ont été prononcés par M. Bonnard, M. d'Attanoux, M. Soller, et le lieutenant Dyé, qui a raconté avec humour quelques-uns des épisodes survenus au cours du voyage de la mission Marchand dans la brousse, et qui s'est très modestement effacé derrière son devoir de soldat que tous ses camarades ont rempli comme il l'a fait lui-même.

« Les autres orateurs ont parlé de la nécessité et de l'importance du chemin de fer transsaharien pour relier, au point de vue politique et commercial, toutes les parties de la France coloniale africaine. »

« Coulommiers, 12 juin. — La municipalité se prépare à fêter le 18 juin le retour d'un ancien Columérien, membre de la mission Marchand, l'enseigne de vaisseau Dyé.

« On sait que c'est à lui que le commandant en chef confia le commandement du *Faidherbe* et de la flottille de sa mission.

« La ville de Coulommiers veut aussi rendre hommage à Mme veuve Dyé, dont les fils ont fait leurs études au collège de notre ville, et dont elle a su faire des hommes d'action.

« L'un d'eux, docteur en médecine, doit bientôt se rendre aux colonies ; un autre dirige en ce moment une grande exploitation agricole sur la côte de l'Annam ; le plus jeune va partir au Sénégal comme officier d'infanterie de marine. »

Coulommiers, 19 juin. — L'enseigne de vaisseau Dyé, de la mission Marchand, a été reçu solennellement hier, par sa ville natale.

« Le maire, la municipalité, M. Delbet, député, les officiers de la garnison et les professeurs du collège l'attendaient à la gare et l'ont escorté au milieu des acclamations de la population, à l'Hôtel de Ville où ont eu lieu les présentations.

« Après une réception au Cercle militaire, un banquet de cinq cents couverts a été donné sur la place du Marché.

Le lieutenant-colonel de Villebois-Mareuil (à l'Union des Sociétés régimentaires.)

« Au dessert, des bouquets sont offerts au brave Henri Dyé et à sa noble mère que tout le monde acclame avec émotion.

« Le maire, dans une allocution chaleureuse, salue respectueusement cette mère française dont les quatre fils se dépensent pour la cause coloniale.

« M. Dessaint lit une pièce de vers très applaudie sur l'héroïsme de la mission Marchand.

« Le commandant d'armes salue son jeune camarade, puis notre confrère, M. Bourdarie, ami de la famille, expose l'historique de la mission Marchand.

Le commandant s'est dirigé vers la gare de Lyon.

« L'enseigne Dyé remercie en quelques mots heureux et fait l'éloge du commandant Marchand.

« Il raconte quelques-uns des incidents de son voyage et termine en disant :

« Tous nos camarades de l'armée, soutenus comme nous par le
« souvenir de la patrie, auraient accompli les mêmes actes, qui,
« tous, se résument en un mot : faire son devoir.

« Vive la France! Vive la République! Vive la ville de Coulom-
« miers! »

« La salle entière est debout et pousse des acclamations.

« La musique joue la Marseillaise. »

« Paris, 11 juin. — Les Corses résidant à Paris offraient hier soir au docteur Émily, de la mission Marchand, un banquet dans les salons du Globe, 8, boulevard de Strasbourg.

« Environ deux cents couverts étaient disposés dans la salle décorée de trophées de drapeaux et d'inscriptions célébrant les faits marquants de la mission Congo-Nil.

« Le banquet était présidé par le général Alessandri qui avait à sa droite le docteur Émily et à sa gauche M. Hébrard, sénateur.

« A la table d'honneur, on remarquait MM. Emmanuel Arène et Malaspina, députés; Zevoiero, conseiller municipal d'Ajaccio; docteur Decori, président de la Société la Corse; docteur Farmole, Coatzi, major Ducreux, comte Pozzo di Borgo, Toupin, etc.

« A l'arrivée du docteur Émily, une jolie inconnue lui a remis une superbe gerbe de fleurs dans laquelle était piquée une carte portant ces simples mots : « Sincères félicitations. »

« Au champagne, le général Alessandri, au nom de tous les Corses réunis en ce banquet, adresse un salut cordial et fier au docteur Émily dont il célèbre les exploits dans le voyage, dans l'expédition de la mission Marchand. Puis le général Alessandri rappelle toutes les gloires militaires corses, Giovaninnelli au Tonkin, Galliéni à Madagascar, Émily enfin au Congo-Nil.

« Il remet ensuite au docteur Émily la croix en brillants que les Corses de Paris lui offrent par souscription ouverte dans le journal *La Corse*.

« M. Gaffari, directeur du journal *La Corse*, prononce ensuite un discours patriotique où il félicite le docteur Émily de sa vaillante coopération à l'œuvre du commandant Marchand.

« M. Emmanuel Arène, le spirituel député d'Ajaccio, prononce une allocution patriotique.

« L'orateur termine en adressant un souvenir ému à la mémoire du père du docteur Émily dont celui-ci porte le deuil récent.

« Très ému, le docteur Émily remercie ses compatriotes dont « l'élan fraternel et généreux de sympathie le confond de bonheur ».

« Les convives se sont levés de table aux cris de : « Vive Émily! « Vive la Corse! »

« Marseille, 15 juin. — Les Corses de Marseille ont fêté ce soir, à l'hôtel d'Orléans, le passage de leur compatriote, le docteur Émily, de la mission Marchand.

« A sa descente du train, le docteur Émily a été salué par une importante délégation de ses compatriotes au nom desquels le commandant Terrazoni lui a souhaité la bienvenue.

« A l'hôtel, 150 convives ont accueilli le collaborateur du commandant Marchand par de chaleureux applaudissements.

« Le comité organisateur a remis au docteur Émily un très beau bronze, représentant un nègre de Tombouctou, comme hommage des Corses de Marseille.

« A la table d'honneur se tenaient, aux côtés du docteur Émily, le capitaine Romani, le commandant Terrazoni: M. Vittini, chef de cabinet du préfet; M. Casabianca, avocat général à Aix; les capitaines Bonavita et Comombani, de Gaffory, Cortecchiato, etc.

« La réunion a été des plus cordiales et les sentiments de sympathie des Corses de Marseille se sont manifestés dans des toasts chaleureux et patriotiques.

« La réunion s'est terminée aux cris nourris de : « Vive Marchand! Vive la France! Vive Émily! Vive la Corse! »

« Le docteur Émily part demain soir pour Ajaccio pour se rendre de là à Sainte-Marie Sicche, auprès de ses parents. »

« Ajaccio, 18 juin. — Le docteur Émily est arrivé hier à huit heures.

« Le steamer *Lauzy*, pavoisé, est allé au-devant de lui avec les délégués de Sainte-Marie et les parents du major.

« Une embarcation de la Santé a amené le major au quai de débarquement où il a été reçu par le préfet, le maire, le commandant de la marine et les officiers de la garnison, tandis que la musique municipale exécutait la *Marseillaise*.

« Une foule enthousiaste a accompagné le docteur Émily jusqu'à l'hôtel où il est descendu aux cris de : Vive l'armée! Vive la Corse!

« Le major, du haut d'un balcon de l'hôtel, a remercié la population de l'accueil qui lui était fait.

« A 11 heures, le docteur Émily a déjeuné chez le commandant de la marine.

« A trois heures de l'après-midi, un lunch lui a été offert par les élèves du collège, en présence du vice-recteur, du préfet, du maire et des professeurs.

« A sept heures du soir, un banquet lui a été offert par les délégués de Sainte-Marie, sous la présidence du directeur de la Santé.

« A neuf heures, un vin d'honneur a eu lieu au théâtre; plusieurs toasts ont été portés et acclamés.

« La population entière a fait au docteur, jusqu'à une heure très avancée de la nuit, des ovations enthousiastes.

« Saint-Cyr, 7 juin. — Les sergents Souyri, Dat et Venail, de la mission Marchand, ont été reçus avant-hier à Saint-Cyr par les quatre-vingts sous-officiers de l'école.

« Au cours du déjeuner qui leur a été offert, le général commandant l'école et tous les officiers ont tenu à venir serrer la main des compagnons de Marchand, et Mgr Lanusse a prononcé quelques paroles vibrantes de patriotisme.

« Le soir, les trois sous-officiers ont été reconduits à la gare par leurs collègues de l'école, et la population leur a fait sur le parcours une longue ovation au cri de : « Vive l'armée ! »

« Carcassonne, 6 juin. — Parmi les membres de la mission Marchand se trouve notre compatriote, M. Dat de Saint-Foulc, sergent d'infanterie de marine.

« La presse locale et régionale s'est réunie et a décidé d'ouvrir dans les colonnes de chacun des journaux une souscription destinée à offrir, au nom de ses lecteurs et en son nom, un souvenir à M. Dat de Saint-Foulc.

« Il reste entendu qu'en prenant cette initiative, la presse se contente seulement de collaborer à l'œuvre collective que suscitera certainement l'arrivée dans notre ville de notre vaillant concitoyen. »

« Brest, 18 juin. — Un des héros de la mission du vaillant commandant Marchand, le sergent d'infanterie de marine Bernard, doit rentrer de convalescence dans les premiers jours de juillet.

« Le 6 de ce mois il prendra place au 2e régiment d'infanterie de marine, auquel il est affecté.

« Dès que cette nouvelle est arrivée à la connaissance de l'Association amicale des anciens sous-officiers de terre et de mer, M. Lamendour, son dévoué président, a convoqué les membres du bureau afin d'organiser une réception digne du brave sergent Bernard.

« Dès maintenant, la commission des fêtes de l'Association travaille à établir les bases du banquet ou du punch qui sera offert au collaborateur du commandant Marchand.

« A cette fête, essentiellement militaire, les sous-officiers de l'armée active de tous les corps de troupe de la garnison pourront prendre part.

« D'après les renseignements qui m'ont été fournis, cette fête promet d'être très brillante : tout Brest, en effet, sera de cœur avec les assistants à cette réception et voudra, en glorifiant le sergent Bernard, rendre un solennel hommage au grand héros de Fachoda, au commandant Marchand, l'une des plus pures gloires de cette arme d'élite qu'est l'infanterie de marine. »

Le lieutenant Fouque, au bras de sa mère, s'est directement rendu au logis familial (Domène).

« CHATEAUROUX, 11 juin. — Le sergent Venail est arrivé ce soir, à deux heures et demie, à Châteauroux, son pays d'origine.

« Le préfet, le maire, entouré de son conseil municipal, les sociétés d'anciens militaires et les sociétés de gymnastique avec leurs drapeaux, ainsi qu'une foule considérable, étaient venus assister à son arrivée.

« Dès que le sergent Venail paraît sur le quai de la gare, une immense acclamation s'élève : « Vive l'armée! Vive Venail! » L'enthousiasme est indescriptible. La musique municipale joue la *Marseillaise*.

« Le cortège se forme et se dirige vers le monument élevé aux soldats de l'Indre morts en 1870-71. Devant le monument, le sergent Venail reçoit des présidents de diverses sociétés militaires des souvenirs offerts par ces sociétés.

« Un banquet a eu lieu ensuite à l'Hôtel de Ville. Le maire a remercié le sergent Venail pour l'honneur qu'il avait procuré à sa ville natale en participant aux travaux de la mission Marchand.

« Le préfet, dans une allocution patriotique, a conseillé à tous de saisir avec empressement les occasions de s'unir pour se grouper autour du drapeau, emblème de la grandeur et de la force du pays.

« Le sergent Venail, dans quelques paroles émues, a dit combien il est sensible à l'honneur que lui font ses concitoyens, honneur qui doit être attribué surtout à ses chefs.

« La ville entière est pavoisée. »

On voit que tous les membres de la mission Congo-Nil, depuis Marchand jusqu'au dernier sous-officier, furent fêtés collectivement et individuellement comme ils méritaient de l'être.

Et s'ils étaient heureux et fiers de recevoir, par toute la France, d'inoubliables marques de sympathie, le pays était peut-être plus heureux et plus fier encore de les leur donner.

Il savait gré à ces héroïques soldats de lui rendre confiance en lui-même, et de lui fournir l'occasion d'acclamer et de venger le drapeau sur lequel crachaient depuis deux ans tous les ennemis de notre grandeur et de notre prestige.

Ce sentiment a été fort bien rendu par Lucien Pemjean dans un supplément de journal entièrement consacré à la mission et publié la veille de l'arrivée de celle-ci à Toulon :

— Enfin, on respire!

Tel est le cri de soulagement qui s'échappera demain de toutes les poitrines vraiment françaises, quand, au milieu d'enthousiastes acclamations, l'héroïque commandant Marchand débarquera parmi nous.

A mesure, en effet, que le croiseur *D'Assas* se rapproche de la côte d'azur, on se sent comme enveloppé d'une atmosphère nouvelle.

Il semble qu'un souffle de vaillance et de pure gloire s'élève pour balayer l'air malsain, les miasmes délétères que nous respirons depuis si longtemps et qui menaçaient de tout empester, de tout pourrir.

Pourquoi ne pas le dire?... Ce que le pays tout entier entend applaudir et fêter en Marchand, ce n'est pas seulement l'intrépide soldat, le grand explorateur qui est allé, au prix de fatigues et de privations presque surhumaines, en dépit d'inimaginables obstacles et de périls chaque jour renaissants, planter les trois couleurs sur les murs de Fachoda; c'est encore l'homme que le destin semblait tenir en réserve, et qui surgit à son heure, vivant stigmate du régime d'intrigue et de corruption, de mensonge et de lâcheté, sous lequel nous étouffons.

Oui, à l'heure où les plus criminels attentats sont dirigés contre la conscience et la sécurité nationales, à l'heure où les plus monstrueux accouplements s'opèrent sous l'infâme bannière d'Israël; à l'heure où l'or juif, grossi de celui de l'étranger, nous menace ouvertement d'un chambardement général, la silhouette du commandant Marchand nous apparait, singulièrement réconfortante et vengeresse!

En lui s'incarnent, aux yeux de tous, l'âme robuste et fière de notre pays, l'indomptable énergie et l'intangible idéal de notre race.

En lui vibrent, clament et protestent tous nos instincts d'honneur et de loyauté, toutes nos impatiences du joug ploutocratique, toutes nos soifs d'indépendance et de propreté.

Qu'on le veuille ou non, les événements ont fait de Marchand la haute personnification de la cause française, le condensateur de nos passions les plus saines et les plus généreuses, de nos haines les plus légitimes et les plus fécondes.

Juste châtiment des mous et des veules, des corrupteurs et des vendus, des fourbes et des complices de trahison!

En obligeant cet héroïque officier à livrer aux Anglais Fachoda, sa glorieuse conquête; en lui infligeant cette torture et cette humiliation devant l'ennemi, ils auraient dû se douter, les misérables, que la France de Du Guesclin et de Bayard, de Jeanne d'Arc et de Napoléon, opprimée, avilie et souillée par une tourbe de politiciens à la solde des hauts barons de la finance, allait se reconnaître en lui et l'acclamer comme l'image même de la patrie.

Ils auraient dû prévoir, les sots, que le retour triomphal, les délirants vivats qu'ils lui préparaient ainsi, allaient cingler et maculer leurs joues blêmes, comme autant de soufflets et de crachats.

Tant pis pour eux, si le cri de : « Vive Marchand! » éclate, sur toute l'étendue du territoire, comme la revanche de la conscience française, comme la formule de nos dégoûts et de nos espoirs.

A notre tour, libérons nos âmes!

Ces lignes reflètent la véritable signification, et l'exacte portée des vivats enthousiastes qui éclataient, par tout le pays, à l'adresse du commandant Marchand et de ses compagnons.

Comme l'a dit si justement Lucien Pemjean, la France libérait son âme!

CLII

AU PAYS NATAL

Les préparatifs à Thoissey. — Arrivée de Marchand, de Baratier et de Germain. — Population décuplée. — Drapeaux, arcs de triomphe, profusion de fleurs. — Reproduction du « Faidherbe ». — L'émotion du vieux père. — Un banquet monstre. — Vibrant appel à l'union. — La psychologie du commandant. — Un peu de chiromancie.

Nous avons laissé le commandant Marchand au moment où il passait furtivement à Paris pour se rendre à Thoissey, sa ville natale.

On conçoit avec quel ardent enthousiasme les habitants de cette localité et des environs avaient préparé la réception qu'ils se proposaient de faire à leur illustre concitoyen.

Les listes de souscription, déposées à la mairie et dans les établissements de Thoissey pour offrir un banquet et un objet d'art au chef de la mission Congo-Nil, avaient été rapidement couvertes.

Et les adhésions aux diverses manifestations organisées en son honneur étaient si nombreuses qu'on avait dû se préoccuper de trouver dans un village voisin, à Saint-Didier, des logements pour les personnes annoncées.

De fait, Thoissey réussit à faire à son glorieux enfant, ainsi qu'aux capitaines Baratier et Germain qui l'accompagnaient, l'accueil le plus splendide qui se puisse imaginer.

Dès l'aurore, le 18 juin, ce n'est partout, dans les rues et sur les places, qu'arcs de triomphe, drapeaux, fleurs et verdure, et c'est d'un bout du village à l'autre, dans cette population plus que décuplée, le cri unanime et qui retentit sans cesse de :

— Vive Marchand !

Et dans l'intensité de ces vivats on sent comme une protestation contre la défiance manifestée en haut lieu, sans aucune raison, à l'égard du soldat aussi discipliné qu'héroïque.

Mais racontons la fête.

Belleville, où le commandant et les deux capitaines sont descendus du train, est située à onze kilomètres de Thoissey.

A l'arrivée du Dr Émily, une jolie inconnue lui a remis une superbe gerbe de fleurs... (Paris, 11 juin).

Mais beaucoup d'habitants du village avaient fait le trajet.
On a mobilisé toutes sortes de voitures : chars à bancs, cabriolets, carrioles, tout a servi, et cette étrange caravane, toute parse-

mée de drapeaux tricolores, a fait escorte au commandant jusqu'à son village.

M. le docteur Ducher, maire de Thoissey, et le maire de Belleville, attendent sur le quai, entourant le père du commandant, qui tremble d'émotion, pendant que le train ralentit et s'arrête devant la station.

Les trois officiers ont revêtu leur uniforme au cours de la route.

La croix de commandeur de la Légion d'honneur brille sur la poitrine du commandant.

Il saute à terre le premier et court à son père qu'il étreint longuement, puis lui présente ses camarades.

Deux mille personnes entourent la gare et crient : « Vive Marchand ! Vive l'armée ! »

Les deux maires souhaitent la bienvenue au commandant qui remercie.

Les officiers montent dans un landau avec M. Marchand père et le maire de Thoissey.

Toute la caravane suit, continuant joyeusement ses acclamations.

La route est abritée des rayons du soleil par de beaux arbres.

Voici la Saône large et lente.

Une chaussée haute et solide à cause des inondations nous mène à Thoissey même.

Des platanes la recouvrent complètement, faisant de leurs branches emmêlées un cadre merveilleux.

Des milliers de personnes venues de toute la région attendent le cortège.

A peine paraît-il qu'on agite les mouchoirs ; les hommes saluent ; on crie à tue-tête : « Vive Marchand ! vive Baratier ! vive Germain ! vive l'armée ! »

La fanfare de Thoissey, dont Marchand fit partie, et les fanfares des villages voisins se sont massées, côte à côte, et toutes ensemble attaquent la *Marseillaise*.

Les pompiers présentent les armes.

L'adjoint au maire de Thoissey félicite le commandant.

Il lui souhaite la bienvenue, ainsi qu'à ses compagnons, qui, « tous, dit-il, se sont couverts de gloire ».

C'est pourquoi il les salue avec une légitime fierté, et que, du fond du cœur, il leur souhaite la bienvenue.

Le commandant Marchand répond :

Ces sentiments sont les miens : ils remplissent mon cœur, et puisque vous avez parlé de la gloire que la mission a eue, je suis heureux et fier d'en reporter, en ce qui me concerne, tout l'orgueil à ma ville natale.

M. Marchand père, ému, pleure de joie, tandis que de frénétiques applaudissements saluent ces paroles.

* *

Puis le cortège se remet en marche, précédé de quatre gendarmes à cheval, et considérablement grossi.

Aux sons éclatants des pas redoublés se pressent, derrière la voiture, les fanfares, bannières au vent, les sociétés des anciens militaires, une nuée de bicyclistes, etc.

La décoration de Thoissey est charmante.

Les fleurs et la verdure, artistement arrangés, en font presque entièrement les frais.

De loin en loin, quelques arcs de triomphe portant, peints, des attributs guerriers avec des inscriptions en l'honneur du héros de Fachoda.

Mais partout, de dix mètres en dix mètres, des guirlandes de verdure parsemées de roses.

Toutes les maisons sont pavoisées de drapeaux.

La foule est immense.

Touché de cette réception toute cordiale d'où les passions politiques sont bannies, le commandant Marchand sourit à ses amis d'enfance.

Il passe sous des ponts de verdure où, cachées dans le feuillage, des jeunes filles en toilettes claires effeuillent des roses sur sa tête.

Il fait ainsi ce que les habitants de Thoissey appellent le tour de ville, un tour de ville qui se fait en un quart d'heure, mais que le cortège, retardé par l'enthousiasme ambiant, met une heure à exécuter.

Il a le plaisir de passer sous un arc de triomphe formé d'une petite barque fleurie qui représente le *Faidherbe*.

Les officiers sourient aux jolies filles, matelots en robes blanches, qui, du haut de la dunette, les arrosent de fleurs.

Pendant toute la traversée de la ville, une ovation triomphale est faite au commandant Marchand et à ses compagnons.

Vive Marchand ! Vive la mission ! Vive l'armée ! Vive la République ! Vivent Germain et Baratier ! Tels sont les cris poussés par la foule.

Aux fenêtres, des fleurs et encore des fleurs sont jetées sur le parcours.

A l'hôtel de ville, un bronze représentant le *Courage militaire* est offert au commandant.

M. Ducher, maire, dit que les acclamations qui ont accueilli le commandant prouvent combien est grande la joie qu'ont éprouvée les Thoisséens.

Ce souvenir offert par la population est le symbole des vertus qui ont conduit Marchand à la victoire, et il le prie de l'accepter comme un témoignage de respectueuse admiration.

Le commandant Marchand remercie la ville de Thoissey, et dit qu'il ne faillira pas à son devoir.

M. Sanaonze, au nom de l'Union patriotique du Rhône, offre une médaille.

Les délégués de Enfants de l'Ain, habitant l'Isère, et la Société des anciens sous-officiers de Mâcon lui présentent leurs respectueux hommages, auxquels le commandant Marchand répond par un mot aimable.

L'enthousiasme règne partout sans aucune note discordante.

Quatre brigades de gendarmerie, dont une à cheval, maintiennent l'ordre.

Le commandant Marchand rentre chez lui où il est acclamé par plus de quatre cents étudiants lyonnais.

Des monceaux de fleurs lui sont offerts.

Il va ensuite rendre visite à M⁰ Blondel, notaire, ancien patron du commandant dont nous avons longuement parlé au début de cet ouvrage.

Les trois officiers apparaissent au balcon, et sont chaleureusement acclamés.

* * *

A une heure, le commandant Marchand et ses compagnons se rendent au banquet en landau, mais les étudiants lyonnais se précipitent sur la voiture, détellent les chevaux, et aux cris de : « Vive l'armée ! Vive Marchand ! » conduisent la voiture vers le lieu du banquet.

Celui-ci comprend 1,400 personnes.

Tous les assistants, vers la fin du repas, défilent autour du commandant et de ses compagnons, auxquels ils serrent la main.

A ce banquet des discours sont prononcés par MM. Ducher, maire, qui a complimenté le commandant Marchand ; Bérard et Allombert, députés.

Aussitôt après, le commandant Marchand se lève, et, au milieu d'un religieux silence, prononce les magnifiques et réconfortantes paroles que voici :

Messieurs, l'émotion que j'éprouve m'empêche de traduire par des mots les sentiments qui emplissent mon cœur.

Je veux adresser des remerciements à mon pays et à Thoissey.

C'est du milieu de la petite patrie que je veux jeter à la France adorée le cri de reconnaissance de l'humble soldat dont le nom ignoré de tous a voulu affirmer la vitalité patriotique de sa foi et de sa confiance dans l'armée.

Un grand cri consolateur tourbillonnant un moment sur Paris et roulant sur les bords de l'Océan a relevé les fronts en faisant l'union des cœurs dans un légitime enthousiasme sur l'autel de la patrie.

Thoissey a mis le comble à mon bonheur en faisant aux soldats du Nil une réception dans laquelle j'ai eu la joie de voir toutes les classes réunies dans le même sentiment d'unanimité.

Les fêtes de Thoissey qui sont la fête du patriotisme sont la fête de l'union ; devant la conjonction récente des forces sociales du pays et de l'armée, on a voulu un instant opposer le socialisme à l'armée ; cette question d'étiquette ne trompe pas.

Nous sommes sur le terrain du patriotisme, socialistes comme les autres, car tous les soldats sont frères.

Si la pauvreté et la médiocrité noblement et patriotiquement supportées sont synonymes de socialisme, beaucoup d'officiers dans l'armée sont socialistes.

Pas un ouvrier peut-être, même à un louis par jour, n'aurait voulu supporter une seule journée des maux endurés en traversant l'Afrique.

Enfant du peuple, fils d'ouvrier et soldat, je suis à l'aise pour déclarer qu'à la mission du Nil toutes les classes étaient représentées: Baratier, des hautes classes, Germain, de la bourgeoisie, et les autres, représentants du peuple et du travail, tous étaient animés de l'unique désir de la grandeur du pays.

Malgré leurs sentiments intimes, les officiers français savent faire passer avant eux le sentiment du devoir qui consiste à soutenir le gouvernement et les institutions que la France s'est données.

En arrivant à Toulon, on nous montra l'article intitulé « Fêtons Fachoda, c'est-à-dire la défaite ».

Ce que nous fêtons c'est la défaite, car nous sommes des vaincus.

Après avoir détenu le gage, nous avons été forcés de l'abandonner parce que nous étions divisés.

Depuis douze années passées au Niger et au Nil, les questions politiques ne m'ont pas inquiété, mais je crois que les hommes politiques ont été forcés d'abandonner Fachoda, étant dans l'impossibilité de soutenir les droits extérieurs.

Faisons donc l'union, ne soyons plus divisés quand les intérêts extérieurs sont en jeu.

C'est à l'union de tous que je fais appel.

Comme autrefois les missionnaires se jetaient entre les armées en proclamant la trêve de Dieu, je voudrais, entre les partis, réclamer la trêve de la patrie et je dis à ceux qui nous regardent comme des adversaires :

Malheureux ! qu'allez-vous faire ? les Français sont frères et non des ennemis.

Nous, officiers de la mission du Nil, nous savons quels ennemis il faut combattre, ils sont à l'extérieur.

Il faut nous grouper pour repousser les ennemis du dehors, car ils nous attaqueraient peut-être bientôt, supposant que l'heure de la curée est venue à cause de notre division.

J'ai cru devoir faire appel à la concorde et à l'union ; j'ai à vous remercier de la réception faite à la mission du Nil.

Messieurs, je lève mon verre à la France, et pour la patrie, soyons unis. Vive la France ! Vive l'armée ! Vive la République !

Il est superflu de dire par quels tonnerres d'applaudissements, par quelle frénésie d'acclamations fut accueilli ce discours d'un patriotisme si élevé et si pur.

En tenant à ses concitoyens un aussi noble langage, le chef de la mission Congo-Nil continuait à justifier ce jugement d'un de nos plus éminents publicistes, M. Ernest Judet :

« Le commandant Marchand, dont le tact, la générosité, l'élévation des sentiments égalent l'énergie héroïque, nous apporte par sa seule présence au milieu de nous l'air salubre de l'action.

« Il y ajoute encore la vivifiante vertu de ses paroles profondément inspirées par son désintéressement et son patriotisme.

« Sans se mêler à nos querelles, sans pénétrer dans les tristes affaires des politiciens, il décrit largement, avec la puissance de celui qui a lutté et souffert, le rôle national dont nous nous sommes écartés ; il nous oblige à méditer les idées et les devoirs qui se sont embrouillés et obscurcis à travers nos querelles intestines.

« Il oppose à tous les diviseurs, à tous les destructeurs, le verbe qui unit et qui rend la confiance.

« Écoutons donc cette voix qui nous vient de si loin et de si haut pour nous rendre plus réfléchis, plus sérieux et plus forts ! »

On ne saurait mieux dire.

Le style, c'est l'homme, a-t-on dit.

Le fils du menuisier de Thoissey est bien, en réalité, tel qu'il nous apparaît dans ses lettres et dans ses discours.

Un de nos plus distingués écrivains, M. Adolphe Brisson, lui a consacré, après lui avoir rendu visite, une page que nous demandons la permission de mettre sous les yeux de nos lecteurs.

C'est le portrait fidèle de notre héros :

« Marchand !... Ce nom, il y a deux ans presque inconnu, est aujourd'hui entouré d'une auréole d'admiration et de respect.

« Je crois bien que tous les Français éprouvent ces sentiments ; mais quand on a eu la bonne fortune d'approcher l'illustre explorateur, quelque chose s'ajoute à l'estime qu'il inspire.

« Un charme émane de lui et qui tient à son extrême simplicité.

« Il est rare que les héros soient ainsi.

« Les actions extraordinaires qu'ils ont accomplies impriment à leur personne une sorte de fierté orgueilleuse d'où la vanité n'est pas exclue.

« Ils éprouvent le besoin d'être encensés et trouvent que la louange ne va jamais assez loin.

« Leur allure, leur visage, à défaut de leurs paroles, expriment une opinion si avantageuse qu'elle glace les compliments sur nos lèvres.

« Nous craignons qu'ils ne soient au-dessous de ce que les hommes pensent d'eux-mêmes.

« Et nous nous taisons, embarrassés ; nous les honorons, certes ; mais dans notre hommage il entre un soupçon de gêne...

« Avec Marchand, rien de semblable.

« Je ne dirai pas qu'il est modeste : ce mot comporte une nuance d'hypocrisie qui ne s'accorde pas avec sa physionomie : elle respire la franchise, la loyauté, l'horreur de la contrainte et de la dissimulation.

« Je serais très étonné si jamais Marchand s'était plié à la bassesse d'un mensonge intéressé, s'il avait commis un de ces actes qui ont pour mobile l'égoïsme.

« Considérez ses yeux.

« Ils ne sont pas inquiets ou fuyants ; ils ne sont pas fuyants, ni cyniques, ni cruels, mais tout ensemble énergiques et doux.

« La volonté qui s'y affirme est tempérée par le rêve ; il y flotte quelque chose d'un peu vague et lointain.

« La prunelle noire, largement dilatée, fixe un but invisible, situé dans l'espace, par-delà l'humanité.

Le steamer *Lousy*, pavoisé, est allé au-devant de lui (Ajaccio, 18 juin).

« Les apôtres devaient avoir de ces regards quand ils marchaient au supplice.

« Et sans doute aussi, lorsque Marchand guidait ses compagnons à travers la brousse, après qu'il avait veillé aux mille détails de l'expédition, donné des ordres, exploré l'horizon, prévenu ou surmonté les obstacles, il s'absorbait dans un songe intérieur.

« Ce qu'il entrevoyait, très loin, là-bas, au bout de la route, c'était l'œuvre réalisée; la terre promise, le drapeau de France flottant au-dessus du Nil.

Les listes de souscription... avaient été rapidement couvertes.

« Quel enivrement, quand il aperçut les rives du fleuve! et quel immense effort pour y atteindre!

« Que d'angoisses, d'incertitudes, d'espoirs toujours détruits et sans cesse renaissants!

« La gravité de Marchand vient de ces longues heures de méditation ; il n'est pas mélancolique, il est recueilli ; une dignité singulière rayonne sur son front intelligent et vaste, et largement modelé.

« Il porte haut la tête comme les visionnaires et les prophètes...

« Cette majesté lui est naturelle, ainsi qu'aux Arabes du désert.

« Mais il y joint des vertus civilisées : une mâle bonté et le souci de la vie humaine.

« Hier, il me contait les péripéties de sa campagne.

« C'était dans une maison retirée, qu'il occupe avec son camarade, le commandant Baratier.

« Marchand apporte autant de soin à repousser les ovations populaires, que d'autres à s'y offrir.

« Il désarmerait par sa sagesse l'humeur soupçonneuse des politiciens, si la défiance jacobine pouvait être désarmée.

« J'essayais de l'entraîner dans la voie des confidences.

« Longtemps il résista à mes prières.

« Insensiblement, il se laissa fléchir, il sortit à demi de sa réserve, et m'analysa quelques-unes des émotions étranges et poignantes qui l'assaillirent au cours de ces deux années.

« Et d'abord, dit-il, pour nous juger équitablement, oubliez votre « condition de citadin.

« Lorsque nous quittons l'Europe pour explorer un coin de « l'Afrique, nous nous plaçons dans l'état d'âme des missionnaires « qui vont catéchiser les barbares.

« Selon toute apparence, la mort nous attend, soit que nous « tombions les armes à la main, soit que, minés par la fièvre, nous « périssions sous les assauts d'un climat meurtrier.

« Dès que cette idée est acceptée, elle ne nous trouble plus.

« Nous allons de l'avant avec entrain.

« Et au fond de nos cœurs brille une petite étoile qui ne s'éteint jamais.

« Aux moments les plus critiques, elle apparaît, nous montre la « route.

« Chaque étape franchie ranime sa lueur vacillante. Au milieu « des tempêtes elle nous conduit au bord. »

« Il a fallu que « la petite étoile » eût une furieuse envie de briller ! Dix fois la mission fut sur le point d'être anéantie.

« Après des périls de toutes sortes et miraculeusement conjurés, elle faillit sombrer dans les marais du Bahr-el-Gazal.

« A son tour, le commandant Baratier m'a narré cet épisode.

« Il avait affaire à des peuplades sauvages, qui, sans être hostiles, redoutaient le contact des blancs.

« On ne pouvait correspondre avec elles qu'à distance, et par signes, car on ignorait leur langage.

« Et sans leur concours, il eût été impossible de se diriger dans le dédale des roseaux enchevêtrés.

« On disposait sur une touffe d'herbe un casque rempli de verroteries et l'on s'éloignait.

« Les indigènes, au crâne laineux, aux minces jambes d'échassiers, approchaient de l'appât, s'en saisissaient et désignaient, du bout de leurs lances, un étroit passage : c'était le chenal.

« On y traînait les pirogues, on les soulevait à bras tendus ; on les faisait glisser péniblement, on progressait de 50 mètres à l'heure ; on plongeait jusqu'au ventre dans une eau saumâtre, où pullulaient les monstres de la faune tropicale...

« — Et, pour réparer nos forces, nous mangions des fleurs de nénuphar !...

« C'était leur unique nourriture, — peu réconfortante, en vérité.

« Le commandant Baratier sourit à ce souvenir.

« Il est assis auprès de Marchand. Et tandis qu'il continue son récit, je puis les comparer l'un à l'autre.

« Ils ne se ressemblent guère.

« Baratier n'est pas moins agile mais est plus court que Marchand ; il est fringant cavalier et possède quelques-unes des qualités qui plaisent aux femmes et les grisent : le ton de commandement, la hardiesse, l'audace, la désinvolture soldatesque, avec, dans l'éclair du regard, un grain de férocité.

« Baratier réalise le type de l'officier de l'Empire, brave, entreprenant et tranchant comme son sabre.

« Il eût chargé avec furie à la suite de Murat et abondamment profité de la victoire ; il eût violenté la pudeur des Autrichiennes et des Polonaises, qui — peut-être — ne lui eussent pas su mauvais gré de cette offense...

« Ne supposez pas, à ce portrait, que le commandant Baratier soit un soudard, un reître sans scrupule.

« Il n'est rien moins que cela ; il est ce qu'on appelait en 1810 un sémillant « fils de Mars ».

« Je tiens à préciser ces indications.

« Il a d'ailleurs l'intelligence avisée ; il est capable de concevoir et non pas seulement d'exécuter ; sa volonté est égale à celle de Marchand ; elle a des ardeurs plus spontanées, plus agressives : je la crois moins réfléchie...

« Tous deux se complètent.

« Ils sont liés par une amitié indissoluble, cimentée par des épreuves, des illusions et des déceptions communes.

« Tous deux ont eu le même frisson quand les trois couleurs nationales se sont déployées sur le bastion de Fachoda, et souffert la même humiliation quand ils durent les en retirer, pour obéir à des ordres implacables.

« Fachoda est un pauvre bout de sol brûlé, pelé, dénué de végétation ; il est pour eux le plus beau du monde ; c'est un paradis. C'est le paradis perdu. Ils l'avaient orné de leur mieux. Ils y avaient tracé un jardin, où poussaient les fleurs et les légumes de France :

« — Ce sont maintenant les Anglais qui le cultivent !...

« Marchand et Baratier se sont tus, un instant, la gorge serrée.

« Et de leurs paupières gonflées, les larmes étaient prêtes à jaillir...

« En tout cas, une affection, une estime universelle les a consolés de ces amertumes.

« Marchand en a reçu d'innombrables témoignages.

« Trente mille lettres, deux millions de signatures lui sont parvenues.

« Il a en sa possession des albums, des livres d'or, où tout ce qui compte, en notre pays, a voulu s'inscrire.

« Pendant que nous les parcourions, Marchand restait pensif et triste, la bouche muette, les yeux noyés dans une indécise contemplation.

« Quel spectacle son rêve évoquait-il ? Sans doute la mêlée du champ de bataille, où les horse-guards de Sa Majesté se mesurent contre l'invincible sang-froid des Boërs ; et, les conduisant au feu, la silhouette d'un certain général, jusqu'ici victorieux, un chef couvert de titres et de chamarrures, le maître de l'Égypte, le sirdar, lord Kitchener...

« Les héros de Fachoda m'ont tendu la main...

« Et j'ai deviné, au frémissement de leur étreinte, tout ce qu'ils ne disaient pas... »

N'est-ce pas que cet éloquent portrait répond merveilleusemen à l'idée que se font du commandant Marchand ceux qui l'ont suivi, étape par étape, à travers la brousse, les déserts, les marais et les rocs du Continent Noir?

∗ ∗ ∗

Puisque nous en sommes à la psychologie de Marchand, complé-

... les fanfares, massées côte à côte... attaquent la *Marseillaise*.

tons-la par un document qui fera peut-être sourire certaines personnes, mais qui n'en a pas moins une certaine valeur aux yeux de beaucoup.

M. Adolphe Brisson vient de nous dire ce qu'il a lu sur la physionomie de Marchand; Mᵐᵉ de Thèbes, la célèbre chiromancienne, va nous dire ce qu'elle a vu dans sa main :

« Regardez cette main, et constatez vous-mêmes la sobriété de lignes. Quatre seulement. Les doigts sont carrés et la main est ferme sans dureté.

« Or, vous savez, n'est-ce pas? que la main souple est un signe d'énergie sans brutalité et que les doigts carrés sont un indice d'autorité sans tyrannie, à moins que les doigts soient noueux, ce qui n'est pas le cas.

« Tout ici respire la netteté et la simplicité ; de plus, le *pouce* est admirable, bien proportionné aux doigts qui sont plutôt longs, ce qui indique l'ordre dans les idées.

« Les deux phalanges de ce pouce sont d'égale grandeur, donc équilibre.

« Le raisonnement s'appuie sur la volonté ou la volonté s'appuie sur le raisonnement.

« La ligne de tête tenant à la ligne de vie (je vous parle en collègues, vous vous souvenez de la ligne de tête et quelle fermeté, quelle précision elle donne, quelle raison quand elle s'appuie sur la ligne de vie) indique une tendance aux actions réfléchies et pesées.

« Marchand ne laisse rien au hasard, il a toujours bien réfléchi avant d'agir.

« La paume de la main est plate ; pas de montagne à la racine des doigts, pas l'ombre de sens artistique !

« Il est plus à son aise à parler « batailles » qu'à discuter littérature.

« Les camps sont plus son terrain que les salons ; pourtant je dois dire qu'il n'en a pas l'antipathie : le doigt du Soleil, l'annulaire, n'est pas très carré, ce qui indique qu'il s'y intéresserait volontiers.

« Ces quatre lignes dans la paume — et elles sont écrites semblables dans les deux mains — nous disent bien que le commandant Marchand est resté tel que Dieu l'a fait : un primitif, un chasseur, et que, sans être un batailleur, il se défend et a, comme tous les primitifs, l'amour de son sol.

« *La Mère-Patrie*, il ne veut pas qu'on en prenne un caillou.

« Ces doigts carrés n'aiment pas qu'on marche sur leurs plates-bandes.

« Ajoutez à cela l'influence de Mars qui l'inspire et vous aurez le soldat par excellence.

« Ajoutez à cela encore que cette ligne de cœur, qui s'incline vers le petit doigt de Mercure, lui donne une bonté raisonnée.

« Pas de sensiblerie, oh ! non, mais la bonté vraie, utile, sincère.

« Peu de lignes : vie nette et simple.

« Regardez la ligne de Saturne, cette grande ligne, laquelle, dans la figure ci-contre, part du poignet et monte droit vers le doigt du milieu : *La Fatalité*.

« Cet homme suit son chemin sans regarder en arrière ; il a un devoir à remplir, il le remplit ; il ne fait aucune observation, il obéit aux ordres qu'on lui donne.

« Cette main est la main d'un prédestiné, il doit faire quelque chose, Dieu l'a créé pour cela.

« La vie, la tête, le cœur, le devoir. Pas autre chose d'écrit. La ligne de vie nous montre une belle santé, mais deux accrocs. Maladie ; mais, comme la ligne ne se brise pas, il résiste.

« La croix que vous voyez dans le milieu de la main est certainement, étant donnée sa place sur le mont de Mars, une blessure reçue ou à recevoir. Je crois qu'elle est reçue. La ligne de vie nous indique un danger de mort dans le passé.

« Pour ce qui est de l'avenir, le mont du Soleil qui se trouve placé sous l'annulaire est net et sans rides, Ascension, réussite, mise en vue.

« Je vous le répète, il ne faut pas avoir des mains trop rayées pour avoir le succès, surtout quand le succès dépend de l'action et non de la méditation. »

Quelque opinion que l'on ait du pouvoir de divination de Mme de Thèbes, il faut reconnaître que la consultation qui précède ne contredit rien de ce que nous savons de positif sur le caractère et la destinée du commandant Marchand.

CLIII

LES TIRAILLEURS

Choyés par tous. — La plus grande joie des Sénégalais. — Généreuses initiatives. Suprême récompense. — Départ pour Paris. — Méfiance injustifiée. — A la caserne de Courbevoie. — Mécontentement et protestations! — La vengeance de Paris.

Si les chefs de la mission Congo-Nil étaient fêtés et encensés, les tirailleurs sénégalais, eux, modestes collaborateurs du commandant Marchand, n'étaient point oubliés.

La population toulonnaise et la France entière leur prouvaient de mille façons leur sympathie et leur reconnaissance.

Chacun s'ingéniait à leur rendre agréable le séjour de notre grand port méditerranéen et à leur faire attendre patiemment le jour, tant désiré par eux, où ils iraient rejoindre à Paris leurs chers officiers.

Ils étaient de toutes les cérémonies, de toutes les fêtes.

Il n'était pas d'attentions, de prévenances dont ils ne fussent l'objet, de gracieusetés, de gâteries dont on ne les comblât.

Tous les théâtres, tous les concerts, tous les lieux de plaisirs reçurent leur visite.

Ils s'y amusèrent beaucoup, comme de grands enfants qu'ils étaient.

Mais leur joie la plus complète et la plus vive fut celle qu'ils éprouvèrent à la petite fête que leur offrit, le 15 juin, l'amiral commandant l'escadre de la Méditerranée.

L'amiral les fit assister aux exercices de combat de jour et de nuit exécutés par l'escadre au large de Toulon.

Répartis par groupes de 25 dans les divers bâtiments, ils purent, durant toute la nuit et la matinée, admirer le jeu des projecteurs électriques, les attaques hardies des torpilleurs, et se griser du bruit assourdissant de la canonnade.

Les braves Sénégalais rentrèrent émerveillés de leur excursion en mer.

Mais c'est surtout le tir de la grosse artillerie qui leur arracha les plus furieux cris d'admiration.

Braves enfants de la brousse!

⁂

Tardis que Toulon s'ingéniait ainsi à leur prouver son affec-

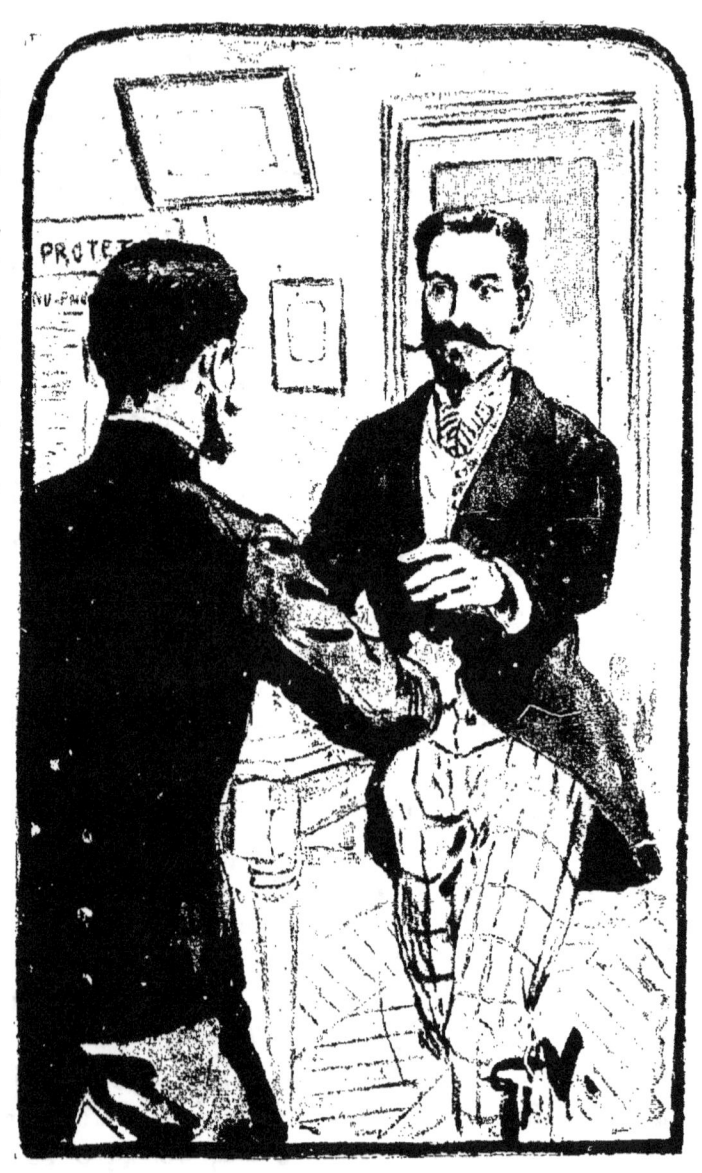

Il va ensuite rendre visite à Mᵉ Blondel, notaire...

tueuse sollicitude, le reste de la France ne restait pas en retard.
Déjà, le jour de l'arrivée du commandant Marchand, la Société
de secours aux militaires coloniaux avait adressé au vaillant officier

et à ses compagnons un télégramme de félicitations qui se terminait ainsi :

Permettez-nous d'ajouter, mon commandant, qu'au cas où il se trouverait parmi les sous-officiers ou soldats européens et indigènes de votre mission des hommes ayant besoin de repos et de soins, notre maison de convalescence de Sèvres leur est largement ouverte.

En réponse à cette démarche, le commandant Marchand fit connaître à M. René de Guers, président de l'Œuvre, qu'il était très touché de son offre gracieuse et qu'il la mettrait très certainement à profit lorsque la compagnie des tirailleurs sénégalais viendrait à Paris.

Une salle spéciale, qui prenait le nom de « Salle Marchand », était réservée aux compagnons d'armes de l'intrépide explorateur.

De son côté, la Ligue de la Patrie française lançait l'appel suivant :

« La Ligue de la Patrie française a songé qu'il serait bon de laisser un souvenir durable aux tirailleurs sénégalais et soudanais de l'héroïque commandant Marchand.

« Il faut que ces braves nègres emportent de France mieux que les applaudissements de la foule, et que, de retour dans les lointaines solitudes que nous nous efforçons de pénétrer, ils disent que notre grande et noble nation sait récompenser les services de tous ceux qui ont monté la garde devant son drapeau.

« Il ne faut pas oublier que les Sénégalais sont parmi les meilleurs soldats de l'Afrique.

« Ils sauront comment nous avons traité leurs compagnons, et cela les attirera ou attachera davantage à la France, leur amie et leur initiatrice.

« C'est dans cette intention que la Patrie française fait appel à la générosité de tous, et ouvre aujourd'hui une souscription. »

Cet appel fut immédiatement entendu, et ses listes se couvrirent de signatures.

Citons, parmi les donateurs les plus connus :

La *Patrie française*, 1,000 fr. ; François Coppée, 100 fr. ; Jules Lemaître, 100 fr. ; comte de Castellane, député, 10,000 fr. ; P. de Saint-Léger, 1,000 fr.

Mme la comtesse de Pourtalès, née Bussierre, 200 fr. ; comte de Faucompré, 500 fr. ; Forain, 50 fr. ; Roger Jourdain, 100 fr. ; Arthur Meyer, 100 fr. ; Anonyme, 100 fr ; docteur Duchastelet, 50 fr. ; Gaston Legrand, 100 fr. ; Félix Jeantet, 50 fr. ; Robert Papin, 100 fr. ; comte d'Yanville, 50 fr. ; Madrolle, 50 fr. ; comte de Lalande, 50 fr.; docteur Aumont, 50 fr.; Paul Langlet, 50 fr.; F. de Vivès, 50 fr.; Anonyme, 100 fr.; D'Arthez, 100 fr.; Anonyme, 20 fr.; baron Maurice de Bussierre, 20 fr.; Mme Maurice Gallay, 25 fr.; M et Mme Charles Jordan, 50 fr.; Mlle L. Martigny, 20 fr.; M. Leriche, 1 fr.; M. Daguerre, conseiller général de la Charente, 20 fr.; Jacques Normand, 100 fr.; les Dames françaises du Comité d'Orsay (Croix-Rouge française) 50 fr.; A. Longnon, membre de l'Institut, 10 fr.; Henri Galli, directeur du *Drapeau*, 10 fr.; M. et Mme Goistadt-Kiener, 50 fr.; Madeleine et Daniel Geistadt, 20 fr.; Léo Leymarie, 1 fr.; Charles Ladel, 10 fr.; les pompiers de Raillencourt, 4 fr.; Antoine Bourceret, 100 fr.; docteur Bienac, pharmacien, 100 fr.; docteur Bellamy, de Saint-Brieuc, 25 fr.; H. C., à Villenon, 20 fr.; Louis de Bourmont, officier de réserve de marine, 50 fr.; Mme J. Delaunay, 7 fr.; Henri Fouques-Duparc, 10 fr.; Mme Henri Fouques-Duparc, 10 fr.; Augustine Scrivaneck, artiste dramatique, 5 fr.; Mme Paul Lemonnier, 200 fr.; le Comité de la Patrie française » à Toulon, 25 fr.; collecte faite parmi les membres de la « Patrie française » à Toulon, 147 fr. 50; Ch. Duval, 100 fr.; le colonel Doyen et Mme Ad. Doyen, 5 fr.; Onfroy de Bréville, avocat à la Cour d'appel, 50 fr.; une Lorraine annexée, originaire des environs de Sarrebourg, 10 fr.; Édouard Drumont, 100 fr.; E. Lafontaine, 10 fr.; René Steckel, 20 fr.; Gabriel Neyron de Méons, 10 fr.; la générale de Champvallier, 100 fr.; Vigeant, maître d'armes, 10 fr.; Mme de Plantrol et son petit-fils, reconnaissants aux Soudanais qui ont soigné le capitaine René de Plantrol en 1891, 5 fr.; un sous-officier de chasseurs, 50 fr.; P.-L. Flery La Cabane, 20 fr.; Albert Bastide, 20 fr.; le baron de Crisenoy, 10 fr.; un universitaire alsacien, 5 fr.; Castan, 20 fr.; Mme de Monlignon, 30 fr.; Mme de Laguionie, 20 fr.; Daniel Jackson, industriel, 20 fr.; Ch. Canaple, de Marseille, 25 fr.; le commandant Beuzon, 2 fr.; le personnel des bureaux du *Réveil médical*, 10 fr.; conférence de la Patrie française, 17 juin 1899, 322 fr. 60; Robert Gallay, 25 fr.

Quand les sommes recueillies eurent atteint le chiffre de 20,000 francs, la Patrie française publia la note suivante :

« La *Patrie française* arrête ici sa souscription, en adressant ses remerciements à tous ceux qui l'ont aidée à manifester de façon si éclatante la reconnaissance de la France pour de braves soldats et la popularité de la Ligue.

« Elle ne publiera plus qu'une liste complémentaire pour satisfaire ceux de ses amis dont l'offrandre lui parviendrait encore ces jours-ci.

« Les deux présidents de la Ligue s'entendront avec le commandant Marchand pour répartir de façon équitable les sommes souscrites, entre les soldats indigènes de la mission. »

— Bons Français!... Bons frères di commandant! — s'écriaient ces excellents Sénégalais, quand le capitaine Mangin les informait de quelqu'une de ces marques de sympathie.

* *

Mais leur suprême récompense, celle qui éclipsait toutes les autres à leurs yeux, et après laquelle ils ne cessaient de soupirer, était leur prochaine visite à Paris et leur participation à la revue du 14 juillet.

Malgré toutes les distractions qui leur étaient offertes à Toulon, ils comptaient minutieusement les jours qui les séparaient de celui de leur départ pour la capitale.

Donnons quelques-unes des correspondances qui nous faisaient connaître l'emploi de leur temps, leurs préparatifs de départ, ainsi que leur mise en route :

« Toulon, 4 juillet. — Les tirailleurs de la mission Marchand partiront le 10 pour Paris, où ils doivent assister à la revue du 14 juillet.

« Après avoir visité les forts, les arsenaux et les navires, ils ont été conduits cet après-midi par le capitaine Mangin dans la grande usine de teinturerie Vuillemet.

« Un sergent indigène leur a traduit en langue bambara les explications fournies sur les appareils et les procédés de teinture et de nettoyage, qu'ils ont écoutées avec un vif intérêt.

« Des rafraîchissements leur ont été servis et Mlle Vuillemet a offert une gerbe de fleurs au capitaine.

« Les tirailleurs visiteront mercredi la tannerie Latil, et jeudi l'usine à gaz.

« L'initiative du capitaine Mangin ne peut que profiter à augmenter notre prestige chez les braves Soudanais. »

« Toulon, 6 juillet. — Les tirailleurs soudanais, conduits par le capitaine Mangin, ont continué leurs visites d'instruction par l'usine d'éclairage de gaz et d'électricité qui les a émerveillés.

« Le directeur de l'usine, M. Bachelay, qui est également président de la Société de tir du 113e territorial, a profité de la circonstance pour remettre aux tirailleurs les médailles gagnées au récent concours de tir de la société; du champagne et des gâteaux ont été ensuite servis. »

« Toulon, 9 juillet. — Le capitaine Mangin a été avisé ce matin par la préfecture maritime que la compagnie des tirailleurs soudanais de la mission du Congo-Nil quitterait Toulon mercredi après-midi, de façon à arriver à Paris le lendemain jeudi.

« Les tirailleurs s'embarqueront à la gare de Lyon, sur le chemin de fer de ceinture, et débarqueront à la gare de la Porte-Maillot; ils seront dirigés de là sur le casernement qui leur a été préparé.

« Le 15 juillet, les tirailleurs repartiront pour Toulon où ils iront attendre leur départ pour Dakar.

« Lorsque leur capitaine leur a annoncé ce matin que le départ était imminent, les braves Soudanais se sont livrés à des danses joyeuses et ont chanté en langue bambara les gaîtés du voyage.

« Les trente otages nègres ramenés en France par le commandant Marchand resteront à Toulon.

« Le capitaine Mangin s'est rendu avec le lieutenant Fouque à la gare pour s'entendre avec le chef de gare sur les formalités du départ, et le sergent européen Bernard s'est aussitôt occupé de faire distribuer la tenue aux hommes.

« On sait qu'à leur arrivée à Addis-Ababa, en Abyssinie, les tirailleurs étaient dans un tel état de délabrement que le commandant Marchand leur avait acheté des vestons civils bleu foncé qu'il avait fait transformer en vareuses par les tailleurs de la compagnie.

« Depuis leur arrivée à Toulon, et en vue de leur participation à la revue du 14, le dépôt de l'île d'Oléron avait envoyé des uniformes neufs.

« La tenue réglementaire consiste en une veste vareuse bleu foncé à un seul rang de cinq boutons avec lisérés jaunes, un pantalon ample du même drap avec passepoils jaunes et de grandes guêtres noires.

« C'est dans cette tenue, complétée par la rouge chéchia, qu'ils défileront vendredi à Longchamp.

« Au cours d'une visite qu'ils ont faite hier à la fonderie Sagnes, l'un des tirailleurs a demandé à rester deux ans en France pour apprendre le métier dans la fonderie.

« Le capitaine Mangin lui a promis d'en parler au commandant. »

« TOULON, 12 juillet. — La compagnie de tirailleurs soudanais de la mission Marchand a quitté, à midi trente, le *Castiglione* en grande tenue, clairons en tête, pour se rendre à la gare.

« Sur tout le parcours, ils ont été acclamés par la population, aux cris de : « Vive l'armée ! Vive Marchand ! »

« A la gare, la foule était considérable ; parmi elle, de nombreux officiers de toutes armes.

« Le capitaine Mangin, le lieutenant Fouque, les sergents Dat, Venail et Bernard sont montés dans un wagon de première classe.

« Au moment du départ, la foule a salué et applaudi les tirailleurs qui ont répondu en agitant leurs chéchias.

« Les convoyeurs yakomas et cinq tirailleurs malades sont restés à Toulon, sous la garde d'un sous-officier; le petit Sidi, l'enfant des tirailleurs, figurera à la revue.

« L'infirmier nègre de la petite troupe devait rester, mais, sur ses supplications, le capitaine Mangin l'a autorisé à monter dans le train, qui arrivera à la gare de Lyon demain à midi.

« MARSEILLE, 12 juillet. — Les tirailleurs soudanais de la mission Marchand, venant de Toulon, ont traversé cette après-midi, à trois heures, la gare de Marseille, se rendant à Paris.

« Un millier de personnes environ se pressaient sur le quai.

« La place avait envoyé un piquet en armes commandé par un lieutenant.

« La foule a fait une chaleureuse ovation aux tirailleurs.

« A leur retour, ils s'embarqueront pour être rapatriés à bord du *Pélion*, qui part de Marseille le 25 courant. »

En faisant venir à Paris les vaillants tirailleurs pour la revue du 14 juillet, le gouvernement tenait sa parole.

Oui, mais avec quelle mauvaise grâce!

La presse, même la plus modérée, ne put s'empêcher de se faire l'écho de la stupéfaction et de l'indignation générales.

Le lendemain de l'arrivée des Sénégalais, — non à Paris, mais à Courbevoie, comme on va le voir, — le *Petit Journal* publia les lignes suivantes:

« La mission Marchand, dont la venue était solennellement promise, a bien failli nous être refusée, comme si l'arrivée de cent cinquante braves Africains qui ont porté les couleurs tricolores à travers la brousse inconnue du Continent Noir, à travers les marécages les plus inaccessibles, et en face de l'envahisseur anglais, pouvait être un danger public.

« Malgré le désir si naturel des Parisiens, nous n'aurons que le temps de les contempler rapidement, à la vapeur, entre deux trains.

« Ce sera à peine un instantané.

« Relégués dans un coin de la banlieue, nos tirailleurs auront à peine le droit de raconter à leurs compatriotes du Sénégal et du Soudan leurs impressions sur la traversée de Paris.

« Ils passeront devant les tribunes officielles, mais soigneusement encadrés dans les trois bataillons d'un régiment de ligne qui formeront leur garde, moins d'honneur que de sûreté.

« Si loin pourtant qu'on les tienne du public, si anormales, si blessantes que soient toutes ces petites combinaisons nées dans des imaginations maladroites, elles s'évanouiront au souffle de l'enthousiasme universel, elles seront emportées dans le large mouvement d'espérances et d'acclamations qui salueront nos jeunes régiments.

« La France verra encore intacte aujourd'hui la puissance guerrière qu'on essaie de lui enlever.

« En criant *vive l'armée* (ce ne saurait être, au moins pour vingt-quatre heures, une clameur séditieuse), elle indiquera à haute et intelligible voix qu'elle est rassasiée de tracasseries inexplicables qui semblent le dernier mot d'un régime de condescendance à l'égard de l'étranger.

« Elle repousse la politique de représailles inaugurée contre les martyrs de la défense nationale, et, si on passe outre, elle entend tôt ou tard y mettre le holà! »

..

Arrivés à Juvisy le 13 juillet au matin, les tirailleurs soudanais prennent la ligne de grande ceinture qui les amène à Versailles, gare des Chantiers, à midi quarante.

Dix minutes après, ils prennent un nouveau train spécial qui les débarque à Courbevoie à une heure et demie.

Le capitaine Mangin, le lieutenant Fouque, les sergents Bernard, Dat et Venail occupent un wagon de premières qui coupe en deux la ligne des voitures de troisièmes occupées par leurs soldats.

Le maire et les adjoints de Courbevoie, assistés d'une délégation du Conseil municipal, le conseiller général du canton, M. Parisot, sont sur le quai.

Le capitaine Mayer, du 129e de ligne, chevalier de la Légion d'honneur, a été envoyé au-devant des tirailleurs.

Au moment où le train stoppe, après avoir notablement dépassé le point d'arrêt ordinaire, les spectateurs, qui couvraient les deux quais, se précipitent.

C'est à qui serrera la main à l'un des officiers, des sous-officiers ou des soldats noirs de la Mission.

On acclame énergiquement l'armée et le commandant Marchand.

Enfin les soldats se forment en files de quatre et gagnent la rue de Bezons, qui conduit à la caserne du 129ᵉ de ligne.

On disposait sur une touffe d'herbes un casque rempli de verroteries.

Coiffés de chéchias rouges, vêtus de vareuses et de pantalons bleu marine foncé à passepoil rouge, sur la poitrine le ruban bleu et la médaille d'argent de la mission Marchand, la carabine Gras sur l'épaule, guêtrés jusqu'aux genoux de hautes guêtres bleu clair à boutons blancs, ils défilent au milieu des applaudissements et des cris de : « Vive l'armée ! Vive Marchand ! »

Le capitaine Mangin s'arrête un instant pour remercier la municipalité de Courbevoie, en s'excusant de ne pouvoir faire faire halte pour écouter le discours de bienvenue et de félicitation que le maire s'apprêtait à lui adresser.

L'appariteur de la mairie lui offre un bouquet aux rubans tricolores.

Au bas de la pente, trois gendarmes à cheval prennent la tête,

... La police a toléré la présence de curieux haut juchés sur les branches.

quinze se rangent sur les flancs et à l'arrière-garde, les trois clairons sonnent et les tirailleurs s'avancent bien au pas avec une excellente allure.

La foule leur fait une ovation magnifique.

Cinq minutes plus tard, ils entrent à la caserne dont la porte s'ouvre juste dans l'axe de la large avenue, au milieu de laquelle se dresse le monument de la Défense nationale...

Cette porte devait rester hermétiquement close jusqu'au lendemain matin.

En effet, les nombreuses personnes venues à Courbevoie pour faire une petite visite aux tirailleurs et causer avec eux, se heurtèrent à une consigne impitoyable.

Nul ne pouvait pénétrer dans la caserne sous quelque prétexte que ce fût.

Les noirs de la mission, logés dans un bâtiment lointain, devaient rester invisibles.

Plusieurs officiers qui ont fait campagne au Soudan étaient venus à Courbevoie, afin d'apporter aux soldats indigènes, qu'ils ont commandés en maintes circonstances et qu'ils affectionnent, un peu de leur sympathie.

Ils se sont vu refuser l'entrée de la caserne, tout comme les autres.

On n'entre pas ! la consigne était formelle ; il n'y avait qu'à se retirer.

Tout autour de la caserne stationnait une paisible population qui aurait été très désireuse cependant de voir un peu nos soldats soudanais.

Un colonel, qui passait par là, ne put s'empêcher de manifester tout haut son écœurement :

— Singulière époque, — s'écria-t-il, — que la nôtre, où tout est suspect et où la méfiance est poussée jusqu'au ridicule !

— Vive l'armée ! vive Marchand ! — lui répondit la foule.

— Vive la France, quand même ! — répliqua le colonel, piquant des deux pour se dérober à l'ovation.

*
* *

On a vu plus haut avec quelle sévérité le plus modéré des journaux jugeait la conduite du gouvernement en cette circonstance.

Voici maintenant l'opinion d'un autre grand organe quotidien, également connu pour sa grande circonspection, *L'Éclair* :

« Les tirailleurs de la mission Marchand sont arrivés hier matin à Courbevoie.

« Il faut avouer que nos gouvernants n'ont point paru faire preuve d'une sympathie bien exagérée vis-à-vis de ces braves noirs qui, pendant trois ans, ont été les fidèles soldats de la mission Congo-Nil.

« Ils débarquent à Toulon, et aussitôt le gouvernement s'empresse de faire annoncer qu'ils reprendront le premier paquebot pour Dakar.

« Cette mesure soulève les plus vives, et, disons-le, les plus indignées protestations ; c'est alors que la première décision prise est rapportée et remplacée par celle-ci : les tirailleurs viendront à Paris au moment du 14 juillet et assisteront à la revue.

« La promesse était formelle.

« Depuis quelques jours néanmoins, il paraît que le ministère hésitait entre la violation de cette promesse et la venue des tirailleurs.

« Il a adopté un terme moyen : les tirailleurs assisteront à la revue, mais ne viendront que peu et pour ainsi dire pas à Paris.

« Pourquoi ce quasi exil des tirailleurs de Marchand à Courbevoie ?

« Quelle raison invoquer en faveur d'une pareille mesure ?

« Nos soldats soudanais seraient-ils, eux aussi, des suspects ?

« Cependant, Marchand, pendant les plus durs moments de l'expédition, lorsqu'il fallait arracher à ses soldats noirs harassés un suprême effort, leur avait promis de les emmener à Paris, et cette pensée seule que la grande ville serait la dernière étape de tant de fatigues relevait le courage des plus défaillants.

« Il faudrait peu connaître les noirs pour ne point être persuadé que cette manière d'agir à leur égard est détestable.

« A leurs yeux, promettre et ne pas tenir est la pire des calamités.

« Les blancs qui trahissent leur confiance perdent à jamais leur attachement.

« Nous savons bien qu'une telle considération ne pèse guère dans les décisions gouvernementales.

« Toutefois, en la circonstance, la promesse donnée était si simple, si naturelle à tenir, que l'on est en droit de se demander à quelle sotte tracasserie et à quelle pusillanime crainte on a obéi pour s'y dérober. »

Heureusement, le lendemain, à Longchamps, les acclamations de Paris allaient bien venger la mission des sottes et odieuses mesures de suspicion prises contre elle !

CHAPITRE CLIV

LE 14 JUILLET

« Vox populi ». — La revue de Longchamps. — Ce sont eux ! — Arrivée des tirailleurs. — Acclamations frénétiques. — Le clou de la fête. — Notre puissance militaire. — Pendant le défilé. — Après la charge. — Ovations délirantes. — Vive Marchand ! — L'armée vengée. — Apothéose de la mission.

Le 14 juillet 1899 fut véritablement l'apothéose de la mission Marchand, et la fête de l'armée tout entière.

— Vive Marchand ! vive l'armée ! vive la République !

Tel fut le triple cri qui, tout le long de cette inoubliable journée, sortit de toutes les poitrines, sincère, ému, vibrant, — et vengeur !

Ce cri saluait, dans les troupes qui défilaient à l'ombre du drapeau de la France républicaine, le labeur discipliné, l'abnégation dans le devoir, la fierté dans l'épreuve.

Paris et ses hôtes de tous les points du territoire accourus, et plus que jamais nombreux, avaient à cœur de réparer, dans une manifestation grave et haute, les outrages prodigués à cette grande muette que les sectaires du cosmopolitisme raillent quand elle se tait, et dénoncent quand elle parle.

L'enthousiasme, qui se doublait de la présence des héros dont l'odyssée sur la terre d'Afrique a semé un rayon de gloire sur les fanges du temps présent, déborde si exclusif, si abondant et tellement irrésistible que les plus audacieux dans leurs tactiques contre l'affection des Français pour leurs défenseurs, n'ont osé tenter une impossible contrainte.

Le cri séditieux du Longchamps des courses était redevenu le cri national, hardiment légitimé par la vue réconfortante de ces belles troupes dont les démoralisateurs systématiques n'ont pu entamer ni la discipline, ni la vaillance, ni l'entrain.

Ce fut la caractéristique de cette journée, une des plus admirables qu'il nous ait été donné de vivre, allègre en dépit de ses intentions, joyeuse malgré la leçon qu'elle comportait, pleine de belle humeur et de fraternelle concorde, encore qu'elle n'oubliât point de marquer à ceux qui ont les plus lourdes responsabilités où était, avec la volonté du pays, leur devoir.

⁂

Bien avant la revue, la foule se masse vers l'endroit où elle pense voir arriver ceux qu'elle attend : les Sénégalais.

Le pont de Suresnes tout entier est rempli, sur les bas-côtés tout au moins, car au milieu, c'est la file incessante des voitures coupées seulement de temps à autre par un régiment qui arrive de Versailles.

A l'entrée du Bois de Boulogne, le carrefour de l'entrée de Longchamps est envahi et la foule, ne sachant où donner de la tête, court partout où elle entend des sonneries de clairon ou des roulements de tambour.

Pendant une heure, c'est le plus amusant désarroi et de loin les soldats du génie, les artilleurs, les chasseurs à pied, tous sont pris pour les « soldats de Marchand ».

Soudain, des acclamations retentissent.

Un énorme remous se produit, qui déplace la foule et la porte tout entière vers le champ d'entraînement de Madrid.

Ce n'est pas une vaine alerte. Dans le lointain, on aperçoit une cohue mouvante, du milieu de laquelle émergent des baïonnettes et, par place, dominant la foule de toute la hauteur de leur tête, plusieurs faces noires et brillantes :

— Ce sont eux !

Et chacun de courir, en dépit du service d'ordre, qui se multiplie.

Les voilà enfin qui arrivent,..... et quelle escorte !

En avant marchent une dizaine de ces gamins de Paris qui vont en tête de tous les régiments.

Deux d'entre eux portent des drapeaux de calicot où se lisent ces mots : « Vive Marchand ! »

Derrière, c'est un inextricable enchevêtrement : des hommes, des femmes, des enfants sautent, agitent leurs chapeaux, leurs cannes ou leurs ombrelles.

On entend : « Vive Marchand ! Vivent les Nègres ! Vive l'Armée ! »

Entre le cordon de troupes qui les encadrent, les noirs défilent fièrement, la tête haute, crâne : quelques-uns impassibles et les yeux fixes devant eux ; la plupart riant d'un bon rire de nègre, montrant leurs dents blanches et luisantes, secouant la tête d'un petit geste de contentement pour répondre aux acclamations qui les entourent.

Au fur et à mesure qu'ils avancent vers le terrain de la revue, la foule augmente autour d'eux, et c'est la vraie foule populaire, celle des faubourgs qui est venue déjeuner sur l'herbe ou dans les guinguettes de Suresnes.

Ce sont des exclamations bon enfant.

— Regarde donc le petit là-bas comme il a l'air fiérot!

— Oh! le grand diable!

Le fait est qu'on est quelque peu étonné de la différence de taille des tirailleurs.

A côté d'un colosse taillé en hercule, c'est un petit nègre qui, sous ses cheveux crépus, n'a certes pas la taille requise pour le fantassin ordinaire; cela ne l'empêche nullement, d'ailleurs, de marcher au pas!

* * *

Une foule énorme est massée à la Cascade.

Elle se tasse avec des rires et des cris de bonne humeur, refoulée par un cordon de gardiens de la paix.

MM. Cochefert, chef de la Sûreté, et Noriot, commissaire divisionnaire, dirigent à cet endroit le service d'ordre.

Les agents sont renforcés par la Sûreté.

Çà et là, disséminés parmi les groupes, se tiennent des inspecteurs prêts à réprimer la moindre manifestation.

Ils n'auront pas, heureusement, à agir.

Tout va se passer aussi bien que possible.

Quelques camelots s'installent près des fourrés qui bordent la route et chantent des chansons militaires que la foule reprend en chœur.

Les marchands de coco courent avec des récipients glacés en criant : « A la fraîche! » tandis que des vendeurs de journaux débitent leurs feuilles sous le grand soleil qui chauffe ce coin de Paris.

Les ombrelles s'agitent en taches multicolores, bien des gens à la bonne franquette enlèvent leur veston et attendent en bras de chemise le passage du président de la République.

La chaleur est intense, on la supporte courageusement.

De l'Elysée, à deux heures, sort le cortège officiel.

C'est d'abord Montjarret, le piqueur, dont les ors éclatent en notes vives sous le soleil. Il précède le landau du président.

Dans ce landau prennent place M. Emile Loubet avec le grand cordon de la Légion d'honneur en sautoir, le général de Galliffet, ministre de la Guerre, dont la moustache cosmétiquée se retrousse victorieusement sous le chapeau à plumes blanches, le général Brault, chef d'état-major général, et le général Bailloud, secrétaire général de la présidence.

M. Waldeck-Rousseau suit dans une deuxième voiture le président. A ses côtés se trouvent MM. Combarieu, le sympathique chef de cabinet de la présidence, Demagny et le commandant Bon.

Puis viennent, dans le troisième landau, le général Davignon, M. Roussel et le capitaine Huguet, officier d'ordonnance du ministre de la Guerre.

M. Lépine, préfet de police, passe très affairé.

Au loin et sur la gauche de nombreuses huées et quelques acclamations retentissent.

Ces bruits signalent l'arrivée du président.

Il passe à la Cascade au milieu des cris protestataires de : « Vive l'armée ! »

Quelques cris de : « Vive Loubet ! » se font entendre, aussitôt couverts par ceux de : « Vive Marchand !... A bas les sans-patrie ! »

Escortées de cavaliers du 2e cuirassiers qui précèdent, accompagnent et suivent le cortège du président, les voitures passent au milieu de la poussière qui monte de la route.

Quelques personnes, bousculées ou pressées dans les groupes, s'évanouissent.

Les secouristes français, dont les ambulances fonctionnent sous la direction du baron de Friedberg, leur président, interviennent efficacement.

La pelouse si belle de Longchamps, très verte encore malgré l'éclat du soleil, présentait un spectacle pittoresque, longtemps avant l'arrivée du président de la République sur le terrain de manœuvre.

De tous côtés, le public affluait aux entrées donnant accès aux diverses tribunes et terrasses ainsi qu'au moulin.

Bientôt, on n'aurait plus trouvé une place libre dans les enceintes réservées aux porteurs de cartes et plus une place non plus sur les branches des arbres plantés à la limite extrême des taillis, derrière la Cascade ou le long de la route ronde de Longchamps.

La police a toléré la présence d'un assez grand nombre de curieux haut juchés sur les branches, et ce ne sont pas ceux-là qui ont le plus mal vu la merveilleuse manifestation de notre force nationale.

Du haut de leur observatoire improvisé, à l'abri des ardeurs du soleil, — bienheureux ceux qui eurent des places à l'ombre ! ils ont assisté aux préliminaires de la revue.

D'abord, vers une heure un quart, l'ordre est parvenu aux troupes, jusqu'alors en partie massées dans le bois, de gagner l'emplacement qui leur avait été désigné sur la pelouse.

Ce ne sont plus, dès lors, que mouvements de troupes — un spectacle dont le public se montre friand — s'avançant drapeaux déployés, clairons sonnant, débouchant les unes du côté de Saint-James, les autres du côté de Bagatelle.

Sous la feuillée, on voyait poindre et étinceler les casques des dragons et des cuirassiers ou tout à coup claquer, au vent, dans un miroitement de couleurs blanches et rouges, les petits fanions des hautes lances.

L'artillerie, magnifique en sa tenue sévère, ayant attelé les nouvelles pièces, peintes gris bleu, et les caissons nouveau modèle, fait son apparition sur le terrain par l'entrée qui ouvre au-dessus et à gauche de la Cascade.

Les pompiers se présentent, ainsi que les polytechniciens et les élèves de Saint-Cyr, par l'une des entrées du côté de Bagatelle, non loin du chalet du Cycle.

*
* *

Mais voici les Sénégalais qui débouchent par cette même entrée.

Ils sont survenus des premiers, conduits par un officier d'infanterie et par leur capitaine Mangin, qu'ils aiment tant.

Le lieutenant Fouque est là, ainsi que les trois sergents français.

Leur arrivée est signalée par un véritable déchaînement de bravos, de cris sympathiques.

La police a fort à faire pour empêcher la foule de les suivre, bien que les noirs soient encadrés.

Ils ouvrent de grands yeux et marchent, très fiers et très dignes.

Les voici qui foulent l'herbe de Longchamps !

De là-bas, des tribunes, on les aperçoit, et les acclamations redoublent.

Ils traversent tout le champ de courses et vont s'aligner à la limite extrême de la ligne de l'infanterie, contre les palissades du côté de Saint-Cloud.

Les braves tirailleurs ont ainsi reçu une première et une inoubliable ovation.

Sur leur passage, on criait :
— Vive la France !... Vive la mission !... Vivent Marchand et Baratier.

L'heure s'avance.

C'est encore, pendant quelques instants, de la cavalerie qui, au

On n'entre pas, la consigne est formelle.

trot ou au galop, gagne l'emplacement désigné pour la revue, des troupes d'infanterie qui finissent de s'aligner, de l'artillerie qui s'arrête en formation de bataille ou encore les petits chasseurs à pied qui se font remarquer par la vigueur de leur allure, la précision de leurs mouvements.

Puis les mouvements cessent, les formations sont prises, et on attend.

Le soleil darde ses plus chauds rayons.

Par moments, une brise assez forte s'élève, rafraîchissante.

C'est à elle qu'on doit le peu de cas d'insolation qu'on a eu à déplorer.

Interrogé à ce sujet, à la fin de la revue, l'un des brancardiers, l'un des volontaires des sociétés de secours, a répondu :

— L'an dernier, étant de service à cette même place, j'ai eu à soigner ou à aider dix-huit soldats à gagner les ambulances ; cette année, c'est à peine si deux soldats ont eu besoin que je les soutienne jusqu'à la tente installée à proximité!

* *
*

Tout à coup, tandis que le public donne un dernier regard à la ligne des troupes dont les uniformes tranchent sur l'horizon, aux casques et aux baïonnettes qui scintillent au loin dans le soleil, un mouvement se produit du côté de la Cascade et un cortège paraît.

Entourée d'un peloton de dragons, la voiture de M. Deschanel mène le président de la Chambre et le bureau de cette assemblée à travers la pelouse, vers la tribune présidentielle.

Une grande acclamation retentit du côté de Saint-James.

C'est le général Brugère, gouverneur de Paris, suivi de son état-major, du commandant Marchand et des officiers de la mission, qui vient par la route de la Cascade.

On crie : « Vive l'armée! Vive Marchand! Vive la mission!

Le général Brugère, gouverneur militaire de Paris, monte un

On crie encore « Vive la République », puis à nouveau « Vive la France !... Vive l'armée ! »

Quelques maigres cris de « Vive Loubet! », lancés par la police privée du président, se mêlent, cruelle dérision, à ces unanimes acclamations.

Beaucoup de ministres ont passé, ainsi que les ambassadeurs, sur l'avenue qui court derrière le pesage, salués des cris de : « Vive l'armée !... Vive la République !... Vive Marchand ! »

Aussitôt que la daumont présidentielle est entrée sur la pelouse, le général Brugère salue le président et galope à la portière de droite de la voiture.

Quand M. Loubet, descendu de voiture avec le ministre de la Guerre, prend possession de la tribune, de tous côtés, des estrades et des tribunes avoisinantes, sortent de mille poitrines des cris de :

— Vive l'armée !... Vive la mission !... Vive Marchand !

M. Déroulède se trouve avec M. Marcel Habert dans une tribune du côté de Saint-Cloud.

Des cris de : « Vive Déroulède ! » éclatent, mais bientôt reprennent et dominent les cris de :

« Vive l'armée ! et Vive Marchand ! »

Pendant ce temps, le général Brugère a passé la revue des troupes.

Les officiers de la mission l'accompagnent, ainsi que les officiers étrangers et son état-major particulier.

Après la remise des décorations, le gouverneur militaire de Paris se dirige vers le fond du terrain de manœuvre.

La musique de la garde joue la *Marseillaise* et le défilé commence.

Pendant que les troupes se massent pour le défilé, le général de Pellieux, commandant le département de la Seine, procède, en personne, à la remise des décorations aux officiers sans troupes du gouvernement militaire de Paris et aux officiers de l'armée de réserve et de l'armée territoriale.

Pendant le défilé, le général de Pellieux restera à la tête du groupe de ces officiers...

Il est trois heures et demie lorsque la tête de colonne des troupes parvient à la hauteur de la tribune présidentielle.

Le général Brugère salue de l'épée et va se placer face au Président de la République, avec le général Perboyre, son chef d'état-major.

Voici venir en tête les écoles militaires.

Les polytechniciens, les élèves de Versailles, artillerie et génie, enlèvent les premiers bravos.

Ils redoublent d'intensité quand paraissent les plumets blancs et rouges de Saint-Cyr.

Le vénérable abbé Lanusse, aumônier de l'École, a tenu à assister à la revue.

Après les écoles, dirigées par les généraux Toulza et Maillard, passent, sous le haut commandement du général Florentin, les troupes spéciales des généraux de Pellieux et Dalstein.

Ce sont les sapeurs-pompiers, le 29e bataillon de chasseurs, le bataillon de forteresse et le génie.

Les dernières acclamations se sont à peine éteintes, qu'elles recommencent pour saluer les pantalons rouges de l'infanterie.

Les 8e et 9e divisions, généraux de Saint-Julien et Callet, défilent, magnifiques de tenue, en formation en masse, les officiers en tête du régiment, le drapeau entre deux rangs d'officiers.

Mais voici le 129e régiment d'infanterie qui précède les Soudanais.

Une immense acclamation retentit.

Elle naît du fond des tribunes du côté de Saint-Cloud, et, progressivement, gagne les tribunes de Suresnes, le Moulin, la foule, qui se trouve maintenue plus loin.

Ce sont les Sénégalais auxquels on fait une ovation qui ne finit pas...

Les cris s'entre-croisent; des hourras frénétiques gagnent les plus calmes.

Les chapeaux s'agitent, des femmes font flotter des gazes.

On ne cesse d'applaudir.

On crie et, sous les acclamations, tous les officiers de la mission, le commandant Marchand en tête, monté sur un magnifique cheval noir, passent devant le président de la République.

Le bataillon des Soudanais continue sa route, au pas cadencé.

Ces soldats d'Afrique entendent venir cette tempête d'acclamations; ils vont droit devant eux, les yeux fixés sur leurs officiers, dans une fière allure, aussi calmes que lorsqu'ils étaient dans la brousse.

Et chacun de remarquer leur attitude martiale, la volonté qu'ils ont de bien paraître.

Ils seront certainement contents des Parisiens et garderont le meilleur souvenir de cette journée.

Quand ils sont pour s'engager sur la route du Bois, un commandement retentit. A droite et à gauche, des soldats de ligne les encadrent et l'infanterie est elle-même encadrée par des agents.

Après le départ des Soudanais, le public retrouve des forces pour acclamer l'artillerie avec les nouvelles pièces et la cavalerie, qui ont reçu leur moisson habituelle de bravos.

Le défilé de ces armes est en effet excellent, impressionnant aussi, ayant lieu au trot et au galop.

Quand l'artillerie à cheval eut terminé ce défilé merveilleux, passant au galop dans un nuage de poussière, le général Brugère s'est rapproché de la tribune présidentielle. Alors, toute la cavalerie est revenue, en une chevauchée gigantesque, couvrant le champ de manœuvre dans toute sa longueur.

Cependant, la charge s'est arrêtée à trente mètres des grilles du pesage et tandis que les vivats continuaient à retentir, le général Brugère a salué de l'épée le président de la République, qui s'est incliné, l'air de plus en plus morose et inquiet.

*
* *

Pour permettre à la charge de s'étendre, l'état-major du gouverneur de Paris était venu se placer à gauche de la tribune présidentielle et loin, après les grilles du pesage.

Là, les officiers de réserve et leurs familles, ainsi que quelques autres personnes, stationnaient.

Les officiers de la mission se sont ainsi trouvés en contact avec le public.

Spontanément, la foule s'est précipitée vers le groupe des officiers, aux cris de :

— Vive Marchand! vive Baratier! vive la mission!

Et, durant quelques minutes, les officiers de la mission, entourés, ont dû serrer des centaines de mains qui se tendaient vers eux.

— Bravo, mon commandant, — disaient des officiers de réserve ou de territoriale, — vive la France!

A la fin, l'escorte de l'état-major a tenté de séparer le public des officiers, afin que ceux-ci pussent rejoindre le général Brugère qui déjà sortait du terrain de manœuvre par la route de la Cascade.

Aussitôt après la charge, le président de la République a quitté Longchamps en faisant reprendre à sa voiture la route de la Cascade.

Une ovation enthousiaste accueille le général Jamont, généralissime des armées françaises, que le public a reconnu dans sa victoria.

Sur la route qui contourne le champ de courses et qui conduit de la Cascade aux tribunes, là où éclatèrent, le jour du Grand Prix, de si vives manifestations, la foule se porte en masse aussitôt après la revue pour voir passer les personnages officiels.

Elle est quelque peu déçue d'ailleurs ; le président de la République, le Sénat, la Chambre des députés traversent en biais la pelouse et vont sortir par la porte qui s'ouvre en face la Cascade.

Sur l'autre route, les voitures défilent incessamment et l'on voit passer la cocarde tricolore des cochers de ministres ou les voitures du corps diplomatique.

La foule se montre les uniformes chamarrés et crie parfois : « Vive la République ! au passage d'un ministre qu'elle reconnaît ; ce qui se produit rarement ; ils sont trop nouveaux dans l'emploi, ils « n'ont pas de têtes ».

Voici une physionomie enfin connue.

C'est un plaisir de la revoir !

Sa venue rompt la monotonie d'un défilé indifférent. C'est, dans un landau, M. Paul Déroulède, ayant à côté de lui M. Marcel Habert.

Les chapeaux s'agitent. M. Déroulède, quoi qu'on fasse ou dise, — c'est un fait, — est populaire.

Paris aime ce grand diable de Don Quichotte qui joint à la générosité la crânerie, qui a une physionomie et de l'éloquence.

Une longue ovation retentit :

— Vive Déroulède !... Vive la France !... Vive l'armée !... Vive Marchand !

Sur l'ordre d'un officier, les soldats qui font la haie croisent leur fusil devant eux pour faire une sorte de barrière et empêcher l'envahissement de la voie.

Tant bien que mal, enfin, la voiture disparaît et la foule se disperse dans l'enchevêtrement des voitures.

C'est le retour qui commence.

Et ce retour s'effectue, très animé, très joyeux, à travers les allées du Bois.

Les refrains patriotiques alternent de tous côtés avec les cris sans fin de : « Vive l'armée !... Vive Marchand ! »

Le peuple de Paris est content : il s'est soulagé l'âme en acclamant de toutes ses forces ceux qui sont à la fois la force et l'honneur de la France.

Quelles singulières réflexions doit faire en ce moment le piètre locataire de l'Elysée, le petit homme au « gibus » défoncé d'Auteuil... Pauvre Loubet !

CLV

DISLOCATION DE LA MISSION

A travers Paris. — Promenade des Sénégalais. — Sur la Seine. — Illuminations et feux d'artifice. — Visite aux monuments. — Au Châtelet. — Les adieux du commandant. — Départ précipité. — Un regrettable incident. — La paie des tirailleurs. — Dissolution de la mission Congo-Nil. — Le Triomphe de Saint-Cyr. — La promotion Marchand. — Ordres sévères. — Un loyal soldat.

Le soir du 14 juillet, à huit heures, les tirailleurs de la mission quittèrent la caserne de Courbevoie et se dirigèrent vers la Seine où les attendait un bateau de la Compagnie des Bateaux-Parisiens.

Ils y prirent place, heureux à l'idée de pouvoir pénétrer enfin au cœur de Paris, le « grand village des Français ! »

Le lieutenant Fouque était avec eux.

M. Guillemin, directeur de la navigation, présidait à cette excursion.

Disons tout de suite qu'elle fut fort agréable, par le temps très doux qui faisait dire au caporal Sego-Soussokho :

— Moi bien... ni chaud ni froid !

Le bateau remonta lentement la Seine, de Courbevoie à l'Hôtel de Ville, pendant que s'illuminaient les quais et les édifices voisins.

L'éclat n'en arrivait d'ailleurs sur le bateau que voilé et comme coupé par le feuillage des arbres de la rive.

Les tirailleurs de la mission Marchand ne virent, à vrai dire, pas grand'chose de l'air de fête qu'avait Paris ce soir-là.

Les Parisiens qui les reconnaissaient au passage étaient rares, car rien ne signalait le bateau que quelques lanternes vénitiennes.

Il glissait silencieusement, salué de temps en temps, lorsqu'une lumière plus intense laissait distinguer les uniformes, des cris :

— Vive l'armée !... Vive la mission !... Vive Marchand !

Nous avons été plus heureux que les Parisiens, nous avons vu de près ces fidèles soldats.

Tranquillement assis sur les banquettes, ils devisaient entre eux, friands des cigarettes qu'on leur offrait, découvrant leurs grosses dents blanches, la bouche ouverte d'un gros rire pour dire : « Merci, monsieur ! »

Tous les gradés sont là, groupés sur l'avant du bateau, autour du lieutenant Fouque, qui nous les présente.

Voici Moribakeïta et Ali-Samba, qui ont de cinq à six ans de service et qui ont fait la campagne du Dahomey avec le colonel Dodds.

Quelques camelots s'installent, près des fourrés... et chantent des chansons.

Mannady est le plus jeune sergent ; il a rendu de grands services pendant toute la mission.

Tabben-Sidi, le Sénégalais interprète, a fait la campagne du Dahomey et de la Côte d'Ivoire avec le colonel Monteil qui l'estime beaucoup.

Bondiougo-Kanté était l'homme à tout faire de la mission : forgeron, serrurier, charpentier; il fut un précieux collaborateur du capitaine Germain.

C'est lui qui construisit, avec quelques-uns de ses hommes, trente-cinq pirogues absolument parfaites. Bondiougo-Kanté est le « grigri », le porte-veine du capitaine Mangin ; alternativement, pendant un combat au Congo, ils furent chacun blessés trois fois.

Dioliki a quarante-cinq ans, dont dix-huit passés au service. Le colonel Archinard l'avait fait souverain d'une région, et Dioliki y fut admirable d'habileté, imaginant chaque jour des ruses d'Apache

C'est le retour qui commence.

pour combattre les bandes ennemies. Mais sa royauté lui pesait et il reprit du service.

Moiktar-Kari est le type du vieux briscard. S'il n'avait un goût trop vif pour la dive bouteille, ce serait un soldat parfait. Sa bravoure est incomparable.

A Fachoda, il était des 77 hommes qui tinrent les Derviches en échec et, au soir de la bataille, on dut le rappeler au moment où il s'éloignait du fort avec son ami Dioliki, tous deux le fusil en bandoulière, pour aller s'emparer d'une canonnière et de ses canons. On eut grand'peine à lui faire entendre que c'était inutile.

Le caporal Sego-Soussoko est le fils d'un grand chef indigène. Mis à l'école des otages de Saint-Louis, il y a reçu une très bonne instruction, et fait très intelligemment le service de secrétaire de son capitaine.

* *

Tous ces braves Africains, ainsi du reste que leurs subordonnés, se rendent parfaitement compte des raisons de la sympathie qu'on leur témoigne.

Ils savent qu'on leur est reconnaissant du dévouement dont ils ont donné des preuves pendant trois ans.

On sait, d'ailleurs, qu'ils étaient tous des soldats d'élite soigneusement choisis par le capitaine Mangin.

Quelques-uns portent la médaille du Dahomey et ont servi sous le général Dodds.

Des huit sergents noirs, l'un est décoré de la médaille militaire et de la croix de la Légion d'honneur; c'est Ali-Samba, dont l'action d'éclat qui lui valut le ruban rouge est restée légendaire au Soudan.

Il nous le raconte lui-même, en un langage des plus imagés.

Il commandait un poste dans lequel il fut assiégé avec dix tirailleurs par cinq mille hommes des troupes de Samory.

Il posta ses hommes dans des trous, des paquets de cartouches à leurs pieds.

Il tint ainsi douze heures durant, pendant la nuit.

— Les autres, beaucoup, — explique-t-il, — mais pas savoir tirer comme nous !

L'héroïque petite garnison fit vingt sorties.

Pendant qu'Ali-Samba poursuit son récit, un noir écoute : c'est lui qui fut chargé d'aller chercher du renfort.

Il réussit à traverser la région occupée par nos adversaires.

Les noirs ont conservé un bon souvenir de Toulon où ils ont séjourné un mois et demi.

Plus heureux qu'à Paris, on les laissait circuler dans la ville.

Ils étaient d'ailleurs fêtés partout.

Ce qui a frappé le plus l'un d'eux, là-bas, c'est dans un casino : une femme colosse portant sur ses épaules et sur ses bras quatre hommes.

— C'est fort! dit-il.

Il ajoute que l'hospitalité y fut complète et que le patriotisme fit offrir par certaines personnes une gratuité inaccoutumée.

Ils auraient préféré rester moins à Toulon pour connaître davantage Paris.

C'est le regret sur lequel ils reviennent sans cesse.

Un peu de lassitude se trahissait dans leur maintien.

Ils portaient encore leur grande tenue de la revue, et les guêtres commençaient à les fatiguer.

Quelques-uns déjà avaient préféré rester à la caserne.

D'autres sommeillaient sur le bateau.

Le costume, dans la brousse, était plus sommaire et plus commode.

Ils avaient de grands pantalons flottants :

— Les officiers aussi, — nous raconte l'un d'eux; — c'est nous qui les faisions!

— Aimiez-vous le commandant Marchand?

— Tu ne me croirais pas, si je disais non.

— Et les autres officiers?

— Tous braves!

Le bateau arrive près du Pont-Neuf et s'amarre pour assister au feu d'artifice.

Les détonations des premières fusées obtiennent grand succès :

— Ça c'est beau!... c'est comme quand on fait bataille! — disent-ils.

Ils regardent comme fascinés le spectacle du feu qui se mire dans l'eau, et si l'on interroge :

— C'est beau! — répètent-ils.

Leur pensée ne va pas au delà.

La promenade continua ensuite jusque devant l'Hôtel de Ville, puis le bateau fit demi-tour; et les noirs rentrèrent à la caserne, heureux de se reposer.

*
* *

Le lendemain, 15 juillet, les braves Sénégalais purent voir le « grand village » de plus près et en plein jour, et les Parisiens purent les contempler tout à leur aise.

Dans un programme qui rappelle en raccourci l'itinéraire suivi, il y a quatre ans, par les marins russes, on leur fit successivement parcourir et visiter les voies et les monuments susceptibles de leur donner en une fois une idée suffisante de la grande ville, qui depuis des mois et des années faisait l'objet de leur conversation.

C'est ainsi que, partant de Courbevoie on leur montra successivement la place de la Concorde, l'Opéra, la Bastille, l'Hôtel de Ville, le Panthéon, les Invalides, la tour Eiffel, la Grande Roue de Paris et le Jardin d'acclimatation.

Cinq grands breaks leur avaient été réservés :

Chaque voiture comprenait donc un groupe d'une trentaine de tirailleurs sous la direction d'un officier et de deux sous-officiers de pompiers qui leur servaient de guides.

Pour éviter l'encombrement et l'arrivée simultanée sur un même point de nos hôtes, les organisateurs de cette pittoresque visite firent partir les breaks les uns après les autres, à un quart d'heure d'intervalle.

En outre, les uns suivirent l'itinéraire dans le sens que nous venons d'indiquer, tandis que les autres le suivaient en sens inverse — ce qui ne fut pas sans jeter quelque désarroi dans la foule des curieux qui s'étaient massés sur les points principaux de l'itinéraire.

Partout d'ailleurs, le plus chaleureux accueil fut fait aux braves noirs qui, agitant leurs chéchias, répondaient par un bon rire aux nombreux cris de : « Vive Marchand ! Vive l'armée ! » poussés à chaque instant sur leur passage.

De la caserne de Courbevoie, les premiers breaks commencent leur promenade par le Jardin d'acclimatation.

Pour les tirailleurs c'est une joie d'enfant, soit qu'à travers les grilles ils reconnaissent un animal de leur pays, soit au contraire qu'étonnés, ils se trouvent en présence de bêtes inconnues.

Devant les phoques et les otaries c'est de la stupeur.

Plus loin, au contraire, ils se plaisent à contempler l'éléphant dont ils admirent la stature élevée.

La girafe, par contre leur fait mauvais effet, ils en ont vu de plus belles.

C'est par l'Arc de triomphe que les Soudanais font leur entrée dans Paris.

Les vastes proportions de l'édifice leur arrachent des cris d'admiration, et c'est avec de grands yeux et la mine empreinte de respect qu'ils apprennent que ce monument fut élevé en l'honneur d' « un grand capitaine qui a battu tous ses ennemis » ainsi que le leur explique, en trichant un peu, l'officier qui les conduit.

Les bas-reliefs retiennent leur curiosité; ils cherchent à y retrouver l'image du « grand capitaine ».

On la leur montre; aussitôt, sur un geste de leur sergent Moktar-Kari, ils s'écrient : « Vive la France ! »

On les mène ensuite à la tour Eiffel, où la musique du 117ᵉ de ligne les attend devant l'ascenseur qui doit les conduire à la première plate-forme.

L'ascension commence au milieu des acclamations de la foule massée au pied de la tour.

Là, quelques-uns des noirs s'asseyent et restent impassibles.

Il en est d'autres qui regardent curieusement le panorama qui se déploie devant eux.

Quelques-uns laissent échapper, à demi-voie, un : « beau Paris ! grand Paris ! », qui n'est pas plus ridicule que n'importe quelle exclamation de touriste plus civilisé.

Avant de reprendre pied sur la terre ferme, on leur sert sur la première plate-forme une légère collation composée de sandwiches, de biscuits et d'eau de Seltz.

Au moment de porter son verre à ses lèvres, le sergent Moktar-Kari se lève et crie : « Vive la France ! »

Tous les noirs répètent ce cri et poussent de longues acclamations.

Après la Grande Roue où les noirs prennent un vif intérêt à la « grande machine qui tourne » et aux expériences mystérieuses de magie qu'on fait en leur présence, la petite caravane arrive aux Invalides.

On a dit aux tirailleurs qu'ils vont voir les vieux soldats blessés au service de la France, et ils saluent respectueusement les braves qui les reçoivent; les drapeaux et les trophées prit à l'ennemi soulèvent un véritable enthousiasme; plus loin, ils restent longtemps en contemplation devant le tombeau du « grand capitaine » dont ils commencent à prononcer le nom.

Les breaks gagnent ensuite l'Hôtel de Ville, où, par l'escalier d'honneur, ils pénètrent dans la salle des séances.

Là, ils sont reçus par MM. Lucipia, président du Conseil municipal; Labusquière, vice-président; de Selves, préfet de la Seine, et plusieurs conseillers.

Après avoir religieusement écouté le petit discours qui leur est fait, les noirs admirent dans la grande salle des fêtes le vase offert par l'empereur de Russie à la Ville de Paris.

Plus loin, des glaces qui renvoient leur image leur arrachent des cris d'une joie enfantine.

Au milieu d'une foule considérable, et qui va sans cesse en augmentant, les Soudanais arrivent au Panthéon où ils défilent devant les peintures murales qui semblent leur produire peu d'impression.

Seule la vaste coupole semble les étonner quelque peu.

. .

Dans la soirée, les Sénégalais assistent à la représentation du Châtelet.

L'annonce de leur venue avait, dès sept heures, amené sur la place une foule compacte que maintenaient des gardiens de la paix commandés par M. Mouquin, sous-directeur de la police municipale, et M. Murat, officier de paix.

Les noirs font leur entrée au début de la représentation : ils prennent place aux fauteuils de balcon.

La loge 48, de face, reçoit leurs officiers.

Les braves Soudanais, qui fument d'énormes cigares à leur arrivée, sont avertis qu'on ne fume pas au théâtre.

Sans mot dire, ils engloutissent les cigares dans leurs poches.

Tout le temps de la représentation, immobiles comme de bons musulmans, ils regardent la scène qui les émerveille.

Le ballet surtout paraît les intéresser vivement, et le petit négrillon Alli, que deux parentes du capitaine Mangin avaient placé entre elles, sur le devant de leur loge, ne peut, à la vue du ballet, retenir cette exclamation enthousiaste :

— Tout ça femmes ! Oh !

Pendant un entr'acte, on leur sert des rafraîchissements auxquels ils font honneur.

A onze heures moins vingt, le commandant Marchand arrive en landau du Cercle militaire avec le capitaine Baratier.

A ce moment, la foule s'est considérablement augmentée ; le service d'ordre aussi.

M. Lépine est là, avec MM. Laurent, Touny, Mouquin, Chardenet, Carlier, Nadaud, Euriat, Lebon, et des officiers de la garde républicaine.

On acclame vivement Marchand qui se rend à la loge 47.

Il a apporté dans son landau un colis soigneusement ficelé : c'est un don de Mme Lemonnier, de Nantes, qui envoie à chaque Sénégalais une belle montre à remontoir.

A son entrée, Marchand est salué par des acclamations enthousiastes.

L'orchestre attaque la *Marseillaise*.

L'assistance à son tour entonne le chant patriotique.

Pendant l'entr'acte qui suit, Marchand se rend au buffet organisé par la brasserie Zimmer, à côté du foyer du théâtre.

Les couloirs aussitôt se remplissent de monde, et, à son retour dans la salle, le commandant est l'objet d'une chaleureuse ovation.

Le spectacle s'achève au milieu des applaudissements mérités par les artistes qui mettent un soin particulier à remplir leurs rôles.

A la sortie, le commandant Marchand remet à chacun de ses tirailleurs la montre que lui envoie la généreuse donatrice de Nantes.

Ce n'est pas, du reste, le seul cadeau reçu par la mission : la veille, par l'entremise de M. Dausset, son secrétaire général, la ligue de la Patrie française a fait parvenir à Marchand les vingt mille francs de la souscription dont nous avons parlé.

Les Soudanais regardent leur montre avec une joie entière, puis ils suivent au buffet leur commandant qui trinque avec eux, leur serre la main et leur adresse quelques mots émus :

— *Je suis fier* — leur dit-il, — *d'avoir commandé des soldats soumis et dévoués tels que vous... Je vous avais promis de vous conduire à Paris ; j'ai tenu ma promesse... Adieu, maintenant, la mission est dissoute !*

Les Soudanais descendent sur la place où les attendent leurs tapissières, ornées de drapeaux tricolores.

A une heure cinq, Marchand, au milieu de frénétiques acclamations, regagne en landau le Cercle militaire.

Le cri de : « Vive l'armée ! » a dominé toute la soirée. Le cri de : « Vive la mission !... Vive Marchand ! » s'y joignait.

Et aussi celui de : « Vive la France ! » et de : « Vivent les Sénégalais. »

Ces braves noirs, qui venaient de rendre à la France d'inestimables services, ne devaient qu'entrevoir le « grand village »... Paris... leur terre promise... le phare éblouissant de leurs espoirs et de leurs rêves.

Jusqu'au dernier moment, les Parisiens crurent que le gouvernement, bien inspiré, reviendrait sur sa décision première et permettrait aux soldats du commandant Marchand de prolonger leur séjour dans la capitale.

Mais il n'en fut rien.

Assez tard dans la soirée du 15, M. Bayaud, commissaire de police de Courbevoie, recevait l'avis du départ de la mission pour le lendemain matin, à 5 h. 19.

Il se rendait immédiatement à la caserne et en même temps prévenait M. Boursier, maire, qui avait manifesté l'intention d'accompagner les Sénégalais à la gare.

Rentrés seulement à 1 heure un quart du matin à Courbevoie, après une journée des mieux remplies, les tirailleurs prennent un peu de repos et, à 4 h. 1/2, le réveil était sonné pour le départ.

Réunis dans la cour de la caserne, le capitaine Mangin et le lieutenant Fouque les passent en revue, puis on se rend à la gare de Courbevoie.

Étant donnée l'heure matinale, il n'y a encore presque personne dehors.

Cependant, quelques curieux les accompagnent et les acclament.

A 5 h. 18, le train arrive en gare; les Soudanais s'embarquent.

Ils occupent trois wagons de troisième classe et les officiers prennent place dans un compartiment de premières.

Les quelques personnes qui rentrent sur le quai, parmi lesquelles M. Boursier, maire, Vigouroux, adjoint, et quelques conseillers municipaux, acclament les tirailleurs qui agitent leurs chéchias à travers les portières.

A 5 h. 20, le train se met en marche.

Il prend le même itinéraire qu'à l'arrivée, soit Versailles, la Grande-Ceinture, Juvisy, où il rejoint la ligne de Lyon.

De là, en route pour Toulon !

**

Suivons les dévoués auxiliaires du commandant dans leur voyage de retour à la côte d'azur.

« Toulon, 17 juillet. — Les 150 tirailleurs soudanais de la mission Marchand sont arrivés ce matin à Toulon.

« Ils ne cachent pas leur satisfaction de leur visite à Paris, et surtout leur joie d'avoir participé à la revue du 14 juillet.

Vision ineffaçable pour les Sénégalais.

« On n'entend chez eux que ces exclamations : « Paris, ça est zoli!.., France, beau pays!... Vive France!... Vive Marchand!... »

« En débarquant du train, le capitaine Mangin a fait former les rangs et a donné l'ordre du départ.

« Le négrillon Sidi, qui rapporte de la capitale de superbes épaulettes dont il est très fier, s'est alors planté à la tête des clairons, et le défilé a commencé.

« Les tirailleurs, salués chaleureusement par le public, ont regagné leur casernement du *Castiglione* où ils resteront jusqu'à leur départ définitif, qui aura lieu probablement à Marseille, le 25 du courant, par le *Pélion*. »

« Toulon, 21 juillet. — Hier soir, à l'issue d'une petite fête organisée à bord du ponton-caserne *Castiglione*, des querelles ont éclaté parmi les Soudanais de la mission Congo-Nil.

« Quelques-uns d'entre eux réclamant l'argent versé à Paris entre les mains du capitaine Mangin pour leur être distribué, cet officier, sachant combien les tirailleurs sont de grands enfants qu'il est aisé de gruger, ne leur délivrait que deux francs cinquante par jour sur l'arriéré de solde, et avait déclaré aux sous-officiers indigènes qu'il donnerait à chaque homme, avant le départ, une assez forte somme pour leur permettre divers achats, se proposant de les guider et de les conseiller à ce sujet.

« Le reste leur devait être distribué seulement au moment du départ, afin qu'ils puissent emporter quelques centaines de francs chez eux.

« Mais la prudence du capitaine Mangin avait compté sans l'insatiable appétit de certains louches individus, qui font, dans les ports de mer, profession d'exploiter les marins, et qui regrettaient de ne point trouver dans les braves Soudanais une proie facile dès longtemps escomptée.

« Aussi, depuis quelques jours, divers journaux toulonnais avaient reçu de soi-disant lettres de Soudanais se plaignant d'être laissés sans argent par le capitaine.

« Or, un seul des tirailleurs sait écrire : c'est le caporal-fourrier Sega-Sessoko, et encore son style n'est-il guère dans le genre de celui dont j'ai des échantillons sous les yeux.

« Donc, quelques tirailleurs, surexcités par d'habiles insinuations, se livraient à des réclamations qui finirent par être violentes.

« D'autres tirailleurs, plus intelligents, s'efforçaient de leur faire entendre raison, et on en vint même aux mains.

« Le capitaine, informé de ces faits, a vivement admonesté les tapageurs et a procédé immédiatement à la distribution des 20,000 francs de souscription qui lui avaient été remis par un journal parisien.

« Puis, toujours soucieux des intérêts de ses hommes, il les a consignés au quartier jusqu'à nouvel ordre. »

* * *

Les bruits répandus au sujet de cet incident prirent un tel caractère de gravité, que le gouvernement se vit dans la nécessité de communiquer aux journaux, par l'*Agence Havas,* la note suivante :

Il est inexact, contrairement aux renseignements donnés par quelques journaux, que le paiement de la solde et des indemnités dues au personnel de la mission Marchand subisse des difficultés, soit faute de crédits suffisants, soit à cause de pures formalités administratives.

Le versement des sommes dues au personnel de la mission ne rencontre aucun obstacle d'ordre financier.

Ceux des membres de la mission qui ont demandé le paiement d'une partie de leur solde et qui ont produit à l'appui une pièce réglementaire établissant ce qui leur était dû ont déjà reçu satisfaction.

Des mesures sont prises pour que la totalité des arrérages échus depuis le départ de la mission leur soit très prochainement payée.

Il en sera de même pour les autres membres de la mission, aussitôt que les pièces indispensables (livret ou déclaration écrite) auront été produites au ministère des Colonies.

Enfin, les tirailleurs vont recevoir, avant de quitter la France, la totalité de la solde et des indemnités qui doivent leur être payées, dès que toutes les indications nécessaires à cet effet auront été données par l'officier commandant leur compagnie.

L'affaire se termina, du reste, comme on va le voir, à la satisfaction de tous, sauf des « louches individus » dont il a été question plus haut :

« Toulon, 22 juillet. — Le capitaine Mangin, commandant une compagnie de tirailleurs sénégalais et congolais de la mission Marchand, a reçu, ce soir, l'ordre de partir au plus tôt pour Paris, pour y prendre le montant de la solde de la compagnie. »

« Toulon, 23 juillet. — Les tirailleurs partiront probablement le 25 pour Marseille, où ils rembarqueront, après avoir reçu leur solde, sur le *Pélion.*

« Ils seront, pendant le voyage, sous la conduite du lieutenant Buck qui va servir à la compagnie des tirailleurs sénégalais. »

« Toulon, 23 juillet. — On cherche à expliquer, mais sans donner des raisons acceptables, le retard apporté dans le paiement de la solde des tirailleurs soudanais de la mission Marchand.

« On prétend aujourd'hui que si les Soudanais ont témoigné de leur mécontentement, c'est que, trompés par quelques mercantis exploiteurs, les noirs, croyant qu'on n'allait pas leur payer leurs arriérés, firent part de leurs craintes au capitaine Mangin, qui les rassura en leur affirmant qu'ils seraient payés avant leur départ.

« Or, le mécontentement des noirs fut tel, que le commandant Mangin vient de se rendre à Paris pour chercher la solde de ses soldats.

« En outre, le départ des tirailleurs qui était fixé au 25, c'est-à-dire avant que les Soudanais aient touché leur solde, vient d'être remis à une date ultérieure. »

« Toulon, 2 août. — Les tirailleurs sénégalais et soudanais de la mission Marchand quitteront Toulon le 10 courant pour se rendre à Marseille, où ils s'embarqueront le même jour sur un paquebot affrété qui partira le soir pour le Sénégal.

« C'est le lieutenant Buck, de l'infanterie de marine, nommé aux tirailleurs soudanais, qui est chargé de conduire ces braves soldats à destination.

« Les convoyeurs deinkas habitant le bassin supérieur du Nil seront dirigés sur le Caire.

« Les tirailleurs sénégalais et soudanais s'arrêteront à Dakar; les convoyeurs yakomas seront dirigés sur Matadi et sur Loango, leur pays.

« La solde des trois années de campagne que les tirailleurs viennent d'accomplir est complètement réglée ; mais, par prudence, les hommes de la mission Marchand ne pourront toucher l'argent qu'en Afrique.

« Un mandat de solde leur sera remis à chacun d'eux au moment de l'embarquement, à Marseille. »

***

En entendant, la mission Congo-Nil était dissoute.

Le gouvernement, voulant soustraire le commandant et ses camarades aux acclamations de la population — cet hommage à l'armée ayant le don d'exaspérer les amis du traître Dreyfus, — avait décidé que la mission serait disloquée à la date du 15 juillet.

En conséquence, les membres de la mission reçurent l'ordre formel de ne plus participer, à partir de ce jour, à aucune cérémonie en leur honneur.

Exception fut faite seulement pour la fête du Triomphe à l'École de Saint-Cyr.

Cette cérémonie ne pouvait avoir lieu avant le 17 juillet, les élèves de l'école se trouvant au camp de Châlons à cette époque.

Extrayons de l'ordre de dislocation le passage suivant :

« Le chef de bataillon Marchand est affecté au 4e régiment d'infanterie de marine, à Toulon; le capitaine Mangin, au 1er régiment, à Cherbourg; le capitaine Largeau, au 3e, à Rochefort; le lieutenant Fouque, au 8e, à Toulon.

« Le capitaine Germain est placé à la suite du 1er régiment d'artillerie de marine à Lorient.

« Ces mutations compteront du 6 juillet. »

La Fête du Triomphe de Saint-Cyr fut particulièrement brillante et solennelle.

Elle eut lieu le lendemain du départ des Sénégalais pour Toulon, le 17 juillet.

La cérémonie eut lieu au champ de manœuvre, sous la présidence du général Maillard, ayant à ses côtés un grand nombre de généraux, l'aumônier, M. Lanusse, ainsi que le commandant Marchand et les officiers de la mission, capitaine Baratier, docteur Emily, enseigne de vaisseau Dyé.

Tous les nouveaux élèves s'étant réunis au centre et ayant mis genou à terre, un ancien, monté sur un affût de canon, leur traça en quelques mots brefs leurs devoirs et termina en les exhortant à suivre les traces de leurs anciens, et celles glorieuses et récentes du commandant Marchand.

Faisant allusion à l'œuvre de la mission, il ajouta :

— Nous gardons l'honneur, en rendant la conquête !

« Il pria ensuite le général commandant l'école de vouloir bien donner à la promotion des recrues le nom choisi par les anciens.

Le général Maillard, d'une voix vibrante, déclara alors que la nouvelle promotion se nommerait la « promotion Marchand ».

Aussitôt, au milieu de joyeuses acclamations, anciens et nouveaux, désormais sur le même pied, se donnèrent l'accolade.

Des exercices d'équitation et de gymnastique des plus pittoresques suivirent; puis une revue des faits de l'année, jouée par les élèves, termina la fête en présence d'une très brillante assistance.

Belle et réconfortante journée pour nos héros sacrifiés !

**

Le 20 juillet, le commandant Marchand est mandé au ministère de la Marine.

Le *Journal* résuma ainsi cette entrevue :

« Le commandant Marchand s'est rendu, avant-hier, au ministère de la Marine, où il a eu une longue entrevue avec le contre-amiral Caillard, chef d'état-major général.

« Au cours de cette entrevue, le commandant a assuré que son intention était de se soustraire à toute manifestation faite autour de la mission.

« Il va profiter du congé de trois mois qui lui a été accordé, ainsi qu'à tous les autres officiers de la mission, pour se reposer de ses fatigues.

« Le drapeau de la mission va être, sur l'initiative du ministre de la Marine, placé au musée de l'armée. »

La dislocation prématurée de la mission Congo-Nil ne fut pas sans émouvoir l'opinion publique, déjà vivement surexcitée par le traitement de suspicion infligé au commandant et à ses compagnons de gloire.

Le *Petit Journal* se fit éloquemment l'écho du sentiment général :

« La mission Marchand est disloquée et tous ses membres dispersés aux quatre coins de la France.

« Il semble que leurs diverses affectations ont été calculées pour qu'ils ne puissent plus se rencontrer, pour que rien ne rappelle le rôle et les services de la mission Congo-Nil.

« Nos politiciens ont peur de l'ombre de son ombre, en réalité peur d'un homme.

« Est-ce parce qu'il a été acclamé le 14 juillet, à côté du gouverneur éclipsé par la jeune gloire du héros de Fachoda ?

« C'est vraiment une vengeance bien mesquine que d'interdire sa présence à la fête de Saint-Maixent, après l'avoir autorisée à celle de Saint-Cyr.

« La contradiction est d'autant plus étrange que Marchand sort de Saint-Maixent dont il est l'honneur, et non de Saint-Cyr.

« L'éloignement obligatoire de tous ses fidèles collaborateurs empêche la rédaction d'un rapport d'ensemble, nécessaire à nos intérêts coloniaux, à nos intérêts politiques en Afrique, à notre fierté nationale.

« Cet abandon est contraire à tous les usages : il offense les braves officiers dont la séparation équivaut à une disgrâce, il marque d'un trait de plus l'horreur affichée pour tout ce qui peut relever notre dignité, tout ce qui nous grandit et nous console des autres misères.

« Ajoutons à ce tableau déjà mélancolique un véritable déni de justice : promesse formelle avait été faite à la commission de l'armée de mettre au tableau les membres de la mission ; à cause de cette promesse ferme, leur chef avait cru devoir se dispenser d'établir des propositions d'avancement.

« L'engagement n'a pas été tenu : officiers et soldats s'en vont donc sans récompense et sans solde ; car le paiement d'un arriéré de près de quatre années est encore en retard.

« Voilà donc à la fois bien des comptes à régler ! La dislocation n'est pas une solution : elle est même contraire aux mesures de bon ordre qui demeurent en souffrance.

« Espère-t-on par un décret anéantir le passé de la mission, épaissir la nuit, faire le silence autour de Marchand ?

« Nous croyons qu'une persécution si puérile et si odieuse attirera vers lui d'invincibles sympathies, et que la brutalité officielle ne sera qu'une suprême maladresse. »

En vrai soldat qui sait se taire, même devant l'injustice, le commandant Marchand reçut le nouveau coup sans broncher.

Ses adversaires mêmes ne purent s'empêcher de rendre hommage à son esprit de discipline et à son loyalisme à toute épreuve.

Le *Petit Parisien*, organe d'un membre du gouvernement, lui tressa cette couronne :

« Il convient, à l'heure où tant de polémiques se font autour de l'armée, de signaler avec quelle simplicité disciplinée le commandant Marchand et son état-major rentrent au milieu de leurs camarades.

« Ils pratiquent en ce moment la vertu de l'obéissance silencieuse, celle qui fait la noblesse du service militaire ; et l'armée contemple en eux un exemple qui les honore, et qui l'honore elle-même.

« S'il avait moins l'âme d'un soldat, le commandant Marchand aurait pu se laisser griser par les ovations populaires, par les récompenses morales les plus hautes dont il a été l'objet.

« Rien ne lui a fait perdre son calme, et, en voyant combien il reste figé dans son rôle d'officier, on s'explique comment, mû par le devoir, il a pu accomplir son œuvre africaine.

« Lorsqu'il est parti des rivages de l'Atlantique, il a marché droit devant lui, sans s'arrêter aux obstacles, sans réfléchir aux

Le départ de Courbevoie.

dangers; et c'est pour cela qu'après sa glorieuse station sur les bords du Nil, il est arrivé à la mer Rouge.

« Il agit de même en ce moment. »

Quelle réponse aux inconscients et aux coquins qui ont osé représenter ce soldat modèle, ce grand Français, comme un ambitieux et un poseur !

CLVI

LA PLUS GRANDE FRANCE

Notre Empire africain. — Tronçons épars. — Comment les relier? — Le Transsaharien. — Projet pratique. — Echec à l'Angleterre. — Sur le lac Tchad. — Trois expeditions convergentes. — Leur succès. — Pénétration sud-algérienne. — Efforts héroïques

Tranquillement assis sur les banquettes, ils devisaient entre eux.

Notre empire africain, tel qu'il est définitivement constitué et reconnu par la Convention franco-anglaise du 21 mars 1899, et qui couvre des immensités sur les cartes géographiques, n'existe en réalité que de nom.

Il se compose, exception faite de Madagascar, de trois tronçons complètement isolés, et dont aucun ne peut prêter secours à l'autre : notre Afrique du Nord, notre Sénégal-Soudan et notre Congo-Oubanghi.

Comme l'a si justement dit M. Paul Leroy-Beaulieu, ces trois massifs ne pourraient être réunis et se prêter une aide réciproque que si nous occupions effectivement le Sahara et si, imitant les Russes, les Américains, les Canadiens, les Africains du Sud, les Australiens, nous étions décidés à construire une ligne ferrée à travers ces solitudes, pour relier les bons pays qu'elles séparent.

Nous sommes très forts dans l'Afrique du Nord, dans notre Algérie-Tunisie, et l'on peut dire qu'aucune puissance au monde n'aurait de chances sérieuses de nous en déloger, même avec d'énormes sacrifices d'hommes et d'argent.

En ce qui concerne l'Angleterre en particulier, elle s'userait les dents vainement contre ces côtes; car, dût-elle bombarder Alger et une demi-douzaine d'autres ports, elle causerait des pertes locales; mais ce serait de peu de conséquence au point de vue général.

Nous entretenons dans cette Afrique du Nord une armée permanente de 60,000 hommes, aux cinq sixièmes européens.

Le pays est très plantureux; il exporte tous les ans des centaines de mille quintaux de blé, des millions d'hectolitres de vin, des dizaines de mille têtes de bœufs, des centaines de mille moutons, des huiles, des laines, du fer, du plomb, du bois.

Ce n'est pas, comme Cuba, abandonné à deux seules cultures: le tabac et le sucre; c'est la terre aux produits les plus variés, les plus abondants et, pour toutes les denrées nécessaires à l'existence commune, dépassant de beaucoup ce que consomme sa population.

L'Algérie-Tunisie, voilà la vraie tête de notre empire africain; c'est à elle que tout le reste doit être rattaché; elle seule peut donner le mouvement, l'animation, la cohésion à tous ces membres, les soutenir, les réconforter, les garantir de tout danger.

*
* *

Les deux autres tronçons de notre empire africain, à savoir le Sénégal-Soudan et le Congo-Oubangui, sont dans des conditions toutes différentes. D'abord, ils sont très éloignés de la métropole; en cas de différend avec une puissance maîtresse de la mer, ils ne pourraient se suffire et se ravitailler.

Ils ne produisent pas, d'ailleurs, les denrées d'Europe, ni même jusqu'ici les matières premières nécessaires à des corps de troupes nombreux.

Les Européens n'y peuvent vivre longtemps actifs; de là vient que nous ne pouvons y faire des installations permanentes très considérables.

Aussi, en cas de rupture avec la puissance qui domine la mer, ces deux vastes groupes isolés, le Sénégal-Soudan et le Congo-Oubangui, ne peuvent qu'être frappés d'anémie.

La conclusion est très simple. Si nous voulons avoir vraiment un empire africain, — et nous croyons que c'est là un très grand avenir pour la France, — si nous tenons à être en état de le conserver, de le défendre et même seulement de le bien exploiter en temps de paix, il faut l'unifier, il faut relier les uns aux autres ces membres épars, ces *disjecta membra*, et, cette unification, elle ne peut se faire que par une voie ferrée partant du massif où nous sommes si solidement établis, si vigoureux, où nous entretenons une armée si considérable, triple ou quadruple de tous les corps de troupes des autres puissances européennes dans l'ensemble de l'Afrique, où, d'ailleurs, les sources de ravitaillement peuvent être pratiquement regardées comme intarissables.

Nous possédons donc en Afrique une position comme aucune puissance n'en a jamais eu et n'en aura jamais.

Nos explorateurs, nos soldats ont vaillamment et vigoureusement taillé.

Maintenant il faut recoudre.

Il s'agit de mettre en œuvre les immenses territoires annexés.

* * *

Cette tâche est-elle facile pour nous? Il ne le semble guère.

Si l'on jette un coup d'œil sur une carte de l'Afrique, on voit combien peu nous avons de côtes par rapport à l'immense étendue de territoires que nous possédons dans l'Afrique centrale.

D'innombrables enclaves côtières interrompent notre littoral.

Notre empire africain, coupé en deux par suite de la faute lamentable que fut le traité de 1890 d'où naquit la Nigeria anglaise, paraît singulièrement dégingandé.

Son unité, résultant uniquement d'un point de sutures sur les rives lointaines du lac Tchad, est surtout une idée artificielle, un concept géographique.

Mais nous pouvons en faire une réalité vivante.

Il faut relier, par un réseau sanguin et nerveux, ces membres épars d'un grand corps jusqu'ici amorphe et inanimé.

Il faut surtout donner à ces régions intérieures, séparées, par des empires étrangers, du contact vivifiant de la mer, un débouché sur la partie de notre Afrique qui est la plus voisine du cerveau et du cœur de la « plus grande France », c'est-à-dire la mère patrie.

L'Algérie-Tunisie est cette porte ouverte sur toute l'Afrique française.

Elle est colonisable par les Européens; organisée, anciennement conquise, déjà riche, elle doit devenir pour nous la façade d'un monde.

Depuis longtemps, on dit qu'elle est une base de pénétration sans rien faire pour le prouver : quelle force morale, cependant, la politique coloniale prendrait en France, et de quelle force matérielle elle serait armée si, du quai d'Alger, partaient des wagons pour le Niger et le Tchad!

L'adjonction définitive, à notre empire africain, du Ouadaï, du Baguirmi et du Kanem, séparés par des espaces immenses et des colonies étrangères des deux océans de l'Est et de l'Ouest, est la dernière et la plus forte invite qui nous ait été adressée d'étudier le Sahara, d'y pénétrer économiquement et de construire le Transsaharien.

*
* *

Le Transsaharien!

Quand, il y a plus de vingt ans, l'ingénieur Duponchel lança cette idée; quand, depuis lors, elle fut reprise et soutenue par un autre ingénieur, Georges Rolland, on ne se plaçait qu'au point de vue commercial.

L'utilité de l'entreprise, dans ces conditions, pouvait être l'objet de contestations.

Le trafic était bien difficile à évaluer : quelques-uns affirmaient qu'il serait nul; les promoteurs de l'affaire tenaient qu'il aurait une grande importance.

Il est probable que l'on exagérait des deux côtés ; en tous cas, on n'avait aucune donnée qui permît un calcul approximatif.

D'un autre côté, on ne savait pas alors, il y a vingt ans ou même dix ans, en France du moins, construire des chemins de fer à bon marché.

Un chemin de fer d'environ 2,500 kilomètres, pour aboutir au lac Tchad ou à un point mitoyen entre ce lac et le Niger, paraissait devoir coûter 800 à 900 millions de francs.

Quoique M. de Freycinet ait, il y a plus de vingt ans, croyons-nous, constitué une commission pour étudier le Transsaharien, on conçoit que ce chiffre de 800 à 900 millions, pour un trafic hypothétique, effrayât et ait fait reculer.

La situation est devenue tout autre aujourd'hui à tous les points de vue.

Les Soudanais aux Invalides.

Le Transsaharien s'offre d'abord comme étant d'une absolue nécessité politique et militaire, si nous voulons que notre empire nord-africain ne soit pas un vain mot.

Il est de la plus manifeste absurdité de faire dépendre le ravitaillement dans le Bahr-el-Ghazal et sur l'Oubangui d'une marche excessivement longue et lente sur le Congo, l'Oubangui, à travers des pays marécageux et insalubres.

Nous avons en Algérie et en Tunisie une armée d'environ 60,000 hommes, pour les quatre cinquièmes européens.

Le Sahara, qui s'étend jusqu'au Tchad, est une contrée des plus saines.

A un train de 20 kilomètres à l'heure, on pourrait le traverser en une centaine d'heures, c'est-à-dire en cinq jours.

Nous pourrions jeter, si besoin était, sur un point quelconque de notre empire africain, en un laps de temps de quelques semaines, une troupe de 4,000 ou 5,000, même de 8,000 ou 10,000 hommes, qui se trouveraient rendus à destination, sinon absolument sans fatigue, du moins sans mortalité sensible.

Il ne nous serait pas même indispensable d'être maîtres de la mer, puisque notre effectif permanent en Algérie et en Tunisie est de 60,000 hommes et dépasse de beaucoup, dans les conditions présentes, ce qui est nécessaire pour la garde de ces pays, et puisque, en outre, l'Algérie et la Tunisie sont et deviennent chaque jour davantage des contrées plantureuses, produisant abondamment le blé, le bétail, le vin, et tout ce qui est nécessaire à nos corps de troupes.

Ainsi, l'exécution du Transsaharien nous donnerait, dans l'Afrique du Nord et du Centre, même en supposant que nous fussions coupés de la mer, une position beaucoup plus forte que celle d'aucune autre puissance européenne, quelle qu'elle soit, l'Angleterre même y comprise.

Voilà pour le point de vue stratégique.

* *
*

Maintenant, quel serait le coût de ce chemin de fer?

— Évidemment, — dit à ce sujet M. Paul Leroy-Beaulieu, — on ne peut faire que des conjectures ; mais on a, à l'heure présente, des données beaucoup plus certaines et plus favorables qu'il y a vingt ans et qu'il y a dix ans.

On sait aujourd'hui en France ce que c'est que des chemins de fer africains et des chemins de fer à bon marché.

Les Anglais et beaucoup d'autres peuples, d'ailleurs, nous taxent volontiers d'incapacité coloniale.

Parfois nous justifions leurs sarcasmes, en ce qui concerne, par exemple, le misérable tronçon de chemin de fer d'une longueur de 80 kilomètres, d'Aïn-Sefra à Djénien-bou-Rescq, dans le Sud oranais, qui, décidé en 1891 et exécuté depuis lors mi-partie par le génie, mi-partie par les travaux publics, n'est pas encore terminé au bout de sept ans. C'est là ce qu'on appelle un comble.

Mais, d'autre part, nous donnons souvent aussi des exemples éclatants de succès.

Au début de l'année dernière, nous avions deux lignes ferrées africaines en construction, l'une et l'autre sans garantie d'intérêt et sans subvention aucune.

Nous voulons parler des chemins de fer éthiopiens, de Djibouti au Harrar et de la voie ferrée sud-tunisienne de Sfax à Gafsa.

Cette dernière ligne, qui a 200 kilomètres de long et qui, avec son prolongement jusqu'aux mines de phosphates au delà de Gafsa, en aura 250, vient d'être ouverte sur les 200 premiers kilomètres par le résident général adjoint en Tunisie.

La Compagnie du chemin de fer et des phosphates de Gafsa l'a fait construire avec la plus grande rapidité, en un an environ.

En ce qui concerne la pose de la voie, on en faisait un kilomètre par jour, en terrain à peu près désertique.

On n'a pas dépensé, y compris le matériel roulant, plus de 60,000 francs par kilomètre, et il s'agit d'une ligne destinée à transporter 300,000 tonnes de phosphates par an, sinon davantage même, c'est-à-dire à avoir un trafic relativement intensif.

Voilà, certes, une preuve que les Français ont appris dans ces derniers temps, car ils avaient besoin de l'apprendre, à faire des travaux importants rapidement et à bon marché.

*
* *

Les conditions dans lesquelles s'exécuterait le Transsaharien seraient à peu près semblables à celles où s'est construit le chemin de fer de Sfax à Gafsa et aux mines de phosphates.

C'est le même terrain, le même climat, la même absence de population, la même disette d'eaux apparentes.

A 60,000 francs par kilomètre, les 2,500 kilomètres allant jusqu'au Tchad coûteraient 150 millions, ce qui, pour assurer notre empire africain, devrait être regardé comme une bagatelle.

Mettons qu'il faille dépenser moitié plus par kilomètre que pour la voie ferrée de Sfax à Gafsa, on arriverait à 225 millions, ce qui est encore un chiffre fort réduit.

Y aurait-il du trafic pour ce Transsaharien ?

Il y en aurait toujours assez pour payer les frais d'exploitation, si celle-ci se faisait économiquement.

En outre, il est possible que l'on découvre dans ce désert d'abondantes sources de trafic.

Qui se serait attendu, il y a seulement dix ans, aux richesses des phosphates de l'Algérie et de la Tunisie, lesquelles, si le débouché s'y prêtait, pourraient fournir au monde un million de tonnes de phosphate par an?

Des naturalistes pensent qu'il existe, au beau milieu du Sahara, dans l'Aïr, d'importants gisements de nitrates.

Il est certain qu'il y a beaucoup de rapports de constitution géologique, de climat et de situation entre le Sahara et le fameux désert d'Atacama, au Chili, qui contient les célèbres nitratières.

Qui se serait attendu aussi, il y a vingt ans, à ce que la Tunisie contînt de nombreux et riches gisements de calamine?

En tout cas, il y a tout au moins dans le Sahara des salines qui auraient un débouché rémunérateur au Soudan.

Les chemins de fer désertiques sont maintenant une œuvre connue et aisée.

L'Australie du Sud en a construit un dans le désert australien nommé le Northern Territory, et il couvre un peu plus que les frais d'exploitation.

Quasi tout le réseau de l'Australie de l'Ouest, long, en 1896, de 1,160 milles, ou près de 2,000 kilomètres, et qui a considérablement augmenté depuis, est dans un désert sans eau.

Ainsi, l'œuvre du Transsaharien ne se présente nullement, à l'heure actuelle, dans les conditions d'un travail sans précédent.

*
* *

En ce qui concerne la main d'œuvre, elle ne manquerait certaitainement pas.

Nous avons d'abord les Kabyles, puis les Soudanais et Fezzanais qui accourent partout dans le nord de l'Afrique où il y a du travail.

Nous les avons vus souvent à Tunis, et c'est sur eux que la compagnie de Gafsa compte surtout pour l'exploitation de ses mines de phosphates.

Le recrutement de ces bons travailleurs est aisé.

Il faut ajouter que ce Transsaharien, que nous concevons ici comme une œuvre stratégique, peut aussi (on ne peut rien affirmer, mais il y a des vraisemblances ou tout au moins des possibilités) devenir une entreprise fructueuse au point de vue économique.

Depuis la découverte des gisements de phosphates et de nom-

La mutinerie à bord du *Castiglione* (Toulon, 21 juillet).

breux filons de zinc en Algérie et en Tunisie, on s'aperçoit que le nord de l'Afrique est moins dénué qu'on ne le pensait de minéraux utiles.

Il est très vraisemblable qu'on en trouvera des gisements dans cette énorme étendue qui offre beaucoup de similitude avec le productif désert d'Atacama.

Au prix qu'atteignent actuellement tous les métaux, ils peuvent supporter, par trains complets, un transport de 1,000 à 1,200 kilomètres.

Enfin, sur le trajet du Saharien et le partageant en trois tronçons presque égaux, se trouvent deux grands pays montagneux, irrigués et cultivables : l'Ahaggar et l'Aïr, et il y a là des possibilités agricoles.

Par toutes ces raisons, au lieu de se lamenter, de se faire des reproches ou de se couvrir respectivement d'invectives, les Français n'ont qu'une chose à faire : décider immédiatement la construction du Transsaharien ; se mettre à l'œuvre, sans perdre un jour, sur la première section d'environ 1,000 kilomètres de Biskra à Amguid.

Il n'y a pas, il ne peut pas y avoir d'œuvre plus nationale ; il n'y a pas, il ne peut pas y en avoir de plus urgente.

Il faut qu'avant sept ou huit années, la locomotive partant de Biskra arrive à Zinder ou à quelque autre lieu voisin du Tchad.

C'est à l'opinion publique d'exercer une pression irrésistible sur notre gouvernement pour qu'il commence immédiatement et conduise rapidement cette grande œuvre.

Autrement, autant vaudrait abandonner des immensités que nous ne pouvons pas défendre.

*
* *

Il nous faut rendre cette justice à nos compatriotes que l'œuvre de l'unification, de l'occupation effective et de la mise en valeur de notre empire africain a fait dans ces derniers temps un grand pas.

Trois expéditions françaises, subventionnées par le comité de l'Afrique française, viennent de réaliser de la manière la plus concrète le rêve des Crampel et des Harry Alis : la réunion, sur le lac Tchad, de nos trois grands groupes africains, Algérie-Tunisie, Sénégal-Soudan et Congo-Oubangui.

Ces trois expéditions se sont, en effet, après de dramatiques vicissitudes, donné dernièrement la main dans les environs du grand lac : la première venant d'Algérie, sous la direction de MM. Foureau et Lamy ; la deuxième conduite par Brekoun et Gentil, avec le Congo français comme point de départ ; la troisième, enfin, commandée par le capitaine Joalland et le lieutenant Meynier, et qui, formée en partie des débris de la colonne Voulet-Chanoine, arrivait du Sénégal en passant par le Soudan et le Niger.

A la mort de Bretonnet, Gentil se trouvait fin janvier au Fort-Archambault sur le Chari. Joalland et Meynier, qui avaient fait leur jonction avec la colonne Foureau-Lamy, se dirigeaient pour la seconde fois, ainsi renforcés, vers le lac Tchad et atteignaient Gulfei sur le Chari inférieur, pendant que Meynier contournait le lac à l'est, passant en route les traités dans le pays de Kanem, et prenait contact à la fin de janvier avec les avant-postes de Gentil.

Lamy avait dès la mi-janvier atteint Amadingou, à deux journées de marche du lac Tchad : le résultat est acquis.

Ainsi se trouve réalisée la prise de possession de tous les territoires qui nous sont formellement reconnus par la convention franco-anglaise du 21 mars 1899.

De plus, la mission Flamand vient d'avancer considérablement notre œuvre d'expansion sud-algérienne.

L'occupation du Tidikelt, qui est un fait accompli, et celle, en voie de réalisation, du Touat, nous acheminent d'une façon sensible vers la réunion de nos possessions du nord de l'Afrique à celles du Niger et du Soudan.

Les différentes parties de notre immense domaine africain, déjà respectivement soudées au lac Tchad, seront donc bientôt reliées entre elles.

Un tel résultat mérite mieux qu'une simple mention au courant de la plume.

Nous allons dire quelques-uns des émouvants efforts, des héroïques exploits et des tragiques aventures de ceux qui, n'écoutant que leur patriotisme et leur bravoure, ont, comme le commandant Marchand et ses compagnons, glorieusement servi, en cette occurrence, la cause de l'expansion française.

Ce sera la fin toute naturelle de cette œuvre de vulgarisation.

CLVII

LA MISSION GENTIL

De Loango au lac Tchad. — Un brillant explorateur. — Le terrible Rabah. — Exploration du Chari. — Chez le Sultan du Baguirmi. — Traité d'alliance. — Le « Léon-Blot » sur le Tchad. — Notre influence en danger. — Nouvelle expédition. — Massacre de l'administrateur Bretonnet. — La victoire de Koudo. — Actes d'héroïsme. — Rabah en fuite. — Honneur à la France.

La récente défaite du terrible sultan Rabah a mis en lumière la vaillante mission qui opère dans les régions du Chari, et à la tête de laquelle se trouve M. Gentil.

Cette mission est, on le sait, l'un des trois groupes d'explorateurs, qui, partis de différents points de nos colonies africaines, viennent d'opérer leur jonction, et de se donner la main sur le lac Tchad, ouvrant ainsi la voie à la complète unification de notre vaste Empire africain.

Le nom de M. Gentil est depuis fort longtemps populaire parmi les coloniaux.

Ses débuts dans la vie coloniale eurent lieu, alors qu'il était encore lieutenant de vaisseau, chargé de la direction du petit arsenal de Libreville au Gabon.

Depuis longtemps, il rêvait de reprendre l'œuvre que le valeureux et infortuné Crampel avait laissée inachevée, et d'explorer toutes les régions du Haut-Congo et du Chari jusqu'au lac Tchad.

Nul mieux que lui n'était préparé pour cette tâche.

Rompu à la pratique des observations astronomiques, habitué par son séjour dans la haute Sangha au climat de l'Afrique équatoriale intérieure et au contact avec les indigènes, ce vaillant explorateur possédait à un haut degré toutes les qualités nécessaires à un chef de mission.

C'est au mois d'avril 1895 qu'il put entreprendre la réalisation de son projet.

Ce n'est que le 29 octobre 1899, c'est-à-dire plus de quatre ans après, qu'il put couronner son œuvre et assurer sa durée par la glorieuse victoire de Kouno, remportée sur Rabah, le redoutable conquérant soudanais qui avait fait assassiner Crampel et avait juré de nous barrer le passage.

Rien d'héroïque comme ce combat livré par nos troupes à un ennemi vingt fois supérieur en nombre !

Mais avant d'en donner le récit, disons quelques mots de la première partie de la magnifique exploration de Gentil, de celle où il réussit, — au prix de quelles difficultés ! — à lancer un vapeur et à faire flotter nos trois couleurs sur les eaux du lac Tchad.

*
* *

Parti de Loango le 27 juillet 1895, en compagnie de MM. Fredon, Huntzbüchler et Vival, Émile Gentil transporta sans trop de difficultés à Brazzaville les différentes sections de son petit vapeur, le *Léon-Blot*.

Puis, par le Congo et l'Oubangui, il gagna Ouadda, dont il fit sa base d'opérations pour sa reconnaissance hydrographique du bassin du Chari.

L'exploration du pays compris entre la Kémo et son affluent la Tomi, l'étude de ce dernier cours d'eau jusqu'au point où il cesse de se diriger vers le nord pour tourner à l'ouest, l'établissement d'un poste à cet endroit, appelé Krébedjé, le transport de toutes les charges de le mission, non seulement jusqu'à Kébedjé, chez les N'dis, mais même jusqu'au poste créé plus au nord-est chez les nègres Ungourras, voilà ce à quoi fut employé tout l'intervalle de temps compris du mois de décembre 1895 au mois d'août 1896.

En décembre suivant, d'après M. Froidevaux, après avoir noué des relations amicales avec les Mandjias, qui habitent aux sources de la Nana (on sait combien ces indigènes s'étaient naguère montrés hostiles à la mission Maistre), M. Gentil s'occupa de transporter les pièces de son vapeur démontable sur un affluent du Chari.

Conduit par un chef Mandjia sur les bords de la Nana, au confluent du Gougou avec cette rivière, le chef de la mission, se conformant à l'idée énoncée autrefois par Crampel, y fonda un nouveau poste qui jalonnât sa route et fût susceptible d'assurer tout à la fois ses communications avec sa base d'opérations et sa retraite en cas de nécessité (le poste Nana A).

Là, tandis que M. Huntzbüchler et le maréchal des logis Pierre Prins (qui avait pris dès Loango la place de M. Pierre Vival, enlevé par la fièvre) exploraient la Nana, en dépit de ses 8 kilomètres de rapides, jusqu'à son confluent avec le Gribingui précédemment découvert par Maistre — là furent aménagés des ateliers et la cale de construction du *Léon-Blot*, dont la coque transportée en trois compartiments en aval des rapides reçut de nouveaux aménagements à un second poste créé sur la Nana.

Ce poste, le Nana B, fut bientôt évacué et établi 7 kilomètres plus bas, sur la rive droite du Gribingui, en face de l'embouchure de la Nana, en un point accessible aux navires en toute saison.

Adossé au mont Kaga-Bandouro, qui domine le fleuve de 86 mètres presque à pic, et solidement fortifié pour résister aux attaques des musulmans du cheik Mohamed-es-Senoussi-ben-Abeker, — le chef qui, en 1891, avait, à l'instigation et sur l'ordre de Rabah, aidé le lieutenant de ce flibustier, Hassan, à assassiner Crampel et son compagnon Biscarrat, — le poste de Gribingui, comme on l'appela désormais, constitua dès lors un port d'attache pour le *Léon-Blot*, et pour la « mission du Chari » une seconde base d'opérations.

*
* *

Après l'arrivée de nouveaux renforts, conduits par MM. Fredon et de Rovira, M. Gentil, qui avait déjà noué quelques relations avec les musulmans voisins, se trouva délivré de toute inquiétude pour la sécurité de ses derrières et put enfin appareiller.

Le 21 août 1897, le chef de la mission et ses compagnons, — à l'exception de ceux qui furent désignés pour garder le poste du Gribingui sous la conduite de M. Fredon et de M. Pierre Prins, — s'embarquèrent sur le *Léon-Blot* et sur les deux boats qu'ils avaient transportés jusqu'au confluent de la Nana et du Gribingui.

Difficile au début par suite de l'étroitesse extrême du fleuve, la navigation s'opéra dès le troisième jour dans des conditions beaucoup plus favorables sur un cours d'eau tranquille, dont les seuls obstacles sont trois rapides très franchissables aux hautes eaux, et qui finit par atteindre une largeur de 70 mètres à son confluent.

Ainsi se trouvèrent vérifiées les assertions de Maistre qui avait préconisé l'établissement d'un poste au confluent de la Nana et du Gribingui, et indiqué ce cours d'eau comme une voie navigable pour une petite embarcation à vapeur.

Bientôt, les membres de la mission débouchèrent dans une rivière beaucoup plus considérable, large de plus de 180 mètres, aux eaux profondes, aux rives élevées, le Bamingui ou Bahr et Abiod des indigènes.

C'était le Chari, le principal tributaire du lac Tchad, le grand fleuve de sa rive méridionale, dont M. Dybowski avait traversé, un peu au sud du pic Crampel, un des tout premiers affluents supérieurs, le Koukourou, et dont le tracé exact était encore fort mal connu.

La descente continue ensuite sur le Chari lui-même, un fleuve dont la largeur va toujours en s'accroissant, dont la navigation est sûre, mais dont les rives élevées et rocheuses, très boisées, sont, comme celles du Gribingui, inhabitées, par suite de la crainte qu'ont les indigènes des inondations.

Par 8° 42′ de latitude, M. Gentil constate que le Chari reçoit sur sa rive droite un affluent important, le Bangorran; mais il ne parvient pas encore à entrer en relations avec les indigènes.

C'est seulement plus en aval sur le fleuve, au village de Kaba-Bobo, devant lequel le Chari qui vient grossir le Bakaré mesure 800 mètres de largeur, que la mission française prit enfin contact avec une population fétichiste au costume extrêmement simple (il en est d'ailleurs de même dans toute cette partie de l'Afrique), qui lui vendit des vivres et tenta de dissuader M. Gentil de pénétrer plus au nord, en pays musulman.

* * *

Sans se laisser intimider par les représentations des gens de Kaba-Bodo, la mission poursuit la descente du fleuve, débouche bientôt dans un endroit où le Chari, séparé en plusieurs bras par des îlots, atteint une largeur de 4 kilomètres, puis traverse le pays des fétichistes Niellim, tributaires du Baguirmi, et celui des Bousso, qui sont d'origine païenne, mais ont déjà embrassé l'islamisme.

Partout les explorateurs sont accueillis avec méfiance, partout on les croit envoyés par le terrible Rabah, qui a, dans son raid extraordinaire à travers l'Afrique centrale, assailli, ravagé et conquis le Baguirmi quatre ans auparavant, mais ne l'a pas maintenu sous sa domination; partout il faut convaincre les indigènes qu'ils n'ont pas devant eux des émissaires de ce redoutable aventurier.

C'est ce que M. Gentil et ses compagnons parvinrent à faire jusqu'à Mondo, où ils furent invités à s'arrêter, s'ils se rendaient au Baguirmi, tandis qu'on préviendrait le souverain du pays, Mohammed-Abderrhaman-Gaourang.

Après douze jours d'attente, les membres de la mission du Chari voient arriver des chèvres et des bœufs de belle taille; ce sont là les cadeaux du sultan à leur adresse.

Le sultan priait en même temps M. Gentil de faire rétrograder les siens jusqu'à Bousso et de se rendre seul auprès de lui.

Sans hésiter, l'explorateur déféra à ce désir, et descendit sur le *Léon-Blot* le Chari jusqu'à son confluent avec le Bahr Erguieg (la

En ce qui concerne la pose de la voie, on en faisait un kilomètre par jour.

Rivière étroite, le *Batschikam* de Bath), l'affluent ou plutôt le bras de rive droite du fleuve sur lequel se trouve, à environ 15 kilomètres de la capitale, le port de Massénia, Maggi.

Il traversa, au cours de cette nouvelle partie de son voyage, un pays très cultivé, qui se relève peu à peu des ruines faites naguère par Rabah, dont la population est assez dense et dont les villages aux maisons construites en pisé et couvertes de toits ronds en paille sont tous palissadés ou fortifiés.

A Mainfa elle-même, la ville anéantie par Rabah il y a quelques années, à la suite de son évacuation par les Baguirmiens, on commence à rebâtir des maisons.

S'engageant ensuite dans les herbes du Bahr Erguieg, le *Léon-Blot* arriva au bout de quatre jours à Maggi, où M. Gentil reçut un accueil empressé.

De là, un envoyé du sultan, Mohamed Fezzani, le conduisit par Blanc à Massénia.

Types de travailleurs du Sahara.

* *

C'est le 6 octobre 1897 que M. Gentil, accompagné de son interprète Ahmed — l'ancien interprète du lieutenant Mizon — et de quelques Sénégalais, fit son entrée dans Massénia.

Ce fut vraiment une entrée triomphale que celle de la petite troupe française, montée sur des chevaux envoyés par le sultan, escortée de cavaliers somptueusement équipés venus au-devant d'elle jusqu'à Blanc, accueillie par l'infanterie baguirmienne aux cris de « La Allah illah Allah ! Mohammed ressoul Allah ! »

Massénia, qui accueillait ainsi M. Gentil avec des acclamations et des fantasias, se ressentait encore de sa destruction par les habitants du Ouadaï en 1870.

Elle n'en était pas moins une ville fortifiée, d'une importance réelle, et qui semblait ne devoir que croître.

On y trouvait en effet des maisons construites en briques, et on y reconstruisait de toutes parts.

C'était véritablement une capitale.

Le sultan Mohammed-Abderrhaman-Gaourang reçut, dès le lendemain, M. Gentil en audience publique.

Il était placé sous une sorte de hall carré recouvert d'étoffes et dissimulé par un rideau de nattes à la vue du chef de la mission française, pour qui une tente avait été dressée devant le hall.

C'est de là que M. Gentil fit connaître au sultan demeuré invisible le but de son voyage.

Il lui en fit connaître bien davantage le lendemain quand, pendant la nuit, il eut été introduit par une série de cours en présence de Mohammed-Abderrhaman-Gaourang.

Au cours de cette audience privée, mais où cependant existaient encore un certain apparat et une certaine méfiance, le voyageur français exposa ses projets au sultan, qui lui déclara être l'ennemi du véritable meurtrier de Crampel, Rabah, et lui demanda la protection de la France.

La conclusion d'un traité d'alliance et de protectorat fut décidée en principe dans une troisième audience, où le sultan — un homme de trente-deux ans, à l'air fort intelligent — reçut M. Gentil sans la moindre garde autour de lui.

C'est encore au cours d'une entrevue du même genre que l'explorateur français, désireux d'accomplir sa mission jusqu'au bout, déclara au souverain baguirmien son intention d'aller au Tchad.

Abderrhaman-Gaourang, peu soucieux de voir M. Gentil entrer en relations avec Rabah, chercha à l'en détourner par tous les moyens possibles : « C'était folie, disait-il, que d'aller se jeter dans la gueule du loup. »

Il ne se rassura un peu que lorsque M. Gentil lui eut demandé deux de ses hommes pour le conduire au but de son voyage.

Le 20 octobre, M. Gentil quittait Massénia et regagnait à Maggi le *Léon-Blot*, avec lequel il descendait le Bahr Erguieg jusqu'à son confluent avec le Chari, puis poursuivait, en aval de la cité renaissante de Bougoman, la descente et l'exploration du fleuve majestueux que Nachtigal a franchi une fois seulement dans cette dernière partie de son cours.

On entra bientôt dans des pays jadis dépendants du Baguirmi et, depuis la facile conquête du Bornou par Rabah, soumis à ce redoutable flibustier.

On passa devant l'embouchure du principal affluent ou de la branche gauche du Chari, le Logone — un fleuve magnifique à fort courant — et devant le grand village fortifié de Koussouri, établi dans une excellente situation stratégique sur la rive gauche.

Puis on arriva à la tête du Delta, au point de départ des deux branches importantes entre lesquelles le principal tributaire du Tchad se divise d'abord : la branche de Makaré et la branche de Goulfeï.

C'est dans cette dernière, la plus orientale, que s'engagea le *Léon-Blot*.

Il ne tarda pas à se trouver en présence d'une nouvelle forteresse de Rabah, Goulfeï, remarquablement placée au point de vue stratégique sur la rive gauche du fleuve.

Bientôt on constata que le Chari se divisait en une série de canaux entourant des îles nombreuses et constituant un fouillis en quelque sorte inextricable; on pénétra au milieu des joncs et des papyrus...

On en sortit le 1er novembre 1897, pour entrer enfin dans les eaux fraîches du lac Tchad.

— C'était, — a écrit M. Gentil, — un spectacle merveilleux — une vraie mer — d'autant plus que, pour compléter l'illusion, une jolie brise soufflait, qui formait un clapotis assez sérieux!

Les eaux en sont douces, ce qui surprit beaucoup les marins gabonais du *Léon-Blot*.

C'était la première fois qu'un vapeur, qu'un bâtiment européen voguait sur les eaux mystérieuses du grand lac africain.

Grâce à Émile Gentil, l'honneur en revenait à la France!

*
* *

De retour, en 1898, à Paris, où il fut accueilli avec enthousiasme par tous ceux qui se tiennent au courant des choses d'Afrique, le vaillant explorateur apprit bientôt que les résultats politiques et économiques et sa mission étaient compromis par Rabah qui parcourait en vainqueur, terrorisait et dévastait les régions qui venaient d'être placées sous notre protectorat.

Une seconde expédition s'imposait.

Au mois de mars 1899, le *Bulletin du Comité de l'Afrique* publiait l'information suivante :

M. Émile Gentil, administrateur des colonies, vient d'être nommé commissaire du gouvernement dans le Chari. Le poste nouveau qu'il est appelé à occuper indique nettement la volonté du gouvernement français d'occuper effectivement et d'ouvrir à la colonisation le Baguirmi et le bassin du Chari et du Tchad.

M. Gentil sera accompagné dans sa mission par M. l'administrateur Bretonnet déjà parvenu au Chari, et de MM. les capitaines Robillot et de Cointet, le médecin militaire Sibut, les administrateurs Bruel et Rousset, et le chef d'exploration de Mostuéjouls.

On sait le sort malheureux qui attendait le détachement Bretonnet massacré à Niellim par les troupes de Rabah.

Gentil avait de nouvelles victimes à venger.

Le 10 octobre, il confia au capitaine Robillot le commandement des forces disponibles du Chari, qui se trouvaient concentrées à Fort-Archambault, et le chargea d'organiser la marche en avant.

Les préparatifs de campagne furent bientôt faits.

Le 23 octobre, le capitaine Robillot se mit en route, à la tête de trois compagnies de tirailleurs auxiliaires et de deux sections d'artillerie, formant un effectif de 344 indigènes et de 26 Européens.

Après une marche difficile le long du Chari, la petite colonne rencontra Rabah à Kouno.

Il était à la tête d'une armée de plusieurs milliers d'hommes et avait avec lui des canons.

Le combat dura toute la journée.

Le village fut emporté d'assaut et les soldats taillés en pièces.

* * *

Mais laissons le capitaine Robillot raconter lui-même, dans son rapport du 8 novembre 1899, les palpitantes péripéties de cet héroïque fait d'armes :

« Le départ du Fort-Archambault eut lieu le 23 octobre au point du jour.

« Les trois compagnies devaient suivre la rive gauche du fleuve parallèlement à la flottille, de façon que les deux groupes pussent se prêter mutuellement appui.

« La flottille devait chaque soir alimenter la colonne de terre en vivres et lui faire franchir les affluents sur les bras du Chari qu'elle rencontrerait.

Portrait de M. Émile Gentil.

« La marche jusqu'à Kouno s'effectua de cette manière.

« Toutefois, le grand nombre d'affluents des bras latéraux du Chari et les immenses marais qui le bordent rendaient la marche sensiblement pénible.

« La colonne de terre est parfois obligée de s'écarter beaucoup de la rive.

« Jusqu'à 10 kilomètres en amont du Niellim, atteint le 27 au soir, les deux groupes n'ont pu se réunir que trois fois en sept jours.

« Le 28, après un dernier passage de marigot, les deux groupes campaient à quatre kilomètres de Kouno.

« La marche n'a présenté aucune espèce d'incident.

« On marchait de cinq heures du matin à cinq heures du soir, avec deux heures de grande halte de onze heures à une heure, à raison de 2 kilomètres à 2 kilomètres 1/2 à l'heure, presque toujours sans chemin frayé.

« Les indigènes ont déserté le pays.

« La colonne n'entra en relations avec eux qu'un peu avant le défilé de Niellim, où elle est rejointe par des envoyés de Gaourang et aux montagnes mêmes où les habitants nous font fête et nous confirment les nouvelles suivantes :

« Rabah est à Kouno et ne croit pas à l'arrivée des Français ; une partie de ses forces est sur le Logone devant Laï ; beaucoup de ses guerriers cernent le pays en quête de vivres.

« Le 29 mai au matin, après une nuit absolument calme pendant laquelle nos patrouilles constatent que les groupes de cases entourant Kouno sont encore habités, la marche est reprise sur le camp de Rabah.

« A trois kilomètres de la ville, l'artillerie est débarquée en arrière des derniers mouvements de terrain et traînée à bras au centre de la colonne qui suit exactement la berge, les trois compagnies en échiquier.

« Le service des munitions est assuré par les non-combattants de la flottille et les porteurs qui ont échangé leurs charges contre des caisses de projectiles.

« L'artillerie a de cette manière 40 charges de munitions avec les pièces.

« Aussitôt ce débarquement opéré, la flottille reprend le large et se maintient à la hauteur de l'avant-garde.

« Une série de signaux convenus d'avance la met en liaison avec la colonne de terre.

*
* *

« A 2 kilomètres de Kouno, au moment où elle sort des derniers fourrés, la colonne se trouve en présence d'une mince ligne de tirailleurs ennemis.

« Ils sont à 500 mètres environ des premières cases de la ville et avancent rapidement.

« En arrière de ceux-ci, on aperçoit des groupes plus nombreux sortir de la ville et entamer un mouvement tournant sur la gauche de la colonne.

« Presque immédiatement, l'artillerie de la colonne de terre et la flottille ouvrent simultanément le feu sur les plus grandes masses ennemies et sur la ville.

« Rabah répond avec les trois pièces de 4, prises aux Baguirmiens, dont le tir, admirablement réglé en trois coups, nous cause des pertes sérieuses toute la journée.

« Le combat, commencé à 9 h. 30 du matin, se prolonge, en avançant lentement jusqu'à 600 mètres de la ville, jusque vers 11 h. 1/2.

« A cette heure, et au moment où la droite ennemie commence à se rabattre sur le derrière de la colonne, celle-ci se porte brusquement en avant, culbute toute la gauche ennemie, qu'entraîne dans sa retraite le reste de l'armée de Rabah, et enlève la ville que les tirailleurs incendient en avançant.

« Malheureusement, emportées par leur élan, les deux premières compagnies se jettent sur le camp fortifié, construit au centre de la ville, d'où part un feu des plus violents.

« En un instant, elles sont décimées, le maréchal des logis Possel est tué au moment où il tente d'escalader le réduit.

« Les deux compagnies sont forcées de reculer de quelques mètres et viennent s'abriter derrière les cases les plus rapprochées du réduit.

« Elles sont rapidement remises en ordre.

« A partir de ce moment, l'action se concentre exclusivement sur le saillant du réduit où nous nous efforçons d'ouvrir une brèche, pendant qu'à travers la palissade les tirailleurs criblent de balles les derniers défenseurs de la ville.

« Le combat est, de part et d'autre, extrêmement meurtrier; l'artillerie ennemie éteint son feu vers trois heures, mais une demi-heure plus tard, la nôtre, qui s'est avancée jusqu'à 50 mètres du réduit, n'a plus qu'une pièce en état de servir et bientôt ses munitions sont épuisées sans que la brèche ait été ouverte...

« A ce moment, Rabah, battu en plaine, est en fuite depuis midi avec presque toute son armée; ses pertes sont énormes et il ne reste dans le réduit que quelques défenseurs qui se feront tuer jusqu'au dernier pour protéger la retraite de leur maître, en nous infligeant des pertes irréparables.

« De notre côté, nous avons près de la moitié de l'effectif hors de combat, et l'assaut du réduit qui n'est plus qu'un charnier, et sera forcément évacué la nuit, nous coûterait le reste de nos tirailleurs.

« Aussi, malgré leur désir de tenter l'escalade, je donne l'ordre, à quatre heures, d'incendier le reste de la ville et de se replier au bord du Chari, à l'accotage de la flottille.

Celle-ci est mouillée à 1,200 mètres du fort de Kouno, sur un banc de sable complètement nu, où toute surprise de nuit est impossible, si l'ennemi était encore à même d'en tenter une.

« La retraite s'opère par échelons, dans l'ordre le plus parfait, les blessés, les armes et les munitions ramassés au fur et à mesure par l'échelon qui rompt le premier, tandis que les autres battent le réduit et les cases de feux de salve qui empêchent les défenseurs de tenter tout retour offensif.

A six heures, les trois compagnies avaient rallié le *Blot* sans être poursuivies. Le combat était terminé.

Les troupes campaient devant la ville, protégées par une petite tranchée-abri faite en quelques minutes dans le sable et les hommes harassés pouvaient enfin manger et prendre un peu de repos.

∗ ∗ ∗

« Pendant l'action et sous le feu de l'ennemi, tous les blessés avaient été pansés.

« La flottille avait largement contribué au succès de la journée : 1° en bombardant la ville et les réserves ennemies ; 2° en poursuivant en aval de Kouno des bandes qui fuyaient le long des rives; enfin, en assurant pendant toute la journée avec une régularité parfaite le ravitaillement en cartouches et en munitions d'artillerie.

« Le combat de Kouno nous coûte un maréchal des logis tué, le maréchal des logis de Possel, 40 indigènes tués, 4 Européens blessés.

« Le 30 au matin, aucune démonstration hostile de l'ennemi ne s'est produite.

« Kouno est décidément évacué.

« Le retour à Fort-Archambault est décidé; il s'opère par la rive droite du fleuve qui offre une route plus facile et le 6 novembre toute la colonne était de retour à Fort.

« Les résultats de ce combat sont considérables : le but fixé a été pleinement atteint.

« Nos morts de Niellim sont victorieusement vengés et les pertes de Rabah sont énormes.

« Quant à lui, vaincu pour la première fois à son camp, puis chassé de la ville qu'il avait construite et qui est incendiée sous ses yeux, forcé de fuir précipitamment, il a dû se replier sur Dikao, capitale du Bobala, abandonnant le territoire du Baguirmi.

« Son prestige est fortement ébranlé, et ses soldats, déjà très

Après douze jours d'attente, les membres de la mission du Chari voient arriver des bœufs et des chèvres de belle taille.

éprouvés par le combat de Niellim, semblent complètement découragés.

« Enfin, la retraite de Rabah, entraînant celle de ses lieutenants, a permis au sultan Gaourang de nous faire parvenir des alliés aussitôt après notre retour à Fort-Archambault; sa jonction avec nous n'est plus qu'une question de jours. »

Ce que ne dit pas ce rapport, si simple et si modeste en sa forme, c'est l'héroïque conduite de celui qui l'a rédigé, du capitaine Robillot qui, blessé pendant l'action et perdant des flots de sang, ne cessa de diriger le combat avec le même calme et le même sang-froid.

Heureusement, M. Gentil sut réparer cette discrète omission et rendre publiquement hommage à l'admirable bravoure du chef de l'expédition.

Un nom de plus à insérer au Livre d'Or de nos héros africains!

*
* *

La victoire de Kouno asseyait définitivement notre influence sur la rive sud-est du lac Tchad.

Il ne restait plus à M. Gentil qu'à opérer sa jonction avec les missions Foureau-Lamy et Joalland-Meynier (Voulet-Chanoine).

Cette dernière partie de son programme ne tarda pas à passer dans le domaine des faits.

En effet, un télégramme adressé de Libreville, le 30 mars, donnait, d'après un télégramme de M. Gentil, daté du 30 janvier, les renseignements suivants sur notre situation dans le Chari :

« Le lieutenant Meynier, de la mission Joalland, vient d'atteindre l'un de nos postes avancés du Chari sur la rive droite du fleuve, le fort Archambault, où il a pris contact avec les forces placées sous la direction de M. Gentil.

« Le lieutenant Meynier était envoyé par le capitaine Joalland qui, de Zinder, s'était avancé vers le Tchad, avait traversé le Kanem, où il avait conclu un traité au nom de la France, puis, en suivant les rives du lac et se maintenant strictement dans notre sphère d'influence, était arrivé à Goulfei, sur le bas Chari. Le capitaine Joalland occupait Goulfei depuis le 9 décembre.

« M. Gentil s'est aussitôt porté lui-même à la rencontre du capitaine Joalland. Il espérait parvenir à Goulfei vers le 24 février.

« Il résulte, d'autre part, d'un télégramme tout récent de M. le gouverneur général de l'Afrique occidentale française, que M. le commandant Lamy, à la date du 15 janvier, se trouvait à Amadougou, à deux jours de marche du lac Tchad. »

Émile Gentil s'est donc brillamment et glorieusement acquitté de la tâche qui lui était confiée.

Voyons comment, de leur côté, ses émules ont rempli la leur

CLVIII

LE DRAME DU SOUDAN

Du Sénégal au lac Tchad. — La mission Voulet-Chanoine. — Accusation d'inhumanité. — Deux officiers en révolte. — Meurtre du colonel Klobb. — Le lieutenant Meynier n'est pas blessé. — Les doutes de l'opinion. — Coup de folies. — Massacre des deux rebelles. — La mission Joalland-Meynier. — Succès final.

Le lieutenant Meynier, que nous venons de citer comme ayant pris contact, sur les bords du lac Tchad, avec la mission Gentil, est l'une des victimes de cet effroyable drame du Soudan qui, l'année dernière, émut si profondément l'opinion publique.

Longtemps il passa pour avoir été tué aux côtés du malheureux colonel Klobb.

Plus tard on apprit qu'il n'avait été que blessé et qu'une fois rétabli il avait continué sa marche sous les ordres du capitaine Joalland, qui avait pris le commandement des forces réunies de la mission Voulet-Chanoine et de l'expédition Klobb.

On se rappelle les faits.

Les capitaines Voulet et Chanoine, partis du Sénégal pour joindre nos possessions soudanaises, au lac Tchad, avaient été dénoncés à plusieurs reprises pour avoir commis ou laissé commettre des atrocités dans leur marche à travers le Soudan français, et surtout aux environs de Saï sur le Niger.

Il fallait admettre que la mission était dans une situation critique, manquant de vivres, exposée au soleil des tropiques, à des dangers et à des fatigues extrêmes, ce qui était sinon une excuse, du moins, dans une certaine mesure, une atténuation aux actes qui lui étaient reprochés.

Néanmoins le gouvernement prescrivait une enquête et envoyait le lieutenant-colonel Klobb et le lieutenant Meynier avec ordre de prendre le commandement de la mission.

Non seulement les capitaines Voulet et Chanoine répondirent par un refus d'obéissance, mais devant l'attitude résolue du colonel Klobb et du lieutenant Meynier, ils firent ouvrir le feu par leurs troupes.

Le colonel fut tué, et le lieutenant grièvement blessé.

Le drame s'était passé à Damangar, près Zinder, le 14 juillet 1899.

* * *

Voici d'ailleurs les communications faites, à ce sujet, au mois d'août dernier, par le gouvernement :

« Le lieutenant-colonel Klobb, de l'artillerie de marine, et le lieutenant Meynier, de la même arme, viennent de trouver la mort au Soudan dans des circonstances particulièrement tragiques et douloureuses.

« On sait qu'à la suite des bruits fâcheux parvenus au ministère des Colonies touchant les procédés dont usait la mission Voulet-Chanoine vis-à-vis des indigènes, et les conditions dans lesquelles elle poursuivait sa marche vers le lac Tchad, le gouvernement, présidé par M. Dupuy, avait invité le lieutenant-colonel Klobb, qui se trouvait à Kayes, à se mettre à la recherche de cette mission, à faire une enquête sur les faits qui lui étaient reprochés, et dans tous les cas, après l'avoir rejointe, à en prendre le commandement.

« Le colonel Klobb se mit aussitôt en route avec le lieutenant Meynier, en vue de remplir la tâche délicate qui lui était confiée.

« Il quitta Kayes vers le 18 avril, à la tête d'une légère escorte, et finit par atteindre, le 14 juillet dernier, à Zinder, dans le Damangar, la forte colonne du capitaine Voulet. »

« Et voici, d'après les télégrammes des résidents de Saï, dans le Soudan, et de Porto-Novo, dans le Dahomey, ce qui se serait passé à ce poste et à cette date :

« Saint-Louis, le 19 août 1899.
« Colonies-Paris.

« Je reçois du résident de Saï le télégramme suivant :

« Je viens d'apprendre que le lieutenant-colonel Klobb et le lieutenant Meynier ont été assassinés par le capitaine Voulet près Zinder, à Damangar, le 14 juillet.

« Parmi les hommes de l'escorte, huit ont été blessés, neuf tués et deux ont disparu ; les survivants sont arrivés ce matin à Dasso ; les bagages sont perdus.

« Dès qu'il eut rejoint la mission Voulet, le colonel Klobb fit prévenir le capitaine; ce dernier lui répondit qu'il le recevrait à coups de fusil s'il avançait.

Le *Léon-Blot* sur le Tchad, c'était la première fois qu'un vapeur voguait sur les eaux mystérieuses du grand lac africain.

« Le colonel s'avança et se fit reconnaître par le capitaine Voulet, qui le somma de s'arrêter.

« Le colonel Klobb répliqua qu'il avancerait, tout en donnant l'assurance qu'il ne tirerait pas.

« Arrivés à 150 mètres de la troupe du capitaine Voulet, le

colonel Klobb essuya trois feux de salve commandés par le capitaine, et suivis de feu à volonté.

« Le lieutenant Meynier fut tué le premier par une balle au flanc; le colonel Klobb, après avoir été blessé à la jambe d'un coup de feu, fut également tué par une seconde balle à la tête.

« Aussitôt le capitaine Voulet fit exécuter une charge à la baïonnette.

« L'escorte du colonel Klobb, voyant ses deux chefs tués, bat en retraite sous le commandement d'un sergent indigène, après avoir réuni les blessés.

« Elle vient d'arriver à Dasso, rapportant la copie d'une lettre adressée par le capitaine Voulet au colonel Klobb.

« L'original de cette lettre a été envoyé au Dahomey par le commandant de la deuxième brigade Bosso (sic).

« Je fais une enquête dont les résultats vous seront transmis le plus tôt possible.

« BERGÈS. »

« Porto-Novo, 19 août 1899.
« Colonies-Paris.

« Résident supérieur du Haut-Dahomey en tournée m'adresse le télégramme suivant que je vous transmets sauf confirmation :

« Péréré, 18 août.

« Capitaine Le Sol vient de m'adresser un courrier que je reçois
« en route, m'annonçant que le lieutenant-colonel Klobb, le lieute-
« nant Meynier et quelques soldats et porteurs de leur escorte ont
« été tués sur les ordres du capitaine Voulet, qui s'était refusé à
« remettre au colonel Klobb le commandement de sa mission.

« Le capitaine disait au colonel, dans une lettre violente, qu'il
« avait avec lui 600 fusils et qu'il le traiterait en ennemi s'il avan-
« çait.

« Le colonel s'efforça d'être reconnu par Voulet, mais trois feux
« de salve, tirés à son approche, l'atteignirent et le blessèrent ainsi
« que le lieutenant Meynier, celui-ci mortellement.

« Le colonel fut tué par une balle à la tête, à une deuxième dé-
« charge. »

« J'ai demandé confirmation d'urgence de ce télégramme au

résident supérieur et lui ai prescrit de me communiquer tous les nouveaux renseignements qu'il pourrait se procurer.

« FONSSAGRIVES. »

* * *

Malgré la précision des détails et la diversité des sources d'information, l'opinion publique se refusa tout d'abord à ajouter foi à cette horrible nouvelle.

Un journal écrivait à ce propos :

Les renseignements que nous possédons sur les circonstances du meurtre sont encore trop vagues pour que nous puissions apprécier ce douloureux événement.

Il est permis encore d'espérer que le colonel Klobb et le lieutenant Meynier n'ont pas été lâchement assassinés par des Français, mais par les indigènes de la région très dangereuse qu'ils traversaient.

C'est, d'ailleurs, l'opinion fermement exprimée par un homme connaissant à fond les choses de l'Afrique, le lieutenant-colonel Monteil, qui connaissait intimement tous les acteurs du drame.

Le colonel Klobb avait en effet été, au Soudan, son chef d'état-major, et il recevait les capitaines Voulet et Chanoine comme des enfants de sa maison.

Souvent, ils lui avaient confié leurs espérances patriotiques et il les avait toujours trouvés pleins d'abnégation, d'énergie et de courage.

Le colonel Monteil se refuse à croire qu'ils aient commis le crime dont on les accuse.

Il croit à une erreur ou à une calomnie.

D'autre part, un homme également versé dans les choses coloniales, M. de Pouvourville, publiait un article où il s'efforçait de démontrer l'invraisemblance de ce drame.

En voici les principaux passages :

Voici une petite semaine que le gouvernement refuse de donner le moindre détail sur l'affaire Voulet-Klobb et sur le fameux désastre de Damangar. M. de Lanessan, qui accusa Voulet avec autant de légèreté qu'il met de lourdeur à défendre Freystætter, commence à regretter d'avoir donné l'estampille officielle aux racontars d'un nègre et aux doléances d'un résident curieux. Et, après avoir plongé dans l'anxiété et la désolation une foule de familles, il rentre dans sa coquille et refuse désormais toute explication ou toute confirmation de cette fameuse dépêche que le département propagea avec un si scandaleux éclat.

On se rappelle que cette version de massacre s'appuie sur les accusations d'un lieutenant, M. Peteau, et d'un sergent nègre; que ces accusations empruntaient une grande force à cette affirmation, que le colonel Klobb et le capitaine

Voulet étaient depuis longtemps très mal ensemble; enfin on précisait la date du drame du 14 juillet 1899, et le lieu, Damangar, à 250 kilomètres environ à l'est de Zinder.

Le maréchal des logis Possel est tué au moment où il tente d'escalader le réduit.

Il n'est pas vrai que M. Peteau soit un accusateur impartial de la mission. Pourquoi? Parce qu'il a été, comme insuffisant et incapable, renvoyé de ladite mission. Écoutez plutôt : « Il n'y a eu qu'une défaillance regrettable : celle du lieutenant Peteau, que j'ai dû renvoyer en France; cet officier manquait de l'enthousiasme et de l'énergie désirables : cela n'a d'ailleurs aucune importance, et il faut savoir, à un moment donné, se séparer des éléments de désorganisation et de découragement. — (Lettre de M. Voulet à ses parents.)

Assassinats du colonel Klobb et du lieutenant Meynier.

Au lieu de rentrer en France, M. Peteau s'est fait attacher au poste de Kita (Soudan occidental) et a commencé là son œuvre sournoise.

Non, il n'est pas vrai que le colonel Klobb et le capitaine Voulet aient jamais eu ensemble le moindre différend, soit en service, soit de personnes; et sur la demande même de Voulet, Klobb a commandé la mission sur le territoire du Soudan.

Des lettres du capitaine Voulet établissent que les relations entre lui et le colonel Klobb étaient des plus courtoises.

Non, il n'est pas vrai que le colonel Klobb ait pu être massacré à Damangar, le 14 juillet, par la mission Voulet : 1° parce que, d'après une dépêche officielle, la mission Voulet était à Zinder, victorieuse de nombreux combats, le 15 juin ; 2° parce que, à cette même date du 15 juin, le colonel Klobb, d'après un rapport officiel, était au poste de Say, sur le Niger ; 3° parce que, il est matériellement impossible au colonel Klobb, mal outillé, mal défendu, d'avoir rejoint la mission Voulet, dans les régions où celle-ci avait peine à se frayer un passage avec ses six cents fusils et où Casemajou et sa mission avaient été massacrés par des noirs ; 4° parce qu'il est inadmissible, dans un pays équatorial, qu'entre le 15 juin et le 14 juillet, le colonel Klobb ait accompli les douze cents kilomètres qui séparent Say de Damangar ; 5° parce qu'il est inadmissible que le sergent noir, fugitif et soi-disant témoin du massacre, ait pu, du 14 juillet au 15 août (jour de l'envoi de la première dépêche), faire, à lui seul, en pays ennemi, les mêmes douze cents kilomètres, en sens inverse, de Damangar à Say !

Dès aujourd'hui, disait en terminant M. de Pouvourville, il faut crier bien haut que le massacre de Damangar est une affreuse légende, et que si le malheureux colonel Klobb a été assassiné, ce n'est ni ce jour-là, ni à cet endroit-là, ni par la mission Voulet qu'il avait quittée le 5 janvier, sur le Niger, et que, depuis lors, il n'a jamais revue.

*
* *

Hélas ! l'affreux événement n'était que trop réel.

Une seule erreur avait été commise : le lieutenant Meynier n'avait été que blessé.

Bientôt même on apprit que les capitaines Voulet et Chanoine avaient expié leur coup de folie.

Le maréchal des logis Toureau, qui assistait à l'affaire, raconta que les deux officiers rebelles avaient été massacrés par leurs propres tirailleurs.

D'après lui, ce fut le capitaine Voulet qui commanda le feu contre le colonel Klobb et son escorte, mais Chanoine était l'âme damnée de la mission.

Leur forfait accompli, Voulet et Chanoine insistèrent auprès de leurs compagnons pour que ceux-ci les suivent, tout en laissant libres ceux qui s'y refusaient, de retourner en arrière.

Voulet aurait manifesté l'intention de fonder un empire au centre de l'Afrique, et la condition qu'il imposait aux hommes qui consentaient à l'accompagner était de ne jamais retourner dans leur pays.

Cette restriction causa la perte de Voulet et de Chanoine.

Les noirs, mécontents des conditions qu'on leur imposait, tinrent toute la nuit des conciliabules, et le matin, au petit jour, sortirent en armes du village, et ouvrirent des feux de salve sur les cases des officiers.

Chanoine fut abattu de plusieurs balles en sortant de la sienne.

Voulet, qui s'enfuyait précipitamment dans la brousse, fut atteint à son tour et tomba mortellement frappé.

Leurs corps furent ensevelis par les tirailleurs, dont le maréchal des logis Toureau avait pris le commandement.

Peu après ce terrible drame, toutes les fractions de la mission réunies sous le commandement du capitaine Joalland, reprenaient leur marche vers le Tchad.

. .

Quand il ne put plus douter de la vérité, le public s'ingénia à découvrir les mobiles auxquels avaient pu obéir les deux meurtriers.

La lettre suivante, adressée quelques mois auparavant à sa famille par le capitaine Voulet, semblait faire justice de l'accusation d'inhumanité portée contre lui et son collègue.

La mission continue sa marche en avant dans de bonnes conditions.

Seule, la rareté des points d'eau a donné naissance à d'assez grandes difficultés dont la conséquence se traduit par une perte de temps.

D'autre part, *dans un but d'humanité*, nous avons substitué le transport des charges du convoi par animaux au portage à tête d'homme.

Nous avons actuellement 40 chevaux, 200 ânes et 100 bœufs porteurs.

La cavalerie comprend 60 chevaux encadrés et enrégimentés, ainsi qu'un même nombre fourni par les Maouri.

Le troupeau se maintient à 200 bœufs.

Dans ces conditions, la marche est évidemment assez lente, *mais nous avons la grande satisfaction de ne sacrifier aucune existence humaine*.

Chaque jour il nous faut trouver 40 tonnes d'eau. Dur problème.

Quoi qu'il en soit, quand la mission sera arrivée au but, l'expérience que nous aurons fournie aura évidemment une autre portée que celle que l'on peut déduire du passage de quelques hommes.

... Comme l'effectif de la mission le permet chaque fois qu'il s'agit de franchir un espace désert ou de pénétrer dans une région inconnue, un camp est formé.

On a soin de laisser les *impedimenta*, puis un détachement très léger part reconnaître le pays à trois, quatre ou cinq jours de marche, suivant le cas.

Le détachement prépare et étudie le pays, détermine les emplacements que la mission devra occuper simultanément ou successivement.

Ainsi il ne peut y avoir ni incertitude, ni surprise, ni désordre.

Tout est prévu, absolument dans les mêmes conditions que le fourrier établit son cantonnement.

De sorte que la mission n'est point exposée à périr par suite de l'erreur, *volontaire ou non*, d'un guide ou de la trahison d'un indigène qui a *oublié* la situation des puits et qui promène ses dupes dans toutes les directions jusqu'au moment où la soif affole tout le monde.

C'est ainsi que Flatters est mort !

Ce n'est évidemment pas là le langage d'un barbare, d'un buveur de sang.

Il y eut une tendance à croire qu'il n'y avait rien de fondé dans les reproches de férocité adressés aux deux officiers, et qu'ils avaient dû perdre la tête en se voyant injustement déposséder de leur commandement, en se voyant ravir le fruit de leurs efforts.

C'est que, dans les pays tropicaux, les cerveaux s'excitent vite.

Il suffit, pour s'en convaincre, de se rappeler les scènes de cannibalisme reprochées à Stanley, les actes monstrueux que des fonctionnaires allemands ont perpétrés au Cameroun et dans l'Afrique occidentale et tant d'autres encore dont le souvenir ne s'effacera jamais.

Et quand on pense que ces malheureux ainsi exposés au soleil brûlant, aux fatigues extrêmes d'une expédition laborieuse, ont pu être hantés par cette pensée que leur existence, leur énergie, tout ce qu'ils donnaient sans marchander, était dépensé sans gloire et sans profit pour eux-mêmes, on s'expliquera presque que la folie ait pu les pousser au crime.

La complète lumière n'est pas encore faite sur cette lamentable affaire.

Le sera-t-elle jamais ?

Quoi qu'il en soit, grâce à la persévérante énergie du capitaine Joalland et du lieutenant Meynier, la mission dont étaient chargés les capitaines Voulet et Chanoine a atteint son but.

Malgré la lutte fratricide, malgré le sang français versé par des Français, elle a réussi à rejoindre, sur les bords du lac Tchad, les deux autres missions qui, parties de points opposés, s'y rendaient en même temps qu'elle : la mission Gentil dont nous avons parlé dans le précédent chapitre, et la mission Foureau-Lamy dont nous allons nous occuper.

CLIX

LA MISSION FOUREAU-LAMY

D'Alger au lac Tchad. — L'inviolable Sahara. — Composition et ordre de marche de la mission. — Énormes difficultés — Une marche terrible — Lettres des deux chefs — Le Fort Flatters. — Massacre d'un courrier. — Victoire sur les Touareg. — Dans l'Aïr. — Sur le Tchad. — Jonction des trois missions.

Guibuetou, fils de Mamadou, chef peulh de nos alliés.

La mission transsaharienne dirigée par M. Fernand Foureau et par le commandant Lamy, avait pour objectif la réunion politique et militaire de notre tronçon Algérie-Tunisie au centre de nos possessions africaines, c'est-à-dire au lac Tchad.

Malgré l'intrépidité de nos explorateurs, le Sahara était resté jusque-là inviolable.

Il était cependant de toute nécessité de lui arracher son secret.

Sans se laisser effrayer par le nombre des victimes, qu'engloutissait ce nouveau Sphinx, un caractère patient, énergique, convaincu, entreprit de le faire.

De taille un peu au-dessus de la moyenne, sec, nerveux, une tête au profil d'Arabe, le teint profondément hâlé, la physionomie souriante, d'une extrême mobilité et accusant une énergie froide, raisonnée, ponctuée par un regard d'une grande fixité, tel apparaît Fernand Foureau, le véritable chef de la mission transsaharienne.

Son abord, franchement sympathique, laisse deviner néanmoins l'homme habitué à lutter contre les difficultés matérielles et possédant une force morale peu commune.

Foureau est un modeste, doublé d'un érudit et d'un philosophe : c'est un sentiment patriotique qui l'anime, et son ambition plane au-dessus des calculs intéressés.

Son expédition fut organisée avec une science approfondie et un soin minutieux.

* * *

Voici, d'après une interview prise, à Biskra, au vicomte du Passage, attaché à la mission par le Muséum d'histoire naturelle et qui a dû la quitter à Aïn-el-Hadjadj, quels en étaient la composition et l'ordre de marche :

« La mission se compose de quatre civils : MM. Foureau, chef de la mission; Dorian, député; Villate, du service météorologique d'Alger, compagnon habituel de M. Foureau, et Leroy, touriste.

« La colonne militaire, sous les ordres du commandant Lamy, comprend 4 officiers de tirailleurs, 285 soldats, tirailleurs algériens et sahariens, et quelques spahis. En tout 310 hommes.

« Onze cents chameaux, achetés à Ouargla et dans le Sud oranais, portent les cantines, les bagages et les vivres.

« Chaque homme est armé d'une carabine à répétition, modèle de la cavalerie, et porte 120 cartouches à la ceinture. Deux canons de montagne suivent la colonne.

« Le commandant Lamy, qui connaît le Sahara aussi bien que M. Foureau, a pris les précautions les plus minutieuses pour prévenir les attaques des Touareg. Voici quelques particularités de l'ordre de marche :

« En marche, le convoi est gardé par des escouades de tirailleurs.

« Après le déchargement des bagages, à l'étape, les chameaux sont envoyés au pâturage sous la garde de soldats ; ils sont ramenés à la tombée du jour et sont aussitôt couchés et entravés des deux jambes au milieu du camp.

« Il est à craindre, en effet, en cas d'attaque, que ces animaux, naturellement peureux, ne soient effrayés par la fusillade et ne partent de tous côtés, diminuant ainsi les moyens de défense.

« La nuit, chaque homme couche avec sa carabine sous sa couverture.

« On ne forme jamais les faisceaux.

« Tous les jours, un officier et quatre sous-officiers sont de garde.

« Le camp est formé en carré avec, sur chaque face, deux sections de tirailleurs commandées par un officier.

« Les Touareg attaquant l'ennemi, à l'aube, au moment où les chameliers sont occupés au chargement de leurs bêtes, les sentinelles sont doublées, à l'heure du réveil, et deux spahis tournent autour du camp et en sens inverse, jusqu'à ce que les chameaux soient prêts à être mis en marche.

« Le commandant Lamy doit, en effet, s'attendre à tout dans le Sahara et il lui faut éviter les pièges et les surprises dont furent victimes, entre autres, les infortunés soldats de la colonne Bonnier.

***

« Les deux chefs, MM. Foureau et Lamy, s'entendent très bien, ce qui est un heureux présage, et tous les membres de la mission sont en bonne santé.

« A l'exception des malaises que causent forcément les eaux magnésiennes et sulfureuses des puits de la route, nous n'avons pas été malades, — m'a dit M. du Passage. — Encore ces malaises sont-ils de courte durée et cessent dès qu'on trouve une eau de meilleure qualité... Publiez-le ; cette nouvelle rassurera les nombreux parents et amis des explorateurs sahariens. »

« M. du Passage, qui regrette beaucoup d'avoir été obligé de quitter la mission à Aïn-el-Hadjadj, a bien voulu me donner aussi quelques renseignements sur la marche de la colonne.

« D'Ouargla à Aïn-el-Hadjadj, la mission n'a rencontré personne.

« A El-Biodh, où les palmiers plantés par Flatters sont en pleine prospérité, une alerte sans importance a permis de constater qu'en moins d'une minute tous les hommes étaient sur la défensive et à leur poste de combat.

« A Temassinin, désespérant de ne jamais s'en servir contre les Touareg, les deux canons ont été essayés devant le gardien de la kouba et ses enfants.

« A l'approche de la mission, ce brave nègre avait expédié sa femme sur un mehari, dans la crainte, probablement, de se la laisser voler par un tirailleur.

« L'effet fut celui qu'on attendait.

« L'esclave touareg n'en croyait pas ses yeux et ne pouvait comprendre qu'on pût faire sauter une dune à deux mille mètres de distance.

« Il pourra maintenant dire aux nomades que la colonne française ne les craint pas.

« Les Touareg font le vide autour de la mission.

« On ne peut savoir dans quelle direction leurs tribus sont campées.

« M. Foureau leur a fait dire par des Chambâa qu'ils pouvaient venir le voir sans crainte ; il leur a écrit plusieurs fois, mais toujours ses messages sont restés sans réponse. »

*
* *

Au mois d'avril 1899, la Société de géographie de Paris recevait un courrier de M. Foureau, daté du 9 février, puits d'In-Azaoua. Il apportait d'excellentes nouvelles de la mission.

Voici, d'ailleurs, le principal passage de cette lettre :

« La mission est arrivée à In-Azaoua le 2 février, après une pénible traversée de la partie du Sahara qui s'étend entre Tadent et Assiou.

« Pas d'eau sur toute la route, cela va de soi au Sahara ; mais, comme complication, ni bois, ni un atome de végétation.

« La mission a donc dû charger, sur les animaux de convoi, non seulement le bois indispensable à la cuisson des aliments, mais aussi de la nourriture pour cinq jours pour tous les chameaux.

« Les animaux, déjà épuisés par les longues fatigues éprouvées dans les traversées du Tindesset et de l'Anakel, par le manque de bonne nourriture presque depuis Tebalbalet, ont payé un large tribut à cette marche, et 140 d'entre eux ont dû être abandonnés pendant ces sept jours.

« Le puits d'Assiou n'existe pour ainsi dire plus comme point d'eau, puisqu'il n'a guère pu nous en fournir qu'une centaine de litres.

Les chameaux sont ramenés à la tombée du jour et entravés.

« Il est remplacé par In-Azaoua où nous sommes campés, et où le débit est assez important.

« Ces deux puits sont, du reste, situés dans le même ouadaou, dans deux branches du même oud, le Tafassasset.

« Devant la pénurie de chameaux et étant données les pertes d'animaux que nous avons faites, il est possible que nous ne puissions pas emporter tous nos bagages d'un seul coup.

« Dans cette alternative, et pendant que les chameaux sont au pâturage à une trentaine de kilomètres du puits sous la garde d'une moitié de l'escorte, les hommes de l'escorte de mission (du 1er régiment de tirailleurs) ont construit une petite redoute en pierres sèches de 20 mètres de côté.

« Cette redoute, qui se nomme Fort-Flatters, commande le puits et les environs; nous laisserons dans cette redoute la partie des bagages qu'il ne serait pas possible de charger; le commandant Lamy en confierait la garde à 50 hommes, qui attendraient ainsi en sécurité le moment où nous pourrions envoyer les prendre avec des animaux frais.

« Il ne pourra être pris de décision qu'au moment où les animaux rentreront du pâturage.

« Le contact de la mission a été admirablement assuré jusqu'ici par le capitaine Pein, commandant le bureau arabe de Ouargla, qui s'est avancé avec son goum indigène jusqu'à Afara, et le lieutenant de Thézillot, des spahis sahariens à méhara, qui est venu nous rejoindre à In-Azaoua, accompagnant un convoi de ravitaillement qui nous était destiné.

« Nous ne saurions trop louer l'énergie et le dévouement dont ces deux officiers ont fait preuve au profit de la mission.

« Nous repartirons incessamment pour l'Aïr, dont les premiers villages ne sont plus guère qu'à une dizaine de jours de marche de nous.

« Nous les atteindrons, je pense, sans difficulté, le terrain devenant plus favorable et la végétation reparaissant à partir d'environ 80 kilomètres d'In-Azaoua.

« Les indigènes ne paraissent point; nous n'avons pas vu de caravanes en route, sauf une, le jour de l'arrivée à In-Azaoua, et encore elle s'est empressée de disparaître sans prendre contact; ce devaient être des Issakkamaren marchant vers le Soudan. »

***

D'autre part, dans une lettre adressée au Comité de l'Afrique française, à la même date, M. Foureau disait :

« Nous avons accompli, sans encombre, la partie que je considère comme la plus difficile du voyage, au point de vue des obstacles matériels.

« Nous avons traversé, sans rencontre fâcheuse, sans accidents, presque toute la région désertique, et c'est à peine si une dizaine de jours nous séparent maintenant de l'Aïr, but du voyage.

« Nous continuons à recueillir tous les documents scientifiques intéressants et les éléments nécessaires pour publier plus tard une étude complète sur les régions traversées. »

De son côté, le commandant Lamy écrivait, du même endroit et le même jour, à un de ses amis habitant Marseille :

« Nous venons d'effectuer ce que jamais troupe européenne n'a fait nulle part et à aucune époque de l'histoire : la traversée du célèbre désert du Tan-ez-Ronft, dans d'excellentes conditions.

« Nous sommes restés six jours, marchant douze heures par jours, sans arrêter, et parcourant avec 900 chameaux des distances de 42 kilomètres par jour, à travers un pays sans eau, sans bois, sans la moindre végétation, sans trouver quoi que ce soit pour faire manger nos pauvres chameaux, sans rencontrer âme qui vive, sans voir un oiseau ou un animal quelconque : en un mot, c'est le désert dans toute son horreur.

« La route que nous avons suivie n'était jalonnée que par des cadavres de chameaux.

« Mais tout notre personnel et tous nos approvisionnements sont arrivés à bon port.

« Nous sommes ici depuis huit jours, faisant reposer et manger nos pauvres animaux.

« Demain nous repartons, mais la route à faire reste relativement facile.

« Nous n'avons plus de difficultés à vaincre ; les étapes seront courtes ; nos bêtes auront à boire et à manger en quantité suffisante : c'est maintenant l'abondance après une horrible disette.

« Dans huit jours, nous arriverons aux premiers villages habités de l'Aïr ; ce sera la joie dans le camp.

« La santé de tous est parfaite, la bonne humeur, la gaieté qui règnent parmi nous ne laisseraient pas croire que nous sommes en semblable pays.

« Notre mission vient de s'augmenter de trente spahis sahariens qui nous ont amené quelques centaines de kilos de dattes, de farine et d'orge.

« Rien ne nous manque ; nous avons même assez de vivres pour en laisser en réserve dans un fortin que je fais construire ici et où nous laisserons une soixantaine d'hommes pour le garder.

« Vous n'avez donc aucune inquiétude à avoir sur nous ; tout marche admirablement. »

A cette époque, la mission avait parcouru, depuis le 22 octobre 1898, jour de son départ de Ouargla, le joli total de 1,928 kilomètres.

Elle avait perdu 300 chameaux.

Au mois d'avril, la mission Foureau-Lamy arrivait saine et sauve dans l'Aïr, non toutefois sans avoir subi une furieuse attaque des Touareg.

Voici, à ce sujet, le témoignage d'un indigène de l'extrême-Sud.

« Avant d'atteindre ce point, nous écrit notre correspondant indigène, la mission a été attaquée par un parti de cinq cents Touareg, qui furent repoussés, laissant cinq des leurs sur le terrain et abandonnant quarante mehara.

« Ahmed ben El Bey, neveu de Si Abd-en-Nebi, que son oncle avait laissé auprès de la mission, pour rapporter le courrier d'Aïr, a été trahi par ses guides Isakamaren, rejoint par des Touareg de cette fraction et, sur son refus de livrer les plis dont il était porteur, a été massacré et brûlé avec les correspondances.

« Cette nouvelle a été confirmée à Ghadamès, par le Cheik Okha des Ifoghas — elle paraît mériter créance, car Ahmed ben El Bey eût sans cela été de retour depuis longtemps dans le sud algérien.

— Voici, du reste, le texte de la lettre adressée aux autorités françaises à ce sujet, par Si-Abd-en-Nebi :

« Une lettre m'est parvenue de chez les Ifoghas de Ghadamès, quant à Sid Ahmed ben El Bey, lequel était allé au Soudan avec la colonne de M. le Commandant, et était arrivé dans ce pays. A son retour, des Imghad du Cheik Ingmddaza ont attaqué Sid Ahmed ben El Bey. Ces serviteurs ont demandé à leur maître son fusil ; celui-ci a répondu qu'ils ne l'auraient qu'après sa mort.

« Les assassins ont tué Sid Ahmed, au lieu dit Tadent ; ils appartiennent aux Imgaghassen et sont compatriotes des assassins du mercanti à El Ouatia, du côté de Ghadamès.

« Lorsque je me suis séparé de M. le Commandant, j'ai dit à celui-ci que je ne tenais pas à me défaire de Sid Ahmed, n'ayant que lui pour m'accompagner pendant mon voyage. Néanmoins, le Commandant l'a gardé et nous a dit : « Votre fils est aussi le nôtre, « n'ayez aucune inquiétude à son sujet. »

« Sa mort m'a beaucoup affligé, d'autant qu'il n'a pas été tué par de braves individus, mais par des habitants d'El Krasse, chez lesquels nous sommes passés et qui se sont montrés bons à notre égard. Ces assassins sont de mauvais sujets, sur lesquels Guedassera, chef des Azdjer, prélève le droit de Ghefar. »

— Tels sont les renseignements précis que j'ai eus sur cette affaire.

« Salut de la part du Mokaddem Sid Abd-en-Nebi-ben-Ali et de l'écrivain du près. Si Mohamedent-ben-El-Hadj-Ali.

« Écrit dans le mois de Safar, de l'année 1316. »

Quelques jours après ce combat, les chefs Touareg qui avaient attaqué la mission exprimèrent au commandant Lamy leurs regrets à ce sujet et lui offrirent des chameaux et des vivres.

***

Nos compatriotes furent admirablement accueillis et traités par les notables de l'Aïr.

Pour le reste, les renseignements firent longtemps défaut.

Nous ne raconterons pas en détails la fin de cette odyssée, où Lamy devait trouver la mort...

Encore un nom marqué pour le Livre d'or des victimes de l'Afrique française.

Mais n'importe !

Comme les missions Gentil et Joalland, la mission Foureau-Lamy atteignit le lac Tchad où elle rencontra les premières.

L'information suivante, parue en avril 1900 dans la *Politique coloniale*, en faisait déjà foi :

« Le gouverneur de l'Afrique occidentale française a fait parvenir par le dernier courrier, au ministre des Colonies, le texte d'un télégramme que le sergent Bouthel lui avait adressé de Zinder le 15 février et que le bureau télégraphique de Diapaga lui avait transmis le 20 mars :

« Le sergent Bouthel faisait savoir que, depuis le départ vers le Tchad de la mission Joalland et de la mission Foureau-Lamy, il commandait le détachement maintenu à Zinder et dont la situation était excellente.

« D'après les informations qui lui étaient parvenues, le capitaine Joalland, après avoir pris contact avec les forces placées sous la direction de M. Gentil, devait être établi au sud du Tchad, sur le bas Chari.

« Le commandant Lamy, à la date du 15 janvier, se trouvait sur le Komadougou, à deux jours du Tchad, après avoir aidé le sultan de Kouka, dépossédé par Rabah, à reprendre son ancienne autorité.

« Rabah lui-même était en fuite, ainsi que son fils, qui avait évacué Dikoa, son centre d'action le plus important.

« Ces nouvelles avaient produit dans les régions voisines de Zinder l'effet le plus heureux au point de vue de notre influence.

« Enfin, l'un des membres de la mission Foureau-Lamy, M. Dorian, rentrait en France par la voie de nos possessions du

Soudan avec une escorte de vingt tirailleurs mise à sa disposition à Zinder par le sergent Bouthel.

« Dès qu'il a eu connaissance de ce retour, le résident de Saï, le capitaine Grandery, a, de son côté, envoyé à la rencontre de M. Dorian, pour mieux assurer sa sécurité, un détachement de soixante tirailleurs.

« A son tour et dans le même but, le gouverneur général de l'Afrique occidentale française vient, avec l'autorisation du ministre des Colonies, de prescrire l'envoi sur la rive gauche du Niger de deux cents hommes de la garnison de Dori, qui, sous la direction du capitaine Lambert, seront répartis entre nos postes de Dosso, de Bébey et de Matankari. »

*
* *

Ainsi se trouve réalisée la jonction de nos trois grands domaines coloniaux de l'Afrique continentale.

La voie est ouverte.

L'incident de Fachoda a fait sentir à tous les inconvénients de la dispersion de notre empire africain et la nécessité de l'unir par une grande voie ferrée, qui en constitue la charpente.

Attelons-nous au Transsaharien.

« Imitons, — dit M. Paul Leroy-Beaulieu, — imitons les Russes dans leur construction du Transsibérien ; ne nous laissons pas influencer par les considérations locales !

« N'ayons en vue que l'exécution de la grande œuvre, qui sera l'œuvre principale de la France au vingtième siècle : l'unification de notre empire africain par l'établissement de la voie ferrée la plus courte, rattachant le port algérien le plus près de Marseille à la région du Tchad, c'est-à-dire au centre de l'Afrique.

« A côté de cette entreprise, relativement facile et peu dispendieuse, les chemins de fer anglais du Cap au Caire ou du Tchad au Nil, quelque bruit que l'on fasse autour d'eux, seront, au point de vue économique et même politique, d'une importance restreinte. »

Quel avenir pour notre pays, si nous savons profiter des dures leçons de l'expérience et tirer parti des vastes étendues de territoire que nous reconnaît le dernier traité franco-anglais

Étendues qui nous eussent été disputées et que nous n'aurions sans doute jamais obtenues, si, au prix des souffrances et des périls que nous savons, la mission Marchand n'avait pas fait flotter nos trois couleurs sur le Haut-Nil !

CLX

L'ÉPÉE DE LA FRANCE.

De l'Algérie au Soudan. — Manœuvres souterraines. — Le fruit mûr. — La mission Flamand. — Attaque des Touareg. — Les victoires d'In-Salah et de Déramcha. — Envoi de renforts. — L'assaut d'In-Rhar. — Occupations d'Igli. — Le Gourara, le Touat et le Tidikelt sous notre domination. — Un empire colossal. — Le rôle futur de Marchand.

En même temps que les trois missions dont nous venons de parler menaient à bien leur œuvre de raccord de nos possessions africaines, une quatrième mission préparait le rattachement direct de l'Algérie au Soudan à travers le Sahara.

Les résultats déjà obtenus par cette mission ont trop d'importance et leur retentissement a été trop grand, pour que nous puissions nous dispenser d'en parler dans un ouvrage consacré à la gloire d'un des plus illustres pionniers de notre empire africain.

Nos lecteurs auront ainsi un aperçu général et complet de la question qui commence à passionner l'opinion publique et de la solution de laquelle dépendent et nos intérêts économiques et notre rang à la tête des nations civilisées.

Dans un discours prononcé au mois d'avril dernier, M. Laferrière, gouverneur de l'Algérie, prononçait ces paroles :

« ... Depuis le 3 août 1890, il existe des accords diplomatiques, d'après lesquels le sud, l'hinterland saharien qui sépare l'Algérie du Soudan, relève de la France.

« Mais, tandis que nous nous reposions sur notre bonne foi, des œuvres souterraines sourdissaient contre nous, et, à mesure que nous tardions à rendre notre possession effective, ces territoires se trouvaient usurpés par des autorités innomées.

« Il y avait là une situation périlleuse, car il pouvait arriver que, par suite de notre tranquillité et de l'activité subreptice d'autrui, cet hinterland, auquel nous avons droit, nous fût barré.

* *

« Et je ne dis pas là, messieurs, une chose frivole.

« Des géographes s'étaient déjà emparés de cette conception.

« J'ai vu, au cours de mes tournées dans les centres de colonisation, dans les écoles, des cartes de l'Afrique du Nord, où l'Algérie

Chanoine fut abattu en sortant de sa case.

était représentée teinte en rose, ayant à côté d'elle, à l'ouest, une immense région teinte en vert.

« Et cette région, non seulement descendait au sud au delà des limites reconnues, mais elle se retournait vers l'est, enveloppant l'Algérie, enveloppant la province d'Oran tout entière et plus loin jusque sous le méridien d'Alger.

Sultan dans le Zaouat.

« J'ai fait décrocher ces cartes !

« Mais, il ne suffisait pas, messieurs, de supprimer ces cartes sur les murs, il fallait aussi les supprimer sur le terrain.

⁎⁎⁎

« Et c'est alors que, m'inspirant de tout ce qui avait été fait par mes honorables prédécesseurs, à la vigilance et à la prévoyance desquels je rends hommage, j'ai, moi aussi, saisi le gouvernement.

« J'ai considéré que c'était là un acte de ma responsabilité personnelle, car je devais savoir ces choses, et lui n'était pas obligé de les savoir.

« J'ai dit ce qui se passait, et j'ai sollicité à mon tour des solutions qui étaient à l'étude lorsque des événements soudains les ont devancées.

« Cela prouve, messieurs, que, lorsque des questions aussi importantes sont mûres, il faut savoir les cueillir soi-même (*Très bien! Bravo!*) et ne pas attendre qu'elles se détachent et tombent toutes seules à l'improviste (*Bravo!*) de l'arbre mystérieux où les choses humaines sont en suspens! » (*Très vifs applaudissements.*)

Oui, il a suffi d'un peu de vent et de poussière, soulevée par le passage de la mission Flamand et de son escorte, pour faire tomber le fruit déjà trop mûr. On a vu alors combien la situation était devenue grave depuis 1890.

⁎⁎⁎

Qu'était-ce donc que la mission Flamand, et qui était l'homme qui la dirigeait?

M. Georges Flamand est né à Paris, le 9 février 1861.

Après avoir conquis ses grades scientifiques, il a été nommé maître de conférences, chargé de cours à l'École supérieure des sciences d'Alger.

Il est attaché, en outre, au service de la cartographie algérienne.

Officier d'Académie depuis le 20 avril 1895, il a obtenu, en 1898, le prix Duveyrier qui lui a été décerné par la Société de Géographie de Paris, à la suite d'une mission au Gourâra.

De cette mission, il a rapporté des études qu'il a publiées dans un volume intitulé : « *De l'Oranie au Gourâra.* »

C'est le 29 novembre 1899 qu'il partit d'Ouargla, à la tête de la mission à laquelle fait allusion le discours de M. Laferrière.

Organisée sous les auspices du ministère de l'Instruction publique, cette expédition était chargée d'explorer le Tadenaït, le Mouydir et le rag d'Adjemar, et de rapporter des renseignements sur les itinéraires les plus pratiques au point de vue de notre expansion dans le Sahara.

Un mois après son départ, la mission Flamand se trouvait aux alentours de Haci-Mongar, à l'entrée des oasis du Tidikelt.

Elle était accompagnée d'un nombreux convoi de chameaux dont il devenait de plus en plus difficile d'assurer la subsistance, les pâturages sur lesquels on comptait ayant été rapidement épuisés.

Pour refaire un peu ces animaux, très éprouvés par les fatigues et les privations, il eût fallu gagner la région d'In-Rhar, située au delà d'In-Salah.

Des négociations entamées dans le but d'obtenir le passage n'avaient pu aboutir.

D'autre part, l'attitude des indigènes devenait nettement hostile.

La situation était d'autant plus critique que le capitaine Germain, exécutant dans la région avec son escadron saharien diverses reconnaissances sans rapport avec le but de la mission, faisait annoncer par un spahi son intention de remonter vers le nord.

Ce même spahi apportait en outre un billet, écrit en arabe, qu'il avait trouvé non loin de là, fiché par un poignard sur le tronc d'un palmier de l'oasis de Haci-Mongar.

Sur ce billet, M. Jolly, professeur à la Médreça d'Alger et second de la mission, lut cette phrase menaçante : « Si vous dépassez Haci-Mongar, la poudre parlera. »

*
* *

Les chefs de la mission tinrent conseil.

Ils décidèrent de tenter auprès des gens d'In-Salah une suprême démarche et d'appeler auprès d'eux le capitaine Germain, pour le cas, à chaque instant plus probable, où une attaque se produirait.

Le lendemain, 28 décembre, au lever du jour, des groupes d'Arabes tentèrent, mais sans y parvenir, d'attirer la mission dans une embuscade.

De nouveaux efforts furent faits de notre part pour entrer en pourparlers.

Ils n'aboutirent pas, et désormais il apparut clairement que la lutte était inévitable.

L'escorte de la mission commandée par le capitaine Pein, secondé par les deux caïds Si-Ali et Si-Adda, se composait d'une centaine de Chaâmba, du goum d'Ouargla.

Détail à noter, quelques-uns de ces hommes s'étaient antérieurement distingués... en tenant la campagne contre nous.

Le naïb des Kadrya d'Ouargla, Si-Mohammed-Taïeb, qui s'était joint à la mission dans le but de la faire bénéficier de son influence sur certaines parties du Touat, était accompagné d'une vingtaine de serviteurs armés.

C'était donc 120 à 130 fusils que nous pouvions opposer aux douze cents Oulad Ba-Hammou et Oulad-Moktar qui venaient à notre rencontre.

L'ennemi s'avançait avec confiance et, selon la coutume arabe, criant, gesticulant, faisant la fantasia.

Le groupe des chefs vêtus de burnous aux couleurs éclatantes, accompagnés d'étendards multicolores, eût été digne de tenter le pinceau d'un Delacroix ou d'un Fromentin.

Cette vision s'évanouit rapidement, les coups de feu commençaient à s'échanger de part et d'autre.

L'engagement fut des plus vifs et à plusieurs reprises donna lieu à de véritables corps à corps.

A dix heures du matin, tout était terminé.

Nos pertes étaient minimes, l'ennemi laissait soixante-quinze cadavres sur le terrain.

Parmi ces derniers se trouvaient la plupart des membres de la famille des Badjouda, nos mortels ennemis et les inspirateurs de tous les crimes commis au Sahara depuis vingt ans.

Le chef de la famille lui-même, Si-el-Hadj-el-Madhi-el-Badjouda, était grièvement blessé. Il mourut quelques jours après.

Ainsi furent vengés au combat d'Igosten, le 28 décembre 1899, le lâche massacre de Flatters et les assassinats de Camille Douls et du lieutenant Palat.

* *

Deux étendards furent pris pendant ce combat, l'un aux Oulad-Moktar, l'autre aux gens de Azzi.

Ce sont ceux du bas dans notre photographie. Troués en maints endroits par les balles, ils sont tous deux entièrement rouges. Celui de gauche porte encore les traces du sang de ceux qui ne l'abandonnèrent qu'avec la vie.

Peu de temps après la fin de l'engagement, le capitaine Germain accourait avec ses spahis sahariens, ayant accompli en quelques heures une marche forcée de 45 kilomètres.

Rassuré désormais contre un retour offensif de l'ennemi, le capitaine Pein tentait de profiter de l'effet moral de son succès pour pénétrer dans la casba d'In-Salah.

Il y entrait le soir même sans coup férir et, le lendemain 29, y arborait solennellement les couleurs de la France.

Les vaincus d'Igosten s'étaient repliés vers le sud-ouest, du côté de l'Aoulef et d'Akabli, dont les gens étaient venus les renforcer.

A la faveur de la nuit, ces Sahariens... s'approchent des sentinelles.

Le 3 janvier, le lieutenant Soudant, des spahis sahariens, fut envoyé à la découverte dans cette direction, dans le but de rapporter des renseignements sur les intentions de l'ennemi et de reconnaître s'il nous serait enfin possible d'atteindre les pâturages d'In-Rhar, dont l'accès nous était de plus en plus nécessaire pour refaire les méharis du goum et des spahis ainsi que les chameaux du convoi.

A In-Rhar, l'ennemi étant en forces, le lieutenant Soudant se replia sur In-Salah.

La journée du 4 se passa dans l'attente d'une attaque qui n'eut pas lieu.

Le 5, les capitaines Pein et Germain résolurent de prendre l'offensive avec les deux cents hommes dont ils disposaient.

L'engagement eut lieu près du ksar de Déramcha. Il en a été publié un récit très mouvementé, écrit par le capitaine Germain lui-même. L'ennemi laissait sur le terrain cent cinquante morts et trois cents blessés.

Deux étendards furent enlevés : l'un aux gens de Tit, par nos goumiers des Saïd-Otba ; l'autre, trois fois abattu et trois fois vaillamment relevé, aux Oulad-Moktar par nos spahis sahariens.

Coïncidence singulière, ces étendards rappellent les couleurs espagnoles et nos couleurs françaises.

Le premier est rouge et jaune, en deux bandes horizontales ; le second, bleu, blanc et rouge, en cinq bandes horizontales, — rouge au milieu, bleu ensuite et blanc pour les bandes extérieures.

*
* *

Précisons la situation et l'importance d'In-Salah, que ce hardi coup de main nous livrait.

Quand on parle du Touat, cette dénomination englobe les régions du Gourâra, du Touat et du Tidikelt.

En réalité, le Gourâra était occupé par nos postes avancés qui ouvraient la route du Touat ; restait le Tidikelt dont l'occupation comprenait implicitement la solution de la question du Touat.

Le nom d'Aïn-Salah s'applique à un archipel d'oasis, comprises dans le Tidikelt, et dont la principale est Ksar-el-Kebir, occupée par la mission Flamand.

Cette oasis se trouve par 0°23′ de longitude est et 27° 17′ 30″ de latitude nord.

La traduction littérale de son nom est « la Fontaine de la Justice » ou « la Fontaine du Glaive ».

Les régions touatiennes sont des contrées fertiles, mais leur accès présentait de grandes difficultés ainsi que le prouvent les tentatives antérieures.

Depuis le major Laing et Gerhard Rohlfs (1864), aucun Européen n'avait pénétré dans l'oasis d'Aïn-Salah, où régnait une sorte de confrérie religieuse et politique puissante, qui exerçait son influence jusqu'au Maroc, et s'appuyait sur les Touareg pour empêcher toute pénétration européenne.

Ce fut, en effet, au cours d'une réunion de la Djemâa d'Aïn-Salah, qu'Ould-Badjouda, chef influent du parti hostile à la France, fit décider le massacre de la mission Flatters, en 1889, et qu'il lança contre elle les Touareg Hoggar.

En 1887, le lieutenant Pallat fut assassiné à trois jours de marche du Tidikelt, par le propre neveu d'Ould-Badjouda qui s'était offert comme guide.

Camille Douls, qui avait repris la tâche du vaillant officier français, subit le même sort en 1889, dans l'oasis d'Aoulef.

Soleillet, Largeau durent rebrousser chemin, sous peine de mort.

Enfin, après l'assassinat de deux Pères Blancs, le lieutenant Collot tombe, en 1896, dans un guet-apens, aux environs du fort Mac-Mahon et y trouve une fin glorieuse.

Plus récemment, en 1897, le rezzou qui eut lieu à Rhergo, après la prise de Timbouktou, avait encore, comme point de départ, des instructions venues d'Aïn-Salah.

On le voit, c'était une haine à mort que nous avaient vouée les grands chefs touatiens, qui ne pouvaient se résigner à perdre une position servant de base de ravitaillement à leurs alliés les Touareg, et de centre d'action.

Cette inimitié n'arrêta ni nos officiers ni nos explorateurs.

Le commandant Godron, successeur du colonel Didier, atteignit Tabelkosa dans le Gourâra, en 1895, et soumettait en 1896, par un raid audacieux poussé jusqu'à Guerzim, à 500 kilomètres de Djenien-bou-Rezg, les Chambàa dissidents, dont l'audace ne connaissait plus de bornes.

En 1897, les capitaines de spahis Germain et Laperrine tentèrent, dans une reconnaissance demeurée légendaire, d'atteindre le Tidikelt ; ils parvinrent même jusqu'aux portes de l'oasis Ksar-el-Kebir, mais durent rétrograder en présence de l'attitude hostile des Ksouriens.

Ils avaient cependant relevé un nouvel itinéraire, ce qui n'a pas peu contribué au succès de la mission Foureau.

* * *

A la suite des événements que nous venons de relater, des renforts furent expédiés aux vainqueurs d'In-Salah.

Le 14 janvier, un premier renfort rejoignit la colonne Pein, et, quelques jours après, le commandant Baumgarten arrivait avec

400 hommes suivis bientôt d'un détachement de tirailleurs sahariens d'Ouargla et d'un important convoi comprenant des vivres et des munitions.

Enfin, une autre colonne commandée par le lieutenant-colonel d'Eu, partie d'El-Goléa et acheminée sur In Salah, arrivait bientôt dans la région et l'effectif de nos troupes se trouvait porté à environ 2,000 hommes.

D'autres colonnes, parties de la province d'Oran, se portaient dans le Sud-Oranais pour opérer à l'ouest de notre grande colonie sur la frontière marocaine et s'opposer au passage des bandes du Maroc qui voudraient venir au secours des indigènes du Touat ou du Tidikelt.

Les 24, 25 et 26 janvier, de nouvelles attaques, dirigées contre nos troupes, furent brillamment repoussées.

Mais l'ennemi, lui aussi, se renforçait.

Il fallut l'attaquer.

Le 30 mars, le ministre de la Guerre recevait la nouvelle que voici :

« Un fort contingent de Ksouriens, rassemblés depuis quelque temps autour d'In Rhar, menaçait notre occupation d'In-Salah.

« Le lieutenant-colonel d'Eu, à la tête de la colonne de renforts récemment arrivée à In-Salah, a attaqué les forces ennemies à In-Rhar le 19 mars.

« La place a été prise d'assaut après bombardement et une résistance acharnée.

« La Kasbah et les mosquées étaient défendues par des guerriers venus du Touat, de l'Aoulef, Akablir.

« Les pertes de l'ennemi, qui s'était réfugié dans la Kasbah après avoir été repoussé de ses lignes extérieures, sont d'environ 600 tués.

« Une centaine de blessés ont été recueillis par nos troupes, beaucoup ont été emportés par l'ennemi dans sa fuite.

« Quatre cent cinquante prisonniers sont entre nos mains. Le reste des forces ennemies, poursuivi par la cavalerie, s'est dispersé.

« Le pacha de Timmi-el-Driss, Ben-Naïmi, se disant gouverneur du Touât, est prisonnier.

« Nos pertes sont de 9 hommes de troupes indigènes tués et 38 blessés, dont 2 officiers : le lieutenant Mielet, du bataillon d'Afrique, et le lieutenant Voinot, de l'artillerie, atteints légèrement. »

Dans son rapport au ministre de la Guerre, le commandant du 19e corps s'exprimait ainsi :

Cavaliers alliés des goums du Sud algérien.

« Pertes sont sérieuses : neuf tués, savoir : deux artilleurs, dont l'un sous-officier, et un tirailleur algérien, cinq tirailleurs sahariens et un spahi saharien.

« Blessés sont : deux officiers : lieutenant Mielet, du bataillon d'Afrique, et lieutenant Voinot, de l'artillerie, atteints légèrement ; 36 soldats de corps divers et huit goumiers.

« Sauf trois ou quatre, tous sont actuellement hors de danger.

« Les pertes de l'ennemi, qui s'était réfugié dans les kasbahs, après la défense extérieure, sont d'environ 600 tués, dont beaucoup ensevelis sous les ruines.

« Blessés sont nombreux : en avons recueilli une centaine, ainsi que 450 prisonniers, sans compter les femmes et les enfants.

« Un certain nombre, peu considérable, a pu s'échapper malgré les poursuites de la cavalerie.

« Le pacha de Timmi, El Driss ben Naïmi, gouverneur du Touat, est prisonnier avec 20 kébar environ. Beaucoup sont morts.

« Chacun a fait son devoir.

« Je signale particulièrement le lieutenant Mielet, blessé, entré le premier par la brèche ; commandant Quinquandon, lieutenant Dove, du bataillon d'Afrique ; capitaine Thouveny, du 1er tirailleurs ; sous-intendant Isnard, qui a pris part à l'assaut ; lieutenant Poulet, des tirailleurs sahariens. — Colonne pleine d'ardeur. »

***

Les oasis de l'In-Rhar, où la colonne du lieutenant-colonel d'Eu venait d'infliger cette sanglante défaite aux dissidents du Tidikelt et du Touat, sont situées à environ 50 kilomètres à l'ouest d'In-Salah.

Le principal ksour de cette région, le ksour Lekal, avait été reconnu vers le 20 février par le chef de bataillon Baumgarten, qui avait constaté l'importance de la position et la force de la kasbah qui la défend et y servait de réduit.

On avait appris que ce ksour avait été choisi comme point de concentration des forces ennemies par le chef qui a pris le titre de « pacha de Timmi » et qui n'a pas cessé d'être, depuis la prise d'In-Salah, l'agent le plus actif d'hostilité contre la France.

Ce pacha avait rassemblé à l'ouest d'In-Salah des contingents touatiens et touareg tirés du Touat, du Gourâra et du désert, et qui paraissent pouvoir être évalués à 2,500 ou 3,000 hommes, présentant d'ailleurs une grande diversité de tribus, d'armement et de valeur guerrière.

Ce sont ces troupes arabes que nos vaillants soldats ont eu à combattre et qu'ils ont si glorieusement taillées en pièces.

⁂

Pendant que les troupes du lieutenant-colonel d'Eu opéraient avec tant d'éclat, une autre colonne, commandée par le colonel Bertrand, de la légion étrangère, s'avançait sur Igli qu'elle avait pour mission d'occuper.

Cette colonne se composait d'un état-major de neuf officiers, dont deux interprètes et deux officiers des affaires indigènes, et était commandée par le colonel Bertrand, et, comme troupes, du 2e bataillon de tirailleurs, commandant Exelmans; du 5e bataillon de la légion y compris la compagnie montée, commandant Brundsaux; d'un demi-escadron du 2e chasseurs d'Afrique; d'un demi-escadron du 2e spahis; d'une batterie d'artillerie; d'un détachement du 7e génie; d'un détachement du train des équipages; d'un détachement d'infirmiers, commandé par un médecin-major; d'un médecin aide-major; d'un officier d'administration et d'un vétérinaire. C'était, au total, cinquante-trois officiers, dix-sept cent soixante-treize hommes, cent soixante-deux chevaux, trois cent soixante-dix-neuf chameaux et cent quatre-vingt-treize mulets.

Deux mille cinq cents chameaux transportaient les vivres nécessaires au ravitaillement des troupes.

Un escadron du 2e chasseurs d'Afrique, ainsi qu'un bataillon (le 2e) du 2e zouaves et une batterie d'artillerie se tenaient en réserve à Aïn-Sefra.

Igli était l'endroit choisi pour passer l'été. Après les fortes chaleurs, les troupes reprendraient leur marche en avant pour assurer à la France la possession des oasis.

Le général Grisot, commandant le 19e corps, s'était rendu le 21 mars à Djenien-bou-Rezg et Duveyrier où il avait passé en revue les troupes faisant partie de la colonne d'Igli.

Le général en chef donna au colonel Bertrand, qui commande cette colonne, des instructions qui, naturellement, furent tenues absolument secrètes.

On sait toutefois que le colonel Bertrand avait l'ordre de s'emparer d'Igli sans coup férir, s'il était possible d'éviter l'effusion du sang, et coûte que coûte, en cas de résistance, car cette position était d'une importance capitale.

Le général Grisot, rappelant les souvenirs du temps de sa jeunesse, où il faisait colonne avec le général de Négrier, alors colonel de la légion étrangère, en 1881, dans le Sud oranais, éveilla l'attention toute spéciale du colonel Bertrand et de ses officiers sur les ruses des indigènes et notamment des Douï-Menia, qui habitent précisément l'oued Zousfana et ont sérieusement éprouvé à plusieurs reprises les colonnes qui opéraient dans ces régions.

A la faveur de la nuit, ces Sahariens, absolument nus, évitant, par ce procédé, de provoquer les aboiements des chiens, et, dissimulés derrière des touffes d'alfa qu'ils poussent doucement devant eux, s'approchent peu à peu des sentinelles, dont ils trompent l'attention, et réussissent parfois ainsi à se glisser jusque dans le camp.

* *

L'occupation d'Igli s'effectua le 5 avril, à trois heures du soir.

Les troupes de toutes les armes, de même que les contingents indigènes, montrèrent une très grande endurance et un dévouement remarquable.

La marche fut souvent pénible; parfois il fallut rationner l'eau.

Il n'y eut qu'un seul homme à l'ambulance.

La colonne ne rencontra pas de résistance effective sur sa route.

Pourtant, le 1er avril, l'artillerie a dû prendre position, les sentiments des gens du Taghit paraissant jusqu'au dernier moment hostiles, mais il ne fut pas nécessaire d'ouvrir le feu.

Comme position, Igli est un point d'une extrême importance.

Et par le seul fait de son occupation se trouvent tranchées quelques-unes des questions les plus importantes de notre politique saharienne.

En premier lieu, l'annexion du Touat se trouve résolue.

Si l'on jette un coup d'œil sur la carte, on voit, en effet, qu'Igli est situé entre le Maroc et ses oasis. Les oasis sont derrière.

Du moment que nous tenons Igli, il va de soi que ce qui est derrière nous nous appartient.

Par nos postes d'Igli au nord et d'In-Salah au sud, le Touat est comme investi.

Les partisans que nous y avons se sentiront maintenant assez fortement appuyés pour ne point redouter de peser de toute leur influence en notre faveur.

En second lieu, se trouve réparée la grande lacune du traité passé en 1845 à Lalla-Marnia entre la France et le Maroc.

Le Maroc venait d'être battu à Isly; il s'agissait d'établir le *modus vivendi* entre les deux pays limitrophes.

Nos représentants n'ayant aucun renseignement sur le Sud et croyant sommairement que le désert était une région inhabitable et inhabitée, ne jugèrent point utile d'y tracer une frontière.

On se contenta de désigner les tribus et les oasis qui relèveraient de chacune des deux puissances.

On en oublia un certain nombre et au-delà de Figuig on n'en mentionna aucune.

Les autorités militaires chargées de la sécurité dans le voisinage du Maroc n'ont pas cessé depuis de se plaindre des difficultés que leur créait l'incertitude résultant de ce silence.

Quels étaient nos ressortissants, quels étaient ceux du Maroc, jusqu'où pouvions-nous légitimement exercer notre action?

C'étaient des sujets de contestations incessantes et auxquels les gouverneurs de l'Algérie ont, les uns après les autres, supplié le gouvernement de mettre fin.

M. Tirman écrivait en 1886, au ministre de l'Intérieur : « Ce que mes prédécesseurs ont demandé depuis 1850, ce que je demande aujourd'hui, c'est une simple interpellation officielle et compréhensible de ce que le traité a évité d'affirmer; c'est le tracé d'une limite géographique qui nous donne une ligne à l'est de laquelle nous soyons chez nous. »

L'occupation d'Igli donne satisfaction à ce vœu répété pendant un demi-siècle.

Elle marque notre intention de fixer cette limite à la ligne de l'oued Zousfana.

***

Quelques jours après cette prise de possession, le colonel d'Eu, le vainqueur d'In-Rhar, recevait la soumission de l'Aoulef, groupe d'oasis le plus oriental du Tidikelt, par conséquent le plus voisin du Touat.

Il est à plus de 60 kilomètres d'In-Rhar et à 120 kilomètres d'In-Salah.

Cette soumission achevait de nous rendre maîtres du Tidikelt.

Bientôt l'occupation du Gourâra et du Touat deviendra également effective.

Et l'on peut entrevoir le moment où nos colonnes, pénétrant de plus en plus vers le sud, donneront la main à celles qui, venant du Niger, remonteront vers le nord.

Un correspondant de Marseille nous écrivait, en effet, récemment :

« Une nouvelle intéressante et qui peut être grosse de conséquences politiques pour l'avenir.

« Il y a trois mois environ partait de Marseille une mission mixte, dont le chef militaire est un lieutenant de cavalerie du 9e hussards, en garnison à Marseille.

« Le but apparent de cette mission était un voyage d'exploration dans la région nord de Tombouctou, en se rapprochant de l'importante ville de Zuenziga, dans le Zaouat.

« Mais le but réel, qui n'est aujourd'hui un mystère pour personne, c'est de compléter par le sud l'œuvre de la mission Flamand, et de rejoindre à travers le Sahara nos troupes victorieuses dans les oasis du Touat.

« Les nouveaux explorateurs, partis du Sénégal, se dirigent en ce moment vers Tombouctou, d'où ils remonteront brusquement vers le nord, en suivant la route des caravanes qui se dirige en droite ligne vers Zuenziga.

« On devine l'intérêt de ces opérations combinées, qui placeront de vastes contrées dans la zone d'influence française et permettront de créer une ligne commerciale directe allant du Sud-Algérien à Tombouctou et au Sénégal. »

Le jour où cette ligne de communication sera établie et où, d'autre part, se développera, à travers les oasis du désert, le long ruban du transsaharien, ce jour-là on pourra dire que notre Empire africain sera véritablement fondé.

Pour le consolider, l'administrer et lui faire produire tous ses fruits, il nous faudra alors un homme de tête et de décision.

Qui sait si le commandant Marchand ne sera pas cet homme-là?

CLXI

L'APOTHÉOSE

La peur du sabre. — Odieuses mesures. — Livre et conférence. — Le lancement du « Commandant-Marchand ». — Hommages des corps savants. — Regain de popularité. — Les chansons du jour. — L'âme du peuple. — La « Marche au Soleil ». — But manqué. — L'homme de demain !

Nous avons dit qu'une fois la mission dissoute, c'est-à-dire dès le 15 juillet, défense formelle avait été faite au commandant Marchand et à ses compagnons de péril et de gloire de participer à aucune cérémonie organisée en leur honneur.

Bien plus, l'ordre leur fut donné de se dissimuler, de se tenir cachés le plus possible, afin d'éviter d'être reconnus et acclamés.

Pour un peu, on leur eût commandé de se travestir et de s'affubler de fausses barbes.

C'est ainsi qu'ayant à se rendre à Antrain-sur-Couenson, auprès de son ami Le Hérissé, le héros de Fachoda dut modifier son itinéraire et éviter de passer par Rennes, « pour ne pas fournir de prétexte à des manifestations appréhendées ».

Le conseil municipal de cette ville se vengea, du reste, de cette absurde mesure, en votant, le 25 juillet, une adresse de sympathie au vaillant commandant.

On n'en finirait pas s'il fallait énumérer toutes les tracasseries auxquelles l'héroïque officier fut en butte.

Nous ne mentionnerons que les plus saugrenues et les plus odieuses.

Défense de donner la conférence qu'il devait faire sur son voyage, au Trocadéro, sous le patronage de la Société de géographie.

Défense de publier le livre où il trace l'historique de sa mission, livre attendu avec tant d'impatience par tous ceux qui s'intéressent aux affaires coloniales.

Le gouvernement exigeait que ce livre ne fût qu'un incolore carnet de voyage.

Marchand, de son côté, entendit rappeler sincèrement les origines de sa mission et en apprécier nettement les conséquences.

D'où interdiction de publier l'ouvrage.

***

Défense aussi d'assister et, ce qui est un comble, de laisser son

Une tactique en cas d'alerte dans le désert.

père assister, à Nantes, au lancement d'un superbe trois-mâts auquel la Compagnie maritime française avait donné le nom de *Commandant-Marchand*.

Voici comment un journal raconta cette invraisemblable affaire :

« Naturellement, le héros de Fachoda était invité à la cérémonie du lancement.

« Il avait accepté avec plaisir; il s'y fût rendu avec empressement, sans l'intervention de M. de Lanessan, qui lui enjoignit de demeurer à Paris.

« Alors, la Compagnie maritime française demanda qu'au moins le père du commandant Marchand vînt assister à ce lancement.

Auxiliaires arabes.

« M. de Lanessan, mis au courant de l'invitation, intervint et menaça de rigueurs spéciales le commandant Marchand si son père se permettait d'aller à Nantes.

« Dès lors, dans l'obligation de mettre à l'eau son nouveau bâtiment, la Compagnie se décida à le faire sans parrain.

« C'est dans ces conditions que, du ministère, lui parvint l'ordre impératif de ne lancer le *Commandant-Marchand* que dans la nuit.

« Que craignait-on ? »

Avait-on peur que le commandant ne fît un coup d'État au moment du lancement ?

Mais il y a mieux encore.

Nous avons dit que l'Académie des sciences morales et politiques avait décerné au chef de la mission Congo-Nil le prix de la fondation Audiffred, se montant à 15,000 francs, et que le commandant avait fait don de cette somme à la Ligue maritime française.

Or, l'intrépide officier se vit interdire d'assister à la séance de l'Académie, où devaient être décernées les récompenses.

Les honneurs de la journée n'en furent pas moins pour lui.

La séance était présidée par M. Auguste Himly, qu'assistait M. Georges Picot, secrétaire perpétuel.

M. Himly, dans un discours fréquemment interrompu par des applaudissements, fit l'éloge du chef de la mission Congo-Nil et de ses compagnons.

Il fit ensuite un récit rapide du voyage de la mission depuis le départ de Brazzaville jusqu'à l'événement de Fachoda, puis il ajouta, aux applaudissements de l'assistance :

« Elle a trouvé, à son retour en France, l'accueil enthousiaste qui lui était dû.

« Nos oreilles retentissent encore des acclamations frénétiques d'un peuple entier, qui lui furent prodiguées à la revue du 14 juillet dernier.

« Moins bruyamment, mais avec la même sincérité, nous félicitons aujourd'hui, sous la coupole de l'Institut, le commandant Marchand des services qu'il a rendus à la fois à la science et à la patrie.

« Si la jalousie internationale ne lui a pas permis d'enrichir notre domaine colonial des contrées où, pour la première fois, il a fait flotter un pavillon civilisé, la France n'oubliera pas que son voyage a ajouté à la fois une page glorieuse à l'histoire des explorations contemporaines et un fleuron de plus au patrimoine d'honneur de notre pays. »

Ainsi, nos malheureux politiciens avaient peur non seulement des acclamations que la foule faisait retentir sur le passage du vaillant commandant, mais encore des hommages que lui rendait l'Institut à l'ombre discrète de sa coupole.

Il va sans dire que ces indignes tracasseries, dévoilées par la presse, ne firent que resserrer devantage les liens de reconnaissante affection qui unissaient la nation à son héros.

De toutes les villes de France continuaient à lui arriver, où qu'il fût, des adresses d'ardente sympathie et d'enthousiaste admiration.

Les corps savants n'étaient pas les derniers à lui manifester ces sentiments.

Ainsi, la Société de géographie décida que la grande médaille d'or pour 1900 lui serait décernée et que des reproductions en argent de cette médaille seraient remises à ses officiers.

Le gouvernement put chambrer Marchand et le traiter en suspect, presque en coupable ; il ne put empêcher l'âme du pays d'aller à lui.

Le nom du grand Français reste dans tous les cœurs, et son exemple demeure à tous les yeux comme celui du plus pur et du plus héroïque patriotisme.

Écoutez ces chants qui s'envolent de toutes les lèvres, célébrant ses hauts faits, son désintéressement, son esprit de sacrifice, exprimant une inaltérable foi en l'étoile du brillant officier.

C'est la suprême consécration de sa popularité.

On a dit qu'en notre frivole pays de France, tout finissait par des chansons.

Il y a des choses qui commencent par là, et la carrière, la destinée prodigieuse de Marchand, qui s'annonce si resplendissante, pourrait bien être de celles-là.

On se rappelle les beaux couplets d'Aristide Bruant, qui ont été donnés en prime avec le premier fascicule du présent ouvrage.

Depuis, que de poètes, que de musiciens ont marché sur les traces du célèbre chansonnier montmartrois !

*
* *

Avant la *Patrie française* de Bruant, tous les carrefours avaient déjà retenti des vibrantes strophes de la *France à Fachoda*, chantée sur l'air de : *Vous n'aurez pas l'Alsace et la Lorraine*.

C'était l'époque où l'on pouvait encore espérer que la France, ou plutôt son détestable gouvernement, ne capitulerait pas devant l'ultimatum britannique.

Voici cette chanson.

Notre rôle de fidèle historien nous oblige à lui donner place, ainsi qu'aux autres, dans ce récit de la grande odyssée africaine de la mission Congo-Nil :

1

La France était en proie à l'affreux doute ;
Ses ennemis cherchaient à résister ;
Elle voyait, en sa superbe route,
La confiance en ses chefs hésiter.
Lorsque soudain, de la rive africaine,
S'élève un cri... Tu le vois, cher pays...
Tes défenseurs sauront, quoi qu'il advienne,
De ton drapeau faire flotter les plis!

Refrain :

Gloire à Marchand, le soldat héroïque
Qui sut braver la fureur des Anglais,
En leur disant : « Sur la terre d'Afrique,
« A Fachoda, vous ne viendrez jamais! »

2

Sur Fachoda, sans peur, Marchand s'avance
Et, le premier foulant ce sol nouveau,
Malgré la faim, la soif et la souffrance,
Nous le voyons planter notre drapeau.
« Quoi donc, chez moi, ne suis-je plus le maître? »
Clame l'Anglais, et Marchand lui répond :
« En tout pays où vous verrez paraître
Notre drapeau, nous vous répondrons : Non ! »

3

Faut-il nommer ces héros de nos âges,
Qui de l'Afrique ont bravé le soleil?
L'Histoire a su, dans de splendides pages,
Faire sortir leur nom du grand sommeil :

Flatters, Brazza, Monteil, Français de race,
Tous glorieux! sur les traces desquels
Marche Jacquin brisant, par son audace,
De Samory les projets criminels.

Tous les carrefours avaient déjà retenti des vibrantes strophes de la *France à Fachoda*.

4

Marchand, guidé par le patriotisme,
Dans le désert marchait, bravant la mort.
Tous ses soldats, le cœur plein d'héroïsme,
Le secondaient dans un suprême effort.
Malgré la fièvre, un refrain sur la bouche,
Ils avançaient sans regret et sans peur,
En s'emparant de la smala farouche
Dont la présence inspirait la terreur.

Refrain :

Honneur, honneur aux héros de l'Afrique!
Gloire à Marchand! Gloire à tous ses soldats,
Dignes enfants de notre République,
Représentant la France à Fachoda!

La plupart des odes patriotiques, des marches triomphales consacrées à Marchand ne sont peut-être ni d'une inspiration bien transcendante, ni d'une versification très châtiée.

Beaucoup même de ces compositions sont d'une naïveté qui prête au sourire.

Mais elles n'en reflètent que mieux, peut-être, l'âme du peuple, faite de simplicité et d'enthousiasme.

Voici, par exemple, le *Commandant Marchand*, marche nationale qui fut créée simultanément à l'Eldorado, au Petit Casino, aux Ambassadeurs et au Jardin de Paris :

1

Sous la chaleur des sirocos,
Notre terre d'Afrique
Rend l'âme fanatique,
De chaque homme fait un héros,
Un rude sachant souffrir
Et, s'il le faut, prêt à mourir.
C'est ainsi que le commandant Marchand,
Bravant toutes les misères,
Traversant d'immenses terres,
Put arriver, sans effusion de sang,
A devancer Albion
Avec sa petite mission.

Refrain :

Marchand, marchant toujours,
De la France éclairait la route ;
Il se moquait du parcours
Et donnait son sang goutte à goutte,
Disant parfois :
« Portons le coq gaulois
Sous l'astre d'or, dans la fournaise;
La patrie française
Nous nommera
Héros de Fachoda! »

2

Avec ses noirs Sénégalais,
Un vrai noyau de braves
Des peuplades esclaves,
Marchand fit la nique à l'Anglais,
Plantant son étendard
Au désert avant le Sirdar !
Il fallait le voir crier : « En avant ! »
Lorsque, dans l'immense plaine,
Baratier, son capitaine
Électrisait tous ses soldats géants
Qui, pleins d'admiration,
Répondaient par acclamation :

Refrain :

Marchons, marchons toujours,
De la France éclairons la route !
Et qu'importe le parcours ?
Donnons notre sang goutte à goutte !
Comme autrefois,
Portons le coq gaulois
Sous l'astre d'or, dans la fournaise ;
La patrie française
Nous nommera
Héros de Fachoda !

3

Soldat, nous savons ta valeur ;
Ta belle âme guerrière
Plaît à la France entière.
Elle t'acclame avec ferveur,
Et c'est pour te fêter
Que le *D'Assas* fut te chercher.
Chez nous chacun porte encore en son cœur
L'amour saint de la patrie ;
C'est une image chérie ;
Sur ton chemin, nous chanterons en chœur :
Fils de nos anciens preux,
Ton pays t'aime, sois heureux !

Refrain :

Humble soldat d'hier,
Entre maintenant dans la gloire !
Il t'est permis d'être fier,
Soumis, même après la victoire.
Ton nom, Marchand,
Désormais sera grand,
Car le livre d'or de l'histoire,
Temple de mémoire,
Dit sans repos :
Marchand fut un héros !

* *
*

Voici maintenant un autre *Fachoda*, chant patriotique créé aux Ambassadeurs et à l'Eldorado, et frénétiquement trissé chaque soir par toute la salle :

1

Toujours intrépide et stoïque,
Traversant forêts, lacs, déserts,
Entraînant sa troupe héroïque,
Marchand entraîne l'univers.
De quelle trempe est donc cet homme ?
Oui, son audace le perdra !
Qu'importe des dangers la somme ?
Marchand ira à Fachoda !

Refrain :

C'est entendu, conclu, noble Angleterre ;
On te rendra
Ton Fachoda !

2

Tout inspiré, comme Moïse
Les yeux vers son astre fixés,
MARCHAND, vers la Terre promise,
Avance à pas précipités.

Enfin, un jour avant l'aurore,
L'Anglais le croyant loin de là,

Gloire à Marchand!!!

Il plante un drapeau tricolore
Sur les remparts de Fachoda!

3

Petit drapeau, qui, là-haut, joues
Avec les vents du pays noir,

Ah! viens, viens, essuyons les joues
De ton Héros au désespoir,
Ou plutôt non, pleurez ensemble
Ainsi qu'au combat deux amis
Blessés au cœur, dont la main tremble
En saluant le doux pays!

4

L'Honneur, non jamais, ne désarme
Et dans le cœur d'un peuple fort,
Parfois mouillé par une larme,
Il est gardé comme un trésor!
A l'heure écrite, la Vengeance
Obéissant au doigt divin,
Sur qui l'a mérité s'élance
Portant la foudre dans sa main!

Dernier Refrain :

Sonnez, clairons, battez, tambours de France,
Battez aux champs,
Voici Marchand!

Les clairons sonnent et les tambours battent aux champs.

Continuons à glaner dans l'abondante moisson de stances musicales que fit éclore l'épopée de la mission Congo-Nil.
Premier couplet de la *Marseillaise de Marchand* :

1

Allons! fiers enfants de la France!
Voici le grand jour arrivé.
Le héros triomphant s'avance
Et tout le peuple s'est levé. (*Bis.*)

Avec ses compagnons de gloire,
Il vient le valeureux Français
Qui sut devancer les Anglais,
Sur le chemin de la victoire.

Refrain :

Salut ! vaillant soldat, sans reproche et sans peur.
Chantons ! (*bis*) gloire immortelle à qui sauva l'honneur.

Dernier couplet de : *Gloire au commandant Marchand*.

Ayez, Français, l'âme bien fière :
Marchand et ses braves compagnons,
Avec les honneurs de la guerre,
Nous reviennent !... Nous les revoyons,
Quand ils passent, pleins de vaillance,
Avec le drapeau... Chapeau bas !
Salut au drapeau de la France !

Refrain :

Vive Marchand ! Ce cri de gloire
Est aujourd'hui par l'écho répété ;
Son nom appartient à l'histoire
Et passera à la postérité !

*
* *

Avec *Gloire à Marchand* de M. Antonius Louis, nous arrivons à un genre d'un degré supérieur.

Gloire à Marchand, qui a fait le tour des concerts de France, se chante sur l'air des *Pioupious d'Auvergne*, du même auteur :

1

Gloire au capitaine,
L'illustre Marchand,
De notre domaine
Le pionnier ardent !
Portant la Patrie,
Sans peur du péril,
En Abyssinie,
Sur les bords du Nil !

Refrain.

Gloire à Marchand! l'explorateur de France,
Il a planté haut :
Notre fier Drapeau,
Malgré l'Anglais, témoin de sa vaillance ;
Gloire à ce soldat !
Gloire au héros de Fachoda !

2

Soutien des courages
Parfois abattus,
Aux lointains rivages,
Ses mâles vertus
Ont montré de France
La virilité,
Et son endurance,
Et sa volonté.

3

Quand, en sa puissance,
Il eut Fachoda ;
Par ordre, en silence,
Il l'abandonna ;
Ce Drapeau qui flotte,
Il dut l'abaisser,
Pour ce Patriote,
Il faut le hisser !

4

Il revient en France,
Fêtons son retour !
La reconnaissance
Doit avoir son tour ;
Offrez-lui des palmes,
Filles et garçons ;
Que dans les airs calmes,
Vibrent vos chansons!

ENVOI

Accepte une épée
Faite pour ta main,
Et qui, bien trempée,
Servira demain
A tracer nos fastes,
Nous montrer l'essor,
Les horizons vastes;
Puis, à vaincre encor!

*
* *

Nous avons gardé pour la fin, pour la bonne bouche, une chanson du genre rosse, de D. Bonnaud et Mévisto aîné.

Elle est intitulée : *Allocution de M. Locroy aux membres de la mission Marchand*.

Avec la *Patrie française* d'Aristide Bruant, c'est ce qui a été fait de mieux à propos du retour de la mission Marchand.

L'allocution de M. Lockroy se chante sur l'air de : *T'en souviens-tu ?*

Vaillants soldats qui revenez d'Afrique
Après trois ans de labeurs inouïs,
Sachez-le bien, c'est d'un cœur héroïque
Par la pensée que je vous ai suivis;
Ah! que de fois les deux pieds sous la table,
En apprenant qu'au milieu du désert,
Vous n'aviez rien à bouffer que du sable,
J'ai bien souffert, Messieurs, j'ai bien souffert!

II

Quand sous l'azur d'un ciel inexorable,
Par les rayons du soleil aveuglés,
Vous avanciez d'un pas infatigable,
Moi, je sentais la sueur me perler!
Songeant qu'alors vous marchiez sans ombrelle

Par des chaleurs de soixante degrés ;
Trois fois par jour je changeais de flanelle,
J'ai transpiré, Messieurs, j'ai transpiré.

III

Quand les moustiqu's vous piquaient l'épiderme,
Je me grattais d'un mouvement nerveux !
Quand vous donniez la chasse aux pachydermes
Je n'sortais plus qu'armé d'mon Lefaucheux !
De feu Nemrod, alors, me sentant l'âme,
J'aurais voulu tuer des éléphants !!!
Mais je n'avais, en fait d'hippopotame,
Que c'pauvr' Dupuy à m'fourrer sous la dent !

IV

Quand vous avez rencontré les Derviches,
Je n'ai jamais douté, cher Commandant,
Que vous sauriez les envoyer fair' fiche
Avec tous les honneurs dus à leur rang.
Or justement ce jour-là dans un rêve
(J'donn'rais cent sous pour que vous m'eussiez vu !...)
A vos côtés, tenant en main le glaive,
J'ai combattu, Messieurs, j'ai combattu.

V

Enfin, voici la fin de vos misères,
Un peuple entier vous salue par ma voix,
J'apporte aussi les vœux du Ministère
Et ses bravos pour nos communs exploits.
Pour couronner dignement l'aventure,
Devant Paris, de nous voir assoiffé,
A vos côtés dans la même voiture
J'ai triomphé, Messieurs, j'ai triomphé !

*
* *

Nous ne pouvons clore cette série de citations sans dire quelques mots de la *Marche au Soleil*, représentée à la Bodinière et qui a ajouté un pendant à la fameuse *Épopée* de Caran d'Ache.

Ce sont des tableaux inspirés par l'héroïque odyssée de la mission Congo-Nil à travers l'Afrique.

Du point de départ au point d'arrivée, on la suit des yeux.

On navigue avec elle sur les ondes du Congo et de l'Oubanghi, on se perd dans la brousse, on chasse l'éléphant et l'hippopotame, on s'enlise dans les marais du Bahr-el-Ghazal, on atteint les rives du Nil, on campe à Fachoda, on gravit les hauts plateaux du négus, on s'embarque à Djibouti.

A ces visions colorées, M. Léon Durocher a joint un poème vibrant d'enthousiasme, et le musicien Georges Fragerolle des mélodies où l'on retrouve l'accent de ses belles chansons patriotiques.

Enfin, à l'Exposition, Marchand se retrouve partout !

Citons le fameux panorama de Castellani !

Beau spectacle, ennobli par la grandeur du sujet, et d'où s'exhale une émotion singulière !

Que conclure de toutes ces manifestations du sentiment national, sinon que les tracasseries et les tentatives d'escamotage et d'étouffement dont le héros de Fachoda est l'objet depuis son retour sont loin d'atteindre le but qu'elles se proposent ?

Nos éphémères dirigeants doivent bien s'en rendre compte eux-mêmes, puisque, tout en infligeant mille vexations à ce glorieux Français, ils se sont vus contraints, sous la pression de l'opinion publique, de l'élever, après l'avoir nommé commandant et commandeur, au grade de lieutenant-colonel.

Le plus modéré des organes quotidiens, le *Petit Journal*, publiait dernièrement cette sévère appréciation :

« Il ne sera pas si commode de changer l'apothéose de Marchand en douloureux calvaire, de lui faire descendre la pente par laquelle ses diffamateurs se plaignent qu'il soit monté.

« Il est, d'ailleurs, inadmissible qu'un régime sérieux ait la prétention de maintenir Marchand dans le vide, balancé entre la popularité qui s'accroît chaque jour autour de lui, qu'on tâche vainement de lui imputer à crime, et une suspicion permanente dans laquelle les pouvoirs publics semblent le tenir jusqu'à lui infliger l'ostracisme et l'exil.

« Il y a un abîme entre ces deux extrêmes ; il est à la fois imprudent et malhonnête de prolonger cet antagonisme, cette équivoque et cette iniquité.

« Nous avons devant nous un héros acclamé par la France entière.

« Il serait singulier que ce fût précisément une raison pour briser son avenir et refuser les nouveaux services que Marchand rendra, si nous ouvrons à son activité, à son expérience, à ses talents, la carrière que la France lui doit, pour elle-même plus encore que pour lui. »

On ne saurait mieux dire surtout au moment où le héros est appelé vers de nouvelles destinées... vers l'Asie tragique !

***

Mais que l'auteur de ces lignes si patriotiques se rassure !

Les louches et ignobles politiciens qu'affolent les lauriers du jeune lieutenant-colonel passeront.

Et bientôt notre chère France, délivrée de l'épouvantable cauchemar — « dreyfusard et panamiste », — qui l'oppresse depuis si longtemps, pourra se reposer, confiante et fière, sous la vaillante épée de ses plus glorieux enfants !

Et sur ce, vive Marchand, l'enfant du peuple... futur général de France !

FIN

Le Commandant
MARCHAND
ET SES COMPAGNONS D'ARMES
A TRAVERS L'AFRIQUE

Histoire complète et anecdotique de la Mission

PAR

Michel MORPHY

NOMBREUSES ILLUSTRATIONS ET TEXTE INÉDIT

H. GEFFROY, éditeur, 222, boulevard Saint-Germain, PARIS

N° 94   **10 cent.**

Le Commandant MARCHAND
ET SES COMPAGNONS D'ARMES
A TRAVERS L'AFRIQUE

Histoire complète et anecdotique de la Mission

PAR

Michel MORPHY

❋ NOMBREUSES ILLUSTRATIONS ET TEXTE INÉDIT ❋

H. GEFFROY, éditeur, 222, boulevard Saint-Germain, PARIS

N° 95   **10 cent.**

Le Commandant
MARCHAND
ET SES COMPAGNONS D'ARMES
A TRAVERS L'AFRIQUE

Nombreuses illustrations et texte inédit

Histoire complète et anecdotique de la Mission

PAR

Michel MORPHY

H. GEFFROY, éditeur, 222, boulevard Saint-Germain, PARIS

N° 96 — 10 cent.

Le Commandant
MARCHAND
ET SES COMPAGNONS D'ARMES
A TRAVERS L'AFRIQUE

Histoire complète et anecdotique de la Mission

PAR

Michel MORPHY

NOMBREUSES ILLUSTRATIONS ET TEXTE INÉDIT

H. GEFFROY, éditeur, 222, boulevard Saint-Germain, PARIS

N° 97   **10 cent.**

Le Commandant
MARCHAND

ET SES COMPAGNONS D'ARMES
A TRAVERS L'AFRIQUE

Histoire complète et anecdotique
de la Mission

PAR

Michel MORPHY

NOMBREUSES
ILLUSTRATIONS
ET
TEXTE INÉDIT

H. GEFFROY, éditeur, 222, boulevard Saint-Germain, PARIS

N° 98   10 cent.

Le Commandant
MARCHAND
A TRAVERS L'AFRIQUE
PAR
MICHEL MORPHY

Le Commandant Marchand!...
Son nom résonne comme un coup de clairon patriotique, et, de toutes parts, une immense acclamation monte vers lui.

C'est justice!... N'a-t-il pas, — par son héroïsme, — contribué à notre réveil national?... Et qui donc oserait encore douter des destinées de la France qui produit de tels enfants!

Le pays salue avec un orgueil légitime cet homme de science, cet intrépide explorateur, ce soldat sans peur et sans reproche, — sorti du rang, — et, aujourd'hui, le plus jeune commandeur de la Légion d'honneur.

Oui, vivent Marchand et ses vaillants compagnons!

Leur odyssée à travers l'Afrique restera la plus extraordinaire épopée coloniale de notre époque... Déjà, l'on est avide de la connaître dans ses moindres détails.

C'est l'heure que nous avons choisie pour publier, — comme un hommage au héros de Fachoda, — cette œuvre inédite et si documentée du grand écrivain populaire :

MICHEL MORPHY

L'auteur de l'*Histoire Nationale de Jeanne d'Arc* et de tant d'œuvres magistrales réalise, cette fois, un véritable tour de force en entreprenant son nouveau récit sensationnel :

LE COMMANDANT MARCHAND A TRAVERS L'AFRIQUE

Sans s'écarter un seul instant de la donnée exacte, — rigoureusement historique, scientifique même, dirions-nous, si nous ne craignions d'effrayer quelques lecteurs et surtout d'aimables lectrices ; — sans être jamais aride dans ses courtes descriptions, il a su évoquer d'une façon attrayante, poignante, — et vivante surtout ! — le mystérieux Continent Noir.

L'Afrique nous apparaît dans toute sa beauté et son horreur... Et, à travers de multiples péripéties, de brillants faits d'armes, des anecdotes curieuses, nous suivons pas à pas la colonne Marchand dans sa marche fantastique, — déjà légendaire, — vers le Nil.

En fermant ce magnifique ouvrage de vulgarisation, tout le monde, — sans peine et sans fatigue, — connaîtra un monde nouveau... et aura assisté à la plus extraordinaire, à la plus difficile des expéditions modernes en Afrique.

Avions-nous tort de dire que, pour accomplir cette tâche, le maître écrivain devrait réaliser un véritable tour de force?

Au lecteur de juger!...

LE COMMANDANT MARCHAND A TRAVERS L'AFRIQUE

Paraît en fascicules illustrés sous couverture en couleurs

10 CENTIMES LE FASCICULE. — DEUX FASCICULES PAR SEMAINE
ET EN VOLUMES BROCHÉS
50 centimes le volume. — Un volume tous les 18 jours.

VOLUMES PARUS OU A PARAITRE :

I. — L'ENGAGÉ VOLONTAIRE.
II. — PREMIÈRES ARMES.
III. — AU CŒUR DE L'AFRIQUE.
IV. — **LA MISSION CONGO-NIL.**
V. — **ENTRE LA VIE ET LA MORT.**
VI. — **DANS LA BROUSSE.**

H. GEFFROY, éditeur, 222, boulevard Saint-Germain, PARIS

Sceaux. — Imp. E. Charaire.

Le Commandant
MARCHAND
ET SES COMPAGNONS D'ARMES
A TRAVERS L'AFRIQUE

NOMBREUSES ILLUSTRATIONS ET TEXTE INÉDIT

Histoire complète et anecdotique de la Mission

PAR

Michel MORPHY

H. GEFFROY, éditeur, 222, boulevard Saint-Germain, PARIS

N° 99   **10 cent.**

Le Commandant
MARCHAND
ET SES COMPAGNONS D'ARMES
A TRAVERS L'AFRIQUE

NOMBREUSES ILLUSTRATIONS ET TEXTE INÉDIT

Histoire complète et anecdotique de la Mission

PAR

Michel MORPHY

H. GEFFROY, éditeur, 222, boulevard Saint-Germain, PARIS

N° 100 10 cent.

Le Commandant
MARCHAND

ET SES COMPAGNONS D'ARMES
A TRAVERS L'AFRIQUE

NOMBREUSES ILLUSTRATIONS ET TEXTE INÉDIT

Histoire complète et anecdotique de la Mission

PAR

Michel MORPHY

H. GEFFROY, éditeur, 222, boulevard Saint-Germain, PARIS

N° 101 — 10 cent.

Le Commandant MARCHAND
ET SES COMPAGNONS D'ARMES
A TRAVERS L'AFRIQUE

NOMBREUSES ILLUSTRATIONS ET TEXTE INÉDIT

Histoire complète et anecdotique de la Mission

PAR **Michel MORPHY**

H. GEFFROY, éditeur, 222, boulevard Saint-Germain, PARIS

N° 102 — 10 cent.

Le Commandant MARCHAND

ET SES COMPAGNONS D'ARMES
A TRAVERS L'AFRIQUE

NOMBREUSES ILLUSTRATIONS ET TEXTE INÉDIT

Histoire complète et anecdotique de la Mission

PAR

Michel MORPHY

H. GEFFROY, éditeur, 222, boulevard Saint-Germain, PARIS

N° 103   cent.

Le Commandant MARCHAND
ET SES COMPAGNONS D'ARMES
A TRAVERS L'AFRIQUE

Histoire complète et anecdotique de la Mission

PAR

Michel MORPHY

NOMBREUSES ILLUSTRATIONS ET TEXTE INÉDIT

H. GEFFROY, Éditeur, 222, boulevard Saint-Germain, PARIS

N° 104   **10 cent.**

Le Commandant MARCHAND
ET SES COMPAGNONS D'ARMES
A TRAVERS L'AFRIQUE

NOMBREUSES ILLUSTRATIONS ET TEXTE INÉDIT

Histoire complète et anecdotique de la Mission

PAR

Michel MORPHY

H. GEFFROY, éditeur, 222, boulevard Saint-Germain, PARIS

N° 105   10 cent.

Le Commandant
MARCHAND
ET SES COMPAGNONS D'ARMES
A TRAVERS L'AFRIQUE

NOMBREUSES ILLUSTRATIONS ET TEXTE INÉDIT

Histoire complète et anecdotique de la Mission

PAR

Michel MORPHY

H. GEFFROY, éditeur, 222, boulevard Saint-Germain, PARIS

N° 106   10 cent.

Le Commandant
MARCHAND
ET SES COMPAGNONS D'ARMES
A TRAVERS L'AFRIQUE

Histoire complète et anecdotique
de la Mission

PAR

Michel MORPHY

NOMBREUSES
ILLUSTRATIONS
ET
TEXTE INÉDIT

H. GEFFROY, éditeur, 222, boulevard Saint-Germain, PARIS
N° 108   10 cent.

Le Commandant MARCHAND
ET SES COMPAGNONS D'ARMES
A TRAVERS L'AFRIQUE

NOMBREUSES ILLUSTRATIONS ET TEXTE INÉDIT

Histoire complète et anecdotique de la Mission

PAR Michel MORPHY

H. GEFFROY, éditeur, 222, boulevard Saint-Germain, PARIS

N° 109 — 10 cent.

Le Commandant MARCHAND
ET SES COMPAGNONS D'ARMES
A TRAVERS L'AFRIQUE

Histoire complète et anecdotique de la Mission

PAR **Michel MORPHY**

NOMBREUSES ILLUSTRATIONS ET TEXTE INÉDIT

H. GEFFROY, éditeur, 222, boulevard Saint-Germain, PARIS

N° 110 — 10 cent.

Le Commandant
MARCHAND
ET SES COMPAGNONS D'ARMES
A TRAVERS L'AFRIQUE

Histoire complète et anecdotique de la Mission

PAR

Michel MORPHY

NOMBREUSES ILLUSTRATIONS ET TEXTE INÉDIT

H. GEFFROY, éditeur, 222, boulevard Saint-Germain, PARIS

N° 111 — 10 cent.

Le Commandant
MARCHAND
ET SES COMPAGNONS D'ARMES
A TRAVERS L'AFRIQUE

NOMBREUSES
ILLUSTRATIONS
ET
TEXTE INÉDIT

Histoire complète et anecdotique
de la Mission

PAR

Michel MORPHY

H. GEFFROY, éditeur, 222, boulevard Saint-Germain, PARIS

N° 112 **10 cent.**

Le Commandant

MARCHAND

ET SES COMPAGNONS D'ARMES

A TRAVERS L'AFRIQUE

NOMBREUSES ILLUSTRATIONS ET TEXTE INÉDIT

Histoire complète et anecdotique de la Mission

PAR

MICHEL MORPHY

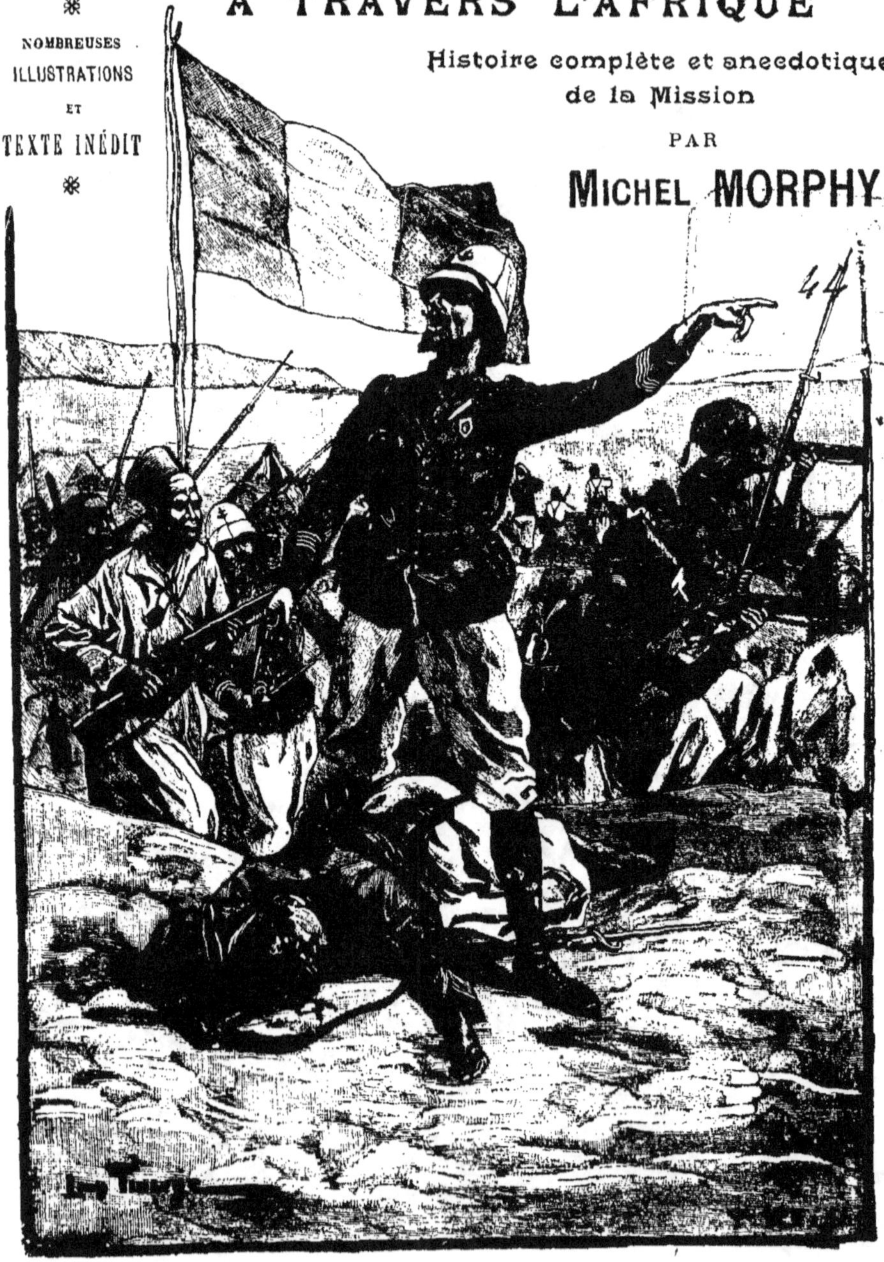

H. GEFFROY, éditeur, 222, boulevard Saint-Germain, PARIS

N° 113

10 cent.

Le Commandant MARCHAND
ET SES COMPAGNONS D'ARMES
A TRAVERS L'AFRIQUE

Histoire complète et anecdotique de la Mission

PAR Michel MORPHY

NOMBREUSES ILLUSTRATIONS ET TEXTE INÉDIT

H. GEFFROY, éditeur, 222, boulevard Saint-Germain, PARIS

N° 115 — 10 cent.

Le Commandant MARCHAND

ET SES COMPAGNONS D'ARMES
A TRAVERS L'AFRIQUE

Histoire complète et anecdotique de la Mission

PAR

Michel MORPHY

※ NOMBREUSES ILLUSTRATIONS ET TEXTE INÉDIT ※

H. GEFFROY, éditeur, 222, boulevard Saint-Germain, PARIS

N° 116   10 cent.

Le Commandant
MARCHAND

ET SES COMPAGNONS D'ARMES
A TRAVERS L'AFRIQUE

✼
NOMBREUSES
ILLUSTRATIONS
ET
TEXTE INÉDIT
✼

Histoire complète et anecdotique
de la Mission

PAR

Michel MORPHY

H. GEFFROY, éditeur, 222, boulevard Saint-Germain, PARIS

N° 117

10 cent.

Le Commandant MARCHAND
ET SES COMPAGNONS D'ARMES
A TRAVERS L'AFRIQUE

NOMBREUSES ILLUSTRATIONS ET TEXTE INÉDIT

Histoire complète et anecdotique de la Mission

PAR Michel MORPHY

H. GEFFROY, éditeur, 222, boulevard Saint-Germain, PARIS
N° 118   10 cent.

Le Commandant MARCHAND

ET SES COMPAGNONS D'ARMES
A TRAVERS L'AFRIQUE

NOMBREUSES ILLUSTRATIONS ET TEXTE INÉDIT

Histoire complète et anecdotique de la Mission

PAR

Michel MORPHY

H. GEFFROY, éditeur, 222, boulevard Saint-Germain, PARIS

N° 119   10 cent.

Le Commandant MARCHAND
ET SES COMPAGNONS D'ARMES
A TRAVERS L'AFRIQUE

Histoire complète et anecdotique de la Mission

PAR

Michel MORPHY

NOMBREUSES ILLUSTRATIONS ET TEXTE INÉDIT

H. GEFFROY, Éditeur, 222, boulevard Saint-Germain, PARIS

N° 120 — 10 cent.

Le Commandant MARCHAND
ET SES COMPAGNONS D'ARMES
A TRAVERS L'AFRIQUE

NOMBREUSES ILLUSTRATIONS ET TEXTE INÉDIT

Histoire complète et anecdotique de la Mission

PAR

Michel MORPHY

H. GEFFROY, éditeur, 222, boulevard Saint-Germain, PARIS

N° 121 — 10 cent.

Le Commandant
MARCHAND
ET SES COMPAGNONS D'ARMES
A TRAVERS L'AFRIQUE

❋ NOMBREUSES ILLUSTRATIONS ET TEXTE INÉDIT ❋

Histoire complète et anecdotique de la Mission

PAR Michel MORPHY

H. GEFFROY, éditeur, 222, boulevard Saint-Germain, PARIS

N° 122   10 cent.

Le Commandant MARCHAND
ET SES COMPAGNONS D'ARMES
A TRAVERS L'AFRIQUE

Histoire complète et anecdotique de la Mission

NOMBREUSES ILLUSTRATIONS ET TEXTE INÉDIT

PAR **Michel MORPHY**

H. GEFFROY, éditeur, 222, boulevard Saint-Germain, PARIS

N° 123   10 cent.

Le Commandant
MARCHAND
ET SES COMPAGNONS D'ARMES
A TRAVERS L'AFRIQUE

Histoire complète et anecdotique de la Mission

PAR

Michel MORPHY

NOMBREUSES ILLUSTRATIONS ET TEXTE INÉDIT

H. GEFFROY, éditeur, 222, boulevard Saint-Germain, PARIS

N° 124 — 10 cent.

Le Commandant
MARCHAND
ET SES COMPAGNONS D'ARMES
A TRAVERS L'AFRIQUE

NOMBREUSES
ILLUSTRATIONS
ET
TEXTE INÉDIT

Histoire complète et anecdotique
de la Mission

PAR

Michel MORPHY

H. GEFFROY, éditeur, 222, boulevard Saint-Germain, PARIS

N° 125   10 cent.

Le Commandant MARCHAND
ET SES COMPAGNONS D'ARMES
A TRAVERS L'AFRIQUE

Histoire complète et anecdotique de la Mission

PAR

Michel MORPHY

NOMBREUSES ILLUSTRATIONS ET TEXTE INÉDIT

H. GEFFROY, éditeur, 222, boulevard Saint-Germain, PARIS

10 cent.

Le Commandant MARCHAND
ET SES COMPAGNONS D'ARMES
A TRAVERS L'AFRIQUE

NOMBREUSES ILLUSTRATIONS ET TEXTE INÉDIT

Histoire complète et anecdotique de la Mission

PAR

Michel MORPHY

H. GEFFROY, éditeur, 222, boulevard Saint-Germain, PARIS

N° 127 — 10 cent.

Le Commandant
MARCHAND
ET SES COMPAGNONS D'ARMES
A TRAVERS L'AFRIQUE

Histoire complète et anecdotique de la Mission

NOMBREUSES ILLUSTRATIONS ET TEXTE INÉDIT

PAR
Michel MORPHY

H. GEFFROY, éditeur, 222, boulevard Saint-Germain, PARIS

N° 128   10 cent.

Le Commandant MARCHAND
ET SES COMPAGNONS D'ARMES
A TRAVERS L'AFRIQUE

Histoire complète et anecdotique de la Mission

PAR

Michel MORPHY

NOMBREUSES ILLUSTRATIONS ET TEXTE INÉDIT

H. GEFFROY, éditeur, 222, boulevard Saint-Germain, PARIS

N° 129   10 cent.

Le Commandant
MARCHAND
ET SES COMPAGNONS D'ARMES
A TRAVERS L'AFRIQUE

❋
NOMBREUSES
ILLUSTRATIONS
ET
TEXTE INÉDIT
❋

Histoire complète et anecdotique
de la Mission

PAR
Michel MORPHY

H. GEFFROY, éditeur, 222, boulevard Saint-Germain, PARIS

N° 130   10 cent.

Le Commandant
MARCHAND
ET SES COMPAGNONS D'ARMES
A TRAVERS L'AFRIQUE

NOMBREUSES ILLUSTRATIONS ET TEXTE INÉDIT

Histoire complète et anecdotique de la Mission

PAR

Michel MORPHY

H. GEFFROY, éditeur, 222, boulevard Saint-Germain, PARIS

N° 131   10 cent.

Le Commandant
MARCHAND
ET SES COMPAGNONS D'ARMES
A TRAVERS L'AFRIQUE

Histoire complète et anecdotique
de la Mission

PAR

Michel MORPHY

*
NOMBREUSES
ILLUSTRATIONS
ET
TEXTE INÉDIT
*

H. GEFFROY, éditeur, 222, boulevard Saint-Germain, PARIS

N° 132   **10 cent.**

Le Commandant MARCHAND
ET SES COMPAGNONS D'ARMES
A TRAVERS L'AFRIQUE

NOMBREUSES ILLUSTRATIONS ET TEXTE INÉDIT

Histoire complète et anecdotique de la Mission

PAR Michel MORPHY

H. GEFFROY, éditeur, 222, boulevard Saint-Germain, PARIS

N° 13 — 10 cent.

Le Commandant MARCHAND
ET SES COMPAGNONS D'ARMES
A TRAVERS L'AFRIQUE

Histoire complète et anecdotique de la Mission

PAR Michel MORPHY

NOMBREUSES ILLUSTRATIONS ET TEXTE INÉDIT

H. GEFFROY, éditeur, 222, boulevard Saint-Germain, PARIS

N° 134 — 10 cent.

Le Commandant MARCHAND
ET SES COMPAGNONS D'ARMES
A TRAVERS L'AFRIQUE

NOMBREUSES ILLUSTRATIONS ET TEXTE INÉDIT

Histoire complète et anecdotique de la Mission

PAR

Michel MORPHY

H. GEFFROY, Éditeur, 222, boulevard Saint-Germain, PARIS

N° 135

10 cent.

Le Commandant MARCHAND
ET SES COMPAGNONS D'ARMES
A TRAVERS L'AFRIQUE

Histoire complète et anecdotique de la Mission

PAR Michel MORPHY

* NOMBREUSES ILLUSTRATIONS ET TEXTE INEDIT *

H. GEFFROY, éditeur, 222, boulevard Saint-Germain, PARIS

N° 136 — 10 cent.

Le Commandant MARCHAND

ET SES COMPAGNONS D'ARMES
A TRAVERS L'AFRIQUE

Histoire complète et anecdotique de la Mission

PAR

Michel MORPHY

NOMBREUSES ILLUSTRATIONS ET TEXTE INÉDIT

H. GEFFROY, éditeur, 222, boulevard Saint-Germain, PARIS

Le Commandant MARCHAND

ET SES COMPAGNONS D'ARMES
A TRAVERS L'AFRIQUE

NOMBREUSES ILLUSTRATIONS ET TEXTE INÉDIT

Histoire complète et anecdotique de la Mission

PAR

Michel MORPHY

H. GEFFROY, éditeur, 222, boulevard Saint-Germain, PARIS

N° 138 — 10 cent.

Le Commandant
MARCHAND

ET SES COMPAGNONS D'ARMES
A TRAVERS L'AFRIQUE

Histoire complète et anecdotique de la Mission

PAR

Michel MORPHY

NOMBREUSES ILLUSTRATIONS ET TEXTE INÉDIT

H. GEFFROY, éditeur, 222, boulevard Saint-Germain, PARIS

N° 139   10 cent.

Le Commandant MARCHAND
ET SES COMPAGNONS D'ARMES
A TRAVERS L'AFRIQUE

Histoire complète et anecdotique de la Mission

PAR

Michel MORPHY

NOMBREUSES ILLUSTRATIONS ET TEXTE INÉDIT

H. GEFFROY, éditeur, 222, boulevard Saint-Germain, PARIS

N° 140   **10 cent.**

www.ingramcontent.com/pod-product-compliance
Lightning Source LLC
Chambersburg PA
CBHW070714020526
44115CB00031B/1087